菊井維大・村松俊夫＝原著

第2版

コンメンタール
民事訴訟法
III

第2編／第1章〜第3章
第133条〜第178条

秋山幹男
伊藤　眞
垣内秀介
加藤新太郎
髙田裕成
福田剛久
山本和彦
［著］

日本評論社

————————————『全訂民事訴訟法Ⅰ・Ⅱ・Ⅲ』————————————
（補訂版）

［原著］

菊井維大

村松俊夫

［補訂］

田尾桃二

奈良次郎

上谷　清

渋川　満

第Ⅲ巻　はしがき

　このたび、第Ⅲ巻を上梓する運びとなった。第Ⅰ巻および第Ⅱ巻を公刊したのが、それぞれ2002年4月と7月であったことを思うと、それ以来、6年近い歳月が流れたことを自覚させられる。この間、民事訴訟法や民事訴訟規則の改正、また関連法令の制定や改廃が相次ぎ、それに対応すべく、第Ⅰ巻および第Ⅱ巻の第2版（2006年3月・4月）を世に問うことに力を注いだことの影響もあるが、菊井維大・村松俊夫両先生の原著を引き継いだ本書をご利用いただいている読者諸賢に対しては、伏して寛恕を乞う以外にない。また、田尾桃二先生をはじめとする原著補訂者の方々には、牛歩の様を報告申し上げ、御海容を願う次第である。

　第Ⅲ巻は、「民事訴訟法第2編　第一審の訴訟手続」のうち、第1章「訴え」、第2章「計画審理」および第3章「口頭弁論及びその準備」、ならびにこれに対応する民事訴訟規則の規定に関する注釈を収める。第一審は、民事司法制度の中核をなすものであり、利用者たる国民、訴訟代理人たる弁護士、そして手続の主宰者たる裁判所のいずれにとっても、もっとも比重が重い。したがって、その手続に関する規律の内容を明らかにし、また解釈および運用の指針を提示することは、民事裁判実務と協働関係にある理論にとって、最重点課題の一つといえよう。本書の内容がそれに相応しいものとなっているかどうかは、ひろく朝野の評価に待たざるをえないが、第Ⅰ巻および第Ⅱ巻と同様、裁判官2名、弁護士1名、研究者3名によって構成される共同執筆者が、それぞれの担当部分について原稿を作成し、内容はもちろん、構成や表現の細部に至るまで徹底した意見交換を行い、原著以来の読者の信頼に応えるための努力を続けたことについては、御理解賜れば幸いである。

　とはいえ、第一審の訴訟手続のうち、「第4章　証拠」以下の部分は、続巻に委ねざるをえなかった。文書提出義務を中心とする判例法理の発展を前

にすると、孤舟をもって懸河を渉ろうとする思いにとらわれる。しかし、時の流れは速い。春風桃李花開日が忽ち秋雨梧桐葉落時とならぬよう、自らの朝夕を律したいと念じている。御叱正を賜りたい。

　最後になるが、これまでと同様に、日本評論社編集部の高橋耕氏および同社嘱託の古立正芳氏には、編集から校正に至る作業全般について献身的な尽力を頂いた。心より感謝申し上げる。

　平成20年4月吉日

秋山　幹男

伊藤　　眞

加藤新太郎

高田　裕成

福田　剛久

山本　和彦

第2版刊行にあたって

　第Ⅲ巻刊行（2008年）より瞬時の如く10年の歳月が過ぎた。この間、本巻の記述対象たる第一審の訴訟手続に関する規律の解釈および運用に関して、様々な事象が生じている。

　法改正という意味では、民法（債権法）改正（平29法44号）およびそれに伴う整備法（同45号）が最大のものであり、本コンメンタール各巻の記述についても、それを反映することが求められるが、問題は、その施行が平成32（2020）年4月1日とされ、本巻第2版刊行時にはいまだ施行されていないことである。実務運用の指針を示すという、読者が本書に期待する役割を考えれば、あくまで現行法の注釈に徹すべきであるとの考え方もあろう。しかし、施行が予定されている以上、新たな規律に対する関心は高く、また、裁判実務も、それに無関心でいることはできない。

　このような理由から、本書では、訴え提起などと時効との関係に関する第147条について、〔現行法バージョン〕として（時効中断等の効力発生の時期）、〔改正法バージョン〕として（裁判上の請求による時効の完成猶予等）の双方について検討し、解説を施すこととしている。それ以外の箇所、例えば重複起訴（二重起訴）禁止と債権者代位との関係についての第142条〔3〕(2)などの記述においても、基本的に同様の内容としている。これは、改正民法や整備法の施行後にも読者に本書を利用していただけるように、かつ、その時点で旧法となる現行法の規律に関する解釈も参照願えるようにとの考え方による。

　また、すでに施行されている法改正との関係では、中間確認の訴えの国際裁判管轄についても新たに解説を付加している（145条〔6〕）。国際裁判管轄関連規定の新設については、第Ⅱ巻第2版追補版572頁以下（2014年）において注釈を施しているが、本巻における145条〔6〕もそれを前提とするもの

iii

である。

　本巻刊行後に、実務運用において参照されるべき多くの最高裁判例や下級審裁判例が公表されている。最高裁判例のみについてみても、賃料増額確認判決の既判力に関する最判平成26・9・25民集68巻7号661頁（本書72頁）、将来給付の訴えの利益に関する最判平成24・12・21判時2175号20頁（本書112頁）、最判平成28・12・8判時2325号37頁（本書110頁）、重複起訴（二重起訴）禁止と相殺の抗弁に関する最判平成27・12・14民集69巻8号2295頁（本書186頁）、一部請求と残部についての時効中断に関する最判平成25・6・6民集67巻5号1208頁（本書251頁）、事前求償権を被保全債権とする仮差押えと事後求償権の時効中断に関する最判平成27・2・17民集69巻1号1頁（本書252頁）、釈明権の行使に関する最大判平成22・1・20民集64巻1号1頁、最判平成22・10・14判時2098号55頁（本書302頁）などがあり、それぞれの箇所において判例法理としての意義やその適用範囲などの分析を行っている。

　民事訴訟の実務運用に携わる者が、その適正かつ迅速な遂行に努め、市民や企業の期待に応えるべきことは、改めていうまでもなく、そのためには、的確な争点整理と、それを前提とした集中証拠調べが必要であるとの認識も共有されている。しかし、現行法および規則の制定直後の時期に比較すると、近年、争点整理が長期化する傾向が指摘され、主張書面および関連する重要証拠の一括提出や口頭でのやりとりによって、機能を向上させるべきことが提言されているが（秋山幹男＝伊藤眞＝福田剛久「次の世代の民事訴訟法に向かって――現行民事訴訟法20年を契機に」論究ジュリスト2018年冬号所収）、本巻第3章第3節では、改めて、争点整理にかかる規律の趣旨と運用のあるべき姿を明らかにするよう努めている。

　第Ⅶ巻をもって本コンメンタールが完結したのは平成28年（2016年）4月であるが、読者の支持が得られる限り、各巻の改訂は世紀を超えて続くことになる。今般、新たな共同執筆者として垣内秀介教授を迎えたのも、そのような使命を果たすためである。

Johann Wolfgang von Goethe（ゲーテ）による Zahme Xenien（温和なクセ
ーニエン）の一節

"Wie das Gestirn ohne Hast aber ohne Rast drehe sich jeder um eigne Last"
　　——「天空の星の巡る如く急かず弛まず吾らの力を尽くさん」（拙訳）

との至言に思いを致し、改訂を続けなければと心に誓っている。

　刊行準備の最終段階である平成29年神無月、原著補訂者である田尾桃二先
生が長逝された。第2版にお目通しいただけなかったのは、共著者一同にと
って痛恨の極みであるが、本書の「刊行に寄せて」（vi 頁以下）に先生が誌
された、「篝火をともし続けていただきたい」との御遺志に応えることがで
きるよう、読者諸賢の御叱正を乞う。

　最後になるが、注釈書の生命を維持するためには、周到な編集と綿密な校
正とが不可欠であり、日本評論社編集部、今般は室橋真利子氏の尽力に深謝
する。

　平成30年睦月

秋山　幹男

伊藤　　眞

垣内　秀介

加藤新太郎

高田　裕成

福田　剛久

山本　和彦

菊井維大・村松俊夫 原著
『コンメンタール民事訴訟法』の刊行に寄せて

田 尾 桃 二

　菊井・村松コンメンタールの新民事訴訟法篇がこのたび刊行の運びとなったことは、旧篇に長くかかわってきた者としては、まことに嬉しいことである。新篇の執筆に当たられた伊藤眞教授、加藤新太郎判事その他の方々に心からお慶びを申し上げる。

　旧篇は、日本評論社法律学体系コンメンタール篇の一つとして、菊井維大教授、村松俊夫判事により、1957年（昭和32年）に第Ⅰ巻が、1964年（昭和39年）に第Ⅱ巻が執筆され、刊行された。昭和40年代の初め頃から改訂作業に入った。第Ⅰ巻は、菊井・村松両先生ご指導のもと、井口牧郎、鈴木重信、田尾桃二、奈良次郎、井関浩、上谷清、小倉顕の各判事（修習の期の順による。以下同じ）が分担執筆して、1978年（昭和53年）に改訂を完了した。第Ⅱ巻は、第Ⅱ巻と第Ⅲ巻の2冊とすることとなり、1986年（昭和61年）に第Ⅲ巻が、田尾、井田友吉、奈良、上谷各判事らにより、改訂された。1987年（昭和62年）村松先生が亡くなられた。1989年（平成元年）に第Ⅱ巻が、田尾、奈良、上谷、小倉、渋川満各判事らにより改訂された。1991年（平成3年）菊井先生が亡くなられた。1993年（平成5年）に、田尾、奈良、上谷、渋川各判事らにより第Ⅰ巻が再改訂された。

　改訂には各巻とも長い時間・年月がかかった。それは、各執筆者が提出した原稿を全員が一堂に会して検討、合議し、その結論にそって執筆者が書き直し、書き直したものを更に全員で検討するということを繰り返す入念な手順を踏んだからである。このような作業は苦痛の多いものであったが、合議を重ねていくうちに、多くの問題について、中庸をえた妥当な結論に達する

ことができ、旧篇の内容を高めるのに役立った。なお、改訂には日本評論社の西澤信三氏の多大の尽力をえた。

菊井・村松コンメンタールは、もとよりさまざまな目的をもって作られたのであるが、私らが第一の眼目にしたのは、質の高い民事裁判を実現するため、民事訴訟に携わる人に良い手引書を提供することであった。そのため、過去、現在、近未来における実務上の諸問題を可能なかぎりとり上げ、問題発生の経緯や問題の内容や法理論との関係等を解説したり、問題への解答、あるいは解答への道筋を提供したり、ときには問題点だけを指摘したりした。そして、この解答等を提供するにあたっては、極力、実務においてとりやすいものになるよう心掛けた。高い所から、強く、遠くまでを照射するというよりも、手にした篝火で、足元の近いところを照らしながら少しずつ歩むことを目指したものといえよう。

また、わが国の民事訴訟の実務には、法律上の直接的な根拠がはっきりしない慣行や取扱いがかなりある。いわゆる「実務の知恵」といわれるものである。これらについて、なるべく多くとりあげ、その根拠を探ったり、その評価をしたりした。

このほか、旧篇は、読者が使いやすいように、文章を、柔らかく、易しく、かつ、本をハンディにするよう務めた。しかし、後者については、改訂の度に各巻とも膨れ上がってしまった。

旧篇は、ほとんどすべての法律実務家に愛用され、各裁判所にも、多くの弁護士、司法書士等の事務所にも備え付けられた。私達にとっては大変光栄なことであった。

昭和の終わる頃から平成にかけて、新様式判決書の採用とか計画審理実現への工夫等々民事訴訟実務改革の気運が急速に盛り上がり、また、民事訴訟法に関連する民事執行法、民事保全法が相次いで作られ、ついに、民事訴訟法を全面的に改正する新民事訴訟法や同規則が制定・施行されるにいたり、今や新法のもとで民事訴訟の実務は、大きく変わり、新しい姿をとろうとしている。

新民事訴訟法ができる前から、菊井・村松コンメンタールの新民事訴訟法

篇の刊行を求める声はあちこちから聞こえていた。私達旧篇にかかわった者は、40年近い前、旧篇の改訂に取り組んだとき以来、この書は次々と新しい筆者で引継ぎ引継ぎしていつまでも永く活かし続けたいし、またそうすべきであると思ってきた。そして、今引継ぎの絶好の機会なので、司法、立法、学問の各界第一線におられる方々にバトンを受け取っていただいた。新執筆者は迅速に作業を進められ、21世紀の始めという記念すべき時に新篇は世に送り出された。これからも不断に、無限に発展、変遷し続ける実務に沿っていつまでも本書を改訂し続け、更にまた次の筆者に引継ぎ、篝火をともし続けていただきたい。アメリカのカードーゾ判事の次の一文を引用させていただく。

"We have been called to do our parts. Long after I am dead and gone, and my little part in it is forgotten, you will be here to do your share, and to carry the torch forward. I know that the flame will burn bright while the torch is in your keeping."

――BENJAMIN. N. CARDOZO; THE NATURE
OF THE JUDICIAL PROCESS, p. 181-2.

凡　　例

I　本書の利用にあたって

1　各編・章・節には、必要な一般的説明（前注）を付けた。

2　各条文の注釈を必要とする言葉の傍に〔1〕〔2〕……の符号を付し、注釈においてはそれぞれ〔1〕〔2〕……に応じて見出しを付けて説明した。

3　各条文の注釈においては、冒頭に、その条文の一般的説明（〔1〕本条の趣旨）を行った。また、〔1〕〔2〕……の注釈で説明しきれない問題点については、その条文の末尾に補足的説明（〔後注〕）を必要に応じて付した。

4　民事訴訟規則についても条文を掲げて注釈を加えた。その場合、民事訴訟法との関連に留意し、必要に応じて民事訴訟法関連本条とともに、もしくは別個独立に配置した。

5　各条文の注釈にあたっては、その条文に関係の深い現行の諸法令をできる限り引用することに努め、また、その論点についての判例・学説や実務上の取扱いをできるだけ収録することに努めた。

6　関係法令・判例の引用は、2017年（平成29年）10月末現在によった。

7　注釈の重複はできるだけ避け、各条相互への参照指示を頻繁にしたが、条文や他の個所の参照指示については、次のような方針に従った。

(1)　「38条〔2〕(1)(ｱ)」とあるのは、第38条の注釈の〔2〕の(1)の(ｱ)を指す。

(2)　単に「後記〔2〕」または「前記〔2〕」とあるのは、その注釈の施されている同一条文の注釈の〔2〕を指す。

(3)　「第1編第3章前注4(3)」とあるのは、第1編第3章についての前注の4の(3)を指す。

8　見出しは、項目の大きさに従い、〔1〕(1)(ｱ)(a)の順に付した。

II　法令名

法令の引用には、原則として一般に用いられていると思われる略称に従った。例えば、

一般法人	一般社団法人及び一般財団法人に関する法律（平18法48号）
会社	会社法（平17法86号）
会更	会社更生法（平14法154号）
家事	家事事件手続法（平23法52号）
行訴	行政事件訴訟法（昭37法139号）

ix

凡　例

刑訴	刑事訴訟法（昭23法131号）
刑訴規	刑事訴訟規則（昭23最高裁規32号）
国公	国家公務員法（昭22法120号）
裁	裁判所法（昭22法59号）
商	商法（明32法48号〔平17法87号改正〕）
人訴	人事訴訟法（平15法109号）
地公	地方公務員法（昭25法261号）
独禁	私的独占の禁止及び公正取引の確保に関する法律（昭22法54号）
破	破産法（平16法75号）
非訟	非訟事件手続法（平23法51号）
不登	不動産登記法（平16法123号）
民	民法（明29法89号〔平29法44号改正〕）
	※なお、平29に改正された民法に対応していることを注意的に示すために「改正民」と表記する場合もある。
民再	民事再生（平11法225号）
民執	民事執行法（昭54法4号）
民訴費	民事訴訟費用等に関する法律（昭46法40号）
民調	民事調停法（昭26法222号〔平15法128号改正〕）
民保	民事保全法（平元法91号）

　ただし、民事訴訟法については、法令名を省略した。例えば単に「9条」とあるのは、民事訴訟法第9条の条文を指す。また、「規則8条」とあるのは、民事訴訟規則第8条の条文を指す。

　なお、平成8年改正前の民事訴訟法については、

旧旧法	大正15年改正前の民事訴訟法（明23法29号）
旧法	平成8年改正前の民事訴訟法（大15法61号による改正法）
旧規則	平成8年改正前の民事訴訟規則（昭31最高裁規2号）

と略した。

Ⅲ　判例と判例集

1　判例の引用については、次のような方針に従った。

　「最大判昭和45・7・15民集24巻7号816頁」とあるのは、昭和45年7月15日最高裁判所大法廷判決、最高裁判所民事判例集昭和45年度24巻7号816頁を指し、「大決昭和7・2・12民集11巻119頁」とあるのは、昭和7年2月12日大審院決定、大審院民事判例集昭和7年度11巻119頁を指す。なお、大審院連合部・最高裁判所大法廷のみ「連」「大」を入れた。

凡　例

2　判例集等の略語は、次のようにした。

民録	大審院民事判決録
民集	〔大審院時代〕大審院民事判例集・〔最高裁判所時代〕最高裁判所民事判例集
高民集	高等裁判所民事判例集
下民集	下級裁判所民事裁判例集
労民集	労働関係民事裁判例集
行裁例集	行政事件裁判例集
要旨集	裁判例要旨集
裁判集民	最高裁判所裁判集民事
東高民時報	東京高等裁判所（民事）判決時報
裁時	裁判所時報
家月	家庭裁判月報
民裁資料	民事裁判資料
訟月	訟務月報
判決全集	大審院判決全集（法律新報社）
裁判例	大審院裁判例（法律新聞社編）
法学	東北大学法学会誌
評論	法律評論（法律評論社）
評論全集	法律〔学説判例〕評論全集（法律評論社）
新聞	法律新聞
判時	判例時報
判自	判例地方自治
判タ	判例タイムズ
金判	金融・商事判例
金法	旬刊金融法務事情
リマークス	私法判例リマークス

3　裁判例は、民録（刑録）・民集（刑集）、判時、判タに掲載がある場合には、すべてを挙示した。これらに掲載がない場合には、適宜、掲載誌を一つ挙示した。なお、判例索引には、読者の便宜のため、上記以外の掲載判例集も掲載しているので、参照されたい。

4　同一条文内における同じ判例の引用は、例えば「最判○・○・○前掲」として、判例集を省略しているが、巻末の判例索引を適宜利用されたい。

Ⅳ　文　献

学説の引用については、その出典につき、主な略語は次のとおりである。なお、引用

xi

凡　例

は、原則として2017年10月末現在において刊行されているものとした。本文中の引用において版の表示がないものは、最新版を意味する。

1　単行書
▶体系書・研究書等

石川・和解の研究	石川明『訴訟上の和解の研究』（慶應義塾大学法学研究会、1966年）
石川＝小島・国際民訴法	石川明＝小島武司編『国際民事訴訟法』（青林書院、1994年）
伊藤	伊藤眞『民事訴訟法〔第5版〕』（有斐閣、2016年）
伊藤・破産法再生法	伊藤眞『破産法・民事再生法〔第3版〕』（有斐閣、2014年）
伊東・研究	伊東乾『民事訴訟法研究』（酒井書店、1968年）
井上・審理	井上繁規『民事控訴審の判決と審理〔第3版〕』（第一法規、2017年）
井上・法理	井上治典『多数当事者訴訟の法理』（弘文堂、1981年）
岩松・研究	岩松三郎『民事裁判の研究』（弘文堂、1961年）
上田	上田徹一郎『民事訴訟法〔第7版〕』（法学書院、2011年）
梅本	梅本吉彦『民事訴訟法〔第4版〕』（信山社出版、2009年）、〔第3版〕（2007年）、〔新版〕（2006年）、〔初版〕（2002年）
大江ほか編・手続裁量	大江忠＝加藤新太郎＝山本和彦編『手続裁量とその規律』（有斐閣、2005年）
小野木＝中野・講義	小野木常＝中野貞一郎『民事訴訟法講義〔増補版〕』（有斐閣、1956年）
春日・証拠	春日偉知郎『民事証拠法論』（商事法務、2009年）
加藤・裁量論	加藤新太郎『手続裁量論』（弘文堂、1996年）
加藤・役割論	加藤新太郎『弁護士役割論〔新版〕』（弘文堂、2000年）
加藤・批評集(1)(2)	加藤正治『民事訴訟法判例批評集1巻・2巻（有斐閣、1926、27年）
加藤・要論	加藤正治『民事訴訟法要論』（有斐閣、1946年）
加藤編・尋問	加藤新太郎編著『民事尋問技術〔第4版〕』（ぎょうせい、2016年）

凡　例

加藤編・審理	加藤新太郎編『民事訴訟審理』（判例タイムズ社、2000年）
兼子・概論	兼子一『民事訴訟法概論』（岩波書店、1937〜38年）
兼子・研究(1)〜(3)	兼子一『民事法研究 1 巻〜 3 巻』（酒井書店、1950〜69年）〔増補〕（1976年）
兼子・執行法	兼子一『強制執行法〔増補版〕』（弘文堂、1951年）
兼子・実体法	兼子一『実体法と訴訟法』（有斐閣、1957年）
兼子・体系	兼子一『新修民事訴訟法体系〔増訂版〕』（酒井書店、1965年）
兼子・判例民訴	兼子一『判例民事訴訟法』（弘文堂、1950年）
兼子＝竹下・裁判法	兼子一＝竹下守夫『裁判法〔第 4 版〕』（有斐閣、法律学全集、1999年）
兼子編・判例民訴(上)(中)	兼子一＝畔上英治＝古関敏正編『判例民事訴訟法上巻〔増補版〕・中巻』（酒井書店、判例実務叢書、1976年）
河野	河野正憲『民事訴訟法』（有斐閣、2009年）
菊井・講義	菊井維大『民事訴訟法講義』（弘文堂、1955年）
菊井・執行法	菊井維大『強制執行法総論』（有斐閣、法律学全集、1976年）
菊井・民訴法(上)(下)	菊井維大『民事訴訟法上巻・下巻』（弘文堂、法律学講座双書、1958年）
雉本・批評録(1)〜(3)	雉本朗造『判例批評録 1 巻〜 3 巻』（有斐閣書房、弘文堂書房、1917〜29年）
倉田・証明論	倉田卓次『民事実務と証明論』（日本評論社、1987年）
小島・基礎法理	小島武司『民事訴訟の基礎法理』（有斐閣、1988年）
後藤＝藤田編・和解の理論と実務	後藤勇＝藤田耕三編『訴訟上の和解の理論と実務』（西神田編集室、1987年）
小林・証拠法	小林秀之『新証拠法〔第 2 版〕』（弘文堂、2003年）
小室・研究	小室直人『上訴制度の研究』（有斐閣、1961年）
小山	小山昇『民事訴訟法〔新版〕』（青林書院、現代法律学全集、2001年）
斎藤・概論	斎藤秀夫『民事訴訟法概論〔新版〕』（有斐閣、

xiii

凡　例

	1982年）
佐々木編・実務	佐々木茂美編著『最新民事訴訟運営の実務』（新日本法規出版、2003年）
澤木＝青山・国際民訴	澤木敬郎＝青山善充編『国際民事訴訟法の理論』（有斐閣、1987年）
新堂	新堂幸司『新民事訴訟法〔第5版〕』（弘文堂、2011年）
新堂・争点効(上)(下)	新堂幸司『訴訟物と争点効上巻・下巻（民事訴訟法研究3巻・4巻）』（有斐閣、1988、91年）
新堂・役割	新堂幸司『民事訴訟制度の役割（民事訴訟法研究1巻）（有斐閣、1993年）
新堂編・特別講義	新堂幸司編著『特別講義民事訴訟法』（有斐閣、法学教室全書、1988年）
杉山・専門家	杉山悦子『民事訴訟と専門家』（有斐閣、2007年）
髙田・研究	髙田昌宏『自由証明の研究』（有斐閣、2008年）
高橋・重点講義(上)(下)	高橋宏志『重点講義民事訴訟法(上)〔第2版補訂版〕』（有斐閣、2013年）同(下)〔第2版〕（2012年）
塚原ほか編・理論と実務(上)(下)	塚原朋一＝柳田幸三＝園尾隆司＝加藤新太郎編『新民事訴訟法の理論と実務(上)(下)』（ぎょうせい、1997年）
長島＝森田・解釈	長島毅＝森田豊次郎『改正民事訴訟法解釈』（清水書店、1930年）
中島・日本民訴	中島弘道『日本民事訴訟法』（松華堂、1934年）
中田・講義	中田淳一『民事訴訟法講義上巻』（有信堂、1954年）
中野・解説	中野貞一郎『解説新民事訴訟法』（有斐閣、有斐閣リブレ、1997年）
中野・現在問題	中野貞一郎『民事手続の現在問題』（判例タイムズ社、1989年）
中野・民執法	中野貞一郎『民事執行法〔新訂4版〕』（青林書院、現代法律学全集、2000年）〔増補新訂5版〕（2006年）、〔増補新訂6版〕（2010年）
中野＝下村・民執法	中野貞一郎＝下村正明『民事執行法』（青林書院、2016年）
中野・推認	中野貞一郎『過失の推認〔増補版〕』（弘文堂、1987年）

xiv

中野・訴訟関係	中野貞一郎『訴訟関係と訴訟行為』（弘文堂、1961年）
中野・論点ⅠⅡ	中野貞一郎『民事訴訟法の論点Ⅰ・Ⅱ』（判例タイムズ社、1994、2001年）
中野編・鑑定	中野貞一郎編『科学裁判と鑑定』（日本評論社、1988年）
中野ほか・講義	中野貞一郎＝松浦馨＝鈴木正裕編『民事訴訟法講義〔第3版〕』（有斐閣、有斐閣大学双書、1995年）
中野ほか・新講義	中野貞一郎＝松浦馨＝鈴木正裕編『新民事訴訟法講義〔補訂版〕』（有斐閣、有斐閣大学双書、2000年）、〔第2版〕（2004年）、〔第2版補訂版〕（2006年）、〔第2版補訂2版〕（2008年）
難波ほか・少額訴訟	難波孝一ほか『少額訴訟の審理方法に関する研究』（司法研究報告書54輯1号、2001年）
ノート(1)～(3)	宮川種一郎＝賀集唱編『民事実務ノート1巻』、本井巽＝中村修三編『民事実務ノート2巻』、本井巽＝賀集唱編『民事実務ノート3巻』（判例タイムズ社、1968～69年）
雛形ほか・研究	雛形要松ほか『民事控訴審における審理の充実に関する研究』（司法研修所、2004年）
細野・要義(1)～(5)	細野長良『民事訴訟法要義1巻～5巻〔全訂版〕』（巌松堂書店、1930～38年）
松本・分配	松本博之『証明責任の分配〔新版〕』（信山社、1996年）
松本＝上野	松本博之＝上野泰男『民事訴訟法〔第7版〕』（弘文堂、2012年）
三ヶ月・研究(1)～(10)	三ヶ月章『民事訴訟法研究1巻～10巻』（有斐閣、1962～89年）
三ヶ月・判例民訴法	三ヶ月章『判例民事訴訟法』（弘文堂、1974年）
三ヶ月・全集	三ヶ月章『民事訴訟法』（有斐閣、法律学全集、1959年）
三ヶ月・双書	三ヶ月章『民事訴訟法〔第3版〕』（弘文堂、法律学講座双書、1992年）
三木・手続運営	三木浩一『民事訴訟における手続運営の理論』（有斐閣、2013年）
三谷・再審	三谷忠之『民事再審の法理』（法律文化社、1998

xv

凡　例

	年)
宮脇編・手形訴訟	宮脇幸彦編『手形訴訟関係法規の解説』（法曹会、1965年）
村松・研究	村松俊夫『民事裁判の研究（民事裁判研究1巻）〔新版〕』（有信堂、1955年）
村松・雑考	村松俊夫『民訴雑考』（日本評論社、1959年）
村松・諸問題	村松俊夫『民事裁判の諸問題（民事裁判研究2巻）』（有信堂、1953年）
村松・理論と実務	村松俊夫『民事裁判の理論と実務（民事裁判研究3巻）』（有信堂、1967年）
山木戸・研究	山木戸克己『民事訴訟理論の基礎的研究』（有斐閣、1961年）
山木戸・講義	山木戸克己『民事訴訟法講義〔第4版〕』（三和書房、1956年）
山木戸・人訴法	山木戸克己『人事訴訟手続法』（有斐閣、法律学全集、1958年）
山木戸・論集	山木戸克己『民事訴訟法論集』（有斐閣、1990年）
山田・改正民訴(1)〜(4)	山田正三『改正民事訴訟法1巻〜4巻』（弘文堂、1928〜31年）
山田・概論	山田正三『日本民事訴訟法概論上巻』（弘文堂、1940年）
山田・日本民訴(1)(2)	山田正三『日本民事訴訟法論1巻・2巻』（弘文堂、1933〜34年）
山田・判例研究(1)	山田正三『民事訴訟法判例研究1巻』（弘文堂書房、1934年）
山本・基本問題	山本和彦『民事訴訟法の基本問題』（判例タイムズ社、2002年）
山本・構造論	山本和彦『民事訴訟審理構造論』（信山社、1995年）
論点新民訴法	滝井繁男＝田原睦夫＝清水正憲編『論点新民事訴訟法』（判例タイムズ社、1998年）
渡辺ほか・裁判実務	渡辺忠之＝西村宏一＝井口牧郎編著『裁判実務手形訴訟』（日本評論社、1965年）

▶ **注釈書**

| **基コメ**(1)〜(3) | 賀集唱＝松本博之＝加藤新太郎編『基本法コンメンタール・民事訴訟法1巻〜3巻〔第3版追補 |

凡　例

	版〕』（日本評論社、2012年）
新コンメ	笠井正俊＝越山和広編『新コンメンタール・民事訴訟法〔第2版〕』（日本評論社、2013年）
新判コンメ(1)〜(6)・別巻	谷口安平＝井上治典編『新・判例コンメンタール民事訴訟法』（三省堂、1993〜95年）
条解(上)	兼子一『条解民事訴訟法上巻』（弘文堂、1951年）
条解新版	兼子一＝松浦馨＝新堂幸司＝竹下守夫『条解民事訴訟法』（弘文堂、1986年）
条解2版	兼子一＝松浦馨＝新堂幸司＝竹下守夫＝高橋宏志＝加藤新太郎＝上原敏夫＝高田裕成『条解民事訴訟法〔第2版〕』（弘文堂、2011年）
条解規則	最高裁判所事務総局民事局監修『条解民事訴訟規則』（司法協会、1997年）、〔増補版〕（2004年）
注解(1)〜(12)	斎藤秀夫＝小室直人＝西村宏一＝林屋礼二編著『注解民事訴訟法〔第2版〕』（第一法規出版、1991〜96年）
注解強制執行法(1)〜(5)	岩松三郎先生喜寿記念『注解強制執行法1巻〜5巻』（第一法規出版、1974〜1979年）
注解民執法(1)〜(8)	鈴木忠一＝三ヶ月章編『注解民事執行法1巻〜8巻』（第一法規出版、1984〜85年）
注釈(1)〜(9)	新堂幸司＝鈴木正裕＝竹下守夫編集代表『注釈民事訴訟法1巻〜9巻』（有斐閣、1991〜98年）
高田ほか・注釈(1)〜(5)	高田裕成＝三木浩一＝山本克己＝山本和彦編『注釈民事訴訟法1巻〜5巻』（有斐閣、2017年〔未完〕）
青林注解(1)(2)	三宅省三＝塩崎勤＝小林秀之編集代表『注解民事訴訟法1巻・2巻』（青林書院、2000年、2002年）
注釈民執法(1)〜(8)	香川保一監修『注釈民事執行法1巻〜8巻』（きんざい、1983〜95年）
松岡・註釈(1)〜(6)	松岡義正『新民事訴訟法註釈1巻〜6巻』（清水書店、1929〜39年）
注釈民法(1)〜(26)	中川善之助＝柚木馨＝谷口知平＝於保不二雄＝川島武宜＝加藤一郎編集代表『注釈民法1巻〜26巻』（有斐閣、1964〜87年）
新版注釈民法(1)〜(28)	谷口知平＝於保不二雄＝川島武宜＝林良平＝加藤一郎＝幾代通編集代表『新版注釈民法1巻〜28

xvii

凡 例

	巻』（有斐閣、1988〜2015年〔未完〕）
注釈会社法(1)〜(10)	大森忠夫＝矢沢惇編集代表『注釈会社法1巻〜10巻』（有斐閣、1967〜1972年）、補巻（1980年）
新版注釈会社法(1)〜(15)	上柳克郎＝鴻常夫＝竹内昭夫編集代表『新版注釈会社法1巻〜15巻』（有斐閣、1985〜91年）、補巻（1992〜2000年）

▶**講座・演習**

演習民訴(上)(下)	小山昇＝中野貞一郎＝松浦馨＝竹下守夫編『演習民事訴訟法上巻・下巻』（青林書院新社、演習法律学大系、1973年）
演習民訴	小山昇＝中野貞一郎＝松浦馨＝竹下守夫編『演習民事訴訟法』（青林書院、新演習法律学講座、1987年）
講座新民訴(1)〜(3)	竹下守夫編集代表『講座新民事訴訟法1巻〜3巻』（弘文堂、1998〜99年）
講座民訴(1)〜(7)	新堂幸司編集代表『講座民事訴訟1巻〜7巻』（弘文堂、1983〜85年）
最新裁判実務(1)〜(5)	大段亨編集代表『最新裁判実務大系1巻〜5巻』（青林書院、2013〜16年）
新裁判実務(1)	太田幸夫編『医療過誤訴訟法（新・裁判実務大系1巻）』（青林書院、2000年）
実務民訴(1)〜(10)	鈴木忠一＝三ヶ月章監修『実務民事訴訟講座1巻〜10巻』（日本評論社、1969〜71年）
実務民訴3期(1)〜(6)	新堂幸司監修／高橋宏志＝加藤新太郎編『実務民事訴訟講座（第3期）1巻〜6巻』（日本評論社、2012〜14年）
実例法学(上)(下)	兼子一編『民事訴訟法上巻・下巻（実例法学全集）』（青林書院新社、1963、65年）
諸問題(1)〜(5)	近藤完爾＝浅沼武編『民事法の諸問題Ⅰ巻〜Ⅳ巻』、宮川種一郎＝中野貞一郎編『民事法の諸問題Ⅴ巻』（判例タイムズ社、1965〜72年）
新実務民訴(1)〜(14)	鈴木忠一＝三ヶ月章監修『新・実務民事訴訟講座1巻〜14巻』（日本評論社、1981〜84年）
新大系(1)〜(4)	三宅省三＝塩崎勤＝小林秀之編集代表『新民事訴訟法大系1巻〜4巻』（青林書院、1997年）
選書演習(1)(2)	鈴木正裕＝井上治典＝上田徹一郎＝谷口安平＝福

	永有利＝吉村徳重『演習民事訴訟法(1)』、新堂幸司＝伊藤眞＝井上治典＝梅本吉彦＝小島武司＝霜島甲一＝高橋宏志『演習民事訴訟法(2)』（有斐閣、法学教室選書、1982、85年）
法律実務(1)〜(6)	岩松三郎＝兼子一編『法律実務講座民事訴訟編1巻〜6巻』（有斐閣、1958〜63年）
民訴演習(1)(2)	中田淳一＝三ヶ月章編『民事訴訟法演習Ⅰ・Ⅱ』（有斐閣、1963、64年）、〔新版〕Ⅰ・三ヶ月章＝中野貞一郎＝竹下守夫編〔新版〕Ⅱ（1983年）
民訴講座(1)〜(5)	民事訴訟法学会編『民事訴訟法講座1巻〜5巻』（有斐閣、1954〜56年）
民事証拠法大系(1)〜(5)	門口正人編集代表『民事証拠法大系1巻〜5巻』（青林書院、2003〜2006年）

▶**記念論集**

青山古稀	青山善充先生古稀祝賀『民事手続法学の新たな地平』（有斐閣、2009年）
石川古稀(上)(下)	石川明先生古稀祝賀『現代社会における民事手続法の展開(上)(下)』（商事法務、2002年）
石田＝西原＝高木還暦(下)	石田喜久夫先生・西原道雄先生・高木多喜男先生還暦記念・下巻『金融法の課題と展望』（日本評論社、1990年）
伊藤古稀	伊藤眞先生古稀祝賀『民事手続の現代的使命』（有斐閣、2015年）
井上追悼	井上治典先生追悼『民事紛争と手続理論の現在』（法律文化社、2008年）
岩松還暦	岩松三郎裁判官還暦記念『訴訟と裁判』（有斐閣、1956年）
兼子還暦(上)(中)(下)	兼子一博士還暦記念『裁判法の諸問題上巻・中巻・下巻』（有斐閣、1969〜70年）
木川古稀(上)(中)(下)	木川統一郎博士古稀祝賀『民事裁判の充実と促進上巻・中巻・下巻』（判例タイムズ社、1994年）
菊井献呈(上)(下)	菊井維大先生献呈論集『裁判と法上巻・下巻』（有斐閣、1967年）
吉川還暦	吉川大二郎博士還暦記念『保全処分の体系』下巻（法律文化社、1970年）

凡　例

吉川追悼 (上)(下)	吉川大二郎博士追悼『手続法の理論と実践上巻・下巻』（法律文化社、1980〜81年）
小島古稀 (上)(中)(下)	小島武司先生古稀祝賀『民事司法の法理と政策上巻・中巻・下巻』（商事法務、2008〜2009年）
小室＝小山還暦 (上)(中)(下)	小室直人先生・小山昇先生還暦記念『裁判と上訴上巻・中巻・下巻』（有斐閣、1980年）
新堂古稀 (上)(下)	新堂幸司先生古稀祝賀『民事訴訟法理論の新たな構築』（有斐閣、2001年）
末川古稀 (上)(中)(下)	末川博先生古稀記念『権利の濫用上巻・中巻・下巻』（有斐閣、1962年）
鈴木古稀	鈴木正裕先生古稀祝賀『民事訴訟法の史的展開』（有斐閣、2002年）
田原古稀 (上)(下)	田原睦夫先生古稀・最高裁判事退官記念『現代民事法の実務と理論上巻・下巻』（金融財政事情研究会、2013年）
梅＝遠藤古稀	梅善夫先生・遠藤賢治先生古稀祝賀『民事手続における法と実践』（成文堂、2014年）
中田還暦 (上)(下)	中田淳一先生還暦記念『民事訴訟の理論上巻・下巻』（有斐閣、1969、70年）
中野古稀 (上)(下)	中野貞一郎先生古稀祝賀『判例民事訴訟法の理論上巻・下巻』（有斐閣、1995年）
中村古稀	中村宗雄先生古稀祝賀『民事訴訟の法理』（敬文堂、1965年）
原井古稀	原井龍一郎先生古稀祝賀『改革期の民事手続法』（法律文化社、2000年）
福永古稀	福永有利先生古稀記念『企業紛争と民事手続法理論』（商事法務、2005年）
松田記念 (上)(下)	松田二郎判事在職四十年記念『会社と訴訟上巻・下巻』（有斐閣、1968年）
三ヶ月古稀 (上)(中)(下)	三ヶ月章先生古稀記念祝賀『民事手続法学の革新上巻・中巻・下巻』（有斐閣、1991年）
山木戸還暦 (上)(下)	山木戸克己教授還暦記念『実体法と手続法の交錯上巻・下巻』（有斐閣、1974、78年）
吉村古稀	吉村徳重先生古稀記念『弁論と証拠調べの理論と実践』（法律文化社、2002年）

凡 例

▶その他

一問一答	法務省民事局参事官室編『一問一答新民事訴訟法』（商事法務研究会、1996年）
一問一答平成15年改正	小野瀬厚＝武智克典編著『一問一答平成15年改正民事訴訟法』（商事法務、2004年）
一問一答平成16年改正	小野瀬厚＝原司編著『一問一答平成16年改正民事訴訟法・非訟事件手続法・民事執行法』（商事法務、2005年）
一問一答平成23年改正	佐藤達文＝小林康彦編著『一問一答平成23年民事訴訟法等改正』（商事法務、2012年）
研究会	竹下守夫＝青山善充＝伊藤眞編『研究会　新民事訴訟法』（ジュリ増刊）（有斐閣、1999年）引用において頁の後の〔氏名〕は発言者名
最判解説	法曹会編『最高裁判所判例解説民事篇』（「○○年度○○事件」）（法曹会）
事実認定	伊藤眞＝加藤新太郎編『［判例から学ぶ］民事事実認定』（ジュリ増刊）（有斐閣、2006年）
実務講義案Ⅲ	裁判所職員総合研修所監修『民事実務講義案Ⅲ〔4訂補版〕』（司法協会、2013年）
重判	『○○年度重要判例解説』（ジュリ臨増）（有斐閣）
総合判例	『総合判例研究叢書』（有斐閣、1956～68年）
争点	三ヶ月章＝青山善充編『民事訴訟法の争点』（ジュリ増刊）（有斐閣、1979年）、〔新版〕（1988年）、青山善充＝伊藤眞編〔第3版〕（1998年）
新争点	伊藤眞＝山本和彦編『民事訴訟法の争点』（ジュリ増刊）（有斐閣、2009年）
速判解説	速報判例解説編集委員会編『速報判例解説』（法セ増刊）（2007年～）
督促諸問題	最高裁判所事務総局民事局監修『新しい督促手続の基本的諸問題』（法曹会、2008年）
判民	民事法判例研究会／東京大学判例研究会編『判例民事法』（「○○年度○○事件」）（有斐閣）
続百選	新堂幸司編『続民事訴訟法判例百選』（別冊ジュリ）（有斐閣、1972年）
百選〔第2版〕	新堂幸司＝青山善充編『民事訴訟法判例百選〔第2版〕』（別冊ジュリ）（有斐閣、1982年）
百選ⅠⅡ	新堂幸司＝青山善充＝高橋宏志編『民事訴訟法判

xxi

凡　例

	例百選Ⅰ・Ⅱ』（別冊ジュリ）（有斐閣、1992年）、〔新法対応補正版〕（1998年）
百選〔第4版〕	高橋宏志＝高田裕成＝畑瑞穂編『民事訴訟法判例百選〔第4版〕』（別冊ジュリ）（有斐閣、2010年）
民訴法典研究会編	民事訴訟法法典現代語化研究会編『各国民事訴訟法参照条文』（日本立法資料全集別巻34）（信山社、1995年）
検討事項	法務省民事局参事官室「民事訴訟手続に関する検討事項」（『民事訴訟手続の検討課題』〔別冊NBL23号〕、ジュリ1028号所収、1991年）
改正要綱試案	法務省民事局参事官室「民事訴訟手続に関する改正要綱試案補足説明」（『民事訴訟手続の改正試案』〔別冊NBL27号〕、ジュリ1042号所収、1993年）
本書旧版Ⅰ～Ⅲ	菊井維大＝村松俊夫／田尾桃二＝奈良次郎＝上谷清＝渋川満補訂『全訂民事訴訟法』Ⅰ（1978年）、〔補訂版〕（1993年）、Ⅱ（1986年）、Ⅲ（1989年）
本書Ⅰ～Ⅶ	『コンメンタール民事訴訟法』Ⅰ〔第2版追補版〕（2014年）・Ⅱ〔第2版〕（2006年）、Ⅳ（2010年）、Ⅴ（2012年）、Ⅵ（2014年）、Ⅶ（2016年）。なお、本書（Ⅲ）の初版（2008年）は単に「本書初版」とする。

2　雑　誌

雑誌名の略称は、原則として、法律編集者懇話会「法律文献等の出典の表示方法」における略称に依拠した。例えば、

商事	旬刊商事法務
自正	自由と正義
民商	民商法雑誌
曹時	法曹時報
法協	法学協会雑誌
民訴	民事訴訟雑誌
法教	法学教室
法時	法律時報
法セ	法学セミナー
判評	判例評論

コンメンタール民事訴訟法Ⅲ

目　次

目 次

はしがき　i

第2版刊行にあたって　iii

『コンメンタール民事訴訟法』の刊行に寄せて／田尾桃二　vi

凡　例　ix

第2編　第一審の訴訟手続 [前注] ································· 3

第1章　訴　え ······························· 6

[前注]　**1　訴えの意義**　6
　　　　2　訴権学説　7
　　　　3　訴訟要件　9
　　　　4　訴えの種類　14
　　　　　(1)　確認の訴え　14
　　　　　(2)　給付の訴え　15
　　　　　(3)　形成の訴え　19

第133条（訴え提起の方式）································· 25
規則第53条（訴状の記載事項・法第133条）
規則第54条（訴えの提起前に証拠保全が行われた場合の訴状の記載事項）
規則第55条（訴状の添付書類）

　　〔1〕　本条の趣旨　26
　　〔2〕　訴えの提起　27
　　〔3〕　訴状の提出　30
　　〔4〕　訴状の記載事項　33
　　〔5〕　当事者の記載　34
　　〔6〕　法定代理人の記載　36
　　〔7〕　請求の趣旨の記載　37
　　〔8〕　請求の原因の記載　44
　　〔9〕　請求を理由づける事実の記載　55

xxiv

目　次

〔10〕　重要な間接事実および証拠の記載　56
〔11〕　請求を理由づける事実と関連事実との区別　57
〔12〕　準備書面としての性質　57
〔13〕　郵便番号および電話番号等の記載　58
〔14〕　訴えの提起前に証拠保全が行われた場合の訴状の記載事項　58
〔15〕　訴状の添付書類　58

第134条（証書真否確認の訴え）　………………………………………………… 60

〔1〕　本条の趣旨　60
〔2〕　確認の対象　61
〔3〕　確認の利益（即時確定の利益）　77
〔4〕　法律関係を証する書面の成立の真否の確認の訴え　89

第135条（将来の給付の訴え）　…………………………………………………… 92

〔1〕　本条の趣旨　92
〔2〕　給付の訴え　93
〔3〕　将来給付の訴えの基礎となる請求権　104
〔4〕　将来給付の訴えの利益　112

第136条（請求の併合）　…………………………………………………………… 117

〔1〕　本条の趣旨　117
〔2〕　数個の請求　118
〔3〕　同種の訴訟手続　126
〔4〕　請求の併合の他の要件　128
〔5〕　請求の併合の審理・効果等　129

第137条（裁判長の訴状審査権）　………………………………………………… 135
規則第56条（訴状の補正の促し・法第137条）
規則第57条（訴状却下命令に対する即時抗告・法第137条等）

〔1〕　本条の趣旨　135
〔2〕　訴状の受付　136
〔3〕　訴えの必要的記載事項の不記載　137
〔4〕　手数料の不納付　139
〔5〕　補正命令　140
〔6〕　裁判所書記官による補正の促し　143
〔7〕　訴状却下命令　144
〔8〕　訴状却下命令に対する即時抗告　147

第138条（訴えの送達）　…………………………………………………………… 148
規則第58条（訴状の送達等・法第138条等）

〔1〕　本条の趣旨　148
〔2〕　訴状の送達　148
〔3〕　副本による送達　150

xxv

目　次

〔4〕　送達不能の場合等の扱い　　151

第139条（口頭弁論期日の指定）……………………………………………………………… 153
規則第60条（最初の口頭弁論期日の指定・法第139条）
規則第61条（最初の口頭弁論期日前における参考事項の聴取）
規則第62条（口頭弁論期日の開始）
規則第64条（口頭弁論期日の変更の制限）

〔1〕　本条の趣旨　　154
〔2〕　最初の口頭弁論期日の指定　　154
〔3〕　最初の口頭弁論期日前における参考事項の聴取　　157
〔4〕　口頭弁論期日の開始　　159
〔5〕　口頭弁論期日の変更とその制限　　162

第140条（口頭弁論を経ない訴えの却下）…………………………………………………… 163

〔1〕　本条の趣旨　　163
〔2〕　訴え却下の要件　　164
〔3〕　口頭弁論を経ない訴え却下の判決　　166

第141条（呼出費用の予納がない場合の訴えの却下）…………………………………… 167

〔1〕　本条の趣旨　　167
〔2〕　期日の呼出しに必要な費用の予納　　168
〔3〕　被告の異議　　168
〔4〕　訴えの却下決定　　168
〔5〕　即時抗告　　168

第142条（重複する訴えの提起の禁止）……………………………………………………… 169

〔1〕　本条の趣旨　　169
〔2〕　訴訟係属の意義　　169
〔3〕　さらに提起された訴え　　175

第143条（訴えの変更）………………………………………………………………………………… 187

〔1〕　本条の趣旨　　187
〔2〕　訴えの変更の意義　　188
〔3〕　訴えの変更の効果　　197
〔4〕　訴えの変更の要件　　198
〔5〕　請求の基礎の同一性　　199
〔6〕　訴えの変更をすることができる時期　　205
〔7〕　訴訟手続を著しく遅滞させることとなる場合　　208
〔8〕　訴えの変更の方式　　210
〔9〕　訴えの変更の書面の送達　　211
〔10〕　訴えの変更が許されない場合の裁判　　211

目　次

第144条（選定者に係る請求の追加）……………………………………………… 215

〔1〕　本条の趣旨　215
〔2〕　原告または被告となるべき者の選定　216
〔3〕　請求の追加　217
〔4〕　請求の追加の要件・手続　217

第145条（中間確認の訴え）………………………………………………………… 218

〔1〕　本条の趣旨　219
〔2〕　中間確認の訴え　219
〔3〕　争いとなっている法律関係の成立または不成立に係るとき（先決問題）　220
〔4〕　当事者による請求の拡張　224
〔5〕　その他の要件　225
〔6〕　中間確認の訴えの国際裁判管轄　228
〔7〕　中間確認の訴えの手続　228

第146条（反訴）……………………………………………………………………… 232
規則第59条（反訴・法第146条）

〔1〕　本条の趣旨　232
〔2〕　反訴の意義　233
〔3〕　反訴の提起の要件　237
〔4〕　本訴請求との関連性　238
〔5〕　反訴を提起することができる時期　242
〔6〕　反訴請求に係る管轄　244
〔7〕　訴訟手続を遅滞させないこと　245
〔8〕　反訴事件についての国際裁判管轄　246
〔9〕　反訴の手続　247

〔現行法バージョン〕
第147条（時効中断等の効力発生の時期）………………………………………… 249

〔1〕　本条の趣旨　249
〔2〕　時効の中断　251
〔3〕　法律上の期間の遵守　256
〔4〕　訴え提起時　257
〔5〕　訴えの変更等と時効中断　260

〔改正法バージョン〕
第147条（裁判上の請求による時効の完成猶予等）……………………………… 262

〔1〕　本条の趣旨　262
〔2〕　訴えの提起等の時　264
〔3〕　時効の完成猶予　269

xxvii

目　次

〔4〕　法律上の期間の遵守　274

第2章　計画審理［前注］ ……………………………………………………… 276

第147条の2（訴訟手続の計画的進行）………………………………………… 277

〔1〕　本条の趣旨　277
〔2〕　訴訟手続の計画的な進行　277

第147条の3（審理の計画）……………………………………………………… 279

〔1〕　本条の趣旨　279
〔2〕　審理計画の策定　281
〔3〕　必要的計画事項　283
〔4〕　特定計画事項　285
〔5〕　審理計画の変更　286

第3章　口頭弁論及びその準備 ……………………………………………… 288

［前注］　1　本章の構成　288
　　　　　2　口頭弁論に関する諸原則　289
　　　　　3　口頭弁論の準備　289
　　　　　　(1)　争点整理の手段　290
　　　　　　(2)　争点整理の方式　290

第1節　口頭弁論［前注］……………………………………………………… 291

第148条（裁判長の訴訟指揮権）……………………………………………… 291
規則第77条（法廷における写真の撮影等の制限）

〔1〕　本条の趣旨　292
〔2〕　訴訟指揮権と弁論指揮権　292
〔3〕　弁論指揮権の内容　294
〔4〕　法廷警察権　295

第149条（釈明権等）…………………………………………………………… 296
規則第63条（期日外釈明の方法・法第149条）

〔1〕　本条の趣旨　297
〔2〕　釈明（総論）　298
〔3〕　釈明に関する裁判例　309

xxviii

〔4〕 主張についての釈明（各論）　317
〔5〕 立証・証拠についての釈明　321
〔6〕 釈明の方法　323
〔7〕 釈明の主体と釈明の時期　324
〔8〕 当事者の求問権　325
〔9〕 期日外釈明とその手続　325
〔10〕 期日外釈明の方法　327
〔11〕 釈明内容の記録化　328

第150条（訴訟指揮等に対する異議）　328

〔1〕 本条の趣旨　328
〔2〕 当事者の異議　329
〔3〕 異議に対する裁判　331

第151条（釈明処分）　332

〔1〕 本条の趣旨　332
〔2〕 釈明処分の意義　333
〔3〕 当事者本人等への出頭命令　335
〔4〕 準当事者の陳述　336
〔5〕 文書・物件の提出命令　336
〔6〕 提出文書・物件の留置命令　337
〔7〕 検　証　338
〔8〕 鑑定命令　339
〔9〕 調査嘱託　339
〔10〕 証拠調べの規定の準用　340

第152条（口頭弁論の併合等）　340

〔1〕 本条の趣旨　340
〔2〕 弁論の制限　342
〔3〕 弁論の分離　345
〔4〕 弁論の併合　348
〔5〕 弁論の制限・分離・併合の取消し　351
〔6〕 併合前に尋問された証人の再尋問　352

第153条（口頭弁論の再開）　352

〔1〕 本条の趣旨　352
〔2〕 弁論の終結　352
〔3〕 弁論の再開　353

第154条（通訳人の立会い等）　356

〔1〕 本条の趣旨　356
〔2〕 口頭弁論に関与する者　356
〔3〕 日本語に通じない場合の通訳人の立会い　356

xxix

目　次

〔4〕　耳が聞こえないか口がきけない場合の通訳人の立会い等　358
〔5〕　鑑定人に関する規定の通訳人への準用　358

第155条（弁論能力を欠く者に対する措置）……………………………… 359
規則第65条（訴訟代理人の陳述禁止等の通知・法第155条）

〔1〕　本条の趣旨　359
〔2〕　弁論能力を欠く者に対する陳述禁止の裁判等　360
〔3〕　弁護士の付添命令　362
〔4〕　訴訟代理人の陳述禁止等の通知　363

第156条（攻撃防御方法の提出時期）………………………………………… 363

〔1〕　本条の趣旨　363
〔2〕　攻撃防御方法　364
〔3〕　適時提出主義　365

第156条の2（審理の計画が定められている場合の攻撃防御方法の提出期間）… 367

〔1〕　本条の趣旨　367
〔2〕　審理計画に従った訴訟手続の進行上の必要　368
〔3〕　当事者の意見聴取　368
〔4〕　特定事項についての攻撃防御方法　369
〔5〕　提出期間の裁定　370

第157条（時機に後れた攻撃防御方法の却下等）…………………………… 370

〔1〕　本条の趣旨　370
〔2〕　当事者による提出　373
〔3〕　故意または重過失　374
〔4〕　時機に後れた提出　376
〔5〕　攻撃防御方法　382
〔6〕　訴訟完結の遅延　383
〔7〕　攻撃防御方法の却下　385
〔8〕　釈明に応じない場合の却下　387

第157条の2（審理の計画が定められている場合の攻撃防御方法の却下）…… 388

〔1〕　本条の趣旨　388
〔2〕　審理計画および特定事項に係る攻撃防御方法の提出期間の定め　389
〔3〕　期間経過後の攻撃防御方法の提出　389
〔4〕　審理計画に従った訴訟手続の進行の著しい支障　390
〔5〕　攻撃防御方法の却下決定　391
〔6〕　相当の理由があるときの例外　392

第158条（訴状等の陳述の擬制）……………………………………………… 393

〔1〕　本条の趣旨　393
〔2〕　最初にすべき期日への不出頭等と陳述擬制　395

xxx

目　次

〔3〕 「本案の弁論をしないとき」の意味　397
〔4〕 擬制陳述の対象書面等　398

第159条（自白の擬制） ……………………………………………………… 401

〔1〕 本条の趣旨　401
〔2〕 相手方の主張を争うことを明らかにしない場合の擬制自白　402
〔3〕 弁論の全趣旨による争ったものとの判断　404
〔4〕 不知の陳述の効果　406
〔5〕 当事者が期日に欠席した場合の擬制自白　407
〔6〕 公示送達による呼出しの場合の擬制自白の除外　408

第160条（口頭弁論調書） ………………………………………………… 408

〔1〕 本条の趣旨　409
〔2〕 口頭弁論調書の作成　409
〔3〕 口頭弁論調書の記載に対する異議　413
〔4〕 口頭弁論調書の証明力　415
〔5〕 口頭弁論調書の滅失による証明力の喪失　420

規則第66条（口頭弁論調書の形式的記載事項・法第160条） ………… 421

〔1〕 本条の趣旨　421
〔2〕 口頭弁論調書の形式的記載事項　422
〔3〕 裁判所書記官の記名押印・裁判長の認印　427
〔4〕 裁判長の認印に支障があるときの処理　427

規則第67条（口頭弁論調書の実質的記載事項・法第160条） ………… 428

〔1〕 本条の趣旨　429
〔2〕 口頭弁論調書の実質的記載事項　429
〔3〕 訴訟が裁判によらないで完結した場合の口頭弁論調書記載の省略　437
〔4〕 訴訟手続の進行に関する事項の記載　438

規則第68条（調書の記載に代わる録音テープ等への記録） ……………… 438

〔1〕 本条の趣旨　439
〔2〕 証人等の陳述の録音テープ等への記録　439
〔3〕 証人等の陳述を記載した書面の作成　440

規則第69条（書面等の引用添付） ……………………………………… 440

〔1〕 本条の趣旨　441
〔2〕 書面等の口頭弁論調書への引用・記録への添付　441

目　次

規則第70条（陳述の速記）……………………………………………………… 442
規則第71条（速記録の作成）
規則第72条（速記録の引用添付）
規則第73条（速記原本の引用添付）
規則第74条（速記原本の反訳等）
規則第75条（速記原本の訳読）

〔1〕　速記制度の趣旨　443
〔2〕　口頭弁論における陳述の全部または一部の速記（規則70条）　444
〔3〕　速記録の作成（規則71条）　444
〔4〕　速記録の引用添付（規則72条）　445
〔5〕　速記原本の引用添付（規則73条）　445
〔6〕　速記原本の反訳等（規則74条）　445
〔7〕　速記原本の訳読（規則75条）　445

規則第76条（口頭弁論における陳述の録音）………………………………… 446

〔1〕　本条の趣旨　446
〔2〕　口頭弁論における陳述の録音と反訳調書　446

規則第78条（裁判所の審尋等への準用）…………………………………… 446

〔1〕　本条の趣旨　447
〔2〕　口頭弁論調書等に関する規定の他の手続への準用　447

第2節　準備書面等［前注］…………………………………………………… 448

第161条（準備書面）…………………………………………………………… 448
規則第79条（準備書面・法第161条）
規則第80条（答弁書）
規則第81条（答弁に対する反論）
規則第82条（準備書面に引用した文書の取扱い）
規則第83条（準備書面の直送）

〔1〕　本条の趣旨　450
〔2〕　書面による口頭弁論の準備　450
〔3〕　準備書面の記載事項　453
〔4〕　相手方不在廷の口頭弁論での準備書面の陳述　455
〔5〕　準備書面の事前提出　459
〔6〕　事実についての主張の記載方法　461
〔7〕　否認と理由の記載　462
〔8〕　準備書面への証拠の記載　462
〔9〕　答弁書の記載事項　463
〔10〕　書証の写しの添付　465
〔11〕　郵便番号等の記載　465

xxxii

目　次

〔12〕　答弁に対する反論　466
〔13〕　準備書面に引用した文書の扱い　467
〔14〕　準備書面の直送および受領書面の提出　467

第162条（準備書面等の提出期間）　469

〔1〕　本条の趣旨　470
〔2〕　準備書面等の提出期間の定め　470

第163条（当事者照会）　471
規則第84条（当事者照会・法第163条）

〔1〕　本条の趣旨　473
〔2〕　照会および回答の主体　477
〔3〕　照会ができる時期　477
〔4〕　照会事項　478
〔5〕　回答の期間　482
〔6〕　書面による照会・回答　483
〔7〕　回答義務　484
〔8〕　回答義務の除外事由　485
〔9〕　照会書および回答書の送付　486
〔10〕　照会書の送付先　486
〔11〕　照会書の記載事項　487
〔12〕　回答書の記載事項　487
〔13〕　照会事項および回答の記載方法　488

規則第85条（調査の義務）　488

〔1〕　本条の趣旨　488
〔2〕　事実関係調査義務　488

第3節　争点及び証拠の整理手続　490

［前注］　1　争点整理手続　490
　　　　　2　改正の経緯　491
　　　　　3　争点中心審理を支えるサブ・システム　494
　　　　　4　争点整理の意義　495
　　　　　5　争点整理の機能　496
　　　　　6　争点整理手続の選択肢の多様化　499
　　　　　7　争点整理と民事訴訟の基本原則との関係　502
　　　　　8　争点整理のインセンティブとサンクション　504
　　　　　9　争点整理の理想と現実　505

第1款　準備的口頭弁論［前注］　507

xxxiii

目　次

第164条（準備的口頭弁論の開始） ……………………………………………… 508

〔1〕　本条の趣旨　508
〔2〕　争点および証拠の整理　508
〔3〕　準備的口頭弁論の開始　509
〔4〕　準備的口頭弁論の内容　510

第165条（証明すべき事実の確認等） ……………………………………………… 510
規則第86条（証明すべき事実の調書記載等・法第165条）

〔1〕　本条の趣旨　511
〔2〕　要証明事実の確認　511
〔3〕　要約書面の提出　512
〔4〕　要証明事実の調書記載　513
〔5〕　要約書面の提出期間　514

第166条（当事者の不出頭等による終了） ……………………………………… 514

〔1〕　本条の趣旨　514
〔2〕　当事者の不出頭　514
〔3〕　裁定提出期間の徒過　515
〔4〕　裁量による終了　515

第167条（準備的口頭弁論終了後の攻撃防御方法の提出） ………………… 515
規則第87条（法第167条の規定による当事者の説明の方式）

〔1〕　本条の趣旨　516
〔2〕　説明義務の意義・内容　516
〔3〕　説明の方法　517
〔4〕　説明の書面化　518
〔5〕　説明義務と時機に後れた攻撃防御方法の却下　518

第2款　弁論準備手続 ………………………………………………………………… 520

［前注］　1　準備手続から弁論準備手続へ　520
　　　　　2　争点整理手続としての弁論準備手続　521
　　　　　3　弁論準備手続の手続としての特色　523

第168条（弁論準備手続の開始） ………………………………………………… 525

〔1〕　本条の趣旨　525
〔2〕　争点および証拠の整理　526
〔3〕　弁論準備手続の開始　527
〔4〕　当事者の意見の聴取　528
〔5〕　弁論準備手続に付する裁判　530

目　次

第169条（弁論準備手続の期日）‥‥‥‥‥‥‥‥‥‥‥‥‥‥‥‥‥‥‥‥ 531

　〔1〕　本条の趣旨　531
　〔2〕　弁論準備期日における当事者の対席　531
　〔3〕　弁論準備手続における傍聴　533

第170条（弁論準備手続における訴訟行為等）‥‥‥‥‥‥‥‥‥‥‥‥ 536
規則第88条（弁論準備手続調書等・法第170条等）

　〔1〕　本条の趣旨　537
　〔2〕　弁論準備手続における訴訟行為　537
　〔3〕　電話会議の方法による弁論準備期日　540
　〔4〕　証明すべき事実の確認　543
　〔5〕　当事者の不出頭による弁論準備手続の終結　544
　〔6〕　弁論準備手続調書　545

第171条（受命裁判官による弁論準備手続）‥‥‥‥‥‥‥‥‥‥‥‥‥ 546

　〔1〕　本条の趣旨　546
　〔2〕　受命裁判官による弁論準備手続　547
　〔3〕　受命裁判官の権限　547
　〔4〕　受命裁判官による文書の証拠調べ　549

第172条（弁論準備手続に付する裁判の取消し）‥‥‥‥‥‥‥‥‥‥‥ 550

　〔1〕　本条の趣旨　550
　〔2〕　裁量による取消し　551
　〔3〕　当事者双方の申立てによる必要的取消し　553

第173条（弁論準備手続の結果の陳述）‥‥‥‥‥‥‥‥‥‥‥‥‥‥‥ 554
規則第89条（弁論準備手続の結果の陳述・法第173条）

　〔1〕　本条の趣旨　554
　〔2〕　弁論準備手続結果の陳述　554
　〔3〕　弁論準備手続後の口頭弁論　556

第174条（弁論準備手続終結後の攻撃防御方法の提出）‥‥‥‥‥‥‥‥ 557
規則第90条（準備的口頭弁論の規定等の準用・法第170条等）

　〔1〕　本条の趣旨　557
　〔2〕　説明義務の意義　558
　〔3〕　説明の方法・内容　559
　〔4〕　説明の書面化　560
　〔5〕　説明義務と時機に後れた攻撃防御方法の却下　560
　〔6〕　準備的口頭弁論の規定の準用等　562

第3款　書面による準備手続 ［前注］‥‥‥‥‥‥‥‥‥‥‥‥‥‥‥‥ 564

xxxv

目　次

第175条（書面による準備手続の開始）‥‥‥‥‥‥‥‥‥‥‥‥‥‥‥‥‥ 564

〔1〕　本条の趣旨　564
〔2〕　手続開始の要件　565
〔3〕　当事者の意見聴取　566

第176条（書面による準備手続の方法等）‥‥‥‥‥‥‥‥‥‥‥‥‥‥‥ 566
規則第91条（音声の送受信による通話の方法による協議・法第176条）
規則第92条（口頭弁論の規定等の準用・法第176条）

〔1〕　本条の趣旨　567
〔2〕　一般的な担当者（裁判長）　567
〔3〕　高等裁判所の特則（受命裁判官）　568
〔4〕　裁判長等による提出期間の定め　568
〔5〕　電話会議による協議　568
〔6〕　協議の結果の記録　569
〔7〕　口頭弁論（準備的口頭弁論を含む）の法規定の準用　569
〔8〕　協議の日時の指定　570
〔9〕　協議記録調書の作成　570
〔10〕　協議記録の必要的記載事項　571
〔11〕　通話者および通話先の場所の確認　571
〔12〕　口頭弁論（準備的口頭弁論を含む）の規則規定の準用　571

第177条（証明すべき事実の確認）‥‥‥‥‥‥‥‥‥‥‥‥‥‥‥‥‥‥ 572
規則第93条（証明すべき事実の調書記載・法第177条）

〔1〕　本条の趣旨　572
〔2〕　口頭弁論期日における要証明事実の確認　572
〔3〕　要証明事実の調書記載　572

第178条（書面による準備手続終結後の攻撃防御方法の提出）‥‥‥‥‥‥ 573
規則第94条（法第178条の規定による当事者の説明の方式）

〔1〕　本条の趣旨　573
〔2〕　説明義務の発生　573
〔3〕　説明の方法　574
〔4〕　口頭による説明の書面化　574

〔民事訴訟規則〕
第4節　進行協議期日 ［前注］‥‥‥‥‥‥‥‥‥‥‥‥‥‥‥‥‥‥‥‥ 575

規則第95条（進行協議期日）‥‥‥‥‥‥‥‥‥‥‥‥‥‥‥‥‥‥‥‥ 575

〔1〕　本条の趣旨　576
〔2〕　進行協議期日の目的等　576
〔3〕　協議事項　577

xxxvi

目　次

〔4〕　訴えの取下げおよび請求の放棄・認諾　580
〔5〕　訴えの取下げと書面の送達　580

規則第96条（音声の送受信による通話の方法による進行協議期日）………… 581

〔1〕　本条の趣旨　581
〔2〕　実施の要件　581
〔3〕　期日に出頭したものとのみなし規定　582
〔4〕　訴えの取下げおよび請求の放棄・認諾　582
〔5〕　通話者・通話先場所の確認　583

規則第97条（裁判所外における進行協議期日）…………………………… 583

〔1〕　本条の趣旨　583
〔2〕　裁判所外の進行協議期日の要件　583

規則第98条（受命裁判官による進行協議期日）…………………………… 584

〔1〕　本条の趣旨等　584

判例索引 …………………………………………………………………… 586

事項索引 …………………………………………………………………… 615

xxxvii

コンメンタール
民事訴訟法 III

❖

第2編　第一審の訴訟手続
第1章　訴え（第133条〜第147条）
第2章　計画審理（第147条の2・第147条の3）
第3章　口頭弁論及びその準備
　　　　（第148条〜第178条）

民事訴訟法
平成8年6月26日法律第109号
平成10年1月1日施行

本書収録改正　平成29年6月2日法律第45号まで

第2編　第一審の訴訟手続

　第2編は、全8章で構成され、その内容は、第1章「訴え」、第2章「計画審理」、第3章「口頭弁論及びその準備」、第4章「証拠」、第5章「判決」、第6章「裁判によらない訴訟の完結」、第7章「大規模訴訟等に関する特則」、第8章「簡易裁判所の訴訟手続に関する特則」である。このうち第2章「計画審理」は、平成15年の改正で新設されたものであり、それに伴って、第3章以下は、順次その章番号が繰り下げられた。

　第2編は「第一審の訴訟手続」との題が付けられているが、第一審の訴訟手続の全部の規定が置かれているわけではない。すなわち、狭義の民事訴訟といわれる判決手続に関する規定のうち、民事訴訟法の全編に共通の事項、およびその数編に定める訴訟手続に共通の事項のうちの一部、例えば裁判所、当事者、代理人、訴訟費用ならびに口頭弁論および裁判に関する規定の一部は、第1編「総則」において規定し、第2編は、それ以外の第一審の手続に関する規定を収めている。したがって、第一審の訴訟手続と題していても、訴えの提起から判決に至るまで、訴訟手続の発展の段階に即して関連する規定のすべてが第2編に置かれているわけではない。しかし、旧法と比較すると、手続に関する規律のわかりやすさを重視して、口頭弁論に関する規定の多くが第2編に移され、また、判決に関する規定についても、確定判決の効力に関する規定など（114条など）を除き、多くの規定は、第2編第5章に移されている。

　本編に対応する旧法第2編の規定は、民事訴訟法の起草当時から大正15年の大改正を経て昭和23年の改正に至るまでは（本書 I 10頁以下、本書旧版 I 7頁以下）、第一審の訴訟手続を地方裁判所の訴訟手続と区裁判所の訴訟手続とに分け、前者を第1章、後者を第2章とする構成をとっていたが、規定の大部分は、合議体である地方裁判所の訴訟手続に関するものとして第1章に置かれ、第2章には、単独体である区裁判所の特色に応じた若干の特則が置かれるにとどまっていた。

前注　第2編 第一審の訴訟手続

　昭和22年の裁判所法の制定により、区裁判所に代わって簡易裁判所が設けられたことに伴い、これに照応して訴訟手続の簡易化を図るため、昭和23年に民訴法が改正され、従来の第1章第1節から第3節をそれぞれ旧第1章から第3章とするとともに、旧第4章として簡易裁判所の手続に関する特則が設けられた。また同じく裁判所法の制定により、地方裁判所も単独体として裁判することが原則となったので、それとの関係で、地方裁判所の訴訟手続についても相当の改正が行われた。さらに、昭和39年に旧第5編ノ2として「手形訴訟及ビ小切手訴訟ニ関スル特則」が新設されたが、この特則は、主として旧第2編の手続規定についての特則である。

　現行法は、第1章から第5章まで、訴えの提起から判決に至るまでの第一審手続の流れに沿って、関連する規定を配置し、それに引き続いて訴えの取下げや和解など、裁判によらない訴訟の完結に関する規定を収めた第6章を置いている。さらに、第7章および第8章は、それぞれ大規模訴訟等と簡易裁判所の訴訟の特質に応じた特則を設けるものである。これに対して、第5編「手形訴訟及び小切手訴訟に関する特則」および第6編「少額訴訟に関する特則」は、それぞれの類型の訴訟の第一審訴訟手続に関する特則を主たる内容とするものであるが、上訴に関する特則を含むことから、それぞれ独立の編とされている（一問一答10頁参照）。なお、民事訴訟規則の編別も、ほぼ法の編別に対応したものとなっている。

　また、通常の民事訴訟のほか、一般法人法上の各種の訴え（一般法人第6章第2節）、会社法上の各種の訴え（会社第7編第2章）、破産法上の各種の訴え（破173条・180条など）、執行法上の各種の訴え（民執33条～35条・38条など）、行政事件訴訟（行訴7条）、人事訴訟（人訴2条）など特殊な訴えについても、特別の定めがない限り、本編の規定が当然に適用される。

　なお、本編の規定は、上訴審の訴訟手続にも準用される（297条本文・313条）ほか、再審の訴え（341条）や民事保全の手続（民保7条）、破産（破13条）、民事再生（民再18条）、会社更生（会更13条）、民事執行（民執20条）の各決定手続にも一定の限度で準用される。また、本編の証拠に関する規定等は、非訟（非訟53条1項）、家事審判（家事64条1項）、民事調停（民調22条本文、非訟53条1項）の各手続その他に広く準用されている。

　本編等における規定を総合したときの第一審手続の基本構造としては、当事者が訴え提起前に事実や証拠を一定程度収集していることを前提として（第1編第

4

第2編　前注

6章132条の2以下）、適切な請求の趣旨と請求原因を記載し、これに関連する重要な間接事実等を提示して原告が訴えを提起し（本編第1章）、被告の対応を踏まえて裁判所が審理の計画を立て（第2章）、口頭弁論や弁論準備手続等の中で争点および証拠を整理し（第3章）、事実認定のために必要な証拠について証拠調べを実施し（第4章）、適切な時期に判決を言い渡すとともに（第5章）、和解など裁判によらない訴訟の完結をも想定するものである（第6章）。

第1章 訴 え

1 訴えの意義

訴えとは、特定の相手方との関係で、私的紛争について、判決による解決を裁判所に求める当事者の申立てである。わが国では、かつては、民事訴訟の目的は私権保護であるとするのが通説であったが、具体的な事件によっては、訴えを提起した原告の権利が保護されない結果が生じることも否定できないから、紛争の解決が目的であると解すべきである（本書Ⅰ2頁、本書旧版Ⅰ1頁）。いずれにせよ、裁判所は、「訴えなければ裁判なし」という法諺に示されるように、当事者の申立てがなければ、判決をなしえないし、また当事者の申立ての範囲内でないと判決ができない（246条）。その反面、当事者の申立てがあれば、その適法不適法の別なく、裁判所は、申立てにつき必ず判決をするよう義務づけられる。このような意味で、当事者が訴えによって判決を求める権能を訴権または判決請求権と呼んでいる。この訴権または判決請求権については、民事訴訟制度の目的との関連で種々の学説が対立しており、後記2でその大要を述べる。なお、当事者の申立ての内容に関する規律については、133条の注釈中で説明する。

訴えは、上に述べたように、判決を求める申立てであるが、その判決の対象となるのが訴訟上の請求すなわち訴訟物である。前者の関係のみに着目すれば、訴えは裁判所のみに向けられるものと解することができるが（法律実務(2)5頁）、その対象に着目すれば、訴訟上の請求は実体法上の権利主張であり、かつ、相手方に対するものである。すなわち訴訟上の請求は、申立ての形式をみれば、裁判所に向けられるものであるが、その内容をみれば、相手方に対する権利主張と解すべきである（三ヶ月・全集73頁以下、中村宗雄「訴と請求の意義並びにその相関関係」『訴と請求並に既判力』1頁以下〔啓文堂書店、1961年〕、注解(6)82頁〔斎藤秀夫＝加茂紀久男〕、条解2版709頁〔竹下守夫〕）。

第2編 第1章 前注

2 訴権学説

ローマ法のアクチオは、訴訟制度として取り上げる事件の類型を限定し、原告の権利主張でこの類型に該当しないものは訴訟として取り上げなかったから、起訴の際に行われる審理はこの類型に適合するかどうかという形式的なものであり、したがって、実質的な権利としての訴権の観念は存在していなかった。その後、給付訴訟が原則であったドイツ普通法時代になって、訴訟は実体法上の権利、特に請求権を裁判上行使し実現する手段であるとの考え方が強くなり、したがって、実体法上の権利は、その属性または附加物として、訴訟を開始して判決を求める訴権を発生させるものであると解し、あるいは私法上の請求権が変形して訴権を生ずるとする見解が支配的となった。サヴィニー、プフタ、ヴィントシャイトなどが唱えたいわゆる私法的訴権説がこれである。しかし、確認訴訟ことに債務不存在の確認を求めるいわゆる消極的確認の訴えが認められるようになってからは、私法的訴権説は支持を失い、その後、ビンダーによる再構成の試みもみられたものの（兼子・実体法104頁）、これに代わって公法的訴権説の台頭をみるに至った。

もっとも、公法的訴権説のうち、訴権をもって単に判決を求めうる権利であると理解するいわゆる抽象的訴権説については、訴権は単なる可能性ないし反射的な自由にすぎず、法律上権利と称するに適しないとの批判がなされ、訴権をもって、具体的な内容、すなわち自己に有利な判決を求める権利であるとする具体的訴権説が形成された。それを代表するのが、1870年代に公法学者ラーバントおよび訴訟法学者ヴァッハが相前後して提唱した権利保護請求権説であり、国家は、個人が自力によって権利を実現することを禁止する代償として、個人の権利を侵害から保護する役割を引き受け、民事訴訟制度を設けて、判決手続、強制執行手続などの保護手段を定めたのであるとする。したがって、国民は、権利保護の必要を感ずるときは、国家に対してその保護を請求する権利を有するものであり、訴権は、裁判所の判決による権利保護を求める権利にほかならないとされる（斎藤秀夫「公法学理論の訴権理論に及ぼせる影響」『民事訴訟法理論の生成と展開』24頁以下〔有斐閣、1985年〕）。こうした権利保護請求権説の考え方は、ヘルヴィヒによって完成され、シュタインその他有力な訴訟法学者から支持されたので、わが国にも大きな影響を与え、後に述べる本案判決請求権説が台頭するまでは支配的学説であった。

7

前注 第2編 第1章 訴え

　この学説に対しては、後述のように、判決の有利不利は判決を待って決まるもので、最初から有利な判決を求める権利があるとすることは妥当でないとの批判が本案判決請求権説から加えられるが、これに答えて、自己に有利な判決を求めることの意味を、当事者の主観的な要求として理解すれば（加藤・要論22頁以下、同「訴権論」法協64巻2号189頁〔1946年〕）、民事訴訟の目的を権利の保護にあるとする場合には、最も説得性のある考え方とされる。

　これに対して、抽象的訴権説がいう訴権は権利の名に適合しないし、権利保護請求権説のごとく、訴権を自己に有利な内容を有する判決を求める権利であると理解すると、原告の請求を棄却する本案判決は原告の権利を保護するとはいえないことになり、その説明に窮するとして、本案判決請求権説がブライによって唱えられるようになり、わが国でも兼子博士の支持を得て（兼子一「訴権」末弘厳太郎＝田中耕太郎編『法律学辞典(3)』〔岩波書店、1937年〕、条解(上)583頁、兼子・体系33頁、同・実体法107頁以下、同「民事訴訟の出発点に立返って」研究(1)477頁）、漸次有力となった。この説は、訴訟の目的は紛争の解決にあるとする考え方に対応するもので、訴訟外における私権の存在を前提とせず、解決に値する紛争が当事者の間に存する以上、常に訴権の存在が認められ、裁判所は紛争を解決するため本案判決をしなければならないとするのである。

　さらに、訴権なる観念自身が誇張された権利意識の生み出した幻想であるとの認識から、国民と訴訟制度との関係は厳密な意味での権利義務の関係ではなく、国家が訴訟制度を営為し、国民が裁判権に服しているという事実にすぎないとの認識から、訴権を訴訟理論のひとつの中核に据えることを自覚的に否定する訴権否定説（三ヶ月・全集13頁）もある。

　また近時は、権利保護請求権説を再構成し、民事訴訟制度の目的を実質権に対する権利保障または法的利益の保護として捉え、その保障や保護を求める地位を訴権として構成しようとする議論も有力である（竹下守夫「民事訴訟の目的と司法の役割」民訴40号1頁以下〔1994年〕、山本・基本問題1頁以下、伊藤眞ほか『民事訴訟法の論争』13頁以下〔有斐閣、2007年〕）。論者は、たまたま権利や法的利益が不存在であるという理由から訴訟が請求棄却判決をもって終わったとしても、そのことは、保障や保護を求める地位そのものを否定する根拠にはならないとする（松本＝上野8頁は、相手方の利益が擁護され、全体として実体的正義が保障されるとする）。

8

第2編 第1章 前注

　このように、訴権学説の対立は帰一していないが、まず、裁判を受ける権利（憲32条）を実質化し、訴え提起をはじめとする当事者および裁判所の訴訟手続上の権能や義務を体系的に構成するためには、訴権概念自体の有用性が認められる。そのうえで、訴訟の目的を紛争解決にあるとし、紛争解決のための本案判決要求を訴権の内容とする上記本案判決請求権説が支持される（新堂246頁）。ただし、司法制度に課されている責務を考えれば、紛争解決といっても、一方で、法的基準に則り、他方で、当事者に対する手続保障や真実発見といった手続的正義に合致した、適正かつ迅速な紛争解決でなければならず、そのような内容の本案判決請求権であれば（伊藤20頁）、近時再び有力となっている権利保護請求権説と大きな違いはない。

　訴訟法的には、原告が訴権を有しない場合には、裁判所は本案判決をすべきではないが、裁判所が当事者から提出された訴状を受理して被告に送達し（138条1項）、訴訟係属が発生した以上は、裁判所としては訴訟を放置しておくことはできないから、必ず訴え却下の判決をしなければならない。本案判決をするに必要な要件については、訴訟要件として後記3で説明するが、権利保護請求権説によろうが、本案判決請求権説によろうが、訴訟要件の内容については別段の差異が認められないから、実務上の取扱いでは相違は生じない（訴権学説の詳細とその批判については、前掲諸文献のほか、雉本朗造「訴権論」『民事訴訟法論文集』117頁〔宝文館、1928年〕、中村宗雄「訴権学説と訴訟理論の構造」民訴講座(1)45頁、法律実務(3)1頁以下、高橋・重点講義(下)21頁以下等参照）。

3　訴訟要件

　(1)　訴えが、一定の事由の存在によって適法と認められる場合、または一定の事由の不存在によって適法と認められる場合、これらの事由を訴訟要件といい、そのうち、前者を積極的要件、後者を消極的要件または訴訟障害という（三ヶ月章「権利保護の資格と利益」研究(1)1頁以下参照）。訴訟要件は、訴訟の成立要件ではないから、これを欠いても訴訟は成立する。しかし、訴訟要件を具備しないと、裁判所は本案の判決をすることができず、訴えを不適法として却下しなければならない。かつては、大審院当時の判例として、本来、訴えを却下すべき場合に請求を棄却しているものがあり（大判昭和7・7・22民集11巻1629頁、大判昭和10・12・17民集14巻2053頁）、最高裁判所になってからも、訴訟要件を欠く場合

9

前注　第2編 第1章 訴え

の多くについては、訴えを却下すべきものとしているが、中には請求を棄却した
ものもあった（例えば最判昭和27・2・15民集6巻2号88頁）。しかし、近時の実
務の取扱いとしては、訴え却下の主文に統一されている。

　現在の学説（三ヶ月・前掲「権利保護の資格と利益」研究(1)39頁、注解(6)98頁
〔斎藤＝加茂〕、条解2版722頁〔竹下〕、新堂235頁、松本＝上野244頁、梅本330頁、
伊藤169頁等）は、訴訟要件を欠く場合には訴えを却下すべきであるとする。た
だし、本案について請求棄却の心証が形成された場合の取扱いについては、訴訟
要件のうちその欠缺が確定判決の無効もしくは再審事由となるもの、または裁判
手続の種類（民事訴訟・人事訴訟・行政訴訟・非訟手続など審理原則の違いによる
種類）を決定するものについては、その審理を省略して請求棄却判決をすること
は許されないが、主として無益な訴訟の排除または被告の利益保護を目的とする
訴訟要件、例えば仲裁合意の抗弁、任意管轄あるいは訴えの利益については、即
時に請求棄却の判決をしうるとして、広範に例外的取扱いを認める説（鈴木正裕
「訴訟要件と本案要件との審理順序」民商57巻4号507頁〔1986年〕、新堂237頁）や、
そこまで広範な例外は認めないが、権利保護の利益については例外的処理を認め
る説（条解2版727頁〔竹下〕）もある。

　しかし、訴訟要件を本案の前提要件と考える以上、理論的には訴えを却下すべ
きであるし、実際にも判決効の客観的範囲や主観的範囲を考えると、訴えの利益
が存在しない場合や当事者適格が認められない場合に、請求棄却判決をすること
には問題がある（竹下守夫「訴訟要件をめぐる二、三の問題」司研65号1頁〔1980
年〕、伊藤170頁）。

　もっとも、訴訟要件が口頭弁論終結当時に具備されていれば、本案判決をする
ことができるから、それ以前に訴訟要件の具備が疑われるときでも、訴訟促進の
見地から、裁判所は補正の可能性のあるときは、後に補正されることを前提とし
て本案の審理をすることがある。裁判所は、訴訟要件の存否は原則として職権で
斟酌しなければならないが、仲裁合意の存在（仲裁14条1項柱書本文）や訴訟費用
の担保の不供与（75条）のように、被告の主張を待って初めて斟酌できるものも
ある。ここでいう職権による斟酌とは、必ずしも職権探知（第1編第5章第1節前
注4(3)〔本書Ⅱ182頁〕）を意味せず、職権調査（第1編第5章第1節前注4(2)〔本
書Ⅱ180頁〕）のこともある。また、当事者は、訴訟要件の不存在を理由としては応
訴を拒むことができないのが原則であるが、訴訟費用の担保の不供与の場合には、

第2編 第1章 前注

被告はこれを理由として応訴を拒みうる。これを厳格な意味での妨訴抗弁という。

訴えが訴訟要件を欠いている場合には、上記のように、裁判所は訴え却下の判決をしなければならない。しかし、管轄権のない裁判所に訴えが提起された場合には、原則として、事件を管轄裁判所に移送すべきであるし（16条〔2〕(1)〔本書Ⅰ199頁〕）、また、訴訟係属後に当事者能力または訴訟能力の欠缺が生じれば、訴訟手続は中断する（124条1項参照）から、すべての場合に訴え却下の判決がなされるわけではなく、訴訟要件の性質に応じた取扱いがなされる。なお、訴訟要件の存在または欠缺を不当に認めた判決に対しては、控訴、上告、上告受理申立て（281条・312条・318条）または再審の申立て（338条）をすることができる。

(2) 訴訟要件を次に列記する（訴訟要件および権利保護要件一般については法律実務(2)51頁以下参照）。その説明はそれぞれの該当法条の注釈に譲り、ただ該当法条の存しないものについてのみ、ここに説明する。

(a) 訴えの提起および訴状の送達（138条）が適法であること。

(b) 裁判所が管轄権を有すること（第1編第2章第1節前注〔本書Ⅰ91頁〕）。

(c) 被告が日本の裁判権に服すること（第1編第2章前注〔本書Ⅰ74頁〕）。

(d) 当事者能力のある2当事者の対立が存在すること（第1編第3章前注〔本書Ⅰ264頁〕。28条〔2〕）。

(e) 当事者が訴訟能力（28条〔3〕）を有すること、もし有しないときは法定代理人が代理権を有すること（28条〔4〕〔5〕）。もっとも訴訟能力や代理権は、元来個々の訴訟行為の要件であるが、起訴の段階において訴訟能力、代理権が欠けていれば訴えの提起の要件を欠く結果、訴訟要件を欠くという意味では、間接的に訴訟要件となる（三ヶ月・全集299頁、注解(6)100頁〔斎藤＝加茂〕、条解2版723頁〔竹下〕、梅本123頁。ただし、松本＝上野256頁は、当事者能力と同様、訴訟全体を通じて具備すべき訴訟要件であるとする）。

(f) 訴訟の目的である請求が民事裁判事項であること（第1編第2章前注2〔本書Ⅰ74頁〕）。

(g) 併合の訴えまたは訴訟中の訴えについては、その請求が一定の訴訟手続内において主張するに適すること。例えば訴えの併合（136条）、訴えの変更（143条）などの要件を具備すること。

(h) 請求について権利保護の資格（第1編第3章前注5〔本書Ⅰ278頁〕）および権利保護の利益があること。

前注　第2編　第1章　訴え

(ⅰ)　先に同一の訴訟が係属していないこと（142条）。

(ⅰ)　訴訟費用について担保供与の決定があるときには原告において担保を供与すること（75条）。

(ⅰ)　再訴の禁止（262条2項）、別訴の禁止に触れないこと（人訴25条）。

(ⅰ)　仲裁合意の不存在（仲裁14条1項柱書本文）。なお確定判決の不存在は訴訟要件にはならない。それが存在するとしても、これに抵触する判断ができないだけである。ただし既判力の本質を二重訴訟の禁止と考えれば訴訟要件となる（三ヶ月・全集300頁）。

　上記のうちの権利保護の利益、すなわち訴えの利益の問題について次に略述する。当事者は、既判力ある確定判決を有するときは、原則として同一の訴えを提起する利益を有しない。しかし特に利益があれば再訴を起こしうる（114条〔3〕(4)〔本書Ⅱ448頁〕）。

　問題になるのは、特定の権利または法律関係について訴えを提起しない旨の当事者間の合意、いわゆる不起訴の合意である。この合意の趣旨を一般的な訴権の放棄と解すれば、憲法32条との関係上無効と解すべきである。しかし、それを特定の紛争に関わる権利保護の利益の放棄と解すれば、それは当事者の処分の許されている事項に関わるから、強いて無効と解する必要はない（兼子・体系153頁、同「訴訟に関する合意について」研究(1)273頁、新堂260頁、注解(6)109頁〔斎藤＝加茂〕、梅本325頁、伊藤175頁。これに対して、条解2版736頁〔竹下〕、松本＝上野316頁は疑問を呈する）。したがって、不起訴の合意があるにもかかわらず提起された訴えは、権利保護の利益を欠くものとして却下すべきである。この点についての上告審の判例はないが、下級審の裁判例では、合意を有効と解して訴えを却下しているもの（和歌山地新宮支判昭和25・6・5下民集1巻6号862頁、東京地判昭和30・6・14下民集6巻6号1115頁、判時58号3頁、名古屋高判昭和33・2・27高民集10巻12号667頁、広島高判昭和41・10・4判タ196号119頁、水戸地判昭和48・11・30判時736号69頁、名古屋地判昭和58・7・25下民集34巻1～4号355頁。主文は棄却であるが同説――神戸地判昭和35・12・8下民集11巻12号2624頁）が圧倒的に多い。

　もっとも、具体的事案については、不起訴の合意があるといえるか否かは慎重に判断すべき場合もある。例えば、交通事故の当事者間で示談したようなとき、加害者が一切の治療費を負担する旨の合意の後に、「右合意により、本件事故に

12

よる損害賠償問題は一切円満解決したので、今後本件に関しては如何なる事情が生じても決して異議の申立、訴訟等は一切しないことを確認する」という文言が記載されたような場合には、これが不起訴の合意であるとみることができるのは、その治療費負担の合意が完全に履行されていることが前提であって、この合意の履行がないときにまで不起訴の合意をしたものと解すべきではない（最判昭和51・3・18判時813号33頁）。

　また、後記4に述べるように、給付の訴えにおいては、給付請求権の存在が主張されれば、原則として権利保護の利益が存すると認められるから、将来の給付の訴えのように、特に訴えの利益に関する要件が規定されている（135条）など特別の場合（135条〔3〕）以外は、その点についての審理はなされないし、形成の訴えの場合も、法律が規定している形成を求める地位の存在が主張されれば、対象となる法律関係が過去のものとなるなどの特別の事情がない限り、利益の有無については審理されない。これに反し、確認の訴えの場合は、訴訟物たる権利または法律関係の存否について原告の主張が認められても、その確認によって原告の地位をめぐる法律上の紛争が解決されるかという意味で、常に確認の利益の有無が問題になり、その利益の存する場合に限って本案判決がなされる（134条〔3〕）。憲法32条で保障する裁判を受ける権利は、当事者が法律上裁判を受ける利益を有することを前提とするもので、利益の有無にかかわらず常に本案についての裁判を受ける権利を保障したものではない（最大判昭和35・12・7民集14巻13号2964頁、判時246号25頁は、形成訴訟である地方議会の議員の除名処分の取消しを求める訴訟の係属中に議員の任期が満了したので、訴えの利益を欠くという理由で請求を棄却した原判決を維持するにあたって、本文のような判示をした）。

　また、前訴と訴訟物を異にする後訴の提起も、それが実質的に前訴の蒸し返しであるなど特別な事情があるときは、信義則に反し許されないし（最判昭和51・9・30民集30巻8号799頁、判時829号47頁、判タ341号161頁、最判昭和52・3・24裁判集民120号299頁は信義則違反を認めた事例であり、最判昭和59・1・19判時1105号48頁、判タ519号136頁はこれを認めなかった事例である。訴訟行為と信義則一般の問題については、2条〔4〕参照）、また、訴えの提起が特別な事情の下では権利濫用として許されないこともある（最判昭和53・7・10民集32巻5号888頁、判時903号89頁、判タ370号66頁は権利濫用と認めた事例である）。これらも広い意味で、訴えの利益を欠く場合に当たる。

前注　第2編 第1章 訴え

4　訴えの種類

　訴えには、確認の訴え、給付の訴えおよび形成の訴えの三つの類型がある。こ
れは、原告である当事者がその訴えによって求める判決の内容が、確認判決であ
るか給付判決であるかそれとも形成判決であるかによる分類であって、その訴え
に対してなされる判決による分類ではない。すなわち、これらの訴えに対する原
告勝訴の判決は、それぞれの訴えの類型に対応する判決であるが、原告敗訴の本
案判決はいずれも確認判決である。例えば、給付の訴えでは給付請求権の不存在
の、形成の訴えでは形成を求める地位の不存在の確認判決である。訴えは、その
属する類型如何によって訴え提起の方式や審判手続などに本質上の差異はなく、
むしろ、それに対応する確認判決、給付判決、形成判決の性質および効力につい
て重要な差異が存する。

　給付の訴えに対する本案判決には、請求棄却の場合はもちろん、請求認容の場
合にも、給付請求権の存否の判断が含まれており、また、形成の訴えについても
同様のことがいえることから、確認の訴えがすべての訴えの基本型であると説明
する見解もある（兼子・体系143頁、中田・講義62頁、小野木常「訴訟事件と非訟
事件」『訴訟法の諸問題』59頁〔有信堂、1952年〕）が、給付判決は債務名義とし
ての効力を有し、形成判決は、それが確定すれば従前の権利または法律関係を変
更する形成力という、それぞれ特有の効力と意義とをもっているから、歴史的な
発展の成果であるこの三つの訴えの類型ないし判決の区別は、本質的な意味でも
存在価値を有しているともいえる（三ヶ月・全集36頁以下、同「民事訴訟の機能
的考察と現象的考察」研究(1)249頁）。そうした歴史的経緯を別とすれば、現在の
訴えの3類型において確認的判断の要求が共通していることは確かであり、その
意味では、確認の訴えを3類型の原型とみることは不可能ではない。とはいえ、
そうした位置づけをすることにどれほどの実践的な意義があるかは、また別の問
題であろう。なお、後に述べるように、給付訴訟および形成訴訟について新訴訟
物論をとるときは、訴えの基本型が確認の訴えであるとの説明は困難になる。

(1)　確認の訴え

　この訴えは、原則として、権利または法律関係の存否を確定する判決を求める
もので、例外として、法律関係を証するとはいえ単なる事実関係である証書の真
否を確定する判決を求める訴え（134条）が認められている。この点は新訴訟物

14

第2編 第1章 前注

論によっても差異はない。権利または法律関係の存在を確認する判決を求めるものを積極的確認の訴え、その不存在を確認する判決を求める訴えを消極的確認の訴えという。また、訴訟の進行中に争いとなった先決的法律関係について、その訴訟で附随的に確認を求めるものを特に中間確認の訴え（145条）といい、これに対し、通常の確認の訴えを独立の確認の訴えと呼ぶことがある。

確認の訴えを認容する判決も棄却する判決も、いずれも権利または法律関係の存否の確認判決であり、その判決の本来の効力は既判力のみである。

確認の訴えは、発生の歴史からいえば給付の訴えより後であるが、前述のように、見方によっては三つの訴えの類型中の基本型であるともいえる。この訴えは、常に確認の利益が問題となる点で他の訴えと異なり、その対象は、基本的には現在の権利または法律関係に限られ、権利または法律関係の当事者以外の第三者も、確認の利益を有する限りこれを提起しうるのであるが、これらの問題については134条の注釈を参照されたい。

(2) **給付の訴え**

(ア) 意　義

この訴えは、最も古く発生した、現在においても最も数多い訴えで、給付判決による権利保護を求めることを目的とする。そして給付判決は、旧訴訟物論によれば、給付請求権の存在を確定するほか、被告に対する給付命令を包含するから、他の二つの類型の訴えの判決とは異なって、既判力のほかに執行力も有する。また、この訴えに対する原告敗訴の本案判決は、給付請求権の不存在確認の判決である。さらに給付の訴えは、給付請求権の履行期と口頭弁論終結時を基準として、現在の給付の訴えと将来の給付の訴え（135条）とに分かれる。後者についての詳細は135条の注釈を参照されたい。

(イ) 給付の訴えの訴訟物

(a) 訴訟物論争

かつての通説であり、現在でも実務において基礎とされているいわゆる旧訴訟物論によれば、訴訟上の請求は権利主張で、その権利とは具体的な実体法上の権利であるとされた（兼子・体系162頁、梅本234頁、伊藤207頁など）。これに対し、いわゆる新訴訟物論によれば、訴訟上の請求は審判の要求で、請求が何であるかは実体法上の権利とは切り離し、訴訟法上の立場によって定めるべきであるとする（三ヶ月・全集101頁、小山〔5訂版〕147頁、新堂311頁、松本＝上野208頁、高

15

前注　第2編 第1章 訴え

橋・重点講義(上)27頁)。もっとも一口に新訴訟物論といっても、種々の見解が対立しているが（例えば「相手方から一定の給付を求めうる法律上の（実体法上の）地位があるとの権利主張」〔三ヶ月・全集101頁〕、「一回の給付を求める地位（受給権）」〔新堂311頁〕、「給付受領権の存在の主張」〔斎藤・概論117頁〕、「生活利益の主張」または「法的効果の内容の主張」〔小山（5訂版）145頁〕、「裁判所に対する一定内容の判決要求で、原告の申立ておよびその理由づけのために提出される（べき）事実関係によって特定される」〔松本＝上野209頁〕等）、その多くは「余に事実を与えよ、余は汝に権利を与えん」（da mihi factum, dabo tibi jus）という法諺に示されているように、裁判所と当事者の職分の分配を論拠として、当事者は、例えば、原告が〇年〇月〇日被告に渡した100万円の支払を求めると主張しさえすれば、請求を特定するには十分なのであって、その請求が消費貸借によるか、あるいは不当利得によるかの主張は、訴訟物の特定にとっては不要であるとする。

　新訴訟物論は、第二次世界大戦前ドイツで初めて唱えられ、すでにその頃わが国にも紹介されたが、当時わが学界はこれに対して大体において批判的であった（中田淳一「訴訟物概念に関するローゼンベルグの見解」論叢29巻3号〔1933年〕、同「形成判決の既判力」『訴訟及び仲裁の法理』1頁〔有信堂、1953年〕、斎藤秀夫「訴訟物概念に関する近時の論争」法学5巻12号〔1936年〕、兼子・体系167頁、同・実体法73頁）。しかるに、徐々にわが国でも新訴訟物論をとる学者が増え、現在では多数説となっている（三ヶ月章「最近のドイツにおける訴訟物理論の一断面」、同「法条競合論の訴訟法的評価」、同「訴訟物をめぐる戦後の判例の動向とその問題点」、同「特定物引渡訴訟における占有承継人の地位」研究(1)所収、同「占有訴訟の現代的意義」、同「訴訟物理論における連続と不連続」研究(3)所収、新堂幸司「『訴訟物』の再構成(1)～(3)完」法協57巻1号、2号、5号〔1958年、1959年〕、小山昇「請求について」岩松還暦161頁、同「所有物返還請求と占有回収請求について」北大法学部十周年記念法学政治学論集29頁〔1960年〕、上村明広「訴訟物論争の現状と展望」争点〔初版〕168頁、斎藤・概論119頁等）。

　さらに、新旧訴訟物論の折衷や止揚を試みる学説もあり（伊東乾「訴訟物管見」、同「訴訟物の動態的把握」、同「請求権補説」『民事訴訟法研究』〔酒井書店、1968年〕所収、山木戸克己「訴訟上の請求について」『民事訴訟理論の基礎的研究』91頁〔有斐閣、1961年〕、小室直人「訴訟対象と既判力対象」法雑9巻3＝4号345頁〔1963年〕、松本＝上野173頁、山本・基本問題85頁）、また、新実体法説と呼ばれ、

16

実体法の請求権についての理論を再検討することにより、訴訟物と実体法上の権利との結び付きを回復しようとする学説もあるが（中野貞一郎「西ドイツにおける訴訟物論の近状」ジュリ323号47頁以下〔1965年〕、奥田昌道「ヴィントシャイトの請求権概念をめぐる最近の議論について」『請求権概念の生成と展開』207頁以下〔創文社、1979年〕、四宮和夫「請求権競合問題の理論的基礎」『請求権競合論』8頁以下〔一粒社、1978年〕、上村明広「請求権と訴訟物」民訴17号189頁以下〔1971年〕、加藤雅信『財産法の体系と不当利得法の構造』523頁以下〔有斐閣、1986年〕）、まだ定説となるには至っていない。

(b) 論争の評価

訴訟物論は、単に理論の問題にとどまらず、訴訟の実際面に重大な影響を与える性質を有するものであるが、現在の多数説となっている新訴訟物論が、わが国の実務に受容されているか否かを検討してみるに、これを肯定する見解（三ヶ月章「訴訟物をめぐる戦後の判例の動向とその問題点」研究(1)165頁）もあるが、極めてわずかの例外（例えば仙台地判昭和36・2・21判時259号34頁）は別として、実務においては、新訴訟物論自体は受容されていないと思われる。それは、一方において、訴訟の基本原理である弁論主義の下で当事者が主張すべき主要事実などが、訴訟物たる権利に関わる法律要件事実に基づいて決定される以上、法律要件事実を基礎とする実体法上の権利を訴訟物とすることが簡明であり、かつ、安定した実務の運営につながるという判断によるものと思われる。

他方、実務上の処理が旧訴訟物論によって完全に説明しきれるわけではない。例えば、訴訟引受（50条）を命じられる債務の承継人と既判力や執行力の及ぶべき口頭弁論終結後の承継人（115条1項2号、民執23条1項3号）の範囲がその一例で、旧訴訟物論のように、実体法上の請求権ごとに訴訟物が異なると解すると、訴訟物たる請求権の性質（物権的請求権か債権的請求権か）、種類（所有権に基づくか占有権に基づくか）如何によって、請求の目的物の承継人を前記の承継人（50条・115条1項2号）とみるか否かが決まるようにもみえるが、旧訴訟物論を前提とする判例においても、必ずしもそのように処理されてはいない。

例えば、土地賃貸人が賃貸借終了を原因として建物収去土地明渡請求訴訟で勝訴判決を得た場合に、賃借人から地上物件を承継取得して土地を占有する者は、訴訟物との関係でみると承継人とはいえない（大阪地判昭和47・9・11判時701号93頁は、訴訟物を異にすることをもって承継を認めない）はずであるが、ことに賃

前注　第2編 第1章 訴え

貸人が土地所有者でもあるような場合には、所有権に基づく収去明渡請求訴訟で
勝訴判決を得ていたとすれば、問題なく承継人と解されるのであるから、それと
の均衡が問われることになる。

　判例は、裁判上の和解調書によって家屋を収去して土地を明け渡す義務がある
者から家屋を譲り受けて土地を占有する者（大決昭和5・4・24民集9巻415頁、
最判昭和26・4・13民集5巻5号242頁）、調停による土地賃貸借の解除・明渡し
を承諾した土地賃借人から土地の占有を譲り受けた者（大阪高判昭和46・11・30
判時661号53頁、判タ277号159頁）、土地所有者が賃貸借終了を原因として建物収
去土地明渡請求訴訟で勝訴判決を得た場合における賃借人から地上物件を取得し
土地を占有する者（東京高判昭和41・4・12判タ194号143頁）、移転登記抹消請求
訴訟の敗訴被告から所有権登記名義の移転を受けた者（最判昭和54・1・30判時
918号67頁、判タ396号79頁）について、いずれも執行力の拡張が問題となった事
案であるが、これらの者が承継人に当たることを肯定している。兼子一「給付訴
訟における請求原因」（研究(3)81頁）は、このような場合、訴訟物は債権的請求
権であるが、物権的請求権が背後に潜在するので、占有の譲受人に判決の効力が
及ぶとの理由で、これを肯定するが、このような説明は、訴訟物となっている権
利以外にそこに内在する権利をもその判決で解決していることを認めているとも
いえるのである。一方、新訴訟物論の下では、訴訟物の見地からも容易に肯定で
きることになる（新堂702頁）。

　しかし、口頭弁論終結後の承継人の範囲は、訴訟物をどのように考えるかの論
理的帰結としてではなく、当事者適格や紛争の主体たる地位の基礎となっている
実体法上の権利関係の承継に着目し、それが訴訟物となっている場合にはもちろ
ん、訴訟物となっていない場合にも、立法者が法的安定の要請や当事者と第三者
との間の公平などを考慮して、既判力の拡張を認めたものと考えるべきである
（上田徹一郎『判決効の範囲』183頁〔有斐閣、1985年〕、条解2版570頁〔竹下〕、伊
藤557頁）。このように考えれば、旧訴訟物論をとりながら、口頭弁論終結後の承
継人について、訴訟物の枠を超えて、既判力の拡張を認めることは何ら背理とは
いえない（115条〔4〕(2)〔本書Ⅱ483頁〕）。

　また、民法202条1項および2項との関係で、占有権に基づく訴えと本権に基
づく訴えとの関係、同一目的物の引渡請求訴訟における占有権と本権の主張可能
性などについて、特に新訴訟物論に対してどのような理論構成をするかという問

18

第2編　第1章　前注

題も提起されるが（三ヶ月章「訴訟物理論における連続と不連続」研究(3) 3頁以
下は、新訴訟物論を前提として、占有権の主張と本権の主張とが請求権競合の関係
に立つとする）、これもいずれの理論が妥当かの結論を決するほどのものではない。

　他方、旧訴訟物論を前提とする判例においても、信義則を理由として、既判事
項と実質的に矛盾する当事者の請求や主張を排斥する余地を認めるのであるから
（最判昭和51・9・30前掲、最判昭和52・3・24前掲など）、旧訴訟物論をとること
によって確定判決の紛争解決機能が不当に限定されるものでもない。

(3)　形成の訴え

(ア)　意　義

　この訴えは、形成判決を求める訴えである。形成判決は、形成を求める地位の
存在を確定するとともに、形成宣言によって従前の権利または法律関係を変更・
消滅せしめ、ことに第三者に対してもその効力を生ぜしめる（それが判決の効力
か法規の効力かについては争いがある〔第1編第5章第5節前注4(2)(ウ)〔本書Ⅱ
437頁〕参照〕）判決である。この効力は、判決の形成力といい、確認判決や給付
判決にみられない形成判決特有の効力である。この観点から、形成の訴えを創設
の訴えまたは権利変更の訴えともいう。形成の訴えにおける原告敗訴の本案判決
は、形成を求める地位の不存在を確定する確認判決である。

　従前の権利または法律関係を変動させるには、一般的には、必ずしも判決によ
ることを要しない。私人間の法律関係についての私的自治の考え方からは、これ
が原則である。例えば詐欺による意思表示を取り消し（民96条1項）、債務不履
行による契約解除の意思表示（民541条）をするなどの形成権の行使は、裁判外
で自由にすることができるから、その意思表示の効果に争いがあれば、その意思
表示によって生じた効果を前提とした権利関係に基づいて、給付請求あるいは確
認請求をすれば足りる。また、破産法上などの否認権のように、否認権の行使を
明確にするために、訴え、否認の請求または抗弁で行使すべき旨の規定を設けて
いる（破173条1項、民再135条1項、会更95条1項）場合もある。

　しかし、当事者間の関係ばかりではなく、多数の利害関係人に対する関係でも
権利または法律関係変動の効力が及ぶことを画一的に明確にし、かつ、確認判決
のようにただ単に現在の法律関係の存在・不存在を確認するのではなく、判決の
確定によって、従前の権利または法律関係に変動を生ぜしめるには判決によるこ
とを要するとされている場合があり、この判決が形成判決である。したがって、

19

前注　第2編 第1章 訴え

ある法律関係の変動について形成判決を求める訴え、すなわち形成の訴えによらしめるのは、法律に明確な規定がある場合に限られる。このことは、いいかえれば、このような形成判決が確定しない限り、何人も、その権利または法律関係の変動を主張しえず、他の訴訟の前提としても主張できない点に意味がある。

　この訴えの典型的な例が、詐害行為取消しの訴え（民424条。ただし、反対説がある）、婚姻取消しの訴え（民743条、人訴2条1号）、離婚の訴え（民770条、人訴2条1号）、嫡出否認の訴え（民775条、人訴2条2号）、認知の訴え（民787条、人訴2条2号）、社員総会等や株主総会の決議取消しの訴え（一般法人266条1項、会社831条1項）、行政処分の取消しの訴え（行訴3条2項・8条）などである。

　また、名目上は無効ないし無効確認の訴えと呼ばれているが、既判力の標準時以前に遡って実体法上の効果の変更を目的とする訴え、例えば、婚姻無効（民742条、人訴2条1号）、一般社団法人等や会社の設立無効（一般法人264条1項、会社828条1項1号）、社員総会等や株主総会の決議不存在・無効確認の訴え（一般法人265条、会社830条2項）などは、確認の訴えか形成の訴えであるかについて争いがある（134条〔2〕(2)(ウ)参照）。形成の訴えであるとすれば、不存在や無効を給付訴訟や確認訴訟の前提問題として主張できなくなるので、慎重な考慮が必要であるが、設立無効の訴えについては、明文規定によって訴えをもってのみ主張できるものとされており（一般法人264条1項、会社828条1項）、形成の訴えに当たる。婚姻無効の訴えについても、形成の訴えとする説が有力であるが（兼子・実体法164頁、斎藤・概論122頁、梅本197頁、条解2版714頁〔竹下〕、伊藤165頁）、反対説も主張される（新堂209頁、松本＝上野176頁）。これらに対して、決議不存在・無効確認の訴えについては、確認の訴えと解される（注釈会社法(5)383頁以下、東京地裁商事研究会編『類型別会社訴訟Ⅰ〔第3版〕』378頁〔商事法務、2011年〕、江頭憲治郎『株式会社法〔第6版〕』372頁〔有斐閣、2015年〕、新基本法コンメ会社法(3)〔第2版〕376頁〔小林量〕、神田秀樹『会社法〔第19版〕』201頁〔弘文堂、2017年〕、新堂210頁、条解2版714頁〔竹下〕）。

　この問題に関して、最判昭和46・12・17（民集25巻9号1588頁、判時656号49頁、判タ272号229頁）は、消費生活協同組合法による協同組合の総会決議が当然に無効または不存在の場合には、訴訟の前提問題として、この総会の決議の無効または不存在の判断をすることができると判示しているから、形成の訴えとは異なる取扱いを認めているわけであり、また、学校法人の理事会または評議員会の決議

無効確認の訴え（最判昭和47・11・9民集26巻9号1513頁、判時687号51頁、判タ286号220頁）、取締役会決議無効の訴え（最大判昭和47・11・8民集26巻9号1489頁、判時682号3頁、判タ285号150頁）についても、確認の訴えとしてこれを認めているものと解される。

　(イ)　形成の訴えの諸類型

　(a)　実体法上の形成の訴えと訴訟法上の形成の訴え

　形成の訴えには、実体法上の法律関係の変動に関するものと、訴訟法上の法律関係の変動に関するものがある。実体法上の形成の訴えは、行政処分の取消しの訴え（行訴8条）、婚姻の無効または取消しの訴え（民742条・743条、人訴2条1号）、養子縁組の無効または取消しの訴え（民802条・803条、人訴2条3号）、離婚または離縁の訴え（民770条・814条、人訴2条1号・3号）、認知の訴え（民787条、人訴2条2号）、嫡出否認の訴え（民775条、人訴2条2号）、一般社団法人等や会社の設立無効、合併無効、社員総会等や株主総会の決議取消しの訴え（一般法人264条1項・265条・266条1項、会社828条1項1号・7号・8号・831条1項）等で、このように身分関係、社団関係の訴訟に比較的多い。詐害行為取消しの訴え（民424条）は、判例（大連判明治44・3・24民録17輯117頁）は形成の訴えとし、抗弁の方法による取消権の行使は認めない（大判大正5・11・24民録22輯2302頁、最判昭和39・6・12民集18巻5号764頁、判時379号25頁、判タ164号81頁）が、取消しを前提とする給付または確認の訴えとする学説（兼子・実体法89頁、新堂210頁、条解2版715頁〔竹下〕、伊藤165頁。これに対して、梅本195頁は判例を支持する。なお、改正民424条の6参照）もある。

　訴訟法上の形成の訴えには、確定判決の変更を求める訴え（117条）、再審の訴え（338条）等がある。

　請求異議の訴え（民執35条）や第三者異議の訴え（民執38条）などは、訴訟法上の異議権を訴訟物とする形成の訴えであると解するのが通説であるが、確認の訴えないしは請求権の不行使を求める消極的給付の訴えであるとする説（兼子・執行法95頁、吉川大二郎『強制執行法〔改訂版〕』221頁〔法律文化社、1958年〕）、命令訴訟ともいうべき特別の訴訟類型に属するとする説（条解2版716頁〔竹下〕）もある。

　(b)　形式的形成訴訟

　共有物分割の訴え（民258条1項）、土地境界確定の訴え（筆界確定の訴え。不

前注　第2編 第1章 訴え

登132条1項6号・147条・148条参照）、父を定める訴え（民773条）なども、判決
による法律関係の変動を目的とする点で形成の訴えに類するが、これらの場合に
は、形成要件が法律上明定されていないから、裁判所が自ら真実であると認める
ところに従って定めることができることと、常に何らかの解決を与える形成判決
をしなければならず、請求棄却の判決ができないことがその特質であり、形式的
形成訴訟と呼ばれている。

　このうち境界確定の訴え（筆界確定の訴え）は、実務上も数が多いが、これは
土地の境界線を確定する訴えであって、所有権の帰属や範囲の確認を求める訴え
ではない（最判昭和43・2・22民集22巻2号270頁、判時514号47頁、判タ219号84
頁）。したがって、原告において特定の境界線の存在を主張する必要はなく、当
事者相互の相接する土地の境界が不明であるか、またはこれに争いがあることの
主張がなされれば足り（最判昭和41・5・20裁判集民83号579頁）、原告が主張し
ていてもそれに拘束されることなく（大判大正12・6・2民集2巻345頁）、控訴
審における不利益変更禁止もなく（最判昭和38・10・15民集17巻9号1220頁、判
時355号46頁）、境界の一部に接続する部分の時効取得が認められてもその境界部
分についても境界確定を求めることができる（最判昭和58・10・18民集37巻8号
1121頁、判時1111号102頁、判タ524号210頁、最判平成7・3・7民集49巻3号919
頁、判時1540号32頁、判タ885号156頁、最判平成11・2・26判時1674号75頁、判タ
1001号84頁）。

　また、この訴えに対する判決としては、請求棄却はなく、例えば隣接していな
いことが明らかとなったときは訴えを却下することになる（最判昭和59・2・16
判時1109号90頁、判タ523号150頁、村松俊夫『境界確定の訴〔増補版〕』84頁以下
〔有斐閣、1972年〕参照）。土地の全部が時効取得され、隣接所有関係が消滅した
場合も同様である（最判平成7・7・18裁時1151号3頁）。

　㈡　訴えの利益

　形成の訴えを法律の規定によって提起できる場合には、原則として訴えの利益
があると認められる。また、正当な当事者は、原則として当事者として法定され
ている者で（一般法人264条2項・269条各号、会社831条1項・834条各号等）、当
事者が法定されていない場合には、形成判決によって法律上の効果の変動を直接
受ける者である。

　もっとも地方自治体の議員の任期満了後は、その議員の除名決議の取消しを求

第2編 第1章 前注

める訴えの利益がないとする判例（最判昭和27・2・15前掲、最大判昭和35・3・
9民集14巻3号355頁、判時217号2頁、最判昭和36・7・18民集15巻7号1832頁。
なおメーデーのための皇居外苑使用不許可処分の取消しを求める訴えに関し、その
期日が経過した場合につき同旨——最大判昭和28・12・23民集7巻13号1561頁、市
長等の選挙の効力を争う訴えに関し、その後市長等が辞職した場合につき同旨——
最判昭和30・4・28民集9巻5号603頁、村長不信任決議無効確認の訴えに関し、そ
の後新村長が選挙された場合につき同旨——最判昭和31・10・23民集10巻10号1312
頁、判タ66号49頁）があり、形成の対象となる処分が過去のものとなったときは、
訴えの利益が消滅するという考え方がとられていた。

　しかし、その後の判例は、処分の効果が過去のものとなっても、その取消しに
よって回復すべき法律上の利益が存在するときには、訴えの利益が認められると
の考え方をとり（免職された公務員が免職処分の取消訴訟係属中に公職の候補者と
して届出をしたため、法律上その職を辞したものとみなされた場合でも、当該訴え
の利益を認めるのが相当であるとする最大判昭和40・4・28民集19巻3号721頁、判
時406号12頁、判タ176号112頁や最判昭和40・8・2民集19巻6号1393頁、判時423
号24頁、判タ181号116頁、最判昭和43・12・24民集22巻13号3254頁、判時542号28頁、
判タ230号189頁など）、行政事件訴訟法9条1項かっこ書の趣旨もそのように理
解すべきである（南博方ほか『条解行政事件訴訟法〔第4版〕』310頁〔定塚誠＝澤
村智子〕〔弘文堂、2014年〕）。

　その他、団体の決議関係の訴訟についても、役員選任の株主総会決議取消しの
訴えの係属中、その決議に基づいて選任された取締役ら役員がすべて任期満了に
より退任し、その後の株主総会の決議によって取締役ら役員が新たに選任された
ときは、特別の事情のない限り、この訴えは訴えの利益を欠くが、この訴えが当
該取締役の在任中の行為について会社の受けた損害を回復することを目的とする
旨の特別事情があるときは、訴えの利益は失われないし（最判昭和45・4・2民
集24巻4号223頁、判時592号86頁、判タ248号126頁）、計算書類等承認の株主総会
決議取消しの訴えの係属中、その後の決算期の計算書類等の承認がされた場合で
あっても、該計算書類等につき承認の再決議がされたなどの特別の事情のない限
り訴えの利益は失われない（最判昭和58・6・7民集37巻5号517頁、判時1082号
9頁、判タ500号111頁）と解されている。

　これに対し、訴えの利益がないとされたものとしては、株主以外の者に新株引

23

前注　第2編　第1章　訴え

受権を与える旨の株主総会特別決議につき決議取消しの訴えが係属する間に、この決議に基づき新株の発行が行われてしまった場合には訴えの利益は失われるとされた例（最判昭和37・1・19民集16巻1号76頁）、取締役・監査役の選任決議を内容とする株主総会決議の不存在確認の訴えは、取締役・監査役が退任した後においては訴えの利益を失うとされた例（最判昭和43・4・12判時520号51頁）、中小企業団体の組織に関する法律に基づく商工組合の創立総会における定款承認決議取消しの訴えの係属中に、当該商工組合の設立が認可され、その設立登記がされたときは、特別の事情のない限りこの訴えは訴えの利益を欠くに至るとされた例（最判昭和49・9・26民集28巻6号1283頁、判時758号106頁、判タ313号236頁）、建設協会に対する除名決議無効確認訴訟の係属中に、被除名者である上告人が破産宣告を受けて建設業者でなくなったときは訴えの利益を欠くに至るとされた例（最判昭和51・12・21裁判集民119号369頁）、訴訟係属中に取消しの対象とされる決議と同一内容の決議が繰り返された場合についても、先行決議に関する訴えの利益が消滅するとされた例（最判平成4・10・29民集46巻7号2580頁、判時1441号137頁、判タ802号109頁）がある。

　身分関係を対象とする形成訴訟の場合でも、重婚において、後婚が離婚によって解消された場合には、特別の事情のない限り後婚の取消しを求める訴えの利益を欠くに至る（最判昭和57・9・28民集36巻8号1642頁、判時1065号135頁、判タ487号80頁）などと解されている。

　㈣　形成の訴えの特質

　形成の訴えは最も新しい訴えの類型で、これが独立の類型として地歩を占めるまでには、給付の訴えの変容とか、確認訴訟の変型と考えられたこともあり（鈴木正裕「形成訴訟の訴訟物」民訴5号110頁〔1954年〕）、現に、形成訴訟の一部を特種の確認訴訟とみる説（中田淳一「形成訴訟の訴訟物」『訴と判決の法理』37頁〔有斐閣、1972年〕）もある。また、形成判決は、上記のように、確定すれば従前の権利関係を変動させる効力を有するものであり、したがって私法関係に国家が後見的に介入することになるから、同じ作用を営む非訟事件との差異が問題になるが、形成判決を求める形成の訴えは、形成の効力が対世的であること、あるいは特に裁判所の訴訟手続によらしめ、判決で判断させることを適当とすることなどの理由によって、個別的に認められてきたものである（三ヶ月・全集43頁以下）。形成判決はこのような特質を有しているから、この判決の機能の本体は形成力に

あり、訴訟物とされる形成を求める地位（あるいは形成要件）は形成判決の確定によって目的を達して消滅してしまい、給付判決や確認判決と異なって、その存否が将来どういう形式でも再び問題になることは、稀有の場合以外には存在しない。

したがって、ことに既判力の本質を一事不再理とする説（三ヶ月・全集19頁）をとれば、既判力があるかないのかが問題になるが（三ヶ月・全集48頁以下、鈴木正裕「形成判決の効力」論叢67巻 6 号27頁〔1960年〕、条解 2 版713頁〔竹下〕）、これを肯定するとしても、その効用が非常に少ないこと（中田淳一「形成判決の既判力」前掲『訴訟及び仲裁の法理』193頁、三ヶ月・全集113頁、斎藤・概論122頁、注解(6)95頁〔斎藤＝加茂〕）は否定できない。もっとも、3 種の判決のうち確認判決が基本型であるとの考えによって形成力が既判力によって基礎づけられるとの説（兼子一「行政処分取消判決の効力」研究(2)101頁）をとれば別であるが、この考え方は、この判決の最も重要な機能、すなわち形成力の本質と調和しないおそれがある。

なお、形成の訴えの結果たる形成判決については、第三者に対して効力が及ぶことを理由にして（人訴24条 1 項、一般法人273条、会社838条）、人事訴訟法20条のような規定がなくとも職権探知主義をとるべきであるとの説（加藤・批評集(1)136頁）、当事者は放棄・認諾および自白などの不利益な行為はなしえないとの説（兼子・体系347頁）、再審の訴えによって確定判決を取り消すのは公益に関するとの理由で職権探知を認める説（兼子・体系488頁）があり、その他会社関係訴訟の形成の訴えおよび行政処分の取消しの訴えなどについては、どの程度処分権主義・弁論主義を制限しあるいは職権探知主義を採用すべきかどうかなどが論ぜられているが、いまだ定説が確立されていない状態である（鈴木・前掲「形成判決の効力」論叢67巻 6 号27頁以下、伊藤311頁、469頁、梅本517頁参照）。

（訴え提起の方式）[1]
第133条　訴えの提起[2]は、訴状を裁判所に提出してしなければならない。[3]
2　訴状には、次に掲げる事項を記載しなければならない。[4]
　一　当事者[5]及び法定代理人[6]
　二　請求の趣旨[7]及び原因[8]

第133条・規則第53条〜第55条〔1〕　第2編 第1章 訴え

（訴状の記載事項・法第133条）

規則第53条　訴状には、請求の趣旨及び請求の原因（請求を特定するのに必要な事実をいう。）を記載するほか、請求を理由づける事実を具体的に記載し、かつ、立証を要する事由ごとに、当該事実に関連する事実で重要なもの及び証拠を記載しなければならない。[9][10]

2　訴状に事実についての主張を記載するには、できる限り、請求を理由づける事実についての主張と当該事実に関連する事実についての主張とを区別して記載しなければならない。[11]

3　攻撃又は防御の方法を記載した訴状は、準備書面を兼ねるものとする。[12]

4　訴状には、第1項に規定する事項のほか、原告又はその代理人の郵便番号及び電話番号（ファクシミリの番号を含む。）を記載しなければならない。[13]

（訴えの提起前に証拠保全が行われた場合の訴状の記載事項）[14]

規則第54条　訴えの提起前に証拠保全のための証拠調べが行われたときは、訴状には、前条（訴状の記載事項）第1項及び第4項に規定する事項のはか、その証拠調べを行った裁判所及び証拠保全事件の表示を記載しなければならない。

（訴状の添付書類）[15]

規則第55条　次の各号に掲げる事件の訴状には、それぞれ当該各号に定める書類を添付しなければならない。

一　不動産に関する事件　登記事項証明書

二　手形又は小切手に関する事件　手形又は小切手の写し

2　前項に規定するほか、訴状には、立証を要する事由につき、証拠となるべき文書の写し（以下「書証の写し」という。）で重要なものを添付しなければならない。

〔1〕　**本条の趣旨**

訴えとは、請求について裁判所の審判を求める原告の申立てであり、訴えの提起は、訴権の行使としての性質を有する。したがって、訴えの提起は、訴訟手続の基礎をなすものであり、訴訟法律関係を形成するのに必要な事項を明らかにし、かつ、訴状と呼ばれる書面を提出する要式行為としてなされなければならない。

訴状が法定の必要的記載事項を記載しているかどうかは、裁判長の審査の対象となり、不備な訴状に対しては、裁判長が補正すべきことを命じ（137条1項前段）、原告がそれに応じないときは、訴状が却下される（同条2項）。

さらに、規則53条は、審理の適正、かつ、迅速な進行のために、請求を理由づける事実の具体的記載、重要な関連事実や証拠の記載などを原告に義務づけ、また、規則55条は、訴訟の類型に応じて、審理の基本となるべき書類の添付や重要な書証の写しの添付を義務づけている。

なお、規則54条は、訴え提起前に証拠保全のための証拠調べが行われた場合には、訴状には、その証拠調べを行った裁判所および証拠保全事件の表示を義務づけている。これは、証拠保全のための証拠調べの結果を本訴の訴訟手続に引き継ぐための規律である。

〔2〕 **訴えの提起**

訴えは、一定の方式によることが定められている要式的な訴訟行為であって、訴えの提起により訴訟手続は進行を開始する（訴えの意義については、第2編第1章前注参照）。このことは、独立の訴えを提起する場合であっても、反訴（146条）、訴えの変更（143条）、中間確認の訴え（145条）あるいは独立当事者参加（47条）のように、すでに係属している訴訟手続を利用して訴えを提起する場合であっても同じである。ただ両者は、これによって進行する訴訟手続の内容に差異があるだけである。

（1） 他の手続からの移行

支払督促に対し債務者が適法な督促異議の申立てをした場合（390条・393条）、労働審判に対し当事者から適法な異議の申立てがあった場合（労審22条1項）、同審判が取り消された場合（労審23条2項・22条1項）、労働審判委員会が労働審判手続を終了させた場合（労審24条2項・22条1項）、損害賠償命令の申立てについての裁判に対し当事者から適法な異議の申立てがあった場合（犯罪被害保護34条1項）、簡易確定決定に対し当事者または届出債権者から適法な異議の申立てがあった場合（消費者被害回復52条1項）、または起訴前の和解が不調になり、当事者双方の申立てよって（275条2項前段）訴訟手続に移行した場合には、支払督促の申立て（395条前段）、労働審判手続の申立て（労審5条）、損害賠償命令の申立て（犯罪被害保護23条1項）、簡易確定手続申立団体による債権届出（消費者被害回復30条1項）、または和解申立て（275条2項後段）の時に訴えの提起が

あったものとみなされる。

　また、手形小切手訴訟において口頭弁論を経ずに訴えが却下され、同判決正本の送達を受けてから２週間以内に同一請求について通常の手続による訴えを提起したときは、手形小切手訴訟の提起の時に訴えの提起があったものとみなし（355条２項・367条）、民事調停が不調によって終了し、あるいは調停に代わる決定に対して異議の申立てがあってその決定が効力を失った場合において、申立人がその旨の通知を受けた日から２週間以内に調停の目的となった請求について訴えを提起したときは、調停の申立ての時にその訴えの提起があったものとみなす（民調19条）。これらは法律上の擬制にすぎないから、事実上、訴訟手続が進行するのは異議の申立てなどがあった時からである。訴訟係属の効果が、訴え提起の時に生ずるか、それとも訴状が被告に送達された時に生ずるかについては争いがあるが、後に説明する（142条〔２〕(4)）。

　訴えを提起するには、民事訴訟費用等に関する法律に定める額の手数料を納めなければならないが、支払督促、労働審判、簡易確定決定または起訴前の和解が訴訟手続に移行する場合には、訴えを提起する場合の手数料の額から支払督促、労働審判、債権届出または起訴前の和解の申立てについて納めた手数料の額を控除した額の手数料を納めなければならない（民訴費３条２項）。損害賠償命令申立てについての裁判からの移行の場合も、同様である（犯罪被害保護42条３項）。また、手形小切手訴訟が却下され、前記期間内に通常訴訟を提起した場合、民事調停が不調等によって終了した場合の前記所定期間内の訴えの提起の場合は、調停の申立てについて納めた手数料の額に相当する額は、納めたものとみなされる（民訴費５条）。

　(2)　訴状の提出および受理

　訴えの提起のため訴状が裁判所に提出されたときは、事件係の裁判所書記官がこれを受領し、所定の受付手続（平成４・８・21総三第26号事務総長通達「事件の受付及び分配に関する事務の取扱いについて」）を経て記録を作成し、毎年あらかじめ定めた（下級裁判所事務処理規則６条・８条）ところに従って、記録を事件担当の部（狭義の裁判所）の裁判所書記官に速やかに配布する。

　訴状を受領した事件係の裁判所書記官は、後に述べるように（〔３〕(3)）、それを閲読して、明らかな過誤または欠点（例えば宛名、作成年月日、作成名義人の表示ならびに押印の有無などの形式的事項）のあるときは、その旨を注記した付

第133条・規則第53条〜第55条〔2〕

箋を付けるなどの方法でこのことを明らかにし（受付窓口に直接提出された場合には、任意の補正を促す）、閲読の終了と同時に、当事者が補正等をしたかどうかにかかわらず、事件係受付日付印（当直受付の場合には当直受付日付印）を用いて訴状の第1頁の余白の見やすい個所に受付の日を表示する。

　簡易裁判所においては、特則として口頭による訴えの提起が認められており（271条）、口頭による訴えの提起があったときは、裁判所書記官は、口頭による申述について自ら調書を作成し（規則1条2項後段）、これを訴状と同様に処理する。

　裁判長（単独体で裁判する場合は裁判官）は、訴状が適法であるか否かを審査し（137条1項）、適法なときは原告から提出された訴状の副本を被告に送達しなければならない（138条1項、規則58条1項）。なお裁判所は、訴訟がその管轄に属するかどうかを審査し、その管轄に属しないと認めたときは、訴状を送達することなく管轄裁判所に移送する旨の決定をしなければならない（16条〔3〕(2)〔本書Ⅰ202頁〕。なお、旧版Ⅰ30条〔2〕(ハ)〔168頁〕では、「なるべく早くすべきである」と説明している）。その管轄に属すると認めたときは、裁判長は、速やかに、口頭弁論期日（口頭弁論の期日は、特別の事由がある場合を除き、訴え提起の日から30日以内の日〔規則60条2項〕）を指定しなければならない（139条、規則60条1項本文）。ただし、事件を弁論準備手続に付する場合（当事者に異議のないときに限る）、または書面による準備手続に付する場合は、この限りではない（同項但書）。

　ここでいう「特別の事由」とは、旧規則15条2項にあった「やむを得ない事由」を改めたものである。やむを得ない事由とは、事件が極めて繁雑であって、所定の期間内では被告が答弁を準備することが困難であるなどの例外的事情を意味すると解されていたのに対して、特別の事由とは、現行法において、訴状、答弁書の記載事項や添付書類を充実させることが求められていることとの関係で（規則53条1項・55条・80条など）、口頭弁論期日の準備に相当の時間を要することが考えられるので、最初の口頭弁論期日の指定時期を弾力的に運用する趣旨で設けられた概念である。したがって、第1回口頭弁論期日前に被告が答弁書の作成等のために相当の準備期間を要する場合なども、特別の事由に含まれうる（以上について、条解規則132頁参照）。

　口頭弁論の期日には、当事者を呼び出して（139条）、迅速に審理を進行させる

第133条・規則第53条～第55条〔3〕　第2編 第1章 訴え

ように図らなければならない。そのための措置として、裁判長は、当事者から、訴訟の進行に関する意見その他訴訟の進行について参考とすべき事項の聴取をすることができる（規則61条1項）。

なお、反訴の提起などのように、訴訟中に訴えが提起されたときには、従前の訴訟の期日が利用されるから、改めて期日が指定されることはない。

〔3〕　**訴状の提出**

訴えは、原則として訴状を裁判所に提出して提起する（例外として271条）。

(1)　訴状の提出・受理等

訴状を受理すべき職務権限を有する者について法文はこれを定めていないが、受付に関する事務は、実務上は「訟廷事務」に属する事務とされていて、大法廷首席書記官等に関する規則（昭29最高裁規則9号）および同規則の運用についての最高裁事務総長依命通達（平成6・7・18総一第183号。現在に至るまで、数次の改正がなされている）によって、裁判所書記官の職務とされている。訴状が郵便で提出されたときは、裁判所書記官が受領できる状態に置かれたと認めうるとき、例えば、勤務時間外または休日においては当直員が受領したときに提出があったとみてよいのであって、必ずしも現実に裁判所書記官が受領する必要はない（細野・要義(2)78頁参照）。しかし裁判所外で、裁判所書記官に提出してすることはできない（法律実務(2)83頁）。

㈠　訴えの提起は、誰が誰に対しどのような請求について、いずれの裁判所に審判を求めるかを定める重要な訴訟行為であり、その内容を明確にする必要があるから、訴状という書面による要式行為とされるものであり（本条1項）、訴状に記載すべき事項（本条2項）は、この趣旨で定められている。記載内容から判断して、訴状とみなしうる書面であれば、表題として訴状である旨の記載がなくても、訴状として受付しなければならないが、他の申立書、例えば仮処分申立書などとの混同を避けるため、任意の補正を促し、表題によって明確にするのが適当である。

訴状は通常A4判の用紙が使われている。また、訴状は、簡潔な文章で整然かつ明瞭に記載しなければならない（規則5条）。

㈡　訴状の送達は、旧法下では、謄本によってなすことになっていたが（旧164条）、実務上は、原告が被告の数だけの副本（作成者の押印のあるもの）を提出し、裁判所がこれを被告に送達していた（その理由および根拠に関しては、本

30

書旧版Ⅱ29頁参照）。規則58条1項は、その実務慣行を規則化して、訴状の送達は、原告から提出された副本によってすることとしている（規則化の経緯と考え方については、条解規則85頁、128頁参照）。ただし、副本の提出義務は、訓示的なものであるので、原告が副本を提出しないときであっても、それを理由として、補正命令を発令したり、訴状を却下することはできず、裁判所書記官が謄本を作成して、これを送達することになる（条解規則128頁）。

　(ウ)　訴状提出の際に、原則として（訴訟救助の申立てがあったときは例外）、原告に、訴状および第1回口頭弁論期日の呼出状の送達費用を予納させる（民訴費12条1項・11条）。この予納は郵便切手ですることができる（民訴費13条）。予納命令を受けながら原告が予納期間内に予納しないときは、訴状の送達ができない場合に該当するので、裁判長は命令をもって訴状を却下することになる（138条2項・137条2項、民訴費12条2項）。

　(エ)　旧法下では、電報による訴えの提起が認められるかどうかについて、電報には本人または代理人の署名および法定の印紙の貼用がないから無効であるとの説もありうるが、発信人が何人であるかを確認できる程度に記載されていれば、訴え手数料としての印紙は後日納付して補正させる（旧228条1項、現137条1項後段相当）ことができるから有効と解して差し支えないとされていた（細野・要義(2)80頁、法律実務(2)83頁、注解(6)137頁〔林屋礼二＝加茂紀久男〕、中野ほか・講義52頁、条解新版782頁、本書旧版Ⅱ30頁）。今日では、電報による訴え提起の許否を論じる実益は少ないが、規則は、手数料納付の必要があることや書面としての性質を考慮し、訴状に関しては、ファクシミリを利用して送信することにより提出することは認められないとしている（規則3条1項1号・2号。なお、電子情報処理組織による申立てについて132条の10参照）。

　また、電話による訴えの提起が認められるかについては、口頭による訴えの提起（271条）に関連して問題になるが、裁判所書記官が何人の陳述であるかを確認し難いし（法律実務(2)84頁）、それは裁判所書記官の面前でなされたもの（規則1条2項前段）とは解せられないから、これを認めるべきではない（中野ほか・講義52頁、条解新版782頁。反対——細野・要義(2)81頁）。

　(2)　他の手続からの移行の場合

　前記〔2〕(1)で説明したように、支払督促または起訴前の和解手続から訴訟手続に移行した場合には、訴状が提出されていない。前者の場合、支払督促の申立

書は被告に送達されていないが、支払督促正本は送達されているので（388条1項）、その記載内容が同一であれば、原告が欠席した場合には、158条によって支払督促申立書が陳述されたものとみなされると考えてよいが、記載内容が同一でないときには、原告に請求の趣旨と原因とを明確にした準備書面を提出させて、被告に送達する必要がある。

後者の起訴前の和解の場合には、請求の特定すら明確にされていないこともあるから、これを明確にした準備書面を提出させる必要がある（158条〔4〕(1)）。また、労働審判手続から訴訟手続に移行した場合も訴状の提出はないが、労働審判手続の申立書が訴状とみなされる（労審22条3項）から、訴訟に移行したときに原告に申立書副本を提出させて被告に送達する（労働審判規則32条による民訴規則58条の準用。最高裁判所事務総局行政局監修『条解労働審判規則〔改訂版〕』77頁〔法曹会、2013年〕参照）。これに対して、損害賠償命令手続からの移行および簡易確定手続からの移行の場合には、それぞれ損害賠償命令の申立書、届出書が訴状とみなされるとともに、それらの書面の送達をもって訴状の送達とみなす旨の定めがある（犯罪被害保護34条1項、消費者被害回復52条1項）。労働審判の申立書については送付がされているにとどまるのと異なり（労働審判規則10条）、これらの書面については当初から送達の対象とされている（犯罪被害保護24条、消費者被害回復35条）ことに対応したものである。

(3)　裁判所書記官による訴状の調査

訴状を裁判所に提出するには、原則として（前記〔2〕(2)参照）裁判所の事件係の裁判所書記官に提出する。事件係の裁判所書記官としてはただ機械的に受け付けるのではなく、訴訟が裁判所の管轄に属しているか、訴状の記載要件（本条2項、規則53条1項・2項・4項・54条）を具備しているか、所定の手数料を納付しているか（民訴費3条1項。137条〔4〕）、あるいは訴状に、訴訟代理人の委任状（規則23条1項）、商業登記事項証明書、戸籍抄本など法定代理人の資格証明書（規則15条）、訴訟物の価格を証明するための固定資産税の課税価額の証明書（8条〔3〕(5)(ア)）などの附属書類が添付されているか、さらに、規則上要求される訴状の添付書類（規則55条1項・2項）が具備されているか、また訴状の送達に必要な副本（規則58条1項参照）または郵券（民訴費13条参照）などがともに提出されているかどうかを調査し、それが明らかに欠缺する場合には、当事者に対し、補正してはどうか、また管轄違いと認められるときには、管轄裁判所に提

第133条・規則第53条～第55条〔4〕

出してはどうかと一応の注意を促すことは、その当然の処置である（平成4・
8・21総三第26号事務総長通達参照）。

　しかし、それはあくまで一応の注意にとどめるべきで、当事者が見解の相違を
理由としてこの注意に従わない場合や、補正を約して受付を求めた場合などには
必ず受け付けなければならず（東京高判昭和39・7・15下民集15巻7号1793頁、東
京地判昭和38・12・26判時364号37頁参照）、仮に誤って受理手続がされなかった
としても、訴状提出の訴訟上の効果が失われるものではない（最判昭和45・3・
12判時629号4頁）。したがって、裁判所書記官が訴状の受付を拒み、あるいは一
旦受け付けながら正式に受付の手続をせずに、訴状を当事者に送付し、正式な受
付手続をして移送すべきものを正式な受付手続をせずに回送したり（最判昭和
25・11・17民集4巻11号603頁参照）、同一庁舎内にあるその事件の管轄裁判所に
事実上届ける（仙台高判昭和29・3・8下民集5巻3号311頁参照）ことは許され
ないのであって、事件の受付後意見を付して、裁判長または受訴裁判所の適当な
処置の参考に資するにとどめるべきである（法律実務(2)85頁、注解(6)138頁～139
頁〔林屋＝加茂〕、裁判所職員総合研修所監修『民事実務講義案Ⅰ〔5訂版〕』26頁
〔司法協会、2016年〕）。

　訴状としての必要な記載事項を欠く書面を当事者が後に補正した場合も、訴え
提起の時期は、その瑕疵ある訴状を提出した時であって、補正の書面を提出した
時ではない（東京地中間判昭和34・3・12下民集10巻3号471頁、判時184号22頁。
出訴期間の遵守が認められた事案）。もっとも、まったく訴状としての体をなさず、
裁判所に対する私信ないし陳情の類であることが明らかな書面の場合は、訴状補
正の名目でその後書面が出されても、それは補正とはいえず、後の書面をもって
訴状とみるほかはない。

〔4〕　**訴状の記載事項**

　訴状の記載事項には、①その記載がなければ、訴訟法律関係の基礎となる事
項が確定されず、訴状の不適法却下の原因となる必要的記載事項、②訴訟手続
を適正かつ迅速に進めるために記載が義務づけられるが、却下の原因とはならな
い訓示的記載事項、および③それ以外の任意的記載事項に分けられる。本条2
項および規則53条1項＊前半部分が規定するのは、必要的記載事項であり、同項
後半部分および4項・54条が規定するのは、訓示的記載事項であり、53条3項が
規定するのは、任意的記載事項である。

33

第133条・規則第53条〜第55条〔5〕　第2編 第1章 訴え

　なお、訴状を含む、裁判所に提出すべき書面に関する記載事項等に関しては、規則2条1項の規定がある。

　必要的記載事項を欠いたり、法定の訴え提起の手数料を納付しないときであっても訴状の受理を拒むことはできない（前記〔3〕参照）。この場合には、裁判長は期間を定めてその補正を命じることになるが（137条1項）、補正しないときには、命令で訴状を却下することを要する（同条2項）。裁判長が訴状を却下しないで口頭弁論期日を指定していたときは、裁判所が訴えを不適法として判決で却下する（137条〔7〕(3)）。

〔5〕　**当事者の記載**

　当事者の記載は、原告と被告が誰であるかを他人と区別できる程度に記載することを要する（大判明治39・4・18民録12輯617頁参照）。自然人の場合には、氏名または通称（例えば雅号、芸名、ペンネーム、銀行取引上の通称など。ただし単なる仮称ではいけない）を表示することは最小限度必要であるが、多くの場合には住所も特定のため必要であり、通称については、「甲こと乙」というように戸籍上の氏名をも記載するのが適当である。住所は訴状の送達の便宜のためにも有益であり、実務上は必ず記載されている。なお、旧法では、商号や職業の記載も求められていたが（旧224条2項・244条1号）、現在では不要である（本書Ⅰ59頁）。

　また、離婚等戸籍上の届出を必要とする人事訴訟においては、住所のほか本籍地を記載し、登記請求の訴えにおいては、登記簿に記載されている住所をも表示しておくことが、広義の執行に便宜である。会社の場合には、商号（会社6条1項）または通称を表示するが、多くの場合には本店所在地を記載する（支店の所在地を管轄原因とする訴えのときは、その支店の所在地をも併記することが望ましい）。その他の法人の場合にも、その名称（一般法人5条1項）のほか主たる事務所の所在地（従たる事務所の所在地については、会社と同様）を記載する。国または地方公共団体が当事者の場合にも、実務では、便宜上法務省、都道府県庁、市区役所、町村の役場の所在地を記載している。

　住所等を記載するにあたっては、送達事務等を円滑にさせるため、原告またはその代理人の郵便番号および電話番号（ファクシミリ番号を含む）まで附記することが求められる（規則53条4項）。被告の住所が不明であるときは居所を記載し、居所も不明の場合には「住居所不明」としたうえ最後の住所を記載する（4条2項参照）。

34

なお、原告が犯罪被害者であり、住所等の記載によって生命や身体に危害が加えられるおそれがある場合や、被告が振り込め詐欺の加害者であり、その氏名等の特定が困難である場合には、事情に応じて柔軟な取扱いがなされている（近藤壽邦ほか「当事者の特定と表示について」判タ1248号54頁〔2007年〕参照。また、東京高判平成21・12・25判タ1329号263頁は、海外商品先物取引の違法な勧誘に関する損害賠償請求訴訟において、氏名と旧就業場所による被告の特定を認める）。

(1) 資格に基づいて当事者となる者の場合

資格に基づいて当事者となる者（124条〔21〕〔本書II548頁〕参照）については、例えば、「破産者甲破産管財人乙」（破80条）、「甲相続財産遺言執行者乙」（民1012条）とか「何丸船長乙」（商811条）という肩書をも記載して特定する必要がある。県知事を当事者とするのか、県を当事者とし県知事をその代表者とするのか紛わしくならないように、後者であれば「当事者甲県」とした後（下段）に「上記代表者県知事乙」と明確に表示すべきである。

(2) 当事者の表示の訂正

当事者の表示については、当事者の確定、すなわち氏名冒用訴訟の当事者が誰であるか、訴状に当事者として表示されている者が訴訟係属前にすでに死亡していることが判明した場合、誰が当事者であるかなどとの関係で、問題になることがある（第1編第3章前注2〔本書I266頁〕参照）。当事者が同一であることを前提として、その表示のみが不正確または誤記にすぎないときは、その訂正が許される（本書I276頁）。その訂正を許すことが結果的に任意的当事者変更を許すことにならないか微妙な場合については、双方の利益を衡量したうえで弾力的に処理するのが妥当である。

表示の訂正を肯定した若干の例をみると、原告として死者の氏名を表示していたのを相続人の氏名に訂正したもの（最判昭和51・3・15判時814号114頁〔もっとも旧85条（現58条1項）・208条（現124条）の類推適用と判示する〕）、被告として死者の氏名を表示していたのを相続人の氏名に訂正したもの（大判昭和11・3・11民集15巻977頁、東京高判昭和45・1・20下民集21巻1＝2号9頁、判時583号64頁、判タ247号273頁、岐阜地大垣支判昭和53・6・15判時928号96頁）、仮名を本名に訂正したもの（東京地判昭和25・12・11判タ10号64頁、東京地判昭和42・1・25判時481号115頁、判タ205号162頁）、架空の会社名で提起された訴えがその代表者とされている個人の提起に係ると認めて表示の訂正をしたもの（東京地判

昭和42・3・28判時484号56頁）、会社名など法人名の表示を訂正したもの（最判昭和37・11・8裁判集民63号95頁、広島高岡山支判昭和33・8・29高民集11巻7号446頁、判時163号13頁、最判昭和34・11・19民集13巻12号1500頁、東京高判昭和36・9・12東高民時報12巻9号181頁）、個人を表示していた訴状をその個人が代表者となっている会社に訂正したもの（大阪地判昭和29・6・26下民集5巻6号949頁）、町長を町に訂正したもの（大阪高判昭和39・5・30判時380号76頁）、団体の中央本部名を団体名に訂正したもの（東京地判平成6・12・6判時1558号51頁、判タ908号246頁）などがあり、比較的広く許容されているといえる。

しかし一方では、手形金請求訴訟について、個人を表示した訴状をその個人が代表取締役をしている会社名義に訂正することを否定したもの（大阪高判昭和39・12・22金法402号15頁）、国家賠償請求事件について公務員個人から国に訂正することを否定したもの（大阪地判昭和42・7・13判タ213号169頁）、交通事故損害賠償請求事件について市長から市に訂正することを否定したもの（名古屋地豊橋支判昭和49・8・13判時777号80頁）、架空の債権者名でなした仮差押申立事件において実名への表示の訂正は許されないとしたもの（東京地決昭和44・6・11ジュリ444号170頁）もあり、下級審の裁判例は必ずしも一貫しているわけではない。

〔6〕 **法定代理人の記載**

当事者が未成年者その他の訴訟無能力者（28条〔3〕）である場合には、具体的に訴訟追行をする者は法定代理人であり（31条本文）、その氏名を明確にさせないと訴訟手続を進めることができないため（送達につき102条〔2〕）、訴訟法律関係の基本に関わる事項として、旧法の大正15年の改正によって当事者の法定代理人を訴状の必要的記載事項とし、現行法もそれを引き継いでいる。同様に、法人、国、都道府県その他29条の社団または財団が当事者である場合には、その代表者が訴訟追行をすることになるから（37条による31条本文の準用）、代表者が必要的記載事項となる（37条による本条2項1号の準用）。これに対して、訴訟代理人の表示は、訓示的記載事項である（規則2条1項1号）。

なお、法定代理人等の氏名・住所（規則2条1項1号）、資格（例えば親権者、代表取締役など）を訴状に表示するばかりではなく、その資格証明書（規則15条前段）を提出することが必要である。この資格証明書は訴状に添付して提出するが（前記〔3〕(3)）、場合によっては、口頭弁論終結までに提出することも許され

第133条・規則第53条～第55条〔7〕

る。法定代理人等を表示しなかったり、あるいは誤って表示しても、当事者の同一性（特定）を明らかにすることには関係がない事項であるから、いつでも、また何回でも訂正ができるし、誤っている以上は訂正しなければならない。ただし、前に説明したように（〔5〕(1)）、県知事の表示が当事者の表示であるか、法定代理人（代表者）の表示であるかは、誰が当事者であるかの問題に関連するから、明確に記載しなければならないが（大判大正5・11・27民録22輯2143頁）、いずれであるか明白であるといえる場合には、表示の訂正ではなく任意的当事者変更の問題となる（本書I272頁参照。なお、行訴15条1項は、原告が故意または重過失によらないで被告の選択を誤った場合に被告の変更を認める）。

〔7〕 **請求の趣旨の記載**

請求は、請求の趣旨のみで特定する場合と、請求の原因と相俟って初めて特定する場合とがあるが、訴訟物についての理解の違いによって（本編第1章前注4参照）、その区別は若干異なる。これに対し、訴えの類型が、確認、給付、形成のいずれであるかは、請求の趣旨のみで明確にされなければならない。請求の趣旨は訴状の結論に相当するもので、その記載文言は、原告が求める判決主文（253条1項1号・114条1項）と同一であり、どのような内容の判決を求めるのかを明確に記載しなければならない。

(1) 確認の訴えの場合

確認の訴えでは「原告が、東京都○区○町○丁目○番○号の土地につき、所有権を有することを確認する」、「原告が、大阪市○区○町○丁目○番○号の土地につき、原被告間の平成○年○月○日締結の賃貸借契約に基づく賃借権を有することを確認する」、「原被告間の平成○年○月○日締結の消費貸借契約に基づく原告の被告に対する元金○○円の返還債務が存在しないことを確認する」のように記載する。すなわち、確認の対象となっている権利が物権であるときは、権利の主体と目的物および権利の種類を明確に記載すれば足りるが、債権であるときは、さらにその発生原因事実（通常、契約の種類、締結の日時を明らかにすれば足りるが、さらに他の事実を必要とすることもある）をも明確に記載する必要がある（なお、小山157頁は生活利益の特定でよいとするが少数説である）。

不動産の所有権の確認の訴えにおいては、土地は通常地番によって、家屋は家屋番号によって特定できるが、土地の一部の所有権のように範囲について争いがあるときは、図面等を添付し、これを請求の趣旨中に引用する方法によることに

37

なる。その際には、図面中の指示が不明確でないように十分注意すべきである（最判昭和29・1・19民集8巻1号35頁、最判昭和32・7・30民集11巻7号1424頁参照）。

また、金銭債務の不存在確認の訴えにおいては、金額を特定して請求する必要があり（不存在確認の事案ではないが、最判昭和27・12・25民集6巻12号1282頁参照）、ある金額を超える債務の不存在確認を求める場合にも、その上限の金額を明示しなければならない（最判昭和40・9・17民集19巻6号1533頁、判時425号29頁、判タ183号99頁参照）。ただし、不法行為に基づく損害賠償債務の不存在確認のように、債務の発生原因事実が明確に他と区別でき、かつ、債権者が主張する債務額が不明確な場合については、金額を示さないでもよいかについては争いがある（詳しくは、134条〔3〕(3)参照）。

なお、確認の訴えでは、請求の趣旨のみによって請求が特定することについて争いはない。

(2) 給付の訴えの場合

給付の訴えでは、「被告は、原告に対し○○円を支払え」、「被告は、原告に対し東京都○区○町○丁目○番○号の土地を明け渡せ」、「被告は、大阪市○区○町○丁目○番○号の土地につき○○法務局昭和○年○月○日受付第○号の所有権移転登記の抹消登記手続をせよ」、「被告は、○○株式会社なる商号を使用してはならない」というように給付命令の内容を具体的・簡潔に表現し、給付の法律上の性質・内容は記載しないのが実務慣行である。これは、給付判決が債務名義として用いられる場合のことを考え、強制執行によって実現しうべき内容を明確にすれば足りるとの理由によるものと考えられる。

したがって、訴訟物を実体法上の権利または法律関係であるとみる旧訴訟物論の下では、上記の記載だけでは訴訟物は特定しないから、請求原因によってその給付命令がどのような実体法上の権利または法律関係に基づくかを明確にする必要がある（司法研修所監修『民事訴訟第一審手続の解説〔4訂〕』3頁〔法曹会、2001年〕）。これに対して新訴訟物論によれば、給付訴訟では、訴訟物は給付を求めうる法的資格（法律上の地位）と解し、どのような実体法上の権利に基づくかは、単に訴訟物を基礎づける法的観点にすぎないから、特定物を目的とする給付訴訟の訴訟物は請求の趣旨だけで特定する（三ヶ月・全集102頁、新堂219頁、斎藤・概論142頁、注解(6)150頁〔斎藤秀夫＝加茂紀久男〕）。ただ、この理論の下でも、

金銭の給付を求めるとか、代替物の一定数量の給付を求める場合には、同一当事者間に同じ内容の給付請求権が複数成立する可能性があるので、その特定のために請求原因を必要とすると解されている（三ヶ月・全集103頁、新堂209頁、斎藤・概論142頁、注解(6)151頁〔斎藤＝加茂〕）。

いずれにしても、金銭請求については請求の趣旨の金額は確定的でなければならないが、「○○円に対する平成○年○月○日から支払済までの年5分の割合による金員」というように、金額が数字的に明らかになっていなくても、強制執行の際に計算しうるようになっていれば差し支えない。しかし、慰謝料の支払を求める訴えを提起する場合に、請求の趣旨として、裁判所が適当と認める金額の支払を求めるというように記載したり、物の損壊を理由とする損害賠償の訴えにおいて、物の時価相当の金額の支払を求めるというような記載は許されない。

　(ｱ)　これに対して、旧借家法1条ノ2（現借地借家27条・28条）に基づく解約を理由として家屋の明渡しを求める場合に、その正当事由の補強条件として300万円またはこれと格段の相違のない範囲内で裁判所の決定する額の立退料を支払う旨の意思を表明し、これと引換えに家屋の明渡しを求めている場合に、裁判所が500万円の立退料の支払と引換えに明渡請求を認容することができるとするのが判例（最判昭和46・11・25民集25巻8号1343頁、判時651号68頁、判タ271号173頁）である。この判例の事案では、原告は第1次的には無条件の明渡しを請求の趣旨に掲げていたから、訴訟物の特定としてはそれで十分であって、立退料の金額が確定していないことは弁論主義との関係で問題となるにすぎないが、これに反して、原告が無条件の明渡しを求めず、もっぱら「300万円またはこれと格段の相違のない範囲内で裁判所の決定する額の支払を受けるのと引換えに」明け渡せ、との請求の趣旨を掲げる場合には、訴訟物の特定があるといえるか問題である。引換給付の目的である立退料の金額は訴訟物そのものではなく、また、正当事由による明渡訴訟の性質には非訟的なものが内在しているから、特定は緩やかに解してよいとすれば、上記の程度でもよいと考える余地があるが（本書Ⅴ53頁）、被告の防御の観点からは、請求の趣旨において金額を明示させることが望ましい。もっとも、通常は、まず無条件の明渡請求をするであろうから、立退料支払申出の事実は、予備的主張として請求原因中で明らかにすれば足り、予備的な請求の趣旨の記載は不要であるので、このような問題は生じない。

　(ｲ)　金銭債権の一部を他の部分と区別できる標準がないのにその一部を請求す

第133条・規則第53条〜第55条〔7〕　第2編 第1章 訴え

るのでは請求は特定しないとする説（条解(上)598頁）があるが、通説は一部請求
も許されるとする（条解2版764頁〔竹下守夫〕）。もっとも、訴訟物としては全部
が提示され、給付判決を求める最上限を画しているにとどまるから残部請求は許
されないとする説もある（三ヶ月・全集108頁）が、判例は、一部請求であるこ
とを明示して訴えを提起した場合には、その残部については既判力は及ばない
（大判昭和18・5・3法学12巻999頁、最判昭和34・2・20民集13巻2号209頁、判時
178号3項、最判昭和37・8・10民集16巻8号1720頁）と解している（114条〔5〕(8)
〔本書Ⅱ464頁〕参照）から、請求原因で一部請求である旨を明示する必要がある。

　㈦　新聞紙上に謝罪広告をなすべきことを求める訴えについては、これに使用
する活字は普通の活字を使用してよいとする趣旨と解せられるから、請求の趣旨
では使用活字の番号を指示する必要がないとの判例（大判明治43・11・2民録16
輯745頁）もあるが、表題、氏名、内容などの活字の大きさを特定しないと強制
執行の際に問題を生じるから、この判例の見解は正当でないし、実務上は、これ
を特定すべきものとして処理している（例えば最判昭和47・11・16民集26巻9号
1633頁、判時687号48頁の原審における請求の趣旨等参照）。

　不作為請求訴訟では被告に差止めを求める行為を請求の趣旨で明確にすべきで
あって、単に「原告の有するA土地の所有権行使を妨害する一切の行為をしては
ならない」という包括的抽象的な不作為請求は違法である。例えば「被告はA地
に立入杭その他の工作物を設置するなどして、原告がA地につき宅地造成工事を
するのを妨害してはならない」というようにある程度具体的に予想される行為類
型を禁止の客体として請求の趣旨に明示すべきである（柏木邦良「訴訟物の特
定」演習民訴(上)192頁）が、完全に表現し尽くすことも困難であるから、代表的
行為を明示したうえで、社会観念上この表現によって当然に包含される（間接強
制が可能な）行為までを含む表現も是認するほかないと思われる。裁判例におい
ては、「新幹線列車の走行によって発生する騒音を、午前7時から午後9時まで
の間は、65ホンを超えて原告らの居住敷地内に侵入させてはならない」という程
度の特定で、間接強制を前提とした請求の趣旨としては適法としたものがあり
（名古屋高判昭和60・4・12下民集34巻1〜4号461頁、判時1150号30頁、判タ558号
326頁）、学説上も、これを支持する見解が有力である（条解2版761頁〔竹下〕、
梅本248頁、伊藤202頁注(72)参照）。

　(3)　形成の訴えの場合

第133条・規則第53条～第55条〔7〕

　形成の訴えでは、「原告と被告とを離婚する」、「甲が被告の子であることを認知する」、「被告が○○株式会社との間で締結した○○の物件についての売買契約を取り消す」（民424条参照）、「被告から原告に対する○○地方裁判所昭和○年(ワ)第○号○○請求事件の判決に基づく強制執行を許さない」（民執35条参照〔形成の訴えとみる見解による〕）、「平成○年○月○日開催された被告会社の株主総会における○○の決議を取り消す」（会社831条参照）のように、その判決によって特定の権利または法律関係がどのように変動または消滅するかを簡潔に宣言し、形成原因については記載しないのが実務慣行である。旧訴訟物論の下では、実体法上の権利または法律関係である形成原因によって訴訟物が特定されるから、請求原因によって訴訟物が特定される（前掲『民事訴訟第一審手続の解説〔4訂〕』3頁）。もっとも、1個の形成原因としてどこまでを包括できるかについては問題がある。これに対し新訴訟物論では、形成を求めうる法的資格（法律上の地位）が訴訟物であると解することは給付訴訟の場合と同様であるので、請求の趣旨だけで訴訟物が特定する（三ヶ月・全集116頁、新堂219頁、注解(6)154頁〔斎藤＝加茂〕）。

　境界確定の訴えのように本来非訟事件の性質を有するものにおいては、具体的な境界線を当事者が主張する必要がないから（本書22頁参照）、通常は記載されているものの、その記載がなくとも、境界確定を求める土地が具体的に主張されていれば請求の趣旨の記載の欠缺はない（最判昭和39・4・17裁判集民73号187頁、村松俊夫「訴訟からみた境界確定の訴」『境界確定の訴』43頁以下〔有斐閣、1972年〕参照）。この場合、係争土地を地番等によって特定すれば足り、土地の所有者を明示することは必要でない（最判昭和37・10・30民集16巻10号2170頁、判時321号18頁参照）。

　同様の理由で、人事訴訟法32条1項によって財産分与の申立てをするときにも、分与を求める額および方法を請求の趣旨で特定する必要はない（最判昭和41・7・15民集20巻6号1197頁、判時456号32頁、判タ195号79頁、条解2版761頁〔竹下〕）。もっとも、このように本来非訟的性質を有する訴訟においても、実務上は、原告が自己の求める境界線、分与を求める額および方法を主張しているし、訴訟の進行上は、その主張があることが望ましいことはいうまでもない。

(4)　期限または条件を付した請求の趣旨の記載

　訴訟行為について期限または条件を付することができるか否かについては、前

第133条・規則第53条〜第55条〔7〕　第2編 第1章 訴え

（第1編第5章第1節前注3(3)(ウ)〔本書Ⅱ155頁以下〕）に説明したが、それに対応して、請求の趣旨に期限または条件が付せられるかという問題がある。しかし、将来の給付の訴えのように法律が明らかに認めている場合（135条、民執30条1項参照）を除いては、期限付の請求の趣旨の記載は許されない。これは、訴訟物の特定というよりは、訴えの利益の問題である。すなわち訴えは、原則として現在の権利または法律関係についての請求の当否を判断するために認められたものであるから、一般的には、期限を付した請求は訴えの利益がないと解される。

　これに対し、条件付の請求の趣旨は、訴訟手続の進行そのものを不確実・不安定にするものでない限り許される。例えば、第1次に物の引渡しを求め、第1次の請求が認容されない場合には、一定金額の支払を求めるという予備的請求（136条〔2〕(2)(c)）、予備的訴えの変更（143条〔2〕(4)）または予備的反訴（146条〔2〕(4)）のように、審判の申立てそのものに解除条件が付される場合のほか、第1次に一定数量の有価証券その他の代替物の給付を求め、その執行不能の場合には、一定金額の支払を求めるとか（大判昭和15・3・13民集19巻530頁、民執31条2項参照。単純併合に当たることにつき、136条〔2〕(2)(a)）、原告が品物を被告に給付することを条件として、被告に一定金額の支払を求めるというように、給付内容に条件を付した請求も、それぞれの内容が明確に特定され、かつ、条件付であること、あるいは条件の内容、例えばそれが執行文付与の条件であるか（民執27条1項参照）、執行開始の条件であるか（民執31条参照）等が明確にされていれば許される。しかし、それ以外、一般的に訴訟外の将来発生する事実に、判決の効力の発生をかからせる請求の趣旨は、確実性・安定性の要請からみて許されない（基コメ(2)10頁〔加藤新太郎〕）。

　(5)　請求の趣旨の記載に関する瑕疵の取扱い

　訴状に請求の趣旨の記載を欠いているような場合、またはそれが不明確で記載されていると認められないような場合であっても、請求の趣旨は訴状全体の記載から判断しなければならない（大判明治35・10・21民録8輯9巻111頁、大判明治36・10・19民録9輯1131頁）。それでもなお不明である場合には、裁判長は期間を定めて補正命令を発し（137条1項前段）、原告においてこれを補正しないときには、訴状を命令で却下しなければならないが（同条2項）、訴状の副本を被告に送達した後は、裁判所が判決で却下する（137条〔7〕(1)）。

　他方、訴状の必要的記載事項としての請求の趣旨の記載があるかどうかは、そ

の形式的な記載自体で判断すべきものであって、その請求が請求原因との関係で主張自体理由があるかどうかとは無関係である。したがって、請求の趣旨が記載されているが、それが請求の原因の記載と照応していないような場合、例えば請求の原因では金100万円貸したと記載されているのに、請求の趣旨では金150万円の支払を求めると記載されているような場合や、請求の趣旨では無条件での給付判決を求めているのに、請求の原因では条件付の給付判決を求めているような場合には、記載を欠くとは認められないから、補正命令を出すべきではなく、口頭弁論でその矛盾を釈明して整理し（149条〔2〕〔4〕）、当事者が口頭弁論終結までにその主張を整備しなかった場合には、その請求の全部または一部を判決で棄却すればよい（東京高決昭和43・8・6判タ229号268頁、東京高判昭和44・5・19判時558号60頁、判タ239号236頁、福岡高判昭和46・3・9判時631号63頁参照）。

また、請求の趣旨の記載自体からして、例えば被告に対し違法な行為や公序良俗に反する作為を要求しているというような、法律上許されない訴えであることが判明しても、訴状の記載要件自体を欠くとか、訴状が不適法なのではないから、判決で訴えを却下または棄却すべきであり、訴状を却下すべきではない。

(6) 訴訟費用負担および仮執行宣言の裁判の申立て等の記載

実務上当事者から提出される訴状には、請求の趣旨の記載とともに、「訴訟費用を被告の負担とする」との訴訟費用に関する裁判と、仮執行の宣言を求める旨を記載していることが多い。訴訟費用の裁判は、原則として職権で裁判しなければならないのであるから（第1編第4章第1節前注1(4)〔本書Ⅱ13頁〕）、この申立ては職権の発動を促す申立てであり、理論的にはこれをなす必要はないのであるが（67条〔3〕〔本書Ⅱ40頁〕）、独立の訴えを提起することは許されず、その訴訟の判決またはこれに附随する決定手続によるべきこととされているため、上記のような実務慣行となったものと思われる。

仮執行の宣言の申立ては、口頭弁論終結までいつでも書面または口頭ですることができるが（規則1条1項。259条〔5〕(1)〔本書Ⅴ233頁〕）、訴状に記載してある場合が多い。仮執行の宣言は、当事者の申立てがなくても、裁判所が必要があると認めたときには職権で付することができるが（ただし、手形または小切手金の請求については職権で付することを要する〔259条2項本文〕）、当事者による申立ての有無は必要性の判断をするにあたり影響すると考えてよい。担保を条件とする仮執行の宣言の申立てをすることもできるが、この場合にも無担保で仮執行

第133条・規則第53条〜第55条〔8〕　第2編 第1章 訴え

宣言を付することは少ない。仮執行宣言の申立てに印紙の貼用は不要である（民訴費3条・別表第1の申立てに仮執行宣言の申立ては列記されていない）。

　〔8〕　**請求の原因の記載**

　請求（訴訟物）が、請求の趣旨の記載のみによっては特定しない場合には、請求の原因の記載とを合わせて特定させなければならない。原告は、審判の対象としていかなる請求について訴えを起こしたかを最初から明確にする必要があるから、このような場合には請求原因が訴状の必要的記載事項になる。

　(1)　請求の原因の意義

　ここにいう請求の原因とは、245条にいう数額に対する請求の原因や、原告の請求を理由づける攻撃方法としての請求の原因（規則53条1項）とは意味が異なり、請求を特定するのに必要な事実（同条1項かっこ書）を意味する。訴状の必要的記載事項としての請求の原因として、事実をどの範囲で、どの程度に記載しなければならないかについて、学説上古くから、請求理由説あるいは事実記載説（Substanzierungstheorie）と識別説あるいは同一認識説（Individualisierungstheorie）と呼ばれているものとの対立があり、この論争は、審理の対象が何であるか、すなわち訴訟物をどのように把握するかという訴訟法上の根本問題に関わる。

　しかし規則上の訓示的記載事項としては、訴状の請求原因の欄に攻撃方法まで記載することが求められ（規則53条1項）、実務もそのように運用されているから、上記両説のそれぞれの立場によって、訴状の必要的記載事項を欠くかどうかが問題となることは実際は少ない。そして、実務上、このような請求を理由あらしめる事実としての攻撃方法を含めて、慣用的に請求原因と呼び、この意味の請求原因の記載が求められている。

　訴状に特定のための請求原因のみが記載されているにとどまると、この段階では裁判所にとって紛争の実体を把握することができない。そこで、早期に争点を明らかにするため、旧法下の実務において、請求を理由あらしめる事実（最判昭和63・6・16民集42巻5号414頁、判時1291号65頁、判タ681号111頁では、自賠法3条に規定する事実、民法709条に規定する事実は請求を理由あらしめる事実であると判示する）をも記載することが望ましいとされたことを踏まえて、現行規則によって、訓示的ではあるが、義務化されたものである。したがって、特定のための請求原因としての事実を論じることは、意味が少ないようにみえるが、請求（訴訟物）の同一性の問題は、理論的には、処分権主義（246条）、二重起訴の禁止

44

（142条）、訴えの変更（143条）、訴えの併合（136条）、既判力の客観的範囲（114条1項）あるいは再訴の禁止（262条2項）の問題を考える基準として重要性を有している。なお、現行法および現行規則は、識別説の考え方と親和的である（研究会138頁〔福田剛久発言〕参照）。

　(ア)　識別説により訴訟物を特定する場合、どの程度の記載をすれば十分であるかは、訴訟物たる権利または法律関係に関する実体法の解釈によって定まるが（山木戸克己「訴訟上の請求について」研究128頁以下）、具体例に則して、実務の基礎である旧訴訟物論の立場によって説明する。

　(a)　所有権は一物の上にひとつしか存在しないから、目的物件を特定して原告がその所有権を有する旨を記載すれば、所有権確認訴訟の訴訟物は特定する。抵当権は、目的物件が同一でも、被担保債権が異なれば別個の抵当権になるから、目的物件のほか被担保債権と抵当権の順位を記載すれば、抵当権確認訴訟の訴訟物たる抵当権の主張は特定する。そして、これらはいずれも請求の趣旨中に明記されるから、請求原因の記載は必要ではない。

　所有権その他の物権に基づく物上請求権は、物上請求権の由来する権利（所有権など）の内容、目的物件、侵害や妨害の態様および返還を求めるとか妨害の予防を求めるなど、物上請求権の内容を記載すれば、特定する。そのうち、物上請求権の由来する権利の内容が請求原因として記載されなければならないが、他は請求の趣旨中に明記される。この場合、侵害や妨害の態様によっても訴訟物を異にすることになるが、具体的に記載されている態様がどこまでの妨害まで包含しうるかが実務上問題になることがある。これを判定するにあたっては、二重起訴、訴えの変更、既判力に及ぼす影響のほか、社会観念として、その記載でどこまでを含むと解釈するのが相当かなど諸々の角度から検討しなければならないから、その記載は慎重になされるべきである。

　また、所有権移転登記の抹消登記手続請求の事案で、虚偽表示を理由とする場合と、譲渡行為が詐害行為であることを理由とする場合との関係について、請求の基礎において同一性があるが、訴訟物は別個のものとみる判例（最判昭和26・10・18民集5巻11号600頁）がある一方で、虚偽表示を理由とする場合と、破産法上の否認を理由とする場合とは、所有権に基づく物上請求権1個であるとする判例（最判昭和23・10・12民集2巻11号365頁）もある。しかし所有権に基づく物上請求権であれば、虚偽表示であることや否認権を行使したことは再抗弁事由にす

ぎないが、詐害行為取消訴訟を形成訴訟とする前提に立てば（最判昭和39・6・12民集18巻5号764頁、判時379号25頁、判タ164号81頁）、上記各判例は矛盾しているとはいえない。

その他、排他的な支配権である特許権、実用新案権、商標権または著作権などに基づく妨害排除としての侵害除去請求権、妨害予防としての侵害差止請求権についても、その権利の種類と内容、侵害物件、侵害の態様を記載すれば特定するが、同じく、その権利の種類・内容のみが請求原因として記載されなければならない事項で、他は請求の趣旨中に明記される。

(b) 債権は、人と人との関係における権利であって、給付の目的を同一にする場合でも、複数存在しうるから、物権と異なり、相手方、債権の成立日、期間または弁済期など債権の発生原因たる事実とその内容まで記載しなければ、債権に関する訴訟物は特定しないのが通常であるが、その特定の程度は、事案によって若干相対的となることを免がれない（中野ほか・新講義50頁）。

まず、債権の存否確認訴訟では、上記のいずれも請求の趣旨中に明記されなければならないから、請求原因の記載は不要である。また、賃借権に関する訴訟の場合には、賃借権の特定のため賃貸人と賃借人、目的物件、始期と期間および賃料と目的などまでを記載し、貸金債権に関する訴訟の場合には、貸金債権の特定のため貸主と借主、金額、貸付日および弁済期などを記載しなければならないと考えるのが一般的であるが、賃料と目的、弁済期などについては、不要であるとの考えもある（最判昭和39・10・13判タ169号113頁は、賃借権確認の場合、賃料額を入れなければ特定しないものではなく、これを入れるかどうかは原告が決めうると判示する。条解2版762頁〔竹下〕参照）。

これに対して、貸借が代理人によって締結されたか、無権代理の追認があったかは、他に特定の識別方法がないような特殊な場合を除き記載する必要がない（大判大正元・10・10民録18輯849頁参照）。なお、金額25万7500円の約束手形2通の内金46万9300円の請求については、判決がこれを認容した場合にも、満期の早いほうの全部と遅いほうの一部を認容した趣旨と解されるから、請求は特定しているとの判例（最判昭和35・12・15判時246号34頁）があるが、一般論としては特定しているとはいえないであろう。

また、家屋の賃貸借契約が、賃借人の賃料不払など債務不履行のため催告解除（民541条）され、また無断転貸のため解除され（民612条2項）、さらに合意で解

第133条・規則第53条〜第55条〔8〕

約され、なお正当事由によっても解約された場合（借地借家27条）には、借主は、原状回復義務として家屋を返還する義務を負うが、これらすべての場合を通じて、賃貸借契約終了を原因とする家屋返還義務のみが存在し、したがって、貸主は、訴状に賃貸借契約が終了したとだけを記載すれば請求が特定するといえるかについては、争いがある。これは、旧訴訟物論が、訴訟物は実体法上の権利または法律関係の主張であるとの大前提をとりながらも、実体法上の権利として包括しうる範囲が必ずしも明確とはいえない一場面である。すなわち、実体法の各法条の定めごとに権利が区分され、訴訟物が分断されるとみるのは、不合理な結果を生ずることがあるため、同一目的を有する同質な法的主張を統合した1個の包括的な権利を訴訟物として捉えようとの試みが、この場面でも提唱されている。

　そして、そのまとめ方として、発生原因たる事実関係の同一性と発生要件の同質性により特定識別すべきであるとし、上記事例について、数個の賃貸借終了原因に基づく返還債務は同じ賃貸借契約に基づくものとして、訴訟物は1個であるとする説（山木戸・前掲「訴訟上の請求について」研究130頁、羽柴隆「賃貸借終了による家屋明渡請求と訴訟物」実例法学(上)195頁）がある。これに対して、賃貸借の終了事由を三つに、すなわち債務不履行に基づく契約解除の場合、合意解約の場合および法定解約（借地借家27条）の場合のそれぞれによって家屋返還義務は別個で、結局3個あるとする説もあるが、いずれも賃貸借契約関係の終了に基づく請求権であること、訴訟物を別個とすると、既判力の客観的範囲も分断されることなどを考えると、1個説が正当である。なお、後者の考え方でも、解除または解約の事由が2個以上主張されていても、それは攻撃方法が2個以上あるだけで、訴訟物としてはひとつであるとみている。

　次に、不当利得返還請求権は、債権者から債務者に何日に交付した、いくらの金員が法律上の原因がないものであると記載すれば特定し、不当利得が例えば錯誤による契約無効（改正前民95条）に基づくか、詐欺による契約の取消しに基づくかは攻撃方法にすぎず、特定のためには記載の必要がない（大判昭和3・8・1民集7巻687頁）。

　さらに、損害賠償債権の同一性を判断する基準は、必ずしも明確でない。土地保管契約の債務不履行に基づく損害賠償事件で、被告がAに対して土地を売却したことを債務不履行であるとしてする賠償の請求と、被告がBに対して同一土地を代物弁済に供した事実を認定して、これを理由に原審が認容した賠償請求は別

47

個であるとした判例（大判昭和6・8・1民集10巻642頁）もあるが、この場合の請求は、保管契約上の義務の不履行に基づく損害賠償請求としては1個であると解するのが正しい（兼子・判例民訴67事件）。不法行為による損害賠償債権の同一性については、過失の内容の主張が相違しても債権は別個にならないとするのは正しい（最判昭和32・5・10民集11巻5号715頁、判タ72号55頁）。しかし、加害行為と被害法益によって特定する（兼子・体系165頁）かは問題で、加害行為が同一であることは必要であるが、権利の侵害は違法性の徴表であると解する以上、侵害された権利（被害法益）が異なるごとに請求権が異なると解するのは無理である。

判例（最判昭和48・4・5民集27巻3号419頁、判時714号184頁、判タ229号298頁）も、同一事故によって生じた被害者の身体傷害を理由とする財産上の損害と、精神上の損害の損害賠償請求権とは1個の訴訟物であるとしている。したがって、自動車事故によって、手足を負傷して入院治療した場合の財産上の損害賠償請求権は1個であり、病院などにおいて負傷の治療について支出した費用、その負傷によってもたらされた収入減は、1個の損害賠償請求権のそれぞれ一部であると解すべきである（村松俊夫「不法行為の損害賠償債権の特定」勝本正晃先生還暦記念『現代私法の諸問題』247頁〔有斐閣、1959年〕）。

これと同様に、同じく身体傷害に起因する損害賠償請求であっても、前訴の最終口頭弁論期日までに支出された治療費の賠償請求の判決確定後に、当時予想しえなかった再手術の治療費の賠償請求をすることは、一部請求の理論によってこれを肯定できるといえるが（最判昭和42・7・18民集21巻6号1559頁、判時493号22頁、判タ210号148頁）、これも、前後の訴訟物が本来は1個の請求権に属することを前提としている。また、同じ1個の自動車事故に基づく損害賠償請求において、民法709条を根拠とするか、自賠法3条を根拠とするかは、請求を理由あらしめる事実を異にするだけで、不法行為に基づく損害賠償請求権としての訴訟物は1個である（最判昭和63・6・16前掲）。

なお、契約上の債務不履行による損害賠償請求と不法行為による損害賠償請求との関係は、請求権の競合不競合の実体法上の問題として議論が分かれ、それに伴って訴訟上の請求が同一であるかどうかが問題とされてきた。実体法上不競合説をとれば問題はなく、訴訟上の請求も新訴訟物論の説くように1個になるが、判例は実体法上競合説をとり、訴訟上の請求は別個であるとしている（川島武宜

「契約不履行と不法行為との関係について」『民法解釈学の諸問題』1頁〔弘文堂、1949年〕、川島武宜ほか「請求権の競合」私法19号25頁〔1958年〕、三ヶ月「法条競合論の訴訟法的評価」研究(1)129頁)。したがって、旧訴訟物論の下で、妥当な結果を得ようとすれば、いずれかが予備的な併合であることを釈明して明らかにするか、いずれでもよいときには、選択的併合であると解すべきである（請求の併合形態については、136条〔2〕(2)参照）。

　(イ)　確認訴訟の請求すなわち訴訟物は、旧訴訟物論によればもちろんのこと、新訴訟物論によっても、実体法上の権利または法律関係の存否の主張と解している（なお三ヶ月・全集112頁は、給付または形成を求める法律上の地位そのものの不存在確認を認め、小山148頁、158頁は、利用する利益の確認請求を認めるが、いずれも少数説である）。したがって、その特定のためには上記（〔7〕(1)）のように記載すれば足りる。この意味で、「○○の物件が原告の所有に属することを確認する」とか、「原被告間の○年○月○日に貸与した弁済期○年○月○日の債務が不存在であることを確認する」との請求の趣旨の記載があれば、それで請求は特定されているから、請求を特定するためには、改めて請求の原因を記載する必要がない（新堂219頁、松本＝上野212頁、伊藤202頁。ただし、三ヶ月・全集112頁、条解2版765頁〔竹下〕は、債務不存在確認の場合には給付の訴えにおける新訴訟物論の考え方と同様に解すべきとする）。

　債務不存在の原因として、原告が被告から金銭を借り受けたことがないとか、原告が弁済したから債務が存在しないというような主張は、請求原因そのものではなく、抗弁に対する先行否認、または再抗弁としてのいわゆる攻撃方法（161条〔3〕(1)）にすぎない。なお、実務上「原被告間の○年○月○日締結された○○に関する売買契約の無効なることの確認」との請求の趣旨が記載されていることがあるが、これは売買契約自体の有効または無効であることの確認を求める趣旨ではなく、契約から発生する個々の権利義務の存否の確認を求める趣旨と解して、その特定の有無を判断すべきである（売買契約不存在確認の訴えにつき最判昭和40・11・25裁判集民81号137頁参照）。

　(ウ)　給付訴訟の請求すなわち訴訟物については、旧訴訟物論によれば、本章前注4(2)で説明したところに尽きるが、新訴訟物論によるとどうなるかを簡単に説明する。その説くところは論者によって必ずしも同一ではなく、例えば訴訟法上の請求は一定の給付利益の主張である（小山昇「訴訟物論」『訴訟物論集』40頁

〔有斐閣、1966年〕、小山146頁）、相手方から一定の給付を求めうる法律上（実体法上）の地位があるとの権利主張である（三ヶ月・全集101頁、同・双書116頁）、一定の内容の給付請求権（被告の給付義務）の主張である（新堂311頁、中野ほか・新講義41頁、高橋・重点講義(上)27頁）、給付を求めうる法的資格（地位）の主張である（小室直人「訴訟上の請求」新実務民訴(1)345頁）、給付受領権の存否の主張である（斎藤・概論120頁）、同一生活事実関係に基づく申立て（松本＝上野209頁）などと主張されているが、そのいわんとする趣旨は次のように要約できる。

　すなわち、原告は、通常は、ある一定の給付が認められることにのみ関心をもち、それが実体法上どのような根拠で認められるかについては、ほとんど関心をもたないとの認識を共通の根底に置き、したがって、給付の法的性質決定（例えば売買代金であるか不当利得金であるか）は、訴訟物の構成要素ではなく、またその特定の基準にもならないと理解するのである（柏木邦良「訴訟物の特定」演習民訴(上)186頁）。これに対し、旧訴訟物論から新訴訟物論に対する最も強い批判は、請求すなわち既判力の範囲が不明確になるという点に向けられているが（兼子・体系168頁、中田・講義77頁）、さらには、新訴訟物論では、原告がどのような実体法上の権利に基づいているかを問わず、一定の給付を求める地位にあるかどうかについてのみ利害関係を有するというが、訴訟が実際に果たしている機能からみて、常に原告が実体法上の権利に無関心であると割り切ってよいかどうかについても疑問がある。

　もっとも、既判力の範囲については、新訴訟物論は、給付訴訟では1回限りの一定の給付を求めうる地位にあるかどうかが争われているのであるから、上述のごとく解することは、解決すべき紛争の実態に対応すると主張しているが、旧訴訟物論からは、紛争解決の一回性の徹底は、当事者にとって予想外の不利益を生じさせ、その結果として、裁判所に対する不信の念をかもすおそれがあるし（木川統一郎「新訴訟物理論の検討」『民事訴訟政策序説』270頁〔有斐閣、1968年〕参照）、法は、1回の訴訟で解決すべきことが必要な場合は、執行を阻止する請求異議訴訟（民執34条2項・35条3項）や人事訴訟（人訴25条1項・2項）のように、法律によってこれを強制しているのであり、それ以外に一般的にこれを徹底させるには及ばないと反論している（旧545条3項につき、兼子・研究(3)94頁）。

　新訴訟物論は、給付請求の訴訟物を上のように理解し、特定物の引渡請求および一定の行為の作為不作為を求める請求は、引渡しを求めている目的物または作

第133条・規則第53条～第55条〔8〕

為不作為を求めている行為のみによって特定されるから、請求の趣旨のみで足り、その引渡し等を求める原因が所有権に基づくか占有権に基づくか、あるいは契約に基づくかは、その法的性質決定の問題にすぎず、旧訴訟物論と異なり、それらの権利や法律行為に関わる事実は、訴訟物特定のための請求原因として主張する必要はない。もっとも、金銭および代替物の一定の数量の給付請求は、同一当事者間に、例えば100万円の給付請求権が重畳して存在する可能性、すなわち100万円の貸金債権が数口存在するとか、同額の手形金または損害賠償債権とが併存しているといったことがありうるから、請求の趣旨の記載だけでは特定されないので、請求の原因として、金〇円の支払を求める理由を明らかにする事実関係を具体的に特定しうる程度に、例えば、〇月〇日どういう事情で渡した金いくらということを、消費貸借、売買、不当利得というような法律上の構成を前提とする事実まで主張する必要はないが、記載して主張しなければならない。

　したがって、新訴訟物論を前提とすれば、多くの場合において、旧訴訟物論よりも1個の訴訟物に包含される範囲は広くなる。例えば、請求している金100万円が貸金であることを示す事実（返還約束と金員の交付）が主張された場合、旧訴訟物論では、貸金請求権が訴訟物であるが、新訴訟物論では、100万円の給付請求権が訴訟物であるから、貸金であることは法的評価にすぎず、返還約束の事実が不成立あるいは無効であったときの不当利得返還請求権も同一訴訟物に含まれることになろう。もっとも、請求を理由あらしめる事実（無効事由など）の主張がないとして弁論主義に違反するか否かの問題は生ずるが、訴えの変更にはならず、また既判力もそこまで及ぶという意味で、1個の訴訟物に包含される範囲が広いのである。

　(a)　ところで、昭和39年に、旧法中に第5編ノ2「手形訴訟及小切手訴訟ニ関スル特則」として、手形訴訟という特殊な性格をもつ訴訟手続が創設され、これが現行法第5編に引き継がれている。したがって、手形債権を訴求するにあたり、通常訴訟手続によるか手形訴訟手続によるかは、債権者の任意の選択に委ねられ、手形訴訟によった場合には、訴訟物は「手形による金銭の支払の請求」および「これに附帯する法定利率による損害賠償の請求」に限定されることになる（350条1項）。そこで、特定の原因関係債権について手形が振り出されたとき、旧訴訟物論では、原因債権と手形債権とは当然訴訟物を異にするので問題はないが、新訴訟物論によれば、原因関係による債権と手形債権による請求が同一請求かど

51

第133条・規則第53条～第55条〔8〕　第2編 第1章 訴え

うかという困難な問題を生ずることになり、新訴訟物論による論者の間で見解が
分かれている。

　そのうち同一であると解する説の根拠は、売買代金100万円の支払のために手
形が振り出されても、手形金の支払により100万円が支払われたことになるので
あり、売買代金100万円と手形金100万円とはそれぞれ独立のものではないことに
求められる。すなわち、売買代金請求権と手形に基づく請求権とは、100万円を
理由づける法的観点の違いであり、請求の単複に影響を与える要素ではないとか
（小山・前掲「訴訟物論」『訴訟物論集』64頁）、手形訴訟では法律の特別な規定に
より、訴訟物たる法的資格を理由づけるため主張できる法的観点が、手形債権と
その附帯債権に限定されている結果、あたかも手形債権自体が訴訟物になるよう
な現象を生じているにすぎず、したがって手形訴訟から通常訴訟に移行し、原因
関係債権、その他同一の金額の給付を求めうる競合債権が主張されても、それは
法的観点の変更があったにすぎず、訴訟物たる「法的資格」の変更とはならない
とか（小室直人「手形訴訟の訴訟物」演習民訴(上)235頁）、手形の無因性も手形が
受取人の手元にあるときにまで貫かれるわけではなく、手形債権を原因関係の債
権と切り離して独立の訴訟物たらしめる自由を原告に認める必要はないのであり、
手形判決に対して異議が述べられずに確定した場合でも、この給付請求権（受給
権）の実体法的属性については、原因関係上の債権として評価することは可能と
考えるべきであろうし、また債務者が異議を述べないで手形判決を確定させてし
まった後で、原因関係上の抗弁に基づいて支払った手形金を不当利得として返還
請求することはできない（新堂316頁、同「訴訟物の再構成(3)」法協75巻5号599
頁〔1959年〕、高橋・重点講義(上)54頁）などと説明する。

　これに対して、異別であると解する説は、手形債権と原因関係債権がともに通
常訴訟で訴求されているときは、訴訟物は1個の法的地位であるが、手形債権が
無因債権とされているのは、経済的には同一のものを法律的には異別なものとし
て取り扱うことを認めているのであるから、原告が法律的異別性を選択すれば、
訴訟物は別個となる（三ヶ月・全集109頁、同・双書147頁、同「最近のドイツにお
ける訴訟物理論の一断面」研究(1)101頁、同「訴訟物再考」研究(7)56頁。原告が手
形訴訟を選択した場合につき同旨――条解2版752頁〔竹下〕）とか、原因関係と手
形は別個の事実関係に属する（松本＝上野210頁）と説明している。これは、新
訴訟物論の中の一分肢説、二分肢説の対立の一場面である（三ヶ月・双書131頁）。

いずれにしても、このような考え方の対立は、新訴訟物論内部の問題であるので、ここでは、両説の紹介にとどめる。

(b) すでにみたように、新訴訟物論からする旧訴訟物論に対する批判のひとつに、同一の事実関係を前提としながら、法的観点の違いによって訴訟物が異なるのは妥当ではないとの指摘がある。しかし、ここでいう同一の事実関係とは何を指すのかが明らかではない。社会的な事実関係は無限につながっているのであって、何らかの特定標識によってこれを切り離さない限り、それに基づく権利を特定することはできず、裁判所が過不足なく判断することはできないはずである。旧訴訟物論では、訴訟物は実体法上の権利または法律関係の主張と考えるから、その権利または法律関係の特定に必要な要件事実がその標識となる。

例えば、特定の土地の明渡請求権についてみると、所有権に基づく妨害排除としてのそれであれば、①原告が土地について所有権を有することと（これに争いがあれば、請求を理由あらしめる事実としてその取得原因事実を主張すべきことになる）、②被告が土地を占有していることが、請求権の発生を基礎づける要件事実であり、また権利を他の権利から区別すべき特定標識でもある。これに対して、占有回収の訴えとしてのそれであれば、①原告がかつて土地を占有していたこと、②被告が原告の意思に基づかずにその占有を取得したこと（原告の意思に基づくことが被告の抗弁であるとの見解〔大判大正8・5・17民録25輯780頁〕によれば、②原告のかつての占有時点以降に被告が占有していること、あるいは被告が現に占有していること）が要件事実であり、また請求権を特定するための標識でもある。この二つの明渡請求権を対比すれば、明らかに主張すべき事実関係は異なる。

契約上の債務不履行に基づく損害賠償と不法行為に基づく損害賠償についても、それぞれの特定のための要件事実が異なるから、主張すべき事実関係は異なる。ただ、両方の要件事実に当たる事実関係がすべて主張されているときには、二つの権利主張がされているわけであるが、その場合も同一の事実関係が主張されているとみるべきではなく、それぞれに当たる事実関係がいずれも主張されているにすぎないというべきである。

(2) 形成の訴えにおける請求の特定

形成の訴えの訴訟物は、形成を求める地位あるいは形成要件そのものの主張であるが、それが何によって特定するかは、旧訴訟物論によれば、形成を求める地位あるいは形成要件を定める実体法、訴訟法その他の法律の規定によって決まる。

第133条・規則第53条〜第55条〔8〕　第2編 第1章 訴え

　㋐　例えば、離婚請求権（離婚判決を求める法的地位）は民法770条が規定する
ところであるが、これまでの考え方によれば、同条1項は1号ないし5号におい
てそれぞれ離婚の事由を列挙しているから、5個の離婚請求権を認めていると解
していた（中田淳一「形成訴訟の訴訟物」民訴1号117頁〔1955年〕、兼子・体系
165頁、山田正三『特別訴訟手続：第2部』39頁〔日本評論社、1938年〕）。

　しかし現在では、民法770条1項5号は「婚姻を継続し難い重大な事由」の存
在することと定め、かつ2項では「第1号から第4号までに掲げる事由がある場
合であっても、一切の事情を考慮して婚姻の継続を相当と認めるときは、離婚の
請求を棄却することができる」と規定して、同条はいわゆる相対的離婚原因主義
をとるものと解されているから（最大判昭62・9・2民集41巻6号1423頁、判
時1243号3頁、判タ642号73頁）、同条1項1号ないし4号の事由は同5号の事由
の例示にすぎず、したがって各号の事由はそれぞれ別個の離婚原因をなすことな
く、離婚請求権はただ1個であるとするのが相当である（山木戸克己「離婚原因
の相対化と離婚訴訟」研究37頁以下、我妻栄「離婚と裁判手続」民商25周年記念
『私法論文集(上)』1頁以下ことに9頁〔1954年〕、条解2版756頁〔竹下〕、伊藤213頁。
なお、最判昭和36・4・25民集15巻4号891頁は民770条1項4号の離婚原因を主張
して離婚の訴えを提起したからといって、5号も主張されているものと解すること
はできないと述べているが、これは、弁論主義の立場から判示しているのであって、
訴訟物の異同を問題にしたものと理解すべきではない）。すなわち、離婚請求権が
1個か数個かは実体法の規定の解釈によって定まり、それが訴訟物の個数に反映
すると解すべきである。

　㋑　社員総会等や株主総会の決議取消しの訴え（一般法人266条、会社831条）
または行政処分の取消しの訴え（行訴3条2項）などにおける訴訟物、すなわち
取消しの宣言を求める法的地位は、対象である決議または処分が同一であれば1
個であると解され、取消事由として従前主張の事実と別の事実を主張しても、そ
れは単に攻撃方法の追加にすぎない。また訴訟法上の訴えについて形成訴訟説を
とった場合、例えば請求異議の訴え（民執35条1項）における訴訟物は、同一の
債務名義に関する限り、異議事由の数とかかわりなく、1個と解される。異議事
由の同時主張を定めた民事執行法35条3項（同34条2項）の解釈についても、訴
訟物が1個であることを前提として、当事者の主張に関する規律を明らかにした
ものと考えるべきである（法律実務(2)110頁以下、司法研修所編『執行関係等訴訟

第133条・規則第53条〜第55条〔9〕

に関する実務上の諸問題』37頁〔法曹会、1989年〕参照）。ただし、請求異議の訴えと執行文付与に対する訴えとの間で別訴禁止を定めたものとする見解（中野＝下村・民執法235頁）も有力である。

　(ウ)　新訴訟物論によれば、形成訴訟の訴訟物を、対象たる権利または法律関係について、裁判による形成を求めうる法的地位にあるとの原告による権利主張または法的主張であるとするから（本章前注４(3)参照）、例えば、離婚の訴えの訴訟物は離婚を求めうる法的地位の主張であって、離婚原因の主張はいずれも攻撃方法にすぎないから、請求は常に１個であるし（三ヶ月・全集114頁、同「訴訟物をめぐる戦後の判例とその問題点」研究(1)165頁、小山・前掲「訴訟物論」『訴訟物論集』71頁、斎藤・概論130頁、注解(6)153頁〔斎藤＝加茂〕、新堂332頁、松本＝上野214頁、高橋・重点講義(上)31頁）、したがって、請求は請求の趣旨のみによって特定し、請求原因は請求を特定するのに関係がない（三ヶ月・全集116頁）ことになる。

　進んで、学説としては、決議を争う決議取消し、決議無効確認、決議不存在確認の各訴えの訴訟物についての一元論がある。すなわち、原告の要求は、決議としての効力を否定することにあり、その態様が取消し、無効、不存在のいずれであるかについて特に利益を有するわけではないから、訴訟物は共通の１個であり、このことは請求を理由あらしめる攻撃方法にすぎないとの説（坂井芳雄「株主総会の決議を目的とする訴えの性質」松田記念(上)299頁、霜島甲一「総会決議の取消・無効を主張する訴訟の訴訟物」実務民訴(5)16頁、新堂333頁）である。しかし、通説の立場からすれば、形成訴訟たる取消訴訟と確認訴訟たる不存在確認訴訟との一元化は、困難というほかはない（谷口安平「株主総会の決議を争う訴訟の訴訟物」演習民訴(上)217頁、伊藤214頁）。

〔9〕　**請求を理由づける事実の記載**

　「請求を理由づける事実」とは、給付訴訟、積極的確認訴訟あるいは形成訴訟であれば、訴訟物たる具体的権利義務についての原告の主張を基礎づける事実であり、いわゆる権利発生事実と呼ばれる法律要件事実がこれを代表する。消極的確認訴訟の場合には、請求の趣旨自体で特定されていれば、請求を特定するのに必要な事実という意味での請求原因事実（前記〔7〕〔8〕参照）は、訴状の必要的記載事項として不要であり、また、訴訟物たる債務の存在を理由づける事実は、それが権利主体である被告の主張責任に属するために、訓示的記載事項とならな

55

い。もっとも、貸金債務の不存在確認を訴求する原告が、借受けの事実を自認したうえで、弁済などの理由による債務の消滅を主張するときには、その事実は、請求を理由づける事実と同様に取り扱うべきであろう。

請求を理由づける事実の記載は、できる限り早期に争点の整理を行うために、また、被告が口頭弁論期日に欠席する場合には、擬制自白の成立を可能にするなどのために不可欠である。そのような目的からすると、例えば、原告が所有権に基づく占有者に対する明渡請求権を主張するときに、紛争の経緯から、被告が抗弁として占有権原を主張すると予想される場合には、請求を理由づける事実ではないが、再抗弁である占有権原の消滅事由をも主張することが望まれる。ただし、これは、紛争の経緯を踏まえた被告の対応によって決定されることであるから、一律に再抗弁事実などの記載が望ましいというわけではなく、信義誠実訴訟追行責務（2条）の発現として、具体的な紛争状況に応じて判断される（基コメ(2)11頁〔加藤〕）。

〔10〕 **重要な間接事実および証拠の記載**

立証を要する事由ごとに、当該事由に関連する重要な事実および証拠の記載が求められるのも、同様の理由からである。「立証を要する事由」とは、予想される争点を意味するが、ここでいう重要な事実とは、請求を理由づける事実との関係では、間接事実を意味する。例えば、貸金返還請求訴訟であれば、請求原因事実である消費貸借契約成立前後の事情がこれに当たるし、明渡請求訴訟において被告の占有権原の消滅を基礎づける事実が請求を理由づける事実として記載されている場合には、賃貸借契約の解除に至る事情などがこれに当たる。また、消費貸借の契約書や賃貸借契約の解除通知書など証拠の記載が求められるのも、これに対する被告の対応を促し、実質的争点を早期に明らかにするためである。これらの重要な書証については、単にその記載をするにとどまらず、その写しを添付することが求められる（後記〔15〕）。なお、証拠の記載は、証人○○、甲第○号証などの形で行うが（条解規則117頁）、実際上は、書証が中心になる（秋山幹男「訴状・答弁書・準備書面の記載事項と攻撃防御方法の提出時期」講座新民訴(1)251頁）。

訴状において、立証を要する事由を判断し、重要な間接事実などを記載するためには、訴訟代理人としては、自らの依頼者である原告などから十分に事情を聴取することはもちろん、被告に対しても、訴え提起前における照会（132条の2）

などの手段を用いて、事実および証拠に関する調査を行うことが不可欠である（規則85条。片山憲一「訴状、答弁書〔又はそれに代わる準備書面〕の記載と訴訟準備　二‐1 裁判所の立場から見ての問題点と改善への期待」上谷清＝加藤新太郎編『新民事訴訟法施行三年の総括と将来の展望』19頁〔西神田編集室、2002年〕参照）。もっとも、予想される争点を明らかにし、また重要な間接事実や証拠を記載することが、先行的に相手方に情報を与えるという意味で、原告にとって不利な結果を生じるおそれがあるという指摘もなされるが、少なくとも、従来の紛争の経緯からみて、合理的に予測される範囲の事実や証拠で、自らが把握しているものについては、その記載が求められる（田島純蔵「訴状、答弁書〔又はそれに代わる準備書面〕の記載と訴訟準備　二‐2 訴訟代理人の立場での問題点と改善のために必要な条件」上谷＝加藤編・前掲『新民事訴訟法施行三年の総括と将来の展望』33頁）。

〔11〕　**請求を理由づける事実と関連事実との区別**

訴状における事実の記載について、請求を理由づける事実の主張と当該事実に関連する事実についての主張を区別して記載することが求められるのは、請求との関連で、いかなる事実が主要事実であり、いずれの事実が、それに関係する間接事実であるかをできる限り明らかにさせることによって、適正かつ迅速な手続の進行と争点の整理を実現するためである。なお、両者の区別は、実質的に明瞭になされていれば足り、見出しを設けること等により、形式的に両者を区分けして記載することまでを常に求めるものではない（条解規則117頁）。具体的な記載方法としては、①主要事実だけで主張を完結させたうえで、節を改めて別途間接事実をまとめて記載する方法、②各主要事実を記載するごとに間接事実を付加して記載する方法、③両者を混合して記載する方法のいずれかを、事案の性質に応じて選択すべきであるといわれる（秋山・前掲「訴状・答弁書・準備書面の記載事項と攻撃防御方法の提出時期」講座新民訴(1)252頁）。

〔12〕　**準備書面としての性質**

訴状に請求を理由づける事実や重要な間接事実等の事項が記載された場合には、それらは、口頭弁論において主張される攻撃防御方法に当たるので、それを記載した訴状は、準備書面としての性質を認められる（161条2項1号）。したがって、準備書面に関する規律、例えば161条3項（準備書面に記載されていない事実に関する主張の制限）が訴状についても適用される。ただし、書面の第1次的性質は、

第133条・規則第53条〜第55条〔13〕〜〔15〕　第2編 第1章 訴え

訴状であるので、準備書面の直送（規則83条）など、訴状に関する規律（138条
1項など）と抵触するものは、適用されない（条解規則118頁）。

〔13〕　**郵便番号および電話番号等の記載**

　郵便番号および電話番号は、訓示的記載事項に属する。郵便番号は、送達の際
に必要になるものであり、電話番号は、事実上の連絡の必要のほか、電話会議の
方法による弁論準備手続や書面による準備手続実施の際に不可欠のものである
（170条3項・176条3項。条解規則118頁、基コメ(2)11頁〔加藤〕参照）。また、裁
判所に提出すべき書面をファクシミリによって送信できるところから（規則3
条・47条1項など）、その番号の記載が求められる。被告側の答弁書についても、
同様である（規則80条3項）。

〔14〕　**訴えの提起前に証拠保全が行われた場合の訴状の記載事項**

　訴えの提起前における証拠保全（235条2項）については、証拠開示的機能が
あるといわれるが（基コメ(2)256頁〔高見進〕）、訴えが提起された場合には、そ
の結果を本案の審理に用いることができる。そのために、規則154条は、証拠調
べを行った裁判所の裁判所書記官は、本案の訴訟記録の存する裁判所の裁判所書
記官に対し、証拠調べに関する記録を送付しなければならないと規定する。しか
し、証拠調べを行った裁判所の裁判所書記官にとっては、訴えが提起されたか
どうかを知ることはできず、また受訴裁判所の裁判所書記官にとっては、証拠保全
として証拠調べが行われたかどうかを職務上知る方法はなく、上記の送付が確実
に行われるとはいえない。そこで、規則54条は、「証拠調べを行った裁判所及び
証拠保全事件の表示」を訴状の訓示的記載事項とすることによって、証拠保全の
記録の送付を実効化しようとするものである（条解規則120頁、秋山・前掲「訴
状・答弁書・準備書面の記載事項と攻撃防御方法の提出時期」講座新民訴(1)254頁）。
ただし、現実に証拠調べが行われなかった場合には、訴状への記載は要しない
（条解規則120頁）。

〔15〕　**訴状の添付書類**

　訴状に、請求に関わる基本的な書類や重要な書証の添付を求める理由は、以下
のように考えられる。第1は、原告に対して、基本的な主張・立証関係をできる
限り早期に明らかにすることを要求し、被告に速やかな対応を求めることによっ
て、争いのある事件と争いのない事件とを区別し、また、裁判所が事件の全体像
や争点を把握することを容易にしようとする。第2は、訴状の記載内容の正確性

58

を担保するためにも、書類の添付が役立つというものである（以上について、条解規則121頁参照）。このような考慮から、旧法時代にも、実務の運用改善として、基本的な書類等の提出が励行されてきたが、規則55条は、それを訓示的義務として制度化したものである（片山・前掲「訴状、答弁書〔又はそれに代わる準備書面〕の記載と訴訟準備　二－1裁判所の立場から見ての問題点と改善への期待」17頁）。答弁書に関する規則80条2項および答弁に対する原告の反論の準備書面に関する規則81条も、本条と同趣旨のものである。

　なお、制定当時の規則には、人事訴訟事件に関する戸籍謄本の添付が定められていたが、人事訴訟法および人事訴訟規則の制定に伴って、削除され、同趣旨の規定が人事訴訟規則13条にある。

　添付された書類は、書証の申出の際に提出すべき文書の写し（規則137条1項）ではないので、文書の写しとしても添付する場合は、書証番号を付すなどして、文書の写しを兼ねることを示す必要がある（条解規則123頁、基コメ(2)11頁〔加藤〕、秋山・前掲「訴状・答弁書・準備書面の記載事項と攻撃防御方法の提出時期」講座新民訴(1)論文252頁）。

(1)　不動産に関する事件

　不動産に関する事件とは、土地管轄に関する5条12号にいう不動産に関する訴えと同義であり、所有権等の不動産上の物権や物権的請求権に関する訴え、共有不動産分割の訴え、境界確定の訴えなどのほか、契約に基づいて不動産の所有権移転登記手続や引渡しを求める訴えが含まれるが、不動産の売買代金の支払を求める訴えや賃料請求訴訟は含まれない（本書Ⅰ132頁）。添付を求められる書類は、当該不動産についての登記事項証明書（不登119条1項かっこ書）である。

(2)　手形または小切手に関する事件

　ここでいう手形または小切手に関する事件の意義については、土地管轄に関する「手形又は小切手による金銭の支払の請求を目的とする訴え」（5条2号）との関係が問題となる。手形または小切手金請求など、両者はほぼ同義であるが、利得償還請求権（手85条）を目的とする訴えが5条2号には含まれないと解されているところから、これを含むことを明らかにする趣旨で、「手形又は小切手に関する事件」と規定されている（条解規則122頁）。なお、手形または小切手の添付は、通常訴訟だけではなく、手形訴訟および小切手訴訟にも求められるのは当然である。

第134条〔1〕 第2編 第1章 訴え

(3)　重要な書証の写し

　登記事項証明書などの法定されている添付書面のほかに、立証を要する事由につき、証拠となるべき文書の写し（書証の写しという）で重要なものを訴状に添付しなければならない。「立証を要する事由」とは、被告が争うと予想される事項を意味する。登記事項証明書などの基本的書面は、被告の対応の如何を問わず、提出が義務づけられるが、書証の写しは、証拠としての重要性から早期提出を求められるものであるので、争いの対象となる事項に限られている。

　立証を要する事由について、契約書や念書、催告関係書類等の基本的書証が提出されることによって、無用な認否の留保等を避けることができ、真の争点を早期に確定することができる（片山・前掲「訴状、答弁書〔又はそれに代わる準備書面〕の記載と訴訟準備　二 - 1 裁判所の立場から見ての問題点と改善への期待」21頁）。

　添付されるべき書類は、訴状の副本とともに被告に送達されるので、基本的には、いずれの書類についても、被告の数を踏まえた数通の写しを添付することが必要である（条解規則123頁。実際の運用についても、同書参照）。

（証書真否確認の訴え[1]）

第134条　確認の訴え[2][3]は、法律関係を証する書面の成立の真否を確定するためにも提起することができる[4]。

〔1〕　**本条の趣旨**

　本条は、直接には証書の真否確認の訴えの許容性について規定している。しかし、「法律関係を証する書面の成立の真否を確定するために『も』」とするその文言上も、権利または法律関係についての確認の訴えが許されること、および確認の訴えは、原則として権利または法律関係についての確認につき許されるものであることを当然の前提としているところであり、確認の訴えの許容性一般についてもあわせて説明する。

　確認の訴えは、争いある権利または法律関係の存在または不存在についての確定を求める訴えである。確認の対象となる権利または法律関係の範囲については、確認の対象としての適格として論じられる（後記〔2〕）。この訴えに対して、裁判所は、原告の特定した権利または法律関係の口頭弁論終結時における存在また

第134条〔2〕

は不存在を確定する判決を言い渡すことになるとともに、その判決が確定すれば、判決で確定された権利または法律関係の存否について既判力が生じる（114条）。これによって、確認訴訟は、現在の紛争を解決するとともに、将来の紛争を防止するという予防的機能の面を有する（兼子・体系144頁）ことになる。こうした確認の訴えの性質から、裁判所として確認判決をする必要性、いわゆる権利保護の利益の存在が問題となる。一般に、これを確認の利益と呼び、即時確定の利益が存在する場合に限り、すなわち原告の権利またはその法律上の地位に現に危険・不安が存在すること、その不安が被告に起因すること、そしてその不安の除去のために、求められている確認の対象について判決することが必要かつ適切である場合に限り、確認の訴えは適法となる（後記〔3〕）。

　その他、確認の訴えの訴えの類型としての特質については、先（本章前注4）に述べたので、それを参照されたい。

〔2〕　**確認の対象**

　(1)　確認の訴えは、原告が請求の趣旨で特定した権利または法律関係の存在または不存在を既判力をもって確定することにより、原告の法的地位の安定を図ることを目的とする。したがって、その確認の対象となるのは、原則として、現在の権利または法律関係の存在または不存在の主張である。

　(2)　確認の訴えは、権利または法律関係の存否の確定のためにのみ提起することができるのであって、法律関係を証する書面の真否の確認を求める場合（後記〔4〕）を除いては、事実の存否の確定のために提起することは許されない。こうした限定が付されたのは、民事訴訟で解決すべきは法的紛争であり、権利あるいは法律関係についての当事者間の争いにつき、法を適用して判断をするのが裁判所の役割であるという思想が存在したからである（中野貞一郎「確認訴訟の対象」論点Ⅱ43頁）。最高裁もかつて「確認の訴は原則として法律関係の存否を目的とするものに限り許される」、「それは法令を適用することによって解決し得べき法律上の争訟について裁判をなし以て法の権威を維持しようとする司法の本質に由来する」としたところである（最判昭和31・10・4民集10巻10号1229頁、判時89号14頁、判夕66号49頁）。この要件を欠く場合を、一般に「確認の対象としての適格」に欠けると表現する。訴訟物がおよそ確認の訴えの対象となりうるかを問うものであり、いわゆる権利保護の資格の問題である（三ヶ月章「権利保護の資格と利益」研究(1)1頁参照。条解2版768頁〔竹下守夫〕、注解(6)112頁、126頁

61

第134条〔2〕　第2編 第1章 訴え

〔斎藤秀夫＝加茂紀久男〕、伊藤180頁）。確認の対象としての適格を欠く場合においては、即時確定の利益の有無にかかわりなく、確認の訴えは不適法として却下されることになる。

　㋐　例えば、一定額の金銭の交付という事実の存否は消費貸借契約の成立を判断するための要件事実であるが、直接、権利または法律関係を確定するわけではないから、このような事実の存否の確認請求は許されない。弁済した事実自体の確認を求める訴えも不適法である（最判昭和39・3・24判タ164号69頁）。同様に、地上権の消滅原因の存否という過去の事実関係（大判明治34・5・8民録7輯5巻59頁）、現在不存在については争いのない債権が、何年何月何日に消滅したという過去の事実（大判昭和16・5・23民集20巻677頁）、区画整理事業の施行区域内に自己の所有地が存在することの確認を求める訴えは、事実の確認であって（東京高判昭和56・11・30判時1030号25頁。この事件においては所在が不特定であることも不適法の理由となっている）、いずれも確認訴訟の対象とならない。

　事実の存否自体ではなく、その有効無効の確認を求めることも原則として許されない。例えば、登記の有効無効の確認を求めることは許されない（大阪高判昭和36・3・29判時261号22頁、大阪高判昭和41・10・11金判462号12頁、東京地判昭和45・11・20判時626号65頁）。登記は権利変動の対抗要件を発生せしめる法律要件にすぎないからである。

　㋑　また、法的効果発生の要件である法律行為の有効無効の確認も、「法律行為はその法律効果として発生する法律関係に対しては法律要件を構成する前提事実に外ならないのであって法律関係そのものではない」（最判昭和31・10・4前掲）ゆえに、その確定を求めることは許されないとされる。例えば、単に供託が無効であることの確認を求めることは許されないとする最高裁判例がある（最判昭和40・11・25民集19巻8号2040頁、判時431号23頁、判タ185号90頁）。

　もっとも、請求の趣旨において法律行為の有効無効の確認を求めている場合であっても、原告の趣旨としては、その法的効果である現在の権利または法律関係の確認を求めていると解される場合がある。こうした場合、一般には、現在の法律関係の確認を認めればよいので、法律行為の効力についての確認を認める必要はない。したがって、例えば、売買契約が無効であることの確認を求めるという訴えは、売買契約という法律行為そのものが無効であるとの確認を求めているのではなく、無効の結果その売買契約による法律関係が現在存在しないということ

第134条〔2〕

の確認を求める趣旨と解することができるのであり、このような場合には、一般
には、釈明のうえ、売買契約が無効であることを前提とした現在の権利または法
律関係についての確認の訴えに、請求の趣旨を訂正させるべきである（最判昭和
41・4・12民集20巻4号560頁、判時447号58頁、判タ191号75頁）。もっとも、請求
の趣旨を善解することにより確認の訴えを適法とした判例もある（大判昭和10・
12・10民集14巻2077頁）し、当該契約を前提とする他の請求（例えば、売買の目
的物の所有権確認請求・所有権移転登記の抹消請求）と併合して訴えが提起されて
いる場合には、適法としてよいとする学説もある（山木戸克己「法律行為の効力
確認訴訟の適法性」論集111頁）。今日の理解によれば、過去の法律関係であって
も、原告の現在の法的地位の安定に資する場合には確認の利益が肯定されるので
あり（後記(3)(ア)参照）、こうした場合についても（後述の即時確定の利益がある限
り）適法としてよい。とりわけ、最後に挙げた併合請求の例のように、給付請求
とは異なる別の法律関係を想定しつつ、当該売買契約に係る紛争を抜本的に解決
することが期待できる場合においては、適法とされる場合が少なくなかろう。

　いわゆる遺言無効確認の訴えについても、最高裁（最判昭和47・2・15民集26
巻1号30頁、判時656号21頁）は、すでに遺言者が死亡している場合においては形
式上は過去の法律行為の確認を求めることとなるが、請求の趣旨がかかる形式を
とっていても、遺言が有効であるとすれば、それから生ずべき現在の特定の法律
関係が存在しないことの確認を求めるものと解される場合で、原告がかかる確認
を求めるにつき法律上の利益を有するときは、適法として許容されるとした。こ
うした場合には、「請求の趣旨を、あえて遺言から生ずべき現在の個別的法律関
係に還元して表現するまでもなく、いかなる権利関係につき審理判断するかにつ
いて明確さを欠くことはなく、また、判決において、端的に、当事者間の紛争の
直接的な対象である基本的法律行為たる遺言の無効の当否を判示することによっ
て、確認訴訟のもつ紛争解決機能が果たされることが明らか」であることをその
理由とする。学説においては、こうした請求の趣旨の読み替えをするまでもなく、
確認を求められている法律行為の有効無効に起因する現在の法律関係についての
争いが存在する場合においては、即時確定の利益がある限り（現在の法律関係の
安定に資する限り）確認の対象とすることを認めてよいとする見解も有力であり
（山木戸・前掲「法律行為の効力確認訴訟の適法性」論集109頁、中野・前掲「確認
訴訟の対象」論点Ⅱ45頁、注解(6)112頁〔斎藤＝加茂〕、条解2版771頁〔竹下〕、伊

第134条〔2〕 第2編 第1章 訴え

藤181頁）、次に述べる決議に係る訴訟と同様に、法律行為の効力を確定すること
により、原告の現在の法的地位の安定に資する場合（即時確定の利益がある場
合）においては、確認の利益を肯定してよい。

　㈾　会社その他の法人の会議体の決議の効力を争う訴訟についても、実体法の
規定（株式会社における株主総会決議の不存在または無効の確認を求める訴えにつ
いて会社830条、一般社団法人または一般財団法人の社員総会および評議員会の決議
の不存在または無効の確認を求める訴えについて一般法人265条など）の有無にか
かわりなく、確認の利益がある場合においては、確認の対象となることが認めら
れる。これについても現在の法律関係の確定を求めるものか疑義がありうるが、
最高裁も、取締役会決議無効確認についてこれが適法であることを前提とした判
断をした（最大判昭和47・11・8民集26巻9号1489頁、判時682号3頁、判夕285号
150頁）のに続いて、学校法人の理事会等の決議無効確認の訴え（最判昭和47・
11・9民集26巻9号1513頁、判時687号51頁、判夕286号220頁）、医療法人の社員総
会決議不存在確認の訴え（最判平成16・12・24判時1890号46頁、判夕1176号139頁）、
宗教法人の檀信徒総会決議不存在確認の訴え（最判平成17・11・8判時1915号19頁、
判夕1197号117頁）などにおいて、決議の存否（あるいは効力）を判決をもって確
定することが、当該決議から派生した現在の法律上の紛争を解決し、当事者の法
律上の地位ないし利益が害される危険を除去するために必要・適切であるときは、
確認の訴えが許されるとする（なお、最判昭和47・11・9前掲は、「〔現在〕の権利
または法律関係の基本となる法律関係を確定することが、紛争の直接かつ抜本的な
解決のため最も適切かつ必要と認められる場合においては」とし、「最も」という限
定を付していたが、最判平成16・12・24前掲および最判平成17・11・8前掲にはこ
の語はない。現在存在する法律上の紛争を解決することに資する場合であれば確認
の利益を肯定する趣旨と解されるところであり、「最も」という判断を経るまでもな
いと考える）。法人の意思決定機関である会議体の決議は、法人の対内および対
外関係における諸々の法律関係の基礎となるものであるから、その決議の効力に
関する疑義が機縁となって、この決議から派生した各種の法律関係につき現在紛
争が存在するときに、決議自体の効力を既判力をもって確定することが、紛争の
解決のために有効適切な手段である場合がありうることは否定しえないことをそ
の根拠とする（なお、会社自体を被告とするこの種の訴えについて認容判決が出さ
れ、確定した場合においては、第三者に対する対世効を肯定することをその前提と

第134条〔2〕

している）。学説もこれらの最高裁判例を是認しており、確認の対象とすることを認めてよいとするに至っている（山木戸・前掲「法律行為の効力確認訴訟の適法性」論集108頁、条解2版771頁〔竹下〕のほか、この種の訴えに即時確定の利益を肯定する諸見解も、確認の対象となりうることを当然の前提としている。新堂275頁、伊藤182頁など）。もっとも、こうした訴えを提起するには、原告に即時確定の利益が必要であり、決議によって直接自己の法的地位に不安・危険が生じており、確認判決により、そうした不安・危険を除去できることが必要である（後記〔3〕(3)(ア)参照）。なお、これらの訴えが確認の訴えであるか、かつて議論があったところであるが、この点については本書旧版Ⅱ75頁を参照されたい。

　(エ)　行政処分または裁決の効力の有無の確認を求める訴え（抗告訴訟である。行訴3条4項）も、「当該処分又は裁決に続く処分により損害を受けるおそれのある者その他当該処分又は裁決の無効等の確認を求めるにつき法律上の利益を有する者で、当該処分若しくは裁決の存否又はその効力の有無を前提とする現在の法律関係に関する訴えによって目的を達することができないものに限り、提起することができる」（行訴36条）。

　現在の法律関係に関する訴えによって目的を達することができる場合には行政処分無効確認の訴えは不適法となる趣旨であり、いわば無効確認訴訟の補充性が法定されているが、現在の法律関係の訴訟に還元すること（例えば、農地買収処分の無効の確認を求めるのに代えて、処分が無効であることを前提とした農地の所有権に係る訴訟を提起すること）が可能であっても、行政行為の無効確認訴訟のほうが有効適切であるならば、これを不適法とするまでもない。特に、無効確認訴訟は抗告訴訟であり、公権力の行使に係る処分の適否に係る訴訟については、その判決の趣旨に従って行政庁が行為することを拘束力をもって課すことになる抗告訴訟の利用を制限する趣旨ではないと解すべきであり、判例も「当該処分の効力の有無を前提とする現在の法律関係に関する訴えによって目的を達することができない場合とは、当該処分に基づいて生ずる法律関係に関し、処分の無効を前提とする当事者訴訟又は民事訴訟によっては、その処分のため被っている不利益を排除することができない場合はもとより、当該処分に起因する紛争を解決するための争訟形態として、当該処分の無効を前提とする当事者訴訟又は民事訴訟との比較において、当該処分の無効確認を求める訴えのほうがより直截的で適切な争訟形態であるとみるべき場合をも意味するものと解するのが相当である」と

65

第134条〔2〕 第2編 第1章 訴え

している（最判平成4・9・22民集46巻6号1090頁、判時1437号44頁、判タ801号96頁〔もんじゅ訴訟〕。なお、最判昭和62・4・17民集41巻3号286頁、判時1240号64頁、判タ641号94頁）。

　(オ)　裁判については、法令によってその不服申立方法が定められているから、それによらないで、その裁判の無効確認を求めることはできないが、不服申立方法がなくなった後にその裁判の無効確認を求めうるかについては問題がある。ただ、このような場合にも、それが現在の権利または法律関係の存否の確認とはいえないため、適切とはいえない。例えば、判例は、債権差押命令および転付命令（大判大正2・4・5民録19輯211頁）などの裁判の無効であることの確認、強制執行自体（最判昭和30・1・28民集9巻1号125頁）、または競売手続自体（最判昭和34・9・22民集13巻11号1467頁）、判決自体（最判昭和40・2・26民集19巻1号166頁、判時403号32頁、判タ174号99頁）の無効であることの確認を求めることは許されないとしている（なお114条〔後注〕(5)参照）。また死刑の執行方法が違法であると主張するのであれば、かかる執行方法を前提とする刑事判決について刑事訴訟法所定の方法によって争うべく、確定の刑事判決による死刑の執行を受ける義務の不存在確認を行政訴訟によって求めることは許されないとする判例（最判昭和36・12・5民集15巻11号2662頁、判時285号7頁）、検察官のした不起訴処分に対する救済手段として民事ないし行政訴訟を提起することは許されないとする判例（最大判昭和27・12・24民集6巻11号1214頁）がある。

　(カ)　憲法・法令の有効無効はもちろん、憲法・法令の解釈なども確認の訴えの対象にはならない。憲法の無効確認を求める訴えは不適法であるとした判例がある（最判昭和55・5・6判時968号52頁、判タ419号72頁）。具体的事件を離れて抽象的に法律・命令等が憲法に適合するかどうかということも、この訴えの対象とならない（最大判昭和27・10・8民集6巻9号783頁、最大判昭和28・4・1裁判集民8号585頁）。就業規則が改訂された場合において、旧規定に基づく一般的義務の確認を求める訴えは、具体的権利関係の確認を求めるものではなく、原告らが旧規定の適用を受けるべきものであるとする就業規則変更に関する解釈を求めるものであるとして、確認の利益を欠くとした裁判例（東京地判昭和51・11・12判時842号114頁）も存在する。

　もっとも、法令であってもそれが具体的な効果が生ずることを目的としたものは行政処分の性質を有するから（最判昭和34・6・2民集13巻6号639頁、判時

第134条〔2〕

191号21頁）、取消しの訴えはもちろん無効確認の訴えの対象となることもありうる。

　㈥　寺院の住職は、寺院の葬儀、法要その他の仏事を司り、かつ、教義を宣布するなどの宗教的活動における主宰者たる地位を占めるにとどまる場合は、住職たる地位の確認が求められたとしても、それは単に宗教上の地位についてその存否の確認を求めるにすぎないものであって、具体的な権利または法律関係の存否について確認を求めるものとはいえないから、かかる訴えは確認の訴えの対象となるべき適格を欠く（最判昭和44・7・10民集23巻8号1423頁、判時569号44頁、判タ239号147頁、最判昭和55・1・11民集34巻1号1頁、判時956号55頁、判タ410号94頁）。実質的にみても、宗教法人は宗教活動を目的とする団体であり、宗教活動は憲法上国の干渉からの自由を保障されているものであるから、かかる団体の内部関係に関する事項については、原則としてその団体の自治権を尊重すべきであり、本来その自治によって決定すべき事項、ことに宗教上の教義にわたる事項については、国の機関である裁判所がこれに立ち入って実体的な審理判断をすべきではないからである（最判昭和55・4・10判時973号85頁、判タ419号80頁）。もっとも、特定人の住職たる地位の存否が、同人の具体的な権利または法律関係をめぐる紛争につき請求の当否を判断する前提問題となっている場合には、裁判所はこの点について審判権を有することは、これと矛盾するわけではない（住職たる地位にあった被告が包括団体の管長によって罷免されたことにより、不動産の占有権原を喪失したことを理由とする明渡請求訴訟における住職たる地位について、最判昭和55・1・11前掲、宗教団体の代表役員兼責任役員であることの確認を求めている場合において、住職が当該宗教法人の規則上当然に代表役員兼責任役員となるとされている場合における住職たる地位について、最判昭和55・4・10前掲など）。

　しかし、信仰の対象の価値ないし宗教上の教義に関する判断が、訴訟の帰趨を左右する必要不可欠のものであり、紛争の核心となっている場合には、請求の当否を決するについての前提問題にとどまるものであっても、裁判所法3条にいう法律上の争訟に当たらないとするのが判例（最判昭和56・4・7民集35巻4号443頁、判時1001号9頁、判タ441号59頁）である。弁護士会のした懲戒委員会に対する懲戒審査請求の無効確認請求（山形地判昭和34・11・11下民集10巻11号2420頁）、某株式会社の寄宿舎の居住者全員で組織する自治会から同会則違反を理由とする除名処分無効確認請求（名古屋高判昭和38・5・16高民集16巻3号195頁）、政党

第134条〔2〕 第2編 第1章 訴え

が組織内の自律的運営として党員に対してした除名その他の処分の当否について
の審理判断（最判昭和63・12・20判時1307号113頁、判タ694号92頁）など原則とし
て許されないが、これらも本来その自治によって決定すべき事項であるからであ
る。

　(3)　確認の訴えは、現在の権利または法律関係についてのみ認められ、過去
または将来の権利関係については許されないとするのが従来の通説的見解（兼
子・体系155頁、山木戸・講義74頁、細野・要義(2)55頁、加藤・要論355頁、小野木
＝中野・講義170頁、三ヶ月・前掲「権利保護の資格と利益」研究(1) 1頁、注解(6)
112頁〔斎藤＝加茂〕）であり、多くの判例（大判明治34・5・6民録7輯5巻17頁、
大判明治39・5・11民録12輯725頁、大判大正2・10・6民録19輯754頁、大判大正
13・7・15民集3巻356頁、大判昭和10・12・17民集14巻2053頁、大判昭和16・5・
23前掲、最判昭和32・11・1民集11巻11号1819頁、判タ76号32頁等）の態度であっ
た。過去の権利関係の確定や将来の権利関係を確定しても、現在の原告の法的地
位の安定に資することがないことに由来するが、いかなる意味でその安定に資す
ることはないかという点で異なるのであり、これらは別個に論じるのが適切であ
ろう。

　(ｱ)　過去の法律関係について確認を求める訴えが不適法とされるのは、現在の
当事者間に存在する紛争を解決すること、あるいは現在の原告の権利、法的地位
について存在する不安・危険を解消するには、現在の法律関係を既判力により確
定するのが最も直接的であって、現在の法律関係の前提である過去のものの確認
を求めるのは迂遠であるからである。そうであるとすると、過去の権利、法律関
係の存在または不存在を確定することが、現在の紛争を解決し、原告の権利、法
的地位について存在する不安・危険を解消するのに有効適切である場合には、直
ちにこれを不適法とするまでもない。そこで、今日では、過去の法律関係であっ
ても、現在の紛争を解決するために有効適切である場合には、例外的に許される
場合があると解されるに至っている。

　判例で問題となった事例においては、過去の法律関係の確認であるから許され
ないとしたものが多い（例えば、近時の裁判例として、建物の賃貸借契約が合意に
より期間の満了と同時に終了したことの確認を求める訴えは、過去の事実ないし法
律関係の存否を確認の対象とするものであり、不適法であるとする東京地判平成
7・6・6判タ914号250頁など）が、古い時期にも中間確認の訴えについてはこ

68

第134条〔2〕

れを肯定したものがあった（大判昭和8・6・20民集12巻1597頁）ところであり、近時では過去の法律関係の確認を認めた判例が少なくない。すなわち、かつては、漁業協同組合の総会で理事に選挙されその後辞任した者につき、理事でなかったことの確認を求める趣旨の理事選挙無効確認の訴え（最判昭和32・11・1前掲）が不適法とされたほか、認知された死者と被告との間の親子関係不存在確認の訴え（大判昭和19・3・7民集23巻137頁）、死者と被告との間の兄弟関係の不存在確認の訴え（大判昭和19・6・2民集23巻352頁）、戸籍上親子と記載されている者の双方が死亡した後に、その親子関係不存在の確認を求める訴え（最判昭和34・5・12民集13巻5号576頁、判時185号17頁）など、過去の身分関係の確定を求める訴えはいずれも許されないとされていたが、最大判昭和45・7・15（民集24巻7号861頁、判時597号64頁、判タ251号160頁）は、上記最判昭和34・5・12を変更し、父母の両者または子のいずれか一方が死亡した後でも、生存する一方において死亡した一方との間の親子関係の存否確認の訴えを検察官を被告として提起することができるとした。親子関係は、父母の両者または子のいずれか一方が死亡した後でも、生存する一方にとって身分関係の基本となる法律関係であり、それによって生じた法律効果について現在法律上の紛争が存在し、その解決のために上記の法律関係につき確認を求める必要があり、親子関係を対世的に確定することによって、戸籍の記載が真実と異なる場合には戸籍法116条により確定判決に基づきこの記載を訂正して真実の身分関係を明らかにする利益があることをその理由とする。この適法性について、同判例の大隅補足意見は、確認の訴えは、「通常は、紛争の存する現在の法律関係について確認を求めるのが適当であるとともに、それをもって足り、その前提となる過去の法律関係に遡ってその存否の確認を求めることは、その利益を欠くものと解せられる。しかしながら、このことは、現在の法律関係において確認の利益が定型的に顕著に認められるから、それが確認の訴の通常の対象とされることを意味するものであって、過去の法律関係であれば当然に確認の訴の対象として適格を欠くことを意味するものではない。過去の法律関係であっても、それによって生じた法律効果につき現在法律上の紛争が存在し、その解決のために右の法律関係につき確認を求めることが必要かつ適切と認められる場合には、確認の訴の対象となるものといわなければならない。すなわち、現在の権利または法律関係の個別的な確定が必ずしも紛争の抜本的解決をもたらさず、かえって、それらの権利または法律関係の基礎にある過去の基

第134条〔2〕 第2編 第1章 訴え

本的な法律関係を確定することが、現に存する紛争の直接かつ抜本的な解決のため最も適切かつ必要と認められる場合のあることは否定しがたいところであって、このような場合には、過去の法律関係の存否の確認を求める訴であっても、確認の利益があるものと認めて、これを許容すべきものと解するのが相当である」とした。この判例の趣旨は、人事訴訟法（平成15年法109号）制定に際しその前提とされ、当事者適格を定める条文（12条3項）が整備されることになる。このことは、先に説明した（〔2〕(2)）、過去の法律行為の効力の確認と通底するところである。

　国籍確認訴訟も同様であり、一旦日本国籍を離脱した日本人の2世で大戦中日本国籍を回復しその結果アメリカ国籍を失うに至った者が、終戦後アメリカの国籍を回復するについて、アメリカでは本人の任意の意思に基づいて——この場合は内務大臣に対する日本国籍回復許可申請に基づいて日本国籍回復の結果——アメリカの国籍を離脱した者はその回復を認められないため、日本国籍の回復は強迫によったもので無効であり、日本国籍を有するのは出生によるもので任意の意思によるものでないと主張して、国籍回復無効確認の訴えを提起したが、かかる訴えは過去の事実の確認を求める訴えであるから許されないとした判例（最判昭和24・12・20民集3巻12号507頁）をその後変更し、戸籍訂正の必要上確認の利益ありとして、この種の訴えを認めるに至った（最大判昭和32・7・20民集11巻7号1314頁、判時119号7頁）。

　これらの判例の推移をみると、過去の法律関係の確認であるからといって当然に、確認の訴えの対象とならないのではなく、当該法律関係を確定することが原告の権利または法律的地位についての現在の危険ないし不安を除去するために有効適切であれば適法としているといえる。学説もこうした判例の傾向を積極的に評価しているところである（早い時期のものとして、石川明「過去の法律関係と確認訴訟」法研31巻12号〔1958年〕、三ヶ月・全集64頁、山木戸・前掲「法律行為の効力確認訴訟の適法性」論集101頁など。近時のものとして、注釈(5)6頁〔中野貞一郎〕、63頁〔福永有利〕、条解2版771頁〔竹下〕、新堂275頁、伊藤181頁、松本＝上野158頁、高橋・重点講義(上)368頁、中野ほか・新講義140頁など）。

　(イ)　他方で、過去の法律関係であるか否かが微妙な例も多い。過去か現在かは、口頭弁論終結時を基準にして判断されることになるが、共同相続人間において特定の財産が被相続人の遺産に属することの確認を求める訴えを適法とするのが判

第134条〔2〕

例である（最判昭和61・3・13民集40巻2号389頁、判時1194号76頁、判タ602号51頁）が、ここで確定が求められているものが、被相続人が死亡時点において財産を所有していたという過去の法律関係と捉える理解と、遺産分割前の共有状態にあるという現在の法律関係と捉える理解がかつて存在したが、最高裁は、後者と理解している（最判昭和61・3・13前掲）。そのうえで、この訴えの適法性（確認の利益）は、当該財産が被相続人の遺産に属することにより遺産分割の対象たる財産であることを、共同相続人全員の間で既判力をもって確定し（したがって、固有必要的共同訴訟である。最判平成元・3・28民集43巻3号167頁、判時1313号129頁、判タ698号202頁。40条〔2〕(2)(ウ)(c)(i)〔本書Ⅰ399頁〕。もっとも、遺産分割審判の手続等において当事者となることのない、自己の相続分を全部譲渡した共同相続人は、その者との間で遺産帰属性を確定すべき必要性は認められず、遺産確認の訴えの当事者適格を有しない〔最判平成26・2・14民集68巻2号113頁、判時2249号32頁、判タ1410号75頁〕）、これに続く遺産分割審判手続においておよびその審判の確定後にその財産の遺産帰属性を争うことを許さず、適切な解決を図ることができることに求められている（田中壮太・最判解平成元年96頁参照）。他方で、民法903条1項に定める特別受益財産であることの確認の訴えについて、最高裁は、現在の権利または法律関係の確認を求めるものということはできないとしつつ、過去の法律関係について確認の訴えが認められる場合について言及する（最判平成7・3・7民集49巻3号893頁、判時1562号50頁、判タ905号124頁）ことからすれば、過去の法律関係と捉えているとも理解することができそうである。もっとも、この判例は、特別受益財産であることを確定しても相続分または遺留分をめぐる紛争を直接かつ抜本的に解決することにはならず、また、遺産分割や遺留分減殺請求事件を離れて、この点のみを別個独立に確認する必要もないから、確認の利益を欠き不適当であるとしており、現在の法律関係か否かにさほど重きを置いていない。むしろ、ある財産が特別受益財産に当たるかどうかの確定は、具体的な相続分または遺留分を算定する過程において必要とされる事項にすぎないこと、これを別個独立に確定する必要性に欠けることが根拠とされていると理解すべきであろう。具体的相続分の価額またはその遺産総額に対する割合について確認を求める訴えについても同様に考えることができる（最判平成12・2・24民集54巻2号523頁、判時1703号137頁、判タ1025号125頁は、確認の対象が実体法上の権利関係ということはできないとしつつも、最終的に、確認の利益を欠くとする）。

第134条〔2〕　第2編 第1章 訴え

　実務上行われている賃料増額請求訴訟も、過去の法律関係の確認かどうか問題となることがある。すなわち、借地借家法11条・32条に基づく賃料増額の意思表示は形成権の行使であって、実体法的には、これにより賃料額は相当額に増額される（最判昭和36・2・24民集15巻2号304頁、最判昭和45・6・4民集24巻6号482頁、判時599号26頁、判タ251号177頁）が、その相当額に争いがあるときは、賃貸人は訴訟によって解決を求めることになる。賃料額は、賃貸借契約の一要素であり、その額の確認（確定）を求めることが許される。この場合の訴訟物、すなわちいつの時点の賃料額の確認を求めるかは、原告が何を確認の対象とし、その確認を求めているかによって定まるが、口頭弁論終結時の賃料額の確認を求めるにとどまらず、増額請求時以降の賃料額の確認を求める（事案によっては、訴訟中に、第2次増額の意思表示をし、追加的訴えの変更により、第2次増額請求時以降の賃料額の確認を求めることも少なくない。法曹会編『民事判決書集』514頁〔1981年〕参照）場合があるため、これが過去の法律関係を含む請求として問題となる。しかし、継続的法律関係である賃貸借契約の当事者間においては、増額請求時以降の賃料額を確認することが紛争を適切に解決するゆえんであるから、実務上行われている「原被告間の別紙目録記載の建物についての賃貸借契約における賃料額は、昭和63年1月1日以降1カ月金10万円であることを確認する」という趣旨の確認請求も、適法と解すべきであり（畑郁夫「いわゆる賃料増額請求訴訟の訴訟物」民商74巻1号166頁〔1976年〕参照）、この場合、異なる時期、期間の確認を求めていることがうかがわれる特段の事情のない限り、賃料増額請求の時点の賃料額の確認が求められたものと解すべきである（既判力もこの時点における賃料額にかかる判断について生じる。最判平成26・9・25民集68巻7号661頁、判時2238号14頁、判タ1407号69頁）。もっとも、時効で消滅した賃料債権についての賃料額確認の訴えは、訴えの利益を欠く（東京地判昭和60・10・15判時1210号61頁）とする判例がある。

　(4)　将来の法律関係についても、原則として現在、確認を求める利益がないから、確認の訴えの対象とならない。例えば、遺言者が生前に提起する遺言無効確認の訴えは、遺言者と受遺者との間には何の法律関係も存しないし、遺言の取消しも可能であるから許されない（最判昭和31・10・4前掲）とし、また、同じく遺言者が生存中、推定相続人が提起した遺言無効確認の訴えも、遺言者の生存中は遺贈を定めた遺言によって何ら法律関係も発生しないのであって、受遺者と

第134条〔2〕

された者は、何らかの権利を取得するものではなく、単に将来遺言が効力を生じたときは遺贈の目的物である権利を取得することができる事実上の期待を有する地位にあるにすぎないとして、「このような受遺者とされる者の地位は、確認の訴えの対象となる権利又は法律関係には該当しないというべきである」とする（最判平成11・6・11判時1685号36頁、判タ1009号95頁）。なお、後者においては、遺言者が心神喪失の常況にあって、回復する見込みがなく、遺言者による当該遺言の取消しまたは変更の可能性が事実上ない状態であったが、これにより「受遺者とされた者の地位の右のような性質が変わるものではない」とする。これらの判例の基礎には、「将来の法律関係なるものは法律関係としては現在せず従ってこれに関して法律上の争訟はあり得ないのであって、仮りにある法律関係が将来成立するか否かについて現に法律上疑問があり将来争訟の起り得る可能性があるような場合においても、かかる争訟の発生は常に必ずしも確実ではなく、しかも争訟発生前予めこれに備えて未発生の法律関係に関して抽象的に法律問題を解決するというが如き意味で確認の訴を認容すべきいわれはなく、むしろ現実に争訟の発生するを待って現在の法律関係の存否につき確認の訴を提起し得るものとすれば足る」（最判昭和31・10・4前掲）としたのと同様の考慮があるとみてよく、遺言の効力が発生する前においては、遺言の効力として生じる法律関係（最判平成11・6・11前掲にいう「受遺者とされた者の地位」）は存在しないゆえに、即時確定の利益について云々するまでもなく、確定すべき法律関係が存在しないとの判断があると考えられる。死因贈与契約に基づく法律関係の不存在確認の訴えも、死亡前においては確認の利益を欠く（東京地判昭和54・8・30判時951号85頁、判タ400号174頁）し、相続開始前の相続権の確認についても同様に考えてよい（条解(上)608頁）。もっとも、上記最判平成11・6・11においても、およそ確認の対象としての適格を欠くとの判示はなく、一般には即時確定の利益（後記〔3〕(3)）を欠くという趣旨であり、確認の対象としての適格をおよそ否定したものではないと理解する余地もありえよう（この判例に関しては、中野貞一郎「将来の法律関係の確認」論点Ⅱ66頁以下参照）。

　これに対して、最高裁は、賃貸借契約存続中に提起された敷金返還請求権の存在確認の訴えは、「敷金返還請求権は、賃貸借終了後、建物明渡しがされた時において、それまでに生じた敷金の被担保債権一切を控除しなお残額があることを条件として、その残額につき発生するものであって、賃貸借契約終了前において

第134条〔2〕 第2編 第1章 訴え

も、このような条件付きの権利として存在するものということができるところ、本件の確認の対象は、このような条件付きの権利であると解されるから、現在の権利又は法律関係であるということができ、確認の対象としての適格に欠けるところはない」とする（最判平成11・1・21民集53巻1号1頁、判時1667号71頁、判タ995号73頁）。しかし、ここでいう条件は、将来給付の訴えが許容される条件付権利が予定する条件とは異なり、条件成就の有無以外が現在確定されるような性質のものではなく、いかなる意味で現在の権利または法律関係といえるか疑問がありうる（野村秀敏「判批」成城法学60号146頁〔1999年〕、同「判批」判評495号〔判時1703号〕206頁〔2000年〕）。判旨は、それにもかかわらず、敷金返還請求権のような、将来生じうる法律関係ではあるが、条件付権利と構成することができる、換言すれば、基本となる法律関係がすでに発生している法律関係については、確認の対象としての適格を認めたものであり、即時確定の利益が肯定できる限り、確認の訴えとして適法ということになる（なお、当該事案では、被告が敷金交付の事実を争って、敷金の返還義務を負わないと主張しているのであるから、上記条件付きの権利の存否を確定すれば、原告の法律上の地位に現に生じている不安ないし危険は除去されるといえるから、即時確定の利益も存在するとする）。また、遺留分減殺請求を受けた受遺者が、民法1041条所定の価額を弁償する旨の意思表示をしたが、目的物の現物返還請求も価額弁償請求も受けていない場合において、受遺者の提起した弁償すべき額の確定を求める訴えについても、受遺者は遺留分権利者に帰属した目的物の価額を弁償し、またはその履行の提供をすることを解除条件として、上記目的物の返還義務を負うものということができ、このような解除条件付きの義務の内容は、条件の内容を含めて現在の法律関係ということができ、確認の対象としての適格に欠けるところはない（最判平成21・12・18民集63巻10号2900頁、判時2069号28頁、判タ1317号124頁。なお、判旨は、弁償すべき額につき当事者間に争いがあり、受遺者が判決によってこれが確定されたときは速やかに支払う意思がある旨を表明して、弁償すべき額の確定を求める訴えを提起したときは、受遺者においておよそ価額を弁償する能力を有しないなどの特段の事情がない限り、確認の利益があるとする）。

　このようにみてくると、将来の法律関係であるか現在の法律関係であるかの区別は截然としたものではなく、現在の法律関係か将来の事実上の期待かによって確認の対象としての適格の有無を判断することは、必ずしも明確な規準を提供す

74

るものでもない。こうした事情を踏まえて、将来の生じうる紛争を未然に、ある
いは最小限に食い止める手段が必要であるとの見地から、将来発生する可能性の
ある法律関係について一律に「確認の対象としての適格」を欠くとするのは問題
であり、その適否は即時確定の利益の有無に照準して判断すべきであるとの有力
説が存在する（条解2版774頁〔竹下〕、野村秀敏「紛争の成熟性と確認の利益」『予
防的権利保護の研究』217頁〔千倉書房、1995年〕、中野・前掲「将来の権利関係の
確認」論点II71頁など）。

　しかし、単に将来発生することが予想されるというだけで確認の訴えを広く認
めるとすれば、不確実な情報（証拠）による裁判を認めることになり、かつ不要
に帰するおそれのある裁判を肯定することにもなるのであって、ある程度、慎重
な態度が要請されるといえよう。もっとも、このことから一律に確認の対象とし
ての適格を否定するということになるわけではなく、例えば、権利または法律的
地位の侵害が発生する前であっても、侵害の発生する危険が確実視できる程度に
現実化しており、かつ、侵害の具体的発生を待っていたのでは回復困難な不利益
をもたらすような場合には、将来の権利または法律関係であっても、確認の対象
として許容する余地は十分ありうるところである（東京地判平成19・3・26判時
1965号3頁、判タ1238号130頁。損害保険会社の外勤の正規従業員である「契約係社
員」の地位にある原告が、契約係社員制度を廃止し、職種変更のうえで継続雇用す
るという方針を提案したため制度廃止予定時期以降も契約係社員の地位にあること
の確認を求めて提訴した事案について、確認の対象としての適格を肯定した）。

　(5)　以上のように、確認の訴えの適法性を判断するにあたっては、確認の対
象としての適格性と、即時確定の利益の二つの観点からの判断が可能であり、最
高裁判例もこれに従っていると考えられるが、これらの境界線は分明とはいえな
いところがある。裁判例が訴えの利益がないとした事例においても、この判別の
困難なものが多数存在しており、判決を理解するにあたっては、その両面から考
察することが必要であるが、結論的に訴えの利益を欠くことについては同じであ
るから、強いてそのいずれであるかを判別しなくてもよいと考えているものと推
測される。実務的には、それで十分であろう。

　(6)　確認の訴えの対象となりうる（現在の）権利または法律関係は、財産法上、
身分法上、私法上の権利または法律関係であってよいし、さらに公法上の法律関
係も、民事訴訟によるか行政訴訟（いわゆる当事者訴訟。行訴4条）によるかは

第134条〔2〕 第2編 第1章 訴え

別として確認の訴えの対象となる。

公法上の法律関係については、公務員としての身分関係の確認、国籍確認訴訟（最判平成9・10・17民集51巻9号3925頁、判時1620号52頁、判タ956号143頁など）等でその例がみられたが、確認の利益の判断は、本条におけるのと変わりはない。いわゆる在外邦人選挙権訴訟において、在外国民である原告が今後直近に実施されることになる衆議院議員の総選挙における小選挙区選出議員の選挙および参議院議員の通常選挙における選挙区選出議員の選挙において選挙権を行使する権利を有することの確認をあらかじめ求める訴えについて、「選挙権は、これを行使することができなければ意味がないものといわざるを得ず、侵害を受けた後に争うことによっては権利行使の実質を回復することができない性質のものであるから、その権利の重要性にかんがみると、具体的な選挙につき選挙権を行使する権利の有無につき争いがある場合にこれを有することの確認を求める訴えについては、それが有効適切な手段であると認められる限り、確認の利益を肯定すべきものである」とした（最大判平成17・9・14民集59巻7号2087頁、判時1908号36頁、判タ1191号143頁）。

権利または法律関係についてはその存在の確認を求める場合（積極的確認訴訟と呼ばれる場合がある）と不存在の確認を求める場合（消極的確認訴訟と呼ばれる場合がある）とがあるが、いずれも可能である。ただし、後者については、しばしば確認の利益（即時確定の利益）の有無が問題となる。例えば、ある物件の所有者（または抵当権者）が原告となって、被告が当該物件上に抵当権（または先順位の抵当権）を有しないことの確認を求める訴えは、適法として問題がないところであろう。しかし、同一物件の所有権が原被告のいずれに帰属するかについて争われている場合に、単に被告が所有権を有しないことの確認を求めることは、たとえ原告が勝訴判決を得ても、原告の所有権を確定することにならないから、こうした趣旨の確認の訴えでは原告の利益を保護するに足らず、したがって原則としては許されない（最判昭和54・11・1判時952号55頁、判時952号55頁、判タ404号63頁。東京地判平成元・8・25判タ724号204頁も同旨）。ただし、例えば未登記の土地の真実の所有者が単に登記簿上の所有名義人たるにとどまる者からの明渡しの請求を防止するために提起する、被告が所有権を有しない旨の確認の訴えは、かかる確認を求めることが有効適切といえ、その利益があるから許されるとするのが判例である（大判昭和10・4・20法学4巻1585頁）。共有者の一人である

76

第134条〔3〕

原告が、共有者の一部の者から承認を受けて共有地を占有する第三者に対し、自己の持分につき賃借権を有しないことの確認を求める訴えは、その旨の確認がされても当然には当該土地の明渡請求をすることができないとしても、第三者が原告の持分権を侵害していることが確定されることにより損害賠償等の紛争の解決に資する以上、法律上の利益がある（東京高判平成7・9・26判タ910号235頁）。また、後願の商標権を有する者甲が、同一内容の先願の商標を有する者乙に対して、乙の商標権が営業廃止により消滅したとして、商標権の不存在確認を求める訴えについて確認の利益が肯定される（最判昭和39・11・26民集18巻9号1992頁、判時398号26頁、判タ172号99頁）。他方、登記簿上第2順位の抵当権者が第1順位の抵当権の不存在確認を求めることは許されないとの判例（大判昭和8・11・7民集12巻2691頁）には疑問がある（新堂276頁、条解2版777頁〔竹下〕、高橋・重点講義(上)372頁）。

　確認の訴えは、直接契約を締結した当事者に限らず、第三者からでも、あるいは第三者に対しても提起できる場合がある。例えば、第三者のためにする契約（民537条）、他人のためにする保険契約（保険8条・42条・71条）、他人を受益者とする信託契約などについては、第三者または他人から、あるいは第三者または他人に対し、契約の存在または不存在を前提とする権利または法律関係の確認の訴えを提起できる。さらに、確認の利益が肯定される場合においては、2番抵当権者は、同一抵当物件に対する所有権者と1番抵当権者を共同被告として、1番抵当権の不存在確認の訴えを起こすことができる。

　もっとも、これらは確認を求めることができる法律関係の問題であって、即時確定の利益が存在しない場合においては、確認の訴えは不適法となる。

〔3〕　確認の利益（即時確定の利益）

（1）　給付の訴えでは給付請求権の存在が、形成の訴えでは形成権あるいは形成要件の存在がそれぞれ主張されれば、その審理の結果を待つまでもなく、権利保護の利益があるとすることができる。これらの場合においては、債務名義を得ること、法律関係の変動を実現することは、それぞれ給付判決、形成判決を得ることによってのみ可能であるからである。これに対して、確認の訴えは、理論的にあらゆる権利または法律関係について提起することが考えられるため、その訴えについて本案判決をする必要性を検討する必要がある。すなわち確認の訴えでは、その目的である権利または法律関係の存否が主張されても、それだけでは足

77

第134条〔3〕 第2編 第1章 訴え

りず、後記(4)で説明する例外的な場合を除いては、原告は適法に訴えを提起するには、即時に確認を求める利益が必要である。この確認の利益がなければ訴訟要件を欠くことになり、訴え却下の判決をしなければならない。かつては、請求棄却判決がされていたところであるが、適切ではなかろう。なお、確認の利益がないとの理由で請求棄却の判決をしていても、請求の存否について既判力が生じないのはもちろんである。

(2) 確認の利益の有無は訴訟要件で、職権調査事項であるから、当事者から確認の利益がないとの主張がなくても利益がないとの判断をしなければならない。また、当事者はこれを処分することはできず、責問権の放棄（90条）ということもない。しかし、確認の利益の基礎となる具体的事実については弁論主義の適用があり、当事者の主張が必要である。したがって、職権探知事項とは異なり、この事実については裁判上の自白も成立する。これが、顕著な事実であるときは、当事者の主張がなくても斟酌することができるとの説（法律実務(2)33頁）もあるが、顕著な事実も、証拠の要否の問題にすぎないと考えられるから、釈明して主張させて判断するのが相当な場合が多い。

本案の請求の理由がないことが同時または先に判明した場合、請求棄却の判決をなしうるかについては争いがある（243条の注釈参照）が、確認の利益を欠く場合には訴え却下の判決をすべきである。もっとも、大審院当時の判例には、訴訟要件のうち権利保護の必要という要件については、本案の理由のないことが先に判明したときは、請求棄却の判決をして差し支えないと判示したもの（大判昭和10・12・17民集14巻2053頁）や、当事者適格の判断前でも本案の理由のないことが判明すれば、請求棄却できる旨を判示したもの（大判昭和7・7・22民集11巻1629頁）があり、また、権利保護の利益は、主として被告の利益保護を目的とするものであるから、このような場合、請求棄却の判決をするほうが却下判決では防ぎえない再訴の途を拒絶することになり、被告と裁判所を無益な訴えから解放するという権利保護の利益の要件の存在理由に沿うとの見解（鈴木正裕「訴訟要件と本案要件の審理順序」民商57巻4号3頁以下〔1978年〕、新堂238頁、竹下守夫「訴訟要件をめぐる二、三の問題」司研65号21頁〔1980年〕、松本＝上野324頁）もある。しかし、理論的には、権利保護の必要という訴訟要件も本案判決の要件と考えるべきであるから、この場合のみ例外を認めるのは適当でない（山木戸克己「訴えの利益の法的構造」吉川追悼(下)78頁参照。なお、注釈(5)51頁〔福永〕）。

第134条〔3〕

　確認の利益は訴訟要件であって訴え提起の要件ではないから、訴え提起の時に存在しなくても口頭弁論終結の時までに具備していればよい。もっとも、確認の利益は、上告審でも職権調査されるが、原審において主張せず、したがって認定していない事実に基づいて原判決の確認の利益に関する判断を争って、上告理由とすることはできない（最判昭和38・10・18裁判集民68号429頁）。

　(3)　原告の権利またはその法律上の地位に現に危険・不安が存在すること、その不安が被告に起因すること、そしてその不安の除去のために、求められている確認の対象について判決することが必要かつ適切である場合に、確認の利益は肯定される。

　いかなる場合に即時に確認を求める利益があり、利益がないとされたかを若干の具体例に即して以下説明する。なお、判例および裁判例は、しばしば確認の利益がないという判示をしており、これが即時確定の利益そのものを欠くのか、確認の対象としての適格性（前記〔2〕）を欠くのか判別の困難なものも少なくないことは先述したところである。

　(ア)　原告の権利またはその法律上の地位に現に危険・不安が存在することが、即時確定の利益の前提となる。

　(a)　確認の訴えに限らずすべての訴えに共通する訴えの利益を欠く場合には、当然のことながら即時確定の利益を欠く。例えば、当事者が具体的な権利について訴えを提起しない旨を約し（本章前注3）、また裁判外で訴えを取り下げる旨合意した（261条の注釈参照）ことは、訴えによる権利保護の利益を放棄したことになるから確認の利益を欠くことを帰結し、したがって合意に反して確認の訴えを提起しまたは取り下げないと、訴えは不適法として却下を免れない（取下げの合意が成立した場合、最判昭和44・10・17民集23巻10号1825頁、判時575号36頁、判タ241号71頁は権利保護の利益を喪失したものとして訴えを却下すべき旨を判示する。不起訴の合意につき同説──兼子一「訴訟に関する合意について」研究(1)275頁、新堂260頁）。自然債務について確認の訴えを提起する場合も同様である。既判力ある判決によって確定された権利について再び訴えを提起することは、その利益がある場合にのみ許される（114条〔3〕(4)(ア)）。例えば、この権利が消滅時効によって消滅しそうになっているのに、債務者の住所が不明であり、かつその財産もないため強制執行による権利の実現ができない場合には、平成29年改正前の民法においては時効の中断のために、改正民法においては時効の完成を妨げるために

79

第134条〔3〕　第2編 第1章 訴え

再度訴え提起が許される。この場合に前の判決が給付判決であるときは再び債務名義を得る必要がないから、積極的確認の訴えのみが許されるとの説もあるが、請求異議の訴え（民執35条）の性質を考えると、給付判決を求める利益があると解すべきである（135条〔2〕(3)(ウ)）。

　(b)　自己の権利ないし法律関係に不利益・不安定が生じているとはいえない場合には、即時確定の利益を欠く。例えば、債権者は、単に債権者であるとの理由で、自己の債務者と第三者との間の権利関係の存否の確認を求める利益は存在しない（大判昭和13・10・15評論27巻民訴354頁）し、ある債務者甲に対する債権者乙が、他の債権者丙の甲に対する債権の存在を争うといった、自称債権者間の争いにおいては、乙が甲に代位して丙の債務不存在確認を訴求するといった場合を除き、乙が甲の債権者であるという地位に基づいて丙の甲に対する債権の不存在確認を求める利益を有しない（広島高松江支判昭和48・8・31判時726号57頁、判タ307号195頁）。債権者には、法律上の不利益は生じていないからである。

　推定相続人が被相続人と第三者間の不動産売買契約の無効確認を求めるとき（最判昭和30・12・26民集9巻14号2082頁、福岡高判昭和27・6・11下民集3巻6号800頁）は、事実上の不利益しか生じておらず、確認の利益は存在しない。推定相続人の提起する遺言者生存中に提起される遺言無効確認の訴え（最判平成11・6・11前掲参照）について、仮に確認の対象としての適格を認めることができても、推定相続人たる地位は相続の効果が発生するまでは、いわば事実上の期待にすぎず、法的地位ということはできないであろう（高橋・重点講義(上)347頁。これに対して、中野・論点II72頁は反対か）。包括受遺者であっても、遺贈の効力の発生前は、期待権に当たるものを有しない（養子縁組無効確認訴訟について、大阪高判平成4・5・27判タ803号251頁）。

　また、債権者が債権を譲渡した後、債務者がこの譲渡債権者に対し譲渡以外の原因で債務が消滅したことを理由として債務不存在確認の訴えを起こした場合につき確認の利益があるとする判例（大判昭和10・3・30前掲）があるが、その譲渡が無効であってなお債権者であると譲渡人が主張している場合（条解2版779頁〔竹下〕）、あるいは差押禁止の債権について、差押えおよび転付命令がされて、それが無効であるというような場合（大判昭和9・3・26民集13巻310頁）といった特段の事情がある場合を除いては、原告債務者の法的地位に影響がないから確認は認められない。

第134条〔3〕

　労働関係上の地位は、職員、当該職位に基づいて付与される賃金体系、手当て、旅費等の待遇上の階級を表す地位として捉えられることができる場合があり（山口幸雄ほか編『労働事件審理ノート〔改訂版〕』80頁〔判例タイムズ社、2007年〕）、こうした場合においては、降格処分を受けた者は、差額賃金請求に加えて、地位確認請求の確認の利益が肯定される（東京地判平成18・10・25判時1969号148頁、判タ1250号158頁）。就業規則等に基づいて使用者のする譴責処分の無効確認については、労働契約上法律上の不利益を受けるか、事実上の不利益にすぎないかにより、裁判例は分かれる（確認の利益を否定するものとして、東京地判昭和47・12・9判時687号36頁、判タ288号114頁、東京高判平成2・7・19判時1366号139頁など。肯定するものとして、大阪高判昭和48・10・24判時739号120頁、判タ307号217頁、神戸地尼崎支判昭和49・2・8判時739号125頁、静岡地判昭和51・10・28判時846号112頁、大阪高判昭和53・6・29判時898号107頁、広島高判昭和52・12・21判時923号121頁、判タ369号317頁等）。組合の統制処分としての譴責処分の無効確認を求める訴えも、譴責処分により原告の法的地位に法律上の不利益が生じていない場合には、確認の利益を欠く（長崎地佐世保支判昭和52・3・28判時875号114頁）。解雇された者、退職した者が在職中の休職処分の無効確認を求める利益は、特段の事情がある場合を除き確認の利益は存在しない（東京高判昭和51・6・29判時818号30頁、判タ342号210頁。大阪地判昭和49・5・31判時754号92頁は、特段の事情を肯定する）。

　アメリカ人父と婚姻した日本人母から出生した子の日本国籍を保有することの確認を求める訴えを日本人母が提起する場合には、自己の法的地位の不安が存在することが必要であり、子に対する監護養育の権利の具体的内容、それに対する不安および確認判決によるその除去の可能性を主張しない以上、確認の利益を有しない（東京高判昭和57・6・23行集33巻6号1360頁、判タ470号92頁）。被控訴人が5親等または6親等の親族関係にすぎない者で、その相続・扶養等の関係に何ら影響を及ぼさず、その他、具体的に権利を得、または義務を免れるような関係にはない場合には、養子縁組無効確認を求める法律上の利益を有しない（大阪高判平成4・5・27前掲）。

　法人等の組織に係る決議無効確認の訴え（その許容性については、前記〔2〕(2)(ウ)）は、その決議によって自己の法的地位に不利益を受ける者に限って、確認の利益が認められる。例えば、最判平成16・12・24前掲においては、法人の経営の

第134条〔3〕 第2編 第1章 訴え

根幹に関わる重要事項である診療所の開設等の決定が法令および定款に従って適正に行われることについて社員は法律上の利益を有するとして確認の利益を肯定している。他方で、決議の有無、その有効無効によって自己の法的地位に影響を受けない場合には確認の利益が否定されることになる（その例として、最判平成17・11・8前掲）。

(c) 登記その他の公簿上の記載が誤っていてそれを是正するのに裁判上の確定が必要であれば（大判昭和13・11・26新聞4355号11頁）、実体法上の権利関係について争いがなくても、実体法上の権利関係の確認を求める利益は肯定すべきである（なお、最判平成23・6・3判時2123号41頁、判タ1354号94頁も参照）。戸籍についても同様であり、戸籍上離縁の記載がされている養子縁組の当事者の一方は、もし戸籍が真実と異なる場合には、離縁無効を確認する確定判決を得て戸籍法116条により戸籍の記載を訂正する利益があり、相手方から縁組が無効であるとの主張がされ、この主張が認められる場合であっても、離縁無効確認の訴えの利益が失われるものではない（最判昭和62・7・17民集41巻5号1381頁、判時1250号41頁、判タ647号104頁）。第三者にも関係するという身分関係の特質上、婚姻無効確認の訴えは第三者もその利害関係がある限り提起することができ、その第三者が婚姻届を偽造した者でも別異に解すべきではない（最判昭和34・7・3民集13巻7号905頁）。

(d) 確認の対象は現在の権利である必要があるとする趣旨は、現在において原告の地位に不安があることを意味し、例えば、紛争が終結した場合において否定される。他方で、紛争が将来発生する可能性についてどのように捉えるかは難問である。例えば、最判昭和41・9・22（民集20巻7号1392頁、判時464号28頁、判タ198号129頁）は、書面真否確認の訴えについて、紛争（土地に関する被告の権利主張）の可能性は「なお未必の域を脱せず単なる可能性にとどまる」として確認の利益を否定した原審判決を、「可能性が現にないとはいえない」として破棄しており、争いが生じる可能性がほとんど考えられない場合にのみ確認の利益が否定されることになろう。

なお、将来条件の成就が確定する条件付き権利の存否の確認を求める訴えにおける確認の利益については、この種の訴えが許される（確認の対象としての適格がある）こととともに、前記〔2〕(4)を参照されたい。

(イ) 被告によって自己の地位に危険・不安定が生じていることが必要である。

第134条〔3〕

これは、当事者適格の問題でもあるが、確認の訴えにおいては、被告との間で確認判決をする必要があるかという意味において、訴えの利益と当事者適格とを特に区別する必要性は見出せない。一般に、確認の訴えでは、当事者適格の問題は、確認の利益の問題に解消されるとされる。

訴訟の目的である土地所有権が原告に属することにつき当事者間に争いがないときは、土地所有権の確認を求める訴えは、確認の利益を欠く（札幌高判昭和57・3・2判タ467号116頁）。原告が確認を求めた権利または法律関係を被告が否認していれば、確認の利益は肯定される。この場合、原告の権利を否認する被告は、その権利が自己に属することを主張するのが原則である（大判明治32・7・5民録5輯7巻5頁）が、それに限らず、その権利が第三者の権利であると主張する場合でも、その結果原告の権利者としての地位に危険を及ぼすおそれがあるときは、確認の利益は肯定される。有限会社の社員としての持分の確認訴訟において、被告がその持分を原告から転付命令によって取得した後、これを他に譲渡したと主張した事案において、訴えの利益があるとした最判昭和35・3・11（民集14巻3号418頁、判時218号20頁）、建物の所有権確認訴訟において、被告がその所有権は第三者に属すると主張した事案において、訴えの利益を肯定した最判昭和40・9・17（判時422号30頁）はこの例である。

他方、土地を時効取得したとする原告が、本件土地は所有者が不明な土地であるから国庫に帰属していた（民239条2項参照）として、被告国に対し、土地の所有権を有することの確認を求めることは、被告が原告の主張する取得時効の起算点よりも前にその所有権を失っており、登記上も本件土地の表題部所有者でも所有権の登記名義人でもない場合には、確認を求める利益は認められない（最判平成23・6・3前掲）。

(ウ)　原告がその権利または法的地位の危険・不安を解消するために、求められている法律関係について確認することが必要・適切であることが必要である。

(a)　原告の法的地位の安定のために、確認の対象となっている法律関係を確定することが適切といえない場合、すなわち確認の対象となっている法律関係を既判力をもって確定しても、原告の法的地位の危険が除去され、その安定を図ることができない場合には、確認の利益は否定される。

例えば、詐欺または強迫による取消権（民96条）、債権者の有する契約の解除権（民541条〜543条）、相殺権のように裁判外で行使できる形成権そのものの存

第134条〔3〕 第2編 第1章 訴え

否は、たとえ、その存否を確定しても、形成権行使の結果である法律関係の存否には既判力が及ばないから、形成権そのものの存否は確認の訴えの対象とはならない。この場合には、形成権の行使の結果である権利関係の存否について確認の訴えを起こすべきである（条解(上)607頁）。裁判上行使すべき形成権である詐害行為取消権（民424条）、または離婚請求権（民770条）でも、前者の場合には詐害行為取消権を行使した結果についての法律行為の取消しおよび取戻しのための給付の訴えを、後者の場合には直ちに離婚の訴えを起こして権利の保護を求めるべきで、形成権そのものの存在確認の訴えは、法律上の利益がないと解する。登記または登録のみの無効確認を求める訴えも、実体法上の権利関係の確認ないしは登記または登録の抹消を求めるほうがより適切であるから、法律上の利益がないと解する。

　また、本案判断とは別個の手続問題の確認を別訴で求めることも、利益を肯定することはできない。例えば、訴訟代理権の有無は、それが問題となる訴訟において判断されるべきであり、別訴を提起してその存否の確認を求めることは許されず（最判昭和28・12・24民集7巻13号1644頁。なお、訴訟代理権を証すべき書面の真否の確認についても同様である〔最判昭和30・5・20民集9巻6号718頁〕）、訴訟要件の存否、訴え取下げの効果、中断や承継の有無も同様である（条解2版778頁〔竹下〕、注解(6)115頁〔斎藤＝加茂〕、高橋・重点講義(上)365頁）。

　(b)　法人等の組織に係る決議無効確認の訴えは、現在の権利または法律関係の基本となる法律関係を確定することが紛争の直接かつ抜本的な解決のため適切かつ必要と認められる場合において、現在存在する法律上の紛争を解決するゆえに確認の利益を肯定されるのであり、決議自体の効力を対世的に既判力をもって確定されることが前提とされている（前記〔2〕(2)(ウ)）。合資会社の社員が他の社員を相手方として、同社員が同会社の無限責任社員ではないことならびに同会社から利益分配を受ける権利、退社のとき持分払戻しを受ける権利および解散のとき残余財産の分割を受ける権利を有しないことの確認を求める訴えは、この判決の既判力が同会社に及ばないから、本件紛争を抜本的に解決することにはならず、即時確定の利益を欠き不適法であり（最判昭和42・2・10民集21巻1号112頁、判時480号29頁）、これと同様に、宗教法人の代表役員および責任役員の地位にあることの確認を求める訴えも、その宗教法人を相手方としない限り確認の利益がなく（最判昭和44・7・10前掲、最判昭和61・9・4民集40巻6号1013頁、判時1238

第134条〔3〕

号81頁、判タ639号125頁、最判昭和62・5・29裁判集民151号117頁）、A社の株主と主張するBだけを被告とし、A社を被告としないで、BがA社の株主でないことの確認を求める訴えは、即時確定の利益を欠く（大阪高判昭和54・10・19判時955号115頁、判タ401号154頁）。被告税理士会に対して、これと別個に組織された団体の構成員でないことの確認を求める訴えは、即時確定の利益を欠く（東京地判昭和52・3・24判時871号59頁、判タ361号308頁）。これら、法人の理事につき当該理事個人を被告とする訴えが不適法であることは、法人を被告とする訴えとともに提起した場合であっても変わるところはない。法人に対する訴えにおいて当該理事および監事の地位が不存在であると判決で確定されれば、同判決の効力は当該理事・監事および社員に対しても及ぶのであり、別途確認判決を得る利益が存在しないからである（東京高判平成6・5・23判時1544号61頁。なお、40条〔2〕(2)(ア)(b)〔本書Ⅰ395頁〕参照）。

　(c)　遺産確認の訴えは、当該財産が被相続人の遺産に属することにより遺産分割の対象たる財産であることを既判力をもって確定し、したがって、これに続く遺産分割審判手続においておよびその審判の確定後にその財産の遺産帰属性を争うことを許さないことに確認判決を求める理由が存在するのであり（前記〔2〕(3)(イ)参照）、財産の帰属に争いがある限り、確認の利益が肯定される（被相続人の死亡により当然分割されるわけではない定額郵便貯金にかかる貯金債権が遺産に属することの確認を求めた訴えについて、最判平成22・10・8民集64巻7号1719頁、判時2098号51頁、判タ1337号114頁）。共同相続人間において、相続人の地位が存在しないことの確認を求める訴えも同様である（最判平成16・7・6民集58巻5号1319頁、判時1883号66頁、判タ1172号143頁）。

　他方で、ある特定の財産が民法903条所定の特別受益財産に当たるかどうか（最判平成7・3・7前掲）、具体的相続分の価額またはその遺産総額に対する割合（最判平成12・2・24前掲）については、最高裁は、遺産分割審判で算定すべき事項であるとして、独立して判決により確定することが紛争の直接かつ抜本的な解決のために必要かつ適切な場合とはいえないとする（前記〔2〕(3)(イ)）。

　(d)　一般的には自己の権利の積極的な確認を求めるのが適切であり、被告の権利の不存在確認を求める場合には、確認の利益が否定される場合がある。例えば、土地が被告の所有でない旨の消極的確認の訴えは、隣接地を所有する原告が、これを道路として使用することがこの土地について所有権を主張する被告によって

第134条〔3〕　第2編 第1章 訴え

妨げられており、かつ被告がこの土地を時効取得することを防止するため必要であると主張するだけでは、確認の利益があるとはいえず（最判昭和54・11・1前掲）、端的に、通行権等自己の権利の確認を求めるべきである。もっとも事案によっては、消極的確認のほうが適切な場合もある（新堂276頁、高橋・重点講義(上)372頁）が、慎重に判断されなければならない（前記〔2〕(6)参照）。

　なお、不法行為の損害賠償債務の存否をめぐって争いがある場合には、この債務の不存在確認を求める訴えは、原則として、確認の利益を肯定すべきである（東京高判平成4・7・29判時1433号56頁、判タ809号215頁。損害額に争いがあるだけでは足りず、損害額についての主張の違いを解消すべく当事者が誠意をもって協議を尽くしたがなお示談が成立しない事情、あるいは、加害者の誠意をもって協議に応ずることのできない被害者側の事情等を主張・立証しない限り、確認の利益を肯定することはできないとした原審判決を取消し）。この場合には、違法行為の事実が特定しかつ損害が精神上の損害であるか財産上の損害であるか（民709条～711条）、あるいは通常の損害であるか特別の損害であるか（民722条・416条）が特定すれば、いまだ債権者たる相手方が賠償金額を明確にしたうえで責任を追及しなくても、債務不存在確認の訴えを提起する利益があると解される（最判昭和27・12・25民集6巻12号1282頁は、積極的な債権の存在確認訴訟について、請求の趣旨には、訴訟物たる債権の一定金額を表示すべきことを判示したもので、債務不存在確認訴訟においては別異に解することも可能である。淺生重機「債務不存在確認訴訟」新実務民訴(1)366頁）。これに対して、症状が固定していないときや、当事者間で協議・折衝が続けられておりその続行による解決を妨げる事由がないときには、確認の利益がないとする学説が存在する（中野ほか・新講義144頁、高橋・重点講義(上)383頁のほか、坂田宏「金銭債務不存在確認訴訟に関する一考察(2)」民商96巻1号77頁〔1987年〕などを参照）ほか、「事故による損害の全容が把握できない時期に提起された場合、加害者側の著しく不誠実な交渉態度のために訴訟外の解決が図られなかった場合、あるいは専ら被害者を困惑させる動機により提起された場合などで、訴えの提起が権利の濫用にわたるときは、確認の利益がない」とする裁判例（東京地中間判平成9・7・24判時1621号117頁、判タ958号241頁。当該事件では権利の濫用はないとする）がある。

　また、金銭債権について債務者が債務不存在確認の訴えを起こした後に、債権者が同一債権について給付の訴えを起こした場合、後訴の本案判決では、債権の

第134条〔3〕

弁済期が未到来のため請求を棄却するような特別の場合を除いては、債権の存在
または不存在が確定されるから、前訴（債務不存在確認の訴え）については確認
の利益がなく訴えを却下すべきであるとする見解も存在するが（本書旧版Ⅱ88頁。
松本＝上野235頁）、こうした給付の訴えは反訴によるべきであって、新たな訴え
として提起された場合には、給付の訴えは重複する訴え（142条）に該当するが
ゆえに却下されるべきであり、反訴として提起された場合においてのみ債務不存
在確認の訴えは、確認の利益を欠くとして却下される（最判平成16・3・25民集
58巻3号753頁、判時1856号150頁、判タ1149号294頁）。これは、給付の訴えが提起
された後に、債務者が同一債権について債務不存在確認の訴えを起こした場合と
表裏の関係にある。なおこれらの場合についての重複する訴えの禁止（142条）
の規律については、142条〔3〕(2)(イ)を参照されたい。これに対し、ある物件につ
いての所有権確認の訴えと、相手方の提起する所有権に基づく返還（給付）請求
の訴えは、訴訟物を異にし、両者の間には上記のような関係がないから、後訴が
提起されても前訴の確認の利益がなくなることはない（大判明治38・11・22民録
11輯1571頁）。原告の、ある物件に対する所有権を被告が争うので所有権確認の
訴えを起こしたところ、被告が口頭弁論で原告の所有権を認めた場合でも、その
一事で確認の利益がなくなるのではなく、被告が将来再び争うことがないと認め
られない限り、原告には確認の利益があると解する。

　(e)　第三者の法律関係の確認を求める場合においては、その確定により自己の
法的地位の安定を図ることができることが必要であり、これを欠く場合には、確
認の利益を欠く。

　(ウ)　給付の訴えを起こすことができる場合に確認の訴えを提起することが許さ
れるか否かの問題については、大審院時代には、確認の利益なしとする判例（大
判明治32・3・29民録5輯3巻56頁、大判明治41・10・2民録14輯944頁、大判大正
7・1・19民録24輯35頁等）と、利益ありとする判例（大連判明治32・11・1民録
5輯10巻4頁、大判明治44・6・28民録17輯446頁、大判大正13・5・31民集3巻
260頁）が対立していたが、最高裁判所は、基本たる権利関係の確認の訴えにつ
き、確認の利益を肯定している（最判昭和29・12・16民集8巻12号2158頁〔建物
の明渡請求が可能な場合に、建物の所有権確認を求めた事例〕、最判昭和33・3・25
民集12巻4号589頁、判時145号17頁）。給付請求権に基づく給付の訴えの代わりに、
その基本となる法律関係の確定を求める場合には、紛争の抜本的な解決のために

第134条〔3〕 第2編 第1章 訴え

は迂遠であるとして、確認の利益を否定する見解も少なくない（兼子・体系157頁〔例に挙げるのは、給付の訴えとその債権関係の確認〕、小野木＝中野・講義171頁、三ヶ月・全集66頁）が、基本たる権利（物権ないしは債権が想定されるが、これに限らない）ないし法律関係から派生する請求権につき給付の訴えが可能な場合でも、基本たる権利ないし法律関係について確定することが原告が自己の法的地位の安定を図るために資する場合には、確認の利益は認められると考えてよい（新堂272頁、注解(6)114頁〔斎藤＝加茂〕、条解2版778頁〔竹下〕）。特に、給付の訴えとその基本となる法律関係の確認が併合して求められる場合には、確認の利益を肯定することができよう。例えば、家屋の賃貸人が賃借人に家を引き渡さない場合には、賃借人は家屋の引渡しを求める給付の訴えを起こせるし、それとともに将来の紛争を絶つため、賃貸借関係の存在確認の訴えを起こす利益を有する（最判昭和33・3・25前掲）が、このような基本的権利関係の存否の確認の訴えと、それから発生する給付請求権についての給付の訴えとの関係は、賃貸借以外の場合についても同じく認めることができるであろう（大判大正5・7・5民録22輯1345頁、大判大正6・6・25民録23輯1083頁、最判昭和29・12・16前掲、東京地判平成4・3・30判タ781号282頁）。これに対して、給付請求権自体が存在することの確認を求める訴えは、時効の完成を妨げる必要（平成29年改正前の民法においては時効を中断する必要）がある等特別の事情のある場合を除き、一般に確認の利益はないことになろう（条解2版778頁〔竹下〕）。

　同様に、独立した確認の訴えよりもより適切な権利保護手段がある場合にも、確認の利益を否定してよい。訴訟上の和解の成立によって確定した給付義務の不存在確認の訴えは、確認の利益を欠き（札幌地判昭和59・2・27判時1126号96頁、判タ526号203頁）、賃借建物の所有権を将来甲から乙へ移転する旨の訴訟上の和解等が甲乙間に成立した場合において、甲に対しその所有権移転義務の不存在確認や、乙に対しその所有権移転請求権の不存在確認を求める賃借人の訴えは、訴えの利益を欠く（東京地判昭和59・2・27判時1137号86頁）。訴訟上の和解が無効または取り消されたことを主張するには、当該訴訟の期日の指定を求め、あるいは別訴で和解契約無効確認の訴えを起こして争うことができるとするのが判例（大判大正14・4・24民集4巻195頁、最判昭和38・2・21民集17巻1号182頁）であり、例えば和解金の返還を求める訴えなどを併合提起する場合には確認の利益が肯定できるが、他方、和解を無効としたうえで、従来の訴訟における訴訟物の

第134条〔4〕

履行を改めて求めている場合など、期日指定の申立てによることが明白に適切な場合においては、和解無効確認の訴えについて確認の利益を否定すべきであり、このように和解無効確認の訴えが提起されたときは、確認の訴えが適切な手段かという観点から確認の利益の有無を判断すべきであろう（267条の注釈参照。本書旧版Ⅱ86頁は、原則として期日指定の申立てによるべきとする）。

　⑶　このように、自己の権利または法的地位に危険・不安があり、確認判決を得ることがその安定に資する場合には、確認の利益が肯定される。

　(4)　先に(1)に述べたように、確認の訴えでは、原則として常に確認の利益を必要とするが、例外として確認の利益を特に問題にする必要がない場合がある。それは、法律に定めた要件が充足されれば、当然確認の利益があるとされる場合で、中間確認の訴え（145条）と破産債権査定申立てについての決定に対する異議の訴え（破126条）がその例である。また請求異議の訴え（民執35条）、第三者異議の訴え（民執38条）も、これを実体法上の確認の訴えと解する立場に立てば、これに該当することになる。

〔4〕　法律関係を証する書面の成立の真否の確認の訴え

　(1)　法律関係を証する書面の成立の真否を確定することは、それ自体は事実の確定にほかならないが、例外的にその確認の訴えを提起することができる。本条は、ドイツ民訴法256条にならい、この旨を明らかにする。法律関係を証する書面の成立の真否以外の単なる事実の存否の確定について、この規定を類推適用することは予定されていない（条解2版782頁〔竹下〕、伊藤180頁。ただし、高橋・重点講義(上)374頁。なお、中野貞一郎「確認訴訟の対象」論点Ⅱ41頁も参照）。

　書面の成立の真否とは、書面が作成名義者と主張される者によって作成されたかどうかをいう。その文書の作成者であると挙証者が主張する者がその文書を作成したことを文書の成立の真正と呼ぶ（最判昭和27・11・20民集6巻10号1004頁、最判昭和42・11・17裁判集民89号245頁、新堂253頁、注解(6)171頁〔斎藤＝加茂〕、条解新版815頁）。

　法律関係を証する書面の成立の真否について判決で確定されれば、その判断に既判力が生じることになる。これにより、当事者間の当該法律関係に関する紛争自体も解決する場合がありえようし、少なくとも、その紛争の解決に役立つことが大きいということから、確認の訴えを許容することとしたものである。もっとも、既判力により確定するのは文書の成立の真否のみである。文書の成立の真否

は、書面に記載されている内容が客観的真実に合するかどうかということを意味しないのであって、文書の記載内容である法律関係自体には既判力を生じることはない。この結果、書面の成立の真否が確定されても紛争自体は解決されていないことも少なくなく、そのような場合には改めて権利または法律関係の確認を求める訴えを起こす必要が生ずることもあって、実際にはあまり多くは利用されていない。

　(2)　すべての書面が真否確認の訴えの対象となるのではなく、法律関係を証する書面のみがこの訴えの対象となる。作成名義者は故人であっても差し支えがない。

　法律関係を証する書面とは、書面の記載内容からして一定の法律関係の存否が直接証明される文書をいう（最判昭和27・12・12民集6巻11号1166頁）。手形とか貨物引換証などの有価証券はもちろん、定款、借用証書、売買契約書、あるいは贈与の意思表示をした手紙なども含まれ、書面によらなければならない処分証書に限られない（新堂184頁）。しかし単に、被告の原告に対する貸金債務を認め支払の延期を懇願する旨を記載してある証明文書、「受取人不在に付差出人に返戻す。広島県」という文書（最判昭和27・12・12前掲、最判昭和28・10・15民集7巻10号1083頁）、その他これに類する報告文書、例えば、借地権を譲渡したことを証明する旨の内容の証明書（最判昭和38・6・20裁判集民66号579頁）、生前贈与を受けていて相続分が存しない旨の証明書（東京高判昭和56・5・18判時1007号65頁、判タ455号108頁）、第三者が他人間の貸借の事実は真実である旨を証明する文書などはこれに該当しない。これらは、法律関係の存否を認定するのに役立つが、直接法律関係を証する書面ではないのであり、法律関係自体の存否を確定することによって初めて原告の法的地位の危険・不安を除去することができるからである。

　同様に、不法行為の損害賠償請求事件の損害の証明に役立つ医師の診断書、検察官が被疑者または被告人の供述を録取した聴取書（東京地判昭和34・9・23判時209号6頁、東京高判昭和34・12・26行集10巻12号2632頁）、町議会の解散請求（直接請求）の署名簿（最判昭和37・12・25民集16巻12号2490頁）、不動産登記簿謄本（東京高判昭和50・5・28判時785号67頁、判タ329号138頁）も、ここにいう文書には当たらない。

　(3)　法律関係を証する書面であってその成立に争いがある場合であっても、

第134条〔4〕

この訴えも確認の訴えである以上、即時に確定する利益がある場合に限り、訴え
は適法となる。すなわち、書面の真否が確認されても、これにより原告の権利ま
たは法律上の地位に存する危険または不安定が除去解消されない場合には、書面
の真否の確認を求める訴えは、その利益を欠き許されない（最判昭和42・12・21
判時510号45頁）。例えば、貸主甲、借主乙の貸金債務に対し、売渡担保とする趣
旨で乙の所有土地を甲に売り渡し、乙は甲からその代金として同貸金該当額を受
け取った旨を記載した乙作成名義の土地売渡書と題する書面のある場合、甲の乙
に対する貸金請求訴訟で甲が勝訴して、その執行がされたとしても、甲から改め
て土地売渡書による権利取得の主張をされるおそれがあるときは、同書面の成立
の真否の確定を求める利益がある（最判昭和41・9・22民集20巻7号1392頁、判
時464号28頁、判タ198号129頁）。前訴で争いとなった書面の真正に成立したこと
が前訴の判決の理由中で認定され、これに基づいてこの書面によって証明される
べき法律関係の存否が判決主文中で判断され、さらにその判決が確定した後、独
立して同一書面の成立の真否の確定を目的とする訴えを提起するとき（大判昭和
19・1・20民集23巻1頁、最判昭和42・10・27裁判集民88号829頁、福岡地判昭和
47・2・29判時666号73頁、判タ277号297頁）、訴訟代理権を証する書面の真否確
認のため独立の別訴を提起するとき（最判昭和30・5・20前掲）などは、即時確
定の利益はない。貸金請求の訴訟が係属しているときには、貸金証書について独
立して書面の真否確認の訴えを起こすことは、当事者間に争いのある貸金債権の
有無についての紛争を直接解決するための有効適切な方法とは認められないから、
即時確定の利益がないといわなければならない。また、その書面によって証明さ
れるべき法律関係について当事者間に争いがないときも同様である。訴訟におい
て、当事者本人が真正に成立したことを認めている書証について、その訴訟代理
人が成立不知の答弁をしたとしても、そのことによって訴えの利益が生ずるわけ
ではない（東京高判昭和55・4・21判時964号61頁）。

　遺言書が本条の訴えの対象となるかについては多少の疑問はある（注解(6)172
頁〔斎藤＝加茂〕、条解新版783頁は肯定）が、最高裁判所の、遺言は遺言者の生
前においては、遺言者と受遺者との間に何らの法律関係を発生せしめないとの判
例（最判昭和31・10・4前掲）に従えば、遺言者の生前においては否定すべきで
ある。もっとも、遺言者の死亡後は確定の利益が生ずることはいうまでもない。
遺産分割協議書の真否確認の訴えについては、即時確定の利益を否定する裁判例

91

第135条〔1〕 第2編 第1章 訴え

（福岡高判昭和48・3・29判時706号32頁、判タ297号245頁）もあるが、肯定する裁判例（東京高判昭和56・11・16判時1028号54頁、判タ460号98頁）もある。相続による権利取得の登記申請においては、分割協議書に印鑑証明書を添付する必要があるが、これが得られない場合には、分割協議書が真正に成立したことを証明する判決を添付してこれをすることが認められているから、即時確定の利益があると解すべきであろう。

　(4)　本条の訴えにおいては、書面によって証明されるべき法律関係につき利害関係の対立する者が当事者になる。当事者はその書面を現実に所持している必要はないが、書面を裁判所に提出できる場合でないと真否の確定は不可能であるから、訴えは却下される。書面によって証明されるべき法律関係によって利益を受ける者が原告になる場合には、真正に成立したことの確認を、不利益を受ける者が原告になる場合には、真正に成立したものでないことの確認を求めることになるが、立証責任については通常の訴訟と同一であって、書面が真正に成立したと主張する者が立証責任を負担する。ただ、その書面の成立についての推定規定（224条）は、本条の場合にも適用される。

　書面の真否確認の訴えの対象たる資格を欠く訴えにおいては、相手方が請求の認諾をしても訴訟法上の効力を有しない（最判昭和28・10・15前掲）。

（将来の給付の訴え[1]）

第135条　将来の給付を求める訴え[2]は、あらかじめその請求をする必要[3]がある場合[4]に限り、提起することができる[5]。

〔1〕　本条の趣旨

　本条は、将来の給付の訴えが許されることを明らかにし、その要件を定めるものである。旧旧法には将来給付の訴えに関する規定がなく、その適法性について解釈上の疑義が生じていたところ、1898年のドイツ改正民訴法の規定などを受けて、旧法226条として明文の規定を設け（注釈(5)121頁）、現行法がそれを特段の実質改正なく引き継いだものである。

　給付の訴えには、現在の給付の訴えと将来の給付の訴えの区別がある。現在給付の訴えはすでに履行期が到来している現在の給付義務に関する給付の訴えであり、将来給付の訴えは将来履行期が到来する将来の給付義務に関する給付の訴え

第135条〔2〕

である。ここにいう履行期の到来の有無は、訴え提起の時を基準とするものではなく、事実審の口頭弁論終結の時を基準として判断される。将来の給付の訴えについては、本条が規定を設けているが、現在の給付の訴えについては、それが当然に許されることを前提に、民事訴訟法は特に規定を置いていない。

　以下では、まず給付の訴え一般および現在給付の訴えについてふれた（〔2〕）後、本条の本来の規定対象である将来給付の訴えの問題について扱う（〔3〕～〔5〕）。

〔2〕　給付の訴え

(1)　給付の訴え

　給付の訴えは、給付判決による権利保護を求めることを目的とする訴えである。給付の訴えは、給付請求権の存否を確定するだけの訴えであるのか（条解(上)615頁、中田・講義(上)66頁）、それとともに被告に対する給付命令をも包含する訴えであるのか（菊井・民訴法(下)223頁、加藤・要論337頁、斎藤・概論121頁、三ヶ月・全集101頁、注解(6)187頁〔林屋礼二＝加茂紀久男〕、注釈(5)123頁〔上原敏夫〕、条解2版784頁〔竹下守夫〕、新堂204頁、伊藤162頁）については争いがある。前説は、確認訴訟原型観の下、給付義務が確定すれば被告が給付をしなければならないのは当然であり、執行機関もこれを尊重して執行しなければならない職責を負うから、特に当事者または執行機関に対する給付命令を必要としないと説明するのに対し、後説は、給付判決は、被告に対する給付命令を包含するから、執行力を有し、債務名義となるのであって、これが給付の訴えを他の二つの訴え（確認の訴え、形成の訴え）と本質的に区別する点であると説明する。前述（本章前注4(2)）のように、通説である後説が相当である。

　給付の訴えにおける原告勝訴の判決は給付判決であり、既判力とともに執行力を有するが、原告敗訴の判決は給付請求権の不存在確認判決であり、既判力のみを有する。給付の訴えは、その請求の態様によって作為の訴えと不作為の訴えに、また現在の給付の訴えと将来の給付の訴えに区別することができる。前者については強制執行の方法がそれぞれ異なるし、後者については権利保護の要件と強制執行を行うにあたっての要件に差異がある。

　給付の内容としては、被告の行為が広く含まれ、金銭の支払その他の物の引渡し・明渡しのほか、一定の作為・不作為も対象となる。給付判決が強制執行に親しまない場合もあるが（後記(2)参照）、強制執行に親しむ場合もその執行の方法

93

第135条〔2〕 第2編 第1章 訴え

は、債務名義たる給付判決が表示する請求権によって決まり、多様である。直接
強制による場合のほか、例えば債務者が家屋収去の債務を履行しない場合に、家
屋収去に必要な費用を債務者から取り立て、その費用で第三者に家屋収去をさせ
て目的を達するなど代替執行（民執171条）の方法（注解民執法(5)71頁以下〔富越
和厚〕や、債務者本人がその責任で行うことが法律上要求されているとみられる清
算すべき債務（大決大正10・7・25民録27輯1354頁）や財産目録や貸借対照表を作
成すべき債務などについて、債務の履行をしない間は債権者へ1日1万円の強制
金を支払うことを債務者に命じ、その強制金については直接強制が可能になるの
で、これによって間接的に本来の債務の履行を強制するなど間接強制（民執172
条）の方法もある（注解民執法(5)96頁以下〔富越〕）。子の引渡しを命ずる判決に
ついては、その強制の方法として、間接強制によるか、直接強制によるかについ
て争いがある（中野＝下村・民執法801頁。この点については現在、立法に向けた
議論がされている）。さらに、債権譲渡の通知や登記手続をするという意思の陳
述を命ずる給付判決の場合は、その判決が確定したときに意思の陳述がされたも
のとみなされる（民執174条）ので、狭義の強制執行は行われない（注解民執法
(5)118頁以下〔町田顯〕）。なお、平成15年の民事執行法の改正により、不動産の
明渡・引渡義務、動産の引渡義務、代替的作為義務につき、間接強制の方法を選
択することが可能となり（民執173条）、さらに平成16年の民事執行法改正により、
扶養料等の金銭債務についても、間接強制によることが可能とされた（民執167
条の15・167条の16）。

　不作為義務についての強制執行は、債務者が不作為を命じた判決に反する場合
には、債務者のした行為の結果を除去し、かつ、将来そのような行為をさせない
ために適当な処分を命ずることを執行裁判所に求めることができる（平成29年の
民法改正後の民執171条1項2号）。例えば、建物の建築禁止の義務を負う債務者
について、不作為を命じた判決に違反して建物を建築した場合には、その者の費
用で取り壊すことを命じることができる。一回的な不作為義務、例えば特定の
時・場所でヴァイオリンを演奏しない旨の不作為義務の履行を義務者が怠った場
合には、それは損害賠償債務に代わるにすぎないが、一定の要件を満たす場合に
は事前に間接強制により強制執行をすることもできる（最決平成17・12・9民集
59巻10号2889頁、判時1920号39頁、判タ1200号120頁）。継続的な不作為義務（例え
ば一定音量以上の音量の流出禁止）の違反があったときも、同様に間接強制（民

94

執172条1項）を求めることができる。いずれにしても、将来の不作為の請求は
その性質上常に将来の給付の訴えである（細野・要義(2)37頁、法律実務(2)38頁。
反対、小野木＝中野・講義175頁。なお、注解(6)189頁〔林屋＝加茂〕は、「現在か
ら将来にわたる継続的な不作為の請求については、観念的には『現在の不作為』を
も対象にしている」とする）。

(2) 現在給付の訴えの利益

現在給付の訴えについては、すでに履行期にある給付請求権がまだ履行されな
いことを理由に提訴されるものである以上、訴えの利益が認められるのが原則で
ある。仮に被告が給付請求権の存在を承認し、一度もこれを争うことがなくても
（すなわち提訴を挑発しない場合であっても）、給付義務の存在とその履行期の到
来が主張されている以上、原告は給付判決を得て、これを債務名義として被告に
対して強制執行をし、給付請求権の満足を受ける必要があるから、訴えの利益を
認めることができる。また、原告が訴訟外で一度も被告の義務履行を催告しない
で、突然給付の訴えを提起した場合に、仮に催告がされれば任意の履行がされた
ことが予想されたとしても、すでに履行期が経過している以上、この給付の訴え
にはやはり訴えの利益がある（最判昭和36・6・20民集15巻6号1602頁は、被告が
任意に支払わないとの事実は、訴えの利益の存否に何ら関わりはないという）。そ
して、訴訟費用も原則として原告に負担を命じるべきではないが（61条）、被告
の挙動が提訴の原因を与えたものではなく、かつ、被告が原告の請求を直ちに認
諾したようなときには、原告の訴え提起行為が権利の伸張または防御に不必要な
行為に当たるとして、訴訟費用を原告の負担とすべき場合もあろう（62条〔2〕参
照。三ヶ月・研究(1)26頁、注釈(5)124頁〔上原〕、新堂265頁、条解2版785頁〔竹下〕、
中野ほか・新講義136頁、高橋・重点講義(上)349頁）。

給付判決は一般に執行力を有するが、およそ給付判決のすべてが債務名義とな
り、これに基づいて強制執行ができるとは限らず、給付判決の中で、判決内容が
執行に適するものについてのみ強制執行が可能である。例えば、夫に対し妻との
同居を命ずる判決（最大決昭和40・6・30民集19巻4号1089頁、判時413号3頁、
判タ178号203頁）、芸術家である画家に対し絵画を創作することを命ずる判決、
プロスポーツ選手に対し試合に出場することを命ずる判決などは、その債務の性
質・内容上、強制履行に親しまないから、強制執行をすることはできない（我妻
栄『新訂債権総論』93頁〔岩波書店、1964年〕、菊井・執行法31頁、内田貴『民法Ⅲ

第135条〔2〕 第2編 第1章 訴え

〔第3版〕』122頁〔東京大学出版会、2005年〕、中野＝下村・民執法111頁など）。し
かし、このような場合であっても、強制執行請求権と給付請求権とは別個の権利
であり、実際にも給付判決が被告の義務履行の契機となることは期待できるので、
権利者が義務者を相手方として給付の訴えを提起する利益がないとはいえないと
するのが判例（大判大正 8・11・26民録25輯2124頁、最判昭和41・3・18民集20巻
3号464頁、判時445号31頁、判タ190号121頁）・通説（注解(6)190頁〔林屋＝加茂〕、
注釈(5)124頁〔上原〕、伊藤176頁、高橋・重点講義(上)350頁、条解2版785頁〔竹
下〕など。反対、三ヶ月・研究(1)27頁）である。

　給付判決を取得しても、給付の実現が法律上・事実上不可能であるか、または
著しく困難であっても、給付の訴えの利益がないとはいえない（条解2版785頁
〔竹下〕、伊藤176頁、新堂265頁、松本＝上野149頁）。債務者が現在無資力であって、
その回収が現実的に不可能であっても、資力回復の可能性がある以上、訴えの利
益は否定されない。また地上建物を被告の負担で収去して土地を引き渡す合意が
あっても、被告が同建物の所有権を有しないときは、強制執行は不可能であるか
ら、建物収去請求は許されないとする下級審裁判例（大阪地判昭和32・12・9下
民集8巻12号2296頁）があるが、契約に基づく請求の場合には所有権の喪失が抗
弁になるとはいえず、収去義務はなおあるというべきであるから、給付判決は許
される（一定の範囲で間接強制が可能な場合はあろう）。また、登記手続を命じた
判決については、広義の執行としての判決による登記の単独申請（不登63条1
項）によって現実に目的を遂げることになるところ、抹消登記手続が命じられた
登記の後に移転登記がされている場合には、当該登記名義人の承諾がない限り、
事実上抹消登記が実現できない可能性もあるが（不登68条参照）、このような場
合であっても、抹消登記手続を求める給付の訴えは許される（最判昭和41・3・
18前掲）。

　(3)　現在の給付の訴えの利益を欠く場合

　給付の訴えは、以上のように、原則として当然に訴えの利益が存在するが、例
外的に訴えの利益を欠く場合がある。

　(ｱ)　いわゆる自然債務については、裁判上履行を求める権能自体が欠如してい
るので、訴えの利益が否定される（伊藤176頁）。

　(ｲ)　当該給付請求権の実現について特別の法的手段の利用が排他的に予定され
ている場合には、例外的に給付の訴えの利益が認められない（注解(6)191頁〔林

屋＝加茂〕、注釈(5)124頁、条解 2 版733頁〔竹下〕）。例えば、破産債権、再生債権および更生債権等については、債権確定の手続が特別に規定されており（破124条以下、民再105条以下、会更151条以下）、債権が確定されると配当・弁済を受けられることになっているので、給付の訴えを提起する利益がない（注解(6)191頁〔林屋＝加茂〕、条解 2 版734頁〔竹下〕、松本＝上野150頁）。農業共済組合の農作物共済掛金、賦課金および拠出金の徴収については、農業災害補償法87条の 2 所定の手続（滞納処分の例による手続）によるべきであり、民事執行法による強制執行は許されないので、その履行を裁判所に訴求することもできないとされる（最大判昭和41・2・23民集20巻 2 号320頁、判時441号30頁、新堂267頁注(3)）。また、検察官のした押収処分による押収物の返還を求めるには刑事訴訟法430条 1 項の準抗告によるべきであって、民事訴訟による訴えは許されない（仙台高秋田支判昭和40・12・13訟月12巻 4 号460頁）。扶養権利者を扶養してきた扶養義務者が他の扶養義務者に対して求償する場合における各自の扶養分担額は、協議が調わない限り、家庭裁判所が審判で定めるべきであって（家事別表第 2 第 9 項）、民事訴訟を提起することはできない（最判昭和42・2・17民集21巻 1 号133頁、判時477号12頁、判タ205号86頁）し、民法760条の規定による婚姻費用の分担額は、家庭裁判所が夫婦の資産収入その他一切の事情を考慮して決定すべきであり（家事別表第 2 第 2 項）、生活費の支払を民事訴訟で求めることはやはり許されない（最判昭和43・9・20民集22巻 9 号1938頁、判時536号54頁、判タ227号148頁）。

　また、訴訟費用の債権については、訴訟費用額の確定手続が特別に規定されていて（71条）、この手続で訴訟費用額確定処分を得た者はこれに基づいて強制執行ができる（民執22条 4 号の 2 ）ので、原則として訴訟費用の償還を求めるために給付の訴えを提起する利益はない（注解(6)191頁〔林屋＝加茂〕、条解 2 版733頁〔竹下〕、松本＝上野150頁）。なお、不法行為を理由とする損害賠償請求訴訟のために必要な訴訟費用については、それが不法行為と相当因果関係を有する損害であると主張して支払請求訴訟を提起する場合には、訴訟費用の裁判がすでに確定しており、訴訟費用額確定処分が可能である場合を除き、訴えの利益を肯定してよいとする裁判例もあるが（東京高判平成 6・2・28判時1491号106頁。同旨——注釈(5)124頁〔上原〕）、そのような訴えをあえて認めることの実益には疑問がある。手続をかえって輻輳させるおそれがあり、訴えの利益を否定する見解もありえよう。

第135条〔2〕　第2編 第1章 訴え

　これに対し、仮執行宣言付本案判決変更の場合の損害賠償請求は、上訴審で本案と同時にその判断を受けることができるが（260条2項）、これはそのような簡易な救済方法を当事者に強制する趣旨ではないので、別訴で損害賠償を請求することもできる（最判昭和29・3・9民集8巻3号637頁、最判昭和53・12・21民集32巻9号1749頁、判時915号52頁、判タ380号85頁。260条の注釈も参照）。保全異議・保全取消し・保全抗告によって保全命令を取り消す場合の原状回復についても同様であり、取消決定によって命じることもできるが（民保33条・40条1項・41条4項）、別訴によることもできる（注釈(5)125頁〔上原〕）。さらに、不動産の競落人（買受人）が債務者またはその一般承継人を相手方として提起する競落（買受）不動産引渡請求の訴えは、その競落人（買受人）が当該不動産の占有を取得するために引渡命令を申し立てることができる（民執83条）からといって訴えの利益を欠くものとはいえない（最判昭和39・5・29民集18巻4号725頁、判時377号58頁、判タ163号82頁）。これらは、申立人の利益のために簡便な権利行使の途を特に認めたものであって、申立人がこの便法によらずにあえて慎重な訴訟手続によることを妨げる理由はないからである（新堂267頁注(3)、条解2版734頁〔竹下〕、伊藤177頁注(24)）。

　さらに、民事執行法施行前の事件について競売申立登記の違法な抹消がなされたときは、旧法544条の異議（現在の執行異議〔民執11条〕）を申し立てるべきであって、抹消登記の回復またはその同意を求める独立の訴えを起こすことは訴えの利益を欠き、許されないとする判例がある（最判昭和28・6・25民集7巻6号753頁、新堂267頁注(3)、高橋・重点講義(上)350頁）。また、原告が不動産を単独相続したにもかかわらず、訴外人が共同相続したものとして、訴外人の債権者である被告がその持分につき仮差押決定を得て、仮差押登記が経由されたので、原告が第三者異議の訴えを提起した事案について、仮差押登記の抹消登記手続を命じた判決（最判昭和42・1・20民集21巻1号16頁、判時476号34頁、判タ204号109頁）があるが、この場合には、裁判所としては、仮差押執行は許さない旨の判決をすべきであり、その判決の確定後、裁判所書記官の嘱託によって仮差押登記の抹消登記手続がされる（民保47条5項、民執54条）のであるから、仮差押登記の抹消登記手続を求める訴えの利益はないと解すべきである。なお、民事執行法施行前の事件について裁判所が正当の事由なく配当金を交付しない場合には、これに対して競売手続上の不服申立ての方法をとるべきであって、これをせずに競売手続

第135条〔2〕

終了後に直接国に対して競売配当金の支払を求める訴えを提起することは許され
ず（福岡地小倉支判昭和33・12・23訟月5巻4号489頁）、また競売手続終了前に国
を相手方として配当金の支払を求める訴えも許されない（福岡地小倉支判昭和
33・2・7訟月4巻4号484頁）とした裁判例があるが、民事執行法下でも相当な
判断といえよう。

　不動産の登記用紙（登記記録）が違法に閉鎖された場合には、その回復手続は
法定されていないから、当該不動産の所有者から新たに所有権保存登記を申請す
るか、あるいは真正名義回復の所有権移転登記手続を求めるべきであって、当該
閉鎖の回復手続を求める訴えは許されない（最判昭和42・3・14民集21巻2号312
頁、判時480号21頁、判タ206号100頁）。また、建物の滅失にもかかわらず、所有
名義人が滅失登記の申請（不登57条）をしないため、敷地所有者または同一地上
に新建物を所有しながら保存登記をできない者が、滅失した建物の所有名義人に
対して滅失登記手続をするよう訴求しうるかについては、滅失登記が職権でされ
るべき登記であることから問題があるが、新建物についてすでに保存登記が受理
されている事案については訴えの利益がない（最判昭和45・7・16判時605号64
頁）が、新建物について保存登記がされていない事案では肯定してよい（福島地
判昭和46・3・11判時654号87頁）。また、弁済供託における供託金取戻請求が供
託官により却下された場合には、供託官を被告として却下処分の取消しの訴えを
提起することができる（最大判昭和45・7・15民集24巻7号771頁、判時597号55頁、
判タ251号166頁）から、民事訴訟による訴えは不適法ということになる（大阪高
判昭和45・9・30判時619号43頁、判タ257号236頁）。

　無権限でされた合資会社の代表社員の退任および新代表社員の就任登記の抹消
は、非訟事件手続法旧148条ノ2（現行商業登記法111条・97条による変更の登記）
によって抹消を申請すべきであり、抹消登記手続請求の訴えは利益がない（東京
地判昭和34・10・2判時205号20頁、判タ96号45頁）。また、原告が宗教法人を被
告として自己がその代表役員であることの確認を求める訴えを提起しているとき
は、自己の解任および後任の代表役員の就任等の登記があるときであっても、そ
の確認訴訟で確認判決を取得すればこれらの登記の抹消登記を単独で申請できる
から、上記抹消登記手続を求める訴えは訴えの利益を欠く（最判昭和61・9・4
民集40巻6号1013頁、判時1238号81頁、判タ639号125頁）。

　同一請求権について、すでに外国判決が存在し、執行判決を得ることができる

99

第135条〔2〕 第2編 第1章 訴え

場合（118条、民執22条6号・24条）には、給付の訴えを提起する利益がないとするのが従来の通説であった（兼子・体系154頁、三ヶ月・全集61頁、斎藤・概論168頁、法律実務(2)40頁、注解(6)191頁、192頁〔林屋＝加茂〕、石黒一憲『現代国際私法(上)』392頁〔東京大学出版会、1986年〕、本書旧版Ⅱ96頁）。しかし、執行判決による場合、国際裁判管轄の存在や判断内容の公序適合性など、場合によっては困難な判断を必要とする争点が考えられ、実際には別途給付判決を取得するほうが迅速な解決を可能とする場合がありうるし、執行判決と国内判決とでは、執行力や既判力の範囲を異にする場合も考えられるので、給付の訴えの利益を否定するのは相当でなく、原則どおり、訴えの利益を認めるべきである（注釈(5)125頁〔上原〕、新堂266頁、注解民執法(1)389頁〔青山善充〕、中野＝下村・民執法179頁、伊藤177頁注(24)、松本＝上野151頁、高橋・重点講義(上)353頁注(8)など。執行判決訴訟において請求異議事由が抗弁として予想されるときには、給付の訴えの利益を肯定する見解として、条解2版734頁〔竹下〕）。他方、仲裁判断がある場合については、給付判決を認めることは紛争解決ルートを仲裁に限定した当事者の意思に反すること、仲裁法14条の趣旨は仲裁判断が出された後も妥当すること、執行については執行決定という簡易な方法が認められていること（仲裁46条、民執22条6号の2）などから、給付の訴えの利益は否定されよう（中野ほか・新講義137頁注(4)。反対、中野＝下村・民執法179頁、条解2版734頁〔竹下〕）。

　同様に、確定した給付判決のある債権の口頭弁論終結後の譲受人は、その判決の効力を受ける者（115条1項3号、民執23条1項3号）として承継執行文の付与を受け（民執27条2項）、譲受債権について強制執行をすることができるから、独立して給付の訴えを提起する利益を有しないと解するのが従来の通説であったが（条解(上)616頁、三ヶ月・全集61頁、斎藤・概論168頁、注解(6)192頁〔林屋＝加茂〕、本書旧版Ⅱ97頁。東京地判昭和40・3・29判時414号40頁、判タ176号187頁は、裁判上の和解が成立している債権の譲受人が債務者を被告として提起する給付の訴えは、特段の事情がない限り、訴えの利益がないとする）、執行文付与の訴えを提起しなければならない場合があることや執行文付与異議の訴えが相手方から提起される場合も考えられること、さらにそれらの訴えに請求異議の訴えが併合されうること、給付訴訟の中では前訴の既判力を援用することができ、審理は通常容易であることなどを考え併せると、やはり給付の訴えの利益を認めてよいであろう（大判昭和8・6・15民集12巻1498頁、注釈(5)126頁〔上原〕、新堂266頁、伊藤

第135条〔2〕

177頁注⑷、条解 2 版734頁〔竹下〕、中野ほか・新講義136頁、松本＝上野151頁、高橋・重点講義(上)353頁注(8)など)。他方、条件付判決を取得している場合において、条件成就後に、条件成就執行文の付与を求めずに、単純な給付判決を求めて提訴する場合にも、同様に訴えの利益を認めてよいとする見解もあるが(新堂267頁注(2))、それは条件付判決(将来給付判決)をあえて求める趣旨に反するものであり、給付の訴えの利益は否定されよう。

　(ウ)　原告がすでに確定した給付判決を有する場合、二重の給付判決を求める訴えの利益は原則的に否定される。ただ、確定した給付判決のある債権について消滅時効が完成しそうになり、他にこれを中断する方法がないときは、時効中断のために訴えを提起する利益がある。この場合、確認の訴えのみが許されるとする説(山田・判例研究(1)307頁、三ヶ月・全集61頁、注釈(5)127頁〔上原〕)と、給付の訴えも許されるとする説(大判昭和 6 ・11・24民集10巻1096頁、東京高判平成 5 ・11・15判時1481号139頁、判タ844号259頁、条解(上)616頁、斎藤・概論168頁、注解(6)198頁〔林屋＝加茂〕、新堂266頁、条解 2 版732頁〔竹下〕、高橋・重点講義(上)349頁)とが対立している。無用な紛議を防止するという観点からは、後者の見解が相当であろう。なお、建物引渡し・土地明渡しの確定判決を得ていても、その口頭弁論終結後に被告が新たに建物所有者となった事案について、建物収去土地明渡しの後訴は訴えの利益が認められる(最判昭和54・ 4 ・17判時931号62頁)。また、例外的な場合であるが、建物の敷地番号が真実のそれに符合せず、更正決定(257条)も認められない場合(大判昭和15・ 6 ・12評論全集29巻民訴250頁)や判決正本が紛失し、しかも判決原本が滅失するなどして新たな正本の付与を求めることのできない場合(大判大正14・ 4 ・ 6 民集 4 巻130頁、斎藤・概論168頁、注解(6)197頁〔林屋＝加茂〕、注釈(5)126頁、伊藤177頁、新堂266頁、条解 2 版732頁〔竹下〕、高橋・重点講義(上)349頁)などには、元の判決に基づき強制執行ができないので、確定判決のあった請求につき再び給付の訴えを提起する利益があると解すべきである。

　給付を命ずる債務名義が存在し、かつ、その請求権について既判力のある確定を伴っている場合も同様である。したがって、旧法時代に、確定判決と同一の効力を有する支払命令が発せられた請求権について給付の訴えを提起することは、支払命令が既判力を有する(旧443条)関係で、訴えの利益を欠き、許されないとされていた(大判昭和16・12・27法学11巻732頁、斎藤・概論168頁、注解(6)196

第135条〔2〕 第2編 第1章 訴え

頁〔林屋＝加茂〕、注釈(5)127頁〔上原〕）。しかし、現行法の下では、支払督促は確定しても既判力を有しないこととされた（民執35条2項参照）ので、上記のような見解は維持することができず、確定した支払督促が存在しても、給付の訴えの利益は否定されない。すなわち、その債務名義では既判力をもって権利が確定されていない場合またはその権利関係が暫定的なものにすぎない場合には、同一の権利について給付の訴えを提起する利益が認められる。このような場合に、確認の訴えしか認められないとする見解もある（三ヶ月・全集61頁、注釈(5)127頁〔上原〕など）が、訴訟提起を認める以上、そのように限定をする必要はないであろう。したがって、ある債権について執行証書が作成されていても、執行証書は確定給付判決と異なり既判力を有しないし、執行証書と確定給付判決とでは請求異議の事由も異なる（民執35条1項2項参照）から、なお給付の訴えを提起する利益がある（大判大正7・1・28民録24輯67頁、大判昭和6・7・30評論全集20巻民訴477頁、注解(6)196頁〔林屋＝加茂〕、新堂265頁、伊藤177頁など）。

　和解調書・調停調書については、それが既判力を有するものと解するか否か（267条の注釈参照）によって結論が異なってくる（認諾調書についても同様である）。既判力を有すると解すれば、同一の債権に関する給付の訴えの利益を否定すべきであるが、既判力なしと解すれば、執行証書の場合と同様に解すべきこととなるし（否定説の立場から、高橋・重点講義(上)349頁）、和解の効力についていわゆる制限的既判力説による場合（本書Ⅴ304頁以下参照）にも、債務名義の無効等の抗弁を封じる意味で、訴えの利益が認められよう。ただ、いずれの説をとるにせよ、和解調書・調停調書の記載自体が不明・曖昧である場合には、給付の訴えを提起する利益がある（最判昭和27・12・25民集6巻12号1271頁、最判昭和42・11・30民集21巻9号2528頁、判時507号33頁、判タ216号120頁、最判昭和43・11・1判時539号44頁、判タ228号108頁、福岡地判昭和25・2・28下民集1巻2号293頁、東京地判昭和26・7・26下民集2巻7号951頁、大阪地判昭和27・4・23下民集3巻4号554頁、東京高判昭和34・10・16判時208号49頁、大阪高判昭和40・3・9判時406号54頁、東京地判昭和40・3・29前掲、注解(6)196頁〔林屋＝加茂〕、注釈(5)127頁〔上原〕）。

　また、占有移転禁止の仮処分の執行後に、その目的建物に入居した第三者をこの仮処分決定に基づいて当該建物から排除することができるとしても、それは暫定的なものにすぎず、当該第三者の目的建物からの排除についての終局的確定は、

第135条〔2〕

判決によって初めて達成されるのであるから、当該第三者に対する仮処分債権者の当該建物明渡しの請求は、訴えの利益を欠くとはいえない（最判昭和39・12・22裁判集民76号605頁）。他方、甲が乙に対して予め処分禁止の仮処分命令を得て、その旨の登記がされた後に、乙から丙への所有権移転登記がなされた場合に、甲が乙に対する所有権移転登記の抹消登記を命ずる確定判決に基づく登記申請と同時に丙のためのこの登記の抹消登記を申請するときは、甲は単独で抹消登記を申請できるところ、民事保全法58条の制定前には、丙に対して抹消登記手続を求める訴えの利益がないとする裁判例（東京地判昭和37・1・25下民集13巻1号81頁）と、口頭弁論終結前の移転登記の場合には、丙には既判力が及ばないから、訴えの利益があるとする裁判例（東京高判昭和39・11・17下民集15巻11号2728頁）が分かれていたが、同条の下では、丙には承継人としての既判力が及ぶと解されるので（115条〔4〕(3)参照）、丙に対する訴えの利益は認められない。

　㈢　いわゆる試験訴訟、例えば不法行為による損害賠償を訴求しようとする原告が勝訴判決を得る自信がないので、裁判手数料を少額にとどめ、万一敗訴した場合の負担を軽くするため、損害額の一部についてのみ提起される給付の訴え等について、訴えの利益が認められるかに関して議論がある。このような訴えはそもそも訴訟制度の濫用であるから、訴えの利益を欠くとする説（条解(上)616頁）もあるが、原則として訴えの利益を有するとしながら（訴訟費用の恣意的軽減の問題は後訴請求の可否に関して考慮されるべきであろう。なお、一部請求に関する残額請求の後訴の可否の問題については、114条〔5〕(8)参照）、例外的に、合理的な理由もないのに、例えば100万円の請求について、10万円ずつ10回にも分けて別々に給付の訴えを提起するような場合は、訴権の濫用として訴えを却下すべきである（斎藤・概論168頁、注解(6)198頁〔林屋＝加茂〕、注釈(5)129頁〔上原〕。東京高判平成13・1・31判タ1080号220頁は「当該訴えが、もっぱら相手方当事者を被告の立場に置き、審理に対応することを余儀なくさせることにより、訴訟上又は訴訟外において相手方当事者を困惑させることを目的とし、あるいは訴訟が係属、審理されていること自体を社会的に誇示することにより、相手方当事者に対して有形・無形の不利益・負担若しくは打撃を与えることを目的として提起されたものであり、右訴訟を維持することが前記民事訴訟制度の趣旨・目的に照らして著しく相当性を欠き、信義に反すると認められた場合には、当該訴えの提起は、訴権を濫用する不適法なものとして、却下を免れない」とする。ほかに、東京地判平成8・

103

第135条〔3〕 第2編 第1章 訴え

1・29判夕915号256頁〔請求棄却後に実質的に同一内容の訴えを繰り返した事案〕、東京地判平成7・7・14判時1541号123頁、判夕891号260頁〔一部請求の名の下に同一の訴えを蒸し返した事案〕、東京地判平成7・6・6判夕914号250頁〔賃料につき期間を細かく区切るなどして多数の訴訟を提起した事案〕など参照。他方、松本＝上野141頁は、「被告からの債務不存在確認の訴えを利用する方法など訴権の濫用以外の方法で対処する可能性も考慮に入れられるべき」とする）。なお、現行法の許容しない賭博や売春の履行を求める訴え、賭博契約・売春契約を原因とする金銭の支払を求める訴え、その和解契約に基づく金銭の支払を求める訴えなども、その態様によっては、訴権の濫用として許されない場合があろう。

〔3〕 **将来給付の訴えの基礎となる請求権**

口頭弁論終結時までに履行期の到来しない給付請求権を主張して、将来の履行期に給付をすべき旨を命ずる判決を予め求める訴えが将来の給付の訴えである。将来の給付の訴えの対象となる請求権は、作為・不作為の別なく（不作為請求権について、松浦馨「将来の不法行為による損害賠償請求のための給付の訴えの適否」中野古稀(上)192頁注⑾参照）、また金銭債権に限らず、物の引渡請求等についても提起できる。口頭弁論終結時までに履行期の到来しない請求権としては、期限付請求権・停止条件付請求権のほか、請求権の基礎となる法律関係がすでに存在している限りで、将来発生すべき請求権をも含む（注釈(5)129頁、注解(6)206頁〔林屋＝加茂〕、条解2版786頁〔竹下〕、新堂268頁）。これに対し、反対給付にかかる請求権の場合は、当該請求権の履行期が到来している限り、現在給付の訴えとなる（条解2版787頁〔竹下〕）。

将来給付の訴えの基礎となる請求権として認められるためには、将来において請求権が現実に行使できる蓋然性が認められる必要がある。つまり、将来における停止条件の成就または請求権発生の蓋然性が必要とされる（期限は定義上必ず到来するものであるので、蓋然性は問題にならない）。将来給付の訴えを認めることは、被告の応訴の負担や司法資源の利用を伴うものであるので、将来、結局請求権が行使できずにその訴訟の結果が無駄になる事態は可及的に防止する必要があるからである（高橋・重点講義(上)358頁注⒀-2、山本和彦「判批」判時1324号209頁参照）。例えば、農地の買主が売主に対して知事の許可を条件に所有権移転登記手続請求の訴えを提起する場合（後記(2)参照）、売主に対する許可申請協力請求権がすでに時効消滅しているときは、知事の許可という条件の成就可能性が

第135条〔3〕

ほとんどないので、訴えは不適法と解される（東京高判昭和57・2・25判タ470号131頁、注釈⑸135頁〔上原〕）。

また、将来において現実に請求権が行使できるようになったか否かを明確に判断できる必要がある。けだし、将来給付判決が出ると、それは債務名義となり、実際には請求権の行使ができないにもかかわらず、被告にとって強制執行を受ける危険を課すわけであるから、そのような事態が可及的に生じないように、請求権行使の可否が明確に判断できる必要があるからである。ただ、不確定期限の到来や停止条件の成就については、原告が執行を開始するためには執行文の付与を受けなければならないので（民執27条）、被告の不利益は小さく、広く将来給付の訴えを認めてよい。これに対して、将来発生する請求権を基礎とする場合には、直ちに強制執行が問題となりうるので、請求異議訴訟の起訴責任を負わされる被告の利益を考慮すると、この点は特に考慮する必要がある（この点はさらに、後記⑶参照）。

訴え提起後口頭弁論終結に至るまでの間に一定の日時が経過するので、訴え提起時を基準とすれば将来給付の訴えであっても、口頭弁論終結時には期限が到来したり、条件が成就したりしている場合はある。例えば、5カ月後に弁済期が到来する貸金の支払を求める訴訟や6カ月後に賃貸借契約の解約の効力が生ずることを前提に家屋の明渡しを求める訴訟などは実務上ときにみられる。これは訴え提起の関係からみれば将来の給付の訴えであり、訴状の請求の趣旨にはその旨が明記されているが、弁論終結時までにその期限が到来すれば現在の給付の訴えとなる。この場合、裁判所は訴えの変更なしに現在給付の判決をすることができるかが、処分権主義との関係で問題となる（246条の注釈参照）。原告が請求の趣旨を変更しない限り、現在給付の判決はできないとする見解もあるが（三ヶ月・全集155頁）、原告の通常の意思は、履行期到来または条件成就が口頭弁論終結までにあったときは、現在給付の判決を求めるものと解されるので、当然に現在給付の判決ができるものとしてよい（注釈⑸145頁〔上原〕、中野ほか・新講義421頁、中野・論点Ⅰ134頁など）。なお、実務的には、請求の趣旨が当然に変更されたものとして取り扱っていることが多い。これに対して、例えば、原告が条件付給付請求権による将来給付の請求をしているのに、裁判所が条件は付されていないとして現在給付の判決をすることは許されず、訴えの変更をさせる必要がある（中野・論点Ⅰ145頁など。また、原告の主張内容から現在給付判決を求める趣旨である

105

第135条〔3〕　第2編 第1章 訴え

と解される場合に限り、現在給付の判決ができるとする見解として、新堂305頁)。

　将来の給付の訴えにおいて請求を理由ありとするときは、将来の給付の判決を
する。この場合には、判決主文において、履行の条件または期限を明示しなけれ
ばならない。この判決に基づく強制執行は、請求が期限付であるか条件付である
か、その条件が執行文付与の条件であるか執行開始の条件であるかなどの別に従
って行う（民執27条・30条・31条)。将来給付の訴えでも、継続的給付の場合には、
その判決確定後に基礎となる事実関係に変動を生ずることがある。この場合、例
えば、最判昭和61・7・17（民集40巻5号941頁)は、不法占拠者に対する将来
の賃料相当損害金の請求を認容する確定判決を得た場合においても、その事実審
の口頭弁論終結後に、公租公課の増大や土地の価格の昂騰によりまたは比隣の土
地の賃料に比較して認容額が不相当となったときは、前訴は一部請求であったこ
とに帰するとして、後訴により認容額と適正賃料相当額との差額に相当する損害
金の支払を認めている。逆に、認容額が不相当に高額過ぎることになるような事
実関係の変動が生じたときは、請求異議（民執35条)の事由となりうる（この点
については、117条〔2〕も参照)。

　(1)　期限付請求権

　期限付請求権が将来の給付の訴えの請求権としての適格を有することに争いは
ない。期限付請求権につき将来の給付の訴えが提起される場合としては、債権届
出のない再生債権についての再生計画の最終の弁済期限の翌日に支払を求める請
求（大阪高判平成25・6・19金判1427号22頁〔最判平成23・3・1判時2114号52頁、
判タ1347号98頁も参照]。旧法下の和議債権につき、東京高判昭和44・11・4東高民
時報20巻11号217頁)、期間の定めのない家屋賃貸借についての解約申入期間の経
過前の家屋明渡請求（大決昭和14・3・31民集18巻389頁、東京高判昭和28・12・
26東高民時報4巻7号200頁。後記〔4〕参照)、短期賃貸借によって競売の買受人
に対抗できる賃借人についての同期間経過後の建物明渡請求（最判平成3・9・
13判時1405号51頁、判タ773号93頁）などがある。

　(2)　停止条件付請求権

　停止条件付請求権が将来の給付の訴えの請求権としての適格を有することにも
争いはない。停止条件付請求権において、その条件が当事者の行為に係っている
場合として、被担保債権の残額について争いがあるため、抵当債務者が残額債務
の弁済を条件に抵当権設定登記抹消登記手続を請求する訴え（大判昭和7・11・

106

28民集11巻2204頁、最判昭和63・4・8判時1277号119頁、判タ667号96頁）、同様に弁済を条件とする譲渡担保のための所有権移転登記の抹消登記手続を求める訴え（東京高判昭和58・5・30判時1084号85頁、東京地判昭和50・5・19判タ329号159頁）、仮登記担保権者の本登記を条件とする賃借権者に対する明渡請求（最判昭和45・9・24民集24巻10号1450頁、判時608号126頁、判タ254号131頁、最大判昭和49・10・23民集28巻7号1473頁、判時758号24頁、判タ314号152頁）などがある。

　他方、条件が当事者の行為とは無関係の場合として、抵当権者が民法旧395条但書により賃貸借契約の解除を求め、その賃貸借の消滅を理由として賃借権設定登記の抹消登記手続を求める訴え（大判昭和8・8・7新聞3593号13頁）、交通事故の被害者が加害者に対する損害賠償判決が確定することを条件に保険会社に対して提起する保険金請求の訴え（最判昭和57・9・28民集36巻8号1652頁、判時1055号3頁、判タ478号171頁）などがある。さらに、流材権者が知事の許可を条件とする木材の川下し妨害排除を請求する訴え（大判昭和7・5・7民集11巻901頁）や知事の許可を条件とする農地の移転登記手続請求の訴え（最判昭和39・9・8民集18巻7号1406頁、判時392号47頁、判タ169号112頁）など公法上の条件に係る場合もある。

　仮差押え、差押えまたは処分禁止の仮処分を受けた債権について、その債権者が提起する給付の訴えが無条件の給付を求める現在給付の訴えか、差押え等の解除を条件とした将来給付の訴えとなるかについて議論がある。この点につき、従来の判例は仮処分等の解除を条件に支払を命じていたが（大判昭和17・1・19民集21巻22頁）、その後、判例は変更され、無条件の給付判決を得られるものとしている（仮差押えにつき、最判昭和48・3・13民集27巻2号344頁、判時701号69頁、判タ292号248頁。差押えにつき、最判昭和55・1・11民集34巻1号42頁、判時961号73頁、判タ412号86頁、最判平成5・3・30民集47巻4号3334頁、判時1462号85頁、判タ820号185頁）。しかし、この判例の考え方では、第三債務者は一応強制執行を受けるばかりでなく、すでにされた処分は維持されるという不合理な結果を生じ、債務者の救済が不十分にとどまる点を考え合わせると、仮差押え、差押えまたは仮処分が解除された際に支払う旨の条件付の将来給付判決をすべきであると解する（注解(6)199頁〔林屋＝加茂〕、注釈(5)128頁〔上原〕、伊藤177頁注(21)、中野ほか・新講義136頁、高橋・重点講義(上)352頁、条解2版786頁〔竹下〕、上原敏夫『債権執行手続の研究』25頁以下〔有斐閣、1994年〕。反対として、新堂266頁注(1)、

107

第135条〔3〕 第2編 第1章 訴え

中野＝下村・民執法709頁注⑮は判例を支持する）。なぜなら、このような条件付の判決をしたからといって、債権者は差押え等が解除されれば直ちに強制執行を図る地位を取得することができ、さほどの不利益を受けることはなく、他方、仮差押えまたは仮処分が取り消されることが執行文付与の条件となる（民執27条1項）から、第三債務者は強制執行を受けることもなく、債権者との関係も複雑になるおそれがないからである。

　また、倒産法上の弁済禁止の保全処分が発令されている場合に、倒産債権者が債務者に対して、無条件の現在給付判決を取得できるか、それとも倒産手続の終了を条件とする将来給付の判決を取得しなければならないかという問題がある。これについて、判例はやはり無条件の給付判決を求めることができるものとしている（会社整理につき、最判昭和37・3・23民集16巻3号607頁、判時294号50頁。会社更生につき、最判昭和33・6・19民集12巻10号1562頁。和議につき、最判昭和36・9・26民集15巻8号2220頁など。現在給付の利益を認めるものとして、注釈⑸128頁、条解2版785頁〔竹下〕、伊藤・破産法再生法141頁、新堂266頁注⑴、松本＝上野150頁、本書旧版Ⅱ103頁など。ただ、無条件の給付判決を相当するかどうかについて明言しないものが多い）。これらは、弁済禁止の保全処分が債権者を名宛人とするものではないことをその根拠とする（ただし、新堂・前掲は、債権者を拘束する命令でも結論は変わらないとする）。ただ、近時の倒産法改正の結果、弁済禁止の保全処分の効果として、債権者がそれを知りながら弁済を受けた場合に、その弁済の効力を倒産手続に対しては対抗できないものとされた（破28条6項、民再30条6項、会更28条6項）。このように、倒産手続の観点から否定的な評価がされる弁済に係る給付を判決で即時に命じることは、前述の債権差押え等の場合と同様、相当ではないと思われる。そこで、やはりこの場合も、将来給付の判決によることが相当であると考えられる。ただし、給付の時期は、弁済禁止の解除される時期とされるべきであろう。

　さらに、代償請求（後記〔4〕参照）において、本来の給付目的物の価格変動が大きい場合に、代償請求が将来の給付の訴えとしての適格を有するかが問題となりうる。例えば、株券の引渡しとその執行不能の場合の株式価額の損害賠償請求とを併合するような場合である。この場合に、株式は価格の変動が大きく、特に将来価格が下落するおそれがあることを理由に代償請求を許さないとする裁判例（東京地判昭和35・9・30判時242号33頁）と許されるとする裁判例（大阪地判昭和

33・11・14判時172号25頁、判タ86号88頁）がある。個別の事案の判断となるが、例えば上場株式であるような場合には、仮に被告に請求異議訴訟を提起させたとしても、株式価格の立証は極めて容易と考えられるので、代償請求の便宜性に鑑みるとき、広く将来給付の訴えを認める余地はあろう（注釈(5)144頁〔上原〕は、控えめな価格の認定を条件に代償請求を認める）。

(3)　将来の請求権

　将来の請求権として、現在存在する契約に基づき回帰的な給付が行われる場合（現存する賃貸借契約に基づく将来の地代・家賃等の請求や現存する労働契約に基づく将来の賃金請求）やすでに行われた不法行為に基づき将来回帰的に損害が発生する場合（定期金賠償請求など）においては、訴えの利益が存在する限り、将来給付の訴えが認められることに問題はない（注釈(5)136頁〔上原〕、注解(6)207頁〔林屋＝加茂〕）。また、将来の不法行為についての損害賠償でも、不動産の不法占有者に対して、明渡請求をするとともに、明渡しまでの賃料相当額の損害金を請求する将来給付の訴えが認められることについても異論はない（この場合に、損害が拡大した場合の追加請求の当否、既判力との関係などについては議論があるが〔最判昭和61・7・17前掲参照〕、この点については、117条〔2〕(2)。判決の既判力の視点から最大判昭和56・12・16後掲の判断枠組みを詳細に検討するものとして、高田裕成「将来の法律関係の確定を求める訴えとその判決の既判力」青山古稀177頁参照）。

　これに対し、激しい議論があるのは、公害や生活妨害など事業活動等に基づく違法行為が将来にわたって継続的または反復的に行われることが想定される場合である。このような場合に、将来の損害の賠償を将来給付の訴えとして求めることについて、判例は、原則として許されないものとする。すなわち、現在不法行為が行われており、同一態様の行為が将来も継続することが仮に予想される場合であっても、損害賠償請求権の成否およびその額を予め一義的に明確に認定することはできず、具体的に請求権が成立したとされる時点において初めてこれを認定することができ、かつ、当該権利の成立要件の具備について債権者がこれを立証すべきものと考えられる場合には、このような将来の損害賠償請求権は、将来の給付の訴えを提起することのできる請求権としての適格を有しないものとする（最大判昭和56・12・16民集35巻10号1369頁、判時1025号39頁、判タ455号171頁〔大阪国際空港事件〕）。換言すれば、将来の給付の訴えとして適法性が認められるの

109

第135条〔3〕　第2編 第1章 訴え

は、①請求権の基礎となる事実関係・法律関係が将来も継続することが予想さ
れること、②請求権の成否および額が予め一義的に明確に認定できること、③
権利の成立要件の具備について請求異議の訴えを提起する負担を債務者に課して
も不当とはいえないこと、の要件を満たす場合ということになる。その後の判
例・下級審裁判例は上記判決を踏襲し、公害等の関係の将来給付の訴えを一貫し
て不適法却下している（最高裁として、最判平成5・2・25民集47巻2号643頁、
判時1456号32頁、判タ816号113頁〔厚木基地公害事件〕、最判平成5・2・25判時
1456号53頁、判タ816号137頁〔横田基地公害事件〕など。近時のものとして、最判
平成19・5・29後掲〔横田基地公害事件〕、最判平成28・12・8後掲〔厚木基地公害
事件〕があるが、これらについては後述する。下級審裁判例として、名古屋高判昭
和60・4・12判時1150号30頁、判タ558号326頁〔東海道新幹線公害事件〕、東京高判
昭和61・4・9判時1192号1頁、判タ617号44頁〔厚木基地公害事件〕、東京高判昭
和62・7・15判時1245号3頁、判タ641号232頁〔横田基地公害事件〕、大阪高判平成
4・2・20判時1415号3頁、判タ780号64頁〔国道43号線事件〕、福岡高判平成4・
3・6判時1418号3頁、判タ781号83頁〔福岡空港公害事件〕など。将来の損害賠償
請求を認容した例としては、大阪地判昭和62・3・26判時1246号116頁、判タ656号
203頁〔工場の騒音による将来の損害賠償の事例〕参照）。

　しかし、学説上は、このような判例の結論は強く批判されている。学説の多く
は、判例理論の抽象的な定式は支持するものの、将来の不法行為請求に対するそ
の当てはめについて批判する。そこでは、①現在の事業態様がすでに不法行為
として確定され、その事業態様が基本的に将来も継続されることが確実であるよ
うな場合にまで、被害者に損害発生のつど訴訟を提起させることは被害者保護の
趣旨にもとること、②このような場合、損害賠償の成否・額を左右する主たる
事情は、加害者側の行う損害防止の諸方策であるとすれば、その点は加害者側の
免責事由であり、起訴責任を加害者に転換することはむしろ当事者間の公平に合
致すること、③将来の給付の訴えを全面的に不適法とするのではなく、賠償金
額・時期等の点で、裁判所が両当事者の負担を調和させる中間的解決を図るべき
であることなどを根拠として、訴えの利益のある限り、（期間を限定するなどし
て）将来給付の訴えを認めるべきものとされる（加藤一郎「大阪空港大法廷判決
の問題点」ジュリ761号13頁〔1982年〕、伊藤眞「将来請求」判時1025号25頁〔1987
年〕、田原睦夫「判批」民商87巻4号594頁〔1983年〕、松浦馨「将来の不法行為によ

る損害賠償請求のための給付の訴えの利益」中野古稀(上)207頁以下、上北武男「将来の給付の訴えおよび差止請求の訴えにおける訴えの利益」中野古稀(上)300頁、注釈(5)140頁〔上原〕、条解 2 版791頁〔竹下〕、新堂269頁注(1)〔原告と被告の訴訟に投入可能な資源の格差を理由とする〕、松本＝上野154頁など。これに対し、中野・現在問題114頁以下は、起訴責任を債務者に転換するには合理的な理由がなければならず、将来における権利発生等の蓋然性の高さ、請求権の実効性の確保の必要、債務者の防御の可能性等が斟酌されなければならないとする。また、高橋・重点講義(上)357頁も「判旨の結論は現時点では理解できないではない」と評価する）。

　この点について、その後の注目すべき判決として、最判平成19・5・29（判時1978号 7 頁、判タ816号137頁）がある。これは、横田基地公害事件において、原審の口頭弁論終結後原判決言渡しまでの 8 カ月ないし 1 年間について、口頭弁論終結時と同内容の損害賠償請求を認容した原判決に対する上告事件に関する判決である。この判決では、小法廷を構成するすべての裁判官がそれぞれ個別意見を述べている点が注目される。すなわち、多数意見は、上記大阪空港大法廷判決を援用し、「飛行場等において離着陸する航空機の発する騒音等により周辺住民らが精神的又は身体的損害等を被っていることを理由とする損害賠償請求権のうち事実審の口頭弁論終結の日の翌日以降の分については、将来それが具体的に成立したとされる時点の事実関係に基づきその成立の有無及び内容を判断すべく、かつ、その成立要件の具備については請求者においてその立証の責任を負うべき性質のものであって、このような請求権が将来の給付の訴えを提起することのできる請求権としての適格を有しないものであることは、当裁判所の判例とするところである」として、原判決は訴訟要件に関する法令の解釈に誤りがあるとして破棄し、控訴棄却の自判をした。多数意見を構成する上田豊三裁判官および堀龍幸男裁判官の補足意見は、大阪空港大法廷判決の判例的価値について、一般法理を述べた部分に加えて、いわゆる結論命題も先例的価値を有するとする。他方、同じく多数意見を構成する藤田宙靖裁判官は、大法廷判決の法理に大きな問題が残されている点は認めながら、本件事案がその再検討をするに適当なものかに疑問を呈し、将来の被害についての高度の蓋然性が認められるかには疑問が残り、判決言渡日までの期間についてであっても請求を認容することはやはり理論的には判例違反となり、そのために判例変更の手続をとることの合理性にも問題があるとして破棄自判の結論に従わざるをえないとする。

第135条〔4〕 第2編 第1章 訴え

　これに対し、那須弘平裁判官の反対意見では、大法廷判決の先例性はその一般法理を述べた部分に限り認められるものであり、原判決のように、将来の損害賠償の期間を短く限定した場合にまでその射程距離が及ぶものではないとし、かえって原判決は、大法廷判決の示した枠組みを踏まえつつ、当事者の適切かつ迅速な救済を図るため、あえて判決言渡日までの短期間に限定して将来の損害賠償請求権の成立を認めるべく実務上の工夫をしたものとして評価する。他方、田原睦夫裁判官の反対意見は、明確に大法廷判決の変更を求めるものである。すなわち、大法廷判決が定立した基準は現在の状況においては狭きに過ぎるものとし、いかなる範囲で将来の損害賠償請求を認めるかは、口頭弁論終結時における被害が将来も継続することが高度の蓋然性をもって認められる期間、原告が新たな訴えを提起することに伴う負担の内容、将来請求を認容したときに被告が請求異議事由として主張しうる事項とその立証に要する負担の程度、そのような負担をさせることに伴う原告被告間の衡平性を考慮したうえで判断すべきものとする。以上のように、最高裁判所においてもなお相当に考え方が分かれているのが現状であり、今後の判例の動向に注目する必要があろう（その後、厚木基地公害事件について、同旨を維持した判例として、最判平成28・12・8判時2325号37頁、判タ1434号57頁〔口頭弁論終結後約1年8月分の将来給付請求を認容した原判決を全員一致の判断で破棄したもの。小池裕裁判官の補足意見がある〕参照）。

　なお、駐車場土地の共有者の1人の他の共有者に対する将来賃料相当額の不当利得返還請求につき、最大判昭和56・12・16前掲を引用しながら、将来の賃料収入が不確実であることから将来給付を提起できる請求としての適格を否定する判例として、最判昭和63・3・31判時1277号122頁、判タ668号131頁、最判平成24・12・21判時2175号20頁、判タ1386号179頁がある。ただ、後者の千葉勝美裁判官の補足意見（須藤正彦裁判官が同調）では、このような判断は、目的物が駐車場である点を重視したものであり、過度の一般化を否定する点は注目される。

〔4〕　**将来給付の訴えの利益**

　本条では、履行期未到来の請求権について、予めその請求をする必要がある場合に限って、特に将来給付の訴えを許すものとしている。これは、確認訴訟における確認の利益に相当する将来給付の訴えに固有の訴えの利益の要件である。どのような場合に、予め請求をする必要があるかは、給付義務の性質・内容および債務者の態度等によって具体的に定まる（注解(6)208頁〔林屋＝加茂〕、注釈(5)

112

第135条〔4〕

141頁〔上原〕、条解2版793頁〔竹下〕、松本＝上野152頁）。なお、ここでいう「あらかじめその請求をする必要」は、仮差押えおよび仮処分における保全の必要（民保13条・20条1項・23条1項・2項）とは異なる。後者は、現在、仮差押えまたは仮処分をしておかないと、将来確定判決を得て強制執行をするのに困難を生ずるおそれがあるという、強制執行を保全する必要性である。これに対し、将来給付の訴えは、履行期到来または条件成就の時に債務者が債務を任意に履行しないおそれがある場合や請求権の性質上履行期に履行がされないとその意味を失う場合に、履行期到来または条件成就を待って現在の給付の訴えを起こさせるのでは、債権者の保護が十分でないため、現時点において予め判決を得ておき、履行期到来または条件成就の際にそれを債務名義として直ちに強制執行ができる（民執27条1項・30条1項・31条1項）ようにする趣旨で認められた制度であるから、上記のような必要性が要件となる。したがって、この必要性の判断に際しては、債務者の資力その他執行の困難は考慮されず、また実際に仮差押えや仮処分がされていても、なお将来の訴えの利益は認められうる（注釈(5)141頁〔上原〕、注解(6)213頁注(19)〔林屋＝加茂〕、条解2版793頁〔竹下〕、松本＝上野152頁、高橋・重点講義(上)358頁注(14)）。

　予め請求をする必要がある場合の具体例としては、以下のとおり、(1)被告の態度等から債務者の任意の履行が期待できない場合および(2)債務の性質等から債務者の即時の履行が求められる場合がある。

　(1)　任意履行が期待できない場合

　まず、第1に、現在の被告の態度から、将来、履行期到来や条件成就があったときにも、被告が任意に履行しないおそれが大きい場合である。逆にいうと、被告が現在その請求権の存在を争っていない以上、原則として将来給付の訴えの利益は認められない。したがって、被告が現在債務の存在を争っている場合（東京高判昭和44・11・4東高民時報20巻11号217頁、東京地判平成2・2・2判時1368号93頁、最判平成3・9・13判時1405号51頁、判タ773号93頁）、その存在を認めていても履行しないことを明言しているような場合、財産を隠匿するなどして履行の意思がないことが明らかである場合などには、予め給付を請求する必要がある（注解(6)209頁〔林屋＝加茂〕、注釈(5)142頁〔上原〕）。被告が悪意で争っている場合に限らず、真面目に争っている場合でもよい（注解(6)213頁注(24)〔林屋＝加茂〕、条解2版793頁〔竹下〕、松本＝上野152頁）。被告が高度の公共性を有する公法人

113

第135条〔4〕 第2編 第1章 訴え

である場合には、判決の確定により任意の履行が期待できるとして訴えの利益を否定した裁判例があるが（名古屋地判昭和55・9・11判時976号40頁、判タ428号86頁）、そのような経験則が成立するかは疑問とされる（伊藤・前掲「将来請求」判時1025号26頁注(9)、注釈(5)142頁〔上原〕）。また、履行期未到来の不作為債務についても、作為債務の場合と同様に、債務者がすでに義務違反の行為をしたか、あるいは義務違反の危険が存する場合（民201条2項）には、予め請求をする必要を認めることができる（条解新版823頁）。

問題となる場合として、借地契約・借家契約において、期間満了前に土地・建物の明渡しを請求する場合がある。この場合には、契約の更新が問題となり、その当否を判断するためには、将来における異議・更新拒絶の正当事由の判断が必要となる（旧借家1条ノ2、旧借地4条、借地借家6条・28条）。判例として、期間の定めのない家屋の賃貸借契約を解約した場合に、賃借人がその効力を争い家屋の明渡しをしないおそれがあるときは、解約の効力発生前でも、予め家屋の明渡しを請求する必要を認めるものがある（大決昭和14・3・31民集18巻389頁）。また、借地契約の期間満了前に更新請求に異議を述べ、あるいは更新拒絶の意思を明らかにして予め建物収去土地明渡しを求める場合について、訴えの利益を肯定した事例（浦和地判昭和41・6・28判時458号49頁、東京地判昭和50・10・16判時806号45頁、判タ334号241頁など）もある。これらによると、契約期間満了時の正当事由を事前に判断することになるが、正当事由は時間の経過によって大きく変動する場合が多いので、前記〔3〕(3)の判例等の趣旨からすると、明渡請求権の成否を予め一義的に明確に認定することができるなど特段の事情のない限り、適法性は認められないと解される（最判昭和44・11・13判時579号63頁、判タ242号169頁、東京高判昭和58・2・10判時1069号82頁、判タ495号105頁、東京地判平成4・1・27判時1459号140頁など）。

また、従業員たる地位の確認と同時に請求する将来の賃金請求については、これを一般的に肯定した事例もあるが（大阪地判昭和47・3・17判時675号88頁、判タ279号347頁）、従業員の地位が判決で確定されても、なお使用者がその就労を認めず賃金を任意で支払わないような特段の事情が認められる場合に限り、訴えの利益を肯定すべきである（条解2版794頁〔竹下〕など。訴えの利益を否定した例として、東京地判昭和44・2・15判時565号79頁、東京地判昭和45・3・20判時596号87頁、判タ246号266頁、京都地判昭和46・4・1判時646号90頁、判タ264号

第135条〔4〕

313頁、札幌高判昭和59・8・9判タ538号157頁、東京地判平成3・12・24判時1408号124頁、大津地判平成7・11・20判タ901号188頁、東京地判平成24・5・24判タ1393号138頁など)。

継続的な給付義務の場合、現在履行期にある部分について不履行がある以上、将来の部分の任意履行もされないおそれが大きいと一般にはいえるので、原則として将来給付の訴えの利益が肯定される(注解(6)208頁〔林屋＝加茂〕、注釈(5)142頁〔上原〕、条解2版794頁〔竹下〕、新堂268頁、松本＝上野153頁)。例えば、債務者がすでに履行期の到来した債務の元本と利息を支払わない場合には、履行期未到来の損害金についても履行期に支払わないと予期できるから、予め請求をする必要があるといえる。また、賃借人が現在までの土地または家屋の賃料を支払わない場合、これから履行期の到来する賃料についても、予め請求をする必要があることは明白である(伊藤178頁)。したがって、実務上は、元本とその支払済みまでの利息・損害金の支払、家屋または土地の明渡しと明渡し済みまでの賃料・損害金の支払を命ずる判決では、予めそれを請求する必要があることを特に判断しないまま、請求を認容する判決をしている。同様に、手形のうち満期が到来した1通について支払拒絶がされたときは、満期未到来の他の手形についても予め請求をする必要が認められる(大阪地判昭和39・8・4下民集15巻8号1907頁)。この場合、判決主文において支払呈示期間内に手形を呈示することを条件とすべきか否かについて議論があるが(呈示を条件とするものとして、札幌地判昭和59・4・25判時1141号156頁、判タ531号231頁、東京地判昭和52・9・13判時884号105頁、東京地判昭和50・12・18判時823号80頁など。無条件で手形支払を命じるものとして、札幌地判昭和51・9・29判時848号107頁、大阪地判昭和39・8・4前掲など)、手形の呈示証券性の反映および二重払いからの被告保護の必要などから、呈示を条件と解するべきである(注釈(5)131頁〔上原〕、上原敏夫「判批」ジュリ706号164頁〔1979年〕など)。

(2) 即時履行が求められる場合

第2に、履行期到来時の履行を被告が確約している場合でも、債務の性質その他の事情から即時の履行がされなければ、債務の本旨に反したり、債権者に重大な損害を与えたりするような場合には、将来給付の訴えの利益が認められる。例えば、演奏会における演奏のように、一定の日時に行われなければ債務の本旨に合致しないような作為義務の履行請求や定期売買(改正民542条1項4号)の履

115

第135条〔4〕　第2編 第1章 訴え

行請求などが挙げられる（伊藤178頁、新堂269頁）。また、その債務が生活費の支払債務や扶養料のようなものであれば、履行期に支払を受けないと、債権者は直ちに自己の生活を脅かされ、著しい損害が生じるから、予め請求をする利益がある（法律実務(2)43頁、注解(6)211頁〔林屋＝加茂〕、条解2版793頁〔竹下〕、新堂269頁、伊藤179頁）。これらの場合は、義務者が義務の履行を確約している場合であってもなお訴えの利益が認められる（条解2版793頁〔竹下〕、新堂269頁、高橋・重点講義(上)355頁）。

　なお、将来給付の請求は、独立の請求としてではなく、現在給付の訴えと請求の併合（136条）の形でされる場合がある。例えば、交通事故の被害者が加害者に対する損害賠償請求と併合して、保険会社に対し、損害賠償認容判決の確定を条件に、加害者に代位して自動車保険普通保険約款に基づき保険金請求を将来給付の訴えとして提起することができる（最判昭57・9・28民集36巻8号1652頁、判時1055号3頁、判タ478号171頁、東京高判昭53・11・21判時916号78頁、判タ381号137頁、松本＝上野155頁）。また、詐害行為取消しの訴えを判例のように形成の訴えと解したうえで（本章前注4(3)）、取消請求と物の引渡請求とを併合する場合や離婚請求（附帯処分としての財産分与）と分与財産の引渡請求とを併合する場合などにおいても、各後者の請求は将来の給付の訴えとして許される（注解(6)212頁〔林屋＝加茂〕、条解2版794頁〔竹下〕、伊藤178頁注(25)）。また、特定物の引渡請求と特約または法律上の原因（例えば取引禁止）による特定物の引渡債務の履行に代わる損害賠償請求とを併合する場合（大判大正10・12・26民録27輯2219頁、大判大正15・10・6民集5巻719頁）にも後者の請求は将来給付の請求となるし、課税処分の取消請求に併合した不当利得に基づくすでに納税した額の返還請求も許される（東京地判昭和46・6・24判時634号6頁）。

　さらに、本来の給付の訴えにその履行不能または判決の執行不能を条件とする損害賠償請求を併合することも認められる。いわゆる代償請求の場合である。例えば、株式・木材などの引渡請求と同請求についての原告勝訴判決に基づく執行不能を条件とする損害賠償請求とを併合する場合（大連判昭和15・3・13民集19巻530頁、最判昭和30・1・21民集9巻1号22頁、兼子・判例民訴28事件、瀬戸正二「いわゆる代償請求について」ノート(1)242頁、注解民執法(1)537頁以下〔町田顕〕。以前の反対の判例として、大判大正15・10・6前掲参照）などは、純粋の履行不能でなくても、執行不奏効による将来の填補賠償請求として、予備的請求ではなく

第136条〔1〕

単純併合の請求として肯定される（136条〔2〕(2)(a)参照。なお、注釈民執法(2)251頁〔田中康久〕は、特定物給付請求の場合には、履行不能の場合にのみ損害賠償請求をできるとする）。この場合には、口頭弁論終結時に将来の損害額を予測して賠償額を算定することになるが、執行不能時に実際生じた損害額がそれを上回る場合には、追加請求ができるし、それを下回る場合には、債務者は請求異議の訴えによりその執行を阻止することができる（中野・論点Ⅰ137頁）。ただし、意思表示義務の履行請求と併合された当該意思表示義務の執行不能を条件とする代償請求は、将来の給付の訴えとして不適法とされる（最判昭和63・10・21判時1311号68頁、判タ697号200頁〔譲渡承認申請手続および株式の指図による占有移転請求の訴えに併合された代償請求の場合〕）。なぜなら、意思表示義務は判決の確定とともにその履行が擬制され（民執174条）、執行不能という事態はありえず、条件成就の可能性がないので、それを前提とした訴えの利益はないと解されるからである（なお、山本和彦「判批」判評370号〔判時1324号〕47頁以下〔1989年〕、高橋・重点講義(上)358頁注(13)-2は、さらに、条件成就の可能性の低いことを将来給付の訴えの利益として考慮してよいとする）。

（請求の併合）[1]

第136条　数個の請求[2]は、同種の訴訟手続[3]による場合[4]に限り、一の訴えですることができる[5]。

〔1〕　本条の趣旨

　本条は、数個の請求をひとつの訴訟手続で一括して審判するという請求の客観的併合の要件を定めた基本的な規定である。数人の原告から数人の被告に対する訴えの主観的併合（共同訴訟）のうち、必要的共同訴訟（40条）は請求が1個とする見解もあるが、通常共同訴訟（38条）は請求が数個である（第1編第3章第2節前注1(3)〔本書Ⅰ374頁〕）から、後者は、本条に定める要件をも備えなければならない（前者についても、請求が複数であるとの見解に立てば、同様である）。

　本条が請求の客観的併合を認めるのは、訴状、準備書面、証拠申出書などの書面が1通で足り、口頭弁論、証人尋問、当事者尋問なども1回で済ませることができるなど裁判所、当事者、代理人、証人その他の訴訟関係者にとって訴訟経済

117

第136条〔2〕 第2編 第1章 訴え

にも適うし、さらに同一のまたは関連する問題・争点について矛盾抵触する判断を避けうるなどの利益があるからである。もっとも、場合によっては、併合された数個の請求中に、争いがない請求や争いがあっても争点も証拠も少ない請求などが含まれていて、それに関する限りは、独立して審判する場合に比べて、併合審理がかえって審判の遅延を生ずることもあるが、このような場合には、裁判所の裁量によって弁論を分離し（152条〔3〕）、場合によっては一部判決をすることにより、その弊害を避けることができる。そこで、本条は、同種の訴訟手続による場合という緩やかな要件で請求の客観的併合を認めたものである。旧法227条と同旨の規定である。

　数個の請求をひとつの訴えでする場合としては、①当事者が最初から数個の請求をひとつの訴えでする、つまり、1通の訴状に複数の請求を記載して訴えを提起する場合が典型である（「固有の訴えの客観的併合」と呼ばれる）。これに加えて、②訴えの主観的併合（共同訴訟）を伴う場合や、③すでに係属中の訴訟に別のまたは新たな請求を併合し、ひとつの訴えとして審理する場合にも、本条の適用がある。②の場合には、共同訴訟の要件（38条）を別途満たす必要がある。③の場合としては、裁判所が口頭弁論を併合する場合（弁論の併合〔152条〕）と、当事者が中間確認の訴え（145条）の提起や訴えの変更（143条）をする場合、選定当事者の場合の請求の追加がされる場合（144条）がある。後者の場合については、民訴法はそれぞれ特別の要件を定めているから、本条の定める要件のほかに、別途それらの要件を具備しなければならない。なお、被告の側から新たな請求を併合する場合（反訴〔146条〕）や第三者が当事者参加により新たな請求を併合する場合（独立当事者参加〔47条〕）も広義の請求の併合といえ、本条が適用されるものと解される（注釈(5)153頁〔本間義信〕、基コメ(2)23頁〔上野泰男〕、条解2版797頁〔竹下守夫＝上原敏夫〕）。

〔2〕　**数個の請求**

(1)　数個の請求の意義

　本条が適用されるには、ひとつの訴えで「数個の請求」、すなわち複数の請求がされる必要がある。請求が1個であるか数個であるかは、請求の趣旨と原因とによって定まる（133条〔7〕〔8〕参照）。請求の趣旨が異なれば請求は別個であり、請求の趣旨が同一であっても請求の原因が異なれば、やはり請求は別個である。

　例えば、同一の売買契約に基づく不動産の引渡請求と所有権移転登記請求であ

118

第136条〔2〕

るとか、同一債権についての現在給付の請求と将来給付の請求または確認の請求
は前者の例である。また、旧訴訟物論をとった場合、同じ100万円の給付請求で
も、第1次的には消費貸借契約に基づく貸金の返還請求を主張し、第2次的には
上記消費貸借契約の無効または取消しを理由に不当利得の返還請求を主張する場
合は、後者の例である（例えば、最判昭和38・3・8民集17巻2号304頁、判時337
号31頁は、借主の代理人との間になされた消費貸借契約に基づく貸金返還請求を主
位的請求とし、代理人に代理権がない場合の、本人が同金員を法律上の原因なく受
領したことによる不当利得返還請求を予備的請求として併合した訴訟に関するもの
である）。もっとも、株式を引き渡すか金員を支払うかの選択権を債務者が有す
る選択債権の債権者が提起する訴えにおいて、株式を引き渡すかまたは金員を支
払えということを請求の趣旨とする場合は、請求は2個のようにもみえるが、実
体法上選択債権は1個の債権であるから（新版注釈民法(10)Ⅰ365頁〔山下末人＝安
井宏〕）、請求もまた1個とされるので、併合関係にはない（注釈(5)154頁〔本間〕、
松本＝上野721頁、基コメ(2)25頁〔上野〕、中野ほか・新講義496頁）。航空機等によ
る輸送中の事故で乗客が死傷した場合に提起される損害賠償請求の訴えについて
は、運送契約上の債務不履行による損害賠償請求権と不法行為による損害賠償請
求権との請求権競合を認める見解をとれば（最判昭和38・11・5民集17巻11号
1510頁、判時360号22頁）、本条が適用になる（委任契約上の債務不履行に基づく損
害賠償請求に、被用者の過失による不法行為を原因とする使用者責任に基づく損害
賠償請求を選択的に併合することを認めた裁判例として、山形地酒田支判昭和50・
1・30判時794号104頁参照）。いずれにしても、請求の単複は、訴訟物論によって
異なる結果となりうる。また、攻撃方法の提出がいくら多くなっても請求の個数
が多くなるわけではなく、原告の主張が請求原因に該当するか攻撃方法となるか
は、請求原因についてどのような見解をとるかにより異なってくる（以上につい
ては、133条〔8〕参照）。

　請求の客観的併合の場合には、請求相互の関連性は、主観的併合（共同訴訟）
の場合（38条）とは異なり、併合の要件ではない（ただし、行政事件訴訟の特則
につき、後記〔4〕参照）。例えば、不法行為による損害賠償の請求と、これとは
まったく関係のない貸金請求とを併合してもよい。このような併合のために審理
が複雑になり、遅延するような場合には、弁論を分離することができるので（152
条）、問題はない。主観的併合と客観的併合の関係が併存する場合、例えば、主

119

第136条〔2〕　第2編 第1章 訴え

債務者に対する主債務の請求と保証人に対する保証債務の請求との間には主観的併合の要件（38条）が存するから、これを併合するのは適法であるところ、この訴えにおいて原告である債権者が共同被告の一人である主債務者に対して主債務とまったく関係のない手形金請求を、他の共同被告である保証人に対して保証債務とまったく関係のない売掛金請求をそれぞれ併合してひとつの訴えを提起する場合には、共同被告相互の間にもまったく関係のない請求が併合されることになるが、このような併合も許される。

　請求を併合する場合には、ひとつの請求について管轄権を有する裁判所に、他の裁判所が管轄権を有する請求を併せて請求することができる（7条〔2〕）。したがって、複数の請求のうち、ひとつの請求について、当該裁判所に管轄が認められれば、通常併合された訴え全体について管轄が認められることになる。これによって、原告は広く請求を併合してひとつの訴えで提起することができることになる（後記〔4〕参照）。

(2)　請求の客観的併合の態様

　請求の客観的併合の態様には、(ｱ)単純併合（併位的併合・同位的併合とも呼ばれる）、(ｲ)選択的併合（択一的併合・競合的併合とも呼ばれる）、(ｳ)予備的併合（順位的併合とも呼ばれる）の3種がある。これは、原告が各請求について審判を求める態様上の区別である。もっとも、新訴訟物論の立場では、実体法上の請求権が複数あるようにみえても、実は給付訴訟で解決すべき紛争は1個であって、いわば給付訴訟を基礎づける法的観点が複数存在するにすぎないから、訴えの併合ではないと解することになり、上記(ｲ)の態様は不要であると解されることになる（三ヶ月・全集94頁、注解(6)236頁〔斎藤秀夫＝加茂紀久男〕、新堂751頁、条解2版802頁〔竹下＝上原〕、高橋・重点講義(上)33頁、基コメ(2)25頁〔上野〕。ただし、一般論としては新訴訟物論に立っても選択的併合の形態を否定する理由はないとされるのは、中野・論点Ⅰ54頁注(42)、中野ほか・新講義496頁参照）。なお、訴訟手続の途中で併合形態自体を変更することも可能である（最判昭和58・4・14判時1131号81頁、判タ540号191頁）。

(ｱ)　単純（併位的、同位的）併合

　数個の請求を同時にかつ併位的に審判することを求めるためにする併合の態様である。元本の請求と利息または損害金の請求とを併合するように相互に牽連関係がある場合の併合と相互にまったく牽連関係がない場合の併合とがある。また、

第136条〔2〕

特定の馬1頭の引渡しの請求と判決後の履行不能による損害賠償の請求とを予め併合して請求する場合、株式その他の不特定物の引渡しの請求とその執行不能の場合における代償請求（135条〔4〕）とを併合する場合（最判昭和30・1・21民集9巻1号22頁）も単純併合である。これらは予備的併合と誤解されやすいが、弁論終結時においては、現在の引渡しの請求と将来の損害賠償の請求とが矛盾なく両立しており、給付のみが予備的となっているので、審判を求める態様からみれば、単純併合である（兼子・体系367頁、注解(6)228頁〔斎藤＝加茂〕、注釈(5)159頁〔本間〕、新堂749頁、中野ほか・新講義495頁、伊藤614頁注(5)、条解2版801頁〔竹下＝上原〕、松本＝上野720頁）。もっとも実務的には、原告が訴え提起時すでに履行不能になっているか否かがわからないため、予備的に請求する旨の記載をしていることもあるが、口頭弁論終結の時点では、いずれかが明らかになっているはずであるから、釈明を求めるなどして、すでに履行不能になっていることが判明したときは、物の引渡請求は取り下げさせ（取り下げなければ請求を棄却する）、履行可能である場合には、その代償請求であることを明らかにさせるなどの配慮が必要である（同旨――注解(6)229頁〔斎藤＝加茂〕）。このような利益を共通にする例外的な単純併合の場合を除き、一般の単純併合の場合には、訴額は合算して計算される（9条〔2〕参照）。単純併合の場合には、他の態様の併合とは異なり、必ず各請求の全部について審判しなければならず、そのうちのひとつの請求についてでも判断を脱漏すれば（258条）、追加判決をしなければならない。

単純併合の場合に、裁判所が各請求についての弁論を分離しかつ各別に判決したときは、その判決は別々に確定する。これに対し、請求の全部につき裁判所が1個の判決で判断したときは、敗訴当事者が請求の一部についての判断に不服で、その範囲に限り上訴で不服を申し立てても、他の請求についても当該上訴の提起により判決の確定は遮断され、敗訴当事者は上訴審の口頭弁論の終結までに上訴の趣旨を拡張し、または附帯上訴（293条）で不服の申立てができる（上訴不可分の原則）。この場合でも、主観的併合の関係では当事者ごとに移審の効力と確定の効力が生ずることに注意しなければならない（286条〔6〕参照）。

(イ) 選択的（競合的、択一的）併合

旧訴訟物論の下では、目的が同一であり実体法上両立する請求を併合して、そのうちどれかひとつが認容されれば目的を達するとの理由で、他の請求については審判を求めないが、どれかひとつの請求が認容されない限り、他の請求につい

第136条〔2〕 第2編 第1章 訴え

て審判を求めるという態様の請求の併合態様を認めている（兼子・体系367頁、最判昭和58・4・14前掲）。すなわち、どれかひとつの請求が認容されることを解除条件として数個の請求の審判を求めるものである。したがって、この種の併合訴訟においては、原告の受ける利益は経済的には原則として同一であるから、訴額の計算については合算されない（9条〔4〕参照）。なお、後述のように（(ウ)参照）、同一の目的に係る請求が実体法上両立しえない場合にも、選択的併合を認めてよいと解されているが、いずれかの請求を主位的請求とするよう釈明することが望ましい。

　請求の選択的併合では、いずれの請求を先に審判するかの選択は裁判所に任されている。しかし、原告が論理的に両立しうる併合請求について順位を付けて審判を求めれば、裁判所はその順位に拘束されると解され、このような選択的併合は(ウ)に述べる予備的併合に類似するが、論理的に両立しうる請求の併合である点では相違するので、これを不真正予備的請求の併合とも呼ぶことがある（法律実務(2)158頁参照）。このような、法律上論理的に排斥しあうことのない同一の目的に向けられた請求を予備的に併合することは不適法であるとする見解もあるが（野間繁「請求の併合」民訴講座(1)273頁。新堂684頁、中野ほか・新講義497頁も同旨か）、被告の利益を格別害することはないし、原告が同じ勝訴判決を受けるとしても、その判決理由に重きを置いていることもあり（債務不履行の損害賠償よりも不法行為の損害賠償で勝訴したいというような場合）、裁判所の審理にも格別の支障がないので、実務ではこれを肯定している（最判昭和39・4・7民集18巻4号520頁、判時373号26頁、判タ162号74頁は、手形金請求を主位的に、その原因債権である貸金返還請求を予備的に併合することを是認している。ただし、福岡高判平成8・10・17判タ942号257頁は、合理的必要性に欠け、訴訟手続を不安定にするとして、これを否定する。さらに、東京地判平成18・10・24判時1959号116頁、判タ1239号331頁も、「予備的併合が認められるのは、原則的には、申立てに係る複数個の請求が論理的に両立し得ない場合であり、仮に、これらが論理的に両立し得るときは、少なくとも同一の給付又は形成的効果を求める請求権競合の場合に限られる」として、原則否定説に立ちながら、一定の例外を許容する。伊藤614頁注(6)も、裁判所は特に支障がない限り、原告の付した順序を尊重すべきであるが、これを無視したからといって判決が違法になるわけではないとする）。

　請求の選択的併合では、例えば、同一物件の引渡しを求めるために、所有権に

122

第136条〔2〕

基づく請求と占有権に基づく請求とを併合し、家屋の明渡しを求めるために、賃貸借契約の解除を原因とする請求と所有権に基づく請求とを併合し、一定の金額の支払を求めるために、貸金に基づく請求とその支払を確保するため振り出した手形に基づく請求とを併合し、さらに離婚を求めるために、夫の不貞と婚姻を継続し難い事由とを理由とする二つの請求を併合する（ただし、これは１個の離婚請求権とみるほうが妥当であることについては、133条〔8〕(2)(ア)参照）。すなわち、選択的併合とは、請求の趣旨は同一で、請求の原因が異なる請求の併合であるといえる。相互に無関係な、目的を異にする請求についてされた選択的併合については、単純併合とするよう釈明すべきであるが、原告が釈明に応じないときは、請求の特定を欠き、不適法と解される（注釈(5)168頁〔本間〕）。ただ、請求の趣旨が実質的にみて同一の目的に向けられたものであれば足り、若干のズレが生じてもなお選択的併合としての適法性は失われない（中野ほか・新講義496頁。最判平成元・9・19判時1328号38頁、判タ710号121頁は遺産確認請求と相続により取得した財産の共有持分権確認請求との選択的併合を認めるし、東京地判平成3・9・17判時1429号73頁、判タ787号229頁も損害賠償請求と代物弁済合意に基づく不動産所有権の移転登記等請求との選択的併合を認める）。

　請求の選択的併合は、前述のように、いずれかの請求が認容されれば他の請求については審判を求めない趣旨であるから、ひとつの請求を認容する判決をした以上、他の請求については判決をすることはできない。ただ、裁判所としてはいずれの請求を認容しうるかは、ある程度審理してみないとわからない場合があるから、上記制限は判決をする際のものであり、審理の段階では、どの請求について審理するか、すべての請求を併行して審理するかは、裁判所の裁量に任される。これに対し、すべての請求について理由がないときには、各請求についてそれぞれ主文で請求棄却の判決をしなければならない。ひとつの請求を不適法として却下し、他の請求全部を理由なしとして棄却する場合も同じである。甲乙両請求が選択的併合の場合に、甲請求が一部認容にとどまるときは、全部につき解除条件が成就したとはいえないので、乙請求についても判断する必要がある（最判昭和58・4・14前掲参照）。なお、請求認容の判決をする際には、理由中でどの請求を認容したかを必ず明らかにしなければならない。

　(ウ)　予備的（順位的）併合

　実体法上互いに両立しえない数個の請求について、第１次的・主位的請求が認

第136条〔2〕　第2編 第1章 訴え

容されない場合を考慮して、その請求の認容を解除条件として第2次的・予備的
請求についても予め審判を申し立てる請求の併合形態である（法律実務(2)153頁。
その学説史につき、大久保邦彦「請求の客観的予備的併合の適法要件」神院26巻1
号121頁以下〔1996年〕参照）。第3次以下の請求の関係も上記と同じである。こ
のような場合に、請求を単純に併合すると、原告は請求を維持するため相互に矛
盾した主張をしなければならず、また請求の一方は必ず棄却されることになるの
で、それを避ける趣旨である（別訴によると、共通する争点について訴訟経済を害
し、矛盾した理由によって両方の請求ともに棄却されるおそれがある）。どの請求
を主位的請求とするかは、原告の選択に委ねられる（ただし、順位を付すについ
て原告に何らかの利益を必要とするのは、注釈(5)163頁〔本間〕）。なお、通説は、
両立しえない関係に立つ請求のみを予備的併合として認めるが（注解(6)231頁
〔斎藤＝加茂〕、条解2版801頁〔竹下＝上原〕、新堂750頁、伊藤615頁）、前述のよ
うに（(イ)参照）、両立する場合も、不真正予備的併合として認めてよい（基コメ
(2)25頁〔上野〕、松本＝上野721頁）。逆に、両立しえない関係の請求についても、
その請求の趣旨が同じであれば、原告があえて順序を付けないで選択的に併合し
て審判を求めることも認めてよいと解されているが（淺生重機「請求の選択的又
は予備的併合と上訴」民訴28号7頁〔1982年〕、鈴木重信「控訴審の審判の範囲」新
実務民訴(3)205頁、注釈(5)170頁〔本間〕など）、実務的には、審理プロセスの明
確化を図るという観点から、いずれかの請求を主位的請求として、予備的併合の
形態とするよう釈明することが望ましい。

　予備的併合の典型例は、主位的には貸金債権100万円の支払を求め、仮に当該
消費貸借契約が無効であるとすれば不当利得として予備的に100万円の返還を求
める、というような場合である。また、主位的には代物弁済により原告に宅地所
有権が移転したことを原因として、予備的には取得時効により所有権を取得した
ことを原因として、当該宅地の所有権移転登記手続を請求するような場合も、判
例は予備的併合と解する（大判昭和16・5・23民集20巻668頁。登記請求権につい
て多元説をとり、主位的請求を債権的登記請求権、予備的請求を物権変動的登記請
求権と解すれば〔請求の趣旨も異なることになる〕、訴訟物を異にすることになり、
予備的併合とみることができるが、取得した所有権に基づく真正名義回復の移転登
記請求権として同一である〔主文中に登記原因を記載することは不要である〕との
見解の下では、請求は1個で、請求を理由あらしめる主張が順序を付してされてい

124

るにすぎないことになる〔兼子・判例民訴340頁、菊井・民訴法(下)235頁〕）。なお、特定物の引渡しとその履行が不能な場合の損害賠償とを、あるいは不特定物の引渡しとその執行が不能な場合の代償請求とを、それぞれ併合して請求する場合は、前に述べたように（(ア)参照）、単純併合であり、予備的併合ではない。また、外国通貨による支払について執行不能のときに日本の通貨による支払を求める旨の代償請求については、判例（最判昭和50・7・15民集29巻6号1029頁、判時782号19頁、判タ328号235頁）は、外国通貨をもって債権額が指定された金銭債権については、債権者は債務者に対して外国の通貨または日本の通貨のいずれによってもこれを請求することができるとしているから、選択債権として請求はひとつであり、代償請求として処理するのも、予備的請求として処理するのも、適当ではない（注解(6)230頁〔斎藤＝加茂〕も参照）。予備的併合における数個の請求の経済的利益は原則として共通であるから、訴額を合算することはない（9条〔4〕参照）。

　予備的併合は、原告が主位的請求について多少とも自信がない場合に、当該請求が棄却された後に新たに訴えを提起し直す事態を避けるため、予備的に請求を併合しておくものであるから、選択的併合の場合とは異なり、裁判所は予備的請求の理由があると考えても、主位的請求を認容すべきときは予備的請求について判決をすることはできない。すなわち、必ず主位的請求を棄却した後でなければ、予備的請求についての判決はできない（大判昭和16・5・23前掲）。逆に、主位的請求を棄却する場合には、必ず予備的請求について判決をしなければならない（最判昭和38・3・8民集17巻2号304頁、判時337号31頁）。また、主位的請求が一部認容にとどまるときも、全部につき解除条件が成就したとはいえないので、予備的請求について判断する必要がある（前記(イ)参照）。もっとも、主位的請求の一部認容の法律判断が予備的請求と相容れない場合には、予備的請求は全部棄却されることになるが、この場合もその判断は必要である。後に述べるように請求の併合が適法である限り、主位的請求が不適法で却下されても、予備的請求について審判しなければならない（大判昭和11・7・20民集15巻1491頁）。予備的請求の出訴期間について、最判昭和37・2・22（民集16巻2号375頁）は、宅地買収計画取消請求の訴えにおいて、買収対価の不当がその違法事由のひとつとして主張されている場合には、予備的請求としての買収対価増額請求の訴えは、出訴期間経過後に提起されたものであっても、出訴期間遵守の点においては欠けるとこ

第136条〔3〕 第2編 第1章 訴え

ろがないとしている。

予備的併合の場合、判断の順序は当事者の付けた順序によるべきであるが、その当事者の意思が問題となることがある。最判昭和37・6・19（裁判集民61号245頁）は、和解契約により係争家屋を買い受けた事実が認められるならば、原告は被告に対し、家屋収去土地明渡しの請求をする必要がなく、単に家屋明渡しの請求をすれば足り、同家屋の売買が認められない場合にのみ、家屋収去土地明渡しの請求をする必要がある事件において、原告が第一審で主位的請求として家屋収去土地明渡しを求め、予備的に家屋明渡しを請求し、これに対し、第一審判決が予備的請求を第1次的に判断して原告の請求を認容したが、被告の控訴に対して原告が控訴審で控訴棄却を申し立てて第一審判決の維持を求め、また控訴審の口頭弁論を通じ、第一審判決の判断順序について何ら不服申立てをしていない場合には、この判断の順序は原告の意思に沿うことになる旨を判示する。

〔3〕 **同種の訴訟手続**

広義の民事事件として裁判所が取り扱う事件には、通常の民事訴訟事件、人事訴訟事件、行政訴訟事件のほか、非訟事件、家事審判事件、調停事件などがあるが、人事訴訟事件では弁論主義が採用されず（人訴19条・20条）、行政訴訟事件では職権証拠調べ（行訴24条）など民事訴訟とは異なる手続が行われ、非訟事件、家事審判事件および調停事件では、公開法廷での口頭弁論を予定しないなど手続構造をまったく異にしており、併合した場合にはいずれの手続に従って審理を進めるかといった困難な問題を生じさせるので、これらの事件と民事訴訟事件との間の併合は原則として許されない。また同じ民事訴訟の間でも、手形訴訟・小切手訴訟と通常の民事訴訟とでは審理の方式等手続が異なるので、やはり併合はできない（注釈(5)158頁〔本間〕、大阪地判昭和49・7・4判時761号106頁、判タ311号214頁）。少額訴訟と通常民事訴訟も同様である。再審の訴えについては、かつては消極説もあったが（細野・要義(2)110頁）、現在では積極に解して併合が許されることに争いはない（注解(6)226頁〔斎藤＝加茂〕、注釈(5)158頁〔本間〕、新堂748頁、条解2版800頁〔竹下＝上原〕）。ただ、上訴審の判決に対する再審の訴えは上訴裁判所の管轄に専属し、上訴審の手続によるから（341条）、他の請求を併合することはできない。筆界確定訴訟など形式的形成訴訟は、実質的には非訟事件とされ、審理手続の特則もあるが、民事訴訟との併合審理の要請は強いので、明文によらない特則があるものと解して、所有権確認訴訟等の民事訴訟との併合

126

が認められる。

　ただし、各法律の中で、明文により本条の例外が認められている場合がある。すなわち、人事訴訟法において、人事訴訟に係る請求と当該請求の原因である事実によって生じた損害の賠償に関する請求とは、本条の規定にかかわらず、一の訴えですることができるものとされる（人訴17条1項）。このような場合は、当事者の便宜および紛争の一体的解決のため、人事訴訟事件の係属する家庭裁判所で、関連損害賠償請求についての審理をできるほうが望ましく、訴訟経済にも合致するからである。したがって、夫の不貞を原因とする離婚事件とその不貞を原因とする不貞の相手方に対する損害賠償請求の民事事件とは、異種の手続であるが、併合して訴えを提起できる。また、行政処分の取消訴訟に、当該処分に関連する原状回復または損害賠償請求や当該処分の取消しと関連する請求など民事訴訟事件を併合することも認められている（行訴16条・38条1項・41条2項・43条）。通常の民事訴訟についても、その請求と関連する行政処分の無効確認の訴えを併合することは、行政事件訴訟法16条の準用によって許されると解される（注解(6)225頁〔斎藤＝加茂〕、大阪地判昭和35・4・8行集11巻4号822頁など。反対——注釈(5)157頁〔本間〕）。憲法29条3項に基づく損失補償請求と国家賠償請求の併合も認められる場合がある（最判平成5・7・20民集47巻7号4627頁、判時1474号68頁、判タ829号148頁）。

　また、非訟事件手続によるべき事件を民事訴訟事件に併合することは原則としてできないが、一部の家事審判事件については、明文上人事訴訟に併合されうる場合（附帯処分）があるし（人訴32条）、解釈論として、婚姻費用の分担（家事別表第2第2項）や扶養料の分担（同第9項・10項）などについては、離婚訴訟との併合審理を認める見解が有力である（伊藤613頁、条解2版799頁〔竹下＝上原〕、注解(6)225頁〔斎藤＝加茂〕）が、判例は否定する（最判昭43・9・20民集22巻9号1938頁、判時536号54頁、判タ227号148頁〔離婚請求と婚姻費用分担〕、最判昭和44・2・20民集23巻2号399頁、判時550号63頁、判タ233号79頁〔離婚請求と婚姻費用分担および子の扶養料請求〕）。ただ、離婚までの子の監護費用の分担については、子の監護に関する処分（人訴32条1項）として併合審理が認められる（最判平成9・4・10民集51巻4号1972頁、判時1620号78頁、判タ956号158頁、最判平成19・3・30判時1972号86頁、判タ1242号120頁）。かつては、仲裁判断取消しの訴え（旧公催仲裁803条）や除権判決取消しの訴え（同774条）は特殊な訴えでは

第136条〔4〕 第2編 第1章 訴え

なく、訴訟手続も同種であるから、他の民事の請求との併合は許されるものと解されていたが（本書旧版Ⅱ125頁）、新仲裁法では仲裁判断の取消し・執行は決定手続化され（仲裁44条5項・46条1項）、除権決定の取消しについても非訟事件化された（非訟108条以下）結果、民事訴訟と併合することは許されなくなったものと解される。

異種の訴訟事件が例外的に併合される場合には、両訴訟に共通な面においては民事訴訟の原則の適用が排除され、民事訴訟に固有の部分については民事訴訟の原則が適用される（注解(6)225頁〔斎藤＝加茂〕、注釈(5)171頁〔本間〕、新堂748頁注(1)、条解2版799頁〔竹下＝上原〕、伊藤613頁注(1)、基コメ(2)24頁〔上野〕、松本＝上野719頁。反対として固有の部分も民事訴訟の原則が否定されるとするのは、三ヶ月・全集130頁）。これに対し、訴訟事件と非訟事件が併合される場合には、基本的に訴訟事件の規律が非訟事件の審理にも妥当し、非訟事件独自の手続が認められる場合であっても、そこで得られた証拠資料等はそのまま訴訟事件の審理に流用することはできない（例えば、離婚訴訟の附帯処分の審理に認められる事実の調査の結果は、離婚訴訟の審理判断には利用できない。人訴33条1項参照）。

〔4〕 **請求の併合の他の要件**

本条は、旧旧法191条のように、特に管轄の規定を設けていないから、各請求について受訴裁判所が管轄権を有することが併合の要件として必要である。ただ、他の裁判所の法定専属管轄に属する請求は別として（13条1項。専属的合意管轄がこの規律から除かれることが明確化されている）、受訴裁判所がひとつの請求について管轄権を有するときは、他の請求についても7条によって管轄権を有することになるから、全部の請求について本来の管轄権を有することは必要ではないことになる（7条〔2〕参照）。同一原告から同一被告に対する140万円を超える事件と140万円以下の事件とを併合するときは、単純併合の場合にはその請求の価額を合算することになるし（9条本文）、予備的併合などでも多額の訴額によって吸収処理されることになる（9条〔4〕参照）から、いずれにしても地方裁判所が管轄権を有し、簡易裁判所に訴えを提起することはできない。なお、国際裁判管轄との関係では、請求相互間の密接な関連があるときに限って、併合請求における管轄権が生じるものとされる（3条の6）。

また、併合について他に禁止する規律があるときは併合できない。旧人事訴訟手続法にはそのような規定があったが（旧人訴7条2項本文・26条・32条1項）、

128

第136条〔5〕

新人事訴訟法には同種の規定はなく（その趣旨は、小野瀬厚＝岡健太郎『一問一答　新しい人事訴訟制度』82頁〔商事法務、2004年〕参照）、民訴法の一般的な規律に委ねられている（伊藤559頁）。行政訴訟については、関連請求（行訴13条）について訴えの併合を許す規定があるが（行訴16条1項）、これは本条の特則をなし、その反対解釈として、関連請求以外の請求（例えば、取消請求の対象とされている処分とは関係しない処分の取消請求）の併合は（同種の訴訟手続による場合であっても）禁止されているものと解される（伊藤613頁注(3)、条解2版800頁〔竹下＝上原〕）。

〔5〕　請求の併合の審理・効果等

(1)　併合要件の審理

　請求の併合が法律上許されるかどうかは併合訴訟の訴訟要件であり（前記〔2〕参照）、裁判所が職権で調査するが、その判断の標準時は、他の訴訟要件の場合と同じく、口頭弁論終結の時である。併合要件が欠けるとき、例えば、一部の請求が異種の訴訟手続である場合や他の裁判所の法定専属管轄に属しているような場合には、併合の態様によって処理の方法を異にする。

　まず、単純併合の場合には、各請求を職権で分離してそれぞれについて別個の訴えの提起があったものとして取り扱い（大判昭和10・4・30民集14巻1175頁）、またはその一部の請求を他の全部の請求とともに、もしくはそれのみを管轄裁判所に移送しなければならない（16条）。このように別々の訴訟提起があると扱われる場合や訴訟の一部を移送した場合には、訴訟物の価額についてはもはや合算すること（9条）が許されなくなるから、それぞれを別個の訴えとみて計算をし直し、不足の手数料を納付させなければならない。なお、別訴提起とする扱いまたは移送の結果として残部の請求の訴額が減少すれば、簡易裁判所に移送されることもありうる。

　他方、選択的併合または予備的併合は、その性質上全部の請求がひとつの訴えとして不可分的に結合しており、各請求につきそれぞれ独立して審判を求めているのではないから、裁判所は、各請求を分離することは原則として許されず（反対として、別訴として扱って不都合はないとするのは、注釈(5)172頁〔本間〕）、一部の請求について専属管轄裁判所に移送するときは、他の請求もともに移送するほかない。

(2)　併合請求の審理

129

第136条〔5〕 第2編 第1章 訴え

　請求を併合した場合、原則としてすべての請求について単一の手続で同時に審理することになる（以下については、152条〔4〕も参照）。ただ、併合の態様に従い、審理の態様にも差異を生ずる。併合された数個の請求は同一期日に審理され、弁論および証拠調べも共通して行われ、法廷に提出された訴訟資料・証拠資料は、すべての請求についての判断の資料となる（最判昭和43・11・19民集22巻12号2692頁、判時542号52頁、判タ229号142頁）。弁論の全趣旨も一括して斟酌される。ある請求だけに弁論を一時制限して審理した場合（152条1項）であっても、その結果はすべての請求の資料となる（新堂751頁、基コメ(2)26頁〔上野〕）。

　単純併合において、数個の請求中に争いがない請求が含まれているような場合には、裁判所の裁量により口頭弁論を分離することはできるが（152条。弁論分離における裁判所の裁量権行使のあり方については、笠井正俊「口頭弁論の分離と併合」大江ほか編・手続裁量152頁以下参照）、主要な争点を共通にする請求を分離することは訴訟指揮のあり方として一般に適当ではない（条解2版803頁〔竹下＝上原〕、松本＝上野722頁。さらに、関連的併合の場合や主要な争点を共通にする場合などに分離を違法とする見解として、小室直人「訴の客観的併合の一態様」中田還暦(上)217頁、新堂751頁、基コメ(2)26頁〔上野〕）。これに対し、他の2種類の併合形態については性質上弁論の分離は許されず（注釈(5)172頁〔本間〕、伊藤615頁、中野ほか・新講義499頁）、ただ審理の都合上、必要に応じて口頭弁論を制限すべきである（152条）。また、併合された数個の請求のうちひとつの請求についてのみ調停の申立て（民調20条の3）やADRの申立て（裁判外紛争解決26条）等がされるなど中止事由が生じたときは、単純併合の場合には弁論を分離したうえで当該請求についての訴訟手続を中止すべく（条解2版803頁〔竹下＝上原〕）、選択的併合および予備的併合の場合には分離せずに請求全部についての訴訟手続を中止すべきである（注解(6)239頁〔斎藤＝加茂〕）。

　(3)　併合請求の判決

　併合請求についてどのような判決をするかは、併合の種類による。単純併合の場合に、ある請求についてのみ裁判に熟し、当該請求を分離して判決するときは、その判決は一部判決（243条2項）である（ただし、松本＝上野722頁は原則として一部判決をすべきでないとするし、新堂752頁も主要な争点を共通にする場合は一部判決をすべきでないとする）。ある請求についてのみ訴えを却下する場合も同様である。これに対し、選択的併合と予備的併合はその併合の性質上、たとえ弁論を

第136条〔5〕

制限した場合であっても、一部判決をすることはできない（最判昭和38・3・8
民集17巻2号304頁、判時337号31頁。243条〔4〕(3)参照）。そうしないと、上訴と
の関係で、選択的併合または予備的併合をした趣旨が貫徹されないからである
（注釈(5)175頁〔本間〕、松本＝上野722頁、基コメ(2)26頁〔上野〕。ただし、新堂752
頁は、一部判決をしてしまったときに、それを上訴によって取り消すかどうかは、
別個に考察すべきものとする）。

　請求の併合の場合の判決主文の記載方法は、単純併合においては、それぞれの
請求について認容するか棄却するかを明らかにしなければならない。ただ、例え
ば、100万円の貸金請求と150万円の手形金請求の双方を認容する場合には、合計
額である「250万円を支払え」と主文に書くのが実務上の取扱いであるが、判決
理由において各請求を認容することが明らかに判示されていればそれで差し支え
ない。予備的併合で主位的請求を認容した場合または選択的併合でひとつの請求
を認容した場合には解除条件が成就したことになり、予備的請求または他の請求
について原告は審判を求めていないことになるから、主文において何らの判断も
示すべきではない。ただ、予備的併合で主位的請求を棄却し、予備的請求を認容
する場合には、双方の請求についての判断を主文に明記しなければならない。こ
の点は双方の請求金額が同じである場合も変わらず、認容する請求のみを主文に
明記して棄却する請求を明記しないような取扱いは、主位的請求について主文で
判断したことにはならないので、相当でない（東京高判昭和40・8・30判タ183号
165頁、三ヶ月・全集131頁、注釈(5)174頁〔本間〕）。

(4)　併合請求の場合の上訴

　併合請求の場合の上訴については、様々な法律問題が生じうる（これについて
は、本書Ⅵ197頁以下も参照）。単純併合の場合に、併合されているすべての請求
について判決し、選択的併合の場合にその中のひとつの請求について認容し（他
の請求については判決ができない）、予備的併合の場合に主位的請求を認容すると
き（予備的請求については判決ができない）、または選択的併合ないし予備的併合
の場合に全部の請求を棄却し、予備的併合の場合に主位的請求を棄却して予備的
請求について認容判決をしたときは、それに対しては一部または全部敗訴した当
事者はそれぞれ上訴することができる。これらの場合はいずれも全部判決である
から、これに対し上訴が提起されれば、全部の事件が上訴審に移審する（最判昭
和43・2・20民集22巻2号236頁、判時512号45頁、判タ219号83頁は、第一審におい

131

第136条〔5〕　第2編 第1章 訴え

て、主位的に執行文付与に対する異議の訴え、予備的に請求異議の訴えを提起して
いた事案について、主位的請求を棄却し予備的請求を認容した判決に対し、被告が
控訴したときは、原告も主位的請求について附帯控訴できると判示しているが当然
である）。例えば、単純併合の場合に原告勝訴の全部判決に対し、被告が一部の
請求について上訴により不服を申し立てたときの他の請求、選択的併合の場合に
判決されなかった他の請求および予備的併合の場合に判決されなかった予備的請
求も、全部上訴審に移審する（大判昭和11・12・18民集15巻2266頁、最判昭和33・
10・14民集12巻14号3091頁、注釈(5)174頁〔本間〕、注解(6)234頁〔斎藤＝加茂〕、新
堂753頁、条解2版804頁〔竹下＝上原〕、伊藤616頁、中野ほか・新講義499頁）。予
備的併合や選択的併合の場合について、原審で判断されていない請求についても
実質的にみれば審理済みといってよいので、審級の利益を害することはない。

　したがって、控訴審では、第一審判決を不当と認めたときはそれを取り消し、
選択的に併合された他の請求または予備的請求について、直ちに判決をすること
ができる（兼子・判例民訴337頁、注釈(5)174頁〔本間〕、条解2版804頁〔竹下＝上
原〕、新堂753頁、伊藤616頁、松本＝上野722頁、高橋・重点講義(下)642頁、大判昭
和11・12・18前掲、最判昭33・10・14前掲）。これらの請求についてさらに第一
審において審理をさせることを相当と認めるときは、308条1項により事件を第
一審に差し戻すべきであるが、自判することもできる。なお、原告勝訴の第一審
判決に対する控訴審で予備的請求が追加された場合において、控訴審が主位的請
求を斥けて予備的請求を認容するときには、予備的請求に対する結論が主位的請
求に対する第一審判決の主文の文言と一致する場合であっても、控訴棄却の判決
をすべきではなく、第一審判決を取り消し、主位的請求を棄却したうえで予備的
請求を認容する判決をすべきである（最判昭和43・3・7民集22巻3号529頁、判
時516号46頁、判タ221号118頁）。

　数個の請求の併合訴訟において、裁判所が一部の請求についての判断を脱漏し
た場合、単純併合であれば、追加判決（258条）をすればよいが、選択的併合に
おいて他の請求の、予備的併合において予備的請求の判断をし忘れて、そのまま
原告の請求を棄却する判決をしてしまい、この判決に対して原告が上訴したとき
には、脱漏した請求は依然として第一審裁判所に係属していると解するか、ある
いはその部分も当然に上訴審に移審するとみるべきかは問題であるが、請求の併
合の性質から後者が正当である（最判昭和38・3・8前掲、注解(6)239頁〔斎藤＝

加茂〕)。したがって、上訴審で判決全部を違法として取り消すことになり、場合
によっては脱漏した請求の部分について自判もできる。

　上訴裁判所の審判の範囲は当事者の不服申立ての範囲に限られるから（296条
1項）、併合訴訟の第一審判決と上訴審の審判の範囲との関係については、問題
となることが多い。まず選択的併合について、最判昭和58・4・14（判時1131号
81頁、判タ540号191頁）は、選択的に併合されている甲乙両請求につき、甲請求
の一部を認容し、その余の請求を棄却した第一審判決に対し、被告が控訴し、原
告が控訴・附帯控訴をしなかった場合において、控訴審は、第一審判決の認容部
分を取り消すべきであるときには、乙請求につき審理判断し、その理由があると
認めるときには、第一審判決の甲請求の認容額の限度で乙請求を認容すべきであ
り、乙請求を全部理由がないと判断すべきときにのみ、原告の請求を全部棄却し
うると解している（同旨——最判平成21・12・10民集63巻10号2463頁、判時2071号
45頁、判タ1318号94頁〔各請求のうち一方が認容されれば他方は撤回するが、一方
が棄却されるときは他方についても審判を求めるという意思は、全審級を通じて維
持されているとする〕）。選択的併合の場合には、判断されなかった請求について
も当然に移審しており、他の請求が棄却される場合には解除条件が成就して審判
の対象となると解されるからである（同旨——伊藤616頁、松本＝上野724頁。こ
れに対し、後述の予備的併合の場合と同様に、附帯控訴等なしに当然に審判対象に
なるものではないとする見解として、基コメ(2)27頁〔上野〕。なお、新堂754注(1)
は、最判昭和58・4・14前掲は、予備的併合に関する最判昭和58・3・22後掲など
と矛盾する範囲で判例変更とみるべきとするが、附帯控訴等がおよそ期待できない
選択的併合とそれが期待できる予備的併合を同視することは相当ではない。この問
題については、本書Ⅵ197頁以下も参照）。

　これに対し、予備的併合については、双方の請求がともに棄却されて第一審原
告が控訴した場合には、控訴裁判所は双方の請求について審判ができるが、主位
的請求が棄却されて予備的請求が認容され、被告のみが控訴し、原告が控訴も附
帯控訴もしていない場合には、控訴裁判所は予備的請求のみを審判するほかない。
すなわち、最判昭和58・3・22（判時1074号55頁、判タ494号62頁）は、主位的請
求を棄却し予備的請求を認容した第一審判決に対し、被告のみが控訴し、原告が
控訴も附帯控訴もしない場合には、主位的請求に対する第一審判決の当否は控訴
審の審判対象となるものではないと判示し、最判昭和54・3・16（民集33巻2号

第136条〔5〕　第2編 第1章 訴え

270頁、判時927号188頁、判タ386号89頁）は、主位的請求を棄却し予備的請求を認容した控訴審判決に対し、被告のみが上告し、原告は上告も附帯上告もしない場合には、主位的請求に対する原判決の当否は上告審の審判対象とならず、被告の上告に理由があるときは、上告審は、原判決中予備的請求に関する部分のみを破棄すべきであると判示している（同旨——伊藤617頁、基コメ(2)27頁〔上野〕、条解2版806頁〔竹下＝上原〕〔不都合の是正は附帯上訴を促す釈明に期待すべきとされる〕、吉井直昭「控訴審の実務処理上の諸問題」実務民訴(2)280頁、奈良次郎「控訴審における審理の実際と問題点」小室＝小山還暦(中)120頁、平田浩「上告審の審判の範囲」新実務民訴(3)222頁など。反対として、明示の附帯控訴等がなくても主位的請求について判断できるとする見解として、新堂753頁注(1)、中野ほか・新講義500頁〔なお、高橋・重点講義(下)646頁は、利益衡量による折衷説が解釈論として無理であればという前提の下であるが、択一的関係にある予備的併合について同様の見解をとる〕）。

　他方、主位的請求が棄却され予備的請求が認容された場合に、原告が控訴し、控訴裁判所が主位的請求を棄却した原判決を失当として取り消し、主位的請求を認容した場合には、予備的請求は解除条件の成就により審判対象ではなくなるが（被告も控訴していた場合でも、被告の控訴は目的を失うことになる）、予備的請求についての第一審判決は存在するから、当該控訴審判決において原判決を全部取り消し、その旨を明らかにするのが妥当である（注解(6)234頁〔斎藤＝加茂〕、条解2版805頁〔竹下＝上原〕、高橋・重点講義(下)642頁。もっとも、最判昭和39・4・7民集18巻4号520頁、判時373号26頁、判タ162号74頁は、第一審で甲乙両請求が選択的に併合されたため甲請求のみが認容され、控訴審で、乙請求を主位的請求、甲請求を予備的請求とすることに併合の態様が変更されたため、乙請求のみを認容する場合には、甲請求を認容した第一審判決は当然に失効するから、これを取り消すことを要しないと判示しているが（選択的併合につき同旨として、最判平成18・12・21民集60巻10号3964頁、判時1961号53頁、判タ1235号148頁〔判決理由中で当該主文部分が当然に失効する旨を明示する〕）、東京高判昭和31・4・10下民集7巻4号942頁は、訴えの変更の場合についてであるが、原判決が失効したことを明らかにする意味において原判決の取消しを主文に明記しておくことは無用のことではないと説示して、主文で「原判決を取り消す」という1項を加えているが、このほうが妥当である）。なお、原判決を取り消す場合にも、予備的請求を棄却する必要のな

134

第137条・規則第56条・第57条〔1〕

いことは当然である（以上については、本書Ⅵ195頁以下も参照）。

（裁判長の訴状審査権）[1][2]

第137条　訴状が第133条第 2 項の規定に違反する場合には、裁判長は、[3]
　相当の期間を定め、その期間内に不備を補正すべきことを命じなければ
　ならない。民事訴訟費用等に関する法律（昭和46年法律第40号）の規定[5]
　に従い訴えの提起の手数料を納付しない場合も、同様とする。[4]
2　前項の場合において、原告が不備を補正しないときは、裁判長は、命
　令で、訴状を却下しなければならない。[7]
3　前項の命令に対しては、即時抗告をすることができる。[8]

（訴状の補正の促し・法第137条）[6]

規則第56条　裁判長は、訴状の記載について必要な補正を促す場合には、
　裁判所書記官に命じて行わせることができる。

（訴状却下命令に対する即時抗告・法第137条等）[8]

規則第57条　訴状却下の命令に対し即時抗告をするときは、抗告状には、
　却下された訴状を添付しなければならない。

〔1〕　**本条の趣旨**

　本条は、原告から訴状の提出があった場合において、その記載要件を欠くとき
または提訴手数料を納付しないときに、裁判長が補正を命じ、これに応じないと
きは、訴状を却下する命令を出して簡易に手続を終了することを可能にしたもの
である。訴状の記載要件や手数料の納付の判断は定型的かつ容易なものであるの
で、それを裁判長に委ねて手続終了の簡易化を図る趣旨である。本条による訴状
却下命令の制度はドイツ法にはなく、旧旧法192条において訴状差戻命令として
創設され、旧法228条において裁判長の訴状審査権および訴状却下命令として整
理されたものである。現行法は、旧法の規律を基本的に維持しており、実質的な
改正点はない。ただ、規則56条により、裁判所書記官による補正の促しの制度が
新設され、裁判所書記官の権限強化の方向を示している（これをもって、基コメ
(2)27頁〔畑郁夫〕は、「実質的には、旧民訴法228条の中身を一新させた条項ともい
いうる」と評する）。

135

第137条・規則第56条・第57条〔2〕　第2編 第1章 訴え

〔2〕　訴状の受付

　当事者が訴状を裁判所に提出すると、裁判所の事件係（受付係）の裁判所書記官は、訴えがその裁判所の管轄に属しているか、訴状の必要的記載事項が記載されているか、訴え提起の手数料が納付されているか、訴状の副本や訴訟代理人の委任状その他の附属書類が添付されているか、送達に必要な郵券等が完備しているかなどを一応点検する。もしそれらのひとつにでも不備があると思えば裁判所書記官は一応当事者に注意し、任意の補正を促す必要があるが、この事件係の裁判所書記官の調査は、受訴裁判所の裁判長または裁判官の補佐としてする事実上のものであるから強制力はなく、当事者が任意の補正をしないからといって、訴状の受付を拒むことはできない（東京高判昭和39・7・15下民集15巻7号1793頁、条解2版808頁〔竹下守夫＝上原敏夫〕）。なぜなら、訴状提出の時期は、時効中断（147条〔改正民法の規定によれば、時効の完成猶予および更新〕）や出訴期間の遵守（民201条、会社828条1項、行訴14条）に関係があり、裁判所書記官の判断で、その法的効果に影響を及ぼすような行為は避けるべきだからである（鈴木忠一「裁判官の配置・事務分配及び事件の受付・配付」実務民訴(1)48頁、注釈(5)179頁）。したがって、訴状を提出し直しても時効の中断（完成猶予）等には影響がないことが明らかであり、かつ、原告の完全な任意で、管轄裁判所に訴状を提出し直すために、あるいは訴状または附属書類等の完備のために、訴状を持ち帰るような場合は受け付けないでよいが、それ以外の場合には、問題点を付箋等に記す程度にとどめ、訴状を受理して受訴裁判所に送付し、その裁判長の判断に委ねるべきである（基コメ(2)28頁〔畑〕、注釈(5)180頁〔宮川知法〕、注解(6)243頁〔斎藤秀夫＝加茂紀久男〕）。

　裁判所書記官が訴状を受け付けたときは、受付の年月日を明らかにするために、訴状に年月日を明示した受付日付印を押し、事件簿にもこれを明らかにして記載する（平成4・8・21総三第26号最高裁事務総長通達「事件の受付及び分配に関する事務の取扱いについて」）。この受付日付印は、事件の受付の年月日を証明する重要な証拠となるが、唯一のまたは排他的な証拠ではなく、他の証拠方法によって別の日が受付日であることを証明することは可能である（鈴木・前掲「裁判官の配置・事務分配及び事件の受付・配付」実務民訴(1)48頁）。裁判所の勤務時間外に受け付けた場合には、何日に宿直で受け付けたかを明らかにする処置がとられる（当直員が封書を開封しない取扱いの裁判所においては、封筒に当直受付の受付

第137条・規則第56条・第57条〔3〕

日付印を認印し、その後事件係において開封後、書類に転写用受付印〔当直受付で転写であることを明記した印〕を用いて認印する方法がとられる）。なお、当直を廃止した庁において夜間に投函された受領郵便等については、次の執務時間の受付の受付日付印で受け付けられ、受付の際、当該書類の受付印の傍らに前の退庁時刻から当日の登庁時刻までの間に投函されたものであることを注記する扱いである（平成4・4・24総務局長等書簡）。

このようにして受付手続を終了して事件簿に登載された訴状には、表紙を付して事件記録を編成したうえ、裁判所があらかじめ裁判官会議で定めた事務分配の規則（下級裁判所事務処理規則6条・8条）に従って、なるべく速やかに狭義の裁判所（受訴裁判所）に配付しなければならない。事件の分配を受けた受訴裁判所所属の裁判所書記官は、一応訴状が適式なものであるかどうかを確認したうえ、裁判長（単独体の場合は裁判官）に提出する。訴訟法的には、事件の受付と配付との間に時間的間隙があると解すべきではなく、受付と同時にその担当の合議体または裁判官が自動的に定まり、これに基づき事件が配付されたものと解される（鈴木・前掲「裁判官の配置・事務分配及び事件の受付・配付」実務民訴(1)49頁）。

〔3〕　**訴状の必要的記載事項の不記載**

訴状に133条2項所定の要件の記載を欠いているときは、裁判長は補正命令を発しなければならない。これに対し、規則所定の記載事項、すなわち、請求を理由づける事実、立証を要する事実に関連する事実で重要なものおよび証拠（規則53条1項）、攻撃または防御の方法（同条3項）、原告またはその代理人の郵便番号・電話番号・ファックス番号（同条4項）、証拠保全のための証拠調べを行った裁判所および証拠保全事件の表示（規則54条）などの記載がなくても、補正命令の対象とはならない（これらの記載事項については、133条〔9〕～〔14〕参照）。また、訴訟代理人の委任状、法定代理人の資格証明書、登記事項証明書、手形・小切手の写し、証拠となるべき文書の写しで重要なもの（規則55条）等訴状の添付書類（133条〔15〕）が訴状に添付されていない場合にも、同様である。これらの不備は、訴訟手続の進行中に補正するなり、追加提出すればよく、もし補正または追加提出が行われないときには、その事項に応じて対処すればよい（注釈(5)182頁〔宮川〕）。

133条2項1号の当事者（133条〔5〕参照）の記載について実務上よく起こるのは、死者を被告として表示した場合に補正を許すかどうかという問題である。こ

第137条・規則第56条・第57条〔3〕　第2編　第1章　訴え

れは当事者の確定方法の問題に関連するが（詳しくは、第1編第3章前注2・3〔本書I266頁以下〕参照）、表示説によっても、訴状の全記載から当該当事者が死亡している場合には相続人等を訴える趣旨が認められる場合には、当事者の表示の不備として補正を促すべきことになり、実務の多くはこの扱いによっている（第1編第3章前注3(3)〔本書I271頁〕参照）。また、原告が共有者全員を被告として訴えを提起すべき固有必要的共同訴訟の場合であるのに、共有者の一人を勝手に選定当事者としこれを唯一の被告として記載した訴状を裁判所に提出した場合には、訴えは不適法であると解されるが（30条〔3〕(1)参照）、形式的には当事者の表示はあり、本条1項所定の要件には関係がないから、補正命令を発するべきではない（大決昭和7・9・10民集11巻2158頁、注解(6)243頁〔斎藤＝加茂〕）。動物を原告とする訴状が提出された場合にも、原告の表示の不備として補正命令の対象となる（ゴルフ場開発許可処分取消訴訟の原告として「アマミノクロウサギ」を表示して訴状が提出された事例があるとされる。基コメ(2)30頁〔畑〕参照）。なお、天皇を被告とした訴えについては、天皇にも裁判権が及ぶとすれば（第1編第2章前注2(1)〔本書I74頁〕参照）問題にならないが、判例は、補正の余地はなく、訴状却下命令によるべきものとする（最判平成元・11・20民集43巻10号1160頁、判時1338号104頁、判タ719号124頁）。

　133条2項1号の法定代理人（133条〔6〕参照）については、国を被告とする民事訴訟では、国を代表する者は法務大臣であるのに（法務大臣権限1条）、国を代表する者として他の大臣等を表示した場合には、形式的には法定代理人が表示されているから、本条の問題にはならないとの説（兼子・判例民訴(上)112頁、菊井維大・判民昭和19年度5事件）と、このような場合でも法定代理人の記載がない場合と同視して補正命令を発するべきであるとの説（基コメ(2)30頁〔畑〕、注釈(5)187頁〔宮川〕）がある。判例（大判昭和19・2・25民集23巻75頁）は後説に従っているとされるが（異論として、注釈(5)188頁〔宮川〕参照）、理論的には前説が正しい。前説によっても、原告が後に正しい代表者の氏名に補正する必要があることは当然であるが、不記載の場合と同視はできず（特に国が行政訴訟の被告とされるようになった現状〔行訴11条参照〕では、国の代表権の所在は必ずしも明確なものではない可能性がある）、その点の判断は口頭弁論に委ねるべきであり、本条項に反する（訴状却下命令の理由となる）と解するべきではない。

　133条2項2号の請求の趣旨および原因の記載を欠く場合は比較的少ない（請

求原因についてどの範囲で記載が求められるか、特にいわゆる識別説と理由記載説〔事実記載説〕の争いについては、133条〔8〕参照）。当事者が記載したことをみても、いかなる法律上の理由でどのような判決を求めているのかまったく理解できず、善解のしようもないような場合には、その記載を欠くといえる（東京高決昭和29・7・16東高民時報5巻7号159頁、法律実務(2)88頁）。その判断は、あくまで形式的に行うべきであり、記載内容の正誤や当否を問題にすべきではなく、一応請求の趣旨・原因と解されるものが記載され、大体どのような請求をしているかがうかがえれば足りる（最判昭和35・3・10民集14巻3号389頁、判時217号19頁）。家屋の建坪の表示を欠いていても家屋の表示があれば、口頭弁論等で明確にさせれば足りるのであるから、本条1項に反することにはならないし、不動産の特定を命じた補正命令に対し、「補正命令履行届」なる書面に固定資産の評価証明書を提出し、その証明書においてその不動産を特定するに足りる地番・地目・地積などが表示されていれば、当該不備は補正されたものと認めるべきである（東京高決昭和43・7・22高民集21巻4号393頁、判タ228号123頁）。

　補正の余地のないことが明らかな場合は補正命令を発する必要はなく、相手方との間で訴訟係属をさせる必要もないので、直ちに訴状を却下すべき場合がある（最大判昭和25・7・5民集4巻7号264頁、最判平成元・11・20前掲参照。口頭弁論を経ずに訴えを却下できる場合については、138条〔4〕参照）。

〔4〕　手数料の不納付

　訴えを提起するには訴訟の目的の価額（その算定につき、8条〔3〕参照）に対応して、民事訴訟費用等に関する法律に定める額の手数料を納付しなければならない（民訴費3条・4条）。督促手続から訴訟に移行した場合（395条・398条）、および起訴前の和解から訴訟に移行した場合（275条2項）には、それぞれの申立てについて納めた手数料は訴訟費用の一部とされるので、その額を控除した額の手数料を納付しなければならない（民訴費3条2項1号）。また、労働審判に対する異議、労働審判の取消しまたは労働審判によらない労働審判事件の終了があったことにより訴えの提起が擬制される場合にも（労審22条1項・23条2項・24条2項）、労働審判の申立てについて納めた手数料は控除される（民訴費3条2項2号）。さらに、調停不調等の後に訴えを提起した場合（民調19条、家事272条3項・280条5項・286条7項）には、調停の申立てについて納付した手数料の額は納めたものとみなされるので（民訴費5条1項）、やはり差額を追納しなけ

第137条・規則第56条・第57条〔5〕　第2編 第1章 訴え

ればならない。また、手形訴訟および小切手訴訟において、それらの訴訟の要件に該当しないとして口頭弁論を経ずに訴えが却下されたときに、その判決送達から2週間以内に通常の手続により訴えが提起されたときも（355条2項・367条2項）、手数料の控除が適用になる（民訴費5条1項）。

　これらの手数料の納付の方法は、原則として訴状等に収入印紙を貼って納めることとされるが（民訴費8条本文）、納付する手数料が100万円を超える場合には現金をもって納めることもできる（同条但書、民訴費規則4条の2）。一般に手数料を納めなければならない申立てで、その納付がないものは、不適法な申立てとされるが（民訴費6条）、訴状については、その特則として、必要的記載事項の不備と同様に取り扱い、裁判長は原告に対し、相当の期間を定めて法定の手数料の納付または不足額の追納を命じなければならないこととしたものである。なお、手数料の追納命令を発した後に、訴えが変更されて不足分がなくなった場合には、瑕疵が治癒されるので、訴状を却下する必要はない（東京高判昭和30・3・23判タ49号64頁）。

　なお、訴え以外の申立てに手数料を納付しなければならない場合において、当事者が手数料を納付しないか、納付しても不足するときの取扱いについて、期日指定の申立ての場合に、訴状の場合とは異なり、印紙を追納させるかどうかは裁判所の裁量で定めることができるとする判例があるが（最判昭和32・12・26民集11巻14号2478頁、判時137号18頁参照）、これは訴訟の進行に関する申立てについての特殊な例であり、現在では、手数料の納付を要する行為が原則として独立の申立てに限られていることからすれば（民訴費別表第1第17項イ、民訴費規則別表第2第5項イ参照）、訴状と同様の扱いで足りよう。

〔5〕　**補正命令**

(1)　補正命令の主体・意義

　訴状の提出を受けた裁判長は、訴状が133条2項の規定に適合するかどうか（前記〔3〕）、法定の手数料が納付されているかどうか（前記〔4〕）を確認しなければならない。事件がまず単独体の裁判官に配付された場合には、ここにいう「裁判長」とは、受訴裁判所の裁判官を意味することになる。しかし、法律により合議体で処理するよう定めてある事件および高等裁判所が第一審である事件（裁18条・26条2項、公選203条・204条・207条・208条・210条・211条・217条、弁護士16条・61条、外弁60条、特許178条、実新47条、意匠59条、商標63条、海難審判

第137条・規則第56条・第57条〔5〕

44条など。これらの事件については、第1編第2章第1節前注2 (2)(ウ)(c)〔本書Ⅰ95頁～96頁〕参照）については、文言どおり合議体である受訴裁判所の裁判長が訴状の審査をすることになる（なお、上訴状に関する本条の準用に際しても同様である。裁18条・26条2項3号）。

　訴状の審査は形式に関することであり、その要件の不備の有無の判断等は比較的簡単にできるから、訴状に明白な不備があれば、裁判所の判決を待つまでもなく裁判長の命令によって訴状を却下し、事件を簡単に処理すべきであるが、訴状の不備は原告の過失に基づく場合もあるので、裁判長が直ちに訴状を却下するのは妥当な処置ではない。そこで、訴状の却下前に、裁判長は必ず補正命令を出し、原告に訴状の不備を補正する機会を与えることにしたものである（最判昭和45・12・15民集24巻13号2072頁、判時617号85頁、判タ257号132頁は、控訴裁判所が被告会社の代表権限の欠缺を看過してなされた第一審判決を取り消す場合には、原告に対し訴状の補正を命じさせるため、事件を第一審裁判所に差し戻すべきであり、自判して訴えを不適法却下すべきでない旨を判示する）。裁判長が補正命令を発するのは裁判長の独自の権限に基づくものである。しかし、後記〔7〕(3)で述べるように、訴状が被告に送達された後は、訴訟係属が生じ、裁判長は訴状を却下することはできなくなるので、裁判所が一種の釈明処分として補正を促し、なお補正がされないときに裁判所が判決で訴えを却下すべきである（注解(6)249頁〔斎藤＝加茂〕、注釈(5)191頁〔宮川〕、条解2版809頁〔竹下＝上原〕、基コメ(2)31頁〔畑〕など。これに対し、裁判所を代表する立場で裁判長が補正命令を発することができるとする見解として、本書旧版Ⅱ129頁、法律実務(2)87頁参照）。

　裁判長の補正命令に対しては、即時抗告または通常抗告の提起ができない（東京高決昭和30・9・20判時60号12頁〔即時抗告〕、東京高決昭和40・6・5判タ180号140頁〔通常抗告〕参照）。補正命令に対して不服のある原告は、これに従わずに、その後にされる訴状却下命令を待ち、却下命令に対して即時抗告を提起し、その中で補正命令の当否を争うことができる。

　(2)　補正命令の内容

　訴状に不備があるため裁判長が期間を定めて補正を命じる際には、補正すべき事項および追貼すべき印紙額を明確にしなければならない。補正期間は、補正すべき事項の難易に応じて、裁判長の裁量によって相当な期間を具体的に定める（いわゆる裁定期間）。例えば、請求の趣旨を書き落した場合、訴額算定の誤りの

141

ために訴え提起の手数料の納付額が不足する場合などには、補正期間は比較的短くてよいが、訴状を送達したが住所不明のため不送達となったので、被告の住所の補正を命ずるような場合には、現住所を実際に調査する必要があるから、多少長期の補正期間を定めるのが妥当である（大阪高決昭和55・12・23判タ443号87頁は、原審が10日間の補正期間内に被告の住所を補正しなかったとして訴状却下命令をしたのを、この補正期間は短すぎ、違法として取り消している）。一旦定めた補正期間も、具体的な事情の変動に応じて、それを伸長することができる（注釈(5)194頁〔宮川〕）。

訴状の補正後さらに新たな不備が生じた場合、例えば、被告が原告の補正した住所から他に転居したので住所不明のため不送達となった場合には、再度の補正を命ずるのが適当である。被告の住所の補正を命じられた場合に、住所不明と判断して公示送達を申し立て、公示送達がされたときは、当然に補正されたことになる（札幌高決昭和37・5・23高民集15巻4号278頁、判時310号35頁、注解(6)248頁〔斎藤＝加茂〕、基コメ(2)32頁〔畑〕）。

(3) 補正の効果

原告が補止命令に従って訴状を補正した場合、補正が訴え提起の手数料の不足額の追納であれば、訴状提出の時に遡って適法な訴状となる（最判昭和24・5・21民集3巻6号209頁、最判昭和29・11・26判時41号11頁）。訴状の必要的記載事項が記載されている以上、補正に遡及効を認めることに問題はないと考えられるからである。そして、訴状却下命令が確定するまでの間は不足額を追納することができ、訴状却下命令に対する抗告審または再抗告審（後記〔8〕）で不足額を追納した場合でも同じであるし（東京高決昭和57・2・18判時1039号77頁。抗告状却下命令につき同旨として、最決平成27・12・17判時2291号52頁、判タ1422号72頁。なお、最決昭和57・2・22判時1045号88頁、判タ471号121頁は、申立ての手数料等の納付を命ずる補正命令に従わなかったことを理由として、高等裁判所の裁判長がした特別抗告状却下命令に対しては、当該命令の後に申立ての手数料等を納付したことを理由として特別抗告の申立てをすることはできない旨を判示しているが、これは違憲を理由とするものではないからである）、当該事件の上級審においても補正することができる（最判昭和31・4・10民集10巻4号367頁〔請求の趣旨変更申立書〕、最判昭和37・11・30裁判集民63号365頁〔控訴状〕）。なお、補正命令後に訴えを一部取り下げ、訴額を減少させても、補正命令に従って取下げ前の訴額に応じ

第137条・規則第56条・第57条〔6〕

た手数料を納付する必要があり、その追貼のうえで、取下げ部分に関する手数料の一部の還付（民訴費9条3項1号）を受けるべきである（東京高決平成5・3・30判タ857号267頁）。

手数料不納付以外の訴状の不備の場合には、遡及を認めて訴状提出の時に適法となるとの説（小山202頁、注釈(5)197頁〔宮川〕）、補正の時に適式な訴状が提出されたと解すべきであるとの説がある（条解(上)628頁、法律実務(2)88頁）。しかし、この点は補正した事項ごとに決するべきである（同旨——注解(6)248頁〔斎藤＝加茂〕、条解2版810頁〔竹下＝上原〕、松本＝上野228頁、基コメ(2)32頁〔畑〕）。例えば、被告の住所や法定代理人などの記載の不備の場合（控訴状における被控訴会社の住所および代表取締役の氏名に誤記があった場合につき遡及効を認めるものとして、最判昭和34・11・19民集13巻12号1500頁参照）はもちろん、請求の趣旨が請求原因の記載から推測されるが、その記載がないような場合には、請求の特定は最初からされていると解されるから、当初から適式な訴状が提出されたものと解すべきである。これに対して、請求の趣旨や原因の記載がまったくない場合などには、請求の内容が不明でありまたは特定しないから、補正の時に訴状が提出されたものと解される。なお、被告国を代表すべき者が南洋庁長官であるのに、これを拓務大臣と誤って訴えが提起された場合に、上告状の補正でそれが補正されたときは、その補正の効力が訴状および控訴状に及ぶとする判例があるが（大判昭和19・2・25前掲）、この事件は代表すべき者自体について争いがあった場合に関するところ、一般に上告状または控訴状の記載事項の不備の補正のみで訴状の適式性に係る効力までが認められるかは、疑問である（菊井維大・判民昭和19年度5事件、注解(6)249頁〔斎藤＝加茂〕、注釈(5)198頁〔宮川〕）。

〔6〕　裁判所書記官による補正の促し

規則は、裁判長が訴状の記載について必要な補正を促す場合には、裁判所書記官に命じて行わせることができる旨を定めた（規則56条）。旧法下の実務でも、訴状の補正の促しは、実際上裁判長の命を受けて裁判所書記官が行うことが一般的であったとされる。これは、補正の促しについては、裁判官よりも当事者と接触する機会が多く、いわば裁判所の対外的な窓口の機能を果たしている裁判所書記官を通じて行うほうが、適時適切な補正がされるものと期待できることによる。特に現行法では、期日において実質的な審理を行うため、訴訟手続の当初の段階から裁判所書記官が訴訟運営に積極的に関与し、事案の内容や訴訟の進行につい

143

第137条・規則第56条・第57条〔7〕 第2編 第1章 訴え

て裁判官と認識を共通にして協働していくことがより一層重要な意味をもつと考えられる。そこで、このように、従来の実務に明文の根拠を与え、裁判所書記官の権限を拡張したものである。

裁判所書記官による補正の促しは、書記官の名の下に行われるが、それはあくまで裁判長の補正権限を背景とするものであって、裁判所書記官に固有の権限を付与するものではない。裁判長がその権限の一部を裁判所書記官に委任することができることを定めたものといえる（条解規則125頁）。裁判長の命令のあり方としては、事前にある程度包括的に指示を与えておくこともできるし、裁判所書記官の個別の具申に基づき個別的な指示の形で命令がされることもあろう。書記官の行為はあくまでも補正の促しであり、当事者がその補正に応じないときも、訴状を却下するには改めて裁判長の補正命令を発する必要がある。なお、この場合は、149条4項の場合と異なり、相手方への通知は必要ない（新堂222頁）。

〔7〕 **訴状却下命令**

(1) 訴状却下命令の発令

原告が裁判長の補正命令を受けたにもかかわらず、所定の期間内に補正しなかったときは、裁判長は命令で訴状を却下しなければならない（本条2項）。もっとも補正期間経過後であっても訴状却下命令が発せられる以前に補正がされれば、当該補正は有効であり、裁判長は訴状却下命令を発することはできない（大判昭和13・3・5法学7巻1407頁）。原告から補正期間の伸長の申出があった場合に、その期間を伸長するかどうかは裁判長の裁量に委ねられているが（大決昭和12・4・8法学6巻1112頁、最決昭和46・4・15裁判集民102号473頁、注釈(5)199頁〔宮川〕〔ただし、慎重な取扱いが望ましいとする〕、条解2版810頁〔竹下＝上原〕、基コメ(2)32頁〔畑〕）、実務上は期間を延長せずに、期間延長の申立てに理由のある場合には、訴状却下命令を発するのを猶予する旨の取扱いをすることもあるようである。補正したといえるかどうか疑問が生ずる場合があるが、そのような場合には、口頭弁論を開くか、開かないでも判決をもって判断すべきであり、訴状却下命令をするのは適当でない。

訴状却下命令の本質は、訴状を受理しないという一種の行政処分を裁判の形式でしたものであるか、裁判長が合議体から独立して有する不適法な訴訟行為を排斥する訴訟指揮の裁判であるか（三ヶ月・双書211頁、条解2版811頁〔竹下＝上原〕、基コメ(2)32頁〔畑〕）、原告の裁判要求を拒絶する訴え却下判決に準じる裁

144

判であるか（法律実務(2)88頁、注解(6)251頁〔斎藤＝加茂〕）、見解が分かれているが、一種の行政処分的なものであることは間違いない。この段階では訴訟係属はなく、対立当事者は存在していないからである。もっとも、一種の行政処分といってもその形式は裁判であるから、これに対する不服申立ては即時抗告によるべきであり（後記〔8〕）、行政事件訴訟として救済を求めることは許されず（最判昭和41・4・15裁判集民83号191頁）、また裁判所法82条に基づく司法行政監督上の措置を求めることも許されない（最判昭和41・4・14裁判集民83号167頁）。その意味で、この性質論は実際上の効果には影響しない（基コメ(2)31頁〔畑〕）。

　訴状を却下するには、原則として訴状の原本そのものを却下し、原告に返還すべきである（条解2版811頁〔竹下＝上原〕、注解(6)251頁〔斎藤＝加茂〕、注釈(5)199頁〔宮川〕、昭和28・3・23最高裁民事局長回答）。訴状の謄本または副本を却下し返還する扱い（上告状につき、名古屋高決昭和36・12・5高民集14巻9号640頁）は相当でなく、また訴状を却下するとの命令のみを送達したりすべきではない。このように解することが、即時抗告に訴状の添付を求める規則57条の規定（後記〔8〕参照）にも適合する。そして、訴訟記録には訴状の副本を綴じておくことになる。なお、却下する訴状の原本に貼用された印紙は消印を押したままとする。もっとも、訴えの主観的併合または客観的併合の場合に、そのうちの一部の請求についてのみ訴状を却下すべきときは、訴状の原本を却下して返還することができないから、訴状の一部を却下したうえで訴状の謄本を作成して、これを返還するほかはない（注解(6)252頁〔斎藤＝加茂〕、注釈(5)200頁〔宮川〕）。また、口頭による訴えの提起（271条）の場合には、訴状に代わる調書を裁判所書記官が作成することになるが（規則1条2項後段）、訴状却下命令にその調書の写しを添付して原告に送達すべきである（訴状に代わる調書の原本を原告に送付すべきものとする見解として、本書旧版Ⅱ135頁、注釈(5)200頁〔宮川〕参照。同調書の謄本を原告に送付すべきものとする見解として、注解(6)252頁〔斎藤＝加茂〕参照）。

　(2)　支払督促等からの移行の場合の扱い

　問題になるのは、支払督促に対して異議が申し立てられて訴訟に移行し（395条・398条）、または起訴前の和解が不調で当事者双方の申立てで訴訟に移行した（275条2項）場合に、原告が、補正命令に反して不足の手数料（民訴費3条・4条・5条）を追納しない場合の処置（却下すべき訴状の原本が存在しない以上、何を却下すべきか、この場合に本項を準用する余地があるか）である（395条〔2〕(2)

第137条・規則第56条・第57条〔7〕 第2編 第1章 訴え

(ア)も参照)。

この点については、①本条を準用して支払督促申立書を却下すべきであると
する説（法曹会決議昭和5・9・7法曹会雑誌9巻1号101頁）、②口頭弁論が開
かれた後は、判決で訴えを却下すべきであるとする説（福岡地決昭和46・11・12
判時670号78頁、判タ272号253頁）、③口頭弁論を開かずに140条によって判決で
訴えを却下すべきであるとする説（中野ほか・新講義666頁、注釈(5)193頁〔宮川〕）、
④口頭弁論を開いて判決で訴えを却下すべきであるとする説（本書旧版Ⅱ136頁、
裁判所書記官研修所『支払命令における実務上の諸問題の研究』229頁〔法曹会、
1990年〕、注解(6)254頁〔斎藤＝加茂〕。条解2版810頁〔竹下＝上原〕は本条の準用
を否定する）などがある。

まず、支払督促について仮執行宣言が付されていない場合には、異議によって
訴訟提起の効力が生じ（395条）、その場合に、支払督促申立書が訴状としての効
力を有するものとされるので、不足の手数料の追納がされない場合には、訴状と
同視される支払督促申立書を本条により却下すべきものと解される。他方、支払
督促に仮執行宣言が付されている場合には（391条）、それに基づいて強制執行が
行われていることもあり、その後仕末も必要であるから、支払督促申立書を却下
することは適当でない。そこで、この場合には、裁判所が手数料の納付を促し、
それでも納付がない場合には、140条により、口頭弁論を開かずに、仮執行宣言
付の支払督促を取り消したうえで、判決で訴えを却下すべきものと解される（以
上につき、395条〔2〕(2)(ア)も参照）。いずれにせよ、手数料の納付がない限り、口
頭弁論期日を開くことは相当でないと解されよう。

(3) 訴状却下命令のできる時期

裁判長が訴状の不備を看過して本条により却下することなく、訴状の副本を被
告に送達し、訴訟係属の効果が生じた（142条〔2〕）以上は、裁判長は本条によ
って訴状を却下する権能を失い、裁判所が判決により訴えを却下しなければなら
ない（兼子・体系180頁、注解(6)252頁〔斎藤＝加茂〕、条解2版809頁〔竹下＝上原〕、
基コメ(2)32頁〔畑〕、新堂222頁）。裁判長が訴状を却下する権能を失う時期は、
口頭弁論の開始時とする見解もあるが（控訴状につき、大決昭和14・3・29民集
18巻365頁参照。同旨——新堂222頁、斎藤・概論140頁）、訴状を被告に送達すれば
訴訟係属の効果が生ずるから、送達時と解するべきである（東京高決昭和37・
7・27東高民時報13巻7号120頁、三ヶ月・全集330頁、中野ほか・新講義54頁、松

146

本＝上野228頁、注釈(5)192頁〔宮川〕、注解(6)249頁〔斎藤＝加茂〕）。ただ、この場合にも、裁判所は相当の期間を定めて訴状の補正を促し（前記〔5〕(1)参照）、原告が補正しないときに限って、判決で訴えを却下すべきである（注解(6)249頁〔斎藤＝加茂〕、注釈(5)191頁〔宮川〕など参照）。

裁判長が訴状を審査して必要的記載事項の記載に不備があるかどうかが問題になる場合において（訴訟物の価額の算定が法律的にまたは事実的に困難である場合など）、裁判所の判断に委ねるのを適当と考えたとき、または口頭弁論を開き相手方の主張を聴きあるいは証拠調べをしたうえで対処するのを適当と考えたときには、裁判長は本条によって処置することなく、訴状をとりあえず被告に送達して口頭弁論を開くほうが妥当である。なお、訴え提起の手数料の追納をしないことを理由として訴え却下の判決があった場合に、その控訴提起の手数料の額は、訴え提起の手数料額にその半額を加えたものでよいとする裁判例がある（東京高判昭和44・7・7高民集22巻3号418頁、判時570号55頁、判タ239号158頁）。

〔8〕 **訴状却下命令に対する即時抗告**

裁判長の訴状却下命令は相当と認める方法で原告に告知されるが（119条）、それに対して、原告は即時抗告をすることができる（本条3項）。前述のように（〔2〕〔4〕）、原告が抗告審または再抗告審で補正命令に従ってその不備を補正すれば、訴状却下命令は取り消され、第一審裁判所は訴状を被告に送達して口頭弁論を開いて審理する（条解2版811頁〔竹下＝上原〕、注解(6)253頁〔斎藤＝加茂〕、注釈(5)200頁〔宮川〕）。高等裁判所の裁判長が第一審または控訴審として、訴状または控訴状を却下した場合には、特別抗告または許可抗告が可能である。訴状却下命令は訴訟係属前の裁判であるから、被告には不服申立ての利益はない（条解2版811頁〔竹下＝上原〕、注解(6)253頁〔斎藤＝加茂〕）。

訴状却下命令に対して即時抗告をする原告は、抗告状に裁判所から差し戻された訴状の原本を添付しなければならない（規則57条。昭和28・3・23最高裁民事局長回答、条解規則126頁）。ただし、裁判長から差し戻されたものが訴状の謄本であれば（前記〔7〕(1)参照）これを添付すればよく、裁判長の命令のみで、訴状の原本・謄本が添付されていないときは、何も添付する必要はない（注釈(5)200頁〔宮川〕）。なお、抗告審または再抗告審で裁判長の命令を取り消すときは、抗告状に添付された訴状の原本を第一審に差し戻さなければならない。

第138条・規則第58条〔1〕〔2〕　第2編 第1章 訴え

（訴状の送達[1]）
第138条　訴状は、被告に送達しなければならない[2]。
2　前条の規定は、訴状の送達をすることができない場合（訴状の送達に
　必要な費用を予納しない場合を含む。）について準用する[4]。

（訴状の送達等・法第138条等[3]）
　規則第58条　訴状の送達は、原告から提出された副本によってする。
　2　前項の規定は、法第143条（訴えの変更）第2項（法第144条（選定者
　　に係る請求の追加）第3項及び第145条（中間確認の訴え）第4項にお
　　いて準用する場合を含む。）の書面の送達について準用する[3]。

〔1〕　**本条の趣旨**

　本条は、裁判長の訴状審査が終了し、訴状の記載要件等の具備が確認された後
に、次の段階として、訴状を被告に送達すべき旨を定めるとともに、送達不能の
場合の取扱いを規定する。訴状が適法に送達されたことは、訴訟要件のひとつで
ある。旧法229条と同趣旨の規定であり、現行法による実質改正はないが、2項
かっこ書が追加された。これは、旧法下でも同様の解釈論が一般であったが、公
示送達に関する条文（110条1項2号）が同様に「送達をすることができない場
合」という文言を用いながら、これには費用が予納されない場合が含まれないた
め、本条でもそれが含まれないのではないかとの疑義を生じないようにしたもの
である（一問一答140頁参照）。また、訴状の送達は副本によって行う旨などを定
めた規則58条が新設されている。

〔2〕　**訴状の送達**

　裁判長が訴状を審査して137条1項の要件を備え、訴え提起の手数料が納付さ
れていると認めたときは、裁判所は訴状の副本（後記〔3〕）を被告に送達しなけ
ればならない。実務上は、裁判長は訴状の要件を審査した後、直ちに第1回口頭
弁論期日を指定し、被告に対しては訴状の副本と期日の呼出状を送達し、原告に
対しては同期日の呼出状のみを送達する。もっとも、裁判所が口頭弁論を経ない
で直ちに事件を弁論準備手続に付した場合には（規則60条1項但書）、裁判所は、
口頭弁論期日の呼出状の代わりに弁論準備手続期日の呼出状を送達する。訴状を
被告に送達する場合、被告が訴訟無能力者であるときは、その法定代理人に送達

しなければならず（102条1項）、被告が刑事施設に収容されている者であるときは、刑事施設の長に送達しなければならない（同条3項）。この場合、法定代理人や刑事施設の長に送達された時に、送達の効力が生ずる（在監者につき、最判昭和54・10・18判時946号50頁、判タ401号68頁）。

訴訟係属がいつ生ずるかについては議論があるが（詳しくは、142条〔2〕参照）、訴状が被告に送達された時と解するのが相当であるから、訴えが提起された以上、なるべく早く訴訟係属の効果を生じさせるためにも、遅滞なく訴状を被告に送達すべきである。

訴状に被告に対する催告や契約解除、相殺、賃料増減額その他の実体法上の意思表示が記載されている場合において、訴状の副本が被告に送達されたときに、その催告や意思表示がされたことになる。その送達が公示送達によった場合には、旧法では、実体法上の意思表示は効力を生じず、民法98条による公示の方法によって意思表示を別途しなければならないとされていたが（大判昭和7・12・21民集11巻2480頁参照）、現行法は新たに113条の規定を設けて問題を解決した（詳しくは、113条〔1〕参照）。訴状に上記のような意思表示等が明確に記載されていなくても、上記意思表示等がされたうえでなければできないような請求をしている場合には、黙示の意思表示等がされたものと解してよい（最判昭和36・11・9民集15巻10号2444頁は、当然解除特約に基づき原状回復を求める訴状について予備的に当該訴状の記載には解除の意思表示を含むと解し、最判昭和39・2・20判タ160号74頁は、訴状において停止条件付代物弁済契約の条件成就による所有権取得の効果の主張のみが記載されている場合においても、原告がその後の弁論において代物弁済の予約の主張を追加してその予約の完結権行使が訴状の送達をもってされた旨を主張したときは、その訴状送達の時に当該予約完結権の行使があったものと認めることができると解している）。このようにしてされた催告、意思表示等が、訴えが取り下げられたり訴えの却下判決がされたりした場合にどうなるかについては説が分かれているが（詳しくは、262条〔2〕(2)参照）、判例（最判昭和35・12・9民集14巻13号3020頁、最判昭和35・12・23民集14巻14号3166頁、判時246号35頁）は、訴えの取下げ等があっても実体法上の効果は消滅しないとしている。

訴状の記載について形式的に不備があるとはいえないが、その記載内容からいってその訴えが認容される可能性がおよそなく、釈明などによって補充訂正する余地もないことが明らかである場合（例えば、国会の解散を求める訴えや憲法の

第138条・規則第58条〔3〕　第2編 第1章 訴え

無効確認を求める訴えのように事柄の性質上司法審査の対象とならないことが明らかな訴えや、出訴期間がすでに徒過していることが明らかな訴えの場合など）に、被告と表示された者に対して訴状を送達せず期日の呼出しもしないで、140条によって訴えを却下することができるかについては議論がある。この点について、判例は、訴えが不適法であり、裁判制度の趣旨から、当事者のその後の訴訟活動によっても適法とすることがまったく期待できない場合には、被告に訴状を送達するまでもなく、口頭弁論を経ずに訴えを却下し、その判決正本を原告に送達すれば足りる（被告に送達する必要はない）ものと判示している（最判平成8・5・28判時1569号48頁、判夕910号268頁。事案は、確定判決の無効確認等を求めたものである）。したがって、前記のような司法審査の対象とならないことや出訴期間が徒過していることが明らかな訴えについては、補正がおよそできないことが明白であるから、訴状を送達せず口頭弁論を開かないで訴えを却下するとの措置を是認してよい（同旨——条解2版812頁〔竹下守夫＝上原敏夫〕、伊藤204頁注(76)。出訴期間の徒過につき、札幌高判昭和57・5・27判夕475号76頁はそのような取扱いを否定していたが、前記判例の下では維持できないと解される。ただし、松本＝上野229頁は、前記判例は、2当事者対立の原則を無視するもので、民事訴訟の構造に反するものと批判する）。

〔3〕　**副本による送達**

　訴状の送達は、原告から提出された副本によってされる（規則58条1項）。これは、訴答文例以来の確立した実務慣行を明文化したものとされる（中野・解説20頁、基コメ(2)33頁〔畑郁夫〕）。旧法の規定は明確ではなかったが、前述のように（〔2〕参照）、訴状には実体法上の意思表示が記載される場合も多いことなどを考慮して、単なる謄本ではなく副本によることを明示したものである（注釈(5)203頁〔宮川知法〕、松本＝上野228頁）。ただ、原告による副本の提出義務は訓示的なものであり、副本の提出がなくても、補正命令や訴状却下命令の対象にはならない。したがって、原告が最終的に副本を提出しない場合には、裁判所書記官が訴状の謄本を作成して、それを被告に送達することになる（条解規則128頁参照。この点は旧法時代と変わらない）。ただ、このような副本提出義務が明文で定められた以上、また現在のコピー機械等の発達の状況に鑑みれば、原告としては、副本を提出して訴訟の進行に協力する責務を負っているものと考えられる。原告から受ける副本の通数については、訴状の添付書類（規則55条）の通数と同

150

様、基本的には、被告の数を踏まえた通数が必要と考えられる。

　また、訴状のほか、訴えの変更（143条2項）、選定者に係る請求の追加（144条3項）および中間確認の訴え（145条4項）の書面の送達についても、やはり提出された副本によることとされている（規則58条2項）。現行法で新設された規定であるが、これらの書面が訴状に準じるものであることから、当然の趣旨を定めたものといえる。さらに、反訴（規則59条）、控訴（規則179条）、上告（規則186条）においても、訴えに関する規定が適用・準用されているので、同様に、反訴状、控訴状、上告状の副本による送達がされることになる。

〔4〕　送達不能の場合等の扱い

　訴状に記載した、①被告の住所の表示が誤っている場合、②被告が死亡していた場合、③被告が訴訟無能力者または法人であるのに法定代理人または代表者の表示が訴状にない場合、④被告が裁判権免除特権を有していて、応訴意思（裁判権免除の放棄の意思）を確認する手続においてその意思のないことが判明した場合または⑤原告が送達費用を予納しなかった場合等には、訴状を送達することはできない。

　上記①と③との場合には、137条1項によって、裁判長は原告に補正すべき事項を明らかにし、相当の期間を定めて補正を命じなければならない。補正がされない場合は訴状却下命令がされる（同条2項）。もっとも、①の場合の多くは、訴状に記載した被告の住所に宛てて発送したが、「転居先不明」または「あて所に尋ねあたりません」との付箋付きでこれが裁判所に返送されて初めて誤記であることが判明し、裁判所書記官から原告に対してその旨の連絡をし、原告において調査して正確な住所を上申書によって裁判所に届け出る方法がとられており、直ちに補正命令を出さないのが実務の扱いである。②の場合も、当事者の確定に関する判例の立場（第1編第3章前注2〔本書Ⅰ266頁以下〕参照）に従えば、直ちに訴えを却下することなく、裁判長は被告の記載を相続人に訂正するかどうか、原告の意思を確認する必要があることになる。

　④の場合（裁判権免除対象者への送達）に、かつては、外国元首・外交官・外国国家など日本の民事裁判権の及ばない者を被告とする訴えは、訴状送達も有効にできないから訴状を却下すべきであると解されていた（大決昭和3・12・28民集7巻1128頁は、条約によりまたはあらかじめの意思表示により、わが国の裁判権に服する旨の意思表示をしている場合のほか訴状送達の必要はないとした。三ヶ

第138条・規則第58条〔4〕　第2編 第1章 訴え

月・全集245頁、330頁、斎藤・概論141頁もこの判例を引用する）。しかし、これら
の者は、日本の司法権に服さない場合はあるが（なお、外国国家に対する裁判権
の範囲につき、外国等に対する我が国の民事裁判権に関する法律参照）、自ら免除
特権を放棄することもありうるので、手続としては、国交のある外国等について
は応訴の意思（または裁判権免除の放棄の意思）の確認を求めるべきであり（こ
の手続については、昭和40・8・26民二第608号最高裁事務総長通達、昭和49・4・
15民二第281号最高裁事務総長通達によって、外務省において確かめることを最高裁
に依頼することと定められている）、その確認をせずに訴状を直ちに却下するのは
違法である（東京高決昭和45・4・8下民集21巻3＝4号557頁、判タ251号292頁、
条解2版813頁〔竹下＝上原〕、第1編第2章前注2〔本書I 74頁以下〕参照）。そ
して、応訴の意思のないことを確認したときは、140条によって訴えを却下すべ
きであって、本条で訴状却下すべきものではない。ただし、国交のない外国を被
告とする訴えは、訴状送達も有効にできないから、訴状を却下するほかはない。

　⑤の場合（送達費用の予納がない場合）は、裁判所は、費用額および期間を定
めて費用の予納を命じなければならない（民訴費12条）。費用の予納がされない
ときに訴状却下命令がされる（本条2項）。なお、旧法下において、原告が訴状
の副本を提出しないときも被告に送達ができないから、その点の補正命令を出す
べきであるとの説（三ヶ月・全集330頁、条解新版838頁）もあった。しかし、現
行法の下では、前述のとおり、規則58条はこの点を明示しているが、これは訓示
規定と解されており（条解規則128頁参照）、補正の促しはともかく、訴状却下命
令につながる補正命令の対象とはならない（前記〔3〕参照）（反対——条解2版
813頁〔竹下＝上原〕〔原告の副本提出義務を認めても格別負担を強いることにはな
らないとする〕）。

　被告の住居所が不明の場合には公示送達の申立てをし（110条1項1号）、また
被告に法定代理人がない場合には特別代理人の選任の申立てをして（35条）、公
示送達がされ、または特別代理人の選任があれば、結局補正がされたことになる。
原告が被告の住所を補正したが、その住所にも送達ができなかったときは、補正
しなかったものと解することができないではないが、むしろさらに補正を命ずる
ことが相当である（大決昭和5・5・28新聞3132号8頁、大阪高決昭和41・12・21
下民集17巻11＝12号1305頁、判タ205号154頁）。被告の住所を補正しないために訴
状却下命令を受けた原告が、当該命令に対して適法な即時抗告をなしたうえ、被

告の住居所その他送達をすべき場所が知れないとの理由で公示送達の申立てをし、かつその証明がされた場合には、訴状の送達に関する不備は補正されたものとされる（札幌高判昭和37・5・23高民集15巻4号278頁、判時310号35頁）。

　原告が結局訴状の不備の補正または費用の予納をしないため、訴状の送達ができなかった場合または④のように補正の余地がない場合には、137条2項の準用により、裁判長は命令で訴状を却下しなければならない（本条2項）。もっともこの場合でも、事件をすでに弁論準備手続に付していた場合その他裁判所で判断することが適当であるような場合には、裁判所が判決で訴えを却下する（140条）。

　支払督促の申立てまたは起訴前の和解の申立て自体には、137条が準用されると解するのが妥当であるから、督促手続または和解手続において申立書の前述のような補正命令に応じなければ、当該申立書を却下すべきである（384条〔2〕(2)〔本書Ⅶ268頁〕、注解(6)260頁〔斎藤秀夫＝加茂紀久男〕）。また、支払督促手続から訴訟手続に移行し、その後に被告の住所が不明で送達不能になったときは、前述のように、仮執行宣言が付されていないときは、137条を準用して支払督促申立書を却下し、仮執行宣言が付されている場合には、137条を準用する余地はなく、仮執行宣言付支払督促を取り消し、判決で訴えを却下すべきものと解される（137条〔7〕(2)参照）。なお、被告に対する訴状の送達が不適法であっても、被告の訴訟代理人が第1回口頭弁論期日に出頭し異議なく弁論したときは、責問権を喪失し、瑕疵は治癒される（最判昭和28・12・24裁判集民11号595頁）。

（口頭弁論期日の指定〔1〕〔2〕）

第139条　訴えの提起があったときは、裁判長は、口頭弁論の期日を指定し、当事者を呼び出さなければならない。

（最初の口頭弁論期日の指定・法第139条〔2〕）

規則第60条　訴えが提起されたときは、裁判長は、速やかに、口頭弁論の期日を指定しなければならない。ただし、事件を弁論準備手続に付する場合（付することについて当事者に異議がないときに限る。）又は書面による準備手続に付する場合は、この限りでない。

2　前項の期日は、特別の事由がある場合を除き、訴えが提起された日から30日以内の日に指定しなければならない。

第139条・規則第60条～第62条・第64条〔1〕〔2〕　第2編 第1章 訴え

（最初の口頭弁論期日前における参考事項の聴取[3]）

　規則第61条　裁判長は、最初にすべき口頭弁論の期日前に、当事者から、
　　訴訟の進行に関する意見その他訴訟の進行について参考とすべき事項の
　　聴取をすることができる。

　2　裁判長は、前項の聴取をする場合には、裁判所書記官に命じて行わせ
　　ることができる。

（口頭弁論期日の開始[4]）

　規則第62条　口頭弁論の期日は、事件の呼上げによって開始する。

（口頭弁論期日の変更の制限[5]）

　規則第64条　争点及び証拠の整理手続を経た事件についての口頭弁論の
　　期日の変更は、事実及び証拠についての調査が十分に行われていないこ
　　とを理由としては許してはならない。

〔1〕　**本条の趣旨**

　本条は、訴えの提起があったときの第1回の口頭弁論期日の指定と当事者の呼
出しについて定めたものである（旧230条と同旨の規定である）。

　訴えを審理するためには、原則として口頭弁論を開く必要があるところ（87条
1項。例外として、140条）、本条において、第1回の口頭弁論期日は裁判長がこ
れを指定し（93条1項）、当事者を呼び出さなければならないこととしている（94
条）。また、本条に関連して、規則60条（最初の口頭弁論期日の指定）・61条（最
初の口頭弁論期日前における参考事項の聴取）・62条（口頭弁論期日の開始）・64条
（口頭弁論期日の変更の制限）が置かれている。規則60条は、旧規則15条を改正し
たものであり、61条は、新設規定である。また、規則62条は旧法155条を改正し
たものであり、64条は、旧規則29条と同趣旨のものである。

〔2〕　**最初の口頭弁論期日の指定**

　(1)　訴状が提出されたときは、受訴裁判所の裁判長は、まず訴状が法定の事
項（133条2項）を具備しているかどうかを審査する。そして、①訴えが不適法
で、その不備を補正することができないときには、口頭弁論を経ないで、判決で
訴えを却下する（140条）。また、②訴状の記載事項に不備があれば、原告に対
し補正命令を発し（137条1項）、原告が不備を補正しないときは命令で訴状を却
下しなければならない（同条2項）。これに対し、③不備がなく、または原告が

154

第139条・規則第60条〜第62条・第64条〔2〕

不備を補正すれば、口頭弁論を開いて審理しなければならないから（87条）、裁判長は、原則として、速やかに、第1回の口頭弁論期日を指定する（規則60条1項）とともに、なるべく早く訴状を被告に送達することを要する（138条）。実務上の取扱いでは、訴状を被告に送達する前に、裁判長は、第1回の口頭弁論期日を指定し、期日の呼出状とともに訴状を被告に送達している。

　例外的に、最初の口頭弁論期日の指定をしなくてもよいのは、①事件を弁論準備手続に付する場合（ただし、弁論準備手続に付することについて当事者に異議がないときに限られる）、②書面による準備手続に付する場合である（規則60条1項但書）。旧規則15条は、準備手続に付する場合だけを口頭弁論期日の指定の例外としていたが、書面による準備手続が新設されたことに伴い、これも例外とされたのである。実務上は、事件の振り分けは第1回口頭弁論で当事者の意見を聴いたうえで（168条参照）、弁論準備手続に付することが相当であると判断するのが通常であり、裁判所が訴状を見ただけで直ちに弁論準備手続に付することを考え、当事者に異議のないことを確認しようとする事例は極めて少ないであろう。これに対して、書面による準備手続は、当事者が遠隔地に居住していることは弁論期日を開かなくてもわかるから、最初からこの手続に付することは場合により想定される。

　訴状を審査した場合、訴えが不適法でその不備を補正することができないことが明らかであれば、前述のとおり、裁判所は口頭弁論を経ないで訴えを不適法として却下できる（140条）から、直ちに判決言渡期日を指定して、当事者双方を呼び出すことになる。もっとも、その訴えが不適法で、これを補正することができないことが明らかな場合にも、常に当事者双方を呼び出す必要があるかについては議論がある。最判昭和44・2・27（民集23巻2号497頁、判時550号62頁、判タ233号83頁）は、口頭弁論を経ないで上告却下の判決を言い渡す場合には、判決言渡期日を指定し、指定した期日に公開の法廷において判決を言い渡せば足り、当事者に対し言渡期日の呼出状を送達することを必要としない旨、最判昭和57・10・19（判時1062号87頁、判タ485号78頁）は、訴えが不適法でその欠缺を補正し難いとして訴えを却下した第一審判決に対する控訴につき、控訴審が第一審判決の判断を相当とするときは、当事者に対し判決言渡期日の告知および呼出手続をすることなく、口頭弁論を経ないで控訴を棄却することができる旨判示しており、このような場合、当事者双方を呼び出す必要がないとするのが判例である。裁判

155

第139条・規則第60条〜第62条・第64条〔2〕　第2編 第1章 訴え

所の司法判断に服さない事項に関する訴え（例えば、国会や政党の解散を求める訴え）や当事者能力のない者に対する訴え（例えば、私法上の権利義務の主体たりえない行政機関に対する私法上の権利義務に関する訴え）などは、補正することができないことが明らかで、被告とされた者に徒に無駄な準備をさせる結果となるから、このような場合には、被告に対する言渡期日の告知および呼出手続は不要と解してもよいであろう（なお、本書旧版Ⅱ144頁参照）。なお、被告に訴状の送達（138条）もしないで訴え却下の判決をした場合には、被告に判決も送達しないのが実務の取扱いであるが、被告に対する訴状の送達、言渡期日の呼出しをしなかった場合でも、判決の段階では、判決と同時に訴状も被告に送達するのが適当である。これは、その判決に対して上訴があった場合に、上訴審の被上訴人に対する扱いに支障を来さないようにする必要があるからである。

　不備を補正することができるかできないかについて証拠調べをする必要がある場合、例えば被告が治外法権を享有する者であるかどうかがはっきりしない場合などは、通常の場合のように、口頭弁論期日を指定し当事者双方を呼び出すことが相当である。

　(2)　最初の口頭弁論期日の指定は、速やかにしなければならない（規則60条1項）。原告の権利保護・迅速裁判の要請からは当然のことであるが、原告に比べると、多くの場合、被告はそれほど訴訟の準備をしていないから、あまり早い期日を指定することは、それだけ被告に不利益を与えるおそれがある。そこで、これらのことを考慮して、特別の事由がある場合を除き、最初の期日は訴えの提起された日から30日以内に指定しなければならないとされている（同条2項）。旧規則15条2項は、第1回口頭弁論期日は、「やむを得ない事由がある場合」を除き、訴えの提起された日から30日以内でなければならない旨定めており、「やむを得ない事由」という例外では、被告にとって応訴の準備の時間に不足を感じる場合もあるが、最初の期日の変更が容易に許されるので、特に不利益とはいえないから、これを顧慮して30日の期間をあまり緩く解すべきではないと解されていた（本書旧版Ⅱ145頁）。これに対して、被告に実質的な応訴準備をさせ答弁書の記載事項を充実し（規則80条）、第1回期日を実効的なものにすることを想定すると、事案によっては、訴えの提起された日から30日以上の期間を要する場合も予想される。そこで、現行規則では、「やむを得ない事由がある場合」から「特別の事由がある場合」に改めたのであるが、これにより、30日以内に最初の期日

156

第139条・規則第60条〜第62条・第64条〔3〕

指定をすべき例外はやや広がったといえる（条解規則132頁）。すなわち、「特別の事由がある場合」とは、事件が極めて繁雑であり所定の期間内に一応の答弁の準備をすることが困難と認められる場合、被告の住所地が通信連絡の極めて不便な地である場合のほか、原告の訴状が添付書類を含めて詳細なものでありこれに対応するため相応の期日前準備を要する場合などが、これに当たる。このように、最初の口頭弁論期日の指定においては、原告の権利保護・迅速裁判の要請と被告の防御権の実質的保障の調整を図ることが求められる。

期日指定において当事者の訴訟準備に要する期間の判断が形式に流れることは適当でなく、訴状送達と最初の期日指定の間は相当の期間を置くことが必要である。これに反した事例として、口頭弁論期日の呼出しと口頭弁論期日との間が短か過ぎて被告の準備が期待できないときは、その期日の呼出しは不適法であるとしたケース（旭川の裁判所が、函館市に住居を有する被告に対し、訴状および最初の口頭弁論期日呼出状の送達日とその口頭弁論期日との間に2日しか置かないでした期日の呼出しは不適法であるとしたものとして、札幌高判昭和26・4・2高民集4巻4号87頁）もみられる。

(3)　実務例では、訴状（副本）と同時に期日呼出状と答弁書催告状とが1通となった書面を送達し、答弁書を所定期間内（162条）に提出するように催告している。その際、注意書も同封し、答弁書を提出せず、期日にも出頭しないと、訴状に書いてあることをそのまま認めたものとして取り扱われ、欠席のまま裁判されることがあること、弁護士に委任しようとする場合には早く委任するようにすること、病気その他やむを得ない事情で期日に出頭できないときは、医師の診断書その他の証明書を添えて期日変更申請書を提出するようにすることなど、注意を喚起する方法を講じている。また、期日指定は、裁判長（裁判官）の命を受け、裁判所書記官が進行管理業務として、事実上これにあたることが通常である。

〔3〕　**最初の口頭弁論期日前における参考事項の聴取**

(1)　裁判長は、第1回口頭弁論期日（最初にすべき口頭弁論の期日）前に、当事者から、訴訟の進行に関する意見その他訴訟の進行について参考とすべき事項の聴取をすることができ（規則61条1項）、この場合には、裁判所書記官に命じて行わせることができる（同条2項）。裁判所・当事者間においては、実体形成に関する事項、訴訟進行に関する事項いずれについても、コミュニケーションを図り、円滑にして実効的な審理をしていくことが要請されるが、規則61条も、そ

157

第139条・規則第60条～第62条・第64条〔3〕　第2編　第1章　訴え

うした裁判所・当事者間のコミュニケーションを図るための定めである。現行法
施行前に行われていた審理充実方策においても、第1回口頭弁論期日前に、被告
の期日への出席の見込み、特別送達の方法による訴状の送達の見込み、関連事件
係属の有無、事前交渉の経過、和解的解決の見込みなど、訴訟の進行を決める際
に有益な参考事項を聴取する運用がされており、訴訟を実り多い形で、かつ効率
的に進行させるため、当事者からの意見等の情報を早期に集約することに意味が
あることは経験的に知られていた。規則61条は、これに明文の根拠を与えたもの
である。また、現行法では、第1回口頭弁論期日には争いのある事件と争いのな
い事件との振り分けを行い、争いのない事件については調書判決によって直ちに
判決を言い渡すことができる（254条）ことになっており、参考事項の聴取はそ
のための事前準備としての意味もある（条解規則134頁）。

　(2)　参考事項の聴取は、裁判所書記官に命じて行わせることができるとされ
た（規則61条2項）。これも、従前の審理充実方策において裁判所書記官が実践
していたことに明文の根拠を与えたものである。裁判所書記官は、当事者と接触
する機会も多く、裁判所の対外的窓口の機能を果たしていること、裁判官との役
割分担の観点から、審理充実事務としてこうした活動をすることが適切であると
考えられたことによる。裁判官は、裁判所書記官を十分活用し、事案の内容・訴
訟の進行について、認識を共通にして円滑な訴訟運営をしていくことが望まれる
（加藤新太郎「協働的訴訟運営とマネジメント」原井古稀154頁）。裁判所書記官の
審理充実事務は、実務的な工夫として実践されてきているが、参考事項の聴取の
ほかにも、訴状の補正の促し（規則56条）、期日外釈明の方法（規則63条1項）な
どの定めがされている。

　(3)　聴取の対象となる事項は、訴訟の進行に関する意見その他訴訟の進行に
ついて参考となるものである。訴訟の進行を図るにあたって有益な事項すべてを
含むが、例えば、被告の期日への出席の見込み、特別送達の方法による訴状の送
達の見込み、関連事件係属の有無、事前交渉の経過、和解的解決の見込み・希望
などが、これに当たる。具体的な聴取事項については、各裁判所が、弁護士会と
協議を経て定めている例も多く、これは同一裁判所内ではできる限り統一した形
の運営が好ましいという考慮に基づくものである。もっとも参考事項の聴取事項
は、事柄の性質上、地域の実情を反映する必要は大きくなく、聴かれた側が適切
でないと考える事項は応答されないであろうから聴取事項の範囲を広げたとして

第139条・規則第60条～第62条・第64条〔4〕

も実害はなく、基本的には裁判体が創意工夫することは妨げられない。

聴取の方法としては、一定の「訴訟進行に関する照会書」などの書面を準備し
ておいて、訴状提出時等に原告に説明・交付して（ファクシミリ送信を含む）、所
要事項を記入したうえで提出を求めることが一般である。書面化が可能であるの
は、聴取事項が定型化になじむからであるが、個別の事情によっては、書面提出
後に、裁判所書記官が電話で事項を聴取することも差し支えない。

原告側が聴取の対象となることは当然である。これに対して、被告側からの参
考事項の聴取については、訴状の記載内容や原告からの参考事項の聴取の結果等
を考慮して、その要否を具体的に決していく（例えば、被告側にも提訴前の事前
折衝段階から関与していた代理人がおり、提訴後に、その代理人から訴訟委任状が
提出されたような場合には、具体的な事情を考慮したうえで、当該訴訟代理人に聴
取するなど）ことを想定する見解（条解規則135頁）もあるが、裁判所がニュート
ラルの立場で参考事項を聴取し、訴訟進行に役立てようとするものであるから、
抑制的になる必要はない。被告側に対して、訴状送達時に、照会書を同封して参
考事項を聴取することも考えられる。被告側からの応答は、原告側のそれと比べ
れば少ないであろうが、時に訴訟進行を図るうえで有益な情報提供が期待されな
いわけではない。

〔4〕　**口頭弁論期日の開始**

(1)　口頭弁論期日は、あらかじめ指定した日時に当然開始されるわけではなく、
その日時において、事件の呼上げによって初めて開始される（規則62条）。旧法
では155条で、期日一般について事件の呼上げによって開始するものとされてい
たが、口頭弁論期日以外の期日において呼上げという方法により期日の開始を明
確にする必要は乏しいこと、実際にも口頭弁論期日以外の期日において呼上げは
実施されていなかったことを考慮して、規則化されるにあたり、呼上げを行う期
日を口頭弁論期日に限定することとされた。呼上げはその事件の期日を開始する
旨の裁判所の宣言であって、期日開始の効果を発生させる。

事件の呼上げは、法廷を主宰する裁判長（裁判官）の権能であるが、命じて、
裁判所書記官・廷吏事務を行う事務官に行わせることもでき、実際にもそのよう
に行われる（法律実務(2)274頁、注釈(3)473頁〔荒木隆男〕、注解(4)112頁〔林屋礼
二＝吉野孝義〕）。実際には、同一期日に複数の事件を指定している裁判所では、
事件ごとに簡単なカードを裁判所書記官・廷吏事務を行う事務官が保管していて、

159

第139条・規則第60条〜第62条・第64条〔4〕　第2編 第1章 訴え

出頭した当事者等はそのカードに氏名を書き込み、その書き込んだ順序に従って
事件を呼び上げられる。このカードは、事務の便宜のためのものであるから、こ
れに記入しただけでは期日に出頭したことにはならない。一方の当事者または証
人などが出頭しないときは、後順位に廻されることもあるし、あるいはそのまま
不出頭として、一方の当事者のみに弁論を命じることもある。また、双方の当事
者不出頭のまま証人尋問などを行うこと（183条）、さらに、申立てによりまたは
職権をもって期日を延期・続行し、または弁論を終結することもあるが、これら
については、いずれも裁判所の指揮に委ねられる。

　事件の呼上げは、その事件が他の事件と区別される程度に特定して呼び上げれ
ば足りる。通常は、その事件の事件番号・事件名、場合によっては当事者の氏名
などを呼び上げればよく、それ以上に訴訟代理人の氏名までは呼び上げる必要は
ない（大判大正11・11・24民集1巻728頁、法律実務(2)274頁、注解(4)113頁〔林屋
＝吉野〕）。事件の呼上げは法廷でされなければならない。裁判所書記官・廷吏事
務を行う事務官が事件名・代理人の氏名を弁護士控室または廊下などで呼んでも、
期日開始の予告にとどまり、事件の呼上げにはならない（大判明治34・5・7民
録7輯5巻36頁、法律実務(2)274頁、注解(4)113頁〔林屋＝吉野〕）。また、訴訟代
理人が裁判所に出頭しており、出頭カードにもその旨を記載していても、呼び上
げた当時、その法廷にいなければ出頭したことにはならない（大判明治34・5・
23民録7輯5巻121頁、法律実務(2)274頁、注解(4)112頁〔林屋＝吉野〕）。

　事件の呼上げは、指定の時刻の到来したとき、直ちにしなければならないので
はなく、その後に呼び上げても差し支えない（大判昭和10・4・26民集14巻707頁、
注解(4)113頁〔林屋＝吉野〕）。これに対して、指定した時刻前に呼び上げること
は違法である。もっとも、訴訟関係者全員に異議がない場合に、指定した時刻の
前に期日を開始することについては、①当事者双方の了解を得て指定時刻を変
更すれば差し支えないとする見解（法律実務(2)274頁）もみられるが、②改めて
期日変更の裁判をするなら、そもそも指定時刻前に開始した場合には当たらない
のであり、問題はそのような変更の裁判のない場合なのであるから、責問権の放
棄によってその瑕疵は当然に治癒されるものと解すべきである（注釈(3)473頁
〔荒木〕、注解(4)113頁〔林屋＝吉野〕）。

　期日の調書には、指定した時刻を記載するか、呼上げによって開始された時刻
を記載するか。例えば、午前10時に口頭弁論期日を指定されている事件が5件あ

160

第139条・規則第60条～第62条・第64条〔4〕

ったとすると、5分刻みで行ったとしても5件目は10時25分に事件が呼び上げられて開始することになる。この場合に、調書に現実に呼上げによって開始された時刻である10時25分と記載するのがよいか、指定した時刻である10時と記載するのでよいかという問題である。これについては、不出頭の当事者に不利益を課す場合には、不利益を課すことの当否が調書上明らかであるように、実際に呼び上げた時間を記載すべきであるとする見解（注釈(3)475頁〔荒木〕）もみられるが、この時刻の差に訴訟手続上有意の差があるわけではないから、どちらでなければならないとも思われない。実務上は指定した時刻を記載する例が多く、大幅にずれることがなければ、それで差し支えないと解される。

(2)　期日は、その期日の目的である事項、すなわち、弁論・証拠調べまたは判決の言渡しなどを終え、裁判長の期日終了の宣言によって終了する（法律実務(2)274頁）。終了の宣言は常に明示的であることを要しない。その期日の目的である事項の実質的終了をもって、黙示の期日終了宣言とみてよい場合もあろう。もっとも、判決言渡し、和解の成立、訴えの取下げや請求の放棄・認諾、証拠調期日における証拠調べの完了などの場合は、期日の実質的終了が明瞭であるが、期日の延期・続行の場合には終了の時期が必ずしも明確でない。期日を開いたが何の行為もせずに終了することを延期といい、また弁論を終結せずに次回期日に弁論を継続することを続行といい、いずれも裁判所が決定である。この場合に、裁判長の次回期日の告知は、期日内の行為か期日後の行為であるかが一応問題となるが、期日内の行為とみるのが妥当であり、次回期日の告知の時に期日が終了すると解するのが相当である（注釈(3)475頁〔荒木〕、注解(4)114頁〔林屋＝吉野〕）。ただ、裁判所の訴訟行為は一義的に明快であることが要請されているから、この場合を含めて、できる限り明示の期日終了宣言をすることが適切である。

(3)　事件について弁論を終結してその日のうちに判決を言い渡すような場合には、期日の終了の有無が問題となる。後刻判決を言い渡すと告知して、同一期日のまま言渡しをすることを行う例もないではないが、その間に他の事件の弁論をしたときはもちろん、そうでなくとも、判決を言い渡すにはまず原本を作成しなければならない（252条）から、通常は別の日時を、少なくとも別の時刻を、新たに期日に指定して判決を言い渡すのが適当である。ただし、現行法では、判決の言渡しは判決書の原本に基づいてする原則の例外として、言渡しの方式の特則であるいわゆる調書判決の制度（254条）が導入された。これは、実質的に当

第139条・規則第60条～第62条・第64条〔5〕　第2編 第1章 訴え

事者に争いのない事件について原告の請求を認容すべき場合に迅速に判決を受けられるようにしたものである。このような場合には弁論終結に引き続いて判決を言い渡すことが可能であり、ひとつの期日のうちに判決言渡しまでされたものとみることができる（もっとも、調書判決を予定する場合であっても、例えば、弁論を終結して1週間後の別期日を判決言渡期日に指定することも差し支えない。このような措置は、その間に、欠席した被告が弁論の再開を申し立てる機会を付与することを配慮する趣旨のものである）。現行の実務では、このような場合も想定して、期日の呼出状において判決言渡しもありうることを明記するなどして、当事者に注意喚起をしている。

〔5〕　口頭弁論期日の変更とその制限

(1)　現行法は争点中心審理を目指している。そこで、規則64条は、争点および証拠の整理手続を経た事件についての口頭弁論の期日の変更は、事実および証拠についての調査が十分に行われていないことを理由としては許してはならない旨を明示する（旧規則29条と同趣旨の規定である）。争点および証拠の整理手続を経た事件とは、準備的口頭弁論、弁論準備手続、書面による準備手続のいずれかを経た事件を指す。こうした事件は、争点整理が完了しているはずのものであり、それにもかかわらず、その後に実施される口頭弁論期日について、事実および証拠についての調査が十分に行われていないことを理由として期日変更することは、背理であるからである。争点整理手続の終了・終結の一般的効果として定められているものであり、事実および証拠についての調査が十分に行われていないことは、93条4項の「やむを得ない事由」に該当しないことはもとより、同条3項の「顕著な事由」にも該当しないことを明示したものである（条解規則140頁、141頁）。もっとも、いうまでもないが、争点整理手続の終了・終結した事件の期日変更をおよそ一切禁止するものではない。

(2)　期日の変更については、現行法は、「顕著な事由がある場合に限り許す」という、かなり厳格な制限をしている（93条3項）。ところが、期日の延期・続行については何の制限も設けていない。そこで、この点について、学説は、①期日の延期は、期日を開始したうえでされるものではあるが、実質的には変更と同じであるし、続行の場合でも、双方の当事者に釈明を求めたり、または双方の当事者の申請によって証人を尋問する期日であるのに、当事者の一方のみが準備をしてこなかったり、または費用の予納を怠ったりして、期日続行の必要が生じ

162

第140条〔1〕

る場合などは、期日の変更とほとんど差異はないから、訴訟促進の趣旨から、い
ずれも期日変更の場合に準じて制限するのが相当であるとする説（注釈(3)476頁
〔荒木〕、注解(4)114頁〔林屋＝吉野〕）、②続行は、その期日に弁論が終結しない
限り原則として必要的であるから、延期とは異なり、期日変更の制限を受けない
という説（法律実務(2)276頁）、③続行は、当事者の都合から申し立てられるこ
とは少なく、訴訟遅延の原因となることも少ないから、厳格な制限を加える必要
はなく、裁判官の裁量に任されるとする説（条解 2 版〔竹下守夫＝上原敏夫〕）に
分かれる。事柄の実質を考えると、①説が相当であろう。

（口頭弁論を経ない訴えの却下[1]）

第140条 訴えが不適法でその不備を補正することができないときは[2]、裁
判所は、口頭弁論を経ないで、判決で、訴えを却下することができる[3]。

〔1〕 本条の趣旨

訴えについては口頭弁論を経て判決をするのが原則であるが（87条 1 項）、こ
の必要的口頭弁論の原則については、特別の定めがある場合の例外が認められて
いる（同条 3 項）。本条はそのような例外の場合のひとつである（他の場合につい
ては、87条〔2〕(1)参照）。すなわち、本条は、不適法な訴えで、その不適法の原
因である不備を補正することができないような場合には、口頭弁論を経ないで、
判決で訴えを却下することができる旨を定めたものである。このような場合には、
原則どおりに口頭弁論を開いても無意味であり、無用な時間・手間を要するだけ
だからである。旧法202条の規定と同旨である。

なお、本条の趣旨は、上訴審が原判決を取り消し自判して訴え却下の判決をす
る場合にも同様に妥当するものである（詳細は、319条〔2〕(2)参照）。不適法でそ
の不備を補正できない訴えについて、控訴裁判所が本案判決をしたのに対し、上
告裁判所が原判決を破棄し、訴えを却下する場合にも、本条の趣旨に照らし、口
頭弁論を経ないでその旨の判決ができる（最判平成14・12・17判時1812号76頁、
判タ1115号162頁。同旨として、最判平成15・12・ 4 判時1848号66頁、判タ1143号
197頁、最判平成17・ 9 ・27判時1911号96頁、判タ1192号247頁、最判平成19・ 5 ・
29判時1978号 7 頁、判タ1248号117頁〔横田基地事件〕）。さらに、その適用範囲は
以下のような場合にも拡張されている。すなわち、上告審において訴訟終了宣言

163

第140条〔2〕　第2編　第1章　訴え

の判決をする場合において、その前提として原判決を破棄するときも、本条および319条の趣旨に照らし、口頭弁論を経る必要はないとされるし（最判平成18・9・4判時1948号81頁、判タ1223号122頁）、上告裁判所が、判決の基本となる口頭弁論に関与していない裁判官が判決をした裁判官として署名押印していることを理由として原判決を破棄する場合（最判平成19・1・16判時1959号29頁、判タ1233号167頁）や、職権探知事項である中断事由が存在することを確認して原判決を破棄する場合（最判平成19・3・27民集61巻2号711頁、判時1967号91頁、判タ1238号187頁〔光華寮事件〕）なども同様である（判例の詳細および学説の評価等については、319条〔2〕(2)参照）。以上のように、上告審で原判決を破棄する際に、口頭弁論を開いてその点に関する攻撃防御をさせる機会を当事者に与えてもおよそ無駄であると認められる場合には、本条および319条を類推して口頭弁論を開かずに原判決を破棄することが認められている。

　本条と同旨の例外を定めるものとして、担保不提供の場合の判決（78条）、変更判決（256条2項）、控訴審における控訴却下判決（290条）、上告審における上告却下判決（313条・290条）・上告棄却判決（319条）、手形・小切手訴訟における訴え却下判決（355条1項）・異議却下判決（359条）、少額訴訟における異議却下判決（378条2項・359条）がある。いずれも本条と同様の理由に基づくものである。

〔2〕　**訴え却下の要件**

　本条において、口頭弁論を経ずに訴えを却下できるのは、不適法な訴えであって、かつ、その不備を補正することができない場合である。訴えには、反訴を含み、併合された訴えの一部でもよい（神戸地姫路支判昭和58・3・14判時1092号98頁、札幌高判昭和55・12・17高民集33巻4号356頁、判時1014号57頁参照）。また、支払督促に対する異議があった場合に、不足手数料の追納の補正命令に応じない場合についても、仮執行宣言が付されているときは、本条により、口頭弁論を経ずに仮執行宣言付支払督促を取り消し、訴えを却下すべきである（137条〔7〕(2)）。

　不適法な訴えとは訴訟要件（本章前注3参照）を欠く訴えであるが、その中でも不備が補正できないものとは、例えば、裁判権免除特権を有する者に対する訴え、当事者能力を欠く者に対する訴え、選定されていない者を被告の選定当事者とする訴え、出訴期間（会社828条1項、民201条、行訴14条等）を経過した訴えなどである。裁判例に現われたその他の例として、日本国憲法の無効確認を求め

る場合（最判昭和55・5・6判時968号52頁、判タ419号72頁）、刑事確定判決についての無効確認を求める場合（鳥取地判昭和47・1・27判時665号86頁）、原告の死亡により承継人が求める請求の趣旨が明らかにできない場合（大阪地判平成12・2・10判タ1032号295頁）、いわゆる私製手形に係る手形訴訟が手形制度および手形訴訟制度を濫用したものと認められる場合（東京地判平成15・10・17判時1840号142頁、判タ1134号280頁）などがある。

　訴え提起に係る訴訟能力や代理権の不備（34条1項・37条・59条）などについて、期間を定めて補正を命じたが補正されなかった場合も、「不備を補正することができない」場合に含まれる（条解2版817頁〔竹下守夫＝上原敏夫〕、基コメ(2)36頁〔畑郁夫〕、注解(5)164頁〔小室直人＝渡部吉隆＝斎藤秀夫〕。提訴後2年以上経過しても被告の訴訟能力の不備の補正に応じなかった場合につき、千葉地判昭和59・12・18判タ549号231頁、提訴後1年以上訴訟代理人の訴訟委任状が提出されなかった場合につき、東京高判平成12・12・20判時1743号78頁参照。反対として、注釈(4)463頁〔三谷忠之〕は、補正可能な場合には本条による却下はできないとする）。訴状が必要的記載事項（133条2項）を欠いている場合に補正命令を出したが、これに応じなかったときは、裁判長が命令で訴状を却下できるが（137条2項）、訴状を送達してまたはしないで（後記〔3〕参照）、裁判所が口頭弁論を経ずに判決で訴えを却下することもできる。提訴手数料を納付しない場合（137条1項後段）や訴状の送達ができなかった場合（138条2項）も同様である。訴状の送達がされたときは、訴状却下命令は許されず裁判所が判決で訴えを却下しなければならず（大決昭和14・3・29民集18巻365頁、東京高判昭和48・10・26判タ303号182頁）、この場合は、補正が可能であるときは裁判所が釈明処分として補正を促すべきであるが（137条〔7〕(3)参照）、本条に相当する場合は口頭弁論を開く必要はない。なお、訴状送達後、被告の住所が不明になり、期日呼出状が送達できない場合、原告が住所の補正も公示送達の申立てもしないまま長期間が経過したときは、本条により訴えを却下できるとする見解があるが（条解2版817頁〔竹下＝上原〕、基コメ(2)36頁〔畑〕、東京地判昭和52・2・17判時862号50頁、判タ357号282頁など）、訴状が送達された以上、その後の送達は直前の送達場所にされるので（104条3項1号）、元の住所に付郵便送達等をすれば足りる（被告が出席しないときは、擬制自白が成立し、欠席判決がされる）。また、訴え提起後、原告が所在不明になった場合にも本条を類推して訴えを却下できると解される（東京地

第140条〔3〕　第2編 第1章 訴え

判昭和44・5・7判時565号74頁）。

　不適法で不備の補正ができないとの要件を判断する基準時は、口頭弁論を開かないので、判決の言渡期日の開始時点であって、判決原本の作成の時点ではない（条解新版485頁、注釈(4)467頁〔三谷〕）。

〔3〕　**口頭弁論を経ない訴え却下の判決**

　訴え却下の判決をする前提として、訴訟事件の係属が必要であるので、訴状を被告に送達することを要するのが原則である（この点が訴状送達前にされる訴状却下命令と本条による訴え却下判決の差異である）。しかし、訴えが不適法であり、裁判制度の趣旨からして、当事者のその後の訴訟活動によっても適法とすることがまったく期待できないような場合には、被告に訴状を送達するまでもなく、本条によって訴え却下の判決をすることができるものと解される（最判平成8・5・28判時1569号48頁、判タ910号268頁。138条〔2〕参照）。なお、本条に基づき口頭弁論を経ないで訴えを却下できる場合であっても、裁判所は、その裁量により、口頭弁論を開き、そのうえで訴え却下の判決をすることは何ら妨げられない（基コメ(2)38頁〔畑〕、条解新版835頁、注釈(4)467頁〔三谷〕）。

　判決の言渡期日はあらかじめ当事者に通知するのが原則であるが、本条によって口頭弁論を経ずに判決で訴えを却下する場合には、その例外として、通知の必要がない（規則156条）。旧法下では、この点について争いがあったが（当事者の呼出しの必要がないとする判例として、大判昭和13・7・11民集17巻1419頁〔現行法290条の場合〕、最判昭和33・5・16民集12巻7号1034頁〔現行法290条の場合〕、最判昭和44・2・27民集23巻2号497頁、判時550号62頁、判タ233号83頁〔現行法317条1項の場合〕、最判昭和57・10・19判時1062号87頁、判タ485号78頁〔本条および現行法302条による控訴棄却判決の場合〕など。これに対して、学説では、呼出しを必要とする見解が有力であった）、現行法では、このような場合に期日通知の必要性が乏しいことに鑑み、立法によって問題を解決したものである（詳細は251条〔5〕参照）。

　また、本条による訴え却下判決に対して控訴がされた場合において、控訴審が原判決を是認するときは、やはり口頭弁論を開かずに控訴棄却の判決をすることができる（最判昭和41・4・15裁判集民83号191頁、最判昭和57・10・19前掲、東京高判昭和56・10・13判時1027号69頁、判タ456号101頁。同旨——条解2版818頁〔竹下＝上原〕、注解(5)165頁〔小室＝渡部＝斎藤〕、注釈(4)469頁〔三谷〕）。なお、

原審で補正がされなかったため本条により却下された場合には、控訴審で改めて補正を命じ、それに従わないときに初めて口頭弁論を経ずに控訴を棄却できるとする見解があるが（条解 2 版818頁〔竹下＝上原〕）、控訴人が自発的に補正しないときにまで、あえて裁判所が補正を促す必要はなく、そのまま控訴棄却の判決をしてもよいと解される。

　本条による却下判決が確定したときは、裁判所は、申立てにより、納付された手数料から、納付されるべき手数料額の 2 分の 1 の額（それが4000円に満たない場合には4000円）を控除した額を還付しなければならない（民訴費 9 条 3 項 1 号）。

（呼出費用の予納がない場合の訴えの却下[1]）

第141条　裁判所は、民事訴訟費用等に関する法律の規定に従い当事者に対する期日の呼出しに必要な費用の予納を相当の期間を定めて原告に命じた場合において、その予納がないときは、被告に異議がない場合に限り[2]、決定で[3]、訴えを却下することができる[4]。

2　前項の決定に対しては、即時抗告をすることができる[5]。

〔1〕　本条の趣旨

　本条は、当事者に対する期日の呼出しに必要な費用の予納を相当の期間を定めて原告に命じた場合において、その予納がないときに、決定で、訴えを却下することができる旨を定める。

　当事者が訴訟手続の運営に必要な費用を予納しない場合には、民事訴訟費用等に関する法律12条 2 項により、裁判所は当該費用を要する行為を行わないことができる。これは、予納を当事者に促すことを狙いとする規制であるが、当事者がこれに従わない場合、訴訟の進行が停止することになる。とりわけ、訴えの提起をした原告が、訴訟進行のために必要不可欠な手続である期日の呼出しに必要な費用を予納すべきであるにもかかわらず、予納しない場合、国庫の費用で訴訟を進行させる理由はなく、そのまま放置すると期日の進行がとまり、審理の長期化を招くのみならず、原告の訴訟引き延ばしの戦術に使われかねないという問題が生じる。このようにいつまでも手続を不確定な状況に置いたままでいることは適当でないとして、現行法で本条が新設された。当事者に対する期日の呼出しに必要な費用の予納を相当の期間を定めて原告に命じた場合においてその予納がない

ときは、被告に異議がない場合に限り、決定で、訴えそのものを却下することができることとし、手続を打ち切ることを可能とした。予納義務者たる原告に一種の制裁を課すことにより、予納を促すとともに、裁判所の予納命令に従わない場合には、権利保護の利益がないとみて、訴えを却下することを認める規制である（以上について、一問一答141頁）。

〔2〕 **期日の呼出しに必要な費用の予納**

本条の適用があるのは、民事訴訟費用等に関する法律の規定に従い当事者に対する期日の呼出しに必要な費用の予納を相当の期間を定めて原告に命じた場合で、当事者の予納のない場合である。

本条の趣旨からして、たとえ予納命令に定められた期間を徒過していても、却下決定の前に予納があった等、不備が解消した場合には却下決定をすべきではない。

〔3〕 **被告の異議**

訴えを却下することができるのは、相手方たる被告に異議がない場合に限られる。訴えの取下げに相手方の合意が必要とされている（261条2項本文）と同様に、被告が請求について本案判決を得る利益を保障する必要があるためである。

〔4〕 **訴えの却下決定**

訴えの却下は決定手続による。訴状の送達に必要な費用の予納がない場合の裁判長の訴状却下命令（138条2項）とのバランス等が考慮されたものである（一問一答142頁）。

決定手続によるため、口頭弁論を経ることは不要である（87条1項但書）。また、即時抗告（後記〔5〕参照）があった場合にも、原裁判所は、いわゆる再度の考案をすることが可能である（333条）。再度の考案により、原告の対応に柔軟に対処することが可能となる。

類似の手続には、民事執行の申立てに対して、民事執行法14条2項、執行官法15条3項、破産申立てに対して破産法22条1項・30条1項1号、民事再生の申立てについて民事再生法24条1項・25条1号、会社更生の申立てについて、会社更生法21条1項・41条1項1号等が存在する。

〔5〕 **即時抗告**

訴えの却下決定に対しては、即時抗告を提起することができる。

訴えの却下という効果の重大さ、訴状却下命令に対しても即時抗告が不服申立

てとして認められている（137条 3 項）ことに鑑みて、ここでも即時抗告が認められたもので、同種の規定は、民事執行法14条 5 項等に存在する。

即時抗告を提起できるのは、訴え却下判決を受けた予納義務者（原告）である。

（重複する訴えの提起の禁止[1]）
第142条　裁判所に係属する事件[2]については、当事者は、更に訴えを提起することができない。[3]

〔1〕　本条の趣旨

ある請求について訴訟係属が生じていることを前提として、同一請求について重ねて審判を求めることを禁止する原則を重複起訴禁止または二重起訴禁止と呼ぶ。本条は、この原則を規定したものである。二重起訴が禁止されるのは、相手方当事者についてみれば、同一請求についての二重の応訴という、不合理な負担を課されることを意味し、また、裁判所にとっても、二重の審理を余儀なくされ、さらに、既判力ある判断の矛盾抵触のおそれを生じさせるためである（最判平成 3 ・12・17民集45巻 9 号1435頁参照）。したがって、同一請求であっても、それが本訴と反訴のように一の訴訟手続で審判される場合には、二重起訴として禁止されるものではない。また、厳密には、同一請求についての審判申立てに当たらないときであっても、訴求債権を相殺の抗弁に用いる事例のように、二重起訴禁止の趣旨が当てはまるかどうかが検討されるべき場合がある。

〔2〕　訴訟係属の意義

(1)　督促手続および起訴前の和解手続

訴訟係属とは、特定の訴訟事件について、裁判所と当事者との間に訴訟法律関係が成立し、判決をするために必要な行為を裁判所がしなければならない手続状態が現に存在することをいう。督促手続に関しては、旧法の下では、支払命令の送達を受けた債務者が支払命令に対して適法な異議を申し立てると、支払命令の申立ての時に訴えの提起があったものとみなされるから（旧442条 1 項）、支払命令の申立てがある以上、訴訟係属と同視すべきであるとの説（斎藤・概論148頁、注解(4)〔初版〕131頁〔林屋礼二＝吉野孝義〕、注解(7)〔初版〕151頁〔林屋礼二＝矢澤昇治〕）があり、これに対して、訴状の送達の場合と同様に、支払命令の送達時を訴訟係属発生時と解すべきである（兼子・体系173頁、三ヶ月・全集117頁、

第142条〔2〕　第2編 第1章 訴え

条解新版841頁）という説も主張されていた。

　現行法は、督促手続の簡易性と迅速性を徹底するために、支払命令を支払督促に変え、その発付と仮執行宣言の付与を裁判所書記官の権限とした（一問一答434頁）。しかし、支払督促が債務者に送達され（388条）、それに対して適法な督促異議（390条・393条）が申し立てられると、支払督促申立ての時に訴え提起が擬制されること（395条前段）に変わりはない。したがって、現行法の下でも、支払督促が債務者に送達された後は、訴え提起が擬制される前であっても、本条の趣旨が妥当し、同一債権の支払督促の申立てや訴えの提起は、二重起訴に類するものとして却下すべきである（条解2版820頁〔竹下守夫＝上原俊夫〕も参照）。

　労働審判手続に関しても、その申立てについて訴え提起が擬制されること（労審22条1項）などを考えると、一旦その申立てがなされ、申立書の写しが相手方に送付された時点から（労審規則10条本文参照）、二重起訴禁止の趣旨が妥当するとみるべきである。

　また、起訴前の和解については、和解が調わない場合に、当事者双方の申立てがあれば、直ちに訴訟の弁論が命ぜられ、和解の申立てをした者はその申立ての時に訴えを提起したものとみなされる（275条2項）。この場合については、支払督促の場合とは異なり、当事者双方の申立てにより現に訴え提起が擬制された場合に限り、和解申立書の副本送達の時に遡及して訴訟係属があったとみなされ、二重起訴禁止の効果が生じるとする見解も有力であるが（条解2版820頁〔竹下＝上原〕、基コメ(2)39頁〔林屋礼二〕も結論同旨）、同一事件についての審理の重複の問題が生じることを考慮すれば、訴え提起の擬制を待たず、和解申立書の送達の時点から、直ちに二重起訴禁止の趣旨が妥当するとみるべきであろう。

(2)　外国の訴訟手続

　本条にいう裁判所とは、わが国の裁判所を意味し、外国の裁判所を含まないと考えられている（大阪地中間判昭和48・10・9判時728号76頁、東京地中間判昭和62・6・23判時1240号27頁、判タ639号253頁、東京地中間判平成19・3・20判時1974号156頁、注解(6)273頁〔斎藤＝加茂〕、条解新版841頁）。したがって、いわゆる国際的訴訟競合、すなわち、ある請求について外国の裁判所の訴訟係属が生じているときに、当事者が重ねてわが国の裁判所に訴えを提起しても、その訴えが本条によって不適法となるわけではない。

　もっとも、外国裁判所の判決についても、その承認の可能性が認められている

第142条〔2〕

以上（118条）、このような考え方についてまったく修正の余地を認めないのは、かえって当事者間の公平や訴訟経済に反するおそれがある。このような考慮から、主として三つの考え方が主張されてきた（学説の詳細については、注釈(5)236頁〔佐野裕志〕、注解(5)462頁〔山本和彦〕、小林秀之「国際訴訟競合（上）(下)」NBL525号34頁、526号37頁〔1993年〕、内藤潤「国際的訴訟競合（上）(下)」NBL527号37頁、528号44頁〔1993年〕、安達栄司『国際民事訴訟法の展開』133頁〔成文堂、1999年〕、高田裕成「国際的訴訟競合」民訴45号143頁〔1999年〕など参照）。

第1の考え方は、外国に係属する訴訟の結果たる判決が、将来わが国において承認される蓋然性がある場合には、本条の趣旨に照らして、わが国の裁判所に対する訴えに基づく訴訟手続を中止し、場合によっては、訴え自体を却下することができるというものである（東京地中間判平成元・5・30判時1348号91頁、判タ703号240頁は、このような可能性を示唆したうえで、当該事件については、二重起訴禁止の法理の類推適用を否定している）。

第2の考え方は、これを国際裁判管轄の問題として捉え、内外のいずれの裁判所が裁判権を行使するのに適切かの判断を基準として、外国裁判所に国際裁判管轄が認められる場合には（国際裁判管轄については、第1編第2章前注〔本書I77頁以下〕、第1編第2章第1節前注〔本書I574頁以下〕参照）、わが国の裁判所の国際裁判管轄を否定する余地を認めることによって、実質的に国際的訴訟競合を避けようとするものである。

第3の考え方は、同じく国際裁判管轄の視点から、わが国の裁判所の裁判権行使を否定すべき特段の事情（第1編第2章前注〔本書I77頁以下〕参照）のひとつとして、外国裁判所における訴訟係属や訴訟の進行状況を考慮し、実質的に国際的訴訟競合の発生を避けようとするものである。

こうした状況の下で、国際裁判管轄に関する規定を整備した平成23年民訴法改正の立案過程においては、国際的訴訟競合に関する規定の整備も議論の対象となり、外国の裁判所に同一の事件が係属する場合に、一定の要件の下で日本の裁判所に係属する訴訟手続を中止することができるものとするといった規律の導入が検討された。しかし、外国の裁判所に訴訟が係属していることのみを根拠として訴訟手続を中止することは相当でないことなどの理由から、立法には至らず、特段の規定は設けられなかった（一問一答平成23年改正174頁以下、第1編第2章第1節前注〔本書I578頁〜579頁〕参照）。

171

第142条〔2〕　第2編 第1章 訴え

　したがって、この問題については、引き続き解釈運用に委ねられることとなるが、従来主張されてきた上記の考え方は、相互に排斥的なものではなく、外国裁判所に係属する訴訟手続の結果としての判決の承認が確実に予測される段階に達しているときには、本条の趣旨を尊重し、わが国の手続を事実上停止することもありえようし、場合によっては、訴えの利益を欠くとして、訴えを却下することも完全に否定されるわけではない。また、わが国の国際裁判管轄原因よりも外国の国際裁判管轄原因が事件にとってより密接な場合には、わが国の国際裁判管轄を否定する可能性もないとはいえない（3条の9の特別の事情を検討する際の一要素となりうる。第1編第2章第1節前注〔本書 I 579頁〕、3条の9〔3〕〔本書 I 656頁〕参照）。さらに、外国において進んで訴えを提起している原告が、その不利な進行を考慮して、重ねてわが国において訴えを提起するような場合（高田・前掲「国際的訴訟競合」民訴45号にいう原被告同一型）には、当事者間の公平や信義則の見地から、わが国における後行訴訟について二重起訴禁止の趣旨を適用する余地もあろう（東京地判平成11・1・28判タ1046号273頁）。

　しかし、現行法制の下では、国際的二重起訴禁止の法理自体を承認するとか、本条を類推適用して、わが国における後行訴訟を中止または却下することを裁判所に義務づけることは困難であり、事案の性質に応じて、その法理の趣旨を考慮した実務上の取扱いをする可能性が認められるにとどまる。

　(3)　仮差押え・仮処分の手続等

　仮差押えまたは仮処分の申請、破産債権の届出、調停または仲裁などの申立て自体によっては、いずれも本条にいう訴訟の係属を生じない（東京地判昭和30・12・23下民集6巻12号2679頁、判時71号17頁、東京高判昭和32・7・18下民集8巻7号1282頁。基コメ(2)39頁〔林屋〕）。したがって、これらの手続が係属中に当該権利について訴えを提起したからといって、訴えが二重起訴として不適法になるわけではない。破産手続や仲裁手続との関係で（破100条1項、仲裁14条1項柱書本文参照）、訴えが不適法になるのは、別の問題である。

　もっとも、保全手続などの場合であっても、すでに申立てに基づいて手続が係属しているにもかかわらず、重ねて申立てをなすことは、本条の趣旨に反するものと評価されよう（東京地判昭和55・6・17判時993号76頁、判タ429号139頁）。

　(4)　訴訟係属の発生時期

　訴えの提起があり、または訴えが提起されたものとみなされる以上、それが中

第142条〔2〕

間確認の訴えや反訴などの訴訟係属中の提起であっても、また不適法な訴えの提起であっても、さらにその目的たる請求の如何を問わず、訴訟係属の効果が発生する。

訴訟係属がいつ生ずるかについては、旧旧法195条のように訴状の送達の時とする明文の規定がないので、①訴状が裁判所に提出された時とする説（細野・要義(2)216頁、中島・日本民訴1126頁、菊井・民訴法(下)267頁、加藤・要論385頁）、②裁判長が訴状を受理して期日を指定した時とする説（山田・日本民訴(2)422頁）、③訴状が被告に送達された時とする説（兼子・体系173頁、中田・講義94頁、小野木＝中野・講義183頁、三ヶ月・全集331頁、井上直三郎「訴訟の係属時点」論叢23巻1号158頁、898頁〔1930年〕、斎藤・概論148頁、小山〔5訂版〕211頁、注解(6)271頁〔斎藤＝加茂〕、条解新版842頁）とが対立していたが、現在では、③説をとるものがほとんどで、ほぼ異論がみられない（基コメ(2)39頁〔林屋〕、松本＝上野230頁、梅本268頁、伊藤168頁など）。他方、起訴に結び付けられる個々の効果から帰結して個別に論じるべきで、これと離れて訴訟係属を抽象的一般的に論じる実益はないとの説（新堂224頁）もあるが、個別的効果の基礎となる訴訟法律関係成立の契機として訴訟係属の概念を用いることには、一定の意義が認められる。

訴訟係属の成立時期に関する上告審の判例は存在しないが、古い下級審の裁判例には、①説によったとされるものがある（東京控判昭和11・10・12新聞4092号7頁。旧旧法下の事例であり、訴状提出により訴訟はある程度には係属するに至る、とする。もっとも、同判決は、被告との関係における訴訟係属は訴状送達によって生じる、としており、③説と矛盾するものではない）。①説は、現行法が訴えの提起と訴訟係属とを区別しておらず、旧法34条1項（現22条3項）および旧法73条（現49条）の各規定中の係属というのは訴えの提起時を指しており、また、起訴の時に時効中断（時効の完成猶予）などの効力が生ずること（147条）を根拠としている。この①説の問題点は、被告の知不知に関係なく被告に対する関係でも訴訟係属の効果を生ずると解することにある。これに対して③説は、当事者双方が対立して訴訟に関与する状態が成立したとき、すなわち被告に訴状が送達された時に、両当事者と裁判所との間に訴訟法律関係が成立するという意味において、訴訟が属するものと解し、時効中断、起訴期間の遵守などの実体法上の効果は合目的的に法律が定めたものであるから（147条等）、必ずしも訴訟係属の時

173

第142条〔2〕　第2編 第1章 訴え

と一致させる必要がないとするのである。②説はその時期が不明確であるから採用できず、①説にも上記のような問題点があることを考えれば、原則として、理論的に破綻のない③説によるべきである。

③説によれば、訴状が被告に送達されるまでは、原告と裁判所との間にのみ法律関係が生ずるから、それに基づく裁判長の権限行使として、訴状却下の命令を発することができ（137条2項・138条2項）、訴訟係属の効果が生じた後は、裁判所が判決で訴えを却下しなければならない（140条）。もっとも、判例は、訴えが不適法であることが明らかであって、当事者のその後の訴訟活動により適法とすることがまったく期待できない場合には、訴状の送達をするまでもなく訴えを却下できるものとするが（最判平成8・5・28判時1569号48頁、判タ910号268頁）、これは、このような極めて例外的な事案において、判決をするためには訴訟係属が必要であるとの原則に対する例外を認めたものといえよう。

簡易裁判所における口頭による訴え提起では（271条）、③説によれば、訴状による訴え提起の場合と同様に、裁判所書記官の作成した調書（規則1条2項）の謄本が被告に送達された時に、訴訟係属の効果が生ずることになる。また、当事者双方が裁判所に任意に出頭して訴訟につき口頭弁論をしたときは、口頭の陳述があった時に訴え提起の効力が生じ（273条）、同時の訴訟係属の発生を認めてよい。

訴訟中の訴えの提起である中間確認の訴え（145条）、反訴（146条）、訴えの変更（143条）、参加（47条・49条・50条～52条）等の場合にも、③説によれば、訴状または参加申立書の相手方当事者への送達の時に訴訟係属が発生する。

(5)　訴訟係属の効果

訴訟係属の最大の効果は、後記〔3〕で説明する二重訴訟の禁止であるが、そのほかに、訴訟参加（42条・47条・49条・50条～52条）や訴訟告知（53条）ができること、また関連する請求の裁判籍が認められること（47条1項・145条1項本文・146条1項本文）等がある。訴訟係属時に関し上記の①説をとれば、裁判所の管轄の恒定（15条）もその効果のひとつに数えることができる。なお、ドイツ民訴法265条2項では、そのほかに、当事者の恒定の効果を認め、訴訟係属中に訴訟物の譲渡があっても、譲渡人が依然として訴訟当事者として訴訟を追行する権能を失わないとしている（民訴法典研究会編120頁参照）。

第142条〔3〕

(6) 訴訟係属の消滅

　訴訟係属は、判決の確定、和解調書、請求の放棄もしくは認諾調書の作成、または訴えの取下げなどによって消滅する。そのうち、訴えの取下げによる消滅は、訴訟の係属の初めに遡って生ずるものとみなされる（262条1項）。また時効中断の効力は、訴えが却下され、または取り下げられたときは、最初から生じなかったことになる（民149条。ただし、改正民147条1項は、これらの場合でも、訴えの却下等から6カ月を経過するまでの間は、時効の完成猶予の効力が認められるものとする）。

　なお、二重訴訟を解消するために先行訴訟が取り下げられても、先行訴訟の請求がそのまま後行訴訟において維持されている場合は、先行訴訟の提起によって生じた時効中断の効力は消滅しないとするのが判例であるが（最判昭和50・11・28民集29巻10号1797頁、判時801号12頁、判タ332号199頁、東京高判昭和56・5・12判時1007号54頁、判タ450号114頁）、改正民法の下では、取下げがあっても時効の完成猶予の効力は直ちには失われないから（改正民147条1項柱書カッコ書）、このような問題が生じることはなく、改正民法147条1項の適用によって同様の規律が妥当することとなる。

〔3〕　さらに**提起された訴え**

(1)　さらに提起された訴えの意義

　さらに提起された訴えとは、係属中の訴えに対する後行訴訟を意味する。先行訴訟が係属中である限り、それが訴訟要件を具備する適法なものかどうかは問わない（兼子・体系176頁、三ヶ月・全集118頁、梅本274頁、新堂229頁、条解2版826頁〔竹下＝上原〕）。その点については、先行訴訟において審判されるべきだからである（ただし、先行訴訟が却下された場合の取扱いについては、後述(3)参照）。単一独立の訴えに限らず、他の請求と併合されて提起された訴え、他の訴訟で訴えの変更があった場合の新訴（大判昭和11・7・21民集15巻1514頁）、他の訴訟で提起された反訴（146条）または中間確認の訴え（145条）であっても、本条の適用がある。独立当事者参加（47条）も別個の利益（後述(2)(ア)参照）が認められる特別の場合でない限り、同じである（兼子・判例民訴105頁、同・体系176頁、注解(6)273頁〔斎藤＝加茂〕、条解2版825頁〔竹下＝上原〕。反対——大判昭和7・9・22民集11巻1989頁。47条〔5〕(2)参照）。したがって、例えば、第三者異議の訴えの進行中に執行の目的物が競売されたため、原告が損害賠償の請求に変更した

175

第142条〔3〕 第2編 第1章 訴え

場合に、この請求についてすでに別訴が提起されているときは、裁判所は、訴えの変更による新訴を却下する判決をすることになる（大判昭和11・7・21前掲）。

以上に対して、(2)に後述するように、係属する先行訴訟において、訴えを変更し、反訴または中間確認の訴えを提起することは、さらに同一の訴えを提起するわけでないから差し支えない。

(2) 事件の同一性

事件が同一であるとは、当事者と請求とがそれぞれ同一であることを意味する。

(ｱ) 先行訴訟と後行訴訟の当事者が同一であることが最も明白であるのは、先行訴訟の原告が後行訴訟の原告、先行訴訟の被告が後行訴訟の被告である場合であるが、原被告が入れ替わっても変わりはない。前後いずれかの訴えの当事者が他の者の訴訟担当者の関係にあり、判決効が拡張される場合には（115条1項2号）、当事者適格の視点からみて、担当者と被担当者は、実質上同一当事者であるとみなければならない。

したがって、債権者代位権に基づいて債権者が訴えを提起している場合に、債務者が同一権利について訴えを提起することは許されないと解するのが判例（大判昭和14・5・16民集18巻557頁、最判昭和37・2・15裁判集民58号645頁）であり、通説であるが（兼子・判例民訴100頁、梅本270頁、新堂229頁、条解2版821頁〔竹下＝上原〕、伊藤226頁。これに対して、松本博之『訴訟における相殺』327頁〔商事法務、2008年〕は、債務者の後行訴訟を適法とする）、債務者が47条により参加することは、本条にいう二重起訴禁止に触れるものではない。その理由として、最判昭和48・4・24（民集27巻3号596頁、判時704号52頁、判タ295号254頁）は、この場合には、同一訴訟物を目的とする訴訟の係属にかかわらず債務者の利益擁護のため訴えを提起する特別の必要を認めることができるのであり、また、債務者の提起した訴えと代位訴訟とは併合審理が強制され、訴訟の目的は合一に確定されるのであるから、二重起訴禁止の理由である審判の重複による不経済、既判力抵触の可能性および被告の応訴の煩という弊害がないと述べている。もっとも、審理の結果、債権者の代位権行使が適法であること、すなわち、債権者が代位の目的となった権利につき訴訟追行権を有していることが判明したときは、債務者は当該権利につき訴訟追行権を有せず、当事者適格を欠くものとして、その訴えは不適法となる旨を判示している（47条〔3〕(1)〔本書Ⅰ468頁参照〕）。

なお、改正民法423条の5によれば、債権者代位権が行使されても債務者の取

176

立権等は失われず、債務者の当事者適格が維持されることとなるが、代位訴訟の判決効が債務者に及ぶ以上、債務者による別訴の提起が二重起訴禁止に触れることには変わりがない。したがって、債務者としては、債権者の提起した代位訴訟に参加する必要があり、その方法としては、独立当事者参加のほか、債務者の当事者適格の維持を前提とすれば、共同訴訟参加が考えられる。しかし、前者については、請求の非両立性要件をなお満たすといえるかどうか、後者については、給付の相手方がそれぞれ異なることと整合するかどうか、という問題点があり（畑瑞穂「債権法改正と民事手続法」司研125号136頁〔2015年〕、山本和彦「債権者代位権」NBL1047号10頁〔2015年〕）、この点については、改正法下における解釈に委ねられている（問題状況の分析として、名津井吉裕「債権者代位訴訟と第三者の手続関与」民訴60号87頁〔2014年〕、越山和広「債権者代位訴訟における債務者の権利主張参加」法時88巻8号36頁〔2016年〕参照）。

　以上に対して、先行訴訟において代位されている債権額を超える債権については、債務者が後行訴訟を提起することが許されるとした下級審裁判例（東京地判昭和50・9・4判時806号54頁）がある。この場合には、厳密な意味で請求が同一といえるかどうかは問題であるから、本条によって直ちに不適法となるとはいえないが、明示的一部請求訴訟の係属中に、訴訟物となっていない債権の残部について別訴を提起する場合と同様（後記(イ)(c)参照）、可能であれば、併合して審理するのが適切である。

　また、事実審の口頭弁論終結後に訴訟物を譲り受けた者が、同一権利について訴えを提起した場合（秋田地判昭和30・2・9下民集6巻2号248頁）、選定者と選定当事者（30条）とが各別に訴え、または訴えられた場合も、既判力の拡張可能性を考慮すれば、実質上当事者は同一であるといえる（基コメ(2)40頁〔林屋〕）。

　債権差押命令を得た者による先行訴訟（民執157条）と差押債務者による後行訴訟の場合には、差押債権者は差押命令によって差押債務者に帰属する債権について取立権を付与され（民執155条1項）、訴訟担当者として取立訴訟を追行し、その判決の既判力が債務者に及ぶ、と解する伝統的な通説に従えば（三ヶ月・研究(6)7頁以下、竹下守夫『民事訴訟法の論点』235頁〔有斐閣、1985年〕、浦野雄幸『条解民事執行法』680頁〔商事法務研究会、1985年〕、上原敏夫『債権執行手続の研究』107頁〔有斐閣、1994年〕など。115条〔4〕〔本書Ⅱ481頁〕参照）、代位訴訟について述べたのと同様に、両者は実質上同一当事者と解される（東京地判昭和

第142条〔3〕 第2編 第1章 訴え

56・12・21判時1042号118頁は、差押命令が発令されても、差押債務者は、被差押債権の自らへの帰属確認を求める確認訴訟を提起できるとするが、これを前提としても、差押債務者による後行の確認訴訟は、二重起訴に当たる。原田和徳＝富越和厚『執行関係等訴訟に関する実務上の諸問題』343頁〜344頁〔法曹会、1989年〕参照）。なお、近年では、取立債権者の原告適格は訴訟担当ではなく固有適格に基づくものとする見解も有力であり（田中康久『新民事執行法の解説〔増補改訂版〕』336頁〔金融財政事情研究会、1980年〕、福永有利『民事訴訟当事者論』158頁〔有斐閣、2004年〕、中野＝下村・民執法716頁〜717頁など参照）、これらのうち、取立訴訟の判決の既判力は債務者の有利にも不利にも及ばないとする見解によれば（田中・前掲『新民事執行法の解説〔増補改訂版〕』336頁、中野＝下村・民執法719頁）、債務者による後行訴訟は二重起訴に当たらないことになろう。

　他人間に係属する訴訟の当事者の一方を被告として訴えを提起している者が、同一請求を主張して他人間の訴訟に独立当事者参加をした場合は、参加の利益はなお認められ、上記請求を含めて参加全体が適法であるとするのが判例（大判昭和7・9・22前掲。ただし、本条に抵触しない理由としては、別訴が給付請求であるのに対して参加訴訟における請求が確認請求であることを挙げる）であるが、同一請求が含まれている限りは、本条の適用対象として、当該請求については不適法とする見解が有力である（兼子・判例民訴105頁、本書初版166頁参照。もっとも、片面参加を認める現行法の下では、残存請求との関係で、参加そのものは適法となりうる）。しかし、独立当事者参加訴訟において相手方の双方との関係で合一確定を求める利益が認められる以上、参加を適法と解する余地もあろう（47条〔5〕(2)〔本書I 477頁〕参照。その場合には、先行する別訴が訴えの利益を失うこととなる）。これに対して、先行訴訟の係属中に訴訟物である権利義務について承継が行われ、承継人が相手方に対し新訴を提起した後に、承継人が47条および49条によって先行訴訟に参加し、あるいは50条によって先行訴訟を引き受けた場合には、承継人が前主の地位を承継する（49条〔1〕(1)）ことになるから、前述の新訴は二重起訴となる（兼子・体系176頁、新堂229頁、条解2版826頁〔竹下＝上原〕、高橋・重点講義(下)572頁。反対——東京地判昭和30・4・18下民集6巻4号742頁）。

　これに対し、甲の提起した選挙無効確認の訴えと乙の提起した同じ選挙の無効確認の訴えとは、それぞれの当事者に独立に当事者適格が認められる以上、同一

第142条〔3〕

の訴えとはいえず（最判昭和30・4・28民集9巻5号603頁〔判示事項となっていないがかっこ書で判示する〕）、また、債権者が、債務者に属する金銭債権につき、債務者に代位して第三債務者に対しその支払を求める訴えを提起した後に、国が債務者に対する国税の滞納処分として同一債権を差し押さえ、第三債務者に対しその支払を求める訴えを提起しても、債権者の代位権行使の権限が失われるものではなく、裁判所は、2個の請求を併合して審理し、これをともに認容することができると解するのが判例（最判昭和45・6・2民集24巻6号447頁、判時597号90頁、判タ251号176頁。ただし条解2版822頁〔竹下＝上原〕は反対）であり、是認してよい。

　(イ)　請求が同一であるとは、請求の趣旨および原因によって特定される訴訟物の同一性を意味し（133条〔8〕）、請求の趣旨の完全な同一は必ずしも必要でない（133条〔7〕）。この意味で、請求の同一性の判断は、訴訟物の同一性の判断に置き換えられる。

　したがって、二重起訴禁止の範囲は、訴訟物の同一性の問題を離れて論ずることはできないとみるのが通説であるが、二重起訴禁止は、二重に訴訟手続が行われることの禁止であって、同一訴訟手続で行われることの強制と把握すべきであり、そのためには「請求の基礎の同一」を基準として重複の成否を判断すべきだとの説（住吉博「重複訴訟禁止の原則の再構成」『民事訴訟論集(1)』289頁以下〔法学書院、1978年〕）がある。また、主要な争点の共通性から事件の同一性を捉える考え方（新堂227頁、高橋・重点講義(上)132頁）や、社会生活関係の同一性を基礎とした主要な法律要件事実の共通性から事件の同一性を判断する説（伊藤226頁）も存在する。これらの考え方をとる場合には、二重起訴禁止の範囲が広がるところから、後行訴訟を却下するという選択肢に代えて、後行訴訟を中止する、先行訴訟と併合する、場合によっては、先行訴訟を中止するなど、二重起訴禁止の効果の弾力化が説かれる（三木・手続運営310頁、酒井一「重複訴訟論──訴訟物論の試金石からの脱皮」鈴木古稀278頁など）。

　審理の重複による当事者や裁判所の負担の発生を回避し、また、判決内容の矛盾抵触を防ぐという考慮からは、これらの学説の説くところも理解できるが、問題は二つの観点に分けて考えるべきであろう。すなわち、二重起訴禁止の中心は、まず同一の訴訟物についての重複審理や重複判決阻止にあるのであり、次にその外延として、運用上どの範囲までの訴訟を同一訴訟手続内で審理判決するのが適

第142条〔3〕 第2編 第1章 訴え

切か（ここでは信義則的な考察を視点にすえる）という二つの観点に分けて考察すべきである。後者の場合には、二重起訴禁止の法理の趣旨を踏まえて、当事者の訴訟行為に対しては、信義則を適用し、また、裁判所に対しても、可能な場合には、弁論の併合などの職権行使が期待される。

前者の問題、すなわち二重起訴禁止の中心部分たる訴訟物の同一性は、旧訴訟物論によるか新訴訟物論によるかで、給付訴訟と形成訴訟については相当大きな相違が生ずる（本章前注4）ので、訴状の必要的記載事項（133条〔7〕〔8〕）および既判力の客観的範囲の問題として（114条〔5〕(5)）すでに説明をしたが、なお本条との関連で問題になるものの若干について、次に述べる。

(a) 同一物に対する所有権確認の請求は、同一当事者間であっても、原告の所有権と被告のそれとはそれぞれ別個であるから、それらについて起こされた訴えは同一の訴えにはならない。実質的にみても、原告の所有権が否定される場合としては、色々な場合、例えば、売買契約が不成立であるとか、その効力が生じなかったとか、一旦取得した所有権を喪失したとかがあり、被告の所有権が審理の対象にならない場合もあるし、審理されたとしても理由中の判断にとどまるから、同一の訴えとみるべきではない（反対──新堂225頁、高橋・重点講義(上)130頁。伊藤227頁は、両者の所有権取得原因が同一の社会生活関係に関連する場合に限り、同一の訴えに当たるとする）。

しかし、物を中心に考えれば、同一物について、原告の所有権と被告の所有権とが基準時において両立することはありえないから、同一訴訟手続で審理し判断することに適しているのはいうまでもなく、したがって、被告の所有権確認請求は、反訴として提起されるのが望ましい。また、別訴として提起されても、可能であれば、併合して審理するのが適切である。

また、土地または家屋についての賃借権の存在確認の訴えの係属中に、同一当事者間で同一物件にかかる別の賃貸借契約を理由とする賃借権確認の訴えが提起される場合にも、同一物件に対する債権は二つ以上存在しうるから、必ずしも同一の訴えとはいえない。このような場合は、予備的請求として提起されることが多いが、別訴として提起されたときも、可能であれば、併合して審理することが望まれる。

これに対し、同一の権利の存在確認の請求と不存在確認の請求は、同一請求であるから、同一の訴えになり、まったくの表裏の関係にあるから、後行訴訟は訴

180

第142条〔3〕

えの利益もなく、反訴として提起することも許されない。

(b) 訴訟物としては同一であるが、原告が求める審判の形式が異なる場合、例えば、ある債権について給付の訴えを起した者が、さらに同一債権について確認の訴えを起こした場合に、どう取り扱うべきかが問題になる。両訴訟の先後が入れ替わっても、同様である。古い判例には、両者は、請求の趣旨が異なるうえ、債権の弁済期が未到来であるときは、先行訴訟の給付請求は棄却されるが、後行訴訟の確認請求は認容されるから、同一の訴えと解すべきではないとするものがあり（大判昭和7・9・22前掲、東京高判昭和37・6・15東高民時報13巻6号87頁）、一部の学説はこれに同調する（本書旧版Ⅱ153頁、松本＝上野233頁）。

しかし、当事者と訴訟物が同一である以上、訴訟の類型が異なることを根拠として二重起訴禁止の対象外とする理由はない（兼子・判例民訴107頁参照）。その結果、例えば、債権の存在確認の訴えを提起しているときに給付の訴えを提起するには、訴えの変更による請求の拡張（143条）に、債権について不存在確認の訴えが提起されている場合に給付の訴えを提起するには、反訴（146条）に、それぞれよるべきである（別訴で提起された給付の訴えを却下した裁判例として、東京地判昭和55・9・29判タ429号136頁がある）。後者の場合、給付の反訴の提起により、本訴の確認の利益が失われることになる（最判平成16・3・25民集58巻3号753頁、判時1856号150頁、判タ1149号294頁）。なお、手形債務不存在確認請求訴訟の係属中に提起される手形訴訟については、前者に対する反訴によることができないことから、適法とする裁判例がある（大阪高判昭和62・7・16判時1258号130頁、判タ664号232頁、東京地判平成3・9・2判時1417号124頁、判タ769号237頁など）。もっとも、手形判決に対して異議申立てがされ、通常訴訟に移行した場合については、それにより二重起訴となるわけではないとする裁判例があるが（東京地判平成3・9・2前掲）、学説上は、二重起訴に当たるとする見解も有力である（条解2版1761頁〔松浦馨＝加藤新太郎〕参照）。もっとも、この見解に従う場合でも、両訴訟のいずれかを却下することは訴訟経済上問題であるから、弁論の併合によって処理すべきものと解される（350条〔5〕(4)〔本書Ⅶ104頁〕参照）。

以上について、仮に、同一の訴えとしない場合でも、別訴として提起された場合には、可能な限り、併合して審理することが望ましい。

また、家屋の所有権に基づく明渡請求の訴えと当該家屋についての所有権確認

181

の訴えの関係については、訴訟物を基準とする限り、二重起訴禁止に該当すると
はいえないが（松本＝上野234頁）、実質的に審理内容が重複し、また判決内容の
矛盾抵触のおそれも否定できないところから、二重起訴を禁止した趣旨をこのよ
うな場合にまで拡張して、本条を適用すべきであるとの説（条解(上)634頁、兼
子・判例民訴105頁、同・体系175頁、細野・要義(2)222頁、加藤・要論309頁、新堂
227頁、伊藤227頁参照）もあり、さらに進んで、二つの事件における主要な争点
が共通であれば、同一事件として後の別訴を禁止すべきであるとし、例えば、所
有権に基づく土地の明渡請求訴訟で、抗弁として主張された賃借権の存否が主と
して争われているときに、被告が別訴で賃借権確認の訴えを提起するのは許すべ
きでないという考え方も主張されている（新堂227頁、高橋・重点講義(上)132頁）。

　しかし、最判昭和33・3・25（民集12巻4号589頁、判時145号17頁）は、賃借
権に基づき土地の引渡しを求める給付訴訟が係属していても、その基本たる賃借
権の存否内容につき即時確定の利益の認められる限り、賃借権確認の訴えは許さ
れるものと解すべきであるとし、最判昭和49・2・8（裁判集民111号75頁）も、
土地所有権に基づく所有権移転登記手続を求める訴えの係属中、相手方が同一土
地について提起する所有権確認訴訟は、二重起訴の禁止に触れないとしている
（ただし、所有権移転登記手続請求権不存在確認の訴えは、二重起訴の禁止にふれる
とする）。したがって、上記のような考え方を実務で直ちに採用することは困難
である。また、主要な争点という基準も明確とはいえない（114条〔7〕参照）。

　なお、確認の利益と二重起訴禁止との関係については、前者は、確認訴訟一般
として必要な要件であり、その利益があって初めて、後者が問題になるとの考え
方もありうるが（本書初版169頁参照）、後訴の却下理由を確認の利益の欠缺に限
定する必然性はなく、二重訴訟の禁止に触れるとして後訴を却下することも妨げ
られないものと解される。

　(c)　同一債権の一部の請求につき訴えを提起している場合に、残部の請求につ
いて提起する訴えが同一の訴えであるとみるか否かは、ことに金銭債権に関して
問題になるところ（114条〔5〕(8)）、一部であることの明示を前提として、訴訟物
が一部と残部とで区分されるという前提に立てば（最判昭和34・2・20民集13巻
2号209頁、判時178号3頁、最判昭和37・8・10民集16巻8号1720頁）、同一の訴
えとならないと解すべきであるが（反対――東京地判昭和37・2・27判時290号25
頁）、請求を拡張する方法によって残部の請求について判決を求めることが望ま

しいし（そうでなければならないとするのは兼子・体系176頁、小山〔5訂版〕213頁、新堂226頁、条解2版824頁〔竹下＝上原〕、高橋・重点講義(上)136頁）、別訴で提起されたときは、可能であれば、併合して審理するのが適切である。一部請求棄却判決確定後の残部請求を信義則によって排斥した最判平成10・6・12（民集52巻4号1147頁、判時1644号126頁、判夕980号90頁）や、この場合における別訴の提起は、実質的な争点が共通であるため、ある程度審理の重複が生ずることは避け難く、応訴を強いられる被告や裁判所に少なからぬ負担をかけるうえ、債権の一部と残部とで異なる判決がされ、事実上の判断の抵触が生ずる可能性もないではないため、当然に許容されるものとはいえない、とする最判平成10・6・30（民集52巻4号1225頁、判時1644号109頁、判夕979号97頁）の趣旨からも、このような取扱いが正当化されよう。なお、元本債権と利息債権の関係についても同じことがいえる（114条〔5〕(4)）。

(d) 現に係属する訴訟の訴訟物である債権を別訴において訴訟上の相殺の自働債権とすること、また、すでに訴訟上の相殺の自働債権とされている債権を訴訟物とする別訴を提起することについて、二重起訴禁止の法理が類推適用されるか、あるいはその趣旨が妥当するかどうかが争われる。便宜上、前者を抗弁後行型、後者を抗弁先行型と呼ぶ。

審理の重複と判断内容の矛盾抵触を避ける趣旨を重視すれば、不許説（注解(6)276頁〔斎藤＝加茂〕、住吉・前掲「重複訴訟禁止の原則の再構成」『民事訴訟論集(1)』(1)255頁、小山〔5訂版〕213頁、河野正憲『当事者行為の法的構造』75頁〔弘文堂、1988年〕、梅本277頁、新堂228頁、伊藤229頁など）に合理性が認められるし、ことに相殺のため主張した請求の成立または不成立の判断については既判力を生ずるので、自働債権の主張を訴訟物の定立に準じるものと考えれば、不許説が支持される（114条〔6〕）。

しかし、相殺の抗弁はあくまで攻撃防御方法にすぎないから、それについて訴訟係属を観念する余地はなく、本条の類推適用は考えられないとする許容説（三ヶ月・全集125頁、中野貞一郎「相殺の抗弁」訴訟関係121頁、法律実務(6)42頁、伊東乾「二重起訴の禁止」演習民訴(上)307頁、栗原良扶「相殺の抗弁と重複訴訟の禁止」大阪学院大学法学研究7巻1＝2号85頁〔1982年〕、岡田幸宏「重複起訴禁止規定と相殺の抗弁により排斥される対象——別訴において訴訟物となっている債権を自働債権とする相殺の抗弁を中心にして」福永古稀330頁、松本・前掲『訴訟におけ

第142条〔3〕 第2編 第1章 訴え

る相殺』138頁、条解2版823頁〜824頁〔竹下＝上原〕）も有力である。また、抗弁先行型では、二重起訴禁止の趣旨を適用し、抗弁後行型では、これを否定する考え方も唱えられている（高橋・重点講義(上)140頁）。

　従来の下級審裁判例も不許説と許容説に分かれていたが、最高裁は、抗弁後行型の事案において、不許説に立つことを明らかにした。

　すなわち、最判昭和63・3・15（民集42巻3号170頁、判時1297号39頁、判タ684号176頁）は、甲が乙会社に対し解雇の意思表示の無効を前提として賃金債権の支払を求める訴えを提起していたところ、乙会社が甲に対し、いわゆる賃金の仮払仮処分に基づいて給付した仮払金について、当該仮処分の取消しのあったことを理由として返還請求訴訟を提起したので、甲がすでに訴求していた賃金債権をもって仮払金返還請求権と相殺する旨の抗弁を提出した事案について、以下のように判示した。すなわち、「本件受働債権の給付請求権は、仮払仮処分の取消という訴訟法上の事実に基づいて発生し、本来、民訴法198条2項〔筆者注：現260条2項〕の原状回復請求権に類するものであり、右のように別訴で現に訴求中の本件自働債権をもってする甲の相殺の抗弁の提出を許容すべきものとすれば、右債権の存否につき審理が重複して訴訟上の不経済が生じ、本件受働債権の右性質をも没却することは避け難いばかりでなく、確定判決により本件自働債権の存否が判断されると、相殺をもって対抗した額の不存在につき同法199条2項〔筆者注：現114条2項〕による既判力を生じ、ひいては本件本案訴訟における別の裁判所の判断と抵触して法的安定性を害する可能性もにわかに否定することはできず、重複起訴の禁止を定めた同法231条〔筆者注：現本条〕の法意に反することとなるし、他方、本件自働債権の性質及び右本案訴訟の経緯等に照らし、この債権の行使のため本案訴訟の追行に併せて本件訴訟での抗弁の提出をも許容しなければ甲にとって酷に失するともいえないことなどに鑑みると、甲において右相殺の抗弁を提出することは許されない」というものである。

　この判例は、一種の訴訟法上の信義則の見地から旧法231条（現本条）の類推適用を認めたものと解されるが、この事案においてその判断の基礎となったと考えられる点は、受働債権が仮払金返還請求権という仮定的暫定的給付の原状回復請求権であって早期解決を図るべき債権であること、賃金債権の給付を求めている別訴の追行にあわせて、この抗弁の提出を許容しなければ酷に失するとはいえないことなどであると考えられる。このような点を重視すれば、判例が抗弁後行

第142条〔3〕

型について全面的に不許説に立ったものとは解しえないとの考え方も成り立ちうる（本書旧版Ⅱ156頁）。しかし、その後の最判平成3・12・17前掲および最判平成10・6・30前掲を前提とすると、昭和63年判決の意義をこのように限定的に解するのは適当ではなく、抗弁後行型については、一般的に二重起訴禁止の法理を類推適用するのが判例であると解すべきである。反訴債権を本訴の訴求債権に対する相殺の自働債権とすることを認めた最判平成18・4・14（民集60巻4号1497頁、判時1931号40頁、判タ1209号83頁）も、このような判例の考え方を前提としている。

　もっとも、平成10年判決については、相殺の担保的機能を尊重すべきことが残部による相殺を許すことの根拠として挙げられていることから、抗弁後行型への二重起訴禁止の法理の類推適用が制限されたとの理解も存在する（坂田宏「判批」民商121巻1号84頁〔1999年〕参照）。しかし、この判示は、一部請求後の残部請求が信義則に反することを理由に制限されることとの対比で、残部を相殺の自働債権として用いる場合には、その制限が働かないとする根拠として、相殺の担保的機能を強調しているにすぎず、相殺の抗弁への二重起訴禁止の法理の類推適用そのものを限定する趣旨とは考えられない。

　以上のような不許説に対して、二重起訴禁止の法理の類推適用を否定し、相殺の抗弁を許容すべきであるとする論者は、その主たる論拠として、第1に、相殺の抗弁によっては、自働債権について訴訟係属を生じないこと、第2に、相殺の抗弁を不適法とすることは、相殺の担保的機能を否定し、実体法上保障された利益を訴訟手続が否定するに等しいことを挙げる。しかし、ここでは、二重起訴禁止の法理の適用そのものではなく、その類推適用ないし趣旨の当てはめを問題にしているのであるから、第1の論拠は当たらない。また、第2の論拠である相殺の担保的機能については、次のように考えられる。相殺の抗弁が不適法とされれば、担保的機能が後退することは否定できないが、相殺の抗弁を許すとすれば、審理の重複や判断内容の矛盾抵触の危険は不可避である。このような不都合や危険をあえてしてまで、担保的機能を確保すべき理由に乏しい。

　論者（松本・前掲『訴訟における相殺』139頁）は、両訴訟の受訴裁判所間で情報が共有されることによって判断内容の矛盾抵触が避けられることなどを主張するが、あくまで事実上の蓋然性にすぎず、また、受訴裁判所の職務遂行としてこのような措置が望ましいかどうか疑いがある場合があろう。

185

第142条〔3〕　第2編 第1章 訴え

　これに対して、抗弁先行型については、いまだ判例がない。相殺の抗弁は、予備的抗弁として主張されるのが通常であることなどを理由として、先に下級審裁判例についてみたように、抗弁後行型とは異なって、これを許すべきであるとの議論も有力である。しかし、審理の重複や判断内容の矛盾抵触のおそれなど、抗弁後行型における不許説の論拠は、抗弁先行型についても妥当する。一方で、先行訴訟において相殺の抗弁による利益を保持しながら、これと別に、後行訴訟において自働債権を訴求する二重の利益を認めることは、原則として否定されるべきであろう。特に、抗弁先行型の場合には、あえて後行訴訟を別訴として提起しなくとも、予備的反訴を提起するなどの方法で（東京高判昭42・3・1高民集20巻2号113頁、判時472号30頁、判タ204号205頁、東京高判昭42・3・1行集18巻3号177頁、大津地判昭和49・5・8判時768号87頁参照）、当該債権を訴求する途があるのであるから、別訴を認めるべき理由に乏しい。

　したがって、特段の事情が存在する場合を除いて、抗弁先行型についても、抗弁後行型と同様に、本条を類推適用するか、本条の趣旨に基づいて信義則を理由として、後行訴訟を不適法とすべきである。これに対して、抗弁先行型について許容説に立つとしても、裁判所としては、双方の訴訟を別々に併行して審理するのは適当ではなく、いずれか一方の訴訟、例えば結審に近い訴訟を先に審理し、その結果を待って他方の審理をするとか、また一方が予備的であるときは、そうでないほうの訴訟の審理を先に行うなどの配慮をすることが適当である（114条〔6〕(2)参照）。

　なお、近時の判例は、抗弁後行型に属する事例において、例外的に相殺の抗弁が適法とされる場合があることを認める。第1は、本訴および反訴の係属中に、反訴請求債権を自働債権とし、本訴請求債権を受働債権とする相殺の抗弁である（最判平成18・4・14前掲）。この場合、相殺の抗弁の主張に伴い、反訴が、原則として予備的反訴に変更され、相殺の抗弁が判断対象となる場合には反訴は審判の対象とならないため、審判対象の重複が生じないことが根拠となるが、予備的反訴の場合には、弁論の分離が許されず、審理の重複や判断抵触のおそれがないことも指摘される（増森珠美・最判解平成18年度532頁参照）。第2は、本訴において訴訟物となっている債権の全部または一部が時効により消滅したと判断されることを条件として、当該部分を自働債権とする相殺の抗弁を反訴において主張する場合である（最判平成27・12・14民集69巻8号2295頁）。本訴と反訴が同時に

審判される限り、判断の矛盾抵触および審理の重複が生じないこと、相殺の抗弁を認めることが民法508条の趣旨にもかなうことを理由とする。

(3) 二重起訴禁止の審査

二重起訴の禁止は訴訟要件のひとつで、訴訟障害事由に属する。二重起訴になるかどうかは、裁判所が職権をもって調査すべき事項であるから、被告の抗弁を待つまでもなく、二重起訴になると認めれば、後行訴訟を不適法として却下する判決をしなければならない。

もっとも、後行訴訟の口頭弁論終結前に、先行訴訟が不適法として却下され、または取り下げられたときは、後行訴訟は二重起訴たることを免れるから、後行訴訟を不適法として却下すべきではない（大判明治34・9・26民録7輯8巻54頁）。裁判所が二重起訴に気づかないままに、先行訴訟と後行訴訟の双方について判決をし、それが確定した場合には、双方の訴えの確定判決の内容が矛盾抵触すれば、起訴の前後に関係なく、後の確定判決が再審の訴えによって取り消される（338条1項10号）。しかし、再審判決によって取り消されるまでは、後の判決がより新しくなされたものとして尊重されなければならない。したがって、先行訴訟判決が給付判決で、後行訴訟判決が債務不存在確認判決のような場合には、債務の不存在が先行訴訟給付判決に基づく強制執行に対する請求異議の訴えの事由となる（338条〔15〕(4)〔本書Ⅶ42頁〕参照）。

（訴えの変更）[1][2]

第143条　原告は、請求の基礎に変更がない限り[5]、口頭弁論の終結に至るまで[6]、請求又は請求の原因を変更することができる[3][4]。ただし、これにより著しく訴訟手続を遅滞させることとなるときは、この限りでない[7]。

2　請求の変更は、書面でしなければならない[8]。

3　前項の書面は、相手方に送達しなければならない[9]。

4　裁判所は、請求又は請求の原因の変更を不当であると認めるときは、申立てにより又は職権で、その変更を許さない旨の決定をしなければならない[10]。

〔1〕　本条の趣旨

訴えの変更とは何かについては議論があるところである（後記〔2〕）が、原告

第143条〔2〕 第2編 第1章 訴え

が申し立てた当初の訴えによっては訴えを提起した目的が達成できない場合等において、その請求内容を変更することをいう。新たな請求に着目すれば、従前の訴訟手続を利用して、新請求についての審判を求めるいわゆる訴訟中の訴え（「訴訟中の訴え」法律実務(2)169頁〔倉田・証明論所収〕）の一種である。歴史的には、訴えを変更することに極めて厳しい制度から徐々にその要件を緩和してきた（菊井維大「訴の変更」民訴講座(1)185頁）ということができるが、日本法も比較的緩やかな要件により、これを認めている。本条は、訴えの変更を許容する要件とともに、その方式・手続について定める規定である。

〔2〕 **訴えの変更の意義**

(1) 訴えの変更という概念の用い方は必ずしも一義的ではない。かつては、訴えの要素である裁判所、当事者、請求のうちのひとつでも変更すれば訴えの変更になるとする理解もあった（山田正三「訴の変更」論叢49巻4号398頁〔1943年〕）が、今日では、訴えの変更とは、裁判所と当事者の同一を前提として、審判の対象としての請求の変更を指すものと解されている（大阪高判昭和29・9・16行集5巻9号2080頁）。訴訟物の変更を伴わない請求の趣旨のみの変更（請求の拡張・減縮を含む）は訴えの変更ではないとする理解もある（伊藤617頁）が、その要件規制は別として、訴えの変更の手続が必要となる点に鑑みると、訴状における請求の趣旨と原因の記載によって特定される請求（133条2項、規則53条1項参照）を変更すること一般を訴えの変更と理解してよい（条解2版830頁〔竹下守夫＝上原敏夫〕、注解(6)297頁〔斎藤秀夫＝加茂紀久男〕）。

(2) 訴えの変更に関する立法を歴史的にみると、おおよそ、その禁止から禁止の緩和ないしは許容への歩みを続けているということができる。ことにドイツ民訴法の制定以後は、原則として訴訟係属により審判対象が固定されると考えてきたローマ法、ゲルマン法、普通法時代に比し、その禁止緩和の傾向が各国の民事訴訟法を通じ、いよいよ顕著になったのである。本条も、旧旧法196条と比較すると、格段に訴えの変更の自由を認めている（この点については菊井・前掲「訴えの変更」民訴講座(1)185頁以下）。大正改正前の旧旧法は、訴えの変更の制度が、原告は同一の訴えを維持しなければならない、被告は同一訴訟手続内で新しい防御方法を講ずることを強制されるものでないという観点から訴えの変更の原則的禁止を定める当時のドイツ法の影響の下に成立したが、大正改正において、訴えの変更を原告が行うことを従前に比して広く許容することにした。不適法な訴え

188

であること（大阪高判昭和39・10・22判時395号31頁は不適法な訴えであっても、訴えの追加的変更ができると判示する）、あるいは失当であることが予測される事態となったときにも、無理に当初の訴えの変更を許さないのは、訴訟を硬直化させ弾力性を失わせることになるので、一定の限度で訴えの変更を認めることが訴訟制度としても合理的であり、現行法は、訴訟遅延の弊害に留意しつつも、こうした考慮にその基礎を置く制度となっている。

　(3)　本条は訴えの変更のいわば基本的規定であるが、このほかにも、原告による中間確認の訴え（145条）、選定者に係る請求の追加（144条）、再審の訴えにおける再審事由の変更（344条）、執行文付与に対する異議の訴えや、請求異議の訴えの異議事由の同時主張（民執34条2項・35条3項）などに関する諸規定は、訴えの変更に関連する規定である。

　訴えの変更は、原告がこれをするかどうか、したがってまた別訴を提起するかどうかは原則として自由であり、訴えの変更が強制されることはない。ただし、重複する訴えの禁止（142条）との関係において、訴えの変更の手続によることなく、別訴として提起された訴えが不適法とされる場合がある（新堂756頁）。さらに、その訴訟である請求について確定判決を受けると、その訴訟で訴えの変更により主張することのできた事実に基づく一定の請求についてさらに訴えを提起することができない場合（例えば、人訴25条）においては、訴えの変更をしておかなければ、一定の請求について失権することになる。執行文付与の訴え、請求異議の訴えには異議事由の同時主張の要請（民執34条2項・35条3項）があり、訴え変更の本条の規定が適用されるが、これに当たる場合にも、原告は現に係属する訴訟において訴えの変更をしないでおいて改めて別訴を提起することは許されない。

　(4)　訴えの変更には、その態様としては、従来の請求をそのまま維持しながら、さらに別個の請求を追加して審判を求める追加的変更と、従来の請求に代えて新請求について審判を求める交換的変更がある。追加的変更は、請求の併合を生ずるので、単純併合、選択的併合、予備的併合のうちいずれかの態様をもつ訴えの変更になる（136条〔2〕(2)）。

　(ｱ)　第三者異議の訴えの係属中、執行の目的物が競売されたため損害賠償の請求に変更した場合（後記(5)(ｳ)参照）、賃貸借契約の解除または解約を原因とする家屋明渡請求訴訟の進行中、家屋が焼失して損害賠償の請求に変更した場合など

第143条〔2〕 第2編 第1章 訴え

が、旧請求を止めその代わりに新請求につき訴えを提起した交換的変更の典型的な例である。貸金請求訴訟において、被告が消費貸借契約について取消しの抗弁を提出したため、原告が不当利得の請求に変更する場合に、被告の抗弁が理由があると認めて従前の貸金請求を撤回すれば交換的変更である一方、従前の貸金請求を維持しつつ、しかもそれが裁判所によって認められる場合に備えて、仮定的に不当利得の請求をするのであれば、追加的変更ということになる。

　交換的変更の場合における旧訴の扱いについては、議論があるが、訴えの取下げまたは請求の放棄があったものと取り扱うことができる。一般には、交換的変更をした原告は、請求の減縮の場合と同様に旧訴を取り下げる意思を有すると解することができる（最判昭和27・12・25民集6巻12号1255頁は減縮前の請求の趣旨は未陳述であった事例）。したがって、被告が交換的な訴えの変更に同意した場合には旧訴の取下げにも同意したことになり、旧訴（旧請求）につき取下げの効力が生ずると考えられる。これに対し、被告が訴えの変更に同意しない場合には、旧訴の取下げに同意が必要である限り（261条2項）取下げの効力が生じない（最判昭和31・12・20民集10巻12号1573頁、判タ67号65頁、最判昭和32・2・28民集11巻2号374頁、判時107号7頁、判タ70号58頁）から、訴えの変更は有効であるとしても、従来の請求についての訴えも依然として新訴（新請求）とともに裁判所に係属することになる。したがって、被告の同意を得られない交換的変更は、追加的変更として扱われることになる（条解2版836頁〔竹下＝上原〕、松本＝上野734頁）。もっとも、この場合においても交換的変更をした原告が旧請求を放棄する意思を有するものとすれば、被告の同意は不要である。この場合においては、口頭弁論調書にその趣旨を明らかにしておくことが必要である。

　判例実務での扱いはこのように整理することができるが、異説がある。本条の訴えの変更は交換的変更を意味するものであり、そこでいう交換的変更は、新訴の提起とともに旧請求についての訴訟係属は当然に消滅するという訴訟行為であって、訴えの取下げを観念する余地はないとする見解（伊藤618頁）があり、これによれば、被告の同意要件は適用されないとする。古くは、請求の減縮について、訴えの取下げではない（大判明治37・3・31民録10輯378頁）とする判例があり、控訴審で請求の減縮があった場合には、減縮した範囲において応訴している被告の同意なしに、訴えは当然取り下げられたことになるとされていた（大判昭和14・12・2民集18巻1407頁）。学説も、その当時は旧訴の取下げにつき必要な同

190

第143条〔2〕

意を問題にしていない（中島・日本民訴1224頁、細野・要義(2)232頁）。確かに、訴えの変更という概念は、訴えの取下げという概念とは異なり、また、大正改正の立法者は、「請求の拡張」という概念（145条〔旧234条〕）と「請求又は請求原因の変更」という概念（本条〔旧232条〕）を使い分けており、交換的変更については本条のみを適用する意図であったことがうかがわれるが、交換的変更（および請求の減縮）は、原告が旧請求について請求の放棄の意思を有する場合を別にすれば、実質上、旧請求について訴えの取下げと同じ結果を導くものであり、訴え取下げに際しては本案判決を得る被告の利益を保護するために被告の同意があることをその効力発生の要件としている（261条2項）ことに照らして、被告が応訴した以上その同意がないと旧請求についての取下げの効力は生じないと解するべきであると考える。ただし、被告が訴えの変更について異議を申し立てず、新請求について応訴したときは、旧訴の取下げ（および請求の減縮）に同意したと解すべきである（大判昭和16・3・26民集20巻361頁、最判昭和38・1・18民集17巻1号1頁、判時330号35頁。もっとも、原告が請求の放棄の意思を有する場合には、その効果を認めてよい）。また、被告は一旦した同意を撤回することはできない（東京高判昭和49・4・15金判419号13頁）。

　この理解によれば、本条の定める要件は、交換的変更の場合においても、新請求につき審判を求める部分にかかる要件ということになる。最判昭和32・2・28前掲も、「けだし訴の変更の許否ということは旧訴の係属中新訴を追加的に提起することが許されるか否かの問題であり、一旦係属した旧訴の訴訟係属が消滅するか否かの問題とは、係りない」旨判示している。このことを徹底させて、旧訴の係属は請求の放棄または訴えの取下げという方法でのみ消滅させることができると解し、訴えの変更としては追加的変更のみを認めるべきであるとの学説（三ヶ月・全集140頁）もあるが、理論的な説明方法としてはともかく、適法な交換的変更があれば、旧請求についての取下げという訴訟行為を要求するまでもなく、当然に旧訴訟に関する訴訟手続の訴訟係属は消滅すると考えてよい。

　㈢　訴えの追加的変更があった場合には、請求の併合形態を生ずる。その併合の態様に応じ、追加的変更にも単純併合、選択的併合、予備的併合の態様があることは上述した。例えば、元本のみを請求していた場合に、利息または損害金の請求を追加する場合は、請求の単純併合の態様をもつ追加的変更の例である。占有権に基づいて物の返還請求をしている場合に、所有権に基づく同一物の返還請

191

第143条〔2〕　第2編 第1章 訴え

求を追加する場合には、いずれかひとつの請求の認容を求める選択的併合の態様をもつ追加的変更の場合と、いずれかを予備的請求とする予備的併合の態様をもつ追加的変更の場合とがある。また甲が被告に対して有する債権の転付を受けた原告が、被告に対し転付金の請求をした訴訟で、仮に転付債権が時効によって消滅したとすれば、それは、被告が転付命令の送達を受けながら、甲が被告に対し提起していた前記債権について訴えを取り下げることに同意して、原告が甲対被告間の訴訟に参加する機会を奪ったためである（49条参照）として、転付債権額に相当する賠償の請求を追加的に起こしたのは、予備的併合の態様をもつ追加的変更（大判昭和8・2・7民集12巻136頁、大判昭和15・2・7民集19巻173頁参照）の例である。

　(5)　訴えの変更は、前記(1)で説明したように、原告が訴えを提起した後（後記〔6〕(1)）、その訴訟手続において、従来審判を求めていた請求を変更することである。請求の趣旨を変更しても、請求の原因（請求を特定するのに必要な事実。規則53条1項参照）を変更しても、またその双方を変更しても、すべて請求の変更である。しかし、請求の趣旨の変更があってもその訂正にとどまり、また請求の原因に記載の事実が変更されても請求の同一性に影響を与えない場合には訴えの変更ではないので、訴えの変更があるか否かの判断を適切に行う必要がある。

　(ア)　請求の趣旨のみの変更が訴えの変更になる場合は、請求の原因には変更を伴わないのであるから、訴訟物である権利または法律関係には変動がなく、請求の態様または範囲のみに変動がある場合である。

　請求の態様に変動がある場合とは、例えば、同一請求権についての確認の訴えを給付の訴えに、将来の給付の訴え（135条）を現在の給付の訴えに、無条件の給付の訴えを引換給付という条件付きの訴えに変更する場合などである。

　請求の範囲に変動がある場合のうち、数量のみの拡張・減縮については、一部請求をどのように考えるかによって、これを訴えの変更と解するかどうかが左右される。判例・実務の立場によれば、拡張の例は、1000万円の貸金債権のうち700万円のみについて支払を求めていたのを、1000万円全額について支払を求め、家屋の一部明渡しを求めていたのを、家屋全部の明渡しを求めるなどで、訴えの変更になる。一般に請求の拡張と呼ぶ。

　これに対し、請求の減縮の場合においては、広義では訴えの変更であるが、本来の訴えの変更ではないと考えられる（法律実務(2)213頁参照）。家屋の明渡しお

192

よび昭和21年3月から1カ月30円の割合による損害金を請求していたのを、家屋の明渡しおよび昭和22年5月から同割合の損害金の支払を求めた場合（最判昭和24・11・8民集3巻11号495頁）、1000万円の貸金全額の支払を求めていたのを、内金300万円の支払を受けたことを認めて700万円の支払を求めた場合について、被告の同意を要求するのが判例の立場である（最判昭和31・12・20前掲等）。このような場合には、そもそも請求の基礎の変更はありえないし、訴えの変更であれば、被告の同意は本来不要であるのに、これを要求するのは、これを本来の訴えの変更とはみていないことを意味する。

　請求の減縮は、原告が減縮した請求につき訴えを取り下げる（261条）場合と減縮した請求を放棄する（266条）場合とがあると解すべきである（法律実務(2)234頁）。原告の意思が不明の場合には、原告にとって不利益のより少ない訴えの取下げと解するのが妥当であり（最判昭和27・12・25前掲）、被告がこの取下げを暗黙に同意しているとみるべき場合が多いと思われる（267条の注釈参照。本書旧版Ⅰ1338頁）。しかし、原告が自ら相殺に供した部分について請求債権が消滅したこと、したがって請求の理由がないことを自認して請求の減縮をした事例については、請求の一部の放棄とみるべきとの説（兼子・判例民訴326頁、同・体系370頁）もあり、事案に応じて判断されるべきである。例えば、上記設例の場合のように、1000万円の内金300万円の支払を受けたことを理由として請求を減縮した場合には、原告に再訴を提起する意思のないことを確認したうえ、請求の放棄があったものと扱うべきであり、調書にもその旨を記載すべきであろう。口頭弁論を終結する期日に被告欠席の下で原告が請求を減縮した場合についても同様に考えてよい。

　請求の趣旨が曖昧または不明である場合において、これを明確にするために補充訂正を行うことは、請求の趣旨の変更に当たらず、訴えの変更に当たらない（法律実務(2)209頁、注解(6)299頁〔斎藤＝加茂〕）。請求の趣旨の善解によって、原告の本意に従った主文の本案判決をする例も存在するようである（大阪高判昭和56・6・23下民集32巻5～8号436頁、判時1023号65頁、判タ446号117頁、東京地判昭和56・4・27下民集32巻1～4号97頁、判時1019号92頁など。もっとも、裁判所は、本来、求釈明により訴状の訂正を行わせるべきものであろう）が、これらにおいては、請求の変更は存在しないと理解されることになる。したがって、本条の適用はない。

193

第143条〔2〕 第2編 第1章 訴え

　例えば、目的建物の表示、土地の地番、坪数とかを更正すること（名古屋高判昭和36・1・30下民集12巻1号146頁）はこれに当たり、この場合は、請求の趣旨の変更にはならない。このほかにも、詐害行為取消しの訴えで、受益者から債務者に給付すべき旨の判決を求めたのを、総債権者に対する弁済のため原告に給付すべき旨に変更した場合（東京地判大正14・7・10評論15巻民700頁）、株主総会決議の無効確認を求めていたものを、その決議に基づく権利関係不存在確認と改めた場合（東京控判明治45・4・19新聞799号21頁）、さらに、小作料の玄米の引渡請求権について差押命令と引渡命令を得た差押債権者が、第三債務者である被告に玄米の引渡しその他を請求していたが、自己に対する引渡しその他を求めることができないことを知り、請求の趣旨を変更して玄米を執行吏（執行官）に引き渡せとの判決を求めた場合（大判昭和14・11・28民集18巻1369頁。ただし、注解⑹300頁〔斎藤＝加茂〕は訴えの変更になるとする）、請求の趣旨の訂正であって、訴えの変更ではないとする裁判例がある。同様に、債務者の不動産の処分行為を詐害行為として取り消し、抹消登記に代わる移転登記を求める場合、債務者に対してその登記手続をすることを訴求すべきで、債権者自らに移転登記を求めることはできない（最判昭和53・10・5民集32巻7号1332頁、判時912号58頁、判タ373号60頁）ところ、誤って債権者自らに移転登記を求めていたのを債務者に対して移転登記を求める請求の趣旨に訂正すること、また不動産の仮差押えに対する第三者異議の訴えにおいては、執行を許さない旨の判決を得たときは、裁判所書記官が仮差押登記の抹消登記の嘱託をして抹消されることになっている（民保47条5項、民執54条）から、仮差押登記の抹消登記を求める利益がない（最判昭和42・1・20民集21巻1号16頁、判時476号34頁、判タ204号109頁は反対のようであるが賛成し難い）ところ、誤って抹消登記を求めていたのを不動産の仮差押えの執行は許さない旨の請求の趣旨に訂正することは、いずれも訴えの変更とはならないことになろう。

　しかしながら、土地の北側の境界のみについて境界の確定を求めていたのを、西側の境界にも争いありとして、その境界についても確定を求めた場合、および仮処分の目的物について所有権を有する第三者が、第三者異議の訴えを起こした後、訴訟中に仮処分の執行が本執行に移行した場合に、仮処分の執行の排除から本執行の排除を求める趣旨に変更した場合（大決昭和11・11・2法学6巻240頁）は、権利を根拠づける異なる要件事実を主張して請求の趣旨に変更がなされたの

194

であるから、上記の場合とは異なり、訴えの変更となる。

　(イ)　請求の原因の変更が訴えの変更になるかどうかは、請求の同一性に関する理論によって左右される。

　新訴訟物論では、給付の訴えと形成の訴えについては請求を広く理解するから、旧訴訟物論によれば訴えの変更になる場合も、変更にならないことが多いし（三ヶ月・全集138頁、新堂755頁）、ことに、請求を特定するために請求原因が意味をもつのは、金銭、代替物の一定数量の給付訴訟についてのみであるから、訴えの変更で問題となるのは、請求の趣旨の変更の場合が多いということになる（三ヶ月・全集133頁）。

　これに対して、実務が採用している旧訴訟物論の立場では、500万円を貸金として請求していたのを不当利得として請求する場合、家屋の明渡しとともにある一定日時から家屋明渡済みまでの一定金額の賃料と損害金の支払を求めていたのを、契約解除の日時として従前と異なる日時に改めて主張し、同額の賃料と損害金とを求める場合、貸金債権の支払を求めていたのを同額の求償債権の支払として請求する場合（最判昭和32・2・28前掲）など、請求の趣旨は同一であっても、権利を根拠づける要件事実が異なり、訴訟物が別個と評価される場合である。これに反し、本人による契約締結の主張を代理人による契約締結の主張に変えた場合（大判昭和9・3・30民集13巻418頁）、債務不存在確認の請求について、債務を支払った、仮に支払わなかったとしても消滅時効によって消滅したと主張する場合、所有権確認の請求について、承継取得の主張を原始取得の主張に改めた場合（最判昭和29・7・27民集8巻7号1443頁）、所有権に基づく損害賠償の請求について、所有権の取得原因を他の取得原因に変更した場合（大判大正7・9・18民録24輯1787頁）、契約解除による損害賠償の請求について、解除原因を履行遅滞から履行不能に変更した場合（大判大正10・11・10民録27輯1951頁）、登記抹消請求について、登記原因である契約の当然無効を取消しによる無効と主張を改めた場合（大判大正6・5・21民集23輯789頁）などは、訴訟物は同じであって、攻撃方法である請求を理由あらしめる要件事実の主張を改めたにすぎないから、訴えの変更にならない。抵当権設定登記請求の訴えにおいて、設定契約についての主張を変更しない限り、被担保債権の発生原因についての主張を改めても請求原因の変更ではないから、訴えの変更にならない（大判昭和8・2・7前掲）。また、詐害行為取消訴訟の訴訟物である詐害行為取消権は、取消債権者が有する個々の

第143条〔2〕 第2編 第1章 訴え

被保全債権に対応して複数発生するものではなく、被保全債権に係る主張が変更されたとしても、攻撃防御方法が変更されたにすぎず、訴えの交換的変更には当たらない（最判平成22・10・19裁判集民235号93頁。交換的変更の場合における時効の中断の効力にかかる判示である）。事実関係に変更なく法律上の構成のみ変更したとき、例えば、最初消費貸借と主張していたのを消費寄託と変更した場合も、訴えの変更ではない。しかし、地上権設定契約に基づく地代値上請求を賃貸借契約に基づく賃料値上請求と改めた場合（東京地判大正7・8・12新聞1463号22頁）、工事請負代金の支払請求を雇用契約に基づく報酬請求に改めた場合（大判大正7・6・11新聞1457号20頁）などについて、判例はいずれも訴えの変更にならないというが、単に法的評価が違うだけのときはともかく、通常は、このような場合も、それぞれ権利を根拠づける要件事実を異にし、訴訟物を異にする場合であるから、訴えの変更と理解すべきであり、実際には、必要があれば釈明したうえで、請求の基礎に変更はないとして訴えの変更を許すべきである。もっとも、訴訟の進行状況を鑑みつつ、相手方の保護の観点から特に問題がない場合には、いわば黙示の変更を認めたものとして、理解することができないわけではない。他方、建物賃貸借契約の解除に基づく明渡請求において、正当事由による解約申入れの主張の追加は請求の基礎の同一性の問題ではなく、攻撃防御方法の追加の問題とする下級審裁判例がある（広島高判昭和49・10・17判タ320号174頁）。

　新訴訟物論の下では、給付の訴えや形成の訴えでは、実体法上の請求権や形成権（形成原因）ごとに1個の訴訟物を想定するのではなく、同一の給付や形成が求められている限り同一かつ単一の訴訟物とみるから、以上の事例は、いずれも請求の同一性があるとして、訴えの変更ではないと解することになると思われる。

　㈻　訴えの変更の例で多いのは、請求の趣旨の変更とともに請求の原因、すなわち請求そのものを変更する場合である。例えば、第三者異議の訴え（民執38条）の係属中に、強制執行手続が終了したので、損害賠償の請求に変更した場合（大判昭和11・7・21民集15巻1514頁）、土地または家屋の明渡しのみを請求していたのを新たに賃料または損害金の請求をあわせて請求する場合、ある物件の占有を侵害されるおそれがあるので占有保全の訴えを提起していたところ、その占有を奪われた場合に占有回収の訴えに改める場合、はじめ被告両名に対して可分的に請求していたのを、後に連帯負担の事実を主張して、各自に全額を請求した場合（東京控判明治39・6・8新聞375号22頁）などがそれである。

第143条〔3〕

〔3〕 **訴えの変更の効果**

(1) 訴えの追加的変更があった場合には、新旧両方の請求について、訴えの交換的変更があった場合においては、新請求について審理判断がされることになる。追加的変更、交換的変更を問わず、従前の訴訟資料のみならず、従前の訴訟状態も新請求についての審判に利用される。訴えの変更制度の存在意義を活かす狙い（効率性の確保）がその基礎にある。例えば、旧請求についての審理手続でした自白も、新請求の審理において拘束力をもつ（大判昭和11・10・28民集15巻1894頁）。これに対しては、被告の防御権の保障という観点から、係争利益が（大きく）変動する場合には、自白につきその取消しの可能性を肯定する有力な見解が存在する（新堂762頁）が、弁論の併合による場合の規律と共通する問題である（152条）。

(2) 交換的変更の場合には、訴えの取下げの手続を経ることなく、旧請求について訴えの取下げの効果が生じる（前記〔2〕(4)(ア)）。平成29年改正前の民法における時効中断の効力は、取下げの効力が発生することによって消滅する（民149条）。他方、改正民法においては、訴えの交換的変更があった時から6カ月を経過するまでの間は、時効は完成しない（改正民147条1項）。もっとも、係争地が自己の所有に属することの主張は前後変わることなく、ただ単に請求を境界確定から所有権確認に交替的に変更したにすぎないような場合は、旧請求についての訴え提起によって生じた時効中断の効力には影響がない（最判昭和38・1・18前掲）。改正民法によれば、権利が確定された場合と同視され、時効期間が再度進行することとなる（改正民147条2項。147条〔改正法バージョン〕〔2〕(1)(イ)参照）。

(3) 追加的変更の場合においては、請求の併合となる。この併合形態は、通常の請求の併合と異なることはなく、共通の訴訟資料に基づいて、複数の請求につき矛盾抵触のない審判がされることになる。もっとも、常に併合審理が強制されるわけではなく、裁判所は、必要に応じて、口頭弁論の分離（152条）をしたり、一部判決（243条）をしたりすることも可能である。

(4) 請求の趣旨を拡張し、あるいは追加的変更によって、140万円未満の訴額であったものがそれを超えるようになった場合には、それまで簡易裁判所に係属していた訴訟は地方裁判所に移送すべきであるが、被告が管轄違いの抗弁を提出しないで本案につき弁論などをした場合には、そのまま簡易裁判所に応訴管轄が

197

第143条〔4〕 第2編 第1章 訴え

生ずる（12条〔4〕）。請求を減縮したため、訴額が140万円未満になった場合にも、従前どおり地方裁判所で審理しても差し支えない（16条〔1〕）。簡易裁判所の管轄の事件（訴額は140万円を超えない）につき地方裁判所に控訴の提起があった後、控訴審において請求を例えば160万円に拡張しても、もし第一審で拡張していれば、事件は地方裁判所に移送され、したがって高等裁判所に控訴の提起がなされるはずであるが、この場合には管轄には影響がなく、地方裁判所が控訴裁判所として審判すべきである（東京高判昭和30・5・30高民集8巻5号340頁、判時54号9頁）。すでに簡易裁判所の第一審判決があるし、簡易裁判所の判決に対する控訴裁判所は地方裁判所でなければならない（裁24条3号）からである。

〔4〕 訴えの変更の要件

(1) 本条1項は、訴えの変更の要件について定めるが、そこで定める要件が、いかなる意味をもつか議論がある。請求の拡張という概念を別に（145条参照）用意する立法者は、訴えの交換的変更を想定してこの要件を定めた可能性が高いが、「訴の変更の許否ということは旧訴の係属中新訴を追加的に提起することが許されるか否かの問題であり、一旦係属した旧訴の訴訟係属が消滅するか否かの問題とは、係りない」とするのが判例である（最判昭和32・2・28前掲）ことは、先に（〔2〕(4)(ア)）説明したとおりである。すなわち、交換的変更については、被告が従来の請求について応訴している場合（261条2項）においては、旧請求について原告の放棄がある場合は別として、被告の同意がない場合には旧請求についての取下げの効力が生じない（最判昭和31・12・20前掲、最判昭和32・2・28前掲）。

(2) 本条は、比較的緩やかな要件で訴えの変更を認めているが、その要件は、1項によれば、請求の基礎に変更がないこと（後記〔5〕）、口頭弁論終結前であること（後記〔6〕）、変更により著しく訴訟手続を遅滞させないこと（後記〔7〕）である。さらに、新請求についての管轄も必要であるが、併合裁判籍（7条）の適用がある。

(3) 訴えを変更する場合においては、訴訟代理人には代理権が必要であるが、新請求の提起について改めて授権を得る必要があり、また、交換的変更については旧請求の取下げについて特別の委任（55条2項）が必要である。この点については、55条〔後注〕(3)を参照されたい。

〔5〕　請求の基礎の同一性

(1)　訴えの変更は、「請求の基礎に変更がない」場合において許される。請求
の基礎という概念は大正改正において導入されたもので、外国の立法などにもそ
の例をみない。そのためもあって、本条の制定当時からその意義について議論が
あり、多様な見解が提示されてきた。しかし、どの説をとっても、具体例につい
て結論を異にすることは比較的少ない（条解2版833頁〔竹下＝上原〕）。判例も、
多少の動揺はあったが、最近では問題になった訴えの変更につき請求の基礎に変
更があるかないかを判断するのみで、請求の基礎の概念についてことさらその内
容・外延を確定することを試みることはほとんどない。

　学説は、訴えによって主張する利益、訴訟物である権利の発生事実、権利の発
生する前提である社会現象または生活関係等と説明している。例えば、訴えは当
事者の利益主張のための手段であるから、「請求の基礎」の同一性は、訴えによ
って主張する「利益」が同一であることを意味し、「請求の利益」の同一性は経
済的概念であるから、裁判所は四囲の状況を斟酌して決定すべきであるという利
益説がそのひとつである（中村宗雄『民事訴訟要論』131頁〔敬文堂、1973年〕、同
「訴の変更と請求の基礎」『判例民事訴訟研究(1)』347頁〔巌松堂、1939年〕）。また、
訴訟物である権利の発生事実またはその一部が請求の基礎であるとする発生事実
説ともいうべき見解（山田・前掲「訴の変更」論叢49巻4号420頁）、旧請求の当
否の判断に必要な主要事実と新請求の当否の判断に必要な主要事実とがその根幹
において共通する現象（小山〔4訂版〕521頁）、新旧両請求につき権利主張の根
底をなす事実が根幹において共通性があること（斎藤・概論432頁、注解(6)301頁
〔斎藤＝加茂〕）、訴えの目的物である権利または法律関係の発生を来した根本の
社会現象である事実とする事実関係説（細野・要義(2)240頁、中島・日本民訴1228
頁）がある。さらに、請求を特定の権利主張として構成するために請求原因を拾
い出した地盤となる状態に還元し拡大して観察した前法律的な同一生活関係また
は同一経済的利益についての紛争関係とする紛争関係説（兼子・体系372頁、山
木戸・講義217頁、小野木＝中野・講義134頁、180頁）などがある。いずれの説に
よっても具体的な事案の結果には大きな差異がないと思う。また、具体的な考察
においては、このような実体的側面だけでなく、新訴と旧訴の事実資料の間に審
理の継続的施行を正当化する程度の一体性と密着性があること（菊井・前掲「訴
の変更」民訴講座(1)204頁、三ヶ月・全集138頁）とか、両請求の主要な争点が共

通であって、旧請求についての訴訟資料や証拠資料を新請求の審理に利用できることが期待できる関係にあり、かつ各請求の利益主張が社会生活上は同一または一連の紛争に関するものとみられること（新堂757頁、条解2版834頁〔竹下＝上原〕）というような手続的な視点をもあわせて考察することが必要である。

　以下、判例を紹介する。

　判例の中には、新訴に対する被告の防御が旧訴に対する防御を著しく改める必要のない場合（大判昭和8・2・7前掲）とか、各請求原因によって生じた事実関係ないし法律関係の数個の主要部分の少なくとも一部が共通の場合、または一の請求の原因によって生じた法律関係が他の請求の原因である場合（大判昭和18・3・19民集22巻230頁）、両請求とも社会的経済的にみて同一ともいうべき取引関係を基礎とするものであるうえ、その審理のための証拠資料はほぼ共通と認められるから、両請求は、その請求の基礎を同一にするものと認められる（東京高判昭和59・6・27判タ535号208頁）などと、請求の基礎の内容を明示したものもないではない。しかし、現在では、請求の基礎に関する判例および下級審裁判例が相当数累積するに至ったから、この点に関する判例の考え方の基調を理解するために、これを、請求の基礎に変更なしとするものと、変更ありとするものとに分けて具体的に考察することが適当であろう。

　請求の基礎に変更がないとされたのは、①原告が、最初被告甲を債務者、被告乙を連帯保証人とする2口（300円と250円）の貸金債権の元利金の支払を請求し、後になってその2口の債権と手形金債権を併合して1000円の借用証に書き換え、かつ被告両名を連帯債務者と改めたため、そのうち550円と利息、すなわち前と同額の請求をする旨の陳述をした場合（大判昭和7・6・9民集11巻1125頁）、②生繭の売買代金の残額を目的とする準消費貸借契約に基づく債権の支払の請求を、代金残額そのものの請求に改めた場合（大判昭和8・3・9法学2巻1250頁）、③原告から被告に対する売買代金の残額300円の請求を、買主は訴外者で、被告が代金債務を引き受けたとして、同じく300円を請求した場合（大判昭和10・4・13民集14巻523頁）、④委託販売契約の解除による損害賠償の請求を、委託販売契約に基づく請求と、予備的に不当利得の請求に変更した場合（大判昭和11・4・28法学5巻9号1372頁）、⑤貸金の担保として振り出された約束手形に基づく請求を貸金債権そのものの請求に変更した場合（大判昭和8・4・12民集12巻584頁）、⑥売買前渡金返還請求に、売買代金を騙取されたとする不法行為

第143条〔5〕

に基づく損害賠償請求を予備的に追加的に変更した場合（東京高判昭和59・6・27前掲）、⑦手形割引の依頼を受けた者に対し、同人が割引を受けた金員を費消した等の理由による不当利得の返還請求を、手形割引契約違反に基づく損害賠償請求に変更した場合（最判昭和37・6・29裁判集民61号443頁）、⑧建物の売買契約に基づく所有権移転登記請求を、請負契約に基づいて同建物の所有権確認と所有権保存登記の抹消登記請求を第1次的請求とし、移転登記請求を第2次的請求にした場合（東京高判昭和53・7・26判時903号46頁、判タ370号77頁）、⑨雇用契約存在確認請求を違法解雇を理由とする損害賠償請求に変更した場合（東京地判昭和48・3・23判時698号36頁、判タ291号168頁）、⑩第三者異議の訴えの係属中に執行の目的物が競売されたので、これを損害賠償の請求に変えた場合（大判昭和11・7・21前掲）、⑪債権者代位権に基づいて土地明渡しの請求をしていたのを、原告がその土地の所有権を取得したので、所有権に基づく土地明渡しの請求に改めた場合（大判昭和9・2・27民集13巻445頁）、⑫建物の一部の使用貸借の終了を原因とする明渡請求を、その後全部を占有するに至ったとして、所有権に基づき建物全部の明渡請求に変更した場合（最判昭和38・6・4裁判集民66号329頁）、⑬被告Aに対しては当初、建物退去土地明渡しを求めていたところ、これに建物収去土地明渡しを予備的請求として加え、一方被告Bに対して当初、建物収去土地明渡しを求めていたところ、これに建物退去土地明渡しを予備的請求として加えた場合（最判昭和37・6・7裁判集民61号45頁）、⑭売買契約の目的土地に入っていないとして、A地の所有権移転登記の抹消登記請求をしていたのを、A地とB地と取り違えたとして、B地の所有権移転登記の抹消登記請求に変更した場合（大阪高判昭和52・7・19判時876号97頁、判タ360号171頁）、⑮占有回収の訴えに、占有侵奪時の暴行による傷害に起因する損害賠償請求を追加した場合（東京高判昭和53・12・13判時922号58頁）、⑯虚偽の譲渡を原因とする所有権移転登記の抹消登記請求を、譲渡行為を詐害行為として取り消して抹消登記請求に変更した場合（最判昭和26・10・18民集5巻11号600頁）、⑰約束手形を裏書によって取得した原告が、手形金の支払の請求を、その約束手形が被告会社の使用人が偽造したものとすれば、割引金相当の損害を受けたとして損害賠償の請求に変更した場合（最判昭和32・7・16民集11巻7号1254頁、判タ75号38頁）、⑱第1次に所有権、第2次に賃貸借終了を原因とする建物明渡しの請求を、賃貸借契約の解除に基づく明渡請求に変更した場合（最判昭和28・9・11民集7巻9号918頁）、

201

第143条〔5〕　第2編　第1章　訴え

⑲登記原因の無効を理由とする所有権移転登記の抹消登記請求を、仮登記担保権の実行に伴う清算金の支払請求に交換的に変更した場合（東京地判昭和59・8・30判タ542号241頁）、⑳土地所有権移転登記手続を求める旧訴を、供託金還付請求権確認の新訴への交換的訴えの変更をした場合（東京地判昭和53・5・25判時922号70頁、判タ368号302頁）、㉑引渡命令の発せられた物件の自己に対する引渡しの請求を、執行吏（執行官）への引渡しの請求に変更した場合（大判昭和14・11・28前掲）などであり、いずれも、是認できる事例である。また、国家賠償請求訴訟において、憲法29条3項の規定に基づく損失補償請求を予備的・追加的に併合することも、請求の基礎に同一性があり、実質同種の手続であることに照らして、本条による訴えの変更に準じて可能とされる（最判平成5・7・20民集47巻7号4627頁、判時1474号68頁、判タ829号148頁。ただし、控訴審における変更は、行政事件手続法上の関連請求において相手方の同意が要求される〔行訴19条1項・16条2項〕のと同様に、相手方の同意が必要であるとする）。全体として、比較的緩やかに認めているともいえるが、訴え提起後原告が当初の請求では提訴の目的を達成できないことに気が付いた場合において、審理の比較的早期に変更が求められた場合においては、緩やかに認めても弊害がないことを考え合わせれば理解可能な傾向といえよう。

　一方、請求の基礎に変更があるとされたのは、①建物賃貸借契約の更新拒絶による期間満了、解約申入れなどの終了を理由とする建物明渡請求に、賃貸借契約の存在を前提とする更新料の支払と賃料額の確定を求める請求を追加した場合（東京地判昭和55・8・28判タ433号108頁）、②土地賃貸人から賃借人に対する賃貸借契約解除を理由とする地上建物収去土地明渡し、賃料相当損害金支払請求に、仮に解除の主張が認められない場合の予備的賃料増額確定請求を追加した場合（東京高判昭和54・7・31判時940号47頁）、③共有持分権に基づく甲土地の占有排除ないし妨害禁止請求に、乙土地の賃料収入等の不当利得返還請求を追加した場合（東京地判昭和56・7・29判タ465号133頁）、④国家賠償法1条および民法715条に基づく損害賠償請求を、解雇の無効を理由とする給料支払請求に変更した場合（東京高判昭和55・9・30判時982号124頁、判タ429号110頁）、⑤売買代金請求を、使用者責任に基づく損害賠償請求に追加的に変更した場合（東京高判昭和56・2・26判タ444号95頁）、⑥土地所有権に基づく根抵当権設定登記の抹消登記請求を、抹消登記手続に応じないことを理由とする損害賠償請求に交換的に変更

202

した場合（横浜地判昭和56・5・25判時1041号89頁）、⑦偽造の物品保管証を信頼
した買受人の受寄物返還と、返還不能の場合の損害賠償の請求を、被告の被用者
が物品保管証を偽造したことを理由に、不法行為に基づく損害賠償の請求に変更
した場合（大判昭和15・3・15民集19巻611頁。反対評釈——兼子一・判例民訴360
頁）、⑧試掘権の売渡代金の請求を、同代金の代物弁済として受けた別個の試掘
出願権の売渡代金の請求に変更した場合（大判昭和18・3・19前掲）、⑨原告が
買い受けた物の所有権侵害による損害賠償の請求に、もし被告が真の買主でその
物の所有権を取得したとされるなら、原告の支出は立替払いになるとして、立替
金返還の請求を予備的に追加する場合（大判昭和17・12・15民集21巻1185頁。反
対評釈——菊井維大・判民昭和17年度59事件）、⑩全然別個の不当な告訴を原因と
する別個の不法行為による損害賠償請求（甲府地判昭和28・4・22下民集4巻4
号598頁）、⑪週刊誌の記事による名誉毀損の請求中に、別の期日に発行された
週刊誌の記事による名誉毀損の損害賠償を追加的に変更した場合（福岡地判昭和
59・3・30判タ527号152頁）、⑫貸金請求に、婚約破棄による慰謝料請求を予備
的に追加変更した場合（大阪高判昭和44・8・5判時595号64頁、判タ238号135頁）、
⑬占有の訴えを本権の訴えに変更した場合（水戸地判昭和25・6・22下民集1巻
6号969頁。反対——東京高判昭和24・10・20高民集2巻2号216頁。賛成評釈——
兼子一・判例研究3巻4号43頁）、⑭売買契約を原因とする所有権移転登記手続
請求を、所有権に基づく真正な登記名義の回復を原因とする所有権移転登記手続
請求に変更した場合（東京高判昭和61・10・30判時1218号71頁）、⑮区分所有建物
の管理者の地位にあることの確認を求める請求に同建物内の駐車場および貸倉庫
の営業の妨害禁止を求める請求を追加すること（東京地判平成5・12・3判タ872
号225頁）などである。この中には、請求の基礎に変更があるとする結論には疑
問がありうるものもある（①②⑤⑥⑦⑨の事例は、訴えの変更を許さなかった結
論は妥当であったのかもしれないが、請求の基礎に変更があるとみることには疑問
があるとするのが、本書旧版Ⅱ174頁）が、新訴と旧訴の事実資料の間に審理にお
ける継続的利用を正当化する程度の一体性と密着性があるか否かを基準に判断す
るとすれば、必然的に、具体的事案に即して検討されなければならず、似たよう
な訴訟物間の事案であっても、事件によって評価を異にする場合もありえよう。

　(2)　本条は、訴えの変更が本条所定の要件を具備する場合には、それだけで
適法であって、大正改正前の旧旧法（195条2項3号）と異なり、被告の同意不

第143条〔5〕 第2編 第1章 訴え

同意または異議の有無は、訴えの変更の適否に影響を及ぼさないとしている（大判昭和8・2・7前掲）。

　しかし、訴えの変更が本条所定要件のうち請求の基礎に変更なしという要件を欠く場合にも、被告が訴えの変更に同意しまたは異議を述べないときは、なお訴えの変更を許すべきかどうかについて説が分かれている。これを公益的要件と解すれば消極に解すべきである（加藤・要論372頁、菊井・前掲「訴の変更」民訴講座(1)208頁）が、請求の基礎に変更がないという要件は、防御の目標が予想外に変更されて不利益を被る被告を保護するための要件と解すれば、著しく訴訟手続を遅滞させないという後述の公益的要件（後記〔7〕）を欠く場合は別として、被告が同意するか、または異議を述べなければ、請求の基礎に変更がある訴えの変更も適法であると解することができる（兼子・体系373頁、三ヶ月・全集139頁、注解(6)306頁〔斎藤＝加茂〕、新堂758頁、条解2版834頁〔竹下＝上原〕、伊藤620頁）。判例も、後者と同様の態度をとる（同意があるとした大判昭和11・3・13民集15巻453頁、異議を述べないとして許容した最判昭和29・6・8民集8巻6号1037頁、責問権の喪失を肯定した東京地判昭和46・4・14判時641号72頁）。さらに、原告が被告の抗弁事実を援用して訴えを変更したときは、被告は事前の同意を与えたことになるとする判例がある（大判昭和9・3・13民集13巻287頁。これに対して、当然に同意があったものとはいえないとするのは、兼子・体系373頁）。また、売買代金前渡金残金10万円の残金7万円の返還請求を、前渡金残金5万円と別途貸金2万円の支払請求に変更した場合、その変更が被告の主張に基づいてなされた場合において訴えの変更を適法とした判例（最判昭和31・9・28民集10巻9号1197頁、判タ63号47頁は請求の基礎も変更なしとしているがこの点には問題がある）があり、またその相手方の陳述した事実は、必ずしも狭義の抗弁、再々抗弁などの防御方法に限られず、相手方において請求原因を否認して附加陳述する積極否認の理由となる重要な間接事実も含まれる旨明言した判例（最判昭和39・7・10民集18巻6号1093頁、判時378号18頁、判タ165号72頁）もあるが、これらの判例は、被告の事前の同意とみて是認することができる。学説も、被告が陳述した事実に基づいて訴えの変更をする場合には、請求の基礎の同一性や被告の同意は不要とする（条解2版834頁〔竹下＝上原〕、伊藤620頁など）。なお、このことは、請求の基礎に変更があっても、被告の同意があれば訴えの変更が許されるというにとどまり、訴訟遅延を招くか否かの判断は、これとは別であって、同意がある場合であって

第143条〔6〕

も訴訟手続を著しく遅滞させることとなるときは、訴えの変更は許されない（最判昭和42・10・12判時500号30頁、判タ214号145頁。兼子・体系373頁、条解2版頁〔竹下＝上原〕）。また、控訴審における訴えの変更の場合には、請求の基礎に変更がないという要件を不要とすれば、被告に第一審の利益を失わせることになるが（菊井・前掲「訴の変更」民訴講座(1)208頁）、被告が同意しまたは異議を述べない以上、訴えの変更を認めても差し支えない（判例として、大判昭和11・3・13前掲、大判昭和6・11・14民集10巻1052頁等。学説では、三ヶ月・全集139頁、注解(6)307頁〔斎藤＝加茂〕、注釈(8)138頁〔右田堯雄〕など）。詳細は、297条の注釈（297条〔2〕(5)）を参照されたい。

〔6〕　訴えの変更をすることができる時期

(1)　訴えの変更は、訴訟の係属後、事実審の口頭弁論の終結に至るまでできる。

訴訟係属の時期を訴状が裁判所に提出された時と解するか、訴状が被告に送達された時と解するかによって（142条〔2〕(4)）、いつから訴えの変更が許されるか差異が生ずる。前説によれば問題はないが、後説によれば、訴状が提出された後被告に訴状が送達されるまでの間に原告が訴えの変更ができるかどうかが問題になる。訴訟係属前であるから、被告の利益を考慮する必要も、著しく訴訟手続を遅滞させることもないこと、また訴えの提起も訴えの取下げも原告の自由であること（261条）などを考えれば、原告は本条に関係なく補充訂正の方法で、自由に訴えを変更することができると解すべきである（兼子・体系371頁、法律実務(2)216頁、注解(6)309頁〔斎藤＝加茂〕、新堂760頁、条解2版835頁〔竹下＝上原〕、伊藤621頁）。

第一審の口頭弁論終結前においては訴えの変更は可能であるが、争点および証拠の整理手続を整備し、そこでの成果のうえに集中証拠調べを行うことを予定する現行法の下では、争点および証拠の整理の終了後においては、遅延要件を厳格に判断することになろう（後記〔7〕参照）。

第一審の口頭弁論終結後判決言渡し前に、原告が訴えを変更することができるかどうかは問題である。もしこれを肯定すれば、原告が訴えを変更した以上、実質訴えの一部取下げに当たる請求の減縮の場合を除き、裁判所は弁論を再開（153条）しなければならなくなるが、弁論を再開すれば訴訟はそれだけ遅延するから、原告が訴えを変更することができるのは、原則として口頭弁論の終結までであると解するのが相当である。したがって、訴えの変更の申立てがあったとしても、

205

第143条〔6〕 第2編 第1章 訴え

裁判所は必ずしも弁論を再開する必要はないし、また、裁判所は、旧請求のみについて判決すればよく、新請求について判決することは不要である。この場合、従前の訴えについて原告勝訴の判決があり、被告がこれに対し控訴したときであっても、新請求は当然には控訴審に移審しない。原告としては、控訴審において、改めて訴えの変更の申立てをすべき（書面が出ていればこれを陳述する）ことになる。

　(2)　訴えの変更に関しては、反訴に関する300条のような特別の規定がないから、事件が控訴審に係属した後も本条の要件を備えれば、相手方の同意がなくても、訴えの変更はできる（297条〔2〕(5)参照）。第一審で全部勝訴の判決を得た原告も、控訴審において、附帯控訴の方式により請求の拡張をすることができる（最判昭和32・12・13民集11巻13号2143頁、判時134号21頁、判タ79号87頁）。大正改正前の旧旧法（416条）は、相手方の同意があっても控訴審における訴えの変更を原則として禁じていた。しかし、本条は請求の基礎に変更がないことを訴え変更の要件とするから、これを認めても、実質的には被告に第一審の利益を失わせることにならないし（最判昭和29・2・26民集8巻2号630頁）、控訴審における訴えの変更を認める必要もあるうえ、他方これを認めないと261条・300条との権衡を失するからである（大判昭和6・11・14前掲、大判昭和15・2・7前掲、大判昭和16・8・20民集20巻1092頁、最判昭和28・9・11前掲、最判昭和29・2・26前掲）。

　訴訟判決についての控訴審で、訴えの変更が許されるか否かには問題があり、これを積極に解した下級審裁判例（名古屋高判昭和50・7・16判時791号71頁、名古屋高判昭和50・10・29判時810号22頁、高松高判昭和49・7・29判時762号44頁、判タ312号214頁）もあるが、訴えが変更された新請求については、まったく審級の利益を奪うことになるから、原則として、消極に解するのが妥当である（最判昭和41・4・19訟月12巻10号1402頁、東京高判昭和53・3・8下民集29巻1～4号120頁、判タ369号175頁、東京高判平成22・7・7判時2095号128頁。297条の注釈参照）。しかし、第一審で事実関係についての審理を遂げており、相手方が訴え変更の申立てについて特に異議を述べていないなどの事情の認められる事件においては、相手方の有する審級の利益を害することはなく、また、訴訟手続を遅滞させるおそれもないのであって、訴えの変更が許される（許容した最高裁判例として、最判平成5・12・2判時1486号69頁、判タ841号266頁）。

206

第143条〔6〕

　控訴審において訴えを変更した場合、これを主文にどう記載するかが、第一審判決の主文との関係で問題になる。詳細は、302条の注釈で解説する（302条〔2〕(7)）が、例えば、第一審で貸金1000万円の返還を求める請求が認容されたが、控訴審になってこの請求を1000万円の不当利得返還請求に交換的に変更し、または予備的かつ追加的に変更した場合、不当利得返還請求を認容する控訴審判決の主文は、1000万円の支払を命ずる点では、第一審判決の主文とまったく同じであるから、かつては、実務ではほとんど302条1項により「本件控訴を棄却する」旨の判決をする取扱いであった（控訴審が続審であるという観点から、この取扱いを是認する説もある。中田淳一『民事訴訟判例研究』241頁〔有斐閣、1972年〕）。しかし、旧訴訟物論からすれば、第一審で認容した請求と第二審で認容する請求とはまったく別個である。交換的変更の場合には、控訴審の判決は第一審判決の当否は判断していないし、追加的変更の場合にはむしろ第一審判決を不当とするのであるから、いずれの場合にも新たに被告に対し1000万円の支払を命じなければならない（最判昭和31・12・20前掲、最判昭和32・2・28前掲。なお最判昭和43・3・7民集22巻3号529頁、判時516号46頁、判タ221号118頁参照）。ことに予備的追加的変更の場合には、原判決を取り消したうえで貸金請求を棄却しなければならない。このように、控訴審で訴えの変更があった場合には、常に原告の各請求についてそれぞれ主文で判断しなければならない。例えば、原告が第一審において貸金請求につき敗訴判決を受け、控訴後不当利得返還請求を追加する訴えの変更をしたが、いずれの請求をも認めえない場合には、控訴裁判所は302条1項によって控訴を棄却するとともに、さらに不得利得返還請求をも棄却しなければならない（302条の注釈参照）。次に、第一審では、甲乙両請求が選択的に併合されたため甲請求のみが認容されたが、控訴審では乙請求を主たる請求、甲請求を予備的請求とすることに併合の態様が変更されたため乙請求のみを認容する場合には、甲請求を認容した第一審判決は当然に失効するものと解すべきであるから、これを取り消す必要はないとの判例（最判昭和39・4・7民集18巻4号520頁、判時373号26頁、判タ162号74頁）もあるが、主文で明確にすべきである。そのほか、原告が第一審で勝訴判決を得た後に控訴審で請求の一部または併合請求の一部を減縮した場合には、減縮した部分についての第一審判決（減縮が上告審でなされた場合には、第二審判決）は当然効力を失う（大判昭和14・12・2前掲）が、残余の請求部分についての控訴が理由がない場合にも、「原判決は請求の減縮に

207

第143条〔7〕 第2編 第1章 訴え

より左の如く変更された」としたうえで、残された請求についての判断の内容を
記載する（東京地判昭和43・6・3判時534号61頁、判タ226号165頁、最判昭和
45・12・4判時618号35頁、判タ257号123頁）ことが適切である（302条の注釈参照。
新堂764頁）。

　なお、第一審において訴えの変更による新訴が提起された場合に、新訴につい
てのみ判決がされているときの解釈であるが、旧訴が取り下げられたか、請求の
放棄がされたか、あるいは旧訴はなお第一審に係属するかのいずれかであり、い
ずれにしても、旧訴について第二審が判断を加えないのは相当であるとの判例
（最判昭和43・4・26判時519号47頁、判タ222号166頁）がある。理論的にはそのと
おりであるが、本来第一審における釈明によって、いずれであるかを記録上明ら
かにしておくべきものである。

　(3)　上告審では、訴えの変更はできない。ただし、特殊な事例として、債務
者に対する金銭債権に基づく給付訴訟について、その債務者が破産宣告（破産手
続開始決定）を受け、破産管財人が、届け出られたその債権につき異議を申し立
てて、訴訟手続を受継した場合には、原告は、同債権に基づく給付の訴えを破産
債権確定の訴えに変更することができるが、当該破産宣告が上告審の係属中であ
った場合には、上告審においても、訴えの変更が許されるとする判例（最判昭和
61・4・11民集40巻3号558頁、判時1200号61頁、判タ609号41頁）がある。これは
新たに特段の証拠調べをする必要もないし、旧訴の実体が法的に変容した場合で
妥当である。

〔7〕 訴訟手続を著しく遅滞させることとなる場合

　原告が訴えを変更したため、新たに争点や立証の必要が増加し、その結果訴訟
手続を著しく遅滞させることになる場合には、訴えの変更は許されない。例えば、
第二審の最終の口頭弁論期日になって初めて新請求を追加的に主張した場合など
（大判昭和16・10・8民集20巻1269頁、東京高判昭和44・9・30判時573号69頁、判
タ241号205頁）はその適例である。このほか、控訴審において著しい遅滞が認め
られた下級審裁判例（東京高判昭和56・5・27判時1008号158頁など）、第一審に
おいて著しい遅滞が認められた裁判例（京都地判昭和39・8・5判タ166号207頁、
東京地判昭和54・5・30下民集30巻5〜8号264頁、判タ394号91頁、東京地判昭和
55・9・17判時994号78頁、名古屋地判昭和58・2・21判時1078号101頁、判タ498号
177頁、東京地判平成4・9・25判時1440号125頁、判タ798号251頁など。さらに近

時のものとして、東京地判平成23・8・30裁判所ウェブサイトなど）が多数存在する。これらの場合においては、新請求については、別訴での解決を図ることになる。

しかし、第二審の口頭弁論の終結近くになって訴えの変更があっても、新訴の審理のため従前の訴訟資料を大部分利用することができ、審理を遅延させるような新たなものを加える必要がないような場合、例えば、請求の一部の減縮の場合、一部請求をしている原告が残金のすでに審理されている部分について請求を拡張した場合、貸金請求に対し被告が無効または取消しの抗弁を提出したので、原告が不当利得返還請求を主張して交換的または追加的に訴えを変更した場合など、審理の遅延を来さないときには、訴えの変更は許される場合がありうる。その他被告の抗弁に基づいて訴えを変更した場合（大判昭和18・7・9法学13巻4号62頁、大判昭和9・3・13前掲）などにおいては、遅延要件の適用において、原告側の事情を慎重に考慮すべきである。

もっとも、争点および証拠の整理手続を充実させた現行法の下においては、争点および証拠の整理の過程で明らかになった事実・事情に基づく訴えの変更は、時機を失することなく行うことが期待され、また予定されているのであり、争点および証拠の整理手続終了後の訴えの変更は、特段の事情のない限り（この点に関して、原告に167条が規定する説明と同様の説明を求めることも考えられてよい）、訴訟を著しく遅延させる場合に当たるとされることが増えるものと考えられる。

訴訟手続を著しく遅滞せしめることは公益に反することであるから、この点につき被告が異議を述べない場合であっても、訴えの変更を許すべきではない（菊井・前掲「訴の変更」民訴講座(1)207頁、兼子・体系373頁、注解(6)309頁〔斎藤＝加茂〕、新堂759頁）。しかし、特別の要請に基づき、法が原告に新請求について別訴、あるいは改めて訴えを提起することを禁じており、訴えの変更を許さないと失権することになる場合（民執34条2項・35条3項、人訴25条）には、これを不適法とすることには慎重になることが要求される（これに対して、兼子・体系372頁、新堂759頁、条解2版835頁〔竹下＝上原〕、注解(6)309頁〔斎藤＝加茂〕等は、この要件は適用されないとする）。なお、訴えの変更を示唆するような釈明権行使が許されるか否かは問題のあるところであるが、事案によっては釈明することが妥当な場合もあると思われる（中野貞一郎「訴の変更と釈明義務」推認251頁以下、149条〔4〕(5)参照）。

第143条〔8〕　第2編 第1章 訴え

〔8〕　**訴えの変更の方式**

(1)　訴えの変更は書面によってこれをすることを要する。訴えの変更は、新訴に関する限り係争中の訴えの提起であるから、通常の訴えの提起と同じように書面によることを必要とするのである（加藤・要論374頁、中島・日本民訴1238頁、条解2版836頁〔竹下＝上原〕、三ヶ月・全集140頁、菊井・前掲「訴の変更」民訴講座(1)209頁、小野木＝中野・講義205頁）。この理解によれば、訴えの変更における新訴提起の効力がいつ生じるかについても、通常の訴え提起の場合と同様に解することになろう（142条〔2〕(4)）。

判例は、本条2項にいう「請求」とは、1項の請求と同趣旨であって、書面による必要のあるのは請求の趣旨の変更の場合に限られ、請求の原因を変更する場合には書面を必要としないとする（大判昭和18・3・19民集22巻221頁、最判昭和35・5・24民集14巻7号1183頁、判時225号17頁）。これに賛成する学説（細野・要義(2)248頁、注釈(5)272頁〔住吉博〕）もあるが、反対の学説（斎藤・概論436頁、注解(6)316頁〔斎藤＝加茂〕。なお、新堂761頁、条解2版836頁〔竹下＝上原〕は上記最判の結論には賛成するが、訴えの変更となる請求原因の変更には書面を要するとする）が多い。

時効の完成猶予（平成29年の改正民法。改正前の民法においては、時効の中断）の効力の発生、および出訴期間の遵守の有無は、訴えの変更の書面を裁判所に提出した時が基準となる（147条〔5〕参照）。

請求の趣旨の減縮については、訴えの一部の取下げであるから書面を必要としない（261条3項参照）とするのが判例である（最判昭和27・12・25前掲）。実務上も請求の趣旨のみを減縮する場合には口頭で行われていることであるし、被告にも特に不利益を与えないから是認されてよいと解する。将来給付の訴えが、後に履行期の到来の結果、現在給付の訴えとなることがあるが、この場合も、当事者間には履行期の到来に疑問はないのであるから、書面による必要はないとする裁判例がある（東京高判昭和26・4・30下民集2巻4号570頁）。また、書面の欠缺は、被告が異議を述べなければ責問権の喪失（90条）によって治癒されるとする判例がある（最判昭和31・6・19民集10巻6号665頁、最判昭和39・11・19裁判集民76号199頁。学説として、三ヶ月・全集140頁、注解(6)316頁〔斎藤＝加茂〕、条解2版836頁〔竹下＝上原〕、新堂761頁）が、弁論終結直前に変更があった場合における、救済判例としての意味をもつものであり、新請求についての新たな訴えの性質を

もつ訴えの変更については、こうした理解を一般化することは不適切であろう。

なお、簡易裁判所では口頭による訴えの提起が認められている（271条）から、訴えの変更についても同様に扱われる。

(2)　訴えの変更の書面においては、交換的変更、追加的変更の別を明らかにするとともに、後者については、それが単純併合か予備的併合かあるいは選択的併合かを明らかにし（136条〔2〕(2)）、かつ、新しい請求については、訴状に準じて、請求の趣旨と原因（133条2項。133条〔7〕〔8〕）、さらに請求を理由づける事実等（規則53条。133条〔9〕）を記載することが必要である。また、請求の減縮については減縮する部分を取り下げるのか放棄するのか（前記〔2〕(5)(ア)）を、交換的変更における旧訴については訴えを取り下げるのか請求を放棄するのか（前記〔2〕(4)(ア)）を記載しなければならない。

訴えの変更をするには、法定の手数料（民訴費別表第1第5項）を納付しなければならないが、新訴の提起を含む場合には、増加部分については不足する手数料を納付しなければならない（9条）。

〔9〕　**訴えの変更の書面の送達**

訴え変更の書面は相手方に送達しなければならない。送達は副本による（規則58条2項）。

新訴提起の効力が、相手方に訴え変更の書面が送達された時に生ずるかどうかは、訴訟係属の効力の発生時期に関する見解如何によって異なる（前記〔8〕参照）が、一般には送達された時と解されている。前述のように（〔4〕(3)）、多少の問題は残るものの相手方の訴訟代理人は訴え変更の書面を受領する権限を有するから、訴訟代理人がいるときは、これを訴訟代理人に送達すればよい。

送達の欠缺は、被告が異議を述べなければ責問権の喪失（90条）によって治癒される（最判昭和31・6・19前掲、最判昭和39・11・19前掲、三ヶ月・全集140頁、注解(6)316頁〔斎藤＝加茂〕、条解2版836頁〔竹下＝上原〕、新堂761頁）。

〔10〕　**訴えの変更が許されない場合の裁判**

(1)　訴えの変更の要件を欠き不適法であると認めたときは、裁判所は、相手方の申立てによりまたは職権で、訴えの変更を許さない旨の決定をしなければならない（本条4項）。もっとも、請求の基礎に変更がある場合でも、相手方が同意したとき、または異議を述べずに応訴したときは、請求の基礎に変更があるというだけの理由で、職権で訴えの変更不許の決定をすべきではない。その訴えの

第143条〔10〕　第2編　第1章　訴え

変更が、訴訟手続を著しく遅滞させるときは、公益的要請から変更の要件を欠くものとして許すべきでないが、そうでないときは、当事者の便宜を優先させてよいからである（前記〔5〕(2)）。

　訴えの変更を許さない旨の決定を、いつすべきかについては規定がないが、期日前に不許の決定をすることもできる。弁論準備手続においても可能である（170条2項にいう「口頭弁論の期日外においてすることができる裁判」に当たる）。この不許決定を口頭弁論で当事者に告知するか、あるいは、終局判決の中でするかは、裁判所の裁量に任せられている（長島＝森田・解釈269頁）。終局判決の中で判断するときには、主文で宣言する必要はなく、理由中に説示すれば足りる（最判昭和43・10・15判時541号35頁）。訴えの変更の適否について当事者間に争いがある場合においては、その結果如何によっては、当事者双方いずれにとっても主張・立証準備など訴訟追行の目標設定に支障を来すこともあるから、不許の場合には、なるべく速やかに決定で判断しておくことが望ましい。例えば、賃貸借契約の終了を理由とする建物明渡請求事件において、その終了事由が認められないときがあることを考慮して、予備的に更新料請求と賃料増額請求とを追加した場合、これが不許となるならば、適正賃料額等についての鑑定申請等の立証申請をしても無駄になるから、当事者にとって早期に決定を得る利益がある。

　訴え変更不許の決定は、訴訟法上の中間の争いについての裁判であるから、独立して不服申立ての対象にならず（口頭弁論を経たか否かにかかわらない。名古屋高決平成3・2・27判タ773号253頁）、旧請求についての審判が控訴審に移った際、上訴審の判断を受けることになるとするのが判例（大判大正4・3・15民録21輯322頁、東京控判大正6・5・31評論6巻民訴362頁、大判大正10・12・15民録27輯2117頁、東京控判昭和2・5・10評論16巻民訴416頁、大決昭和8・6・30民集12巻1682頁。訴訟が認諾で終了した場合について、福岡高決昭和49・1・10判時741号80頁）であり、通説（兼子・判例民訴366頁、細野・要義(2)258頁、中島・日本民訴1235頁、三ヶ月・全集140頁、菊井・前掲「訴の変更」民訴講座(1)210頁、新堂762頁、注解(6)323頁〔斎藤＝加茂〕、条解2版837頁〔竹下＝上原〕。これに対して、伊藤622頁は、新請求についての申立却下判決に対する上訴と理解する）である。

　これに対しては、訴え変更不許の裁判は旧請求からみれば中間的裁判であるが、新請求からみれば終局的裁判であるから、独立して上訴を許すべきであるとの説が主張されていたところであり（独立して即時抗告を認めるべきであるとする見

212

第143条〔10〕

解として、山田・判例研究(1)424頁)、また、旧訴の判決確定まで新訴が長期間不安定な状態に置かれることになり、訴えの変更についての裁判を簡易迅速に行うという本項の立法趣旨は完全に没却されることになるとして、訴えの変更不許の決定は、新訴の提起を旧訴の手続に併合して審判しない旨の決定と理解したうえで、その決定をした後、新訴については独立の訴えとして扱うべきであり、その観点から133条2項の要件に照らして補正を要する場合には137条の補正命令を発し、これに従わない場合には訴状却下すべきであるとの反対説（三好達「訴えの変更を許さずとする裁判について」判タ78号43頁〔1958年〕）などがあるが、訴えの変更を求める原告の意思を忖度すると、その訴訟手続において審判を求めうることを期待して訴えの変更の申立てをしているのであって、そもそも、別訴を提起して併合の申立てをしている趣旨ではないと解されるし、別訴としての進行を期待するのならば、訴えの変更の申立てを撤回すればよいのであるから、判例・通説・実務の取扱いに従ってよい。この理解によれば、訴えの変更不許の決定は訴訟指揮的裁判で、これによって直ちに新請求が排斥されるのではなく、旧請求につき終局判決がなされると同時に新請求却下の判決が黙示的になされたと解することになる（兼子・判例民訴368頁）。また、新請求が他の裁判所の専属管轄に属する場合には、訴えの変更不許の決定をすることなく、新請求を管轄裁判所に移送すべきであるとの下級審裁判例（東京高決昭和33・2・5判時145号20頁）がある。訴えの変更が、新訴についての管轄が旧訴の裁判所のそれと同一であることを当然の前提としているとみるべきであるから、この裁判例が前記判例・通説と対立したものと理解する必要はない（注解(6)324頁〔斎藤＝加茂〕）。

　旧請求についての判決に対し控訴の提起があった場合、控訴審で、原審がした訴えの変更不許の決定を不当と認めたときは、明示的または黙示的に原決定を取り消し、控訴審において訴えの変更がなされた場合と同様に（前記〔6〕(1)）、直ちに新訴についての審理をすることができる。しかし、事実審を一審限りで済ませることが不当であると認められる場合には、事件を第一審に差し戻すことが適当である（308条）。控訴審の訴え変更不許の決定を上告審が不当と認め、これを取り消すときは、原判決を破棄して第一審または控訴審に差し戻す（325条）ことができるが、旧請求について確定した事実に基づいて新請求につき直ちに判決ができる場合には、原判決を破棄して新請求について自判することもできる（326条）。原審が移送すべきであった場合には、管轄裁判所に移送することになる（最

213

第143条〔10〕　第2編　第1章　訴え

判平成5・2・18民集47巻2号632頁、判時1477号55頁、判タ833号155頁〔家庭裁判所における請求異議の訴えの係属中に損害賠償請求の訴えへの交換的変更の申立てが適法にされた場合、家庭裁判所は、これを許したうえ、新訴を管轄裁判所に移送すべきであるとしたもの〕参照）。

　(2)　訴えの変更を適法と認めるときは、裁判所は特に訴えの変更を許す旨の明示的裁判をすることを要せず、直ちに新請求について審理すればよい（最判昭和38・6・4前掲、最判昭和40・10・19裁判集民80号855頁）。しかし、相手方が訴えの変更につき異議を述べれば、本条を準用して決定で訴えの変更が適法である旨の裁判をする（東京高決昭和39・3・9高民集17巻2号95頁）か、または終局判決の理由中で判断することになる。実務上も後者の取扱いが多い。相手方から異議がない場合でも、訴えの変更を適法と判断するときは裁判が必要であるから、新請求についての審理を始めた場合には暗黙の裁判がなされたと考えるべきである。上述の訴え変更を認める旨の裁判は判決でしてもよいとの説（細野・要義(2)258頁、加藤・要論374頁）もあるが、決定ですべきであると解する（注解(6)326頁〔斎藤＝加茂〕、条解2版837頁〔竹下＝上原〕、新堂762頁、伊藤622頁）。

　この決定は、訴え変更の不許の裁判と同様に、抗告には親しまない（328条の注釈参照）が、終局判決に対して上訴があったときに、上訴審の判断を受けるかどうかについて争いがある（旧旧法197条は、不服申立てを禁止していた）。中間裁判の性質を有する決定として上級審の判断を受ける（283条の注釈参照）とする見解として、不法とはいえ新請求についての審理判決を行ったことに鑑みて控訴審で新請求についての弁論を分離すべきとの説（加藤・要論375頁）と、交換的変更の場合には、旧訴についても裁判を受ける利益があるから、その限度で判断を受けるとの説（菊井・前掲「訴の変更」民訴講座(1)209頁）があるが、第一審で審判をしてしまった以上、新請求について別訴を要求することは訴訟経済に反することと、原告は時効の完成猶予（平成29年の改正民法。改正前の民法においては、時効の中断）の効力（147条、改正民149条）をも失い原告に酷になることを理由として、上級審が判断することを全面的に否定する見解が学説では有力である（兼子・体系375頁、条解2版837頁〔竹下＝上原〕、三ヶ月・全集141頁、新堂762頁、注解(6)327頁〔斎藤＝加茂〕、松本＝上野736頁）。大審院の判例（大判昭和17・12・15前掲、大判昭和18・3・19前掲）も最高裁の判例（最判昭和31・7・20民集10巻8号1089頁）も訴えの変更を適法とする判断は、上訴審の判断を受ける

214

と解しているが、これらの判例はいずれも適法とされた事例である。

交換的変更の場合でも、旧請求については被告が取下げについて同意していない限り追加的変更の場合と同じく判決されているはずであるし（前記〔2〕(4)(ア)）、新請求については、原審の審理を受けているのであるから、それが専属管轄に反していれば格別（309条・312条2項3号）、それ以外の場合には、差し戻すかどうかは上訴裁判所の裁量に委ねるのが妥当の処置であると考える（308条）。もっとも、原審で相手方の同意がないのに同意ありとして交換的変更を許容していた場合においては、ほかの要件が充足されて訴えの変更が適法であれば、原審の判決は結局その点については適法となるが、ほかの要件が充足されていなければ、訴えの変更は不適法なのであるから、原判決を取り消して、旧請求について裁判するために第一審裁判所に差し戻す必要がある（308条）。

(3)　以上に対して、訴えの変更がないと認めたとき、すなわち単なる攻撃防御方法にすぎないときは、そのまま審理してよい。訴えの変更の有無について争いがあって、この点を明確にする必要があるときは、本条を準用して訴えの変更にならない旨の決定をすることができると解する（法律実務(2)228頁、注解(6)321頁〔斎藤＝加茂〕、松本＝上野736頁。これに対し、長島＝森田・解釈269頁、三ヶ月・全集140頁、新堂761頁、条解2版836頁〔竹下＝上原〕、伊藤622頁は中間判決〔245条〕によるべきであるとする）。

（選定者に係る請求の追加）[1]

第144条　第30条第3項の規定による原告となるべき者の選定があった場合[2]には、その者は、口頭弁論の終結に至るまで[4]、その選定者のために請求の追加をすることができる[3]。

2　第30条第3項の規定による被告となるべき者の選定があった場合には[2]、原告は、口頭弁論の終結に至るまで、その選定者に係る請求の追加をすることができる[3]。

3　前条第1項ただし書及び第2項から第4項までの規定は、前二項の請求の追加について準用する[4]。

〔1〕　本条の趣旨

選定当事者制度については、30条が規律するところである（選定当事者制度の

第144条〔2〕 第2編 第1章 訴え

意義については、30条〔1〕参照）が、現行法において、係属中の訴訟の当事者と共同の利益を有するものの当事者となっていない訴訟外の第三者が、原告または被告となっている者を選定当事者に選定することが認められることになった（30条3項）。「訴訟の帰趨を見定めて第三者が選定当事者を通じて訴訟に加わることが、多数当事者にかかわる紛争の実効的解決につながると判断されたため」（伊藤192頁。なお、研究会50頁）であり、とりわけ、多数の（とりわけ少額の）被害者が存在する損害賠償請求訴訟について、選定者が共同して訴求する者を募り、当事者を増加させることによって、費用的に見合う実効的な訴訟形態を可能にすることに利用価値を見出しうる。この点で、アメリカ法のクラス・アクション類似の機能を一定程度果たすことが期待されているところである（30条〔1〕〔6〕）。

しかし、この場合、訴訟外の第三者が原告または被告となっている者を選定当事者として選定する行為は、選定当事者に選定者の権利義務または法律関係についての訴訟追行権を与えるのみであって、選定者の権利義務または法律関係が請求として訴訟係属するためには、選定当事者が、当該請求について審判の申立てをし、訴訟係属させることが必要である（30条〔6〕(3)）。このための手続として、現行法は、本条の「請求の追加」という制度を導入した（一問一答143頁）。訴訟中の訴えの一種であるが、請求の追加によって、従来の請求と選定者の権利関係に関する請求が併合審理されることになり、この限りで、主観的追加的併合の性質を見出すことができる（研究会52頁、高橋・重点講義(下)422頁）。

本条は、この請求の追加の要件・効果およびその手続について定める。

〔2〕 **原告または被告となるべき者の選定**

本条が規律するのは、30条3項の規定による原告または被告となるべき者の選定があった場合である。すなわち、係属中の訴訟の原告または被告と共同の利益を有するものの当事者でない訴訟外の第三者が、その原告または被告を選定する場合である。この選定は、原告または被告がすでに選定当事者となっている場合でもよいが、そうでない場合においても可能である。

この場合における、選定者による選定の要件、効果、選定の手続、選定当事者の権限、選定当事者と選定者との関係、選定の取消し等については、選定当事者制度一般の規律が妥当する。これらの点については、30条の注釈においてすでに説明しており、同所を参照されたい。

第144条〔3〕〔4〕

〔3〕　請求の追加

(1)　請求の追加とは、選定者に係る請求を定立し、その審判を求める訴訟中の訴えをいう。当事者でない者から選定された原告である選定当事者は、被告に対して選定者に係る請求を定立し、訴求することになり、また、原告は、当事者でない選定者から選定された被告である選定当事者に対して、選定者に係る請求を定立し訴求することになるが、これらいずれもが請求の追加である（一問一答143頁）。いずれの場合においても、請求の追加により、選定者に係る請求について審判の申立てがされることになり、従来の請求とともに併合審理され、同時に判決されることになる。

　この請求の追加は、当事者が訴訟係属中に新たな請求を定立し、審判を求める点で、訴えの変更に類似するが、同一の当事者間において申立事項を変更する訴えの変更とは異なり、新たな選定者に係る新訴の提起の実質を有するものであるゆえに、訴えの変更とは異なる概念を立てたものである（一問一答143頁）。もっとも、その実質において訴えの変更の一種ないしは亜種の制度であり、その要件・手続については、訴えの変更の規定を準用しているところである（後記〔4〕参照）。

(2)　選定当事者が請求の追加を行う義務を負うか否かは、選定者と選定当事者との間の契約その他の原因関係によることになる（研究会53頁、高橋・重点講義(下)421頁）。

(3)　請求の追加があった後に、選定当事者全員の選定が取り消されたときは、選定者が当事者に復帰することになるが、共同訴訟が成立するとするのが通説である（研究会57頁、伊藤193頁。もちろん、分離することは可能である）が、従前当事者となっていなかった者の選定の場合には、別訴として係属するとする見解も有力である（上野泰男「当事者関連項目について」民商110巻4＝5号674頁〔1994年〕、高橋・重点講義(下)421頁。30条3項による規制は、訴訟の単純化に資する限りでの条件付きの併合要件の緩和であること、実質論として選定者と選定当事者との間に訴訟方針の違いがあるのであるから、分離をすることになる可能性が高いことなどを根拠とする）。

〔4〕　請求の追加の要件・手続

(1)　請求の追加の要件

　請求の追加をすることができるのは、口頭弁論の終結に至るまで（本条1項・

217

第145条 第2編 第1章 訴え

2項）であり、これにより著しく訴訟手続を遅延させることとなる場合には、請求の追加は許されない（本条3項。143条1項但書の準用）。

いずれの点についても、訴えの変更に関する説明（143条〔6〕〔7〕）を参照されたい。

なお、請求の追加に係る請求は、訴訟要件を満たす必要があり、また、選定の要件を欠く場合、すなわち共同の利益（30条〔2〕）を欠く場合にも、請求の追加は許されず、請求の追加は許されない旨の決定（本条3項参照）がされ、当該請求に係る訴えは却下されることになる。

また、控訴審における請求の追加においては、さらに、相手方の同意を要する（300条3項。同条の注釈参照。なお、研究会55頁）。

(2) 請求の追加の手続

(ア) 請求の追加の方式、その許否についての裁判についても、訴えの変更にならう。

書面で行う必要があり、その書面は相手方に送達する必要がある。

裁判所は、請求の追加を不当であると認めるとき、すなわち、請求の追加の要件を満たしていないと判断するときは、申立てによりまたは職権で、請求の追加を許さない旨の判断をしなければならない。この判断について、独立した不服申立ては許されない。

これらの点は、訴えの変更の手続と同じものであり、その具体的規律については、訴えの変更の解説（143条〔8〕〔9〕〔10〕）を参照されたい。

(イ) 選定者に係る請求についての時効の完成猶予（平成29年の改正民法。改正前の民法においては、時効の中断）等の効力は、書面を裁判所に提出した時に生じる（147条〔5〕）。

（中間確認の訴え）[1]

第145条　裁判が訴訟の進行中に争いとなっている法律関係の成立又は不成立に係るときは[3]、当事者は、請求を拡張して[4]、その法律関係の確認の判決を求めることができる[2]。ただし、その確認の請求が他の裁判所の専属管轄（当事者が第11条の規定により合意で定めたものを除く。）に属するときは、この限りでない[5]。

2　前項の訴訟が係属する裁判所が第6条第1項各号に定める裁判所であ

218

第145条〔1〕〔2〕

る場合において、前項の確認の請求が同条第1項の規定により他の裁判所の専属管轄に属するときは、前項ただし書の規定は、適用しない[5]。

3　日本の裁判所が管轄権の専属に関する規定により第1項の確認の請求について管轄権を有しないときは、当事者は、同項の確認の判決を求めることができない[6]。

4　第143条第2項及び第3項の規定は、第1項の規定による請求の拡張について準用する[7]。

〔1〕　本条の趣旨

本条は、中間確認の訴えの要件を定める。中間確認の訴えの意義については、後記〔2〕で説明する。

〔2〕　中間確認の訴え

(1)　裁判が訴訟の進行中に争いとなっている法律関係の成立または不成立に係るときは、当事者は、請求を拡張して、その法律関係（一般に、先決問題あるいは先決的法律関係と呼ぶ）の確認の判決を求めることができるが、この確認判決を求める訴えを、中間確認の訴えという。

例えば、原告が、所有権に基づいて、被告に、その者が不法に占有している家屋からの退去を命ずる判決を求める訴えを提起した場合、被告が自らその家屋の所有権を有する旨を主張して原告の所有権を争うときは、裁判所は、家屋が原告被告のいずれの所有に属するかについて審理判断をし、そのうえで原告の請求の当否について判決することになる。しかしながら、この判決で原告または被告の所有権の有無の判断をしても、それは判決の理由中の判断にとどまり、114条1項にいう「主文に包含するもの」とはいえない。したがって所有権に係る裁判所の判断については既判力を生じない（114条〔5〕(2)）。そこで、原告または被告（後記〔4〕(1)参照）は、所有権の有無についても合わせて既判力を得ておくことが、将来においてその点についての紛争が再発し、改めて訴え提起をする負担、さらには裁判所の判断の抵触を避けるためにも望ましいと考えるときは、本条の中間確認の訴えを提起することができることとしている。

この訴えが提起された場合、確認の申し立てられた先決問題たる法律関係の確認請求は本来の請求と併合して審理がされ、裁判所は、確認の申し立てられた先決問題についても、判決の主文において判断する。その結果、その判断について

219

第145条〔3〕 第2編 第1章 訴え

も、当事者間に既判力が生じることになる。

(2) 本条は、中間確認の訴えを従来の訴えに併合して、すなわち訴訟中の訴えとして提起する要件を定める。この要件を充足しない場合の処置については、後記〔5〕(6)を参照されたい。

〔3〕 争いとなっている法律関係の成立または不成立に係るとき（先決問題）

(1) 法律関係の成立または不成立

(ア) 中間確認の訴えの目的となるものは法律関係の成立または不成立の確認を求める請求であり、証書の成立の真否の確認を求める訴え（134条）をも含めて、事実の確認請求はその目的とならないとするのが通説である（兼子・体系380頁、三ヶ月・全集143頁、注解(6)337頁〔斎藤秀夫＝加茂紀久男〕、条解2版842頁〔竹下守夫＝上原敏郎〕。反対――細野・要義(2)67頁、中島・日本民訴1067頁）。

(イ) ここでいう法律関係は、確認の訴えに関する規律にいう法律関係を意味し、原則として現在の法律関係でなければならないとするのが通説である（134条〔2〕(3)）が、確認の訴えにおけるのと同様に（134条〔2〕(3)(ア)）、過去の法律関係の確認であっても、それが、原告の権利または法律的地位について現在の危険ないし不安を除去するための紛争解決の手段として有効適切であれば、適法であると考えるべきである。過去の法律関係の確認は、多くの場合、有効適切であるとはいえないにすぎず、過去の法律関係の確認であるからといって、その確認を求める中間確認の訴えを、直ちに不適法とすべきではない。

判例（大判昭和8・6・20民集12巻1597頁）は、家屋の所有権に基づく抵当権設定登記抹消請求と、債権不存在確認請求とを併合提起した事案について、後者の請求を、被告とその債務者である訴外某間の同抵当権によって担保された債権が消滅したという過去の法律関係の存否の確認請求であるとみたうえ、中間確認の訴えとしては、過去の権利の確認でも許される旨判示した（この判例に反対する評釈として、兼子・判例民訴48頁）。しかし、この事案は、単なる過去の権利の確認ではなく、現在、被告が訴外人に対して債権を有しないことの確認であるから、これを過去の法律関係とした理由は適当ではないが、確認請求を認めたこと自体は正当というべきであろう。東京地判昭和51・3・2（判時832号71頁）も、損害賠償請求訴訟の係属中に、すでに解除された無期停学処分の無効確認を求めた事案について、これを過去の法律関係の無効確認とみつつも、これを中間確認の訴えとして適法としている。また、大判昭和8・6・20前掲が明らかにするよ

第145条〔3〕

うに第三者と被告との間の法律関係の確認を求める場合であってもよい（条解2
版842頁〔竹下＝上原〕）。

㈦　法律関係を証する書面の成立の真否は特別の訴えの対象として認められて
いる（134条〔4〕）が、ある訴訟において、法律関係を証する書面の真否が訴訟
の勝敗に極めて重大な関係を有することがある場合に、その成立の真否について
中間確認の訴えを提起しうるかが問題になるが、書面の成立の真否の確認を求め
る訴えが許されるのは、その確定により、その書面によって証される法律関係の
安定を図ることをその狙いとするものであり、当該法律関係が審判対象となって
いる以上書面の成立の真否について争わせる必要がないことから、中間確認の訴
えの対象とはならないと解すべきである（兼子・体系380頁、注解(6)173頁、337頁
〔斎藤＝加茂〕、条解2版842頁〔竹下＝上原〕。反対──細野・要義(2)67頁、中島・
日本民訴1068頁。ちなみにドイツ法は条文の文言上、法律関係に限定されると解さ
れている）。実際にも、書面の成立の真否の判断はその訴訟で争いの対象となっ
ている法律関係を安定させることに役立つとはいえても、当該訴訟を超えてその
書面の真否が意味をもつことを想定しえないであろう。

(2)　「訴訟の進行中に争いとなっている法律関係」につき中間確認の訴えは提
起できるのであり、中間確認の訴えの目的である法律関係は、中間確認の訴えが
提起されるときに争われていることが必要である。まず、訴訟前に争いがあった
というだけでは足りず、訴訟の進行中に争われたものでなければならない（本訴
係属後初めて争われるに至ったことは必要ない。「訴訟中の訴え」法律実務(2)189頁
〔倉田・証明論所収〕）。さらに、先決的法律関係について自白がある場合には、
この要件を満たさないとされる（注解(6)336頁〔斎藤＝加茂〕、伊藤624頁）。例え
ば、所有権に基づく明渡請求において所有権の帰属を認め、占有の事実のみを争
う場合等がこれに当たろう。しかし、先決的法律関係について矛盾抵触のない判
決を得るという当事者の利益の充足を制度趣旨とする以上、中間確認の訴えの当
時自白が成立しているというだけで訴えの利益を否定することは適切ではないと
考える余地はあろう。

なお、先決的法律関係についての争いは、中間確認の訴えの当時存在すること
で足り、中間確認の訴え提起後判決前に、相手方が自白して争わなくなっても直
ちに確認の利益がないとはいえず、不適法却下されるわけではない（注解(6)336
頁〔斎藤＝加茂〕、伊藤624頁）。争いの存在は、中間確認の訴え提起の要件（併合

221

第145条〔3〕　第2編　第1章　訴え

審理の要件）であり、本案判決の要件ではないと説明されるところである。

訴訟の進行中に争いとなっている法律関係について確認が求められた場合には、即時確定の利益の有無は問われないとするのが判例（大判昭和8・6・20前掲）・通説（「訴訟中の訴え」法律実務(2)190頁、兼子・判例民訴18事件、注解(6)338頁〔斎藤＝加茂〕）である。争いが存在する限り、当該法律関係の存否について既判力ある判断をすることによって、当事者の法的地位の安定を図る趣旨である。

しかし、当該法律関係を確定することが無意味な場合には、認める必要はなかろう。中間確認の訴えの目的となる法律関係について、すでに既判力ある確認判決を得ている場合などがこれに当たる。また、同一法律関係をその目的とする独立の訴訟がすでに係属するときは重複起訴になるから、さらに中間確認の訴えを提起することは許されない（142条）。ただし、この場合にも、独立の訴訟が係属している裁判所は、抵触する判決を避けるために、弁論の併合の可能性を探るべきである。200万円の債権の内金100万円の給付を命ずる判決を求める訴訟で、200万円の債権の存否が争われたときは、200万円の債権の存否について中間確認の訴えを起こすことはできる（中島・日本民訴(下)1138頁、法律実務(2)189頁）が、100万円の債権についての給付訴訟において100万円の債権の存否の確認を求める中間確認の訴えは、給付訴訟の判決で100万円の給付請求権の有無について既判力が生ずるから、訴えの利益がなく許されない（注解(6)341頁〔斎藤＝加茂〕、条解2版842頁〔竹下＝上原〕）。

すでに中間判決（245条）を経た事項について、本条の訴えを提起しうるかについては問題があるが、中間判決は既判力を有しない（245条〔4〕）から、既判力を獲得する必要がある場合には、積極に解すべきである（「訴訟中の訴え」法律実務(2)189頁、注解(6)337頁、341頁〔斎藤＝加茂〕、条解2版843頁〔竹下＝上原〕）。

(3)　「裁判が訴訟の進行中に争いとなっている法律関係の成立又は不成立に係るとき」とは、争いとなった法律関係の成立もしくは不成立が、本来の訴えの目的たる権利または法律関係の全部または一部に対し先決的関係にあって、その判断が訴訟の全部または一部の勝敗に影響を与えることをいう。

この場合における影響とはいかなるものか、学説上争いがあった。その先決的関係が、理論上一般的に本来の訴訟の勝敗に影響を及ぼす法律関係であれば足りるとする見解（抽象的先決性説）、現実に、本来の訴訟の結論を出すに先立ち判断することを必要とし、その判断が本来の訴訟の勝敗を左右する場合であること

222

第145条〔3〕

を要するとする見解（具体的先決性説）、さらに、折衷説として、判断を要する
か否かは論理上の順序に従って決すべきだとする見解（論理的先後関係基準説）
が主張されていたが、今日、最初の抽象的先決性説が通説といえる。具体的先決
性説は、中間確認の訴えが、判決理由中の判断に既判力を与えるための訴えであ
ることを重視して、現実に判断した先決的事項についてでなければならないとす
る（兼子・体系380頁、注解(6)340頁〔斎藤＝加茂〕、条解2版843頁〔竹下＝上原〕）
が、現行法は、適時提出主義を認めているから、提訴時には、現実に判断の対象
となる先決的法律関係とみられたものが、後に別個の攻撃防御方法が主張された
ため、現実に判断されるか否か不安定な状況に置かれることが生ずるので、抽象
的先決性説が妥当である。例えば、土地所有権に基づく土地明渡請求の訴えにお
いて、被告が原告の土地所有権を争っているため、所有権確認の訴えを中間確認
の訴えとして提起したところ、被告が当初は土地を占有していることを自白して
いたのに、その後、占有を喪失したことを主張して争う事案について考えるに、
裁判所が、被告の占有が認められない（喪失したと認める）場合には、所有権に
ついて判断するまでもなく、原告の請求を棄却することもできるから、具体的先
決性説によれば、所有権確認の訴えが却下されることになる。しかし、原告にと
ってみると、将来、占有期間中の損害賠償を求めるには、所有権確認の訴えにつ
いて判断を受けておく必要性がないとはいえないと考えられる。また、論理的先
後関係基準説（雉本朗造「中間確認の訴」『民事訴訟法論文集』314頁〔宝文館、
1928年〕）も、論理的先後関係という基準自体が必ずしも明確とはいえない（例
えば上の例で、所有権と占有とどちらが論理的に先であるかは一概にはいえない）
という難点がある。

　したがって、通説たる抽象的先決性説によってよく、これによれば、ここでい
う先決性とは、現実にその判断が本訴請求の結果を左右する場合である必要はな
く、論理的に先決関係にあれば、すなわち現実の訴訟で先決的法律関係となる可
能性があれば足りる（中野ほか・新講義507頁〔栗田〕、「訴訟中の訴え」法律実務
(2)188頁）。

　先決的法律関係にある例を挙げれば、例えば利息請求の訴えで、元本債権の存
否について本条の訴えが提起された場合、利息の約定がないという理由で本訴請
求が棄却されることもありうるが、元本債権の存在は先決性のある請求原因を構
成するから、適法な中間確認の訴えとみることができる。このほかに、賃料請求

第145条〔4〕 第2編 第1章 訴え

の訴えにおける賃貸借関係の存否、持分権確認の訴えにおける特定の財産が被相続人の遺産に属するか否か（最判昭和61・3・13民集40巻2号389頁、判時1194号76頁、判タ602号51頁参照）、株主総会決議取消しの訴えにおいて、追加的に原告が株主であることの確認を求めること（甲府地判昭和35・4・5下民集11巻4号759頁）、新株主総会決議不存在確認の訴えにおいて、その招集通知をした取締役を選任した旧株主総会決議不存在確認の訴えを追加的に求めること（大阪高判昭和40・1・28判時412号63頁、判タ176号115頁は、旧株主総会決議不存在確認訴訟の係属中に、新株主総会決議不存在確認の訴えを追加的に変更した事案につき、これを許すにあたって、旧株主総会決議不存在確認の訴えが中間確認の訴えの関係にある旨判示する）、境界確定の訴訟係属中被告がその所有地を仮装的に他人に譲渡した場合における、被告の相隣地の所有者たる地位（大判昭和10・12・10民集14巻2077頁）、土地または家屋の所有権に基づく明渡請求訴訟における土地または家屋の所有権、特定物の損傷に基づく損害賠償請求訴訟における特定物の所有権の確認を求める訴えが提起された場合などを、先決的法律関係の例として挙げることができる。これに対して、所有権に基づく土地明渡請求訴訟において、当事者双方の土地の境界確定を求める中間確認の訴えは、所有権確認の訴えと異なり、明渡請求訴訟の先決関係に立つ法律関係とはいえない（最判昭和57・12・2判時1065号139頁、判タ486号71頁）。

　この要件を具備しない中間確認の訴えが提起された場合は、当事者は本来の訴訟を利用して合わせて審判を受ける意思であるから、原則としては、不適法として却下すべきである（東京高判昭和32・9・9判タ75号43頁）。もっとも、後記〔5〕(6)で述べるように、分離してまた場合により移送して審判する余地がないとはいえない。

〔4〕 **当事者による請求の拡張**

　⑴　法文は「当事者は、請求を拡張して」と定めるが、そこでいう当事者が原告のみか、文字どおり当事者双方を意味するか、被告に許す場合にその手続は何かという点について議論がある。「請求を拡張して」ということを明記していることを理由として、原告のみ提起できるという説（山田・日本民訴(2)139頁、菊井・民訴法(下)239頁）と、旧旧法211条（ドイツ民訴256条2項参照）が明文で被告が中間確認の訴えを提起するには反訴によらなければならないと明記していたところ、本条は反訴という語を省いたこと、および当事者と規定し双方の当事者

224

第145条〔5〕

を含む趣旨を示していると解されることを合わせ考えて、原告被告いずれの当事者も提起できるとする説（長島＝森田・解釈270頁、細野・要義(2)184頁、兼子・体系380頁、三ヶ月・全集143頁、新堂769頁、注解(6)334頁〔斎藤＝加茂〕、条解2版841頁〔竹下＝上原〕など）がある。しかしながら、前者の見解も反訴による先決的法律関係の確認の訴えを認めるとともに、その場合においては、反訴の提起要件を緩和しており（菊井・民訴法(下)239頁）、実質上の差異は存在しない。仮に反訴によると解するにしても、原告の地位との権衡上、反訴の規律によるのではなく、本条の定める規律によるべきである。これは、原告が提起する場合に、訴えの変更（143条）によることなく、本条の規律によるとされていることからしても公平に適う。具体的には、控訴審で中間確認の反訴を提起する場合にも原告の同意（300条1項参照）は不要であり、また、本条の請求同様に、通常の確認請求と異なり、即時確定の利益は適法要件ではないとすべきである（「訴訟中の訴え」法律実務(2)169頁は、反訴によるとすれば即時確定の利益が必要となるとする）し、また遅滞要件（143条1項但書・146条1項但書参照）の適用もないと考えるべきであろう。

(2)　中間確認の訴えは本来の訴訟の当事者のみが提起することができるのであるから、補助参加人は共同訴訟的補助参加人（45条〔4〕(2)）であっても、また共同訴訟人間ではこれを提起することはできない（注解(6)335頁〔斎藤＝加茂〕、条解2版842頁〔竹下＝上原〕）。しかし、47条以下の規定による参加人は、参加によって当事者になるのであるから、この訴えを提起することができる。

(3)　本条でいう「請求の拡張」は、量的に過分な請求についてその救済限度を拡張する場合においてしばしば用いられる「請求の拡張」とは異なり、原告のする訴えの追加的変更の特殊な形態を意味し、また被告による提起を認める見解からは、被告のする反訴の性質を有する特殊な訴訟中の訴えを意味する。いずれにしても、請求の追加的な併合状態が生じる。

〔5〕　その他の要件

(1)　本条1項ただし書および2項は、先決的法律関係の中間確認の請求が、他の裁判所の専属管轄に属しないことを要件として掲げるが、さらに、中間確認の訴えは、訴訟中の訴えであり、その提起により請求の併合が生じるため、訴訟係属中であることと、客観的併合の要件を充足することが必要である。

(2)　中間確認の訴えを提起することができるのは、本条からははっきりしな

225

第145条〔5〕 第2編 第1章 訴え

いものの、訴訟係属中、事実審の口頭弁論終結までと解される。本来の訴えについて判断するにあたり、先決的関係にある法律関係についての訴えであるから、事実審の口頭弁論終結前であればよく、訴えの変更、反訴の規律と異なり、著しく訴訟手続を遅滞させないという要件は問題とならない（143条1項但書・146条1項但書との比較）。この訴えについても事実審理が必要であるから、上告審では提起できない。控訴審においても、中間確認の訴えは新訴の提起であるから提起できないとする説（細野・要義(2)184頁）もあるが、形式的には本条の規定は控訴審にも準用がある（297条）し、実質的にも審級の利益を奪うことにはならないから、控訴審でも、相手方の同意を要することなく、この訴えを提起することを認めてよい（注解(6)336頁〔斎藤＝加茂〕、297条〔2〕(7)参照）。被告が提起する場合も同様である（前記〔4〕(1)参照）。原告か被告かによって異なる扱いをすることは当事者間の公平の観点から不適切である。

　当初から、中間確認の訴えを併合提起することも考えられる。確認の訴えが併合提起された場合、中間確認の訴えの要件を充足し、口頭弁論で確認の対象を先決関係とする権利または法律関係が争われている限り、中間確認の訴えとして扱うべきである。中間確認の訴えは、訴訟中の訴えとして併合提起することを認める場合の規定であり、そもそも併合提起された場合にその適用を排除する理由はない（注解(6)338頁〔斎藤＝加茂〕）。即時確定の利益が不要（前記〔4〕(1)）等、訴えの要件の審査が緩和されることにその意義がある（倉田卓次「盲点としての中間確認」証明論88頁）。

　(3)　中間確認の訴えにより請求の併合状態が生じるので、訴えの客観的併合の要件が必要であり、中間確認の訴えは、本来の訴訟手続と同種の訴訟手続によって審理できるものでなければならない。したがって例えば、特定物の引渡請求訴訟の係属中、その請求の前提である原被告の身分関係（例えば親子関係など）につき争いがある場合でも、身分関係の確認請求については人事訴訟法が適用または準用される関係で、別種の訴訟手続によらなければならないから、中間確認の訴えは提起できない。また、同じ理由で行政処分の効力如何が、本来の訴訟の目的たる請求の先決的問題である場合にも、行政処分の無効確認訴訟（行訴36条）は、中間確認の訴えとしては提起できない。

　(4)　先決的法律関係の中間確認の請求が、他の裁判所の法定専属管轄に属しないことが必要である。なおこの専属管轄には当事者の合意による専属管轄を含

まない。

その反面、先決的法律関係の中間確認の請求については、本来の訴訟の受訴裁判所が民事訴訟法の一般の規定により事物管轄（ただし後記の例外を除く）および土地管轄を有しなくても、本条によって当然管轄を有する。併合裁判籍が肯定されることを意味する。もっとも、この管轄が意味をもつのは、法定管轄が存在せず、応訴管轄が成立しない場合である。

これに対して、簡易裁判所に訴額140万円以下の利息請求訴訟が係属中、500万円の元本債権の存否について中間確認の訴えの提起があった場合、この訴えは、その訴額からすれば地方裁判所の事物管轄に属するし、他面、両請求につき当初からこの訴えを提起すれば、原告被告のいずれが提起しても、訴額は500万円である（9条）から、やはり地方裁判所の事物管轄に属するので、中間確認の訴えをどう取り扱うかが問題になる。相手方に異議がなければ応訴管轄が生ずる（12条）が、さもなければ、反訴の場合に準じ、訴訟全部を地方裁判所に移送すべきである（16条・274条。条解2版844頁〔竹下＝上原〕、注解(6)343頁〔斎藤＝加茂〕）。

（5）　本条2項は、特許権等に関する争いにおける専属管轄について、東京地方裁判所と大阪地方裁判所の間では1項ただし書が適用されないことを定める。訴えの併合に関する13条2項と同趣旨の規定である（13条〔4〕参照）。

（6）　中間確認の訴えを併合提起する要件、すなわち中間確認の訴えという形式で先決的法律関係の確認を求める要件を欠く場合、その訴えをどのように取り扱うべきか議論があるが、当事者に独立の訴えを提起する意向があれば、独立の訴えの要件を備えている限り分離して審理することが考えられてよい。控訴審でこのような中間確認の訴えが提起された場合は、分離された訴えをそのまま控訴審で審理すべきではなく、第一審裁判所に移送するのが適当である。しかし、通常当事者は、併合審理することに意味を見出しており、また独立の訴えの場合には、改めて訴え提起の手数料が課せられることになるため、独立の訴えを求めない例が多かろうし、これを原則と考えてよい（東京高判昭和32・9・9前掲）。

他の裁判所の専属管轄に属する先決的法律関係の確認請求について本条の訴えを提起した場合には、これを不適法として却下すべきであるが、当事者が強いて本来の訴訟とともに審理判決を受けるつもりでなければ、本来、独立の訴えとして提起することを妨げないのであるから、中間確認の訴えを分離して、専属管轄を有する裁判所に移送することができると解する余地がないではない（注解(6)

第145条〔6〕〔7〕　第2編 第1章 訴え

343頁〔斎藤＝加茂〕も同旨か）。この説に従って移送する場合には、中間確認の訴えの訴状のみを送付し、記録までを送付する必要はない。

〔6〕　**中間確認の訴えの国際裁判管轄**

(1)　平成23年改正において国際裁判管轄の規定が整備された（本書Ⅱ〔追補〕第1節前注参照）が、中間確認の訴えの国際裁判管轄についても新たな規定が新設された。訴訟中の訴えで請求を追加するには、新たな請求について日本の裁判所の管轄権（いわゆる国際裁判管轄）の要件を充足することが必要であるが、中間確認の訴えについては、その性質上当初の請求とは別個に管轄原因を要しない（密接な関連があることは自明であるので、本条1項本文が直接国際裁判管轄をも規律していると解される〔3条の6〔2〕参照〕）。

もっとも、中間確認の訴えの目的となる確認請求について、日本以外の国の裁判所が専属管轄を有するがゆえに、日本の裁判所の国際裁判管轄が否定される場合は、この限りでない。本条3項は、このことを定める。併合管轄（3条の6参照）につき、法定専属管轄の規律がある場合について3条の10が適用除外を定めているのと同趣旨である。外国における特許権侵害を理由とする損害賠償請求訴訟において、中間確認の訴えで特許権の有効または無効の確認が求められた場合（3条の5参照）などがこれに当たる。

なお、被告の提起する反訴の形式による中間確認の訴えの国際裁判管轄もこの規定によると解することになる。

〔7〕　**中間確認の訴えの手続**

(1)　中間確認の訴えは訴訟係属中の訴えの提起であるから、訴えの変更の場合（143条〔8〕）、反訴の提起（146条〔8〕(2)）の場合とともに、訴えの提起の場合と同じく（133条）、書面によらなければならない。ただし、簡易裁判所において提起する場合には書面による必要がない（271条）。この書面には、法定の手数料（原告が提起した場合には、本来の請求と中間確認の請求の価額の合算額〔9条1項〕を基準として算定）を、納付しなければならない（137条〔4〕）。書面の方式欠缺については、責問権の放棄として治癒されるものとみてよいとする見解（新堂770頁）も有力であるが、訴えの変更の場合と同様に（143条〔8〕(1)）口頭提起を許容する趣旨と解すべきではない。

また書面に記載すべき事項は訴状に記載すべき事項に準ずる（133条2項）。中間確認の訴えの訴訟係属の時期その他のことについても、訴えの変更に準ずる

（143条〔8〕参照。時効の完成猶予〔平成29年の改正民法。改正前の民法によれば、時効の中断の効力が発生する時期については、147条〕）。

実質的には中間確認の訴えに当たる訴えが、実務上、訴えの変更または反訴として提起される場合も少なくない。かかる場合に、相手方から、請求の基礎を変更するものであるとか、牽連関係がないとかの理由で、訴えの変更または反訴が不適法であると主張して争われることがある。しかし、これが中間確認の訴えとして適法であれば、上記の要件は問うまでもないわけであるから、この要件をめぐって争うことは本来必要ではないことに留意すべきである（倉田・前掲「盲点としての中間確認」証明論84頁以下）。

(2)　中間確認の訴えの書面は必ず相手方に送達しなければならない。この送達は副本によってする。この点も訴えの変更の場合と同じ（143条3項）である（143条〔9〕参照）。訴えの変更と同様に訴状送達の欠缺については、被告が異議なく応訴することによって、責問権の放棄として治癒されるものとみてよい（新堂770頁）。

(3)　本訴についての訴訟代理人は、反訴の場合とは異なり、能動的にも受動的にも、本条の訴えについて訴訟代理権を有する（細野・要義(1)478頁、「訴訟中の訴え」法律実務(2)195頁、注解(6)345頁〔斎藤＝加茂〕）。すなわち、中間確認の訴えも、本来の訴えとは訴訟物を異にする訴えではあるが、代理人はその紛争解決のために適切な処理方法を選ぶことを委ねられているし、既判力を得ておくことは訴訟技術の問題にすぎないことからいって、裁判所が本来の訴えについて判断するにあたり、論理的に判断されるべき先決的法律関係について当事者間に争いがある以上、その法律関係の確認の訴えを提起することは、委任された事項の範囲内と解するのが妥当である。受動的な場合には一層問題はない。被告の提起する中間確認の訴えについては、異論はありうるものの、これを消極に解する（55条〔後注〕(3)）。

しかし、中間確認の訴えの提起は、当然には本来の請求についての代理権に包含されないとの説（兼子・体系381頁、新堂770頁、条解2版8頁〔竹下＝上原〕。例えば、利息請求についての代理権では元本請求を求めることはできないとする）もある。

(4)　中間確認の訴えが提起されると、この訴えの目的である先決的法律関係についての審理と本訴請求についての審理は、併合審理される。訴訟経済に資す

第145条〔7〕 第2編 第1章 訴え

るとともに、抵触判断を避けることを中間確認判決の存在意義とする以上、原則として統一的な審判をすべきである。

中間確認の訴えの目的である先決的法律関係についてのみ判決をするのに熟したときは、理論的には、本来の請求についての判決とは別個に一部判決（243条2項）をすることが可能であり（注解(6)345頁〔斎藤＝加茂〕）、特に、先決性の判断について抽象的先決性説（前記〔3〕(3)）による場合には、先決問題以外の判断で本案判決が可能である場合が存在し、中間確認の訴えの目的である法律関係についての判断が先決性を失うことの見極めがついたときは、一部判決をすることもありえよう（法律実務(2)196頁）。しかし、分離を認めると、それぞれの判決が別個に上訴の対象となるため、相抵触する判断が出る可能性がある（もっとも、本来の訴訟についてのみ上訴がされた場合、中間確認の判決がすでに確定していれば既判力の拘束を受ける）ことには注意が必要である。このため、一部判決には慎重であるべきであり、現実にも一部判決をすることを必要ないしは適当とする場合は、ごくわずかであろう。一部判決を認めることは許されないとする学説（三ヶ月・全集144頁、新堂頁、条解2版863頁〔竹下＝上原〕）はこうした考慮を前提とするものと理解することができよう。

中間確認の目的となる請求について認諾があった場合には、認諾部分について調書を作成してよい。この場合には、本来の請求については、先決的法律関係につき認諾調書の効力に基づいて判断することになる。

なお、中間確認の訴えが提起されると、この訴えの目的である先決的法律関係は単なる攻撃防御方法についての争いでなくなる（したがって、157条の適用場面はない。甲府地判昭和35・4・5前掲、注解(6)345頁〔斎藤＝加茂〕）から、中間判決（245条）をすることはできない（兼子・体系380頁、注解(6)345頁〔斎藤＝加茂〕）。

(5) 中間確認の訴えと本案の訴えの両者について一の判決をもって判断された場合において、本来の訴訟についてのみ控訴がされたときは、請求の併合の場合と同様、中間確認の訴えについての判決の確定も遮断され（上訴不可分の原則）、いつでも控訴または附帯控訴（293条）によって、中間確認の判決に対して不服を申し立てることができる。この場合、中間確認の判決には既判力が生じていないが、当事者双方からの不服申立てがない以上、実質的にはこの判決の内容を尊重しなければならないと考える。一の判決で、本来の訴えと中間確認の判決の両者について判決がされた場合に、中間確認の判決に対してのみ上訴を提起できる

第145条〔7〕

か問題となりうるが、中間確認の訴えは付随的性質を有する訴えであるから、消極的に解すべきである（注解(6)346頁〔斎藤＝加茂〕、条解2版845頁〔竹下＝上原〕）。

　(6)　中間確認の訴えの提起後、本来の訴えが取り下げられまたは不適法として却下されたときは、先決的法律関係の存否についても判断をする必要がなくなるから、原則として、中間確認の訴えも不適法として却下される（大阪高判昭和53・10・25判タ380号128頁、兼子・体系381頁、山田・日本民訴(2)143頁、三ヶ月・全集143頁、注解(6)342頁〔斎藤＝加茂〕、条解2版843頁〔竹下＝上原〕。これに対し、「訴訟中の訴え」法律実務(2)176頁は、本来の訴えの取下げがあっても、一旦有効に成立した訴訟中の訴えであるから、反訴と同様に存続するとし、本来の訴えの不適法却下の場合も、その瑕疵が中間確認の訴え提起の後に生じたときは、反訴と同様に独立の訴えとして存続するとして反対する。新堂770頁も同旨か）。しかしながら、この訴えを独立の訴えとみることができる場合、例えば土地または家屋の所有権に基づく明渡請求訴訟の係属中、所有権の存否につき中間確認の訴えが提起されたところ、被告が土地または家屋を明け渡したので原告が訴えを取り下げたものの、所有権の存否については引き続き争われているように、なお確認の利益がある場合であり、当事者が本案判決を求めていれば、独立の訴えとして取り扱うのが適当である（兼子・体系381頁、注解(6)342頁〔斎藤＝加茂〕、条解2版843頁〔竹下＝上原〕など）。この場合において、中間確認の訴えおよび本来の訴えにつき第一審の本案判決があり、これに対する上訴の結果、ともに上訴審に移審された場合には、たとえ本来の訴えが取り下げられまたは不適法として却下されても、中間確認の訴えについてはすでに本案判決があり、かつ上訴されているのであるから、第一審の場合とは異なり、上訴審は、この訴えをそのために不適法として却下することなく、審理をしなければならない。

　これに対し、控訴審で中間確認の訴えが提起された場合には、控訴審の性格から、控訴却下または取下げによって中間確認の訴えも当然終了するというのが通説（中田淳一「控訴審の構造」民訴講座(3)870頁、「訴訟中の訴え」法律実務(2)176頁、注解(6)342頁〔斎藤＝加茂〕、条解2版843頁〔竹下＝上原〕。反対――長島＝森田・解釈411頁）であるが、第一審においては独立の訴えとして取り扱うべきだとの説によっても、現行法は第一審を省略した審理を予定しておらず（「訴訟中の訴え」法律実務(2)176頁）、かといって第一審に差し戻す規定もないから、通説に従うのが正しいと考える。

231

第146条・規則第59条〔1〕　第2編 第1章 訴え

（反訴）[1]

第146条　被告は、本訴の目的である請求又は防御の方法と関連する請求を目的とする場合に限り[4]、口頭弁論の終結に至るまで[5]、本訴の係属する裁判所[6]に反訴を提起することができる[2][3]。ただし、次に掲げる場合は、この限りでない。

　一　反訴の目的である請求が他の裁判所の専属管轄（当事者が第11条の規定により合意で定めたものを除く。）に属するとき[6]。

　二　反訴の提起により著しく訴訟手続を遅滞させることとなるとき[7]。

2　本訴の係属する裁判所が第6条第1項各号に定める裁判所である場合において、反訴の目的である請求が同項の規定により他の裁判所の専属管轄に属するときは、前項第1号の規定は、適用しない[6]。

3　日本の裁判所が反訴の目的である請求について管轄権を有しない場合には、被告は、本訴の目的である請求又は防御の方法と密接に関連する請求を目的とする場合に限り、第1項の規定による反訴を提起することができる。ただし、日本の裁判所が管轄権の専属に関する規定により反訴の目的である請求について管轄権を有しないときは、この限りでない[8]。

4　反訴については、訴えに関する規定による[9]。

（反訴・法第146条）[1]

　規則第59条　反訴については、訴えに関する規定を適用する[9]。

〔1〕　**本条の趣旨**

　反訴とは、訴訟の係属中、被告が原告に対して同一訴訟手続よる審理裁判を求めるために提起する訴えであり、いわゆる訴訟中の訴え（「訴訟中の訴え」法律実務(2)169頁〔倉田・証明論所収〕）の一形態である。本条は、反訴の要件とその手続の規律について定める。

　当事者間の互いに関連する事件を同一訴訟手続で審判することは、別訴による審判に比較して、裁判所および当事者の労力・費用を軽減し、また、関連する事件を矛盾抵触のないように解決する利益がある。もっとも反訴は、民事訴訟法の管轄の規定にかかわりなく、本訴の係属する裁判所に提起することができる（後記〔6〕(1)）から、本訴原告が管轄について有する利益を侵害することになるが、

相互に関連する事件においては原告の不利益はさほど大きなものではなく、仮に不利益が存在するとしても、本訴原告のこの不利益と、裁判所および当事者が受ける上記利益を比較すれば、メリットがはるかに大きいといえる。反訴の制度が認められた所以である（反訴制度の沿革については、雉本朗造「反訴論」『民事訴訟法論文集』115頁以下〔宝文館、1928年〕、「反訴及び中間確認の訴」法律実務(2) 182頁）。機能的には、被告の防御手段・反攻手段として用いられることもあるが、反訴は、被告による本訴請求と関連するものの、本訴とは別個の請求についての併合審理の要求を意味する。

〔２〕　**反訴の意義**

(1)　反訴とは、被告の提起する訴訟中の訴えの一形態であり、これにより訴えの後発的な客観的併合審理状態が生じる。併合審理のメリットは、裁判所による弁論の併合（152条）によっても実現可能であるが、被告の提起する訴えにより本訴請求と反訴請求の併合審理の途を開くことに反訴制度の存在意義がある。

(2)　反訴はあくまで判決を求める申立てたる訴えで、攻撃防御方法ではない。両者の差異は次の事例を想定すれば明らかである。すなわち、買主が原告になり、売主を被告として売買目的物の引渡しを求める訴えを提起したときに、売主が代金支払と引換えでなければ品物を引き渡さないという同時履行の抗弁を提出すれば、「被告は金〇円の支払を受けると引換えに目的物を引き渡せ」とのいわゆる引換給付判決がされるが、売主は代金の支払につき防御方法を提出しただけで、判決を求める申立てをしたわけでないから、買主が代金を提供しない限り売主は目的物の引渡しを免れるけれども、売主は買主に対しこの判決を債務名義として積極的に代金の支払を受けることはできない。売主が判決に基づき代金の支払を求めるには、同時履行の抗弁という防御方法を提出するだけでなく、進んで代金の支払を命ずる給付判決を求めて反訴を提起する必要がある。この反訴が提起された場合に、買主は、反訴請求につき、品物と引換えでなければ代金を支払わない旨の同時履行の抗弁を防御方法として提出しないと、反訴請求認容判決において無条件に代金を支払えと命ぜられることになる。同時履行の抗弁権が提出された場合には、反訴請求についても引換給付判決が言い渡されることになる。

(3)　反訴は、本訴の被告（反訴原告）から本訴の原告（反訴被告）に対する訴えである。当事者の当事者に対する訴えであるから、共同不法行為者であっても本訴原告となっていない第三者は、反訴被告にすることはできない（東京高判昭

第146条・規則第59条〔2〕　第2編 第1章 訴え

和55・12・25判時992号65頁、判タ438号144頁）し、補助参加人が、あるいは補助参加人に対して、反訴を提起することはできない。これらは、主観的追加的併合の問題である。これに対して、当事者参加した者（47条・49条・51条・52条）、引受人（50条・51条）は当事者であるから、これらの者の、またはこれらの者に対する反訴は許される（47条の参加人につき、山形地判昭和37・9・3下民集13巻9号1793頁）。共同訴訟人の場合、必ずしも共同訴訟人全部が反訴の当事者となる必要はなく、一部の者のみが当事者となってもよい。

　反訴に対する再反訴、さらにそれに対する再々反訴が認められるかについては規定はない。数多くの請求が無限に起こされ手続が錯綜複雑になるという理由から消極的な見解もある（長島＝森田・解釈279頁、法律実務(2)174頁、注解(6)427頁〔小室直人＝加茂紀久男〕）が、旧旧法（200条3項）のようにこれを禁止する規定もないし、本条の要件を充足する限り弊害はないといえるから認めてよい（中島・日本民訴(下)1141頁、兼子・体系377頁、条解2版850頁〔竹下守夫＝上原敏夫〕、小野木＝中野・講義211頁、新堂765頁。東京地判昭和29・11・29下民集5巻11号1934頁、判時44号10頁）。この場合においては、訴えの変更ではなく、反訴の規定の適用があることになる。

　なお、裁判が訴訟の進行中に争いとなった法律関係の成立または不成立にかかっているときに、被告がその法律関係の存否についての確認を求める訴えが、反訴であるか中間確認の訴えであるかについても争いがある（145条〔4〕(1)）。260条2項の被告（控訴人）の提起する仮執行の宣言により給付したものの返還および仮執行などによる損害の賠償を求める訴えの本質は反訴である（260条〔3〕(3)参照。なお上告審における申立てについて260条〔4〕(2)参照）。

　(4)　予備的反訴も可能である。訴えには本来条件を付することができないが、審理の過程でその条件の成就が確定する場合には許されると解されており（予備的併合について、第1編第5章第1節前注3(3)(ウ)〔本書Ⅱ157頁〕）、こうした条件を付した反訴も可能である。原告が売買の目的物の引渡しを求めている本訴において、被告（反訴原告）が本訴は不適法である、または本訴には理由がないと主張して争っている場合に、仮に裁判所がこれらの主張に理由がないと判断するならば、売買代金の支払を命ずる判決を求める反訴を提起する場合がこれに当たる。反訴に付される条件には、売買代金の支払請求の訴えについて、売買契約の成立を否認し、売買が認められる場合には買い受けた物件の引渡しを求める反訴、本

第146条・規則第59条〔2〕

訴の請求が認容されることを条件とする場合と、貸金請求の場合に、消費貸借契約が有効に取り消されたことを主張していて、もし請求が棄却されれば、さらにすでに支払った金額を不当利得として返還を求める場合、あるいは、相殺の抗弁を主張して請求棄却を求めるとともに、相殺の抗弁について判断されることなく本訴請求が認容される場合に備えて予備的に相殺に供した自働債権の履行を求める場合（最判平成18・4・14民集60巻4号1497頁、判時1931号40頁、判タ1209号83頁参照）のように、本訴請求が棄却されることを条件とする場合とがあり、いずれも適法である。前者の場合においては、本訴請求を棄却する場合には、反訴について裁判をしないことになる。本訴請求を認容する場合には、反訴請求について判決することになるが、この第一審判決に対し被告が控訴し、控訴審が本訴請求に理由がないと判断する場合には、原判決を取り消して本訴を棄却することになる。この場合には、反訴請求に係る第一審判決は当然に失効する（東京高判昭和42・3・16高民集20巻2号158頁、判時485号63頁。なお、高松高判昭和47・11・20高民集25巻4号381頁、判時691号36頁、判タ286号234頁。松本＝上野372頁）。本訴請求が棄却されることを条件とする反訴においては、本訴請求を認容する場合には反訴請求については判決されない。本訴請求を棄却する場合には、反訴請求について判決することになるが、この第一審判決に対し原告が控訴し、控訴審が本訴請求に理由があると判断する場合には、原判決を取り消して本訴を認容することになる。

(5) 本訴の被告が同一の請求につき、別訴を提起するか反訴を提起するかは、原則としてその自由である。しかし、別訴を提起した場合に重複訴訟の禁止に当たる場合には、反訴の提起という方法によらざるをえない場合がありうる。重複する訴えの禁止（142条〔3〕(2)）の対象となる訴えの範囲を拡大すれば、反訴によらざるをえない場合も拡大することになる（例えば、新堂765頁は、主要な争点を共通にする訴訟は重複訴訟の禁止に触れるとし、この範囲で被告は反訴の方法をとらざるをえないとする）。例えば、同一債権について、債務者が原告として債務不存在確認の訴えを提起しているときに、債権者が給付の訴えを提起する場合については、別訴を提起できるか、それとも判決の内容の矛盾抵触を避けるために反訴によってのみ給付請求をしうるか争いがある（別訴を許す見解として、松本＝上野233頁。債務不存在確認の訴えが確認の利益を失い、不適法となるとする）が、原則として反訴によることを要求してよい（142条〔3〕(2)(イ)(b)。東京地判平

235

第146条・規則第59条〔2〕 第2編 第1章 訴え

成13・8・31判時1772号60頁、判タ1076号293頁）。なお、反訴が提起された場合には、本訴の債務不存在確認の訴えは確認の利益を欠くことになる（最判平成16・3・25民集58巻3号753頁、判時1856号150頁、判タ1149号294頁。134条〔3〕(2)(ウ)(d)）。また、人事訴訟事件では、同一身分関係についての訴訟を繰り返すことを禁止しているため（人訴25条）、反訴を起こすことのできる請求について反訴を提起しておかないと（この場合には、本条および300条の制限に服することなく反訴の提起が可能である。人訴18条）、もはや審判を求めることができなくなるため、同一身分関係につき審判を求める当事者は反訴を提起することになろう。

　(6)　反訴は、相関連する事件について併合審理し、訴訟経済に資するとともに矛盾抵触することのないよう解決することにその存在意義がある。このため、本訴と訴訟資料・証拠資料を共通にすることになる。したがって、本訴または反訴のいずれか一方の判断が他方に影響することになる。例えば、被告が本訴で相殺の抗弁の対象とした債権を反訴請求した場合（これは二重訴訟に当たらないと考えられる〔東京高判昭和42・3・1高民集20巻2号113頁、判時472号30頁、判タ204号205頁〕が、最判平成18・4・14前掲は、予備的反訴でなければ二重起訴に当たるとする趣旨か）、本訴で相殺の抗弁が認められたときは、反訴はこの部分につき請求すべき理由を失う（東京地判昭和33・4・2下民集9巻4号562頁。したがって、こうした場合、予備的反訴を提起することが通常といえる。最判平成18・4・14前掲参照）。また、所有権を異議事由とする第三者異議訴訟の係属中に、同所有権の取得原因たる契約につき詐害行為取消しの反訴が提起され、反訴で詐害行為取消権の存在が肯定されるときは本訴は排斥を免れない（最判昭和40・3・26民集19巻2号508頁、判時407号27頁、判タ175号117頁。手形金請求訴訟の被告から裏書〔取立委任裏書〕が詐害行為であるとして提起された反訴に関して同旨——大阪地判昭和40・10・27金法426号12頁、大阪地判昭和48・5・19下民集24巻5～8号286頁、判時716号91頁、判タ298号285頁）。協議離婚の無効を理由とする先妻からの重婚の取消請求と、予備的反訴である夫からの離婚請求がいずれも認容されることもありうる（東京地判昭和54・5・18判タ396号133頁）し、本訴・反訴とも棄却されることもありうる（東京地判昭和48・2・2判タ292号275頁、東京地判昭和49・7・22判時768号59頁〔本訴・反訴とも立証なしとする〕）。

　(7)　反訴が適法である場合には、併合審理をすることが適切である場合が通常といえるが、常に本訴とともに審理し判決する必要があるわけではない。すな

わち、裁判所は訴訟指揮権に基づいてその裁量で本訴と反訴とを分離して審判することができる（152条）。ただし、本訴と反訴とがともに離婚判決を求め（大判昭和15・9・27法学10巻316頁）、または本訴が認容されることを条件とする予備的反訴などの場合は、この限りでない（一部判決の可否の問題に関連する。243条〔6〕参照）。訴訟物を同じくする場合（例えば、債務不存在確認訴訟と同一債務の履行を求める給付の訴え）も分離を認めるべきではない。分離すれば重複起訴となる場合（142条）についても、分離は許されないとする見解も有力である（伊藤630。なお、反訴を提起できる請求のうち、主要な争点を共通にする場合には二重起訴の禁止の規律に服するとする〔前記(5)参照〕新堂768頁は、その限度で弁論の分離を禁止することになる）が、分離することが不適当な場合がほとんどと考えられるものの、常に禁止されるわけではない。例えば、手形金請求本訴事件に対して、被告が相殺の抗弁を提出するとともに同一債権の履行を求める反訴請求をしている場合において、相殺主張・反訴提起が本訴事件の審理の終結段階に至ってから行われたものであり、かつ、別の裁判所に、同一の反対債権にかかる訴え（反訴）が提起されてその証拠調べも行われているなどの事情があるときは、本訴事件から反訴事件を分離したうえ、関連事件が係属する他の管轄裁判所に移送することが可能である（東京地決平成3・10・7判タ773号256頁）。なお、反訴の判決が本訴の判決とともに1個の全部判決でなされた場合に、どちらか一方に対して上訴の提起があると、他方の判決の確定もまた遮断される（243条〔3〕(2)参照）。

〔3〕 **反訴の提起の要件**

(1) 本条1項および2項は、反訴の要件を定める（後記〔4〕〜〔8〕）。これに加えて、反訴は、それが認められることにより訴えの客観的併合状態を生ずるから、客観的併合の一般的要件を満たすことが必要である。すなわち、同種の訴訟手続による場合であり（136条）かつ、併合が禁止されていないことが必要である（手形小切手訴訟につき351条・367条2項、少額訴訟につき369条。なお、手形債務不存在確認訴訟の係属中、当該手形金の請求訴訟を提起するときは反訴の形式によるべきである〔142条〔3〕(2)参照〕が、手形訴訟の形式による給付を求めるときは、別訴によっても二重起訴にならない〔大阪地判昭和49・7・4判時761号106頁、判タ311号214頁〕）。これらの要件は職権調査事項である。

(2) 反訴が反訴要件（併合要件を含む）を具備しない場合の取扱いについては

第146条・規則第59条〔4〕　第2編　第1章　訴え

議論がある。最判昭和41・11・10（民集20巻9号1733頁、判時467号41頁、判タ200号92頁）は、「反訴は訴訟係属中の新訴の提起であり、その併合要件は同時に反訴提起の訴訟要件であるから、この要件を欠く反訴は不適法であり、終局判決をもって却下すべきものである」とする。これによれば、後記〔5〕(2)で説明するように、反訴被告の異議がない場合には反訴を不適法とするまでもないとされる関連性の要件を欠く反訴については反訴被告の異議の申立てがある場合に、その他の要件を欠く反訴、すなわち、訴訟係属前または事実審口頭弁論終結後に提起された反訴（後記〔5〕）、専属管轄の規定に反する反訴（後記〔6〕）、遅滞要件を満たす反訴（後記〔7〕）のほか、併合の要件（上記(1)。本訴と同種の訴訟手続によること、併合禁止に反しないこと）を欠く反訴は職権で、不適法却下される。

　これに対して、不適法とされた反訴が独立の訴えとしての要件を備えていれば、本訴と分離して独立の訴えとして審判することが適当であるとする学説が有力である（本書旧版Ⅱ239条〔4〕(ハ)、240条(2)のほか、加藤・要論383頁、注解(6)442頁〔小室＝加茂〕、中野ほか・新講義510頁、新堂767頁、条解2版851頁〔竹下＝上原〕、伊藤629など。下級審には、東京高判平成4・11・30判時1445号148頁のように、傍論ながら、この旨を明らかにするものもある）。この場合には、補正が必要であるならば補正命令を発することになるし、また、関連性要件は、関連裁判籍を肯定する要件でもあり、この要件を欠く場合には、本訴裁判所が反訴請求自体についての管轄を有することが必要であって、これを欠く場合には移送（16条）が必要となる。また、この見解によれば、被告が控訴審で反訴を提起したことに相手方が同意しない場合（300条〔3〕(5)および後記〔5〕(3)参照）の処置についても、反訴を不適法として却下するのではなく、第一審裁判所に移送することになる（本書旧版Ⅱ240条(2)。東京高判昭和46・6・8下民集22巻5＝6号696頁、判時637号42頁、判タ267号331頁。却下した裁判例として、大阪高判昭和56・9・24判タ455号109頁）。この見解は、反訴の要件を併合して審理するための要件とみていることを意味する。しかし、反訴を提起する当事者は併合審理を求めて反訴という形式を選択したものであり、反訴が不適法であって併合審理がされない場合には却下する取扱いでよい。もっとも、反訴原告が望む場合において、独立の訴えとして扱うことを妨げる趣旨ではない（152条〔3〕(3)参照）。

〔4〕　**本訴請求との関連性**

(1)　旧旧法では、原告が訴えを提起した以上、被告も原告に対し同じ裁判所

第146条・規則第59条〔4〕

に訴えを提起することができるとするのが公平に合致するとの理由で、反訴の請求については何らの制限を設けなかった。しかし、現行法では、反訴の請求の審理につき本訴の訴訟手続を利用させるとする以上、この目的に即して反訴の請求を制限することが相当であると認め、本訴の目的である請求または防御の方法と関連する請求を反訴の目的とする場合に限った。これ以外に、反訴請求の種類についての制限はない。書面真否確認請求（134条）も差し支えない。

　反訴に対する再反訴、さらにそれに対する再々反訴もこの要件の下で可能となる（前記〔2〕(3)）が、関連性の要件は、反訴の審理の範囲が本訴のそれとまったく別個になるような場合には満たさないと考えるべきであろう。

　(2)　反訴要件としての関連性は、同一の訴訟手続によること（136条）、反訴の請求が他の裁判所の管轄に専属しないこと（後記〔6〕）、併合が禁止されないこと（前記〔3〕(1)）といった反訴要件とは異なり、むしろ訴えの変更の要件である請求の基礎の同一性と同じく（143条〔5〕）、もっぱら公益的要求に基づく要件ともいえないから、当事者が異議を述べないときには、職権でその欠缺を調査し、反訴を不適法として却下するまでの必要がない（最判昭和30・4・21裁判集民18号359頁。反対──中島・日本民訴1148頁）と考えてよい。旧法と異なり、関連性がないことによって本訴が遅滞するおそれがあれば、訴訟を著しく遅滞させないこと（後記〔7〕）という要件を満たさないため反訴は許容されないことになるし、また、審理を経た後、訴訟を遅滞させることが明らかになった場合においては、弁論を分離して審理すればよい。

　(3)　反訴が本訴の目的たる請求と関連するとは、本訴請求とその権利関係の内容または発生原因の点で共通性が存在することをいい、防御方法と関連するとは、抗弁事由とその内容または発生原因において共通性が存在することをいう（兼子・体系377頁、東京高判昭和42・3・1前掲）。この関連性の意義については、従来、法的関連説（細野・要義(2)172頁、中島・日本民訴1148頁）と事実関連説とが対立していたが、その関連が法的関連であろうと事実的関連であろうと、本条で反訴を認めて、その許容性を関連性という要件により規律することとした趣旨から、具体的に判断すれば足りる（法律実務(2)182頁、条解2版8頁〔竹下＝上原〕）。

　本訴の目的である請求または防御の方法と関連するときとは、以下のような場合である。

239

第146条・規則第59条〔4〕　第2編 第1章 訴え

　本訴の目的である請求と関連するときに該当する例としては、原告が売買契約
に基づく品物の引渡しの請求について訴えを提起しているときに被告が売買代金
請求について反訴を提起する場合、通行権確認の本訴に対して通行禁止を求める
旨の反訴を提起する場合（東京地判昭和38・9・4判タ152号85頁）、防御の方法
と関連するときに該当する例としては、原告が土地所有権に基づいて、不法占有
をつづける被告に対し家屋収去土地明渡しの請求について訴えを提起している際
に、被告がその土地の賃借権を有する旨の抗弁を提出して争うとともに、被告が
その土地の賃借権存在確認の反訴を提起する場合、昭和34年3月分の給与の未払
残額請求の本訴で、被告が昭和33年10月および11月分の給与の過払いによる不当
利得返還請求権と相殺する旨主張し、反訴で予備的に返還請求する場合（東京高
判昭和42・3・1前掲）などである。

　そのほか、本訴の請求が利息の請求であるときに、被告がその元本債権の不存
在確認の判決を求めるように、先決的法律関係について反訴を提起する場合、妻
が夫に対し離婚の訴えを提起したとき、夫が妻に対し別の離婚原因に基づいて離
婚請求につき反訴を提起するように、同じ法律関係の形成を目的とする反訴を提
起する場合なども、関連性がある例である。これに対して、共有物分割、土地境
界確定の訴えのような形式的形成訴訟（本編第1章前注4(3)）においては、被告
は原告の請求と異なる権利関係を主張する場合でも、反訴による必要はない。家
屋明渡しと賃料損害金の支払の請求をその目的とする本訴に対し、被告が反対債
権をもって原告の賃料損害金債権と対当額において相殺するとともに、その残額
債権の請求について反訴を提起するように、本訴請求の一部とのみ関連性がある
場合でもよい。反訴の請求と本訴の請求とが関連するといっても、反訴はあくま
で独立の訴えであるから、債務者が債務不存在確認の訴えを提起した場合に、債
権者が同一債権について存在確認の反訴を提起することは、二重起訴になり、し
たがって許されない（142条〔3〕(2)(a)）。

　占有回収の訴えその他の占有の訴えの提起があった場合、本権上の理由に基づ
く反訴の提起が許されるかどうかは、占有の訴えについては本訴に関する理由に
基づいて裁判することができないとする民法202条2項の解釈をめぐって争われ、
かかる反訴は許されないとの判例（高松高判昭和26・3・24下民集2巻3号429
頁）と、これを肯定する判例（大阪高判昭和29・3・4下民集5巻3号287頁、東
京高判昭和33・6・11下民集9巻6号1054頁、判時156号20頁）とが対立していたが、

240

反訴の要件としての関連性がある防御方法は、必ずしも理由あるものに限らないから（条解2版846頁〔竹下＝上原〕は、相殺禁止に反する相殺債権に関する反訴につき反対の立場か）、これを肯定するのが正しいと考える（同旨——最判昭和40・3・4民集19巻2号197頁、判時406号50頁、判タ175号104頁。なお、三ヶ月章「占有訴訟の現代的意義」研究(3)59頁。伊藤627頁は、反訴請求が本訴請求の防御の方法に関連するとはいえないが、両者の請求を基礎づける事実に共通性が認められることを根拠として挙げる）。ただ、かかる反訴の審理によって本訴の審判が遅れると、占有の訴えを認める趣旨に反するから、そのおそれがある場合には、反訴を分離して、本訴のみをまず審判すればよい（法律実務(2)187頁）。なお、反訴が適法とされた場合、民法202条2項により、占有の訴え（本訴）と本権に基づく反訴の双方が認容されることがありうるところであり、その場合の取扱いについても議論がある（森綱郎・最判解昭和40年度16事件参照）。

　関連性の存在を否定した判例は比較的少ない。名誉毀損による損害賠償および謝罪広告を求める訴えを本訴とし、まったく別個な事実を理由とする営業妨害による損害賠償の請求について提起する反訴（東京地判昭和8・2・18評論22巻商法264頁）、本訴の請求原因で公正証書の効力を否定する理由として、同証書上の原告の署名捺印が偽造であるとのみ主張し、同証書上の消費貸借につき何ら主張していない場合に、被告が同証書の成立とは関係なく、同証書に記載されている債権の残額の支払を予備的に請求する反訴（東京高判昭和33・12・26東高民時報9巻13号258頁）、本訴が米国判決について執行判決（昭和54年改正前の515条、民執24条）を求める訴訟である場合に、その米国判決の訴え提起自体が不法行為であるとして損害賠償を求める反訴（大阪地判昭和52・12・22判タ361号127頁は、同本訴では米国判決につき旧200条〔現118条〕の要件の存否を審理するにとどまり、その判決の当否を調査できないから反訴には牽連性がないとする。なお東京地判昭和55・9・19判タ435号155頁は、外国離婚判決無効確認請求の本訴に対し離婚請求の予備的反訴がされた事案につき、牽連性を肯定している）、原告所有の工作機械に損傷を与えたことを理由とする損害賠償を求める本訴請求に対し、この事故を理由とする解雇を無効とした仮処分判決に対する控訴の提起が不当抗争であるとして損害賠償請求を求める反訴（名古屋地判昭和62・7・27判時1250号8頁、判タ655号126頁。なお、同時に提起された解雇の違法を原因とした損害賠償請求を求める反訴については関連性を肯定している）、借地人とその家族とが提起した地主

第146条・規則第59条〔5〕　第2編　第1章　訴え

の借地上建物の損壊および落書を原因とする損害賠償を求める本訴に対して、被告地主が借地人らのビラ頒布による名誉毀損を原因とする損害賠償および借地人の信頼関係の破壊を原因とする土地明渡しを求める反訴（東京地判平成3・8・28判タ777号218頁）、および借地所有者でない者を債務者としてなした家屋に対する仮処分の執行の排除を求める本訴に対して、その家屋を建築所有していることが土地に対する不法占有であるとして、その土地に対する占有回収と損害賠償の請求について提起する反訴（東京控判昭和8・7・15評論22巻民訴492頁）などがそれであるが、最後の判決の当否については多少疑いがある。

　(4)　反訴請求が本訴の目的である請求または防御の方法と関連することが必要であるが、関連性を問うべき本訴の攻撃防御方法が時機に後れたとして却下された場合（157条）については、反訴を不適法として却下するというのが多数説のようである（兼子・体系378頁、三ヶ月・全集142頁。判例として、東京地判昭和37・10・31判タ138号110頁、東京高判昭和56・9・30東高民時報32巻9号231頁〔ただし、傍論〕。最判昭和41・11・10前掲も参照）。

〔5〕　反訴を提起することができる時期

　(1)　反訴は、本訴の係属する裁判所に提起するものであり、本訴が係属していることを要する。また、訴えの変更と同様に、事実審の口頭弁論終結に至るまで、提起することができる。弁論準備手続中でも可能である。

　(2)　反訴を提起するためには、本訴がすでに係属していることを必要としかつそれで足りる。本訴の請求が何であるか、本訴が適法であるか不適法であるかを問わない（通説。反訴提起に際して本訴が適法に係属していることを要するとするのは、法律実務(2)176頁）。また反訴が一旦適法に提起されれば、その後、本訴が不適法として却下され（大判大正4・3・2民録21輯211頁。東京高判平成4・11・30前掲〔被告が当事者適格を欠くとされた事件である〕）、和解または請求の放棄・認諾その他の事由で終了しても、反訴は何らの影響も受けない（なお、261条2項但書参照）。ただし、本訴の請求が認容されることを条件として提起された予備的反訴は、本訴が上記のような事由で終了すれば、当然消滅する（前記〔2〕(4)の東京高判昭和42・3・16前掲参照。第一審で認容された本訴が控訴審で排斥されたときは、第一審で認容された予備的反訴は控訴審において当然に失効するとする）。

　なお、本訴係属の時期が、訴え提起の時であるか、訴状送達の時であるかについ

第146条・規則第59条〔5〕

いては争いがあり（142条〔2〕(4)）、前説によれば問題はないが、後説によっても、本訴の訴状の送達前に提起された反訴は、本訴の訴状が送達されれば適法になると解すべきである。支払督促が発せられ、これに対し債務者が督促異議を申し立てた場合、督促異議の申立てとともに訴訟が係属する（395条）から、その後は反訴を提起することができる。

　(3)　反訴は、事実審、すなわち第一審または控訴審（297条）の口頭弁論の終結まで提起することができる。ただし、控訴審における反訴の提起には原告の同意が必要である（300条1項）。反訴の目的である請求については前記（〔3〕）で説明したように関連性の要件を満たす必要があるが、これを訴えの変更の要件である請求の基礎（143条〔4〕）と比較すると、審理の対象の関連性が乏しいこともありうるため、訴えの変更は控訴審でも第一審におけると同じく認められる（143条〔4〕(2)）のとは異なり、相手方の同意を要求したものである。例えば、買主たる原告が品物の引渡しを求めて提起した本訴の係属中、売主たる被告が代金支払を求める反訴を提起し、さらに原告が被告に対する貸金債権をもって被告の代金債権と相殺するとともに、貸金債権の残額の支払を求めて、反訴に対する再反訴を提起した場合を考えると、相殺に供した貸金債権の主張は、他の請求との関連が遠くかつ薄いうえ、再反訴が控訴審で提起された場合、第一審ではまったく審理されていないから、訴えの変更の場合とは異なり、相手方が有するいわゆる事実審二審制の利益を侵害するおそれがある。しかし、反訴請求につき第一審で大半の審理がされており、審級の利益を失わせないときは相手方の同意は不要である、例えば、原告の土地明渡請求に対して第一審が賃借権の抗弁を肯定した後、被告が第二審で賃借権確認の反訴を提起することは、審級の利益を害するとは解されないから、原告の同意は不要である（最判昭和38・2・21民集17巻1号198頁。同様に、本訴請求と請求の基礎を同一にし、または争点を共通としており、第一審で実質的な審理がされていることを理由として、同意を不要とする裁判例として、東京高判昭和55・10・2判時986号63頁、東京高判昭和56・12・15判時1035号60頁、判タ466号92頁、東京高判昭和59・2・29判時1109号95頁、判タ526号146頁など。第一審で実質的審理がされていない場合において、同意を不要としたものとして、大阪高判昭和56・2・25判時1008号162頁〔第一審で被告による擬制自白等のため、原告の所有権に基づく建物の全部明渡請求訴訟の所有権者が誰であるかにつき審理がされなかった場合に、控訴審で被告が所有権に基づき同一建物中一部分を原

243

告が占有しているとしてその明渡しを求める反訴を提起したときは、両訴の請求の基礎は同一で相手方の審級の利益を害さないというべきであるから、相手方である原告の同意を要しないとする〕）。同様に、控訴審において参加した参加人に対する第一審被告による反訴が、第一審被告の第一審原告に対する反訴と請求の基礎を同じくするときは、反訴被告たる参加人の同意を要しない（最判昭和52・10・14判時870号67頁、東京高判昭和56・12・15前掲など）と解される。また、人事訴訟事件において、控訴審で提起される反訴についても、同意は要求されていない（人訴18条）。なお控訴審において、係属中の反訴を変更するには、143条の要件を充足すれば足り、相手方の同意を要しない（最判昭和45・10・13判時614号51頁、最判昭和50・6・27判時785号61頁）。

　上告審においては、原則として反訴は提起できない。反訴の提起があれば、裁判所は反訴の当否について証拠調べをする必要があるため、反訴を提起できるのは、事実審の口頭弁論が終結するまでであり、法律審たる上告審においては許されない（最判昭和43・11・1判時543号63頁、判タ229号130頁）。

　ただし、260条の仮執行の宣言によって被告が給付したものの返還および仮執行などによる損害の賠償の訴えは、その性質上、控訴審においては原告の同意なくとも提起できるし、上告審においても同様に提起できる（260条〔3〕(2)参照）。

〔6〕　**反訴請求に係る管轄**

⑴　反訴は、本訴の係属する裁判所に提起することができる。これは、民事訴訟法の本来の管轄の規定にかかわらず、本訴の係属する裁判所に提起することができる趣旨であり、反訴の要件を満たす場合には、反訴請求に係る訴えについて本訴が係属する裁判所に管轄が認められる趣旨である。なお、簡易裁判所に地方裁判所の管轄に属する請求について反訴を提起した場合に関しては、274条の特別規定がある。

⑵　しかし、この場合でも、公益的要求に基づいて規定されている専属管轄が優先するので、反訴の請求が他の裁判所の専属管轄に属するときは、本訴の係属する裁判所であっても反訴を提起することができない。例えば、債権者である原告が債務者である被告に対し、執行証書（民執22条5号）にかかる債権についてその存在確認の訴えを提起した場合、被告がこの執行証書による債権に関して請求異議の訴え（民執35条）を提起しようとするときは、その管轄（民執35条3項・33条2項）が専属管轄である（民執19条）ため、管轄裁判所が前記債権存在

確認の訴えの管轄裁判所と一致しない限り、反訴としては提起できない。

なお、ここでいう専属管轄には、合意による専属管轄は含まれない（本条1項1号かっこ書参照）。専属的合意管轄は、当事者の意思によるものであり、公益適用性に基づくものではないので、反訴を許容する趣旨を優先させたものである。

専属管轄の規定に反する反訴の取扱いについては、前記〔3〕(2)を参照されたい。

(3)　本訴が特許権等に係る訴えであり、係属する裁判所が6条1項の規定により、東京地方裁判所または大阪地方裁判所に係属している場合においては、反訴の目的である請求が本訴係属裁判所（例えば、東京地裁）ではない地方裁判所（大阪地裁）の専属管轄に属するときについては、反訴請求は、他の裁判所に専属管轄があることをもって妨げられない（東京地裁に反訴の提起が可能である）。6条に定める専属管轄の趣旨が、特許権等の審理に適した東京地方裁判所または大阪地方裁判所のいずれかにおいて事件の審理を図る趣旨であり、そのいずれかにおいて審理すればその政策的な意図は実現可能である。そこで、東京地方裁判所、大阪地方裁判所のいずれで審理するかについては、専属管轄の規律を妥当させる必要がないことから、これらの間では併合管轄を認めており（13条2項）、ここでも同様の規律に服させている。

〔7〕　訴訟手続を遅滞させないこと

(1)　反訴の提起により著しく訴訟手続を遅滞させることとなるときは、反訴は不適法となる。現行法制定の際に明文化された反訴の適法要件である。旧法の下で、古くは時機に後れたことを理由として却下できるとする見解もあった（長島＝森田・解釈278頁）が、一般には、攻撃防御方法でないから反訴は時機に後れたこと（兼子・体系378頁、条解新版894頁）を理由として却下することができないとされていた。現実にも、反訴は、その目的である請求について関連性の要件が課せられているから、これを提起したために特に本訴が遅滞することはないし、多少遅滞したとしても、反訴請求が別訴で審判される場合に比較すれば、本訴と反訴が同一手続で審理され判決されることは反訴原告、反訴被告双方にとってメリットであるとされ、もし、反訴の提起によって、口頭弁論の終結が間近い本訴の判決が相当遅滞するおそれがある場合には、反訴を分離して審理する（152条）ことができ、こうした手当てで十分であるとされていた（本書旧版Ⅱ255頁）。

しかし、本訴請求における審理の終結間際に反訴が提起されることにより、著しく訴訟手続を遅滞させることとなるような場合にまで反訴を認めることは適当

第146条・規則第59条〔8〕　第2編 第1章 訴え

ではなく、また、他の訴えの変更に関する規制との整合性にも鑑みて、こうした場合には、反訴は許されないこととした。賃料増額確認請求の本訴に対して、本訴の終結直前に提起された賃料減額確認請求の反訴について、鑑定の申立て等が予測されることに鑑み、本訴の訴訟手続を著しく遅滞させることになり、反訴を不適法とした下級審裁判例（東京地判平成11・3・26判タ1020号216頁）がある。

　なお、反訴の提起を認めなければ改めて審判を求める機会を失うことになる場合（前記〔2〕(5)参照）にはこの要件は適用されないと解するか、少なくともその適用に慎重であることが必要となる。

〔8〕　**反訴事件についての国際裁判管轄**

　(1)　平成23年改正において国際裁判管轄の規定が整備された（本書Ⅱ〔追補〕第1節前注参照）が、反訴の国際裁判管轄についても新たな規定が新設された。適法に反訴を提起するには、反訴請求について日本の裁判所の管轄権（いわゆる国際裁判管轄）の要件を充足することが必要であるが、反訴請求について3条の2以下の規定が定める管轄原因（合意管轄、応訴管轄を含む）が存在しない場合であっても、本訴請求について日本の裁判所に管轄がある場合であって、反訴請求が本訴請求または本訴における防御の方法と密接に関連する請求を目的とする場合には、反訴請求につき国際裁判管轄が肯定される。併合請求に関する3条の6と同趣旨の考慮に基づく関連裁判籍に相当する管轄原因である（3条の6〔1〕〔2〕参照）。もっとも、反訴請求について、日本以外の国が専属管轄を有することを理由に、日本の裁判所の裁判権が否定される場合は、この限りではない。

　(2)　本訴請求について国際裁判管轄が認められることを根拠に反訴請求について国際裁判管轄が認められるのは、反訴が本訴請求または本訴における防御の方法と密接に関連する請求を目的とする場合に限られる。「密接に」関連するとはいえない場合には、当該反訴請求について（本訴請求とは別個に）国際裁判管轄が認められない限り、国際裁判管轄要件を満たさず、反訴は不適法となる。密接性を要求する趣旨は、訴えの併合（追加的併合を含む）において新旧請求間に密接な関連性が要求されるのと同じ趣旨であり、密接関連性を要求する意義については、3条の6〔3〕で解説したところである。

　密接関連性の有無についての判断も、3条の6と同様に、請求の趣旨自体の同一性、請求に係る権利関係の同一性、請求の基礎となる事実関係の同一性（契約の同一性、原因行為の同一性等）、事実関係を立証するために必要となると考えら

246

れる証拠関係の同一性などが総合的に考慮され、事案ごとに判断されることになる（３条の６〔３〕。一問一答平成23年改正119頁、基コメ(1)364頁〔日暮直子〕などを参照）。

　なお、本訴請求等との密接な関連性が存在することによって国際裁判管轄が肯定されるのは、管轄原因の存在が認められることを意味するにとどまり、特別の事情（３条の９参照）に関わる規律の適用が排除されるわけではない。

　(3)　反訴の目的となる請求について、日本以外の国の裁判所が専属管轄を有するがゆえに、日本の裁判所の国際裁判管轄が否定される場合は、この限りでない。併合請求に係る国際裁判管轄（３条の６参照）につき、３条の10が専属管轄の規律がある場合に適用除外を定めているのと同趣旨である。反訴請求が、外国に所在する不動産の登記に関する訴えである場合（３条の５参照）などがこれに当たる（基コメ(1)364頁〔日暮〕）。合意による専属管轄は含まれず、法定の専属管轄が認められる場合に限られる（３条の10参照）。

〔９〕　反訴の手続

　(1)　反訴は訴えとして扱われ、その手続については、訴えに関する法および規則の規定が適用される。旧法240条では、「本訴ニ関スル規定ニ依ル」とされていたが、その趣旨には変わるところはない。反訴に適用される主な規定について、簡単に説明を加える。

　(2)　反訴を提起するには原則として反訴状を裁判所に提出しなければならない（133条１項）。反訴状には請求の趣旨および原因その他訴状に記載が必要な事項を記載し（同条２項、規則53条）、かつどの事件に対する反訴であるかを明らかにするために本訴事件を明記しなければならない。反訴の提起に際しては、訴えの提起と同様に、民事訴訟費用等に関する法律の規定（民訴費別表第１第６項本文）に従い手数料を納付しなければならない（137条１項）。その場合、本訴とその目的を同じくする反訴については、反訴の手数料額から本訴の手数料額を差し引いた手数料額で足りる（民訴費別表第１第６項但書。差額主義）。反訴が本訴と目的を同じくするとは、両訴が訴訟物を同じくしているとき（例えば債務不存在確認請求の本訴と同一債務の給付請求の反訴）に限らず、両訴が同一物をその相排斥する請求の目的物としている場合（例えば承役地につき地役権の確認を求める本訴と所有権に基づきその土地の妨害排除を求める反訴）をいう（内田恒久編『民事訴訟費用等に関する法律の解説〔新法解説叢書(5)〕』98頁〔法曹会、1974年〕）。

第146条・規則第59条〔9〕　第2編 第1章 訴え

控訴審における反訴提起については訴えの提起の手数料額（民訴費別表第1第1項）の1.5倍の額の手数料額を納付しなければならない（民訴費別表第1第6項但書・2項）。なお、予備的反訴についても、前記計算に従い手数料を納付しなければならない。

　簡易裁判所では口頭による反訴提起も可能である（271条）。

　反訴状は、その不備を補正しない場合において裁判長により却下されない限り（137条2項）、反訴被告に送達される（138条）。この送達は、副本によってする（規則58条1項）。反訴による訴訟係属の時期、時効の完成猶予（平成29年の改正民法。改正前の民法によれば、時効の中断）と出訴期間の遵守の効力の発生時期（147条）についても、本訴の場合と変わることはない。

　被告の訴訟代理人は、特別の権限がなければ反訴を提起する権限を有しない（55条2項1号）。他方、原告の訴訟代理人は反訴に応訴する権限を有するから（55条〔2〕）、反訴状は本訴の訴訟代理人へ送達すればよい。また、被保佐人は保佐人、訴訟行為をすることについて補助人の同意を得ることを要する被補助人は補助人の同意を得なければ、反訴を提起することができない（32条1項）。相手方の提起した反訴に応訴するには、同意は不要である（同条）。

　(3)　反訴も143条の要件を備えるときは変更することができる。反訴の交換的変更に反訴被告が異議を述べたときは、旧反訴の取下げに相手方の同意を欠き取下げは効力を生ぜず、変更は許されないが、変更の申立てが予備的に追加的変更申立てを含むと認められるときは、反訴の追加的変更を許すことができる（東京高判昭和39・4・17下民集15巻4号838頁）し、賃借権が存在することの確認を求める反訴の係属中、反訴提起前に賃貸借が履行不能になっていたとして、反訴を損害賠償請求訴訟に変更しても、請求の基礎に変更はない（東京高判昭和39・8・29判時387号23頁、判タ168号96頁）。控訴審で反訴の追加的変更をするには、143条所定の要件を充足すれば足り、相手方の同意を要しない（最判昭和45・10・13前掲、最判昭和50・6・27前掲）。

248

第147条〔1〕

〔**現行法バージョン**〕

※改正民法の施行までこちらを参照。施行後は、〔**改正法バージョン**〕（262頁）を
参照されたい。

（時効中断等の効力発生の時期[1]）

第147条 時効の中断[2]又は法律上の期間の遵守[3]のために必要な裁判上の請
求は、訴えを提起した時[4]又は第143条第2項（第144条第3項及び第145
条第4項において準用する場合を含む。）の書面を裁判所に提出した時[5]
に、その効力を生ずる。

〔1〕 **本条の趣旨**

　訴えの提起には時効中断の効力が与えられている（民147条1号・149条）が、
その効力がいつ生ずるかについては疑義がありうるので、本条は、それが原則と
して訴え提起の時であると定めたものである。旧法235条と同旨の規定である。
なお、本条は、時効法を改正する平成29年民法（債権法）改正に伴う整備法によ
って条文が「訴えが提起されたとき、又は第143条第2項（第144条第3項及び第
145条第4項において準用する場合を含む。）の書面が裁判所に提出されたときは、
その時に時効の完成猶予又は法律上の期間の遵守のために必要な裁判上の請求が
あったものとする」と改正されている（同条は、改正民法の公布後3年以内、す
なわち2020年6月までに施行の予定である）。民法改正に伴い、時効中断に代えて
時効の完成猶予という文言が使用されているが、規律内容の実質には変更がない
（以下では、改正規定の施行に至るまでなお現行法として効果を有する〔なお、施行
日前に時効中断事由が生じた場合のその効力との関係では、なお本条が適用される
（民法改正整備法28条）〕改正前の147条につき解説の対象とする）。

　訴訟の係属には、訴訟法上種々の効果が付与されていることは前述のとおりであ
るが（142条〔2〕参照）、訴えの提起にも、民法その他の実体法上種々の効果が
付与されている。これらの実体法上の効果は、必ずしも訴訟法上の効果と同じよ
うに、訴訟係属の効果として考える必要はなく、その効力の発生・消滅はそれぞ
れの制度・規定の趣旨から判断すべきである。訴え提起の実体法上の効果の主な
ものとしては、本条に規定する時効の中断と出訴期間の遵守のほか、以下のよう
なものがある（なお、出訴期間の遵守を訴訟法上の効果とする見解として、注釈(5)

249

第147条〔1〕　第2編 第1章 訴え

291頁参照〔堤龍弥〕）。

　①　善意の占有者は、本権の訴えにおいて敗訴したときは、訴え提起の時から悪意の占有者とみなされるが（民189条2項）、この場合にも、時効中断の場合と同様に（民149条）、訴えが却下されまたは取り下げられたときは、遡及して悪意の占有者とみなされるという効果は生じない（伊藤231頁、松本＝上野239頁、条解2版853頁〔竹下守夫＝上原敏夫〕、注釈(5)291頁〔堤〕。反対、兼子・体系177頁、新堂231頁）。この場合の「訴えの提起の時」は訴状送達の時と解される（伊藤231頁、新堂230頁、松本＝上野239頁、条解2版853頁〔竹下＝上原〕、注釈(5)291頁〔堤〕）。

　②　手形の裏書人の他の裏書人および振出人に対する償還請求権は、その者が手形上の請求について「訴ヲ受ケタル日」から6カ月の消滅時効が進行するし（手70条3項・77条1項8号）、訴訟告知によって時効を中断させることもできる（手86条1項）。この債権は被告の第三者に対する債権であるから、その訴えが却下されまたは取り下げられても何の影響も受けないとする見解もある（兼子・体系177頁、新堂231頁、条解2版853頁〔竹下＝上原〕。取下げにつき、法律実務(2)256頁）。しかし、訴訟告知をする前に取り下げられた場合などは特にそうであるが、被告になった手形債務者はまだ手形を所持しておらず、他に適切な時効中断の方法がないのであるから（最判昭和39・11・24民集18巻9号1952頁、判時398号29頁、判タ173号130頁は、手形権利者が手形を所持しないでした裁判上の請求によっても、時効中断効のあることを肯定したが、それは、手形を所持する手形権利者がたまたまその意に反して手形を喪失したような場合であって、あくまで手形権利者であることを要件としているから、この場合には適用できない）、訴えが却下されまたは取り下げられた以上、262条1項および民法149条が準用され、消滅時効期間も当初から進行しなかったことになるし、時効中断の効力も生じなかったと解すべきである（同旨——伊藤231頁、松本＝上野239頁、注釈(5)291頁〔堤〕）。なお、この場合の「訴ヲ受ケタル日」も訴状送達の時と解される（条解2版853頁〔竹下＝上原〕、伊藤231頁、新堂230頁、松本＝上野239頁）。

　③　原告が被告に対する催告、契約解除その他の意思表示を訴状に記載した場合には、訴状が被告に送達された時に、催告や意思表示などが実体法上されたことになるが、それは裁判外で書面による意思表示がされたのと同じことで、訴え提起の実体法上の効果とはいえない（条解2版853頁〔竹下＝上原〕、伊藤231頁、

第147条〔2〕

松本＝上野240頁）。ただ、この催告・意思表示などが訴えの却下や取下げによってどのような影響を受けるかについては争いがある（262条〔2〕(2)参照。なお、公示送達による意思表示がされた後に訴えの却下や取下げがされたときも、実体法上の意思表示の効果が残ると解されることについては、113条〔4〕参照）。判例は、訴えの却下や取下げがあった場合でも、訴状送達によって生じた催告としての効力（民153条）は、訴訟係属中は継続し、却下または取下げの時から6カ月以内に訴えを提起することにより確定的に時効中断の効力を生ずると解している（改正民法は、時効の完成猶予という考え方に基づき、このような効果を承認する。改正民147条1項参照）。すなわち、名古屋高判昭和41・2・24（高民集19巻1号88頁、判時443号35頁、判タ191号92頁）は訴えの取下げがあった場合に、催告としての効力は訴えの提起から取下げまで常時継続していたものと認めるし、最判昭和45・9・10（民集24巻10号1389頁、判時609号43頁、判タ254号141頁）は、破産手続開始の申立てが取り下げられた場合でも、当該申立てによる権利行使の意思表示は催告としての時効中断の効力を有し、取下げの時から6カ月内に訴えを提起することにより確定的に中断することができると判示する（また、一部請求の場合に、一定の事情があるときは、残部についても裁判上の催告が認められるとするものとして、最判昭和53・4・13訟月24巻6号1265頁、最判平成25・6・6民集67巻5号1208頁、判時2190号22頁、判タ1390号136頁参照）。

〔2〕　時効の中断

(1)　裁判上の請求の内容

判例は、大審院当時から、時効の進行している権利について給付の訴えが提起された場合だけでなく、積極的確認の訴えの提起によっても時効中断の効力が生ずることを認めていた（大判昭和5・6・27民集9巻619頁は、保険契約存在確認訴訟を提起した場合につき保険金請求権の消滅時効の中断効を認めた）。また、形成の訴えの提起にも時効中断の効力を認めるべきである（例えば、詐害行為取消訴訟の提起による詐害行為取消権の消滅時効〔民426条前段。改正民法では後段も同様〕の中断など）。

また、境界確定訴訟を提起した場合に、相手方の所有権の取得時効の中断効を認めたが（大判昭和15・7・10民集19巻1265頁、最判昭和38・1・18民集17巻1号1頁、判時330号35頁）、これは、境界確定訴訟自体は所有権確認訴訟とは異なる形式的形成訴訟であるが、境界確定訴訟の原告適格を有する者は隣接地の所有者

251

第147条〔2〕 第2編 第1章 訴え

であるため、同訴訟の提起の中に隣接地の所有者である旨の主張が含まれていると考えられるためである。ただ、甲乙両地番の土地間の境界確定訴訟において、原告が所有権を主張する甲地番の土地のうち境界線に接続する部分につき、乙地番の土地の所有権を主張する被告のための取得時効が認められても、なお原告は同境界線の境界確定を求めることができるとする判例（最判昭和58・10・18民集37巻8号1121頁、判時1111号102頁、判タ524号210頁、最判平成7・3・7民集49巻3号919頁、判タ885号156頁）との関係が問題となるが、これは提訴前に取得時効が完成していた場合に関するものであり、提訴時に時効がいまだ完成していない場合には、提訴時の原告適格の主張による時効中断効は維持されると解してよく、実質的にも訴訟提起後に被告のために取得時効が完成するという結論は条理に反するから、裁判上の請求に準ずるものとして被告のための取得時効を中断する効力があると解するのが相当であり、従来の判例の見解を変更する必要はないと考えられる。

　請求による時効中断の範囲は訴訟物によって定まるのが原則である。ただ、訴訟物の同一性を厳密には求めず、実質的に同一の経済的価値を求める場合に、時効中断効の拡大を認めた判例もある。まず、偽造書面によってなされた土地所有権移転登記の抹消登記手続請求訴訟を提起した場合に、登記名義人の所有権の取得時効の中断効が認められた（大判昭和13・5・11民集17巻901頁）。また、手形金請求訴訟を提起した場合には、手形金請求権と原因債権の請求権とは訴訟物を異にするが、その経済上の同一性から、裁判上の請求に準ずるものとして原因債権の消滅時効を中断する効力を認めるのが相当である（最判昭和62・10・16民集41巻7号1497頁、判時1256号25頁、判タ653号81頁、新堂233頁）。なお、事前求償権を被保全債権とする仮差押えは事後求償権の消滅時効をも中断する効力を有するとの判例（最判平成27・2・17民集69巻1号1頁、判時2254号24頁、判タ1412号129頁）があるが、仮差押えによる時効中断と提訴による時効中断の場面の差異に鑑み、その射程は事前求償権の提訴の場合には及ばないと解されるものの、その提訴が事後求償権の時効を中断すると解する余地もあろう。

　なお、同様の効果を裁判上の催告の継続として説明するものとして、不法行為に基づく損害賠償請求訴訟の係属中は、基本的な請求原因事実を同じくし、経済的に同一の給付を目的とする不当利得返還請求権につき催告が継続し、不当利得返還請求の追加によってその消滅時効は確定的に中断されるとされる（最判平成

第147条〔2〕

10・12・17判時1664号59頁、判タ992号229頁）。さらに、行政訴訟について、農地の受贈者から贈与者に対し、時効期間内に農地の所有権移転登記手続請求の訴えを提起した後、その時効期間経過後に知事に対する許可申請手続請求の訴えに追加的に変更した場合、移転登記請求それ自体は知事に対する許可申請手続を訴求するものではないが、少なくとも許可申請手続をせよという催告がこれに含まれているから、所有権移転登記手続請求の訴えによる裁判上の催告が維持されている以上、訴えの追加的変更により許可申請手続請求権の時効は確定的に中断されるとする判決も同旨である（最判昭和43・12・24裁判集民93号907頁）。

　これに対し、建物請負人から注文者に対して提起された請負建築建物の所有権保存登記抹消登記手続請求訴訟の提起は、請負代金債権の消滅時効の中断事由とはならない（最判平成11・11・25判時1696号108頁、判タ1018号204頁）。また、賃貸借契約による賃借権と当該契約から発生する賃料債権あるいは元本債権とすでに発生した利息または損害金債権とは、それぞれ法律上まったく別の債権であるから、賃貸借契約または元本債権の存否についての給付・確認の訴えが提起されても、賃料債権または利息・損害金債権の時効を中断する効力は生じないと解するべきである（条解(上)653頁、判時324号18頁）。

　債務者に代位して債務者の権利を主張する訴えを提起した債権者が、その訴訟係属中に債務者からこの権利を譲り受けて、同権利を自己の権利として主張する訴えに従前の訴えを変更した場合には、訴訟物自体は変更されていないから、訴え提起による消滅時効中断の効果は消滅しない（最判昭和44・2・14裁判集民94号311頁）。これに対し、詐害行為取消しの訴えを、受益者を相手方として提起し、その訴訟で債権者が債務者に対する被保全債権の存在を主張しても、当該債権の消滅時効を中断する効力はない（大判昭和17・6・13民集21巻716頁、最判昭和37・10・12民集16巻10号2130頁、判時324号18頁）。

　(2)　債権者の応訴による時効の中断

　以上は、権利者自らがイニシアティヴをとって原告として訴えを提起した場合であるが、債務者が提起した消極的確認の訴え等によって債権者の権利の時効中断の効力が生ずるかどうかには問題がある。判例は当初、債務者の提訴は債権者の権利行使とみることはできないから民法147条の請求には該当しないとして消極に解していたが（大判大正11・4・14民集1巻187頁、大判昭和6・12・19民集10巻1237頁）、その後態度を改め、債権者が応訴して争う以上は時効中断効を認

253

第147条〔2〕 第2編 第1章 訴え

めるのが相当であるとして積極に解するようになった（大連判昭和14・3・22民集18巻238頁）。この判例は、債務者の提起した債務不存在確認訴訟において被告が債権の存在を主張し、被告勝訴の確定判決があった事案について、①被告として自己の権利の存在を主張することも裁判上の権利行使の一態様であり、②権利関係の存否が訴訟上争われつつある間にその権利が時効消滅することは条理に反し、③被告勝訴の判決が確定すれば、積極的確認請求訴訟の原告勝訴判決が確定したのと同一に帰することを理由に、「裁判上の請求に準ずべきもの」として時効中断事由となることを認めたものである。学説は、一致してこの判例に賛成している。

　その後、債務名義に基づく債権が弁済によって消滅したとして提起された請求異議訴訟の被告が債権の存在を主張して勝訴した事案について、その判決の効力は債権自体の存在を確定しないが、「実質上債権存在確定ト同様ノ結果ヲ見ルニ至ル」ことを理由に、被告の裁判上の権利行使を「裁判上の請求に準ずべきもの」として時効中断効を認めた判例が出た（大判昭和17・1・28民集21巻37頁）。最高裁判所になってからも、最大判昭和38・10・30（民集17巻9号1252頁、判時352号10頁）は、所有権に基づく株券引渡請求訴訟において、被告が原告を債務者とする債権に基づく留置権の抗弁を提出したことにより、結果として留置権の被担保債権の消滅時効の中断を認めたが、その理由は、訴訟物である目的物の引渡請求権と留置権の被担保債権とはまったく別の権利であるから、その被担保債権の主張に「訴の提起に準ずる」効力があるとはいえないが、その抗弁中には被担保債権の履行されるべきものであることの権利主張の意思が表示されているという点にあった。ただ、確定的な時効中断のためには、その訴訟終了後6カ月内に他の強力な中断事由に訴えることを要する（つまり裁判上の催告の効果のみを認める）というのが多数意見であるが、山田作之助裁判官は裁判上の請求に準ずるものとしての中断事由になるとの意見を付している（同意見と同旨として、本書旧版Ⅱ204頁、新堂232頁、条解2版856頁〔竹下＝上原〕。後記〔4〕(4)参照）。

　そして、最大判昭和43・11・13（民集22巻12号2510頁、判時536号16頁、判タ230号156頁）は、これをさらに一歩進め、所有権に基づく所有権移転登記抹消登記手続請求の訴訟において、被告が自己に所有権があることを主張して請求棄却の判決を求め、その主張が判決によって認められた場合には、同主張は、裁判上の請求に準ずるものとして、原告のための取得時効を中断する効力を生ずるもの

と判示した。さらに、最判昭和44・11・27（民集23巻11号2251頁、判時578号46頁、判タ242号173頁）は、債務者兼抵当権設定者が債務の不存在を理由として提起した抵当権設定登記抹消登記手続請求訴訟において、債権者兼抵当権者が請求棄却の判決を求めて被担保債権の存在を主張したときは、同主張は、裁判上の請求に準ずるものとして、被担保債権につき消滅時効中断の効力を生ずるものと判示している（なお、最判昭和44・12・18判時586号55頁参照）。

上記のような立場を採用した場合、被告の応訴により時効中断の効力が生ずる時点は、訴え提起（後記〔4〕(1)参照）の時ではなく、債権者である被告が応訴して当該権利の存在を主張した時と解される（大判昭和16・2・24民集20巻106頁、我妻栄「確認訴訟と時効の中断」『民法研究(2)』274頁〔有斐閣、1966年〕、注解(6)355頁〔斎藤秀夫＝加茂紀久男〕、条解2版855頁〔竹下＝上原〕、伊藤231頁注(126)、新堂231頁、中野ほか・新講義171頁など参照。反対として、債務者の提訴時とする見解として、兼子・体系179頁、三ヶ月・全集332頁参照）。

(3)　一部請求と時効の中断

1個の債権の一部についてのみ判決を求める趣旨を明示した訴えの提起があった場合には、その一部についてのみ時効中断の効力が生ずると解される（大判昭和4・3・19民集8巻199頁、最判昭和34・2・20民集13巻2号209頁、判時178号3頁、最判昭和42・7・18民集21巻6号1559頁、判時493号22頁、判タ210号148頁、最判昭和43・6・27裁判集民91号461頁、注解(6)357頁〔斎藤＝加茂〕）。その反面、1個の債権の一部についてのみ判決を求める趣旨が明示されていないときは、訴え提起による消滅時効中断の効力は、当該債権の同一性の範囲内においてその全部に及ぶとみるべきであり、時効期間経過後も訴えを変更して残部の支払を求めることができる（最判昭和45・7・24民集24巻7号1177頁、判時607号43頁、判タ253号162頁）。もっとも、金銭債権などの一部請求を認めず、請求金額はその債権の全部を示すものとしてその訴訟の訴訟物となっていると考え、債権全部について時効中断効が生ずることになるとする見解（条解(上)653頁、最判昭和34・2・20前掲の藤田裁判官の少数意見、三ヶ月章「判批」法協77巻1号93頁〔1960年〕、伊藤232頁）、訴訟物または主要な争点となった権利関係については時効が中断されるとの考えから、一部を請求する訴訟中に残部について時効が完成することはないとする見解（新堂232頁）、提訴による時効中断制度の趣旨または実質的理由から、一部について権利関係の存在が判決で確定されるならば、同一権利である以上残

部についても継続した事実状態が法的に否定されたと解されるとして、全部につき時効中断を認める見解（条解2版856頁〔竹下＝上原〕）、訴訟物と時効の中断効を結び付けない判例準則を前提にすれば、一部請求の提訴により事実関係の同じ残部債権を含め債権全体の時効の中断を認めるべきとする見解（松本＝上野242頁）などもある（なお、判例は、前述のとおり〔〔1〕参照〕、明示の数量的一部請求がされたときは、債権者が将来にわたって残部をおよそ請求しない旨の意思を明らかにしているなど残部につき権利行使の意思が継続的に表示されているとはいえない特段の事情のない限り、当該訴えの提起は、残部につき裁判上の催告の効力を生じ、当該訴訟の終了後6カ月以内に残部に係る訴えを提起すれば確定的に時効を中断できるものとしている〔最判平成25・6・6前掲〕）。損害費目を異にする場合など数量的な一部請求ではない場合については、上記のような議論は直ちには妥当しないものの、同様に考えることができよう。

〔3〕　**法律上の期間の遵守**

「法律上の期間」とは、出訴期間や請求のための除斥期間など、権利または法律的状態を保存するために一定の期間内に訴えを提起しなければならない場合のその期間である。例えば、占有の訴えの提起期間（民201条）、隣地の境界近傍の建築の中止・変更の訴えの提起期間（民234条2項但書）、婚姻取消しの訴えの提起期間（民747条2項）、嫡出否認の訴えの提起期間（民777条）、認知の訴えの提起期間（民787条但書）、養子縁組取消しの訴えの提起期間（民804条但書・806条1項但書・806条の2第1項但書・2項但書・806条の3第1項但書・807条但書・808条）、会社の組織に関する無効の訴えの提起期間（会社828条1項）、株主総会等の決議の取消しの訴えの提起期間（会社831条1項）、持分会社の設立の取消しの訴えの提起期間（会社832条）、行政処分の取消訴訟の提起期間（行訴14条）、選挙に関する訴えの提起期間（公選25条1項・203条1項・204条等）、再審の訴えの提起期間（342条）などである。

当事者がこれらの期間を遵守したかどうかは、原則として、訴えを提起した時、すなわち訴状を裁判所に提出した時を標準として定められる（後記〔4〕(1)参照）。通常の訴訟では、出訴期間は特定の訴えについて定められているから、問題は起こらないと考えられるが、行政処分の取消訴訟の出訴期間は、当該期間中にその処分に基づく原状回復請求、損害賠償請求その他の関連請求（行訴13条）に係る訴えが提起されていれば、期間経過後に行政処分取消しの訴えが提起されても、

第147条〔4〕

出訴期間は遵守されたものとして特別に取り扱うべきとする見解がある（条解(上)654頁、条解2版854頁〔竹下＝上原〕、注釈(5)313頁〔堤〕）。しかし、これも訴えの変更の場合であるから、行政事件訴訟法15条3項や20条のような特別の規定がない限り、やはり取消訴訟の訴状が提出された時を標準として期間遵守の有無を決すべきであり、遡って最初の訴えの提起時を標準とすべきでないと解する（雄川一郎『行政争訟法』196頁〔有斐閣、1957年〕、注解(6)358頁〔斎藤＝加茂〕）。

〔4〕　訴え提起時

(1)　時効中断等の基準時としての提訴時

　時効の中断または法律上の期間遵守の効力は、原則として訴状を裁判所に提出した時に生ずる（大判明治36・5・5民録9輯531頁、最判昭和38・2・1裁判集民64号361頁）。訴訟係属の時としないで訴え提起の時を標準としたのは、訴訟係属時、すなわち被告に訴状が送達された時に時効中断の効果が生ずると解すると、消滅時効の完成が間近いときに訴状を裁判所に提出した場合、送達は職権ですることになっているので（98条1項）、裁判所の都合で訴状の送達が遅れると時効が完成してしまうこともあり、原告に酷な結果を生ずるからである。なお、本条の「訴え」は日本の裁判所に提起された訴えに限られ、準拠法上外国の裁判所における提訴が時効中断の効果を有すると解されるとしても、どの時点が中断の基準時となるかは当該準拠法の解釈によることになろう（日本民法が準拠法となる場合には、外国裁判所への提訴による時効中断の時期については本条が類推されよう。これらの問題については、石黒一憲「外国における訴訟係属の国内的効果」澤木＝青山・国際民訴354頁以下など参照）。なお、手形の所持を失った者が提起した手形金請求訴訟であっても、その口頭弁論終結時までに除権決定があれば、提訴時に遡って時効中断の効力が生ずるし（最判昭和39・11・24前掲）、白地手形のまま手形金請求の訴えを提起した場合でも、その訴え提起の時に時効中断の効力を生ずる（最大判昭和41・11・2民集20巻9号1674頁、判時465号32頁、判タ199号133頁、最大判昭和45・11・11民集24巻12号1876頁、判時610号16頁、判タ255号124頁）。

　「訴えを提起した時」とは、原則として訴状を裁判所に提出した時（133条1項）のことであるが、口頭で訴えを提起したときは（271条・273条後段）、その調書記載の時ではなく、裁判所書記官の面前において口頭でその旨を陳述した時と解される（同旨――伊藤230頁、新堂233頁、基コメ(2)56頁〔加藤新太郎〕、中野

257

ほか・新講義169頁、条解2版853頁〔竹下＝上原〕、注釈(5)292頁〔堤〕、注解(6)360頁〔斎藤＝加茂〕)。訴訟係属中に訴えを提起した場合も同様であり、本条は訴えの変更および中間確認の訴えの場合について特に規定している（後記〔5〕）が、その他、反訴（146条）や当事者参加（47条・52条）の場合には、反訴状や参加申出書など訴状に準ずる書面を裁判所に提出した時が基準時になる。また、裁判上の請求に準ずる支払督促（383条）、訴え提起前の和解（275条）、強制執行、担保権実行（大決昭和13・6・27民集17巻1324頁。ただし、物上保証人に対する抵当権実行の場合には、執行裁判所が競売の開始決定をし、これを債務者に告知した時と解される〔最判昭和50・11・21民集29巻10号1537頁、判時800号45頁、判タ330号250頁参照〕)、仮差押え（札幌高判昭和31・7・9高民集9巻6号417頁、判時82号19頁、判タ61号86頁）および仮処分については、それぞれの申立てが裁判所にされた時がこれに当たる。債権者である被告が債務不存在確認の請求に応訴した場合は、前述のように（〔2〕(2)参照）、債権者である被告が答弁書を提出しまたは口頭で自己の債権の存在を主張して原告の請求を争った時に、その効力が生ずる（大判昭和16・2・24前掲）。また、債権の譲受人または債務の承継人が訴訟参加または訴訟引受けによって訴訟に加わった場合（49条~51条）には、時効中断と期間遵守の効力は、その者に対する関係でも、参加・引受けがされた従前の訴訟の提起の時に効力が生ずる（49条〔5〕参照）。

　本条の特則として、一定の前置的手続を経て訴訟を提起した場合には、当該手続の申立ての時点で訴え提起があったものとみなされることにより、実際の提訴時よりも遡って時効中断等の効果が発生することがある。例えば、手形訴訟・小切手訴訟の却下判決後に通常の訴訟を提起する場合（355条2項）、訴え提起前の和解や民事調停・家事調停の不調後に訴えを提起する場合（民151条）、認証紛争解決手続（認証ADR）の不調後に訴えを提起する場合（裁判外紛争解決25条1項）、損害賠償命令の申立ての却下後に訴えを提起する場合（犯被保護28条）などである。これらの場合には、先行手続の終了後所定の期間内に訴えが提起されれば、先行する訴えの提起や手続の申立ての時に訴えの提起があったものとみなされ、先行手続による時効中断の効果が引き継がれることになる。

　(2)　訴えの却下・取下げと時効の中断

　訴え提起後判決が確定するまでの間は、権利者は権利を行使しているのであるから、時効期間は進行しないが（民174条の2参照）、訴えが却下されまたは取り

下げられたときは（民149条）、一旦生じた時効中断の効力は生じなかったことになる（訴状却下の場合も同様である。注釈(5)297頁〔堤〕）。もっとも、訴えの取下げについては、その取下げの趣旨如何によっては時効中断効が消滅しない場合もある。例えば、訴訟係属中の事件につき調停が成立したため、訴え取下げが擬制される場合は（民調20条2項）、裁判上の和解が成立した場合と同視すべきであるから、同訴訟の提起によって生じた消滅時効の中断効は失われないし（大判昭和18・6・29民集22巻557頁）、重複訴訟を解消するために前訴が取り下げられても、前訴の請求がそのまま後訴においても維持されている場合には、前訴の提起により生じた時効中断の効力は消滅しない（最判昭和50・11・28民集29巻10号1797頁、判時801号12頁、判タ332号199頁）。また、訴えの変更によって旧訴が取り下げられた場合も、裁判所の判断を求めることを断念したものではないので、本条による訴えの取下げには当たらない（境界確定訴訟を所有権確認訴訟に交換的に変更した場合につき、最判昭和38・1・18前掲）。

債権者である原告が、債権の存在が認められないとの理由で請求棄却の判決を受けたときは、債権の不存在が確定するから、時効も問題にならない（注釈(5)298頁〔堤〕）。債務不存在確認請求事件において、被告が債権の存在を主張して原告の請求を争ったが、債権の存在が認められないとの理由で原告勝訴の判決があった場合も同様である。

(3) 相殺と時効の中断

時効中断の効力は、訴訟物としての請求について生ずるばかりではなく、前述のように（〔2〕(1)参照）、攻撃防御方法として主張した権利についても、それが判決において認められたときは、それを当事者が口頭弁論で主張した時に時効中断効が生ずる。原告の金銭債権の請求について被告が他の金銭債権による相殺を主張した場合に、その自働債権について時効中断の効力が生ずるか否かが問題であるが、相殺適状にあれば、相殺によって直ちにその債権は消滅するから通常時効中断の問題とはならない。しかし、予備的抗弁として相殺を主張したような場合には、裁判所が相殺について判断しないことがありうるところ（例えば、請求原因が認められないとき、他の抗弁が認められたとき、原告が訴えを取り下げたときなど）、そのときは、当該主張はいわゆる裁判上の催告としての効力を生じており、その判決または取下げがあった時から6カ月以内に訴えを提起すれば、自働債権について時効中断の効果を認めることができると解するのが相当である。

第147条〔5〕　第2編　第1章　訴え

⑷　判決の確定と時効中断効

　訴訟係属中は、中断した時効期間は再び進行することはないが、判決が確定したときは、その時点から再び時効期間が開始し、その期間は、権利の種類を問わず一律に10年となる（民174条の2。改正民法では、これは時効の更新と呼ばれる。改正民147条2項・169条1項参照）。そして、手形授受の当事者間において仮執行宣言付支払督促により手形債権の存在が確定した場合において、原因債権の消滅時効が支払督促送達前に完成していないときには、手形債権の消滅時効が支払督促確定の時から10年に延長されるとともに、原因債権の消滅時効期間も当該支払督促確定の時から10年となるとするのが判例であり（最判昭和53・1・23民集32巻1号1頁、判時887号74頁、判タ363号197頁）、また主債務の消滅時効期間が10年に延長されるときは、保証人の債務の消滅時効期間も10年に変更されるとするのが判例である（最判昭和43・10・17判時540号34頁、判タ228号100頁）。これらの判例は、時効中断効を既判力の及ぶ訴訟物たる権利以外の権利についても、一定の範囲内において拡げようとする傾向と軌を一にしているものといえる。

〔5〕　**訴えの変更等と時効中断**

　訴訟係属中の訴えの提起の一種である訴えの変更、選定者に係る請求の追加および中間確認の訴えの場合には、当該手続に係る書面（143条2項・144条3項・145条4項）を裁判所に提出した時に、時効の中断または法律上の期間遵守の効力が生ずる。これらの訴えの提起等が例外的に書面でされず、口頭弁論等において口頭でされた場合には、その時に訴えの提起があったことになるのであるから、時効中断の効力もその時に生ずるものと解される（前記〔4〕⑴参照）。なお、反訴については訴えの規定の包括的な準用（146条4項）によって本条が準用されることになるし、当事者参加についても同様である（ただし、承継人の訴訟参加については特則がある〔49条～51条〕）。

　訴えの変更のうち、請求の減縮、訴えの一部取下げまたは請求の一部放棄の場合など（143条〔2〕参照）には、この効力が生じないことは当然である。訴えの変更である以上、それが交換的訴えの変更であるか、追加的訴えの変更であるかを問わず、新訴が提起されれば、143条2項所定の書面を提出した時に新請求について時効中断の効力が生ずる。例えば、1個の債権の一部についてのみ判決を求める趣旨を明示した訴えを提起し、訴訟係属中に訴えを変更して残部について請求を拡張したときは、残部についての時効中断の効力は、訴え変更の書面を提

第147条〔5〕

出した時に生ずる（大判昭和4・3・19前掲）。ただし、前述のように（〔2〕(2)参照）、手形金請求と原因債権のように異なる訴訟物であっても、経済的価値が同一の請求については、当初の訴え提起で請求に準じる効果または裁判上の催告の効果が発生する場合があり、その場合には変更後の請求権について時効期間経過後もなお訴えの変更が可能となる。

改正第147条〔1〕　第2編 第1章 訴え

〔改正法バージョン〕

※改正民法の施行以降はこちらを参照。施行までは、〔**現行法バージョン**〕（249頁）を参照されたい。

（**裁判上の請求による時効の完成猶予等**[1]）

第147条　訴えが提起されたとき、又は第143条第2項（第144条第3項及び第145条第4項において準用する場合を含む。）の書面が裁判所に提出されたときは、その時に時効の完成猶予[2]又は法律上の期間の遵守[3]のために必要な裁判上の請求があったものとする。[4]

〔1〕　**本条の趣旨**

　訴えの提起には裁判上の請求として時効の完成猶予の効力が与えられている（民147条1号）が、その効力がいつ生ずるかについては疑義がありうるので、本条は、それが原則として訴え提起の時であると定めたものである。旧法235条および平成29年改正前147条と同旨の規定である。本条は、時効法を改止する平成29年民法（債権法）改正に伴う整備法によって条文が「時効の中断又は法律上の期間の遵守のために必要な裁判上の請求は、訴えを提起した時又は第143条第2項（第144条第3項及び第145条第4項において準用する場合を含む。）の書面を裁判所に提出した時に、その効力を生ずる」という文言から、改正されたものである（改正民法施行日前に時効中断事由が生じた場合のその効力との関係では、旧法147条が適用される〔民法改正整備法28条〕）。民法改正に伴い、時効中断に代えて時効の完成猶予という文言が使用されているが、規律内容の実質には変更がない。

　訴訟の係属には、訴訟法上種々の効果が付与されていることは前述のとおりであるが（142条〔2〕参照）、訴えの提起にも、民法その他の実体法上種々の効果が付与されている。これらの実体法上の効果は、必ずしも訴訟法上の効果と同じように、訴訟係属の効果として考える必要はなく、その効力の発生・消滅はそれぞれの制度・規定の趣旨から判断すべきである。訴え提起の実体法上の効果の主なものとしては、本条に規定する時効の完成猶予と出訴期間の遵守のほか、以下のようなものがある（なお、出訴期間の遵守を訴訟法上の効果とする見解として、注釈(5)291頁〔堤龍弥〕参照）。

262

改正第147条〔1〕

①　善意の占有者は、本権の訴えにおいて敗訴したときは、訴え提起の時から悪意の占有者とみなされるが（民189条2項）、この場合にも、請求による時効の完成猶予の場合と同様に（民147条2項参照）、訴えが却下されまたは取り下げられたとき（確定判決等で権利が確定されなかったとき）は、遡及して悪意の占有者とみなされるという効果は生じない（伊藤231頁、松本＝上野239頁、条解2版853頁〔竹下守夫＝上原敏夫〕、注釈(5)291頁〔堤〕。反対、兼子・体系177頁、新堂230頁）。この場合の「訴えの提起の時」は訴状送達の時と解される（伊藤231頁、新堂230頁、松本＝上野239頁、条解2版853頁〔竹下＝上原〕、注釈(5)291頁〔堤〕）。

②　手形の裏書人の他の裏書人および振出人に対する償還請求権は、その者が手形上の請求について「訴ヲ受ケタル日」から6カ月の消滅時効が進行するし（手70条3項・77条1項8号）、訴訟告知によって時効の完成を猶予させることもできる（手86条1項）。訴訟告知がされた場合には、手形法86条1項は、確定判決またはそれと同一の効力を有するものによって権利が確定せずに訴訟が終了した場合には、その終了の時から6カ月が経過するまでは時効は完成しないとして、旧法下の裁判上の催告と同様の効力を明文で認めている。

他方、訴訟告知をする前に取り下げられた場合は、この債権は被告の第三者に対する債権であるから、その訴えが却下されまたは取り下げられても何の影響も受けないとする見解もある（兼子・体系177頁、新堂231頁、条解2版853頁〔竹下＝上原〕。取下げにつき、法律実務(2)256頁）。しかし、被告になった手形債務者はまだ手形を所持しておらず、他に適切な時効の完成猶予の方法がないのであるから（最判昭和39・11・24民集18巻9号1952頁、判時398号29頁、判タ173号130頁は、手形権利者が手形を所持しないでした裁判上の請求によっても、時効中断効のあることを肯定したが、それは、手形を所持する手形権利者がたまたまその意に反して手形を喪失したような場合であって、あくまで手形権利者であることを要件としているから、この場合には適用できない）、訴えが却下されまたは取り下げられた以上、262条1項が準用され、消滅時効期間も当初から進行しなかったことになるし、時効の完成猶予の効力も生じなかったと解すべきである（同旨——伊藤231頁、松本＝上野239頁、注釈(5)291頁〔堤〕）。なお、この場合の「訴ヲ受ケタル日」も訴状送達の時と解される（条解2版853頁〔竹下＝上原〕、伊藤231頁、新堂230頁、松本＝上野239頁）。

③　原告が被告に対する催告、契約解除その他の意思表示を訴状に記載した

263

改正第147条〔2〕　第2編 第1章 訴え

場合には、訴状が被告に送達された時に、催告や意思表示などが実体法上された
ことになるが、それは裁判外で書面による意思表示がされたのと同じことで、訴
え提起の実体法上の効果とはいえない（条解2版853頁〔竹下＝上原〕、伊藤231頁、
松本＝上野230頁）。ただ、この催告・意思表示などが訴えの却下や取下げによっ
てどのような影響を受けるかについては争いがある（262条〔2〕(2)参照。なお、
公示送達による意思表示がされた後に訴えの却下や取下げがされたときも、実体法
上の意思表示の効果が残ると解されることについては、113条〔4〕参照）。判例は、
訴えの却下や取下げがあった場合でも、訴状送達によって生じた催告としての効
力（民旧153条）は、訴訟係属中は継続し、却下または取下げの時から6カ月以
内に訴えを提起することにより確定的に時効中断の効力を生ずると解している。
すなわち、名古屋高判昭和41・2・24（高民集19巻1号88頁、判時443号35頁、判
タ191号92頁）は訴えの取下げがあった場合に、催告としての効力は訴えの提起
から取下げまで常時継続していたものと認めるし、最判昭和45・9・10（民集24
巻10号1389頁、判時609号43頁、判タ254号141頁）は、破産手続開始の申立てが取
り下げられた場合でも、当該申立てによる権利行使の意思表示は催告としての時
効中断の効力を有し、取下げの時から6カ月内に訴えを提起することにより確定
的に中断することができると判示する（また、一部請求の場合に、一定の事情が
あるときは、残部についても裁判上の催告が認められるとするものとして、最判昭
和53・4・13訟月24巻6号1265頁、最判平成25・6・6民集67巻5号1208頁、判時
2190号22頁、判タ1390号136頁参照）。

〔2〕　**訴えの提起等の時**

(1)　訴えの提起の場合

(ア)　時効の完成猶予等の基準時としての提訴時

　時効の完成猶予または法律上の期間遵守の効力は、原則として訴状を裁判所に
提出した時に生ずる（大判明治36・5・5民録9輯531頁、最判昭和38・2・1裁
判集民64号361頁）。訴訟係属の時としないで訴え提起の時を標準としたのは、訴
訟係属時、すなわち被告に訴状が送達された時に時効の完成猶予の効果が生ずる
と解すると、消滅時効の完成が間近いときに訴状を裁判所に提出した場合、送達
は職権ですることになっているので（98条1項）、裁判所の都合で訴状の送達が
遅れると時効が完成してしまうこともあり、原告に酷な結果を生ずるからである。
なお、本条の「訴え」は日本の裁判所に提起された訴えに限られ、準拠法上外国

改正第147条〔2〕

の裁判所における提訴が時効の完成猶予の効果を有すると解されるとしても、ど
の時点が完成猶予の基準時となるかは当該準拠法の解釈によることになろう（日
本民法が準拠法となる場合には、外国裁判所への提訴による時効の完成猶予の時期
については本条が類推されよう。これらの問題については、石黒一憲「外国におけ
る訴訟係属の国内的効果」澤木＝青山・国際民訴354頁以下など参照）。なお、手形
の所持を失った者が提起した手形金請求訴訟であっても、その口頭弁論終結時ま
でに除権決定があれば、提訴時に遡って時効の完成猶予の効力が生ずるし（最判
昭和39・11・24前掲）、白地手形のまま手形金請求の訴えを提起した場合でも、
その訴え提起の時に時効の完成猶予の効力を生ずる（最大判昭和41・11・2民集
20巻9号1674頁、判時465号32頁、判タ199号133頁、最大判昭和45・11・11民集24巻
12号1876頁、判時610号16頁、判タ255号124頁）。

　「訴えが提起された時」とは、原則として訴状を裁判所に提出した時（133条1
項）のことであるが、口頭で訴えを提起したときは（271条・273条後段）、その
調書記載の時ではなく、裁判所書記官の面前において口頭でその旨を陳述した時
と解される（同旨――伊藤230頁、新堂233頁、基コメ(2)56頁〔加藤新太郎〕、中野
ほか・新講義169頁、条解2版853頁〔竹下＝上原〕、注釈(5)292頁〔堤〕、注解(6)360
頁〔斎藤秀夫＝加茂紀久男〕）。訴訟係属中に訴えを提起した場合も同様であり、
本条は訴えの変更および中間確認の訴えの場合について特に規定している（後記
(2)）が、その他、反訴（146条）や当事者参加（47条・52条）の場合には、反訴
状や参加申出書など訴状に準ずる書面を裁判所に提出した時が基準時になる。ま
た、裁判上の請求に準ずる支払督促（383条）、訴え提起前の和解（275条）、強制
執行、担保権実行（大決昭和13・6・27民集17巻1324頁。ただし、物上保証人に対
する抵当権実行の場合には、執行裁判所が競売の開始決定をし、これを債務者に告
知した時と解される〔最判昭和50・11・21民集29巻10号1537頁、判時800号45頁、判
タ330号250号参照〕）、仮差押え（札幌高判昭和31・7・9高民集9巻6号417頁、
判時82号19頁、判タ61号86頁）および仮処分については、それぞれの申立てが裁
判所にされた時がこれに当たる。債権者である被告が債務不存在確認の請求に応
訴した場合は、後述のように（〔3〕(2)参照）、債権者である被告が答弁書を提出
しまたは口頭で自己の債権の存在を主張して原告の請求を争った時に、その効力
が生ずる（大判昭和16・2・24民集20巻106頁）。また、債権の譲受人または債務
の承継人が訴訟参加または訴訟引受けによって訴訟に加わった場合（49条〜51

265

改正第147条〔2〕 第2編 第1章 訴え

条）には、時効の完成猶予と期間遵守の効力は、その者に対する関係でも、参加・引受けがされた従前の訴訟の提起の時に効力が生ずる（49条〔5〕参照）。

　本条の特則として、一定の前置的手続を経て訴訟を提起した場合には、当該手続の申立ての時点で訴え提起があったものとみなされることにより、実際の提訴時よりも遡って時効の完成猶予等の効果が発生することがある。例えば、手形訴訟・小切手訴訟の却下判決後に通常の訴訟を提起する場合（355条2項）、訴え提起前の和解や民事調停・家事調停の不調後に訴えを提起する場合（民147条1項3号）、認証紛争解決手続（認証ADR）の不調後に訴えを提起する場合（裁判外紛争解決25条1項）、損害賠償命令の申立ての却下後に訴えを提起する場合（犯被保護28条）などである。これらの場合には、先行手続の終了後所定の期間内に訴えが提起されれば、先行する訴えの提起や手続の申立ての時に訴えの提起があったものとみなされ、先行手続による時効の完成猶予の効果が引き継がれることになる。

　㈡　訴えの却下・取下げと時効の完成猶予

　訴え提起後判決が確定するまでの間は、権利者は権利を行使しているのであるから、時効は完成しないが、訴えが却下されまたは取り下げられたときは、時効の完成猶予の効力は消滅することになり、そこから6カ月以内に再度時効完成猶予の措置をとる必要があることになる（民147条1項。訴状却下の場合も同様である。注釈(5)297頁〔堤〕）。他方、確定判決またはそれと同一の効力を有するものによって権利が確定したときは、時効期間が再度進行することになる（民147条2項）。これにより、6カ月内に再度訴え等を提起すれば再び時効の完成は猶予されるという点で旧法下の判例と事実上同一の効力が認められた。ただ、旧法のような裁判上の催告という法律構成をとらない結果、その効果には差異を生じる可能性がある（例えば、訴え取下げ後6カ月内に催告をしたにとどまる場合、旧法ではそれは原則として再度の催告として効力を生じないとされるが〔最判平成25・6・6前掲および民150条2項参照〕、改正法では最初の時効の完成猶予は、裁判所の請求によるものであり、催告によるものではないので、民法150条2項は適用にならず、催告として有効であり、時効の完成猶予の効力が認められる可能性がある。ただ、改正法の規定ぶりが上記判例を変更する趣旨のものであるかは明確ではなく、この点はなお解釈に委ねられた問題であろう）。

　もっとも、訴えの取下げについては、その取下げの趣旨如何によっては、権利

が確定した場合と同様に、（6カ月以内の提訴等がなくても）完成猶予の効力が残る場合もある。例えば、重複訴訟を解消するために前訴が取り下げられても、前訴の請求がそのまま後訴においても維持されている場合には、前訴の対象とされた請求権が後訴で確定された場合と同視できる（最判昭和50・11・28民集29巻10号1797頁、判時801号12頁、判タ332号199頁参照）。また、訴えの変更によって旧訴が取り下げられた場合も、裁判所の判断を求めることを断念したものではないので、やはり権利が確定された場合と同視できる（境界確定訴訟を所有権確認訴訟に交換的に変更した場合につき、最判昭和38・1・18民集17巻1号1頁、判時330号35頁）。これらの場合は、後訴または新訴の確定から時効期間が再進行し（民147条2項）、時効期間は10年となる（民169条1項）。

　債権者である原告が、債権の存在が認められないとの理由で請求棄却の判決を受けたときは、債権の不存在が確定するから、時効も問題にならない（注釈(5)298頁〔堤〕）。債務不存在確認請求事件において、被告が債権の存在を主張して原告の請求を争ったが、債権の存在が認められないとの理由で原告勝訴の判決があった場合も同様である。

　(ウ)　相殺と時効の完成猶予

　時効の完成猶予（および更新）の効力は、訴訟物としての請求について生ずるばかりではなく、後述のように（〔3〕(1)参照）、攻撃防御方法として主張した権利についても、それが判決において認められたときは、それを当事者が口頭弁論で主張した時に時効の完成猶予効が生ずる。原告の金銭債権の請求について被告が他の金銭債権による相殺を主張した場合に、その自働債権について時効の完成猶予の効力が生ずるか否かが問題であるが、相殺適状にあれば、相殺によって直ちにその債権は消滅するから通常時効の問題とはならない。しかし、予備的抗弁として相殺を主張したような場合には、裁判所が相殺について判断しないことがありうるところ（例えば、請求原因が認められないとき、他の抗弁が認められたとき、原告が訴えを取り下げたときなど）、そのときは、当該主張は時効の完成猶予としての効力を生じており、その判決または取下げがあった時から6カ月以内に訴えを提起すれば、自働債権について時効の完成猶予の効果を維持することができると解するのが相当である。

　(エ)　判決の確定と時効の更新

　訴訟係属中は、時効の完成は猶予されるが、判決が確定したときは、その時点

改正第147条〔2〕　第2編 第1章 訴え

から再び時効期間が開始し（民147条2項）、その期間は、権利の種類を問わず一律に10年となる（民169条1項）。そして、手形授受の当事者間において仮執行宣言付支払督促により手形債権の存在が確定した場合において、原因債権の消滅時効が支払督促送達前に完成していないときには、手形債権の消滅時効が支払督促確定の時から10年に延長されるとともに、原因債権の消滅時効期間も当該支払督促確定の時から10年となるとするのが判例であり（最判昭和53・1・23民集32巻1号1頁、判時887号74頁、判タ363号197頁）、また主債務の消滅時効期間が10年に延長されるときは、保証人の債務の消滅時効期間も10年に変更されるとするのが判例である（最判昭和43・10・17判時540号34頁、判タ228号100頁）。これらの判例は、時効更新効を既判力の及ぶ訴訟物たる権利以外の権利についても、一定の範囲内において拡げようとする傾向と軌を一にしているものといえる。

(2)　訴えの変更等の場合

訴訟係属中の訴えの提起の一種である訴えの変更、選定者に係る請求の追加および中間確認の訴えの場合には、当該手続に係る書面（143条2項・144条3項・145条4項）を裁判所に提出した時に、時効の完成猶予または法律上の期間遵守の効力が生ずる。これらの訴えの提起等が例外的に書面でされず、口頭弁論等において口頭でされた場合には、その時に訴えの提起があったことになるのであるから、時効の完成猶予の効力もその時に生ずるものと解される（前記(1)参照）。なお、反訴については訴えの規定の包括的な準用（146条4項）によって本条が準用されることになるし、当事者参加についても同様である（ただし、承継人の訴訟参加については特則がある〔49条〜51条〕）。

訴えの変更のうち、請求の減縮、訴えの一部取下げまたは請求の一部放棄の場合など（143条〔2〕参照）には、この効力が生じないことは当然である。訴えの変更である以上、それが交換的訴えの変更であるか、追加的訴えの変更であるかを問わず、新訴が提起されれば、143条2項所定の書面を提出した時に新請求について時効の完成猶予の効力が生ずる。例えば、1個の債権の一部についてのみ判決を求める趣旨を明示した訴えを提起し、訴訟係属中に訴えを変更して残部について請求を拡張したときは、残部についての時効の完成猶予の効力は、訴え変更の書面を提出した時に生ずる（大判昭和4・3・19民集8巻199頁）。ただし、後述のように（〔3〕(1)参照）、手形金請求と原因債権のように異なる訴訟物であっても、経済的価値が同一の請求については、当初の訴え提起で請求に準じる効

改正第147条〔3〕

果が発生する場合があり、その場合には変更後の請求権について時効期間経過後もなお訴えの変更が可能となる。

〔3〕 時効の完成猶予

(1) 裁判上の請求の内容

判例は、大審院当時から、時効の進行している権利について給付の訴えが提起された場合だけでなく、積極的確認の訴えの提起によっても時効中断効（完成猶予の効力）が生ずることを認めていた（大判昭和5・6・27民集9巻619頁は、保険契約存在確認訴訟を提起した場合につき保険金請求権の消滅時効の中断効を認めた）。また、形成の訴えの提起にも時効の完成猶予の効力を認めるべきである（例えば、詐害行為取消訴訟の提起による詐害行為取消権の消滅時効〔民426条〕の完成猶予など）。

また、境界確定訴訟を提起した場合に、相手方の所有権の取得時効の完成猶予の効力を認めたが（大判昭和15・7・10民集19巻1265頁、最判昭和38・1・18前掲）、これは、境界確定訴訟自体は所有権確認訴訟とは異なる形式的形成訴訟であるが、境界確定訴訟の原告適格を有する者は隣接地の所有者であるため、同訴訟の提起の中に隣接地の所有者である旨の主張が含まれていると考えられるためである。ただ、甲乙両地番の土地間の境界確定訴訟において、原告が所有権を主張する甲地番の土地のうち境界線に接続する部分につき、乙地番の土地の所有権を主張する被告のための取得時効が認められても、なお原告は同境界線の境界確定を求めることができるとする判例（最判昭和58・10・18民集37巻8号1121頁、判時1111号102頁、判タ524号210頁、最判平成7・3・7民集49巻3号919頁、判タ885号156頁）との関係が問題となるが、これは提訴前に取得時効が完成していた場合に関するものであり、提訴時に時効がいまだ完成していない場合には、提訴時の原告適格の主張による時効の完成猶予の効力は維持されると解してよく、実質的にも訴訟提起後に被告のために取得時効が完成するという結論は条理に反するから、裁判上の請求に準ずるものとして被告のための取得時効の完成を猶予する効力があると解するのが相当であり、従来の判例の見解を変更する必要はないと考えられる。

請求による時効の完成猶予の範囲は訴訟物によって定まるのが原則である。ただ、訴訟物の同一性を厳密には求めず、実質的に同一の経済的価値を求める場合に、時効の完成猶予の効力の拡大を認めた判例もある。まず、偽造書面によって

269

改正第147条〔3〕　第2編 第1章 訴え

なされた土地所有権移転登記の抹消登記手続請求訴訟を提起した場合に、登記名義人の所有権の取得時効の完成猶予の効力が認められる（大判昭和13・5・11民集17巻901頁）。また、手形金請求訴訟を提起した場合には、手形金請求権と原因債権の請求権とは訴訟物を異にするが、その経済上の同一性から、裁判上の請求に準ずるものとして原因債権の消滅時効の完成を猶予する効力を認めるのが相当である（最判昭和62・10・16民集41巻7号1497頁、判時1256号25頁、判タ653号81頁、新堂233頁）。なお、事前求償権を被保全債権とする仮差押えは事後求償権の消滅時効をも中断する効力を有するとの判例（最判平成27・2・17民集69巻1号1頁、判時2254号24頁、判タ1412号129頁）があるが、仮差押えによる時効の完成猶予と提訴による時効の完成猶予の場面の差異に鑑み、その射程は事前求償権の提訴の場合には及ばないと解されるものの、その提訴が事後求償権の時効の完成を猶予すると解する余地もあろう。

　なお、旧法下で、同様の効果を裁判上の催告の継続として説明するものとして、不法行為に基づく損害賠償請求訴訟の係属中は、基本的な請求原因事実を同じくし、経済的に同一の給付を目的とする不当利得返還請求権につき催告が継続し、不当利得返還請求の追加によってその消滅時効は確定的に中断されるとするもの（最判平成10・12・17判時1664号59頁、判タ992号299頁）、行政訴訟について、農地の受贈者から贈与者に対し、時効期間内に農地の所有権移転登記手続請求の訴えを提起した後、その時効期間経過後に知事に対する許可申請手続請求の訴えに追加的に変更した場合、移転登記請求それ自体は知事に対する許可申請手続を訴求するものではないが、少なくとも許可申請手続をせよという催告がこれに含まれているから、所有権移転登記手続請求の訴えによる裁判上の催告が維持されている以上、訴えの追加的変更により許可申請手続請求権の時効は確定的に中断されるとするものがある（最判昭和43・12・24裁判集民93号907頁）。ただ、改正法の下では、時効の完成猶予の効果は、旧法下の裁判上の催告と同趣旨のものであるから、裁判上の催告という概念を維持する意味は基本的に存しない（ただし、一部請求との関係で、(3)参照）。

　これに対し、建物請負人から注文者に対して提起された請負建築建物の所有権保存登記抹消登記手続請求訴訟の提起は、請負代金債権の消滅時効の完成猶予事由とはならない（最判平成11・11・25判時1696号108頁、判タ1018号204頁）。また、賃貸借契約による賃借権と当該契約から発生する賃料債権あるいは元本債権とす

でに発生した利息または損害金債権とは、それぞれ法律上まったく別の債権であるから、賃貸借契約または元本債権の存否についての給付・確認の訴えが提起されても、賃料債権または利息・損害金債権の時効の完成を猶予する効力は生じないと解するべきである（条解(上)653頁）。

　債務者に代位して債務者の権利を主張する訴えを提起した債権者が、その訴訟係属中に債務者からこの権利を譲り受けて、同権利を自己の権利として主張する訴えに従前の訴えを変更した場合には、訴訟物自体は変更されていないから、訴え提起による消滅時効の完成猶予の効力は消滅しない（最判昭和44・2・14裁判集民94号311頁）。これに対し、詐害行為取消しの訴えを、受益者を相手方として提起し、その訴訟で債権者が債務者に対する被保全債権の存在を主張しても、当該債権の消滅時効の完成を猶予する効力はない（大判昭和17・6・13民集21巻716頁、最判昭和37・10・12民集16巻10号2130頁、判時324号18頁。これは、詐害行為取消訴訟では被保全債権が確定されないことの帰結であるが、この点は改正法の下でも変わらず、債務者に対する必要的な訴訟告知〔改正民424条の7第2項〕がされるとしても、裁判上の催告の効果はともかく、被保全債権の時効の完成猶予効はなお認められないものと解される）。

(2)　債権者の応訴による時効の完成猶予

　以上は、権利者自らがイニシアティヴをとって原告として訴えを提起した場合であるが、債務者が提起した消極的確認の訴え等によって債権者の権利の時効の完成猶予の効力が生ずるかどうかには問題がある。判例は当初、債務者の提訴は債権者の権利行使とみることはできないから民法旧147条の請求には該当しないとして消極に解していたが（大判大正11・4・14民集1巻187頁、大判昭和6・12・19民集10巻1237頁）、その後態度を改め、債権者が応訴して争う以上は時効中断効（完成猶予の効力）を認めるのが相当であるとして積極に解するようになった（大連判昭和14・3・22民集18巻238頁）。この判例は、債務者の提起した債務不存在確認訴訟において被告が債権の存在を主張し、被告勝訴の確定判決があった事案について、①被告として自己の権利の存在を主張することも裁判上の権利行使の一態様であり、②権利関係の存否が訴訟上争われつつある間にその権利が時効消滅することは条理に反し、③被告勝訴の判決が確定すれば、積極的確認請求訴訟の原告勝訴判決が確定したのと同一に帰することを理由に、「裁判上の請求に準ずべきもの」として時効中断事由（完成猶予事由）となることを

改正第147条〔3〕　第2編　第1章　訴え

認めたものである。学説は、一致してこの判例に賛成している。

　その後、債務名義に基づく債権が弁済によって消滅したとして提起された請求異議訴訟の被告が債権の存在を主張して勝訴した事案について、その判決の効力は債権自体の存在を確定しないが、「実質上債権存在確定ト同様ノ結果ヲ見ルニ至ル」ことを理由に、被告の裁判上の権利行使を「裁判上の請求に準ずべきもの」として時効中断効（完成猶予効）を認めた判例が出た（大判昭和17・1・28民集21巻37頁）。最高裁判所になってからも、最大判昭和38・10・30（民集17巻9号1252頁、判時352号10頁）は、所有権に基づく株券引渡請求訴訟において、被告が原告を債務者とする債権に基づく留置権の抗弁を提出したことにより、結果として留置権の被担保債権の消滅時効の中断（完成猶予）を認めたが、その理由は、訴訟物である目的物の引渡請求権と留置権の被担保債権とはまったく別の権利であるから、その被担保債権の主張に「訴の提起に準ずる」効力があるとはいえないが、その抗弁中には被担保債権の履行されるべきものであることの権利主張の意思が表示されているという点にあった。ただ、確定的な時効中断（完成猶予）のためには、その訴訟終了後6カ月内に他の強力な中断事由に訴えることを要する（つまり裁判上の催告の効果のみを認める）というのが多数意見であるが、山田作之助裁判官は裁判上の請求に準ずるものとしての中断事由になるとの意見を付している（同意見と同旨として、本書旧版Ⅱ204頁、新堂232頁、条解2版856頁〔竹下＝上原〕。改正法下では、これは更新の効果まで認めるかという問題となるが、この問題については、前記〔2〕(1)(エ)参照）。

　そして、最大判昭和43・11・13（民集22巻12号2510頁、判時536号16頁、判タ230号156頁）は、これをさらに一歩進め、所有権に基づく所有権移転登記抹消登記手続請求の訴訟において、被告が自己に所有権があることを主張して請求棄却の判決を求め、その主張が判決によって認められた場合には、同主張は、裁判上の請求に準ずるものとして、原告のための取得時効を中断（完成猶予）する効力を生ずるものと判示した。さらに、最判昭和44・11・27（民集23巻11号2251頁、判時578号46頁、判タ242号173頁）は、債務者兼抵当権設定者が債務の不存在を理由として提起した抵当権設定登記抹消登記手続請求訴訟において、債権者兼抵当権者が請求棄却の判決を求めて被担保債権の存在を主張したときは、同主張は、裁判上の請求に準ずるものとして、被担保債権につき消滅時効中断（完成猶予）の効力を生ずるものと判示している（なお、最判昭和44・12・18判時586号55頁参照）。

改正第147条〔3〕

　上記のような立場を採用した場合、被告の応訴により時効の完成猶予の効力が生ずる時点は、訴え提起（前記〔2〕(1)(ア)参照）の時ではなく、債権者である被告が応訴して当該権利の存在を主張した時と解される（大判昭和16・2・24前掲、我妻栄「確認訴訟と時効の中断」『民法研究(2)』274頁〔有斐閣、1966年〕、注解(6) 355頁〔斎藤＝加茂〕、条解2版855頁〔竹下＝上原〕、伊藤231頁注(126)、新堂231頁、中野ほか・新講義171頁など参照。反対として、債務者の提訴時とする見解として、兼子・体系179頁、三ヶ月・全集332頁参照）。

(3)　一部請求と時効の完成猶予

　1個の債権の一部についてのみ判決を求める趣旨を明示した訴えの提起があった場合に、どの範囲で時効の完成猶予の効果が生じるかが問題となる（なお、民法改正の過程では、一部請求の場合に、残部にも時効の完成猶予の効力が及ぶとする明文規定の創設が検討されたが〔民法（債権関係）の改正に関する中間試案第7の7(2)参照〕、最終的には採用されず、この問題は引き続き解釈に委ねられた）。この場合、旧法下の判例では、その請求された一部についてのみ時効中断（完成猶予）の効力が生ずると解されていた（大判昭和4・3・19前掲、最判昭和34・2・20民集13巻2号209頁、判時178号3頁、最判昭和42・7・18民集21巻6号1559頁、判時493号22頁、判タ210号148頁、最判昭和43・6・27裁判集民91号461頁、注解(6) 357頁〔斎藤＝加茂〕）。その反面、1個の債権の一部についてのみ判決を求める趣旨が明示されていないときは、訴え提起による消滅時効の完成猶予の効力は、当該債権の同一性の範囲内においてその全部に及ぶとみるべきであり、時効期間経過後も訴えを変更して残部の支払を求めることができる（最判昭和45・7・24民集24巻7号1177頁、判時607号43頁、判タ253号162頁）。もっとも、金銭債権などの一部請求を認めず、請求金額はその債権の全部を示すものとしてその訴訟の訴訟物となっていると考え、債権全部について時効の完成猶予効が生ずることになるとする見解（条解(上)653頁、最判昭和34・2・20前掲の藤田裁判官の少数意見、三ヶ月章「判批」法協77巻1号93頁〔1960年〕、伊藤232頁）、訴訟物または主要な争点となった権利関係については時効の完成が猶予されるとの考えから、一部を請求する訴訟中に残部について時効が完成することはないとする見解（新堂232頁）、提訴による時効の完成猶予制度の趣旨または実質的理由から、一部について権利関係の存在が判決で確定されるならば、同一権利である以上残部についても継続した事実状態が法的に否定されたと解されるとして、全部につき時効の完

成猶予を認める見解（条解2版856頁〔竹下＝上原〕）、訴訟物と時効の完成猶予の効力を結び付けない判例準則を前提にすれば、一部請求の提訴により事実関係の同じ残部債権を含め債権全体の時効の完成猶予を認めるべきとする見解（松本＝上野242頁）などもある（なお、判例は、前述のとおり〔〔1〕参照〕、明示の数量的一部請求がされたときは、債権者が将来にわたって残部をおよそ請求しない旨の意思を明らかにしているなど残部につき権利行使の意思が継続的に表示されているとはいえない特段の事情のない限り、当該訴えの提起は、残部につき裁判上の催告の効力を生じ、当該訴訟の終了後6カ月以内に残部に係る訴えを提起すれば確定的に時効を中断できるものとしている〔最判平成25・6・6前掲〕。提訴による時効の完成猶予と催告の効果の相違〔特に繰り返しの可否。民150条2項参照〕等に鑑みれば、この判例は改正法の下でもなお生きており、例外的に裁判上の催告の概念が残る可能性もあろう）。損害費目を異にする場合など数量的な一部請求ではない場合については、上記のような議論は直ちには妥当しないものの、同様に考えることができよう。

〔4〕　**法律上の期間の遵守**

「法律上の期間」とは、出訴期間や請求のための除斥期間など、権利または法律的状態を保存するために一定の期間内に訴えを提起しなければならない場合のその期間である。例えば、占有の訴えの提起期間（民201条）、隣地の境界近傍の建築の中止・変更の訴えの提起期間（民234条2項但書）、婚姻取消しの訴えの提起期間（民747条2項）、嫡出否認の訴えの提起期間（民777条）、認知の訴えの提起期間（民787条但書）、養子縁組取消しの訴えの提起期間（民804条但書・806条1項但書・806条の2第1項但書・2項但書・806条の3第1項但書・807条但書・808条）、会社の組織に関する無効の訴えの提起期間（会社828条1項）、株主総会等の決議の取消しの訴えの提起期間（会社831条1項）、持分会社の設立の取消しの訴えの提起期間（会社832条）、行政処分の取消訴訟の提起期間（行訴14条）、選挙に関する訴えの提起期間（公選25条1項・203条1項・204条等）、再審の訴えの提起期間（342条）などである。

当事者がこれらの期間を遵守したかどうかは、原則として、訴えを提起した時、すなわち訴状を裁判所に提出した時を標準として定められる（前記〔2〕(1)(ア)参照）。通常の訴訟では、出訴期間は特定の訴えについて定められているから、問題は起こらないと考えられるが、行政処分の取消訴訟の出訴期間は、当該期間中

改正第147条〔4〕

にその処分に基づく原状回復請求、損害賠償請求その他の関連請求（行訴13条）に係る訴えが提起されていれば、期間経過後に行政処分取消しの訴えが提起されても、出訴期間は遵守されたものとして特別に取り扱うべきとする見解がある（条解(上)654頁、条解2版854頁〔竹下＝上原〕、注釈(5)313頁〔堤〕）。しかし、これも訴えの変更の場合であるから、行政事件訴訟法15条3項や20条のような特別の規定がない限り、やはり取消訴訟の訴状が提出された時を標準として期間遵守の有無を決すべきであり、遡って最初の訴えの提起時を標準とすべきでないと解する（雄川一郎『行政争訟法』196頁〔有斐閣、1957年〕、注解(6)358頁〔斎藤＝加茂〕）。

第2章　計画審理

　本章は、平成15年の「民事訴訟法等の一部を改正する法律」（平15法108号）による民訴法改正によって新設されたものであり、裁判所および当事者はすべての民事訴訟について訴訟手続の計画的な進行を図る責務を負うことを定めた147条の2と、裁判所は審理すべき事項が多数でありまたは錯綜しているなど事件が複雑であることその他の事情によりその適正かつ迅速な審理を行うため必要があると認められるときは審理計画を定める義務を負うことを定めた147条の3から成る。

　計画審理は、審理を迅速化する効果を有するだけでなく、民事訴訟手続を可視化・透明化するという効果も有するものであるが、現行法が設けた争点整理手続や証拠収集手続が十分に機能し、充実した集中証拠調べ（集中的な人証の取調べ）ができて初めて可能になるもので、その意味では現行法の用意した審理方法の到達点ともいうべきものであるから、決して容易なことではなく、計画審理を成功させるためには訴訟関係者の熱意と工夫が求められる。

　現状では、計画的な審理は行われているものの、147条の3の定める計画審理はほとんど実施されていない（裁判の迅速化に係る検証に関する報告書〔第4回〕〔最高裁事務総局平成23年7月8日公表〕の施策編19頁には、「検証検討会において、委員から、計画審理が必ずしも十分活用されていないので、計画審理を充実させるため、現行の制度を再検討できないかとの意見が出た」旨記載され、また、東京地裁プラクティス第二小委員会「争点整理の現状と今後の在るべき姿について」判タ1396号9頁〔2014年〕には、「審理計画を策定すること自体についても否定的な意見があり得るところであろう」「まずは一定の納期〔それは、審理に力を注げばよい期間を目標として設定するといった位置付けのものでもよいと思われる。〕を積極的に設定することも検討されるべきであろう。」と記載されている）。もっとも、大阪地裁では、計画審理検討分科会が設けられ、右陪席裁判官を中心に、弁護士会や若手弁護士との協議も踏まえ、民事訴訟における停滞状況の分析やその対応策の検

討等を行っているとのことである（大阪地裁計画審理検討分科会「争点整理の現状と課題——大阪発 より充実した審理を目指して」判タ1412号73頁以下〔2015年〕）。

計画審理に関連して、本章以外にも、156条の2（計画審理が行われているときは、裁判長は攻撃防御方法の提出期間を定めることができる）および157条の2（計画審理が行われているときは、提出期間の経過後に提出された攻撃防御方法を、157条〔時機に後れた攻撃防御方法の却下〕よりも緩やかな要件で却下することを可能とする）が設けられている。

（訴訟手続の計画的進行[1]）
第147条の2 　裁判所及び当事者は、適正かつ迅速な審理の実現のため、訴訟手続の計画的な進行を図らなければならない[2]。

〔1〕　本条の趣旨
本条は、平成15年の「民事訴訟法等の一部を改正する法律」（平15法108号）による民訴法改正によって新設されたものであり、訴訟手続の計画的な進行を図ることが裁判所および当事者の責務であることを明確にしたものである。現行法は、2条において、「裁判所は、民事訴訟が公正かつ迅速に行われるように努め、当事者は、信義に従い誠実に民事訴訟を追行しなければならない」と民事訴訟における裁判所および当事者の基本的な責務を定めている（2条〔1〕）が、本条はこれを訴訟手続の進行について具体的に規定したものということができる。

〔2〕　訴訟手続の計画的な進行
(1)　裁判所および当事者は、すべての民事訴訟について、訴訟手続の計画的な進行を図る責務を負う。147条の3は、「審理すべき事項が多数であり又は錯そうしているなど事件が複雑であることその他の事情によりその適正かつ迅速な審理を行うため必要があると認められるとき」には、審理計画を定める義務を裁判所に負わせている（以下、同条による審理計画の定められた事件を「計画審理事件」という）が、本条は、計画審理事件ではなくても、およそ民事訴訟においては、旧法下でみられたような争点整理と人証の取調べが混在し、行き着く先のわからないような訴訟手続の進行、いわば漂流型の審理は許されないことを明らかにしたものである。

(2)　漂流型の審理は、その途中で、事件が早期に和解で解決するということ

第147条の2〔2〕 第2編 第2章 計画審理

もないではないが、総じて適正・迅速な裁判を妨げるものであるだけでなく、その訴訟が現在全体の審理の中のどのような段階にあり、今後どのように進むのかが当事者本人、ひいては国民にもわかりにくい、すなわち、可視性・透明性に欠けるという大きな欠点を有している。現行法制定の際にその目的として掲げられたように、民事訴訟は国民に利用しやすくわかりやすいものでなければならず（一問一答3頁）、その点からも訴訟手続の進行状況、進行予定が当事者本人にもよくわかるような計画的な審理が強く要請される。

(3) すべての民事訴訟を計画的に進行させるといっても、第1回口頭弁論期日に被告が欠席したためにいわゆる欠席判決をするというような事件では、計画の立てようがないので、計画的な進行は、主として当事者が真剣に争っている事件について心掛けるべきものである。そして、現行法は、争点および証拠の整理手続を充実させ（第2編第3章第3節）、争点整理が終了した後に集中的に人証の取調べをすることを原則としており（182条）、実際にも旧法下の民事訴訟のような五月雨的な審理が行われることは少なくなってきた（詳しくは山本和彦編『民事訴訟の過去・現在・未来』3頁～9頁、17頁～24頁〔山本和彦発言・福田剛久発言〕〔日本評論社、2005年〕参照）ので、当事者が真剣に争っている事件では、多くの場合、程度の差はあっても、計画的な訴訟進行が図られてきているものと考えられる。

(4) 審理計画において定めるべき事項が法定されている（147条の3第2項）計画審理事件と異なり、計画的な審理は、その事案に応じた多様なものとなることは当然であるが、計画審理事件において当事者双方と協議をし、審理計画を定めるとされている（同条1項）趣旨は、計画的な審理においても妥当するのであり、裁判所は、適宜当事者双方と訴訟手続の進行について協議しながら、審理の段取りを決めていく必要がある。これまでの実務の中で、そのように当事者双方と協議をしながらある程度具体的な審理方針を定めた（審理のレールを敷いた）計画的な審理の工夫例として、①次回期日だけでなく、常に2～3期日先の予定まで定めながら訴訟を進行する方法、②判決言渡しの予定時期までは定めないが、争点整理の終了時期を定めるとともに、可能な限り各当事者の準備書面や書証の提出時期も定めるという方法、③終局までの期間について、6カ月、9カ月、1年、1年半等の大まかな区分で定める方法（いわゆるコース別審理）等があるとされている（東京地裁プラクティス委員会編著『計画審理の運用につい

278

て』17頁〔判例タイムズ社、2004年〕)。

(審理の計画[1])

第147条の3 裁判所は、審理すべき事項が多数であり又は錯そうしているなど事件が複雑であることその他の事情によりその適正かつ迅速な審理を行うため必要があると認められるときは、当事者双方と協議をし、その結果を踏まえて審理の計画を定めなければならない[2]。

2 前項の審理の計画においては、次に掲げる事項を定めなければならない[3]。

一 争点及び証拠の整理を行う期間

二 証人及び当事者本人の尋問を行う期間

三 口頭弁論の終結及び判決の言渡しの予定時期

3 第1項の審理の計画においては、前項各号に掲げる事項のほか、特定の事項についての攻撃又は防御の方法を提出すべき期間その他の訴訟手続の計画的な進行上必要な事項を定めることができる[4]。

4 裁判所は、審理の現状及び当事者の訴訟追行の状況その他の事情を考慮して必要があると認めるときは、当事者双方と協議をし、その結果を踏まえて第1項の審理の計画を変更することができる[5]。

〔1〕 本条の趣旨

(1) 本条は、前条と同じく、平成15年の「民事訴訟法等の一部を改正する法律」(平15法108号) による民訴法改正によって新設されたものであり、147条の2が、すべての民事訴訟について、裁判所および当事者は訴訟手続の計画的な進行を図る責務を負うことを明確にした (147条の2〔2〕(1)) のに対して、本条は、「審理すべき事項が多数であり又は錯そうしているなど事件が複雑であることその他の事情によりその適正かつ迅速な審理を行うため必要があると認められるとき」には、審理計画を定める義務を裁判所に負わせたものである (以下、本条に基づいて審理計画を定めて行う審理を「計画審理」という)。

(2) 現行法が制定された際にも、複雑困難な訴訟、特に、大規模訴訟 (当事者が著しく多数で、かつ、尋問すべき証人または当事者本人が著しく多数である訴訟〔268条〕) については、審理計画を立てて審理すべきものと考えられていたの

第147条の3〔1〕 第2編 第2章 計画審理

であり、平成15年の民訴法改正に伴って削除（平15最高裁規則19号による削除）される前の現行規則旧165条は、「大規模訴訟においては、裁判所及び当事者は、適正かつ迅速な審理の実現のために、進行協議期日その他の手続を利用して審理の計画を定めるための協議をするものとする」と定めていた。本条は、このような考え方をさらに進めて、事件が複雑である等、一定の場合には、裁判所は当事者双方と協議のうえ、審理計画を定める義務があるとし、その審理計画で定めるべき事項も法定したものである。

(3) このように、平成15年の民訴法改正で、事件が複雑である等、一定の場合には計画審理を行うべきものと定められたのは、現行法は、民事裁判の審理の充実・迅速化という点においてみるべき成果を上げているといわれているが、近年の科学技術の革新、社会・経済関係の高度化・国際化に伴い、民事紛争のうちでも、争点が多岐にわたる複雑なものやその解決のために専門的な知見を要するものが増加の一途をたどっており、これらの紛争を原因とする民事裁判においては、なお、往々にして審理すべき事項が錯綜し、手続の遅滞が生じているとの指摘があったからであるとされている（一問一答平成15年改正17頁）。確かに、計画審理は審理の迅速化に一定の効果を有するものと思われるが、より重要なことは、複雑で、審理の見通しの立ちにくい事件であっても、できる限りその訴訟が今後どのように進行し、いつごろ結論が出るのかを当事者本人、ひいては国民にわかりやすくするという効果、すなわち、民事訴訟手続を可視化・透明化するという効果を有することである（山本和彦編『民事訴訟の過去・現在・未来』43頁〜48頁〔山本和彦発言・福田剛久発言〕〔日本評論社、2005年〕、東京地裁プラクティス委員会編著『計画審理の運用について』12頁〔判例タイムズ社、2004年〕参照〔以下、東京地裁・計画審理〕）。

(4) 旧法下でみられたような争点整理と人証の取調べが混在し、行き着く先のわからないような漂流型の審理がなされている限りは、計画審理は望むべくもないが、現行法は、争点および証拠の整理（以下、単に「争点整理」という）手続を充実させ（第2編第3章第3節）、争点整理が終了した後に集中的に人証の取調べをする（集中証拠調べをする）ことを原則としており（182条）、実際にもこれに従った審理が行われるようになってきた（菅野雅之「訴訟促進と審理充実──裁判官から」ジュリ1317号65頁〜66頁〔2006年〕には、現行法下において、争点整理手続に付された事件が急増しており、集中証拠調べの実施率も80％を超える

280

ようになっていることが示されている）ので、計画審理を実施できるような訴訟環境が整ったということができる。

〔2〕 **審理計画の策定**

(1) 審理計画は、裁判所が当事者双方と協議をしたうえで定めるべきものである。裁判所は、審理計画の策定にあたって、当事者双方と協議をしなければならないが、協議が調わなかったからといって審理計画を定められないわけではなく、その事件が計画審理をすべき事案であれば、審理計画を定める義務を免れるものでもない（一問一答平成15年改正20頁）。しかし、民事訴訟は、当事者の主張・立証によって進行するものであり、当事者の理解と協力の得られない計画審理は、計画倒れに終わる可能性が極めて高い。したがって、裁判所は、当事者の理解と協力が得られやすいように、事案の内容に応じて、①当初は大まかな審理計画を立てて、ある程度手続が進んでから計画を具体化していく、②しばらく審理計画を定めないで争点整理を行い、ある程度審理の目処が立ってから審理計画を定める、③事案の内容、審理の進行状況によっては、当初の審理計画に固執することなく、適切な審理計画に変更するなどの柔軟な運用を心掛けるべきである（東京地裁・計画審理18頁参照）。

(2) 審理計画の策定時期については、本条2項で審理計画で定めるべき事項（以下「必要的計画事項」という）を法定しており、その中には、「争点及び証拠の整理を行う期間」が含まれているので、できれば争点整理に入る前に、遅くとも争点整理の途中では審理計画を策定しなければならない。この間のどの時期に審理計画を策定するかは、事案の内容や当事者の対応によって異ならざるをえない（事案によってはある程度審理の目処が立ってから審理計画を定める必要があることは前述のとおりである）。

(3) 裁判所と当事者との協議は、口頭弁論期日、弁論準備手続期日、進行協議期日等の期日において行われるのが通常であろうが、期日間にお互いにファクシミリやメールで審理計画案をやりとりして、最終的に期日で審理計画の策定をするということも考えられる（東京地裁・計画審理19頁。なお、同頁には、審理のノウハウを集約した「審理モデル」や建築工事の工程表に類した「ベーシックプラン」などを用いた具体的な審理計画の作成方法も提案されている）。

(4) 審理計画の策定は、訴訟指揮の裁判の性質を有するものである。したがって、必要的計画事項が法定されており、審理計画の変更についても一定の手続

第147条の3〔2〕 第2編 第2章 計画審理

に従うべきものとされてはいる（本条4項）が、それ以上に裁判所が拘束される
ことはなく、裁判所は、その事案の適正・迅速な解決に最もふさわしい審理計画
を策定すべきである。裁判の迅速化に関する法律が第一審の訴訟手続を2年以内
のできるだけ短い期間内に終局させることを目標とすべきことを定めている（同
法2条）からといって、判決言渡しまでの審理期間を2年以内とする審理計画を
策定しなければならないものではない（一問一答平成15年改正27頁）。また、裁判
所の審理計画の策定に対して独立して不服申立てをすることもできない。

　(5)　審理計画を策定する必要のある事件、すなわち計画審理の対象となる事
件としては、大規模な公害事件や専門的な事項が争点となる困難な医事関係事件、
建築関係事件などが想定されている（一問一答平成15年改正19頁）が、これまで
しばしば審理が長期化しており、実務上、類型的な審理方法のノウハウが蓄えら
れてきた事件、すなわち、証券取引訴訟、商品先物取引訴訟、土地境界確定訴訟、
遺留分減殺請求訴訟、名誉毀損訴訟、火災保険金訴訟等でも、審理に時間のかか
りそうなものは、計画審理の対象となろう（東京地裁・計画審理15頁）。

　事件の内容自体はさほど複雑とはいえない事件について、当事者間に計画審理
を行う合意がある場合、これを「その他の事情」のひとつとして考慮し、裁判所
が計画審理の対象と定めることができるとの見解がある（東京地裁・計画審理16
頁）。すべての民事訴訟について、計画的な審理を行うことは法の要請するとこ
ろであり（147条の2〔2〕(1)）、審理の迅速化・透明化を図るという本条の趣旨に
照らして、終局の期限を守ることに当事者の強いニーズがあれば、事案が複雑で
はないからといって計画審理の対象から排除する理由はない。上記見解に賛成す
る。

　(6)　計画審理は、審理計画に沿った審理が実現できて初めてその目的を達す
ることができる。どのように立派な審理計画ができても、実行できないようなも
のでは意味がないので、審理計画はある程度ゆとりをもたせたものであることが
望ましいし、何よりも、裁判所も双方当事者もその事件について計画審理を実施
する意義について認識を共通にし、それぞれが責任感をもって、審理計画に沿っ
た審理の実現のために努力する必要がある（東京地裁・計画審理23頁〜25頁参照）。
前述のとおり、計画審理には民事訴訟手続を可視化・透明化する効果が期待され
ているが、審理計画が策定されただけでは十分とはいえず、審理計画どおりに審
理が進んでいるかどうか、審理計画どおりに審理が進んでいないとすれば何が原

因なのか等、審理経過が少なくとも当事者本人にはわかるような審理がされて初めて、所期の効果が生じるものというべきである。その意味では、裁判所から当事者に訴訟の進行に関する情報を提供する書面（実務では、「プロセスカード」、「期日進行連絡票」等の名称を付して使用されてきた）を交付するという実務の運用（大森文彦ほか「《座談会》民事訴訟の新展開(下)」判タ1155号24頁～27頁〔2004年〕の議論、高橋宏志ほか「《座談会》民事訴訟法改正10年、そして新たな時代へ」ジュリ1317号16頁〔秋山幹男発言・福田剛久発言〕〔2006年〕）は、計画審理においては特にその有効性が高いということができる（東京地裁・計画審理19頁、24頁参照）。

(7)　審理計画が策定されたときは、その内容を口頭弁論調書に記載しなければならない（規則67条1項2号）。これは、計画審理が行われている場合には、攻撃防御方法の提出期間が制限されるという法的効果が生じることがある（後記〔4〕(2)、〔5〕(3)参照）ので、その内容を調書で明確にすることとしたものである（条解規則49頁）が、民事訴訟手続を可視化・透明化するという計画審理の趣旨に照らして、当事者にも上記の訴訟の進行に関する情報を提供する書面等でその内容が伝達されることが望ましい。

(8)　適切な審理計画が策定されたとしても、予期せぬ事態が生じたり、不誠実な訴訟追行があったりして、必ずしも計画どおりに訴訟が進行しないことがありうる。この点については、〔5〕で後述する。

〔3〕　**必要的計画事項**

(1)　計画審理における審理計画には、①争点整理を行う期間、②人証の取調べを行う期間、③口頭弁論の終結および判決言渡しの予定時期を必ず定めなければならない。

(2)　①については、現行法は争点整理手続として、準備的口頭弁論（164条～167条）、弁論準備手続（168条～174条）および書面による準備手続（175条～178条）の三つの手続を設けており、計画審理をしなければならないような複雑困難な事件については、これらの手続で争点整理が行われることが多くなってきている（菅野・前掲「訴訟促進と審理充実」ジュリ1317号65頁）。しかし、普通の口頭弁論（第2編第3章第1節）で争点整理がされる事件もあり、特に、一般公開の必要性の高い大規模事件においては、普通の口頭弁論期日の間に進行協議期日（規則95条～98条）を挟みながら争点整理をするということも行われており（高

第147条の3〔3〕　第2編 第2章 計画審理

橋ほか・前掲「《座談会》民事訴訟法改正10年、そして新たな時代へ」ジュリ1317号14頁〔秋山発言・福田発言〕)、ここにいう争点整理には、争点整理手続による争点整理だけでなく、普通の口頭弁論で行われる争点整理も含まれる。後述のとおり、②③の期間は多くの事件では短期間になると考えられるので、審理計画で最も長い期間が予定されるのがこの争点整理の期間ということになる。この期間の長短は、結局、当事者が主張・立証の準備にどの程度の時間を要するかにかかっており、事案の内容にもよるが、訴え提起時点での事件の成熟度（唐突な訴え提起であったか、それとも訴え提起前に当事者双方に弁護士がついて交渉を重ねていたか等）によるところも大きい。

　(3)　②については、前述のとおり、集中証拠調べの実施率が80％を超えるような状況にあるので、人証の取調べを行う期間は多くの場合短期間になる。すなわち、争点整理を終了した時点で、人証の採用決定をして、人証の取調べの期日（口頭弁論期日）を指定することになるが、多くの場合は、1日ですべての人証の取調べを終えることになるので、この期間は、採用決定の日から人証の取調べの日までの期間ということになり、訴訟関係者（裁判所、当事者、人証）の都合にもよるが、一般には2〜3カ月あれば足りることになろう。

　(4)　③については、判決の言渡しは、訓示規定ではあるが、原則として口頭弁論の終結の日から2月以内にしなければならないとする規定（251条）の趣旨に沿った運用がされるようになっている（高橋ほか・前掲「《座談会》民事訴訟法改正10年、そして新たな時代へ」ジュリ1317号8頁〔秋山発言〕参照）ので、口頭弁論終結後に和解を予定するような場合は別として、多くの事件では、口頭弁論終結後2〜3カ月後には判決を言い渡すことを予定するような計画が立てられることになろう。

　(5)　審理計画で定める期間や時期は、原則として月単位で定めることになると解されるが、長期の審理計画を立てざるをえない大規模訴訟などでは、審理の初期の段階では、争点整理は何年の秋頃まで、人証の取調べは何年の春頃までというように大まかな審理計画を立て、手続が進行してある程度確実な見通しが立つようになってから計画を月単位に具体化することも許されると解する（東京地裁・計画審理20頁）。大規模訴訟は、公害訴訟のように、当事者だけでなく一般国民も強い関心をもっているものが多く、可視性・透明性の要請も強いので、そのような大まかなものであっても、審理計画を策定する意義は極めて大きいと考

284

えられるからである。

〔4〕 **特定計画事項**

(1) 審理計画には、必要的計画事項のほかに、特定の事項についての攻撃または防御の方法を提出すべき期間その他の訴訟手続の計画的な進行上必要な事項（以下「特定計画事項」という）を定めることができる。

(2) 特定の事項について攻撃または防御の方法を提出すべき期間を定める場合としては、例えば、不法行為に基づく損害賠償請求訴訟において、①過失の有無について、②損害の有無および損害額について、それぞれ攻撃または防御の方法を提出すべき期間を定めるというようなことが考えられる。

本条にいう「特定の事項」は、裁判長は特定の事項に関する主張を記載した準備書面の提出または特定の事項に関する証拠の申出をすべき期間を定めることができる旨規定している162条にいう「特定の事項」と同義であるが、審理計画の中に盛り込むのであるから、一般に、162条の場合に比べて、より大きな項目が「特定の事項」とされることになろう。つまり、162条は、訴訟の進行状況に応じて活用されるものであるから、いくつかある過失の主張の中で、特定の過失の主張について準備書面や証拠を提出する期間を定めるということが多いが、本条の場合は、少なくとも当初の審理計画にそこまで細分化した「特定の事項」について攻撃または防御の方法を提出すべき期間を定めることはあまり現実的ではない。

攻撃または防御の方法とは、攻撃防御のために用いられる実体法上または訴訟法上の一切の方法をいう。例えば、請求を理由あらしめ、またはなからしめる主張・抗弁・否認あるいは証拠方法・証拠抗弁などである（63条〔2〕(2)）。

(3) 訴訟手続の計画的な進行上必要なその他の事項としては、例えば、和解を試みる時期や期間が考えられる。争点整理終了後3カ月間和解を試みるとか、口頭弁論の終結後2カ月間和解を試みる等と定めることになろう。もっとも、裁判所は訴訟がいかなる程度にあるかを問わず和解を試みることができるのであり（89条）、計画審理を行う場合であっても、民事訴訟における和解の役割が十分に果たせなくなるような運用は避けなければならない（89条〔2〕(4)）。和解と計画審理の調和を図る工夫として、自動延長方式や持ちタイム方式が提案されている（東京地裁・計画審理21頁）。前者は、審理計画には和解時期、期間を明記せず、裁判所は随時和解を試みることができ、和解に用いた期間の分だけ審理計画上の口頭弁論の終結時期および判決の言渡しの予定時期が自動的に延長されるものと

第147条の3〔5〕　第2編 第2章 計画審理

するが、際限なく口頭弁論の終結時期および判決の言渡しの予定時期が延長されるのを避けるため、審理計画には、この自動延長による判決の言渡しの予定時期の延長期限を明記するというものである。後者は、和解期間を〇カ月以内と定めた審理計画を作成する（したがって、和解を試みても判決の言渡しの予定時期が延長されることにはならない）が、和解時期は裁判所に委ねるというものである。現実性のある工夫として評価できる。

〔5〕　審理計画の変更

(1)　訴訟は、いわば生き物のようなものであり、手続が進行するに従って、審理計画策定時には予想しなかったような事態が生じることがある。当事者の主張・立証の応酬によって、あるいは、文書送付嘱託や調査嘱託等で第三者の有する情報がもたらされることによって、審理に時間を要する新たな争点が生じることもあるし、訴訟手続の中断・受継（124条）、訴訟参加（第1編第3章第3節）等によって、訴訟環境が大きく変わることもある。このような場合には審理計画どおりの審理は困難になり、審理計画の変更が必要となる。審理計画どおりの審理ができなくなるのは、審理計画策定時に予想しなかったような事態が生じた場合だけではない。当事者の不誠実な訴訟追行、特に一方当事者の不誠実な訴訟追行のために審理計画どおりの審理が困難になる場合もある。

(2)　審理計画の変更は、裁判所が当事者双方と協議して行う。裁判所と当事者との協議の趣旨や審理計画の変更の裁判の性質等については、審理計画の策定について述べたこと（前記〔2〕(1)(4)）がそのまま妥当する。必要的計画事項の変更であろうと、特定計画事項の変更であろうと異ならない。期間を延長する場合だけでなく、期間を短縮する場合も（判決の言渡しの予定時期を早める場合のように、双方当事者に何らの不利益も与えず、変更に当たらないと解する余地のある場合もあるが）、原則として変更に当たる（東京地裁・計画審理26頁）。審理の初期の段階で季節単位等の大まかな審理計画を立て、手続の進行に従って月単位の審理計画に具体化していく場合（前記〔3〕(5)）や、必要的計画事項に変更を加えることなく、特定計画事項を追加していくような場合は、必要的計画事項の期間を変更するものではないから、審理計画の変更にはならないという考え方もある（東京地裁・計画審理26頁）が、審理計画の内容に変更を加えるものであることに変わりはないので、やはり審理計画の変更になるというべきである（一問一答平成15年改正22頁）。

第147条の3〔5〕

(3) 審理計画が変更されたときは、変更された計画の内容を口頭弁論調書に記載しなければならないこと（規則67条1項2号）や、これを当事者に伝達することが望ましいことは、計画審理の策定について述べた（前記〔2〕(7)）のと異なるところはない。

(4) 一方当事者の不誠実な訴訟追行のために審理計画どおりの審理が困難になるような場合については、平成15年の民訴法改正により、計画審理が行われているときには、特定計画事項として定められた提出期間または裁判長の定めた提出期間（156条の2）の経過後に提出された攻撃防御方法を、157条（時機に後れた攻撃防御方法の却下）よりも緩やかな要件で却下することを可能とする規定が設けられた（157条の2。詳しくは同条の注釈参照）。

(5) 計画審理は、現行法が設けた争点整理手続や証拠収集手続が十分に機能し、充実した集中証拠調べができて初めて可能になるもので、決して容易なものではなく、裁判官に対しても判決の言渡しの予定時期を定めなければならないなど、一定の圧迫感を与えるものであるから、審理計画を変更のしにくい窮屈なものと考えると、計画審理は当事者からも裁判官からも敬遠され、結局行われなくなる可能性がある（学者にも計画的な審理が重要で、計画審理にこだわる必要はないという意見もある〔高橋ほか・前掲「《座談会》民事訴訟法改正10年、そして新たな時代へ」ジュリ1317号20頁（山本克己発言）〕）。計画審理は、必要に応じて計画を変更することを予定してひとまず大まかな審理計画を立ててみることに意義があるのであるから（東京地裁・計画審理13頁参照）、一方当事者の不誠実な訴訟追行が原因で審理計画の変更を繰り返すようなことは避けなければならないが、裁判所は、合理性のある限り審理計画の変更には柔軟に対応すべきであり、その点について双方当事者と認識を共通にしたうえで、複雑困難な事件については積極的に計画審理を試みるべきであろう。

第3章　口頭弁論及びその準備

1　本章の構成

　第2編第3章は、第1節「口頭弁論」、第2節「準備書面等」、第3節「争点及び証拠の整理手続」によって構成される。また、規則についていえば、第2編第2章の第1節「口頭弁論」、第2節「準備書面等」、第3節「争点及び証拠の整理手続」、第4節「進行協議期日」が、これに対応する。

　第一審の訴訟手続は、訴え（133条）によって、審判の対象たる訴訟物が特定され、訴状の送達（138条）によって、原被告と裁判所との訴訟法律関係が成立し、以後は、訴訟法律関係上の権利義務を基軸として、当事者と裁判所の訴訟行為が連鎖的になされることによって、訴訟物に関する裁判所の判断資料を形成する手続が進行する。第2編第2章「計画審理」は、その手続全体を貫く規律であり、第3章「口頭弁論及びその準備」は、訴訟物に関する判断の基礎となる事実を確定し、第4章「証拠」によって認定されるべき事実を明らかにし、第5章「判決」へと導かれる。そのような手続の体系の中で、第3章は中核的位置を占めるものといえる。

　本章の内部についてみれば、第1節「口頭弁論」は、裁判所の面前において両当事者が双方の主張を攻撃防御の形で展開する手続であり、第2節「準備書面等」は、当事者が準備書面や当事者照会の方法によって口頭弁論の準備をする手続であり、第3節「争点及び証拠の整理手続」は、準備的口頭弁論、弁論準備手続および書面による準備手続と呼ばれる各種手続によって、裁判所の主導の下に両当事者が協働しつつ、口頭弁論に上程する事実を確定し、さらに後の証拠調べの対象とすべき事実と証拠とを明らかにすることを目的とするものであり、規則第2編第2章第4節「進行協議期日」は、これらの手続による審理を充実させるために、裁判所および当事者が訴訟の進行に関して必要な事項についての協議を行うものである。

第2編 第3章 前注

　理論的にみると、口頭弁論は、当事者の攻撃防御方法に基づいて訴訟物たる権利関係の存否についての判断資料を裁判所が取得するための手続であり、準備書面等は、それを円滑に行うための手段として位置づけられ、争点および証拠の整理手続は、訴訟物に関する判断のための規範適用において意味のある事実についての主張の一致・不一致を明らかにするものということができる（基コメ(2)65頁〔加藤新太郎〕、伊藤262頁）。この両者に証拠調べを加えた全体を審理と呼ぶ。

2　口頭弁論に関する諸原則

　口頭弁論を中核とする審理については、いくつかの基本原則が妥当する。これらの基本原則は、民事訴訟の目的そのものに関わるものと、適正かつ効率的な審理を実現するという合目的的な考慮に基づくものとに分けられる。前者には、公の制度として、当事者に主張・立証の機会を保障しながら、争いある事実についての真実を発見するという目的に沿った、公開主義、双方審尋主義、口頭主義および直接主義が属し、後者には、集中審理主義、職権進行主義、適時提出主義および計画的進行主義が属する。もちろん、これらは基本原則であり、公開主義に対する非公開審理（人訴22条、特許105条の7、不正競争13条など）、口頭主義に対する書面主義（133条1項・143条2項・144条3項・145条4項・261条3項・286条1項・314条1項など）など、適用対象となる事実や行為の特質に応じた例外が認められている。

　また、集中審理主義や適時提出主義は、適正かつ迅速な審理の実現のために、旧法下の併行審理主義や随時提出主義から転換したものであり、計画的進行主義は、その目的のために現行法が採用したものである。従来からの原則である職権進行主義と相まって、これらの原則を具体化した規律の適用にあたっては、裁判所の合理的かつ弾力的な判断が求められる。

3　口頭弁論の準備

　口頭弁論の準備として争点整理（法文では、「争点及び証拠の整理」と呼ばれる）がある。争点整理とは、訴訟物に関して、必要かつ十分な主要事実が主張されているか、主張されている間接事実が主要事実とどのように関連するか、補助事実は何かなどを確定し、関連する証拠の整理をしたうえで、争いのある事実とない事実とを区分し、証拠調べの対象を限定する作業を意味する（基コメ(2)66頁

289

前注　第2編 第3章 口頭弁論及びその準備

〔加藤〕）。また、争点整理と密接に関係するものとして、争点整理の方式の選択など、事件の進行に関わる事項がある。裁判所が当事者と協議のうえで、当該事件に適した進行計画を立案し、必要に応じてそれを修正するための制度が、進行協議期日である（規則95条～98条）。

(1)　争点整理の手段

争点整理は、当事者との協働の下に裁判所が主宰して行うものであるが、当事者に与えられる手段として、準備書面と当事者照会の二つがある。準備書面は、当事者が口頭弁論において主張しようとする事実や、相手方の主張に対する陳述を書面に記載し、これをあらかじめ裁判所および相手方当事者に送付することによって、対応する主張などを相手方に準備させ、それらの主張が口頭弁論において陳述されることによって、争点整理を進めようとするものである。また、当事者照会は、主張または立証の準備のために当事者が相手方に対して直接に照会し、事実や証拠についての相手方の情報を把握することによって、争点整理のための準備を可能にしようとするものである。

(2)　争点整理の方式

裁判所の主宰の下に行われる争点整理の方式として、現行法は、準備的口頭弁論、弁論準備手続および書面による準備手続の3種類を設ける。準備的口頭弁論は、口頭弁論期日において争点整理を行うものであり（164条）、弁論準備手続は、公開を要しない期日（169条2項参照）において争点整理を行い、その結果を口頭弁論に上程するものである（173条）。書面による準備手続は、当事者が遠隔地に居住しているなどの事情があるときに、準備書面の提出、およびこれを補充する電話会議装置による協議を通じて、争点を整理し、その結果を口頭弁論に上程するものである（175条・176条3項・177条。なお、要約書面の陳述による上程につき、178条参照）。いずれの手続を行うかについては、裁判所が事案の性質などを考慮して決定するが、弁論準備手続または書面による準備手続を選択する場合には、それらが本来の審理方法である口頭弁論に代わるものであるために、裁判所が当事者の意見を聴くことが義務づけられる（168条・175条）。

なお、第2編第3章第3節「争点及び証拠の整理手続」前注を参照されたい。

第1節　口頭弁論

口頭弁論は、訴訟手続の中核となるものであり、口頭弁論の必要性（87条1項本文）がそれを示している。口頭弁論の必要性に関しては、87条の注釈を参照されたい。また、口頭弁論は、複数の期日にわたって開かれる場合であっても、判決の基礎としては、一体のものと観念される。これを口頭弁論の一体性と呼ぶ（87条〔2〕(2)）。なお、口頭弁論の一体性は、第一審と第二審とを通じて適用される。

口頭弁論の進行については、職権進行主義が妥当し、裁判所の主導の下に行われるが、口頭主義や直接主義をはじめとする訴訟の審理に関する諸原則（第1編第5章第1節前注2〔本書Ⅱ138頁以下〕参照）が適用され、その下で裁判所が合理的手続裁量に従って、手続を進行させる（基コメ(2)69頁〔加藤新太郎〕）。裁判所の判断は、訴訟指揮権行使の形で具体化する（その内容については、第1編第5章第1節前注3(2)〔本書Ⅱ150頁〕および148条の注釈参照）。また、訴訟指揮権の行使は、手続的事項のみならず、本案についての心証を適切な時期を選んで開示することを含み、釈明権の行使などがそれを代表する。

口頭弁論は、訴訟指揮権行使の形をとる裁判所の訴訟行為と、申立てや主張の形をとる当事者の訴訟行為とが連鎖的に結合して進行するが、特に当事者の事実主張に関しては、弁論主義の原則が妥当し、訴訟物に関する判断の直接の基礎となる主要事実については、当事者の主張なくして裁判所はこれを判断の基礎とすることはできない、あるいは当事者が自白した事実は、裁判所はこれを判断の基礎としなければならないなどの規律が存在する（第1編第5章第1節前注4(1)〔本書Ⅱ160頁以下〕参照）。

（裁判長の訴訟指揮権[1]）

第148条　口頭弁論は、裁判長が指揮する[2]。

2　裁判長は、発言を許し、又はその命令に従わない者の発言を禁ずることができる[3]。

第148条・規則第77条〔1〕〔2〕　第2編　第3章　第1節　口頭弁論

（法廷における写真の撮影等の制限）[4]

　規則第77条　法廷における写真の撮影、速記、録音、録画又は放送は、裁判長の許可を得なければすることができない。

〔1〕　**本条の趣旨**

　裁判所には、民事訴訟手続につき円滑にして充実した進行を図るために広範な訴訟指揮権が付与されている。本条は、裁判所に付与されている訴訟指揮権の一態様としての弁論の指揮権について定めるものである（条解2版915頁〔新堂幸司＝上原敏夫〕）。訴訟指揮権は、その性質上裁判所に属し、合議体ではその代表者として裁判長が、単独体ではその裁判官が、口頭弁論の指揮にあたる。

　本条は、その直接の適用範囲は第一審の口頭弁論手続に限られるが、第一審受訴裁判所の行う弁論準備手続（170条5項）、控訴審・上告審の口頭弁論手続・弁論準備手続（297条・313条）にも準用されている。また、受命裁判官・受託裁判官が単独で行う手続においても、弁論指揮に相当するものが要請されるが、その場合には、訴訟指揮（弁論指揮）の権限は当該裁判官に帰属する（171条2項・206条）。

〔2〕　**訴訟指揮権と弁論指揮権**

　(1)　訴訟指揮権は、訴訟の適正・公平・迅速・廉価という民事訴訟の目標を念頭に置きつつ、訴訟の目的的・合理的かつ効率的な運営を図るため、裁判所に認められている訴訟の主宰権である。民事訴訟の審理における職権進行主義の具体的発現という性格を有する。この権限を行使する行為が訴訟指揮であり、民事訴訟の審理を秩序づけ、審理の円滑な進行を図るための合目的的活動である。訴訟指揮は、訴訟運営の一部であり、形態としては審理そのものでもある。

　訴訟指揮（訴訟運営）は、①適正妥当な裁判を目的にして、当事者が当該ケースに即して適切に主張・証明などの攻撃防御方法を提出するように促していく実体形成面と、②訴訟手続を適切・円滑に進行させていく手続形成面とに及ぶ。実践的には、当該ケースの具体的内容・審理の進行段階に即応した臨機応変のものであることが必要であるし、当事者が気持ちよく訴訟指揮に従うためには、訴訟関係人の心情にも目配りした当意即妙のものであることを要請される。訴訟指揮の行使の巧拙により、訴訟進行は別の展開をみせるのが常であるから、その適切な行使は、裁判官に課せられた重要な職責である（三ヶ月章「民事裁判におけ

る訴訟指揮」研究(8)57頁、賀集唱「民事裁判における訴訟指揮」曹時24巻 4 号 1 頁〔1972年〕、武藤春光「民事訴訟における訴訟指揮」加藤編・審理25頁、加藤新太郎「訴訟指揮の構造と実務」実務民訴 3 期(3)67頁）。弁論指揮権とは、訴訟指揮権のうち、口頭弁論期日における手続の形式的進行面についての訴訟指揮を対象にするものである。

(2)　訴訟指揮権の形態をみると、①事実行為として行われる場合、②命令的裁判として行われる場合、③形成的裁判として行われる場合とに分かれる。①の例としては、弁論指揮・証拠調べの指揮（本条）などが、②の例としては、釈明処分としての当事者本人の出頭命令（151条 1 項 1 号）などが、③の例としては、弁論の制限・分離・併合（152条 1 項）などがある。裁判の形式面からみると、①裁判所として行うものは、決定であるが、②裁判長・裁判官がその資格において行うものは、命令である。裁判官の訴訟指揮は、その職務行為が裁判官の職務権限の行使として著しく不当・不法で、合理性のないことが明らかな場合に限って国家賠償法上違法となる（東京地判平成 5 ・ 9 ・20判時1490号103頁、判タ865号162頁）。

(3)　口頭弁論期日は事件の呼上げによって開始される（規則62条）が、口頭弁論期日においては、利害の対立する当事者が種々の申立て・主張をし、立証をする。すなわち、最初の口頭弁論期日であれば、原告はまず請求の趣旨を陳述し、被告はこれに対する答弁として、訴え却下または請求棄却の判決を求め、次に原告が請求原因を述べ、さらに被告がそれに対して答弁し、抗弁を提出する。原告は、抗弁に対し答弁したうえ（再抗弁があれば、これを提出し、以下同じように展開する）、被告が争った事実について書証を提出する。被告は（再抗弁に対し答弁したうえ）、否認した事実と抗弁についての書証を提出し、相手方の提出した書証について認否をする。原告は被告の提出した書証の認否をしたうえ、さらに証人・本人等の尋問の申請をする。被告も証人・本人等の尋問の申請をしたうえ、双方がそれぞれ相手方の証人・本人等の申請について意見を述べる。裁判所は合議のうえ次回に尋問する証人の氏名を告げて、期日を続行する旨を明らかにし、裁判長は次回期日を定める（93条 1 項）。

　もっとも、訴訟が最初の期日でこのように進行することは稀で、以上に述べた過程が、弁論準備手続を利用することを含めて、複数回の期日に分かれてされることが多いし、また必ずしもこの順序どおり整然と行われるわけではない。した

第148条・規則第77条〔3〕　第2編 第3章 第1節 口頭弁論

がって、これを秩序立てて行わせ、さらに証人調べの際に複数の証人の尋問の順序を定め、また交互尋問における尋問の順序を法規どおりに行い（202条、規則113条）、あるいは当事者の質問を制限し（規則114条2項）、異議について裁判の結果を告げる（規則117条）など、弁論が円滑に無駄なく進み、当事者に意を尽くした訴訟活動をさせることが必要である。このような作用が、訴訟指揮・弁論指揮である。そこでは、裁判官が適切な裁量を行使することが求められるが、その裁量は、状況適合的であるとともに訴訟関係人に了解可能なものであること、手続保障を前提とするものであること、当事者の意思・意向を尊重するものであることが望ましい（加藤新太郎「基本的な考え方──実務家の視点」大江ほか編・手続裁量12頁）。ただし、訴訟関係人に了解可能なものであることが要請されるといっても、事柄によりけりであり、例えば、期日に立ち会う代理人の数については、期日を開く場所の収容能力、その期日に予定されている手続の内容、裁判所の法廷警察権・指揮権行使の難易等に照らし、裁判所は合理的と認められる限度まで制限することができる（最大決平成10・12・1民集52巻9号1761頁、判時1663号66頁、判夕991号68頁）。

　(4)　事件の呼上げ・次回期日の指定は裁判長の独自の権限に属する（93条、規則62条）し、訴訟指揮の権限のうち特に裁判所の権限と定められている行為（151条〜153条・155条・157条・89条等）は、弁論指揮権からは除外される。これらを除き、上述した弁論の指揮をしていくことは、合議体の代表者としての裁判長がする行為である。これらの訴訟指揮に関する裁判長の権限を陪席裁判官に包括的に委任することはできない（法律実務(3)257頁）が、裁判長が風邪で声が出ないような場合に陪席裁判官が発声して弁論指揮するよう委任することは可能である（注釈(3)106頁〔松本博之〕）。

　当事者は裁判長の訴訟指揮に関する命令に対して異議を述べ、裁判所の裁判を受けることができる（150条）。これらの訴訟指揮に関する決定および命令は、臨機応変で柔軟であることが要請されるから、いつでも取り消すことができる（120条）。弁論準備手続におけるこれらの弁論の指揮に関する権限は弁論準備手続をする裁判官が有する（171条）。

〔3〕　**弁論指揮権の内容**

　裁判長・裁判官は、口頭弁論において、弁論指揮をする必要上、当事者・訴訟代理人・補助参加人・補佐人・証人・鑑定人その他の者に対し、発言を許しまた

は禁止することができる（本条 2 項）。発言許可と発言禁止とが明示的に定められているのは、これらが口頭弁論手続が円滑に進行するために意味があるだけでなく、発言を禁止された者にとって重大な効果をもたらすことによる。すなわち、発言を禁止された者がこれを無視して事実上発言を続けることもあるが、その発言は訴訟上効力を有しない。また、本案に関する弁論前に発言が禁止された場合には、当事者の欠席（158条・159条 3 項・263条）と同視される不利益を受けることになる。

発言禁止命令はその期日においてのみ効力を有し、この点において、弁論能力の欠如を理由とする陳述禁止（155条 1 項）と異なる。また、本来このような発言禁止は例外的に行われるものであるから、必要がなくなれば、いつでも取り消すことができる（120条）。

〔4〕　**法廷警察権**

(1)　裁判長が訴訟指揮権を行使して当事者その他の者に対し発言を禁じても、その者がその命に従わず、法廷が混乱を来すことがある。また傍聴人が裁判所傍聴規則に従わず、法廷の秩序の維持ができないことがないでもない。このような状況において、合議体による審理の場合には、裁判長、単独裁判官による審理の場合には、担当の裁判官は、裁判所の職務の執行を妨げ、または不当な行状をなす者に対し、退廷を命じ、その他入廷禁止命令、着席命令、起立命令等法廷の秩序を維持するに必要な事項を命じ、または処置をとることができる（裁71条。最高裁事務総局総務局『裁判所法逐条解説(下)』35頁〔法曹会、1967年〕）。さらに、裁判長（単独裁判官）は、後述のとおり、法廷における写真の撮影等についての許可をも与える（規則77条）。これらは訴訟指揮権ではなく、法廷警察権である。

法廷警察権は、法廷を主宰する裁判長・裁判官が開廷中の法廷内の秩序を維持し、審理の妨害を制止するために必要な処置をとることのできる権限であり、裁判権そのものに付随するものである（兼子＝竹下・裁判法294頁、条解 2 版916頁〔新堂＝上原〕）。法廷とは、時間的には、開廷中およびこれに接着する前後の時間帯を含み、場所的には、法廷に限定されず、廊下・窓外等で裁判長・裁判官が五感の働きによって直接に認識できる場所を含むというように、膨らみを持ったものと解される。裁判所庁舎について管理権者の有する庁舎管理権に基づく措置とは異なるが、法廷を膨らみを持ったものと捉えると、外延部分では重なるところもないとはいえない。

第149条・規則第63条　第2編 第3章 第1節 口頭弁論

　裁判長は法廷警察権を独自の権限として行使するものであり、合議体を代表して行使するものではない点、訴訟関係人以外の傍聴人等に対しても行使される点などにおいて、訴訟指揮権と異なる。法廷等の秩序を乱し、裁判長または裁判所の命令に従わない者に対しては、別に罰則の定めがある（法廷等の秩序維持に関する法律、法廷等の秩序維持に関する規則）。

　⑵　法廷における秩序維持の観点から、写真の撮影、速記、録音、録画または放送は、裁判長・裁判官の許可を得なければすることができない（規則77条）。旧規則11条と同趣旨の定めであるが、制限事項に、録画が加えられている点が異なる。写真の撮影、速記、録音、録画または放送は、報道機関による希望に基づくことが多いであろうが、それに限定されない。なお、速記は、一定の機器を用いるようなものを想定するものであり、メモを取るような形態のものは含まない（傍聴人による法廷におけるメモ作成が原則として許可されることについては、最大判平成元・3・8民集43巻2号89頁、判時1299号41頁、判タ689号294頁参照）。

　裁判長が法廷における写真の撮影等について許可を与えるかどうかは、手続裁量に委ねられる。その際の考慮要素としては、法廷の秩序維持、当事者その他訴訟関係人の名誉・プライバシー・肖像等の人格権の保護、証人等の自由な陳述の確保などの要請と報道の自由による公共の利益等これらを行うことの必要性・メリットなどを相関的に考量するのが相当であろう（条解規則169頁）。

（釈明権等[1]）

第149条　裁判長は、口頭弁論の期日又は期日外において、訴訟関係を明瞭にするため、事実上及び法律上の事項に関し、当事者に対して問いを発し、又は立証を促すことができる[2][3][4][5][6]。

2　陪席裁判官は、裁判長に告げて、前項に規定する処置をすることができる[7]。

3　当事者は、口頭弁論の期日又は期日外において、裁判長に対して必要な発問を求めることができる[8]。

4　裁判長又は陪席裁判官が、口頭弁論の期日外において、攻撃又は防御の方法に重要な変更を生じ得る事項について第1項又は第2項の規定による処置をしたときは、その内容を相手方に通知しなければならない[9]。

296

第149条・規則第63条〔1〕

（期日外釈明の方法・法第149条）

規則第63条 裁判長又は陪席裁判官は、口頭弁論の期日外において、法第149条（釈明権等）第1項又は第2項の規定による釈明のための処置をする場合には、裁判所書記官に命じて行わせることができる。[10]

2 裁判長又は陪席裁判官が、口頭弁論の期日外において、攻撃又は防御の方法に重要な変更を生じ得る事項について前項の処置をしたときは、裁判所書記官は、その内容を訴訟記録上明らかにしなければならない。[11]

〔1〕 **本条の趣旨**

現行法の審理モデルは、《民事訴訟の基本原則の下、可及的速やかに紛争の全体像を把握し、事件の振り分けを行い、裁判所と当事者および訴訟代理人とが協働して、的確な争点整理を行い、争点を決する最良の証拠を提出し、証拠調べを集中的に実施する》という争点中心審理である。釈明は、そうした審理過程の中で、裁判所が「訴訟関係を明瞭にするため、事実上及び法律上の事項に関し、当事者に対して問いを発し、又は立証を促すこと」（本条1項）である。民事訴訟の審理において、裁判所の行う実体形成面の中核的な作業が、この釈明である。釈明の目的は、「訴訟関係の明瞭化」であり、民事訴訟を情報処理プロセスとしてみると、釈明は、裁判所と当事者双方との間で情報交換を図って、その整序をし、共通のインフォームド・シチュエーション（Informed Situation）を形成し、事案解明をしていくための基礎作業である（加藤新太郎「釈明」大江ほか編・手続裁量123頁）。

本条は、裁判所ないし裁判官の訴訟指揮権の一内容としての釈明権とこれに関連する当事者の求問権、期日外釈明の手続について定めるものである。訴訟指揮権の中でも、弁論指揮（148条）が職権進行主義に基づく手続の進行に関わるものであるのに対して、本条に定める釈明は、審理の実体形成にまで及ぶものである点に差異がある（釈明に関する実務的基本文献としては、奈良次郎①「釈明権と釈明義務の範囲」実務民訴(1)203頁、同②「訴訟資料収集に関する裁判所の権限と責任」講座民訴(4)125頁、同③「新民事訴訟法と釈明権をめぐる若干の問題(上)(下)」判時1613号3頁・1614号3頁〔1997年〕、武藤春光「民事訴訟における訴訟指揮」加藤編・審理25頁、伊藤博「民事弁論の基礎技術」司研〔1991-Ⅱ〕1頁〔1992年〕、八木洋一「釈明権の行使に関する最高裁判所の裁判例について」民訴56

297

第149条・規則第63条〔2〕　第2編 第3章 第1節 口頭弁論

号80頁〔2010年〕、大竹たかし「控訴審における釈明権の行使」民訴62号53頁〔2016年〕、林道晴「抜本的な紛争解決と釈明」伊藤古稀509頁、加藤新太郎①「民事訴訟における釈明」加藤編・審理227頁、同②「釈明」大江ほか編・手続裁量123頁、同③「釈明の構造と実務」青山古稀103頁など参照）。

　本条は、第一審の弁論準備手続、書面による準備手続に準用される（170条5項・171条2項・176条4項）。また、控訴審・上告審における口頭弁論手続、弁論準備手続、書面による準備手続に準用される（297条・313条）。

〔2〕　釈明（総論）

　(1)　釈明権は、当事者の申立ておよび陳述の欠缺・矛盾・不明瞭・誤謬に注意を喚起して、これを完全にするため訂正・補充あるいは除去の機会を与え、また証拠方法の提出を促すことを内容とする裁判所の権能である。本条1項は、口頭弁論における釈明の基本規定である。

　(2)　釈明の目的は、訴訟関係の明瞭化であるが、これを情報交換と捉えると、裁判所と当事者との間のコミュニケーションそのものである（これを、釈明の意思疎通機能と名づける見解として、石田秀博「新民事訴訟法における釈明権について」民訴46号236頁〔2000年〕）。

　釈明を情報との関係からみると、①情報獲得のための釈明、②情報付与のための釈明に分けることができる。具体的にいえば、①裁判官が当事者の主張のうち不明瞭な点を尋ねることは、裁判官がインフォームドされた状態を形成するための情報獲得のための釈明であり、②裁判官が当事者の主張・証明の構想が不備であることを示唆することは、当事者をインフォームドするための情報付与のための釈明である。釈明は、このように全体としての情報環境整備のための重要な作用である。したがって、釈明の対象は、事実主張および法的主張にとどまらず、立証にも及ぶ。釈明により、不意打ち防止になるとともに、審理の透明化をもたらす。そのようなことから、審理は釈明の連続であるといえる（加藤・前掲②124頁、同・前掲③106頁）。

　釈明についても、他の訴訟指揮の場面と同じように、民事訴訟法の基本原則に適うことを前提として、状況適合的であること、当事者に了解可能であること、手続保障、当事者の自律性・主体性の尊重という手続的配慮が必要となる（加藤新太郎「基本的な考え方――実務家の視点」大江ほか編・手続裁量3頁）。このことは、期日外釈明についても明示されている。すなわち、期日外釈明において、

298

第149条・規則第63条〔2〕

攻撃防御方法に重要な変更を生じうる事項に関する釈明をした場合には、その内容を相手方へ通知するとともに（本条4項）、記録化すべきであるとされる（規則63条2項）。この定めは、この場面における、手続的公正を担保するための手続保障の要請に由来するが、釈明一般についても、一定の手続的配慮の要請は、裁判官の行為を規律するものになる（加藤・前掲②124頁）。

(3) 釈明権の範囲・内容については、当事者主義（処分権主義、弁論主義）との関係があり、その解釈運用のスタンスは、とりわけ弁論主義の考え方如何によって異なることになる。すなわち、①弁論主義を厳格に解し、裁判官の公平・中立をあくまで保持すべく、訴訟資料提出をもっぱら当事者の責任と考えると、事実主張については、その矛盾・不正確・誤謬を指摘し、その是正の機会を与える（消極的釈明）にとどめ、立証ことに具体法な証拠方法については促すべきではないことになる。これに対し、②弁論主義を緩やかに解すれば、(i)本条が、裁判長が当事者に対し立証を促すことを認めている以上、すでになされている当事者の陳述から推論すると、明確には表現されていないが、当事者に陳述の意図があると思われる事項は、裁判長において、それを指摘して当事者に陳述を促す程度の行動は許してもよいとし、(ii)さらに進んでは、事実発見と裁判の適正を重視して、裁判長の発問によって、当事者が自然に従来の攻撃防御方法を変更し、新たな抗弁・再抗弁等の新たな攻撃防御方法と、具体的な証拠方法を提出するかどうかの注意を喚起する（積極的釈明）ことも差し支えないということになる（中野・推認223頁）。このように、その間にニュアンスの差はあるとしても、釈明は、弁論主義の形式的適用によって生じうる不都合を是正することを目的とし、その意味で弁論主義の補充であると考える説（兼子・体系202頁、条解2版917頁〔新堂幸司＝上原敏夫〕、注解(3)369頁〔小室直人＝加藤新太郎〕、菊井・民訴法㊤171頁、三ヶ月・全集164頁、注釈(3)73頁〔伊藤眞〕、109頁〔松本博之〕、伊藤312頁、高橋・重点講義㊤393頁）が現在では通説である（学説の変化については、村松俊夫「終戦後の民事訴訟の一面」村松・諸問題4頁、奈良・前掲①〜③など参照）。

もっとも、弁論主義と釈明権との結び付きを稀薄に解する見解（竹下守夫・百選〔第2版〕169頁）もあり、釈明権は職権探知主義の下でも必要で、本来は口頭弁論の審理において、対審構造の目的をよりよく実現するため当事者に充実した弁論を尽くさせるためであるという説明がされる。これに対しては、弁論主義は職権探知主義の手続に対して釈明権・釈明義務の機能が大きく異なるとする反

299

第149条・規則第63条〔2〕　第2編 第3章 第1節 口頭弁論

論（中野貞一郎「釈明権」演習民訴394頁）がされている。

　もうひとつの考え方は、③民事訴訟における真実発見の要請を強調し、釈明権の根拠は真相に合致した解決の必要性に基づくものであり、裁判所が紛争の真相を把握し、事案に即した適切・妥当な判断をすることを得る手段として釈明権があるのであり、同じく真実発見の手段である弁論主義とは、この目的実現のために補完し合うものという見解（奈良・前掲②132頁）である。この説では、釈明権行使の結果口頭弁論の充実が図られることはあるとしても、それは付随的なひとつの現象にすぎないということになる。

　(4)　ドイツ民訴139条が文言上釈明義務として規定しているのに比し、本条は、義務であることを明確にしていないが、釈明権を適切に行使することは、裁判所の訴訟法上の義務である（反対──磯村義利「釈明権」民訴講座(2)488頁）。具体的事件においては、裁判長が釈明権を行使すれば釈明を求められた当事者が勝ち、行使しなければ敗訴することがあり、そのため、釈明権はマグナ・カルタと呼ばれることもあった。弁論主義の下では、判決の基礎となる事実の主張・立証は、当事者が提出することが原則である。しかし、当事者の陳述が不明瞭である場合に、これを明確にさせることは相手方が適切に応答するためにも必要であり、また、当事者の事実の主張や証拠の申出の不用意・不十分を指摘して、主張・立証を尽くさせるのでなければ、適正な判決をすることはできないし、迅速な審理も望めない。当事者の不完全な主張・立証をそのままにしておいて、安易に主張・立証責任の分配の原則に従って判決をすることは、効率的に実体的真実を発見するという弁論主義の目的に反することは明らかである。そのように考えると、裁判所の権能としての釈明権を適切に行使することは審理の基本であるということができ、釈明権の不行使が同時にその釈明義務の違反として違法となると解されるのである。もっとも、裁判所に釈明義務があるからといって当事者に事案解明の責任がなくなるわけではなく、当事者が主張・立証責任を担うという弁論主義の原則に変更があるものではない。

　(5)　釈明権を行使すべきであるのに、裁判所がこれを怠るときには、釈明義務違反・釈明権の不行使といえる。これは、上告理由または上告受理申立理由になる（312条3項・318条1項）のであろうか。旧法下においては、釈明義務違反は法令違反として上告理由になると解されていた。これに対して、現行法においては、法令違背は、高裁に対する上告との関係では、なお相対的上告理由（312

第149条・規則第63条〔2〕

条3項）であるが、最高裁に対する上告の関係では、上告理由とはならず、「法令の解釈に関する重要な事項」として上告受理によって対処される（318条1項）。したがって、釈明義務違反・釈明権の不行使は、法令違背として高裁に対する上告理由になるが、最高裁との関係では、「法令の解釈に関する重要な事項」と認められる場合に、初めて上告受理申立理由になる。

「法令の解釈に関する重要な事項」とは、一般的に、その法令の解釈が個別事案の処理を超えて広く影響する問題であって、最高裁が解釈を示すことが法令解釈の統一のために必要なものと解されるところ、釈明義務違反の有無・釈明権の不行使の適否は事案の個別性・状況適合性など個別の事情に関わるものであるから、法令の解釈に関する重要な事項に該当することは相対的に多くはないと考えられる。

現行法下において、最高裁が、釈明義務違反として原判決を破棄・差戻しをしたケースとしては、次のものがある

①　建設重機の借上げ代金請求事件において、税務署による債権の差押えに基づき第三債務者として弁済したとの抗弁を債務者がした場合について、原審が、当該差押えは遅延損害金に対するものであることが明らかであるとして元本部分の弁済を認めなかったのに対し、第三債務者は元本および遅延損害金の全額を弁済したとの認識を有しており、担当職員もその旨の領収書を発行しているという事情の下では、原審は、元本債権に対する差押えについての主張の補正および立証をするかどうかについて釈明すべきであるとして、上告受理を認めて、原判決の破棄・差戻しをした事例（最判平成17・7・14判時1911号102頁、判タ1191号235頁）。

②　市が連合町内会に対し私有地を無償で神社施設の敷地としての利用に供している行為が憲法の定める政教分離原則に違反し、市長において同施設の撤去および土地明渡しを請求しないことが違法に財産の管理を怠るものであるとして、市の住民が怠る事実の違法確認を求めている住民訴訟において、前記行為が違憲と判断される場合に、(ア)前記神社施設を直ちに撤去させるべきものとすることは、氏子集団の同施設を利用した宗教的活動を著しく困難なものにし、その構成員の信教の自由に重大な不利益を及ぼすものとなること、(イ)神社施設の撤去および土地明渡請求以外に、例えば土地の譲与、有償譲渡または適正な対価による貸付け等、前記行為の違法性を解消するための他の手段がありうることは、当事者の主

301

第149条・規則第63条〔2〕 第2編 第3章 第1節 口頭弁論

張の有無にかかわらず明らかであること、(ウ)原審は、当事者がほぼ共通する他の
住民訴訟の審理を通じて、前記行為の違憲性を解消するための他の手段が存在す
る可能性があり、市長はこうした手段を講ずる場合があることを職務上知ってい
たことなど判示の事情の下では、その違憲性を解消するための他の合理的で現実
的な手段が存在するか否かについて審理判断せず、当事者に対し釈明権を行使し
ないまま、前記怠る事実を違法とした原審の判断には違法があったとして破棄・
差戻しをした事例(最大判平成22・1・20民集64巻1号1頁、判時2070号21頁、判
タ1318号57頁)。

　③　法人であるYから定年により職を解く旨の辞令を受けた職員であるXが
Yに対し雇用契約上の地位確認および賃金等の支払を求める訴訟において、原審
が、X、Yともに主張していない法律構成である信義則違反の点についてXに主
張するか否かを明らかにするよう促すとともにYに十分な反論および反証の機会
を与える措置をとることなく、Yは定年退職の告知の時から1年を経過するまで
は賃金支払義務との関係では信義則上定年退職の効果を主張することができない
と判断したことに釈明権の行使を怠った違法があったとして破棄・差戻しをした
事例(最判平成22・10・14判時2098号55頁、判タ1337号105頁)。

　現行法における釈明の評価規範についての判例は、釈明義務違反・釈明権の不
行使が「法令の解釈に関する重要な事項」に該当するかの判断基準につき上告受
理制度の趣旨との関係での明示的な判示はしておらず、その限りで、①ないし
③から必ずしも明らかとはいえない。学説からは、①について一般的な射程を
有するとは認められないような釈明義務違反であると評する論評(基コメ(2)77頁
〔山本克己〕)がみられ、この見解を敷衍すると、最高裁は、釈明義務違反・釈明
権の不行使については、「法令の解釈に関する重要な事項」を緩やかに解してい
るとの理解につながることになりそうである。しかし、①は、第三債務者が元
本及び遅延損害金の全額を弁済したとの認識を有していたこと、担当職員もその
旨の領収書を発行していたことという個別事情から、本来の釈明の趣旨に照らし
て、当該釈明義務違反は本条の解釈に関する重要な事項に該当するものとの当て
はめをしたものであり、「法令の解釈に関する重要な事項」を緩やかに解したも
のと評価することはできない。また、②③は、事案の個別性や審理の状況を勘
案することを与件として、規範的要件にかかる要証命題を導くための積極的事由
と阻害するための消極的事由とが結論(勝敗)の逆転を招くことになることに着

302

第149条・規則第63条〔2〕

目して、評価規範としての釈明義務を観念しているものとみてよい。そうすると、上告受理制度の趣旨に照らし、釈明義務違反・釈明権の不行使に限って「法令の解釈に関する重要な事項」を緩やかに解することは相当とはいえないし、現行法下の判例である①ないし③もそのような解釈をとっているものとは解されない。

　以上のとおり、釈明義務違反・釈明権の不行使についての議論は、高裁が上告裁判所になる場合は従来どおりの意義があり、最高裁に対する関係では、上告受理申立てを経由することになることから、従来よりも限定されることになるが、なお一定の意義を有することになる。

　(6)　従来の議論では、ⓐ裁判所の釈明権の不行使は常に釈明義務違反として違法となるか、ⓑ釈明権の不行使が上告審における破棄の理由となるのはどのような場合かという論点がみられた。前述のとおり、現行法下では、これらの論争の意義は限定的になったのであるが、その点を留保したうえで、以下、みておくことにしよう。

　論点ⓐについて、学説は、①釈明権は事実審の権限行使の問題であるのに対して、釈明義務は事実審の権限不行使に関する上告審の評価の問題であるから、両者の範囲は異なるとする見解（奈良・前掲①207頁）、②行為規範としては釈明権の範囲と釈明義務の範囲とは一致するが、評価規範としての釈明義務は行為規範としてのそれよりも狭くなるとする見解（山本和彦「釈明義務」争点〔新版〕232頁）、③釈明権と釈明義務とは常に相表裏するが、釈明義務違反の中に上告審での破棄事由となるものとならないものとがあるとする見解（三ヶ月・全集164頁）などに分かれる。これらは、説明の仕方の違いという面が大きく、結論としては、釈明権を行使できる範囲と釈明権の不行使の場合に上告審において破棄事由となりうる範囲（釈明義務の範囲）とは一致しないこと、後者は前者より狭いことを認めるのが共通の理解となっており、実務も同様である（兼子・体系204頁、村松・研究28頁、295頁）。なお、第一審における釈明権の不行使は、控訴審における当事者の主張・立証や釈明権の行使によって補完された場合には、釈明義務違反は問題とならない。釈明義務違反が問題となるのは、事実審の事案の解明を不十分として、原判決を破棄する場面においてである。その限りで、実務上は、控訴審における行為規範としての釈明の重要性が強調されるべきであろう（大竹・前掲「控訴審における釈明権の行使」民訴62号53頁参照）。

　論点ⓑについては、釈明権の不行使が上告審における破棄の理由となる場合と

303

して、従前は、①「きわめて顕著な審理の粗雑」と認められる場合（兼子・体系204頁）、②具体的事案に照らして釈明権を行使しないで裁判をすることが、公平を欠き訴訟制度の理念に反する場合（三ヶ月・全集164頁）、③裁判所が釈明権を行使するのが当然であり、当事者も当然それに応じたであろうと認められるような明白な場合（小室・研究210頁）、④釈明権を行使したときにはより適切な判断をすることのできた強度の蓋然性が認識され、事実審がそのような釈明権を行使しなかったことが上告審として是認できない場合（奈良・前掲①208頁）といった説明がされていた。これは、表現の違いこそあるが、各説とも破棄すべきケースを釈明権の不行使の事由と結果との関連で示そうとしているものであり、具体的な差異はそれほどないとみられる。現行法下においても、前述(5)のとおり、最大判平成22・1・20前掲、最判平成22・10・14前掲などは、規範的要件にかかる要証命題を導くための積極的事由（事実と主張）、これを阻害するための消極的事由（事実と主張）については、結論（勝敗）を異にすることになるものであることから、事案の個別性や審理の状況を勘案したうえで、その釈明義務違反のゆえに原判決を破棄している。

(7) 釈明は、①当事者が積極的に特定の申立て・主張等を提出しているが、それらに不明瞭・矛盾・欠缺・不用意がある場合の補充的釈明である「消極的釈明」、②当事者のした申立て・主張等が当該事案について不当または不適当である場合や当事者が適当な申立て・主張等をしない場合に、裁判所が積極的に示唆・指摘して申立て・主張等をさせる是正的釈明である「積極的釈明」とに分けられる。これは、訴訟資料の収集についての裁判官と当事者との関係のあり方に着目し、裁判官の役割内容に関連づけた分類である（中野・推認220頁）。この分類に依拠しつつ、積極的釈明について、統制的釈明（不当不要の申立て・主張を除去することにより、審理の重点を明らかにして審理の無駄を省き、審理の混乱を阻止するための釈明）と助成的釈明（直接必要な申立てや主張・立証を補充・提出することによって事案の真相に合致し、当事者の真意に即した審理展開を図るための釈明）とに細分する見解（小島武司「釈明権行使の基準」新堂編・特別講義339頁）もある。

また、釈明は、当事者の申立て・主張の欠陥を是正するものであるから、その態様に着目して、①不明瞭を正す釈明（当事者の申立て・主張が明瞭でない場合に、これを明瞭にするもの）、②不当を除去する釈明（当事者の申立て・主張が事

案にとって不当・不適当である場合に、これを除去するためのもの）、③訴訟資料補完の釈明（当事者の申立て・主張に不備がある場合に、これを補充するもの）、④訴訟材料新提出の釈明（適切な申立て・主張を新たに追加し、または、従前の不適切な申立て・主張を新たに変更させるためのもの）、⑤立証を促す釈明に分類する見解（奈良・前掲②142頁）もあり、思考整理のためには有用である。

　さらに、弁論主義の領域における釈明（訴訟物を変えることなく、その枠内で攻撃防御方法の提出のみを釈明権の行使により調整しようとするもの）と処分権主義の領域における釈明（従来の訴訟物と別の訴訟物を提出させるよう働きかけるのに釈明権を発動するもの）とに分ける見解（住吉博『民事訴訟読本〔第2版〕』331頁、346頁〔法学書院、1976年〕）もみられる。これは、釈明の態様のうち、訴訟材料新提出の釈明をより上位の概念で分類したものともいえるが、この区別から、釈明権・釈明義務の限界につき有用な基準を得られるか疑問であるという指摘（注釈(3)120頁〔松本〕）がされている。

　(8)　積極的釈明をしないことが釈明義務違反になるための考慮要素としては、(a)判決における勝敗転換の蓋然性（その蓋然性が高いと、釈明義務を認める方向に働く）、(b)当事者の申立て・主張における法的構成の当否（法的性質決定の選択が不適当であるとき、適用されるべき実体法規についての法的見解が裁判所と当事者の間で食い違いがあるときには、釈明義務を認める方向に働く）、(c)期待可能性（当事者が裁判所から釈明されなければ適切な申立てや主張・立証ができないようであれば、釈明義務を認める方向に働く）、(d)当事者の公平（釈明することが当事者の公平を著しく害する結果になるようであれば、釈明義務を認めない方向に働く）、(e)その他の要素（釈明することにより抜本的紛争解決を1回で図りうることは、釈明義務を認める方向に働く。訴訟の完結を著しく遅滞させることになることは、釈明義務を認めない方向に働く）などが挙げられる（中野・推認223頁）。

　(a)は、釈明における実体的正義の要請に由来するものであり、実務的には、考慮要素の中でも、重要度が高いと考えられる。(b)は、釈明が実体形成と関わるところが大きいことを意味している。(c)(d)については、当事者の情報格差につき実質的当事者平等の観点から裁判所が格差を埋めることの当否を相関的に較量することが必要となろう。とりわけ、現代型訴訟における証拠収集・訴訟追行能力の構造的格差是正のために釈明を義務づけるべきか否かは難問である（田中成明『現代裁判を考える』155頁〔有斐閣、2014年〕）。(e)は、訴訟政策的な考慮要素・

第149条・規則第63条〔2〕　第2編 第3章 第1節 口頭弁論

制約要素であるといえる。いずれも、裁判所が当事者に対し一定の発問をすることが、裁量にとどまるものではなく、義務づけられるための考慮要素・制約要素として相当といってよいであろう。これらは、「釈明の義務づけテスト」として機能するものといえる。

　以上によれば、行為規範としての釈明を作動させる場合の考慮要素の留意点は、次のとおりである。第1に、評価規範としての釈明（釈明義務）における考慮要素であった実体的正義（勝敗転換の蓋然性）の観点は、行為規範としても重要な要素である。この点は、状況適合的であることの具体的な姿であるといってもよい。第2に、実質的手続保障も有力な考慮要素である。実質的手続保障の内実は、インフォームド・シチュエーションを形成し、不意打ち防止または実質的当事者平等を確保することであり、公平性と期待可能性とをバランシングすることが要請される。裁判官としては、訴訟関係者のインフォームド・シチュエーション形成支援のための効果的な釈明が日常的な実践的課題になるのであり、手続保障の内実となる、その状況に最適な釈明こそが求められるのである。

　(9)　釈明は、基本的に、裁判官の裁量に委ねられる。この裁量を手続裁量として構成し、判断枠組みを整理する議論として手続裁量論がある。手続裁量論は、訴訟の基本原則である職権進行主義を基礎に置き、手続選択における裁量の必然性を押さえたうえで、手続運営を主宰する責任を委ねられた裁判官の活動のあり方（状況適合的訴訟運営）を考える。その理念は、「裁判に求められる諸要請を満足させるために効率的な審理を目標として、事案の性質・争点の内容・証拠との関連性等を念頭に置き、加えて、手続の進行状況、当事者の意向、審理の便宜等を考慮し、手続保障にも配慮したうえで、当該場面に最もふさわしい合目的的かつ合理的な措置を講じていくこと」であり、そこで発揮されるべき裁判官の裁量を、「手続裁量」として観念し、裁量を発揮すべき問題状況に応じた考慮要素とその優劣を抽出したうえで、ガイドライン・行動準則を設定して、裁量を有効に機能させるとともに、制御していこうとする（加藤・裁量論63頁、同「民事訴訟の運営における手続裁量」新堂古稀(上)195頁、同「基本的な考え方——実務家の視点」大江ほか編・手続裁量7頁など）。

　裁判官の裁量をコントロールしつつ訴訟関係者に了解可能で透明度の高い手続を構築するという同様の意図をもつ学説として、審理契約論がある。審理契約論は、「民事訴訟手続の審理に関して、訴訟法上形成の余地の認められている事項

第149条・規則第63条〔2〕

について、裁判所と両当事者（訴訟代理人）との間でなされる拘束力のある合意」を調達して、訴訟進行をしていこうとする見解（山本・構造論335頁、同「審理契約再論——合意に基づく訴訟運営の可能性を求めて」曹時53巻5号1頁〔2001年〕、同「民事訴訟における裁判所の行為統制——『要因規範』による手続裁量の規制に向けて」新堂古稀(上)341頁、同「基本的な考え方——研究者の視点」大江ほか編・手続裁量15頁など）である。手続裁量論と審理契約論とは、審理過程の適正化について、裁判官主導の合目的的裁量行使をベースに図ろうとするのか、当事者主導の合意調整方式によって図ろうとするのかという点に差異がある。さらに、①当事者の意向についての位置づけ、②裁判官の裁量判断を正当化する理由開示義務を負うとすることなどに違いがみられるが、③手続選択・手続運営において、法令・判例・解釈論で規律することの必要性・有用性についての認識、④裁量を制御するための要因規範と考慮要素・ガイドライン・スタンダードについての発想、⑤訴訟関係者に了解可能で透明度の高い手続を構築するという目的は、手続裁量論と共通するものがある。そうしたことから、両者は、釈明のように裁量をコントロールすべき具体的な場面における規律の内実については類似するところが少なくない。

(10)　釈明と裁量との関係については、「①ある事項を釈明すべきでない、②どちらかといえば、釈明しない方がよい、③釈明してもしなくてもよい、④どちらかといえば、釈明した方がよい、⑤釈明しなければならない」と類型化することができる（加藤・前掲「民事訴訟の運営における手続裁量」新堂古稀(上)201頁）。

　学説では、「裁判所の権能としての釈明権には範囲があるか（限界があるか）」という問題が議論されている。これについては、(i)釈明権の行使の範囲には限界はなく、当・不当の問題となるにとどまり、常に違法の問題は生じないという否定説（村松・研究25頁、磯村・前掲「釈明権」民訴講座(2)481頁、奈良・前掲①226頁、山木戸克己「弁論主義の法構造」中田還暦(下)23頁）、(ii)釈明権は、弁論主義の形式的適用によって生じる欠陥を克服し、弁論主義を手続目的からみて妥当なものにする限度で裁判官に付与されたものであるから、釈明権の権能としての範囲には限界があるとする肯定説（山本・前掲「釈明義務」争点〔新版〕232頁）がある。否定説では、裁判所が釈明の必要を感じて釈明をした場合、その釈明に行き過ぎがあったとしても、これに基づいて提出された当事者の申立て・主張は、有

効であることになる。審理における手続的公正の要請を直視すれば、裁判所の中立性とともに、適切・妥当な範囲において釈明すべきであるという行為規範が導かれるから、肯定説が相当であろう。もっとも、否定説においても、当・不当の問題が生ずることは認めており、釈明における行為規範性を観念していることは留意しておいてよい。このように考えると、①のような（釈明すべきでない）場合を想定することができる。このような釈明に対しては（合議体の審理に限り）異議の申立て（150条）ができる。なお、それだけで偏頗な裁判をするおそれがあるとはいえないにしても、他の事情が加われば、忌避事由に当たる場合もないとはいえないであろう（奈良・前掲①229頁参照）。

　また、⑤（「釈明しなければならない」）は、釈明義務の問題である。そして、②から④まで（「釈明しない方がよい」「釈明しなくてもよい」「釈明した方がよい」）が、裁量の領域である。さらに、事案との関係で、結果的にみて、ある事項について釈明の要否を考えることはなかったことになりうるとしても、釈明の時点においては、類型的に、②「どちらかといえば、釈明しない方がよい」または④「どちらかといえば、釈明した方がよい」とみるのが相当であるという事態も実際に観念される。

　⑾　裁判所の釈明義務の範囲について、当事者本人訴訟か弁護士代理訴訟かによって差異を認めるべきであろうか。これについては、①釈明権の行使は事実の真相に合致した適切・妥当な解決を図るという観点から、両者に差異を設ける必要がないという見解（法律実務(3)274頁、法律実務(4)153頁、奈良・前掲②153頁、畑郁夫「判批」判タ341号110頁〔1977年〕。なお、最判昭和51・6・17民集30巻6号592頁、判時825号45頁、判タ339号256頁における藤林裁判官の反対意見、岸上裁判官の補足意見参照）も少なくないが、②当事者の実質的対等確保という観点からみると、釈明は弁論主義の形式的適用から生じるマイナスを補充して実質的妥当性を意図するものであり、法律の非専門家である本人の訴訟追行と法律専門職である弁護士の訴訟追行との間には大きな差異があるとみられるから、行為規範としての釈明については、本人訴訟と弁護士代理訴訟との差異を肯定してよいと解される（伊藤眞「弁護士と当事者」講座民訴(3)128頁、加藤新太郎「弁護過誤訴訟の日米比較」役割論61頁注(63)、注解(3)393頁〔小室＝加藤〕）。どの程度差別化してよいかは、両者の情報格差・力量格差を具体的に考慮したうえでの賢明な手続裁量に委ねられるといえよう。

第149条・規則第63条〔3〕

〔3〕 釈明に関する裁判例

(1) 釈明に関する判例は、その時期によりかなりの変遷をみている（斎藤秀夫＝安井光男「戦後の釈明権に関する判例」民訴6号192頁〔1960年〕、奈良・前掲①209頁、注釈(3)121頁〔松本〕、注解(3)376頁〔小室＝加藤〕、小島・前掲「釈明権行使の基準」新堂編・特別講義335頁、加藤・前掲「民事訴訟における釈明」加藤編・審理232頁など）。戦前においては消極的釈明の考え方が通説的（松岡・註釈(4)730頁等）であったが、昭和10年前後から大審院の判例が釈明の範囲を拡張したのに照応して、昭和期に入ってからは学説も積極的釈明の傾向が強くなった（村松俊夫「釈明義務の履行」研究64頁、同「弁論主義」「釈明権」総合判例民訴(1)、田中和夫「弁論主義」民商5巻2号107頁〔1937年〕、条解2版921頁〔新堂＝上原〕、三ヶ月・全集163頁）。

昭和20年代（昭和30年前後まで）の最高裁判例は、釈明権の範囲を狭く解し、かつ釈明義務の不履行は上告理由にならないとしていたが、これは、職権証拠調べの廃止・交互尋問など一連の英米法の影響下における民訴法改正の背後にあった当事者主義の風潮を強く受けたことによると思われる。昭和30年代になると、その揺り戻しもあり、釈明権不行使の理由で原判決を破棄する判決がみられるようになり、昭和40年代からは、大審院の判例にみられた新たな主張を補充する釈明（積極的釈明）をしなかったことを違法とする判決も出ている。この変化は、弁論主義に対する考え方の変遷に対応している（なお、ドイツにおいては、わが国に比べさらに釈明権が重視されているようである。三ヶ月「弁論主義の動向」研究(1)50頁以下、木川統一郎「独仏民事法廷の諸相」『民事訴訟政策序説』59頁〔有斐閣、1968年〕）。

以上のような判例の推移について、(ア)大審院が昭和10年前後から釈明義務違反による破棄を多数出した戦前について「職権主義的積極釈明モデル」、(イ)戦後は、昭和30年前後まで釈明権不行使による破棄事例はみられなくなっていたが、この時期を「古典的弁論主義的消極釈明モデル」、(ウ)その後は、昭和30年から40年代にかけて釈明権不行使による破棄事例が増加していき、特に、昭和40年以降は釈明義務違反を明言し、積極的釈明を肯定する判例理論が確立したが、これを「手続保障志向積極釈明モデル」と整理する見解（小島・前掲「釈明権行使の基準」新堂編・特別講義335頁）がある。手続保障志向積極釈明モデルとは、当事者主義を制度的基盤としながら、当事者間に真の対等性を回復しようとする理念や活

第149条・規則第63条〔3〕　第2編 第3章 第1節 口頭弁論

力ある対論こそ適正手続の中核的要素であるとする手続保障の理念と根底のところでつながっているモデルであるとされており、釈明の判例理解につき説得的なものといってよいであろう。

(2)　釈明権に対する判例の基本的態度の変遷についてみることにする。

大審院時代には、釈明義務違反を理由として事実審の判決を破棄し事件を原審に差し戻すべきとしたものが相当数に上った。例えば、①損害賠償の損害額について、裁判長は当事者に立証を促すべきであるとするもの（大判大正9・6・15民録26輯880頁）、②被告が本件贈与契約について、書面を作成しなかったとのみ主張している場合、書面によらない贈与契約でありこれを取り消すとの主張をしたものと解せられないではないから、裁判所は釈明しなければならないとするもの（大判昭和2・11・7評論17巻民訴177頁）、③存在しない債権について仮執行宣言付支払命令を得て、強制執行をして得た金員の返還を不当利得として請求した場合において、この債権が存在しているとの既判力に抵触するという理由で棄却したが、存在しない債権について仮執行宣言付支払命令を得て、強制執行をすることは不法行為となるから、当事者に対しその点を釈明しなければならないとしたもの（大判昭和15・3・2新聞4549号7頁）、④当事者の立証の趣旨との関係で、当事者が主張しているかどうか不明な場合には、一応釈明する義務があるとしたもの（大判昭和15・4・27新聞4572号9頁）、⑤原告の先代を被告とする地上権設定登記の抹消請求の訴訟において、原告先代敗訴の判決が公示送達により送達されて確定したうえ、登記が抹消されたので、原告が再審の訴えを提起したところ、条項の準用がないとして却下された場合の再審の訴えは、前判決の無効の確認を求めるとともに、抹消された登記の回復を求めるものであるかもしれないから、その点を釈明する必要があるとしたもの（大判昭和16・3・15民集20巻191頁。この判例は行き過ぎであるとするものとして、兼子・判例民訴8事件）などが、これである。

このように、釈明権について、大審院当時は、勝つべきものを勝たせ負けるべきものを負けさせるために、釈明義務を広く認め、不明瞭を正す釈明、訴訟資料補充を促す釈明のみならず、訴訟資料の新提出を促すような釈明についても、裁判所は適切に釈明権を行使しなければならない責任があるとされていた。

(2)　最高裁になると、昭和30年前後までは、釈明権の不行使の違法を理由とする破棄判例はほとんどみられなくなった。例えば、①当事者の一方が、ある

310

権利を取得したことをうかがわしめるような事実が訴訟上現われたにもかかわら
ず、その当事者がこれを行使しない場合であっても、裁判所はその者に対し権利
行使の意思の有無を確かめ、または権利行使を促すべき責務はないとしたもの
（具体的には、土地所有者から建物収去土地明渡しの請求を受けた建物の買受人が、
借地法10条〔現借地借家14条〕によって買取請求権を行使したが、建物の上に買取
代金請求について留置権を行使しなかったので、原審は留置権について判断をしな
かった場合、原判決に釈明権不行使の違法ありとして建物買受人が上告したが、釈
明の責務はないとした、最判昭和27・11・27民集 6 巻10号1062頁）、②船舶の引渡
義務の不履行に基づく損害賠償を請求する者は損害額まで立証しなければならず、
裁判所は立証を促す義務はないとして、被告に損害賠償義務があることを認めな
がら、損害額の立証がないという理由で損害賠償請求を排斥しても、釈明権不行
使・審理不尽の違法はないとしたもの（最判昭和28・11・20民集 7 巻11号1229頁）、
③原告から山林の不法伐採禁止の請求をされた被告が伐採個所は隣接する長男
所有地の境界内の土地であって、約25年間継続して占有し植林、刈払いの手入れ
をして来た等の主張をして不法伐採の事実を争った場合に、その土地に対する時
効取得の有無を問うことなく被告を敗訴させても、釈明権不行使の違法があると
することはできないとしたもの（最判昭和31・12・28民集10巻12号1639頁、判タ
67号68頁）などが、それである。

　(3)　以上のように、昭和20年代初期の最高裁判所は、釈明権不行使を違法と
認めなかったが、昭和29年以後において、不明瞭を正す釈明権の不行使を違法と
するものが現われ（最判昭和29・ 8 ・20民集 8 巻 8 号1505頁、最判昭和36・ 4 ・25
民集15巻 4 号891頁、最判昭和37・10・ 9 判時315号20頁等）、昭和30年以降は、釈
明権不行使の違法を理由とする破棄判例が増加してきた。

　もっとも、昭和40年前後までの時期は、消極的釈明が問題とされたケースが多
い。例えば、①行政訴訟という特殊事情はあるが、当事者が明確に無効を主張
する投票のほかに、同種の記載内容の投票があり、投票の検証に際し、当事者が
後者をも選び出したことから、無効の主張が後者をも含む趣旨と解する余地があ
るときは、この点を釈明させるべきであるとしたもの（最判昭和36・12・22民集
15巻12号2908頁）、②ある地域の所有権に基づき地上立木の不法伐採を理由とす
る損害賠償請求において、その一部の所有権が認められ、その地上の伐採立木の
数量・価格等につき新たな証拠を必要とする場合には、これにつきまったく証拠

第149条・規則第63条〔3〕　第2編 第3章 第1節 口頭弁論

方法のないことが明らかである場合を除き、裁判所は、その当事者に立証を促すことを要し、これをすることなく立木の数量・金額の証拠がないとして請求を棄却することは、釈明権の行使を怠り、審理不尽になるとしたもの（最判昭和39・6・26民集18巻5号954頁、判時378号20頁、判タ164号92頁）などは、その例である。

(4)　昭和40年以後は、釈明義務違反を明言する判例が現われ、内容的にも、訴訟資料の補完を促したり、新提出を促したりする釈明権の不行使を違法とするものなど、積極的釈明を肯定するものが増加しており、その傾向は、長く続いている。

例えば、①原告の店員が原告所有の商品を窃取し被告に売り渡したとして、原告からその返還を訴求している場合に、訴状に被告において店員がほしいままに商品を持ち出して売却することの情を知っていた旨の記載があるときは、代理権の有無や表見代理の成否について釈明すべきであったのに、店員は商品を保管していたから窃盗にならないとして排斥したのは違法である（最判昭和43・1・18判時511号44頁）としたもの、②賃借権の譲渡・転貸許容の特約の登記のある建物所有を目的とする土地賃貸借において、賃借権の消滅を第三者に対抗するためには、その旨の登記を経ることを要し、賃借権の共有持分者間では賃借権を準共有していることになる以上、共有持分の一部が消滅するときは、賃貸人は、その持分の賃借人に対し賃借権の持分の移転登記手続を求めえたのであり、原審が何らこの点について釈明権を行使しなかったのは審理不尽のそしりを免れないとしたもの（最判昭和43・10・31民集22巻10号2350頁、判時538号46頁、判タ228号105頁〔これは新しい請求を追加する結果となる釈明をしなかったことを違法とするもの〕）、③当事者の主張（自作農創設特別措置法により被告に売り渡される予定の農地を原告の保有地となるよう取り計らう旨の約束の履行）が法律構成において欠けるところがある場合においても、その主張事実を合理的に解釈するならば正当な主張（売渡しを受けることを停止条件とした農地売買契約）として構成することができ、かつ当事者の提出した訴訟資料のうちにもこれを裏づけうるものが存するときは、直ちにその請求を排斥することなく、当事者またはその訴訟代理人に対してその主張の趣旨を釈明したうえ、主張・立証を尽くさせるべきであるとしたもの（最判昭和44・6・24民集23巻7号1156頁、判時564号49頁、判タ238号108頁）、④請求原因として主張された事実関係とその法律構成が、証拠資料により認定される事実関係と異なり、その請求を認容できない場合においても、そ

第149条・規則第63条〔3〕

の訴訟の経過や訴訟資料・証拠資料からみて別個の法律構成、すなわち、連帯保証契約でなく一種の請負契約に基づく事実関係が主張されるならば請求を認容することができ、紛争の根本的解決ができるのにもかかわらず、原告が明らかに誤解または不注意のためその主張をしないときは、事実審裁判所としては、その釈明の内容が別個の請求原因にわたる結果となる場合でも、その権能として、原告に対しその主張の趣旨を釈明し、発問の形式によって具体的な法律構成を示して真意を確かめることも許されるとしたもの（最判昭和45・6・11民集24巻6号516頁、判時597号92頁、判タ251号181頁）、⑤旧破産法72条（現破160条）により物権変動を否認しこれを原因とする登記抹消請求をしている場合、原告の主張および弁論の全趣旨のうちに旧破産法74条（現破164条）の要件を満たす事情が現われているときに前者の否認を認められない場合、後者の対抗要件の否認についても釈明権を行使すべきであるとしたもの（最判昭和45・8・20民集24巻9号1339頁、判時606号32頁、判タ253号160頁）などはこれである。さらに、⑥強制競売手続が開始された不動産につき停止条件付代物弁済契約に基づき所有権を取得したとして第三者異議の訴えが提起された場合に、目的物件に抵当権が設定されており、物件の価額と債権額の不均衡が主張されていて、この契約が債権者に清算義務を伴う優先弁済を得させる担保契約の趣旨と解する余地があるときは、釈明すべきであるのに、代物弁済という文言に捉われて、本来の意味における代物弁済の停止条件付契約が成立していると速断したのは、契約内容の確定につき審理不尽の違法があるとしたもの（最判昭和42・11・16民集21巻9号2430頁、判時498号12頁、判タ213号228頁）、⑦同種の仮登記担保理論の導入について釈明権不行使を理由に原判決を破棄した判決群（最判昭和43・3・7民集22巻3号509頁、判時525号49頁、判タ224号133頁、最判昭和44・10・16民集23巻10号1759頁、判時574号28頁、判タ240号126頁、最判昭和45・3・26民集24巻3号209頁、判時586号26頁、判タ246号126頁、最判昭和45・7・16民集24巻7号1031頁、判時600号85頁、判タ252号145頁、最判昭和45・8・20民集24巻9号1320頁、判時605号61頁、判タ253号158頁、最判昭和45・9・24民集24巻10号1450頁、判時608号126頁、判タ254号131頁、最判昭和45・11・19民集24巻12号1916頁、判時616号63頁、判タ256号120頁、最判昭和46・3・25民集25巻2号208頁、判時625号50頁、判タ261号196頁、最判昭和48・1・26民集27巻1号51頁、判時695号59頁、判タ289号199頁、最大判昭和49・10・23民集28巻7号1473頁、判時758号24頁、判タ314号152頁など）もみられる。

313

第149条・規則第63条〔3〕　第2編　第3章　第1節　口頭弁論

　(5)　その後の昭和の判例として、①農地の転用届出を条件とする売買に基づき届出およびこれを前提とする所有権移転登記手続を求める訴訟において、目的土地がのちに宅地化していて原告の請求もこのことを前提とするとも解されるときは、釈明権を行使して土地の現況を明らかにすべきであるとするもの（最判昭和50・11・28判時805号63頁）、②証拠に提出されている手形の裏書欄の記載により手形債権を実質的に取得した疑いがあり、その時期如何により手形所持の抗弁の成否が決せられ手形金請求訴訟の結論が異なる場合において、実質的に手形債権を取得した時期等について釈明して、相殺の抗弁を審判すべきであるとするもの（最判昭和51・6・17前掲）、③相手方の主位的主張と予備的主張の双方に対して提出されたと解することができる主張について格別の釈明をすることなく、予備的主張に対する関係だけの主張と解してした判断は、判断遺脱か釈明権の行使を怠った結果であるとするもの（最判昭和54・2・15判時923号78頁、判タ394号64頁）、④土地所有権に基づく土地明渡請求訴訟において、被告が抗弁として土地の買受けを主張するとともに、土地を買受けの時まで長期にわたり賃借していた旨の事情もあわせて陳述し、原告も賃貸を認めていたなどの訴訟の経過があるにかかわらず、売買の無効を判断しただけでこの陳述の趣旨を釈明せず明渡認容の判決をしたのは、占有権の存否につき釈明権不行使の違法があるとするもの（最判昭和55・7・15判時979号52頁、判タ424号72頁）、⑤原告の甲に対する有限会社法30条ノ3（現会社429条）に基づく損害賠償請求とこれを前提とする甲と原告との間の詐害行為取消しを求める原告の被告に対する請求とが併合提起され、前者の訴えが欠席判決で確定した場合に、原被告間の訴訟の控訴審で原告がこの損害賠償債権の有無について立証不要と誤解しているときは、原告に釈明権を行使し、立証を促すべきであるとしたもの（最判昭和58・6・7判時1084号73頁、判タ502号92頁）、⑥交通事故による死者の相続人である妻と子一人（昭55年法51号による民法900条改正前の事案で妻3分の1、子3分の2の割合）が原告となり、自賠責保険金の請求手続を委任した被告に対し、同人が受領した保険金450万円の引渡しを訴求し、請求の趣旨において「原告ら両名に対し450万円」の支払を求める旨記載している場合において、請求の原因、訴訟の経緯等に照らすと、原告らは、請求の趣旨において各原告の取得額を合計した額の支払を求めていることがうかがわれなくはないのに、この点について釈明することなく、原告らが450万円の2分の1ずつの支払を求める申立てをしているものとして判決するこ

第149条・規則第63条〔3〕

とは、請求の趣旨につき釈明権不行使の違法があるとするもの（最判昭和58・10・28判時1104号67頁、判タ516号108頁）、⑦寺院からその所有土地の贈与を受けた終戦前からの権利能力なき社団甲と占領下に甲が解散させられた後に結成された権利能力なき社団乙とが同一性を有するとの主張のほか、不明確ながら乙が甲からこの土地を承継取得したとの主張があるとうかがわれる場合には、この主張の趣旨を釈明すべきであるとするもの（最判昭和60・6・18金判729号37頁）、⑧トラックによる代物弁済を否認したことに基づく価額償還請求訴訟において、償還すべきトラックの時価が記録上ゼロとは考えられず、かつ、審理が主として否認権の発生原因事実の存否についてされ、被告も価額について積極的に争わず何の反証も提出しなかったことから価額償還請求権の発生を肯定する判断に達した場合において、原告に対して価額の立証を促すことなくその立証がないことを理由に請求を棄却した原審には、釈明権不行使による審理不尽の違法があるとするもの（最判昭和61・4・3判時1198号110頁、判タ607号50頁）などがみられる。

(6)　平成に入ってからの最高裁判例も、基本的にこれまでの傾向を維持しており、積極的釈明を肯定するものが少なくない。

例えば、①所有権確認請求訴訟において、原告が、予備的に所有権取得原因事実として取得時効を主張したが、その後これを撤回した場合において、それが原告の誤解ないし不注意に基づくもので、かつ、勝敗転換の蓋然性があるときは、裁判所は原告の真意を釈明すべき義務があるとするもの（最判平成7・10・24裁判集民177号1頁）、②争点が文書の成立の真正であり、当事者が第一審において文書の署名部分の筆跡鑑定の申出をしていたが、第一審では筆跡鑑定の申出を採用するまでもなく文書の成立の真正を認定している場合において、当事者が控訴審における準備書面中で「裁判所が書証の成立の真正に疑問があるとする場合には釈明権の行使に十分配慮されたい」旨指摘しているにもかかわらず、控訴審が文書の成立の真正につき特段の証拠調べをすることなく第一審の判断を覆そうとするときには、「当該文書の署名部分の筆跡鑑定の申出をするかどうか」について釈明義務があるとするもの（最判平成8・2・22判時1559号46頁、判タ903号108頁）、③原告が土地賃貸借および地上建物所有権の確認等を請求する訴訟に対して、被告らが土地を賃借して地上建物を建築したのは原告ではなくその亡父である旨の積極否認をした場合において、その事実が原告の予備的請求原因となるべきものであるときは、裁判所は、原告がこれを自己の利益に援用しなくとも、釈

315

第149条・規則第63条〔3〕　第2編 第3章 第1節 口頭弁論

明権を行使するなどしてこの事実を斟酌すべきであるとするもの（最判平成9・
7・17判時1614号72頁、判タ950号113頁）などがみられる。

　さらに、現行法下では、④建設重機の借上げ代金請求事件において、税務署
による債権の差押えに基づき第三債務者として弁済したとの抗弁を債務者がした
ケースについて、原審が、当該差押えは遅延損害金に対するものであることが明
らかであるとして元本部分の弁済を認めなかったのに対し、第三債務者は元本お
よび遅延損害金の全額を弁済したとの認識を有しており、担当職員もその旨の領
収書を発行しているという事情の下では、原審は、元本債権に対する差押えにつ
いての主張の補正および立証をするかどうかについて釈明すべきであったとして
破棄・差戻しをしたもの（最判平成17・7・14前掲）、⑤市が連合町内会に対し
私有地を無償で神社施設の敷地としての利用に供している行為が憲法の定める政
教分離原則に違反し、市長において同施設の撤去および土地明渡しを請求しない
ことが違法に財産の管理を怠るものであるとして、市の住民が怠る事実の違法確
認を求めている住民訴訟において、前記行為が違憲と判断される場合に、㋐前記
神社施設を直ちに撤去させるべきものとすることは、氏子集団の同施設を利用し
た宗教的活動を著しく困難なものにし、その構成員の信教の自由に重大な不利益
を及ぼすものとなること、㋑神社施設の撤去および土地明渡請求以外に、例えば
土地の譲与、有償譲渡または適正な対価による貸付け等、前記行為の違法性を解
消するための他の手段がありうることは、当事者の主張の有無にかかわらず明ら
かであること、㋒原審は、当事者がほぼ共通する他の住民訴訟の審理を通じて、
前記行為の違憲性を解消するための他の手段が存在する可能性があり、市長はこ
うした手段を講ずる場合があることを職務上知っていたことなど判示の事情の下
では、その違憲性を解消するための他の合理的で現実的な手段が存在するか否か
について審理判断せず、当事者に対し釈明権を行使しないまま、前記怠る事実を
違法とした原審の判断には違法があったとして破棄・差戻しをしたもの（最大判
平成22・1・20前掲）、⑥法人であるYから定年により職を解く旨の辞令を受け
た職員であるXがYに対し雇用契約上の地位確認および賃金等の支払を求める訴
訟において、原審が、X、Yともに主張していない法律構成である信義則違反の
点についてXに主張するか否かを明らかにするよう促すとともにYに十分な反論
および反証の機会を与える措置をとることなく、Yは定年退職の告知の時から1
年を経過するまでは賃金支払義務との関係では信義則上定年退職の効果を主張す

316

ることができないと判断したことに釈明権の行使を怠った違法があったとして破棄・差戻しをしたもの（最判平成22・10・14前掲）などがみられる（上告受理事由である「法令の解釈に関する重要な事項」と④ないし⑥との関係については、〔2〕(5)参照）。

　(7)　釈明権は事案の個別性を反映するものであるから、判例の趨勢を予測することは困難であるが、最高裁の釈明制度に対する基本的な考え方は、「釈明の制度は、弁論主義の形式的な適用による不合理を修正し、訴訟関係を明らかにし、できるだけ事案の真相をきわめることによって、当事者間における紛争の真の解決をはかることを目的として設けられた」（最判昭和45・6・11前掲）というものである。これは、釈明について、積極姿勢を表明するものであり、裁判官の行為規範かつ評価規範を明示したものと受け止められ、その後の判例・実務も、これに即した展開をみせているようにみえる。もっとも、現行法下では、釈明義務違反・釈明権の不行使は上告受理申立理由としての「法令の解釈に関する重要な事項」という要件をクリアすることが必要になり、上告受理制度の趣旨に照らすと、この要件を緩やかに解することは相当とはいえないから、最高裁から、評価規範としての釈明ルールが示されることは、相対的に減少するものと考えられる。

　そうすると、裁判官の行為規範としての釈明義務について現在の判例理論が今後も維持されるか、維持すべきかという問題が残される。難問であるが、釈明に関する現在の判例理論は、裁判官主導型審理をもたらすものであり、これを当事者自立型審理に転換していこうとする場合には、その見直しが図られることが必要になるようにも思われる。手続的正義と実体的正義との調整をどのように図っていくかという問題の一分枝であり、訴訟代理人である弁護士層など手続の担い手の質量の充実などの制度基盤との兼ね合いでも議論が深められることが必要であろう（加藤新太郎「訴訟指揮の構造と実務」実務民訴3期(3)82頁）。

〔4〕　**主張についての釈明（各論）**

　(1)　本条1項の訴訟関係とは、事実および争点を意味する（条解2版918頁〔新堂＝上原〕）。近時は、事実問題に限らず、法的問題についても、当事者の審問請求権とも関連し、不意打ち防止の関係で、釈明の要否が議論されている（栗田睦「裁判官の法見解及び心証の披瀝」争点〔新版〕234頁、山本・構造論308頁、徳田和幸「法領域における手続権保障」吉川追悼(上)125頁各参照）。

　(2)　原告はどのような請求について訴えを提起したかを、また当事者双方は

第149条・規則第63条〔4〕　第2編 第3章 第1節 口頭弁論

どのような攻撃防御方法を提出し、相手方の主張に対してはこれを認めるか争うかを、それぞれ自己の責任で明確にして、争点を整理して、重要な争点を中心に弁論して、速やかに訴訟を終結させるよう努めなければならないが、実際には、不明な点があったり思い違いのため、予期するとおりにはいかない。また、訴訟代理人は当事者から事情を聴き、証拠を調べ、事実関係を明らかにしたうえ、事実を主張しまた相手方の主張事実の認否をすべきであるが、当事者本人その他訴訟関係人は、訴訟代理人に必ずしも常に真実を告げるとは限らないため、これらを適切にできる保障はない。さらに、訴訟遅延の目的をもって、当事者本人が不明を装うことは論外であるが、これもないとはいえない。その結果、当事者双方の主張だけでは、請求と攻撃防御方法が必ずしも明確にならず、また徒に争点が多岐にわたり、事実の認否がはっきりせず、さらにまた争点について必要かつ十分な証拠方法が提出または申請されないような場合も生じる。

　このような場合に、当事者の陳述を明確にし、事案の適正・迅速な解決のために、裁判所としてはかなり広い釈明処分をすることができ（151条）、また裁判長は期日外釈明をすることもできるが、最も多く行われているのは、裁判長が、裁判所を代表して口頭弁論期日においてする釈明権の行使である。

　釈明権は、当事者の主張を明確にし、適切にするとともに、訴訟における申立て・主張等を整理し、その争点を減少させるためにも働く。そこで、弁論準備手続では、裁判官は、争点および証拠を整理する必要上、本条の釈明権を行使しなければならない場合がとても多い（170条による本条の準用）。この意味における釈明権の有無は上告審で問題とならないため、あまり論ぜられていないが、釈明を適切に行い争点を絞り、当事者が真に争点とする事項に訴訟活動を集中することは、紛争の適切・迅速な解決に大いに役立つところである。

　(3)　主張についての釈明としては、①主張の理解に関わるもの、②主張事実の法的意味づけに関わるもの、③証拠との関係で経験則に関わるもの、④争点整理（争点の縮減）に関わるものなどに分類することができる（加藤・前掲「釈明」大江ほか編・手続裁量132頁）。

　①は、例えば、「Aを介して契約を締結した」と主張している場合、その意味を明瞭にするため釈明することである。すなわち、Aは本人に紹介しただけであれば、本人契約の主張ということになるが、Aが代理人という可能性もあるし、使者（本人の授権によって事実行為を行う者）かもしれないから、これを確認す

ることが必要であり、したがって、釈明すべきであるか、釈明したほうがよい。

②は、例えば、表見代理と追認とは、主張事実として共通のものが含まれるが、いずれを（あるいは双方を）主張するのか、その法的意味を明瞭にするため釈明するような場合である。これも釈明すべきであるか、釈明したほうがよい。

③は、例えば、多額の貸金契約について契約書がない理由や少額の貸金契約について契約書がある理由などについて、釈明するような場合である。これも、実質的手続保障の観点からは、釈明したほうがよいということができる（武藤・前掲「民事訴訟における訴訟指揮」加藤編・審理35頁）。

また、④は、効率的訴訟運営の観点からは、釈明したほうがよい。もっとも、裁判所が見通しを誤って争点の縮減をしてしまうというリスクを考慮すると、証拠との関連も押さえた実体形成との関係が重要であろう。

(4)　主張についての釈明に関して、貸金業者から消費者に対する貸金返還請求事件において、被告（本人）に対して消滅時効援用の意思の有無を釈明することの当否という論点がある。実務的には、時効主張（時効援用）については、時効利益を享受する当事者の自由な意思に委ねるのが民法145条の趣旨であることから、その釈明は消極に解するのが伝統的な考え方であった（武藤・前掲「民事訴訟における訴訟指揮」加藤編・審理38頁）。前述のとおり、判例にも、Xから山林の不法伐採禁止の請求をされたYが伐採個所は隣接する長男所有地の境界内の土地であって、約25年間継続して占有し植林、刈払いの手入れをして来た等の主張をして不法伐採の事実を争った場合に、その土地に対する時効取得の有無を問うことなくYを敗訴させても、釈明権不行使の違法があるとすることはできないとしたケース（最判昭和31・12・28前掲）がある（なお、最判平成7・10・24前掲も参照。加藤新太郎「判批」NBL606号65頁〔1996年〕）。時効援用についての釈明を肯定すると、結果として原告の請求が棄却される場合も想定され、当事者の公平を「著しく」害する結果になりかねないという危惧も、消極の方向に傾くことになったものと思われる。このように、伝統的には、時効援用に関する釈明は、「しない方がよい」と考えられてきたといえる。

ところが、近時の簡易裁判所の民事訴訟実務においては、積極姿勢に転換しつつある。これは、消費者信用事件における当事者の顕著な情報格差を埋めることが、裁判所の役割であるという考え方に根ざしている。要するに、簡裁実務においては、このような釈明を、当事者の実質的対等確保（実質的手続保障）の観点

から、「してもよい」と解するようになってきているのである。時効援用一般ということではなく、消費者信用事件という限定した場面におけるものであれば、インフォームド・シチュエーションを形成するための釈明として許容される余地があろう（加藤・前掲「釈明」大江ほか編・手続裁量133頁）。

(5)　ある法律効果を主張する当事者は、その発生に必要な法律要件たる事実（主要事実）を必ず主張しなければならない。しかし、当事者がその主要事実のうちいくつかを主張していないときは、裁判長は、当事者に対し、その点の主張をするかどうかについて問いを発することができるし、これは裁判所の義務である。

問題となるのは、原告の請求がその主張していた請求の趣旨または原因をもってしては理由がないが、それを変更すれば請求を理由ありとして認容できる可能性がある場合、その新請求を示唆することが釈明権の行使として許されるかどうかである。最高裁判例は、これを肯定していることは前述した。

(6)　法律は、裁判所が当然知らなければならないのが原則である。しかし、一部地方または一部社会の慣習法・慣習などは、裁判所は必ずしも知らないから、適用されるべきものとして主張されている慣習は、当事者の主張によっても不明である場合、当事者に釈明しなければならない。

当事者の主張している同一事実に対する適用法律の如何によっては、異なる権利が生ずる場合、例えば、債務不履行による損害賠償と不法行為による損害賠償のように権利が競合している場合に、当事者がその二つの請求のうちどちらかを主張するか、あるいは双方を主張するかが不明であるときは、請求が特定しないから、当事者に釈明して明らかにさせなければならない。初期の最高裁において、当事者が留置権の発生する基礎事実を主張しても、留置権の抗弁を提出しないときには、釈明権を行使する義務はない（最判昭和27・11・27前掲）としたものがあることは前述したが、現在では、積極的な姿勢が要請されている。

当事者が釈明に応じないと、主張の趣旨が不明なことを理由として、却下されることがあり（157条）、要件事実を欠くときは、主張自体失当という理由で請求棄却されるから、不適切な主張を維持すると多くは排斥を免れないことになろう。もちろん、主たる請求を棄却し予備的請求を認容した第一審判決に対する被告の控訴に基づいて、控訴審が主たる請求に対する判断が控訴審の審判の対象とならないとの前提で判断するとき、原告に対し附帯控訴をするかどうかを釈明する義

第149条・規則第63条〔5〕

務はない。

〔5〕　立証・証拠についての釈明

(1)　立証・証拠に関する釈明に関して、当事者が争いのある事実について立証しない場合、一応書証を提出し、あるいは証人尋問の申出をするなど証拠の申出をしているが、そのほかにも十分役に立つ重要な証人や書証があるはずなのに提出されていない場合に、当事者に対し立証を促すべきか、という問題がある。

この点については、大審院の判例でもこれを消極に解しているものもないではなく（大判昭和5・3・15民集9巻281頁）、また同趣旨の最高裁判所の判例（最判昭和28・11・20前掲）があることは前述した。しかし、争いのある主張について、当事者に立証を促す程度の釈明権の行使は、これを行使しても釈明権行使の逸脱とはならないが（反対——松岡・註釈(4)733頁）、当事者が不注意または誤解（最判昭和39・6・26前掲参照）によって立証しないような場合を除いては、立証を促す必要はないと解すべきであろう。例えば、①当事者が損害賠償債権の存否につき立証を要しないと誤解していると認められるときは、裁判所は立証を促す釈明義務があるとしたもの（最判昭和58・6・7前掲）、②破産会社が支払停止になったのち同会社に対する債権の支払に代えて相手方が搬出処分したトラックに関し、否認権行使に基づき現物返還に代えて償還すべき価額を算定する場合において、算定基準時である否認権行使時の時価であって相当額である旨をうかがわせる証拠があるときは、原告に立証を促すべきであるとしたもの（最判昭和61・4・3前掲）、③債権の差押えに基づき第三債務者として弁済した旨の抗弁に係る主張の補正・立証について釈明権の行使を怠った違法があるとしたもの（最判平成17・7・14判時1911号102頁、判タ1191号235頁）などは、立証についての当事者の不注意・誤解に基づくものの例といえよう。

(2)　立証・証拠に関する釈明に関して、書証・証言その他の中に直接現われ、またはそれらから間接にうかがわれる当事者に有利な事実を、当事者が主張する旨を明確にしない場合に、当事者にその主張をするかどうかを釈明すべきか。証拠調べの結果に現われているが当事者がこれを主張することを明らかにしない事実について、当事者に主張をするかどうかを釈明することは議論の余地がある。

口頭弁論に現われた証拠資料によって認定しうる事実は、間接に当事者によって主張されたとする判例（大判昭和8・4・18民集12巻714頁〔ただし、傍論〕）があるが、これは訴訟資料と証拠資料とを区別する弁論主義原則に反するものであ

321

る。釈明権の行使について積極姿勢を示す代表例は、証拠に提出されている手形の裏書欄の記載により手形債権を実質的に取得した疑いがあり、その時期如何により手形所持の抗弁の成否が決せられ手形金請求訴訟の結論が異なる場合において、実質的に手形債権を取得した時期等について釈明して、相殺の抗弁を審判すべきであると判示するもの（最判昭和51・6・17前掲）である（この判例につき、本書旧版Ⅰ839頁は、必ずしも義務ありとまではいえないとする）。前述したとおり、当事者の立証の趣旨との関係で、当事者が主張しているかどうか不明な場合には、一応釈明する義務があるとした判例（大判昭和15・4・27前掲）、行政訴訟という特殊事情はあるが、当事者が明確に無効を主張する投票のほかに、同種の記載内容の投票があり、投票の検証に際し、当事者が後者をも選び出したことから、無効の主張が後者をも含む趣旨と解する余地があるときは、この点を釈明させるべきであるとした判例（最判昭和36・12・22前掲）もみられる。学説では、釈明義務まではないとしても、そのような場合には、釈明権を行使するのが相当とする見解（奈良・前掲①224頁、本書旧版Ⅰ839頁）もあるが、現在の判例の傾向からすると、主張の明確化を図る趣旨で釈明すべきものと解されよう。

　当事者が立証を促す釈明に応じない場合には、裁判所は証拠調べをすることはできず、多くの場合、立証責任によってその当事者に不利益を帰することになる。

　(3)　裁判所が証拠調べの結果一定の心証形成をした場合において、相手方当事者に対して反証の申出を促す釈明をすることが必要か。

　この点について、控訴裁判所において、①争点事実が文書の成立の真正の認定に関わっていること、②当事者が一審において文書の署名部分の筆跡鑑定の申出をしていたこと、③一審では筆跡鑑定の申出を採用するまでもなく文書の成立の真正を認定していること、④控訴審が上記文書の成立の真正につき特段の証拠調べをすることなく一審の判断を覆そうとする場合であること、⑤当事者が控訴審において②の点を考慮して釈明権の行使に十分配慮されたい旨の準備書面を陳述していること等の事情を考慮して、当該文書の署名部分の筆跡鑑定の申出をするかどうかについて釈明義務があるとしたケース（最判平成8・2・22前掲）があることは、前述した。

　このケースを「釈明の義務づけテスト」（前記〔2〕(8)）によってみると、筆跡鑑定をすればその申出をしていた当事者に有利な鑑定結果が得られる余地があるから、勝敗転換の蓋然性はないとはいえない。②⑤の事情を考慮すると、当事

者としては控訴裁判所が文書の成立の真正に疑問を抱いた場合には釈明をしてもらえると考えていると思われるから、自発的に筆跡鑑定の申請をする期待可能性はない。第一審の筆跡鑑定申請については黙示の却下がされているから、本件釈明は新たな証拠申出を促すものではあるが、純然たる新規証拠申出とはいえないから、釈明したとしても、当事者の公平を害するとはいえない。そうすると、このケースでは、実質的手続保障の観点から、釈明を義務づけるのが相当であるといえよう（加藤新太郎「判批」NBL614号56頁〔1997年〕、同「裁判所の釈明義務」百選〔第3版〕126頁）。

(4)　立証についての釈明は、原則的には消極に解されるが、例外を許容することは認めてよい。この点について、①控訴審が原審と異なる法的見解を採るため新たな証拠が必要となり、かつ証拠申出が訴訟記録からみて可能な場合、②控訴審が原審の事実評価と異なる事実評価を行うため、これが当事者に示されさらに証拠申出を行う機会が与えられなければ不意打ちの判決となる場合には、新たな証拠申出を促す釈明義務を肯定する見解（注釈(3)152頁〔松本〕）もみられる。例外的に釈明を義務づけられる場合があるとする立場をとるとすると、個別に、事情により、釈明をしたほうがよい場合、釈明をしてもよい場合も、当然想定されることになる。

〔6〕　**釈明の方法**

(1)　釈明は、質問、心証開示、当事者の訴訟方針についての再検討の示唆など、その方法を問わない。ただ、釈明は、当事者に了解可能なように適切に行うことが要請される。あまりにも漠然とした釈明ではその目的を達しにくいから、具体的に問題点を指示しての釈明をする必要がある場合が多い。要するに、裁判所の釈明の目的を的確に判断し、これに対応することができるような形での具体性が必要なことを考慮すべきであり、ときには資料と関連づけることも許されるであろう。さもないと徒に時間がかかり、しかも応じた当事者の対応が必ずしも的確でないことになり、釈明が無意味になる。ときには書面による釈明も必要なことがあろう（注解(3)394頁〔小室＝加藤〕、奈良・前掲②153頁）。

(2)　裁判長または陪席裁判官の発問、当事者の申立てによる釈明のための裁判長の発問は、口頭弁論調書に記載を命ずべきである（規則67条1項6号）。当事者が釈明に応じて、陳述をしまたは証拠を提出する場合には調書に記載する必要は多くはなく重要なものに限られるが、当事者が釈明に応ぜず、当事者の主張

第149条・規則第63条〔7〕　第2編 第3章 第1節 口頭弁論

が不明または曖昧なことまたは立証のないことを理由として、当事者の主張を排斥する場合には、釈明したことを調書に記載しておく必要がある。なお、本条による裁判長または陪席裁判官の命令に対して、不服のある当事者は異議を申し立てることができる（150条）。

〔7〕　**釈明の主体と釈明の時期**

(1)　陪席裁判官は、裁判長に告げて、訴訟関係を明瞭にするために、事実上および法律上の事実に関して、当事者に対して問いを発しまたは立証を促すことができる。陪席裁判官が発問をするについては、裁判長に告げれば足り、許可を得る必要はない。合議のうえ当事者に発問するときは、合議体の代表者である裁判長が発問するのが当然であるが、口頭弁論の際の陳述などについて合議をしている余裕がない場合などを考慮して、訴訟資料の明確化および判決につき連帯的責任を有する陪席裁判官（法律実務(3)585頁）に発問権を認めているのである。裁判長は口頭弁論を無駄なく円滑に進行させる権限と責任を有しているから(148条)、陪席裁判官の発問を阻止することはできないが、直ちに発問するのが適当でないとするときには、適当な時期に発問をするように求めることができる。主張または立証について、釈明を求めるかどうかが問題のときには、合議のうえこれを決めなければならない。

(2)　裁判官がある事項をどの時点で釈明するかについて、一般的に論じることは難しい。あえて答えるとすれば、「適時に行う」ということになる。そして、「適時」の内容をパラフレイズすれば、第1に、裁判官が事案を理解するために必要な時期であり、第2に、効率的審理を推進していくという目的意識からは、裁判官が気づいた時点で速やかにというのが基本である（加藤・前掲「釈明」大江ほか編・手続裁量125頁）。

　裁判官が気づいていてもその時点で釈明しない例外的な場合としては、当事者の準備等の様子からみてその時点で釈明すると、仮定主張が多くなり、かえって明瞭化を妨げると考えるケースであろう。実際上も、原告に対する釈明は、かなり早い段階で行われ、被告に対する釈明は、被告の事実に関する主張（認否、反論）および反証のスタンスの方向性が打ち出される段階になることが通常である。

　釈明と訴状の審査における補正命令（137条）、補正の促し（規則56条）とは異なる。しかし、実務上は、訴状の必要的記載事項の点検だけでなく、被告が第1回口頭弁論期日に出頭しない場合に（訴状の主張事実を自白したものとみなされ

る結果）認容判決をすることができる程度には主張内容を整えるよう促すことが一般的である。これは、釈明にほかならないから、期日前の措置ではあるが、実質的には期日外釈明と同じ意味を有するから、補正の促しは、本条4項の適用があると解される（基コメ(2)79頁〔山本（克）〕）。また、このことから明らかなように、裁判官は実体的な観点から釈明内容を検討するのが基本である。したがって、裁判官としては、当事者に釈明しても請求原因事実の主張が到底整わないと考えられるようなケースについては、期日前の釈明をしないこともある（加藤・裁量論65頁）。

〔8〕　**当事者の求問権**

当事者は相手方の主張が不明・曖昧なときには、裁判長に、相手方に対し事実上および法律上の事項について発問をするように求めることができる。これを求問権という。その際、裁判長はその事項がすでに明確にされていて発問が不必要である場合（このような場合にはもちろん釈明をしないことは当然である〔東京高決昭和56・3・3判時1000号95頁〕）を除き、相手方に対し問いを発すべきである。

裁判長は口頭弁論を円滑に進行させる権限と責任を有する者であるから、本来当事者は裁判長に発問を求めるのが常道であるが、その際裁判長の発問を待たずに、相手方が直ちに答弁することもある。そのほうが当事者の主張を早く明確にするに役立つときは、双方の応答に任せ、もしそれが口頭弁論を混乱させ、不必要な事項にわたるようになれば、裁判長は発言を禁ずればよい。このような当事者の発言許可と禁止とは、すべて裁判長に一任されている（148条2項）。

〔9〕　**期日外釈明とその手続**

(1)　口頭弁論期日における審理を充実したものとするためには、当事者が十分な準備をすることが必要不可欠であるが、当事者が実効的な準備をするためには、裁判所も記録を精査・検討し、当事者の主張に不明瞭な点があることを認識したり、立証に不十分な点があることを認識した場合には、次の期日を待つまでもなく、口頭弁論の期日外で、必要な釈明を求めることが望ましい。このために、旧法においては、口頭弁論の期日外で釈明準備命令を発することができることとされていた（旧128条）。しかし、命令という厳格な形式により期日外で釈明権の行使をしなければならないとする規律は、実務上、当事者の主張に重大な不備があり、釈明準備命令に応じなければ、その主張を却下しよう（旧139条）と裁判所が考えるような極めて例外的な場合に限られるという事態をもたらした。すな

第149条・規則第63条〔9〕　第2編 第3章 第1節 口頭弁論

わち、やや誇張していえば、釈明準備命令は裃を着た重装備の手続と受け止められ、釈明という臨機応変かつ柔軟な対応を要請される場面で、スムーズな対応を阻害する機能不全に陥っていたのである。しかし、実務的には、口頭弁論の期日外で釈明を求め、効率的に手続を進行していきたいというニーズは当然のことながら存在し、実際にも、裁判所が電話やファクシミリを利用して、主張・立証の不明確な点について、次回期日までに当事者に補充するよう求めることが行われていた。これを「事実上の釈明」ということがあった。

　(2)　本条4項は、このような「事実上の釈明」を法制化し、口頭弁論の期日外においても、期日におけると同様に、必要な釈明を簡易に求めることができるようにした。このような期日外釈明により、裁判所が適時適切な釈明権の行使をすることが可能になり、当事者に充実した訴訟準備を確保し、ひいては訴訟の適正・迅速な進行につながることになる。現行法では、このように広く期日外釈明を認めたことにより、その一態様である釈明準備命令を存続させておく意義が乏しいと考えられ、これは廃止されることとされた（一問一答150頁）。

　相手方の主張が不明確である場合、当事者は口頭弁論につき的確な準備をすることができない。そこで、旧法では、当事者が裁判長に対して必要な発問を求めることができる、いわゆる求問権を認めていたが（旧127条3項）、この求問権の行使は、口頭弁論期日においてするものと解されていた。しかし、期日前・期日間に充実した訴訟準備を図るためには、当事者としては相手方の主張・立証に不明確な点があることを認識した時点で裁判長に対して発問を求めることができるようにすることが効率性の観点からは望ましい。そこで、期日外釈明が認められたため、当事者も期日前・期日間に充実した訴訟準備を図るため、期日外に相手方の事実上・法律上の主張の不明確な点について、裁判長に対して必要な発問を求めることができるとされた（本条3項。一問一答151頁）。

　(3)　裁判所から当事者に対して釈明がされると、その当事者は、従来の主張を補充・変更し、立証を追加する等の対応をする。そのようなことから、どのような釈明が求められたかは、相手方の攻撃防御方法に影響を及ぼすことになる場合がある。釈明権の行使が口頭弁論期日において行われた場合には、相手方も、その期日に出頭することにより、釈明の内容を知ることができるから、釈明に対する対応を予測したうえで、さらにこれに対する攻撃防御を構想することが可能である。しかし、これに対して、期日外釈明については、相手方は釈明権が行使

326

第149条・規則第63条〔10〕

されたことを知ることはできないので、適切な準備をできるようにするためには、釈明を求めた内容を相手方に知らせる必要がある。ただ、釈明の中には、誤記の指摘のようなものもあり、このようなものも逐一相手方に通知することにするのは煩瑣であり実際的でもない。そこで、現行法では、攻撃防御方法に重要な変更を生じうる事項について期日外釈明をしたときに限定して、釈明を求めた内容を相手方に通知しなければならないとしたのである（本条4項）。

釈明事項の通知は、手続保障と審理の公正確保の趣旨で定められたものである。攻撃防御方法に重要な変更を生じうる事項とは、例えば、請求を理由づける主要事実の追加・変更を生じる事項、主要事実を推認させる重要な間接事実の追加・変更を生じる事項、立証を促すなど新たな証拠が追加される可能性のある事項などが該当する（塩崎勤「釈明権」新大系(2)122頁、一問一答153頁、高地茂世「釈明・釈明処分」法教192号20頁〔1996年〕）。防御権の行使に関わる事項であることは必要であるが、訴訟の勝敗の帰趨を左右する蓋然性のある事項に限定されない。

釈明事項の通知は行為規範であるが、攻撃防御方法に重要な変更を生じうる事項についての釈明事項の通知がされなかった場合であっても、釈明権の行使や、期日外釈明を受けた当事者による主張追加・変更、証拠の追加等の効力には影響を及ぼさない（一問一答153頁）。もっとも、こうした釈明事項の通知がされなかった結果、相手方が十分な準備をすることができなかった場合には、次回の口頭弁論期日において弁論を終結するような訴訟運営は相当とはいえない。

なお、相手方への通知は、裁判所書記官にさせることもできる（規則63条1項参照）。通知の方法としては、電話、ファクシミリ、通知書の郵送など適宜な方法による。

〔10〕 **期日外釈明の方法**

期日外釈明は、裁判所書記官に命じて行わせることができる（規則63条1項）。裁判所書記官は、裁判所の対外的窓口として当事者と接する機会が多く、実際にも、従前の実務でみられた「事実上の釈明」などにおいて裁判所書記官が果たしてきた役割が顕著であったことから、期日外釈明につき、裁判所書記官に命じて行わせることが適当であると考えられたことによるものである（条解規則138頁）。

裁判所書記官は、裁判長・陪席裁判官の命を受けて、当事者に対して期日外釈明を行うことになるが、定型的な釈明内容のものについては、個別的な指示であることを要せず、包括的な指示で足りる。そうすると、裁判所書記官としては、

327

第149条・規則第63条〔11〕　第150条〔1〕　第2編 第3章 第1節 口頭弁論

訴状受理の段階はもとより、期日間準備の段階も含めて、訴訟運営に積極的に関与し、裁判官と協働する執務姿勢が期待されるものといえよう（加藤新太郎「協働的訴訟運営とマネジメント」原井古稀154頁）。なお、期日外釈明の具体的な方法については、電話連絡、ファクシミリ通信のほか、電話会議システムの方法も想定される。

〔11〕　釈明内容の記録化

裁判長・陪席裁判官が、攻撃防御方法に重要な変更を生じうる事項について、期日外釈明をしたときは、裁判所書記官は、釈明のための措置の内容を訴訟記録上明らかにしなければならない（規則63条2項）。この場合には、釈明事項の通知のほか、釈明内容の記録化も要請されるのである。その趣旨は、訴訟経過の明確化である。

釈明のための措置の内容を訴訟記録上明らかにするには、釈明の方法と釈明事項の要旨を記録することで足りる。具体的な記録化の方法としては、釈明事項が記載された書面（ファクシミリ送信した書面など）がある場合には、その書面を訴訟記録に添付すること、電話をかけて行った場合には、電話聴取書などを作成して訴訟記録に添付すること、訴訟記録に編綴された進行管理表などに記載することなどが考えられる（塩崎・前掲「釈明権」新大系(2)123頁）。電話会議システムにより期日外釈明をした場合には、当事者は口頭弁論期日におけると同様に釈明事項を了知しているから、書面化する必要はないと解される（条解規則139頁）。釈明内容の記録化については、仮にこれに違反したとしても、釈明が違法になるわけではなく、訴訟手続の違背を来すものでもないが、裁判所書記官は、その職務懈怠として組織管理上のペナルティを与えられることはある。

（訴訟指揮等に対する異議[1]）

第150条　当事者が、口頭弁論の指揮に関する裁判長の命令又は前条第1項若しくは第2項の規定による裁判長若しくは陪席裁判官の処置に対し、異議を述べたとき[2]は、裁判所は、決定で、その異議について裁判をする[3]。

〔1〕　本条の趣旨

本条は、裁判長が合議体を代表してする口頭弁論の指揮（148条）、裁判長・陪席裁判官による釈明のための処置（149条1項・2項）に対し、不服があるときは、

第150条〔2〕

当事者は異議を述べることができる旨を規定したものである（旧129条と同旨の定めである）。例えば、裁判長が不当にも発言を禁じたときは発言を禁じられた当事者が、また、裁判長・陪席裁判官が当事者に対し、当事者が考えてもいないような新たな主張を示唆したときはその相手方が、異議を申し立てることができる。口頭弁論の指揮・釈明のための処置は、合議体の発言機関として行われるものであるから、こうした裁判官の権限行使には、合議体による監督が必要であるといえる。その意味では、裁判所からみると、異議についての裁判手続は、合議体による監督の手続の定めであるといえるが、当事者からみると、異議は、訴訟指揮に対する当事者によるコントロールの手段であるといえる。なお、証人尋問に関しては、本条の同趣旨の規定として202条3項がある。

〔2〕 **当事者の異議**

(1) この異議は、裁判長または陪席裁判官が合議体の一員としてした命令または処置に対するものであり、これらの者が属する合議体の裁判所の判断を受けるのが適当であるから、同裁判所に対してされるべきである。同じ理由により、単独裁判官・簡易裁判所の裁判官の命令・処置に対しては、異議を述べることはできない。すなわち、本条は、合議体による審理の場合にのみ適用されるのである（条解2版923頁〔新堂幸司＝上原敏夫〕、注解(3)403頁〔齋藤英夫＝加藤新太郎＝小室直人〕、注釈(3)172頁〔松本博之〕）。単独裁判官・簡易裁判所の裁判官の命令・処置に対する不服は、終局判決とともに上訴による救済に待つことになる（東京高決昭和47・12・12判時693号44頁）。もっとも、訴訟指揮に関する裁判はいつでも取り消すことができる（120条）から、当事者は、単独裁判官等に対して、弁論指揮等の取消し・変更を促すことは可能である。この点から、本条は訴訟指揮に対する当事者によるコントロールの手段として理論上・実際上あまり意味がないとする指摘（萩原金美「訴訟指揮と当事者」新実務民訴(1)196頁）もみられる。しかし、民事訴訟の運営においては、様々な要因により不適切な訴訟指揮がされるリスクがあるが、本条の異議は、そうしたリスクを分散する機能を有する。すなわち、裁判所に対して訴訟指揮を再考・是正する機会を付与するうえ、異議制度の存在そのものが手続進行に緊張感を与えることになるのであって、相応の意味はあると解すべきである。

(2) 本条の直接の適用対象は、第一審口頭弁論手続における弁論指揮と釈明のための処置である。本条は、第一審における弁論準備手続にも準用される（170

第150条〔2〕　第2編 第3章 第1節 口頭弁論

条5項）から、弁論準備手続を受命裁判官が行うときも、異議に対する裁判は合議体がする（171条2項但書）。第一審における書面による準備手続における指揮等の異議についても、同様である（176条4項）。なお、証人尋問・当事者尋問・鑑定人尋問の順序を変更する裁判長の裁判に対する異議についても、合議体が裁判をする（202条3項・206条・210条・216条）。

　裁判長の行為であっても、合議体の代表者としてではなく、独自の権限でする行為、例えば、期日の指定（93条1項）・変更、弁論の延期など期日に関する権限や法廷警察権の行使などに対しては、本条による異議を述べることはできない。また、合議体の裁判長がした弁論終結の宣言についても、本条による異議を申し立てることはできない。その理由については、①弁論終結は、弁論の締めくくりであって、弁論のスタートである第1回口頭弁論期日の指定と同様に、裁判長の独自の権限であることを理由とする見解（注解(2)〔初版〕274頁〔齋藤秀夫〕）もみられるが、②弁論終結は、合議体でそのケースの裁判の成熟性の有無（243条）を実質的に判断することが、その前提として必要であり、裁判長による弁論終結の宣言は、合議体による実質的判断を前提とした意思決定を裁判長が表明したものといえ、これも合議体の発言機関として行ったものであるから異議ができないと理解するのが相当である（条解2版923頁〔新堂＝上原〕、注解(3)403頁〔齋藤＝加藤＝小室〕、注釈(3)173頁〔吉野正三郎〕、大阪高決昭和34・7・14下民集10巻7号1496頁）。

　(3)　異議は、口頭弁論の指揮・釈明のための処置が不適法であることを理由としてできることは、ほぼ異論がない（もっとも、釈明権の行使には違法の問題を生じる余地がないとする少数説として、奈良次郎「釈明権と釈明義務の範囲」実務民訴(1)229頁）。釈明権の行使が不適法な場合とは、例えば、発問が当事者の攻撃防御方法と関係ない事項にわたる場合、発問が当事者の権利を害し、または害するおそれのある場合などが想定される。

　釈明権の行使が不適当（不当）である場合も含まれるかについては、古くは、①釈明権の行使が不当である場合にも異議を認めると、異議濫用の弊害があるから、異議理由を違法な場合に限定すべきであり、不当であることは異議の理由とならないとする消極説（松岡・註釈(4)743頁、河本喜与之『民事訴訟法提要』197頁〔南郊社、1934年〕）もみられたが、②不当な釈明権の行使は、当事者の実質的平等の要請に反する結果を招くなど弁論主義原則に悖ることもありうるから、

第150条〔3〕

積極に解するのが相当である（条解2版922頁〔新堂＝上原〕、注解(3)405頁〔齋藤＝加藤＝小室〕）。

異議については別に形式の定めがないから、口頭弁論において口頭で申し立ててもよいし、書面により異議を申し立てることもできる。異議申立てには単純に異議のあることを述べれば足り、裁判長または陪席裁判官の命令・措置が違法・不当である理由を示す必要はないとする見解（条解2版924頁〔新堂＝上原〕、注釈(3)174頁〔吉野〕）が多数説であるが、異議権濫用の防止の観点から、理由明示必要説もないわけではない。実務的には、理由を明示することにより、異議に対する判断がしやすくなるという面があるから、理由を述べることができるときには、そのようにすることが望ましい。

なお、当事者のほか、補助参加人、その訴訟代理人も異議を述べることができる。加えて証人や鑑定人として弁論に関与した者も異議権者になるとする見解（注釈(3)174頁〔吉野〕参照）もあるが、本条が訴訟指揮に対する当事者によるコントロールであるという性質、訴訟手続の過程において派生的争いが生じることを可及的に回避するという観点から、賛成することはできない。

〔3〕 **異議に対する裁判**

(1) 異議の申立てがあったときには、合議体たる裁判所は決定で裁判する（決定の方式については119条）。口頭弁論において当事者が異議を述べたときは、裁判所は口頭弁論中に異議についての決定を言い渡すのが原則であるが、書面で裁判してもよい。

異議の裁判は、忌避の場合と異なり、異議を述べられた裁判長・陪席裁判官も、関与することができる（条解2版924頁〔新堂＝上原〕、注解(3)406頁〔齋藤＝加藤＝小室〕、注釈(3)175頁〔吉野〕）。この異議が釈明権行使の主体である合議体の判断を求める申立てである以上、合議体の構成裁判官全員が関与して異議の当否を判断するのが当然であるからである。

(2) 裁判長・陪席裁判官の命令・処置が違法・不当であれば、裁判所はこれを取り消す旨の裁判をし、また適法または相当であるときは異議を却下する裁判をする。例えば、当事者の陳述の趣旨に疑いを挟む余地がない場合には、相手方の求問の申立てを容れなかった裁判長の措置に対する異議の申立ては理由がないとして却下することになる（東京高決昭和56・3・3判時1000号95頁）。

この裁判に対しては独立に抗告ができない（328条1項参照。異議申立却下決定

331

第151条〔1〕　第2編 第3章 第1節 口頭弁論

について東京高決昭和38・2・23東高民時報14巻2号28頁、東京高決昭和52・5・31判時859号43頁〔後者は受命裁判官の処置・釈明命令に対する異議について〕）。合議体の訴訟指揮に関する決定として、違法性の点については、終局判決とともに上級審の判断を受ける（283条・313条）ことになる（条解2版924頁〔新堂＝上原〕）。

　(3)　異議に対する裁判の結果、裁判長の命令、裁判長・陪席裁判官の処置が取り消されても、例えば、その釈明命令に基づいてした当事者の主張または立証は有効である（注解(3)406頁〔齋藤＝加藤＝小室〕、注釈(3)176頁〔吉野〕）。異議の裁判は、当事者の主張・立証の取消しそのものを目的とするものではないからである。もっとも、当事者の主張・立証それ自体が瑕疵があり不適法である場合に、その点で無効となることはあるが、それは、この異議の効果とは関係はない。

（釈明処分）[1]

第151条　裁判所は、訴訟関係を明瞭にするため、次に掲げる処分をする[2]ことができる。

　一　当事者本人又はその法定代理人に対し、口頭弁論の期日に出頭することを命ずること。[3]

　二　口頭弁論の期日において、当事者のため事務を処理し、又は補助する者で裁判所が相当と認めるものに陳述をさせること。[4]

　三　訴訟書類又は訴訟において引用した文書その他の物件で当事者の所持するものを提出させること。[5]

　四　当事者又は第三者の提出した文書その他の物件を裁判所に留め置くこと。[6]

　五　検証をし、[7]又は鑑定を命ずること。[8]

　六　調査を嘱託すること。[9]

　2　前項に規定する検証、鑑定及び調査の嘱託については、証拠調べに関する規定を準用する。[10]

〔1〕　本条の趣旨

　本条は、裁判所の釈明処分に関する規定である。旧法131条と同趣旨の定めである。

　本来、当事者は訴訟関係を明らかにする責任を有し、訴訟物である権利関係が

訴状で特定しない場合には、訴状が却下され（137条）、主張が不明瞭で法律上の根拠を欠く場合には主張自体失当であるとして、排斥されるのが弁論主義の原則である。ただ、この原則を貫くときは、当事者に思わぬ不利益を与える結果を生ずることもあるので、このような不利益から当事者を守るマグナ・カルタとして、裁判所に釈明権が与えられている。そこで、訴訟関係が不明瞭な場合には、裁判長・陪席裁判官もこれを明瞭にするために釈明権を行使することができる（149条）。ここにいう訴訟関係とは、講学上の訴訟法律関係ではなく審理の対象となる事件の事実・争点をいう（兼子・体系202頁、注解(3)414頁〔齋藤秀夫＝加藤新太郎＝小室直人〕）。しかし、当事者に対して質問をしたり、特定の主張をすることを促すことを内容とする釈明によっては、訴訟関係を明瞭にすることができない場合も想定される。そのような場合に、本条は、裁判所が釈明のための一定の処分をすることができる旨を定めている。149条の釈明権を補充するものもある（基コメ(2)80頁〔山本克己〕）が、それに限定されるものではない。すなわち、釈明処分を補充的・例外的なものとする根拠は乏しく、本条は、釈明権と並んで審理の充実・訴訟促進を図るための規定であると位置づけるべきである。

〔2〕 釈明処分の意義

(1) 裁判所は、訴訟関係を明瞭にするために一定の処分をすることができるが、これを釈明処分という。釈明処分は、当事者の主張の形成について裁判所が後見的な役割を果たすことができるようにするとともに、主張の不明瞭さから生ずる争点の多様化を防ぎ、争点を明確にして、適正・迅速な裁判をすることを目的とする。訴訟関係を明瞭にし難い原因としては、種々の事情が考えられるので、この処分も、その原因に対応して、1号ないし6号の処分が定められている。

釈明処分は、補充的・例外的なものであり、積極的に行使すべきものではないとされていた時期も過去にはあったが、現行法制定に至るまでの実務では、審理の充実・促進を図るため、釈明処分を積極的に活用する運用が現われてきていた。この時期には、第1回口頭弁論期日前に釈明処分をすることができるかという議論もみられ、これについては、積極説（宮崎公男＝岡久幸治「西ドイツの簡素化法およびシュトゥットガルト方式(2)」判時918号5頁〔1979年〕、条解新版337頁～338頁、本書旧版 I 853頁）、消極説（中野貞一郎「手続法の継受と実務の継受」現在問題81頁、注解(3)414頁〔齋藤＝加藤＝小室〕〔なお416頁、401頁参照〕）とに見解は分かれていた。現行法成立前には、第1回口頭弁論期日前に、ケースによっ

第151条〔2〕　第2編 第3章 第1節 口頭弁論

ては裁判所は事実上の釈明をすることがあり、事実上の釈明の根拠づけに旧法
131条が含まれていたことから、本書旧版 I 853頁では、積極説をとっていた。現
行法では最初の口頭弁論期日前において訴訟の進行に関する参考事項を聴取する
ことが認められており（規則61条）、この参考事項は実体面について事案の詳細
に及ぶものではないが、事実上の釈明で行われていたものを相当程度カバーする
ものである。そうすると、それ以上に第1回口頭弁論期日前に釈明処分を考える
必要性は低くなったといえるが、書面による準備手続（175条）においては、釈
明処分が必要になることもあるから、現行法下でも、積極説が相当である。

　(2)　釈明処分は、訴訟関係を明瞭にするために行うものである。訴訟関係とは、
審理の対象となる事件の事実・争点を指し、釈明処分は、当事者の弁論内容を了
解し、審理の対象となる事件の事実・争点を明瞭にして、訴訟運営を円滑にする
ことを目的とするものである。このように、釈明処分は、弁論整序ないし争点整
理のための手続であるから、争点に関する事実を認定するための証拠調べとは異
なる。したがって、釈明処分として検証をしたり、当事者本人から訴訟関係に関
する事項を聴取をしても、その結果は、証拠としての効力を生ずることはなく、
弁論の全趣旨として裁判官の心証形成の一資料となりうるにすぎない（247条）。
もっとも、釈明処分の結果について、当事者からの主張・証拠として援用されれ
ば、訴訟資料・証拠資料になる（注解(3)414頁〔齋藤＝加藤＝小室〕、注釈(3)182
頁〔吉野正三郎〕）。

　仮処分事件などにおいては、本来、証拠方法としては疎明しか認められていな
いので（民保13条）、即時に取り調べることのできない検証は許されない。ただ、
現地を検分しないと心証を得にくいような場合には、実務上、釈明処分としての
検証をしている例がある。例えば、日照権侵害に基づく建物建築禁止工事差止仮
処分申請事件で建築中の建物と周辺を検分したり、山林の立木伐採禁止仮処分申
請事件で現地を検分するような場合であるが、これは、証拠方法として実施して
いるものではなく、訴訟関係を明瞭にするために行っていると解されるから、不
相当とはいえない（荻田健次郎「保全訴訟における疎明」吉川還暦(上)266頁、条解
新版337頁、注解(3)416頁〔齋藤＝加藤＝小室〕）。もっとも、疎明方法に代替する
目的で釈明処分をすることは許されない。

　(3)　釈明処分は、訴訟指揮の一作用として行われるものであるから職権によ
り決定で命ずる。釈明処分をするかどうかは、裁判所の手続裁量に委ねられてお

り、当事者が釈明処分を申し立てても、職権発動を促す意味しかもたない。また、釈明処分に対する独立の不服申立ては許されない。

本条は、争点を整理して訴訟関係を明瞭にすることを主たる目的とする弁論準備手続にも準用されている（170条5項）。また、控訴審における口頭弁論手続・弁論準備手続にも準用がある（297条）。

〔3〕 当事者本人等への出頭命令

(1) 訴訟代理人がいる場合であっても、その陳述が不明瞭であって、当事者の事実上の主張や争点が明確にならないときは、裁判所は、事実関係・争点を明確にするため、直接事情を知っている当事者本人、本人が未成年者であれば法定代理人の弁論を聞くためその出頭を命ずることができる（本条1項1号）。ただし、法律上の主張が不明瞭である場合には、当事者本人等への出頭命令を発することはできない。法人が当事者である場合にはその代表者に出頭を命ずるのが原則であるが、支配人（商21条）のように法令によって裁判上の行為をすることができる訴訟代理人が訴訟委任をしているときは、法令による代理人に出頭を命ずることができる。

事件の依頼者と訴訟代理人である弁護士との間には緊密な意思の疎通があるのが通常であるが、ときに、これを欠いている場合もないではない。このような場合には、訴訟代理人が的確な事実関係の陳述ができないことがあるが、訴訟の迅速化のためにも、本条1項1号の活用の余地がある。訴訟代理人の陳述が、当事者本人の意思に沿わないという疑いのあるときも同様である。

(2) 釈明処分としての当事者本人の出頭命令は、勧告的なもので、本人に出頭義務はなく、したがって、その出頭を強制することはできない。この点において、証拠方法として当事者本人の尋問のために出頭を命ずる（207条1項）のとは異なる。不出頭の場合にも、208条（不出頭の効果）の適用はなく、虚偽の陳述をしても過料を科すること（209条）はできない。もっとも当事者の不出頭は、弁論の全趣旨として、裁判官の心証形成の一資料となりうる。

当事者本人に対する呼出状には、陳述を求める事項を示して呼び出す必要はない（条解新版338頁、注解(3)417頁〔齋藤＝加藤＝小室〕。もちろん尋問事項を記載することができないものではない）。当事者本人が出頭した場合でも、いわゆる尋問調書を作るべきではなく、当事者本人の陳述によって、その主張が明確になったときは、口頭弁論調書に当事者の主張として記載することになり（規則67条）、

第151条〔4〕〔5〕　第2編 第3章 第1節 口頭弁論

訴訟資料を構成する。本条1項1号の命令によって当事者本人が出頭したときは、訴訟代理人とともに出頭した場合にも、本人の旅費・日当は訴訟費用として計上される（民訴費2条4号）。

〔4〕　準当事者の陳述

釈明処分として、裁判所は、口頭弁論期日において、当事者のため事務を処理し、または補助する者に陳述をさせることができる（本条1項2号）。これが認められたのは、当事者が法人であるような場合には、代表者よりも、事件に関する出来事等に詳しい従業員などの担当者や請負契約・委任契約等に基づき当事者のために事務を処理・補助する者などの、いわゆる準当事者に陳述を求めたほうが適切なことがあると考えられたことによる（一問一答154頁）。現行法において、保全命令の審理に効用を発揮している民事保全法9条の規定にならって、釈明処分のひとつに追加されたものである。釈明処分としてされた準当事者の陳述は、訴訟資料にはならないが、当事者が援用すれば、訴訟資料を構成する。

〔5〕　文書・物件の提出命令

(1)　文書について、当事者が口頭弁論において引用したか、口頭弁論でまだ陳述していないが準備書面には引用してあり、当事者が所持しているものは、裁判所は当該文書を見て当事者の主張を理解するために、当事者に提出を命ずることができる（本条1項3号）。例えば、当事者に釈明しても契約の内容が不明であるときに契約書を、長期にわたる取引について取引の内容と入金の関係が明瞭でない場合、当事者が契約書または帳簿などを弁論で引用しているか、あるいは準備書面に引用しているときには、その提出を命ずることができる。これは、期日において、引用された文書を実際に確認しながら争点整理を行うことが、事実関係を明瞭にするために効果的であると考えられたことによる。補助参加人もここでいう当事者に準ずる。当事者が準備書面に文書を引用したときは、裁判所・相手方からの求めがあればその文書の写しを提出しなければならない（規則82条）が、釈明処分としての提出命令については、裁判所が別段の定めをしなければ、原本を提出しなければならない。通常は当事者から証拠方法として申し出られ、証拠調べされることが多いこともあって、実務上、この提出命令は、ほとんど利用出されていない（法律実務(3)286頁）。

この提出命令は、訴訟関係を明瞭にするためのもので、証拠方法として取り調べるのではない。証拠調べとしての文書提出命令の規定は準用されず（本条2項）、

336

当事者の申立てによって文書の提出命令を発する場合（220条〜223条）と異なり、当事者が命令に応じない場合でも、文書に関する相手方の主張を真実と認めるような不利益（224条）を帰することはできない。もっとも、本条1項3号による提出命令に従わない結果、訴訟関係を明瞭にできず、弁論の全趣旨として、事実認定において間接的に不利益を受けることはある（注解(3)419頁〔齋藤＝加藤＝小室〕）。商業帳簿については、当事者が引用していなくても、裁判所は当事者に提出を命ずることができる（商19条4項）。なお、特許権または専用実施権の侵害に係る訴訟等の損害計算のための必要な書類の提出については、特別の規定がある（特許105条、実新30条、意匠41条、商標39条）。

(2)　文書以外のものでも、当事者が口頭弁論で引用したか、口頭弁論においてまだ陳述していない準備書面に引用している図面・写真・録音テープ・ビデオテープまたは商標・特許あるいは実用新案の物件などで、当事者が所持しているものは、訴訟関係を明瞭にするために、当事者に提出を命ずることができる。書証（224条）、検証（232条）の場合と異なり、当事者がこの命令に応じなかったとしても、直接的な不利益または制裁は受けないが、訴訟関係を明瞭にしないため、弁論の全趣旨として斟酌され、事実認定において間接的に不利益を受けることはある。

〔6〕　**提出文書・物件の留置命令**

(1)　当事者が本条1項3号によって提出した文書その他の物件で、裁判所または相手方が多少時間をかけて丁寧に調査する必要があるが、相手方に預けることを適当としないものは、裁判所に一時文書その他の物件を留め置くことができる（本条1項4号）。訴訟関係を明瞭にするために、一定の時間をかける必要のある場合が想定されるからである。証拠方法として提出された文書については、裁判所は227条によりこれを留置することがある。

(2)　第三者が任意に裁判所に提出した文書その他の物件で、訴訟関係を明瞭にならしめるために必要なもので、第三者が留置を承諾したときは、裁判所に留め置くことができる。第三者に対する提出命令（223条）または送付の嘱託によって提出された文書と異なり、留め置くためには承諾を必要とするが、郵便で送付してきたような場合には、留置につき黙示に承諾したものと解することができよう。留め置いた文書・物件については、提出者と裁判所（国家）との間に保管に関する法律関係が生じ、裁判所は保管義務を負担する（条解2版927頁〔上原

第151条〔7〕　第2編 第3章 第1節 口頭弁論

敏夫〕、注解(3)419頁〔齋藤＝加藤＝小室〕）。

　留め置く期間については、①期間を定めるべき旨の明文はないが、相互の法律関係を明確にするため、文書・物件の留置命令にあらかじめ定めておくのが相当であるという見解（条解2版927頁〔上原〕、注解(2)〔初版〕284頁〔齋藤秀夫〕）もみられるが、②あらかじめ留め置く期間を定めることが難しい場合も少なくないであろうから、その必要はないと解してよいであろう（注解(3)420頁〔齋藤＝加藤＝小室〕）。もっとも、第三者が文書の謄本を提出しているような場合を除いては、長くなると困るようなことが多いから、なるべく速やかに文書・物件を返すよう配慮すべきである。

　〔7〕**検　証**

　裁判所は、釈明処分として検証を命ずることができる（本条1項5号）。検証をしないと、当事者の主張または争点が明瞭にならず、したがってまた証拠の整理ができないような場合、例えば、境界確定の訴えにおいて当事者が自己の立場からそれぞれが勝手に境界線を主張し、現地について検証をしてみないと、共通の基点すら不明であったり、その主張線が現地の土地のどこに当たるのか明らかでない場合が少なくない。通行地役権の範囲の争い、自動車事故による損害賠償請求事件などでも、このようなことが起こりうる。そこで裁判所は主張あるいは争点を明瞭にするため検証を命ずることができるとしているのである。釈明処分の中では、検証は比較的多くされている。

　ここでいう検証は、期日における検証に限られず、裁判所外でのいわゆる現場検証を含み、同様の目的は、現行法下では、裁判所外での進行協議期日（規則97条）でも達成することができる。検証には、本条1項1号ないし4号の場合と異なり、また鑑定・調査嘱託とは同じく、証拠調べの規定が準用されるから（本条2項）、検証をした際、必ず調書を作成しなければならない（規則67条1項5号）し、受命裁判官または受託裁判官によってすることもできる（185条）。検証に要する費用は当事者が負担しなければならないが、職権で行われるから、主張・立証責任の関係で明らかに被告が負担しなければならない場合を除いては、原告に予納させることが必要となる（民訴費2条・12条）。なお、裁判所は職権で検証させる職責を負うものではない（大判大正7・1・31民録24輯80頁、東京高判昭和34・2・26東高民時報10巻2号39頁等。注解(3)420頁〔齋藤＝加藤＝小室〕）。

　裁判所が釈明処分としての検証をした場合、その結果は検証調書として残され、

弁論の全趣旨として事実認定の資料となりうる（247条）。当事者がこれを書証として援用することは差し支えない。とりわけ、釈明処分としての検証が受命裁判官によって実施され調書が作成された場合には、口頭弁論に上程する必要があり、そのために、当事者は書証として援用する必要があるから、このような援用は許されるべきである。

〔8〕　鑑定命令

裁判所は、鑑定を命じないと訴訟関係が明瞭にならない場合、釈明処分として鑑定を命ずることができる（本条1項5号）。例えば、電車・船舶の衝突事故などで過失の主張が不明確な場合、薬品の使用により身体侵害を原因とする損害賠償請求において因果関係が不明な場合、あるいは境界争いで公図上の境界が実際どこであるか不明の場合には、訴訟関係を明瞭にするために、専門家の学識経験に基づく説明を聞くべく鑑定を命ずることが有益である。実務上は、この事例のような場合でも、当事者はまず訴訟外で私的鑑定を求め、その結果に基づいて主張を構成することが多い。

この場合、鑑定人に宣誓を命じ、鑑定について調書を作りまたは鑑定人に鑑定書を作成させることは、証拠調べの場合と同様である（本条2項・215条、規則131条・67条1項3号・4号）。鑑定に要する費用は当事者が負担しなければならないが、職権で行われるから、主張・立証責任の関係で明らかに被告が負担しなければならない場合を除いては、原告に予納させなければならない（民訴費2条・12条）。鑑定人の鑑定の結果は、検証の場合と同様に弁論の全趣旨のひとつになるが、当然には証拠とはならない。ただ、鑑定の結果が書面で提出された場合には、書証としての援用が許される。

〔9〕　調査嘱託

裁判所は、訴訟関係を明瞭にするために、職権で、必要な調査を官庁・公署・学校・商工会議所・取引所その他の団体に嘱託することができる（本条1項6号）。例えば、ある訴訟について、政府関係機関に一定の事項の調査を嘱託し、その回答を得て、主張を明確にするような場合である。釈明処分としての調査嘱託は、186条の調査の嘱託が証拠調べのためにされるのに対し、あくまで訴訟関係を明瞭にするためにされる点で異なる。もっとも、必要な調査を嘱託する点において共通であるから、嘱託すべき事項および手続については、186条が準用される（本条2項）。調査嘱託の結果も、弁論の全趣旨として事実認定に斟酌されるし、

第151条〔10〕　第152条〔1〕　第2編 第3章 第1節 口頭弁論

当事者が書証として援用することができることは検証・鑑定と同様である。なお、弁護士は受任事件について、所属弁護士会に対し、公務所または公私の団体に照会して必要な事項の報告を求めることを申し出ることができ、弁護士会は、この申出に基づき公務所または公私の団体に照会して、必要な事項の報告を求めることができる（弁護23条の2）から、訴え提起前においても、訴訟代理人である弁護士は、本号の調査の嘱託と同様のことをすることができる（制度の概要と実情につき、東京弁護士会調査室編『弁護士会照会制度〔第5版〕』〔商事法務、2016年〕、問題状況につき、伊藤眞「弁護士会照会の法理と運用」金法2018号6頁〔2015年〕参照）。もっとも、弁護士自身が直接または弁護士会に代位して公務所等に必要事項の報告を求めることはできない（大阪地判昭和62・7・20判時1289号94頁、判タ678号200頁。飯畑正男『照会制度の実証的研究』56頁以下〔日本評論社、1984年〕参照）。

〔10〕　証拠調べの規定の準用

　訴訟関係を明瞭にするために、職権でする本条1項各号所定の処分のうち、検証・鑑定および調査の嘱託については、証拠調べの規定を準用する（本条2項）。前述したように、本条1項各号による処分は、いずれも、主張や争点を明確にするためにされるものであって、証拠の収集のためにされるものではない。したがって、証拠調べに関する規定の適用がないことは当然であるが、証拠調べに関する規定の中には検証・鑑定および調査の嘱託の手続について定めているものがあるから、これを準用して、証拠調手続と同一の手続で行うことを定めているのである。

（口頭弁論の併合等[1]）

第152条　裁判所は、口頭弁論の制限[2]、分離若しくは[3]併合[4]を命じ、又はその命令を取り消すことができる[5]。

2　裁判所は、当事者を異にする事件について口頭弁論の併合を命じた場合において、その前に尋問をした証人について、尋問の機会がなかった当事者が尋問の申出をしたときは、その尋問をしなければならない[6]。

〔1〕　本条の趣旨

本条は、適正かつ迅速な審理を行うために（2条参照）、裁判所は、訴訟指揮

第152条〔1〕

権の行使として、その裁量によって口頭弁論（以下、単に「弁論」という）の制限、分離、併合を命じ、またはこれを取り消すことができること等を定めたものである。

弁論の併合、分離、制限の概要は次のとおりである。

民事訴訟の基本的な形態は、金銭の貸主が借主に対してその返済を求める訴訟のように、原告も被告も一人で請求も1個というものであるが、①原告が複数、②被告が複数、③原告も被告も複数という事件も少なくないし、④原告も被告も一人であるが、請求は複数という事件も少なくない。中には、公害訴訟や消費者被害訴訟のように、原告の人数が1000人を超えるような事件もある。これは、基本的には、民事訴訟法が、一定の要件の下で、数人が共同して原告となり、あるいは数人を被告として一の訴えを起こすこと（38条）や、数個の請求を併合して一の訴えを起こすこと（136条）を認めているためであるが、訴え提起後に、本条によって複数の事件の弁論が併合されることになったり、反訴が提起されたりして（いずれの場合も事件が併合されることになり、1個の判決が言い渡されることになる）、前記①ないし④のような形態をとることになる事件もある。

前記①ないし③のように、当事者が複数であるために請求が複数あるものを主観的併合、④のように請求自体が複数あるものを客観的併合と呼んでいるが、主観的併合であれ、客観的併合であれ、一般に、併合審理には、共通の手続で争点および証拠の整理や証拠調べを行うことによって、審理の時間・労力・費用を節減することができ、同一または関連する争点について矛盾・抵触する判断を避けることができるという利点がある。しかし、他方で、当事者や請求が多いと、訴訟が複雑になり、かえって審理が遅滞し、事案の解明も進まないことがあるし、当事者によって争点が異なり（例えば、原因を同じくする損害賠償請求事件であっても、消滅時効の抗弁が認められる可能性の高い当事者とおよそその可能性のない当事者がありうる）、それが訴訟の円滑な進行の妨げになることもあるし、審理が進むに従って、当事者間で訴訟対応が異なってくることもある（和解に向けた協議をするかどうかで対応が異なることも多い）。そのような場合は、審理を円滑に進めるために基本的な形態に近づける方向で弁論を分離する（事件〔訴訟〕を分離することを意味し、分離された事件も、残った事件もそれぞれ判決が言い渡されることになる）ことが必要となる。

基本的な形態の事件においても、攻撃防御方法が多く、争点が多岐にわたるこ

341

第152条〔2〕 第2編 第3章 第1節 口頭弁論

とがあるし、まして併合事件では、請求も攻撃防御方法も多く、争点が多岐にわたることが多い。そのような事件においては、総花的に弁論をするのではなく、まず、特定の争点について弁論を集中し、その後にその余の争点について弁論したほうが効率的に審理が進行できる場合がある（典型的には、訴訟要件の有無のような本案前の争点が存在する場合が考えられる）。このような場合には、弁論をその特定の争点に関する事項に制限する必要が生じることになる。弁論の制限は、弁論の分離とは異なり、同一の訴訟手続内で弁論を順序づけるものである。

〔2〕 **弁論の制限**

(1) 前記のとおり、1個の訴訟手続においても、複数の請求があり、あるいは複数の攻撃防御方法が提出され、争点が多岐に分かれる場合がある。このような場合において、総花的に弁論をすると訴訟が遅延するおそれがあり、弁論を順序づけることによって効率的な審理が可能になると判断されるときは、裁判所は、裁量によって弁論を特定の争点に関する事項に制限することができる。

典型的には、管轄、当事者能力、訴えの利益、当事者適格のような訴訟要件の有無に争いがある場合のように、本案の争点について弁論する前にまずこのような本案前の争点について集中して弁論をするように訴訟指揮をすることが考えられ、実務上、本条に基づいて弁論の制限を命ずる決定までするか否かは別として、このような場合に裁判所が本案前の争点に関する事項に弁論を限定する訴訟指揮をすることはごく一般的に行われている。

本案の争点についての弁論の制限としては、例えば、①原告が、建物売買による所有権移転登記を求めるとともに、予備的請求として、売買契約が無効ならば契約を締結したことから生じた損害の賠償を求める場合に、まず登記の請求について弁論させる、②所有権確認請求の原告が、取得原因として、買受けと時効取得を主張した場合に、まず買受けの事実の存否について弁論させる、③貸金請求の被告が、抗弁として弁済と反対債権による相殺を主張した場合に、まず弁済の事実の存否について弁論させる、④火災による損害賠償請求において、原因と損害額の両方に争いがある場合に、まず原因関係のみについて弁論させるというようなことが考えられる。もっとも、実務上、事実上そのような順序を意識した弁論をすることはあるとしても、本条に基づく弁論の制限の決定まですることは少ない。特に、現行法は、旧法とは異なり、争点および証拠の整理が終了した後に集中的に人証の取調べをする（集中証拠調べをする）ことを原則として

342

いる（182条）ので、特定の争点に関する事項に限定した弁論・証拠調べをするのは、例外的な場合ということになろう。平成15年の「民事訴訟法等の一部を改正する法律」（平15法108号）による民訴法改正によって計画審理が導入され、「審理すべき事項が多数であり又は錯そうしているなど事件が複雑であることその他の事情によりその適正かつ迅速な審理を行うため必要があると認められるとき」には計画審理を行うものとされており（147条の3第1項）、その審理計画においては、「争点及び証拠の整理を行う期間」と「証人及び当事者本人の尋問を行う期間」は区別して定めなければならないこととされている（同条2項）ので、この点からも特定の争点に関する事項に限定した弁論・証拠調べを実施するのは極めて例外的な場合ということになろう。

(2)　弁論の制限をするかどうかは、裁判所の裁量に委ねられていることは前記のとおりであるが、現行法は、前記のとおり、争点および証拠の整理と人証の取調べを区分した審理を求めているのであるから、その趣旨に鑑み、弁論を特定の争点に関する事項に制限することができるのは、その事項が他と独立して判断することのできるものであり、その判断の結果によっては訴訟の終局をもたらす場合に限られる、言い換えれば、弁論を制限できる事項は、中間判決（245条）として独立して判断することができる事項に限られると解すべきである。実際にも争点および証拠の整理と人証の取調べを区分した審理によって訴訟の迅速化がもたらされている（菅野雅之「訴訟促進と審理充実——裁判官から」ジュリ1317号61頁以下〔2006年〕）のであるから、上記のような場合に初めて弁論の制限が訴訟の遅延を防ぎ、効率的な審理に役立つということもできる。

(3)　弁論の制限は決定である。必ずしも口頭弁論を開いて決定をする必要はないので（87条）、答弁書の記載によって本案前の争点が存在することが明らかなような場合は、第1回口頭弁論期日前にその争点に関する事項に弁論を制限することを命じることも許される（注解(3)425頁〔斎藤秀夫＝遠藤賢治＝小室直人〕。反対——前野順一『民事訴訟法論(上)』507頁〔松華堂、1937年〕）。この決定は職権によるものであるから、当事者が申立てをしても職権の発動を促す趣旨のものと解するほかなく、制限を認めない場合にも申立却下の決定をする必要はない（注解(3)426頁〔斎藤＝遠藤＝小室〕）。決定が口頭弁論期日においてなされるときは、調書に記載することになる（規則67条1項7号）。この決定に対しては当事者は独立して不服申立てをすることはできない。

第152条〔2〕　第2編 第3章 第1節 口頭弁論

　⑷　本条1項は、弁論準備手続にも準用されているので、弁論準備手続を行う受訴裁判所または受命裁判官は、弁論準備手続における手続を特定の争点に関する事項に制限することができる（170条5項・171条2項）。

　最高裁の上告事件（上告受理された上告受理申立事件を含む）では、一部の論点についてのみ小法廷から大法廷に回付され、大法廷ではその論点に限って弁論がされ、判断が示される（大法廷の判決後、その判決を前提にして、回付した小法廷でその他の論点について審理され、終局判決がされる）ことがある（いわゆる論点回付。最高裁判所事務処理規則9条参照。最大判平成17・12・7民集59巻10号2645頁、判時1920号13頁、判タ1202号110頁〔小田急線連続立体交差事業認可処分取消、事業認可処分取消請求事件〕もその一例である）が、これも弁論の制限に当たるということができる。

　⑸　弁論の制限がされると、制限された事項に限って弁論および証拠調べが行われ、他の事項に及ぶことはできないが、同一訴訟手続における弁論であり、証拠調べであるから、その弁論内容は、他の争点の判断に際し弁論の全趣旨となるし、その証拠調べの結果は他の争点についての事実認定の資料となる。

　この制限は、その後の審理状況からみて、必要がないと認められるときは、いつでも取り消すことができる（後記〔5〕参照）。

　⑹　制限された事項の審理の結果、その事項が認められ、判決をするのに熟するとき（例えば、前記⑴に掲げた事例において、訴訟要件が欠けることが認められたとき、登記請求、買受けの主張、弁済の抗弁が認められたとき、出火につき重過失が認められないときなど）は、終局判決をし、訴訟は、その余の点についての判断を経ないでその審級を終了する。そうでないときは、その事項について中間判決（245条）をしたうえで、他の事項の審理に移るか、または中間判決をしないで、弁論の制限を取り消して、他の事項について弁論を命ずる。中間判決がされた場合には、当事者は、その判決で判断された事項に関する攻撃防御方法は、原則としてその審級では提出することができないと解すべきである（詳しくは245条の注釈参照）が、中間判決がされなかった場合にも、当事者が弁論の制限された争点についての新たな主張または立証をすることは、適時提出主義（156条）に反することは明らかであり、原則として、時機に後れた攻撃防御方法として却下される（157条1項）ことになろう。

第152条〔3〕

〔3〕 弁論の分離

(1) 一の訴えにおいて複数の請求があるとき（主観的併合または客観的併合が生じているとき）は、その併合が訴えの提起の時から生じている場合でも、訴えの提起後に生じた場合でも（前記〔1〕参照）、裁判所は、訴訟がどの段階にあっても、弁論を分離し、そのうちの特定の請求を別個の訴訟（事件）とすることができる。弁論の分離は、併合訴訟において、①当事者や請求が多いために訴訟が複雑になり、審理が遅滞し、事案の解明も進まない、②当事者によって争点が異なり、それが訴訟の円滑な進行の妨げになる、③審理が進むに従って、当事者間で訴訟対応が異なってきたというような場合（前記〔1〕参照）に、訴訟（事件）を別個の手続に分離することによって審理を単純化し、迅速で円滑な審理を図るために行われるものである。

(2) 弁論の分離をするかどうかは、弁論の制限と同じく、原則として裁判所の裁量に委ねられている。弁論を分離するのが相当な場合としては、一般的には、上記(1)①ないし③のような場合が考えられるが、同一被告に対する貸金請求と手形金請求のように、請求相互間に関連がない場合、手形の振出人と数名の裏書人に対する請求のように、共同訴訟人に対する請求が同種のもの（38条後段）であるにすぎない場合、本訴と反訴との関連性が同一審判を要するほど高くない場合（牽連性がなくても、原告が異議を述べないときは反訴は不適法とならない。146条の注釈参照）なども、分離に適するといえる（条解新版340頁は、牽連性の強い場合には、例えば保証人と主たる債務者を共同被告とする訴訟などの分離について違法ならしめる場合があるとしていたが、条解2版929頁〔新堂幸司＝上原敏夫〕は、このような場合、訴訟指揮として分離は適切でない場合が多いが、分離が違法とまでいえるかは疑わしいと説を改めた）。

併合請求の一部について移送する場合（16条〜19条）にも、まず弁論を分離すべきである。併合請求の一部について判決に熟する場合、例えば、同一被告に対して貸金請求と手形金請求がされている場合、手形金請求については争いがなく、貸金の請求についてのみ抗弁が提出されたときに、弁論を分離する必要はないと説く学説（法律実務(3)289頁）もあるが、実務で多く行われているように、当該請求部分の弁論を分離したうえ、終結して判決をするのが相当である。243条3項の文言からみると、弁論の分離は不要のようにも読めるが、それでは弁論がいつ終結したのか不明で、手続が不明確になり、また当事者に対し不意打ちになる

345

第152条〔3〕 第2編 第3章 第1節 口頭弁論

おそれがあるからである（なお、注解(3)428頁〔斎藤＝遠藤＝小室〕参照）。

(3)　一定の要件が備わっている場合に限って併合が許される（38条・146条、行訴16条〜19条、人訴17条等）のに、その要件が備わっていないにもかかわらず請求が併合されている場合には、原則として、当事者に異議のない場合でも、裁判所はこれを分離しなければならない。その場合、不適法に併合された請求を却下すべしとの判例（大判大正8・12・17民録25輯2324頁。反訴の要件を欠く反訴について、最判昭和41・11・10民集20巻9号1733頁、判時467号41頁、判タ200号92頁）・学説（反訴の要件を欠く反訴について兼子・体系378頁）があるが、必ずしも却下する必要はなく（大判昭和10・4・30民集14巻1175頁）、独立の訴えとして取り扱い（注解(3)429頁、431頁〔斎藤＝遠藤＝小室〕、条解2版929頁〔新堂＝上原〕）、分離の結果、当該裁判所が管轄権を失った場合には、管轄裁判所に移送し、当該裁判所が依然として管轄権を有する場合には、別の事件として審判するのが相当である。

(4)　弁論を分離するかどうかは原則として裁判所の裁量に委ねられていることは前記のとおりであるが、相殺の抗弁のような個々の攻撃防御方法を分離することはできないし、法律上またはその訴訟が併合審理されている趣旨に鑑みて一つの訴訟手続で審理・判決することが求められている場合（合一確定の必要がある場合等）には、分離することはできない。必要的共同訴訟の場合（40条〔5〕(2)(ウ)参照）、同時審判申出共同訴訟の場合（41条〔5〕参照）、独立当事者参加の場合（47条〔6〕参照）、請求が予備的に併合された場合（最判昭和41・4・14訟月12巻10号1400頁）、離婚訴訟において反訴として離婚の請求がされた場合などがその例である。

(5)　弁論の分離も弁論の制限と同じく決定でする。その決定については、第1回口頭弁論期日前に弁論の分離をすることができること等、弁論の制限について述べたのと（前記〔2〕(3)）異なるところはない。被告らの一部について弁論を終結して判決をする場合に、裁判所が口頭弁論で被告らの一部についてのみ弁論を終結することを明らかにしているときには、弁論を分離する旨の黙示の決定がされていると解される。分離の決定も、その後の事情によって、いつでも取り消すことができ、取消しによって分離前と同様1個の訴訟となるが、取消しには遡及効がなく、弁論が併合された場合と同様の関係になる。実務では、分離決定を取り消すのと同趣旨で、分離された事件を再び併合するということも行われてい

る。

(6) 弁論準備手続を行う受訴裁判所または受命裁判官は、弁論準備手続における手続を分離することができること（170条5項・171条2項）は、弁論の制限について述べたのと同様である。弁論準備手続における手続の分離と弁論の分離は異なる点があり、後者は当然に事件（訴訟）の分離を伴うことになるが、前者は当然には事件の分離を伴うものではない。受訴裁判所が弁論準備手続における手続を分離する場合は、黙示の弁論の分離決定もあったと解する余地があるかもしれないが、受命裁判官が弁論準備手続における手続を分離する場合は、その余地はなく、手続の分離だけでなく、事件の分離までするのであれば、別途受訴裁判所による弁論の分離決定が必要となる。もっとも、弁論準備手続の手続が分離されたままそれぞれ弁論準備手続が終結し、受訴裁判所がそれぞれ別個の口頭弁論期日を指定した場合は、その時点で、弁論準備手続における手続の分離決定と同内容の弁論の分離決定が黙示でされたものと解すべきであろう。

(7) 弁論が分離されると、分離された各請求は、別個独立の訴訟手続で審理・判決されることになる。したがって、分離前には共同訴訟人であった者は、他の訴訟手続では、証人能力を有することになる。分離までの訴訟行為・証拠資料は、双方の手続に効力を存続し、分離前の証拠方法は、分離後も、従来の証拠方法のままで証拠資料となり（大判昭和10・4・30前掲）、分離前の本人尋問の結果は、他の訴訟手続において、書証となったり、証言となるのではない。分離によって裁判所の事物管轄や土地管轄に影響はなく、また訴え提起の手数料についても同様である。弁論の分離の裁判に対しては、独立して不服申立てをすることができない（大決昭和5・7・19新聞3166号9頁、東京高決昭和54・9・5判時944号62頁）。

分離後の記録の取扱いは、分離後直ちに判決をする場合には記録を別に作成する必要はないが、他の裁判所に移送する場合には記録の正本を作成することになる（22条〔6〕参照）。また分離をした裁判所が分離されて数個になった事件の全部を審理する場合にも、同じ取扱いによることが多いが、実務上の取扱いでは、一部判決に対して上訴がされ、残部が原審で審理中の場合には、記録を別に作成して上訴審に送付することなく、残部について原審の判決がなされるのを待っている場合もある。訴訟費用の負担については分離された事件ごとに別々の負担の裁判がされる。

第152条〔4〕　第2編 第3章 第1節 口頭弁論

〔4〕　**弁論の併合**

(1)　弁論の併合は、官署としての同一裁判所に係属している数個の事件（訴訟）を同一手続で審判する裁判所の訴訟指揮行為である（刑事事件においては、他の裁判所に係属の事件でも併合することができる〔刑訴6条・8条〕のと異なる）。当事者は、38条（共同訴訟）や136条（請求の併合）に基づいて数個の請求について1個の訴訟として訴えを提起することができるが、弁論の併合は、訴え提起後に、裁判所が数個の事件（訴訟）を1個の事件（訴訟）に結合するものである。

弁論が併合されることなく弁論が終結された複数の事件について、判決言渡し段階で「事件の併合」ないし「判決の併合」ができるかという問題があるが、これを否定する理由はなく（訴訟事件であるから「弁論の併合」が事件の併合を意味することになっているが、訴訟事件以外でも事件の併合はありうるのであって、弁論が終結されたからといって、事件を併合できない理由はない）、これを肯定するのが多数説である（条解2版931頁〔新堂＝上原〕、新堂558頁、伊藤291頁）。

(2)　弁論の併合も、弁論の制限、弁論の分離と同じく決定である。その決定については、第1回口頭弁論期日前に弁論の併合をすることができること等、弁論の制限について述べたのと（前記〔2〕(3)）異なるところはない。実務の取扱いでは、事件を併合して審理する受訴裁判所（通常は、併合すべき事件のうち訴え提起時の古い事件の係属する受訴裁判所）に事件を移したうえ、その受訴裁判所が併合決定をする。併合決定では、どの事件をどの事件に併合するかを各事件ごとにそれぞれ明らかにし、各事件に付された事件番号は、そのまま残して、経過がわかるようにしている。弁論の併合決定に対しては独立して不服申立てをすることはできない。

(3)　弁論の併合は、審理の時間・労力・費用を節減することができ、関連する争点について矛盾・抵触する判断を避けることができるという併合審理の利点を生かすために行われるものである。弁論の併合をするかどうかは、弁論の制限や弁論の分離と同じく、原則として裁判所の裁量に委ねられているが、実際には、当事者が同一であるとか、異なった当事者間のものについては、各請求相互間に法律上の関連がある場合に限られている（ドイツ民訴147条は、「その訴訟の訴訟物である請求が法的関連性を有し又は一個の訴えをもって主張しうべきときに限る」と定めている〔民訴法典研究会編191頁（上原敏夫翻訳部分）〕）。実務上は、関連事件を同一部（同一の受訴裁判所）に集め、しばらく併合決定をしないで並行

348

第152条〔4〕

して審理し、併合したほうが効率的な審理ができると判断されれば併合決定をし、そのまま並行審理をしたほうがむしろ効率的な審理ができると判断されれば併合決定はしないという運用も行われている。

(4) 甲の乙に対する訴訟の係属後にされた甲の丙に対する訴訟を追加して提起する旨の申立ては、両訴訟について38条所定の要件が具備する場合であっても、乙に対する訴訟に当然に併合される効果を生ずるものではなく（最判昭和62・7・17民集41巻5号1402頁、判時1249号57頁、判タ647号109頁）、裁判所による併合決定により併合の効果を生じる。そして、同一裁判所に係属していても、同一審級に係属する訴訟でなければ併合ができないが、同一審級に係属する限り、担当の裁判官が別であっても、合議体の事件と単独体の事件であっても、また、一事件については弁論準備手続が、他の事件については口頭弁論が行われていても差し支えない。

(5) 判断の矛盾・抵触を避けることが求められる類似必要的共同訴訟の場合（40条〔2〕(3)参照）には、弁論の併合が義務づけられている（会社837条、民再146条2項、会更152条6項、船主責任63条4項等参照）。なお、人事訴訟法は、人事に関する訴えと当該人事に関する訴えの請求の原因である事実によって生じた損害の賠償請求に係る訴えが同一の家庭裁判所に係属した場合には弁論の併合を義務づけている（人訴8条2項・17条2項・3項）。

異種の手続について弁論の併合を認めると、手続に混乱が生じるおそれがあるので、異種の手続であっても法律が特別に弁論の併合を認めている場合（行訴16条〜19条、人訴8条・17条）以外は、原則として、弁論の併合は同種の訴訟手続（通常訴訟、行政訴訟、人事訴訟は同種ではない）で審判されるものに限られる。この点について、最高裁は、国家賠償法1条1項に基づく損害賠償請求に憲法29条3項に基づく損失補償請求を予備的・追加的に併合することが申し立てられた場合において、上記予備的請求が主位的請求と被告を同じくするうえ、その主張する経済的不利益の内容が同一で請求額もこれに見合うものであり、同一の行為に起因するものとして発生原因が実質的に共通するなど、相互に密接な関連性を有するものであるときは、上記予備的請求の追加的併合は、請求の基礎を同一にするものとして旧法232条（現143条）による訴えの追加的変更に準じて許されると判示して（最判平成5・7・20民集47巻7号4627頁、判時1474号68頁、判タ829号148頁）、極めて限定された要件の下ではあるが、民事訴訟事件に行政訴訟事件

349

第152条〔4〕 第2編 第3章 第1節 口頭弁論

を併合することを解釈によって認めた（行政訴訟〔当事者訴訟〕である損失補償請求事件に民事訴訟である国家賠償請求事件を併合することは、行政事件訴訟法によって認められている〔行訴4条・41条・16条・19条〕）。

これらの併合の義務または禁止に違反したことは、手続上の違背にとどまるから、判決は当然には無効にならない（なお大判昭和8・3・10民集12巻462頁は、併合審理を命ずる規定は訓示規定であるとするが賛成し難い）。

(6) 弁論が併合されると、同一訴訟手続で審理および裁判が行われる。併合の際、各事件について同一口頭弁論期日が指定されていれば、直ちに弁論を命じうるが、そうでないときは、一の事件に指定された弁論期日に他の事件の弁論期日を指定したうえで（必要があれば期日を取消し・変更してでも）、併合弁論を始めることになる。併合によって、裁判所の事物管轄には影響を及ぼさない。

また固有必要的共同訴訟の場合に、当初全員を当事者としない瑕疵があっても、脱漏した当事者に対して別訴を提起し、これと前訴とを併合することによって、訴えを適法とすることができる（大判大正12・12・17民集2巻684頁、法律実務(3) 291頁、注解(3)436頁〔斎藤＝遠藤＝小室〕）。

(7) 併合前、それぞれの事件においてなされた弁論・証拠調べの結果は、他の事件において当然に訴訟資料となるかどうかについては説が分かれ、実務の取扱いも統一されていなかった。すなわち、併合前に各事件でされた弁論や証拠調べの結果は、当然には別事件の資料とならず、併合後の口頭弁論で、当事者がその別事件の弁論・証拠を援用（ただし証拠については取調べ時の証拠方法の形で）して初めて、訴訟資料となると解する説（証拠調べに立ち会わなかった者の立場を強調するのは、条解新版342頁）と、併合の結果2個の事件は最初から1個の訴訟として進行したときと同じく、併合後は援用を要せず、当然訴訟資料となると解する説（井口牧郎「証人尋問と弁護の併合分離」実例法学(上)290頁、法律実務(3) 291頁、注解(3)436頁〔斎藤＝遠藤＝小室〕）があったが、判例（証拠につき最判昭和41・4・12民集20巻4号560頁、判時447号58頁、判タ191号75頁、弁論につき最判昭和43・11・19民集22巻12号2692頁、判時542号52頁、判タ229号142頁）は、後者の説に立ち、実務ではこれに従った運用がされている。

前者の説に立っても、当事者の申立てによって併合した場合には、暗黙に援用する意思があるものと認めることができるから、実際にはそれほど大きな差異は生じない。いずれにせよ、異なる当事者間の訴訟の併合においては、併合前の弁

第152条〔5〕

論や証拠方法について、防御権を行使する機会のなかった他の訴訟の当事者のため、正当な防御ができるよう審理上の配慮が望まれる。この点を考慮して現行法で新設されたのが本条2項である（後記〔6〕参照）。

(8) 弁論の併合後、訴訟が裁判をするのに熟したときは、原則として（243条2項参照）1個の判決で裁判する。その併合が客観的併合であれば、判決は1個の全部判決となるから、一の請求についてのみ上訴が提起されても、他の請求についての確定は遮断され（本訴と反訴についての大判昭和6・3・31民集10巻178頁参照）、上訴提起による移審の効力は原裁判で判断されたすべての請求に及ぶ（上訴不可分の原則）。これに対してその併合が主観的併合であれば（判断の矛盾・抵触を避けることが求められる必要的共同訴訟を除く）、共同訴訟人間では共同訴訟人独立の原則（39条）が適用され、上訴不可分の原則は働かない。

弁論併合の事実上の効果として、第三者異議の訴えと詐害行為取消しの訴えの関係について次のような問題がある。すなわち、第三者異議の訴えの理由である差押物件の取得原因が詐害行為であるとして、その取消しの訴えが提起され、上記2個の訴えが同一裁判所により審理判決される場合、両者が本訴と反訴の関係にあって、詐害行為取消しの反訴が認容されるときは、本訴の第三者異議は排斥される（最判昭和40・3・26民集19巻2号508頁、判時407号27頁、判タ175号117頁、栗山忍・最判解昭和40年度13事件）が、両者が別訴の関係にあって、弁論が併合されないときは、詐害行為の訴えが認容されても、確定しない限り、第三者異議の訴えは、当然には排斥されない（最判昭和43・11・15民集22巻12号2659頁、判時543号57頁、判タ229号136頁、可部恒雄・最判解昭和43年度136事件）。同様の関係は、不動産の仮登記権者の登記上利害関係を有する第三者に対する本登記承諾請求とその者に対する明渡しの請求や第三者異議の訴えについても存在する。

〔5〕 **弁論の制限・分離・併合の取消し**

裁判所は、弁論を制限、分離または併合する旨の決定をしたのちも、原則として、いつでもその決定を取り消すことができる。ただ弁論の併合が義務づけられている場合（前記〔4〕(5)）には、併合決定を取り消すことはできない（ただし、人事訴訟に係る事件と損害賠償請求に係る事件の弁論の分離は禁じられていない〔小野瀬厚＝岡健太郎『一問一答 新しい人事訴訟制度──新法・新規則の解説』82頁〔商事法務、2004年〕〕）。実務では、分離決定を取り消すのと同趣旨で分離された事件を再び併合する（前記〔3〕(5)）、併合決定を取り消すのと同趣旨で併合

351

第152条〔6〕 第153条〔1〕〔2〕 第2編 第3章 第1節 口頭弁論

された事件を再び分離するということも行われている。弁論の分離と併合を度々
繰り返すことは記録を錯雑させることにもなるので、その点の考慮は必要である。

〔6〕 **併合前に尋問された証人の再尋問**

(1) 本条2項は現行法によって新設された規定である。前記のとおり（〔4〕
(7)）、異なる当事者間の訴訟の併合においては、併合前の弁論や証拠方法につい
て、防御権を行使する機会のなかった他の訴訟の当事者に配慮する必要がある。
特に、弁論の併合前に証人尋問が行われた場合には、その後に併合された他の訴
訟の当事者には尋問の機会がなかったにもかかわらず、その当事者の関係でも証
拠資料になる（前記〔4〕(7)）ので、その証言がその当事者に不利なものであった
ら、著しい不利益を受けるおそれがある。そこで、その当事者の申出によるその
証人の再尋問を認めることとしたものである。

(2) 本項によって再尋問が義務づけられるのは、証人だけであり、併合前に
本人尋問が行われていても、その本人について再尋問が義務づけられるわけでは
ない（一問一答155頁）。本人の再尋問は裁判所の適正な裁量に委ねられている。

(3) 当事者が再尋問の申出をしたら、例外なくこれを採用しなければならな
いものではない。併合前の証人尋問における証人の証言が、尋問の機会のなかっ
た当事者に関する請求と関連性がないような場合には、裁判所は再尋問を採用し
ないことができるものと解される（一問一答156頁）。

（**口頭弁論の再開**[1]）

第153条 裁判所は、終結した口頭弁論[2]の再開を命ずることができる[3]。

〔1〕 **本条の趣旨**

本条は、裁判所が裁判（判決）をすることができると判断して口頭弁論（以下、
単に「弁論」という）を終結したが、判決言渡しまでに、さらに審理を尽くす必
要があると考えるに至った場合は、裁判所は、訴訟指揮権の行使として、その裁
量により職権で弁論を再開することができることを定めたものである。

〔2〕 **弁論の終結**

裁判所は、訴訟が裁判（判決）をするのに熟したと判断したときは、弁論を終
結し、終局判決をすることになる（243条1項）。判決をするのに熟するとは、裁
判所が判決をなしうると考えた訴訟の状態であって、その内容は、訴訟によって

第153条〔3〕

一様ではない。典型的には、証拠調べを行った結果、裁判所が争点について確定的な心証を得た場合であるが、当事者の主張が主張自体失当で証拠調べに入る必要もない場合、立証責任を有する当事者が立証の手段が尽きてしまった場合、あるいは、いつまでも立証せず、訴訟を引き延ばしているだけと判断できる場合なども、判決をするのに熟したといえよう。被告が口頭弁論期日に出席せず、答弁書または準備書面を提出しない場合（159条1項・3項参照）にも判決（いわゆる欠席判決）をするのに熟しているといえるし、現行法は、審理の現状に基づく判決を認めており（244条）、客観的にはまだ主張・立証の可能性があるようなときでも、当事者が口頭弁論期日に出頭しない等、不熱心な訴訟追行をする場合は——このような場合も判決をするのに熟したというかという点については議論がある（研究会316頁以下の議論参照）——弁論を終結できる。

〔3〕　弁論の再開

(1)　上記のとおり、裁判所は、その訴訟の審理内容、審理経過によって、判決をすることができると判断したときは、弁論を終結することになるが、判決書を作成する過程で、記録の再検討の結果、あるいは合議の結果、釈明を求めておいたほうがよいと考えられることが生じたり、特定の事項についてこれ以上立証がないのか今一度確認しておいたほうがよいと考えられることが生じることもある。当事者から弁論終結後に弁論の再開を求める書面が提出され（後記(3)のとおり、当事者には弁論再開の申立権はないので、弁論再開の申立ては、裁判所の職権発動を促す意味を有するにすぎない）、裁判所は、その書面に添付された書証の写し等から判断して（重要な証人が出頭可能になったということもある）、弁論を再開して、さらに主張・立証を追加させたほうがよいと考えるに至ることもある。このような場合には、裁判所は職権をもって弁論の再開を命ずることができる。

(2)　いわゆる五月雨的な審理が常態となっていた旧法下の民事訴訟（山本和彦編『民事訴訟の過去・現在・未来』3頁〜9頁〔山本和彦発言・福田剛久発言〕〔日本評論社、2005年〕参照）においては、裁判官の基本的な仕事のやり方は、弁論を終結してから記録を精査して判断を確定し、判決を書くということであったから、弁論再開の必要性が生じることはめずらしいことではなかった。しかし、現行法は、争点および証拠の整理手続（以下、単に「争点整理手続」という）を充実させ（第2編第3章第3節）、争点整理が終了した後に集中的に人証の取調べをする（集中証拠調べをする）ことを原則としており（182条）、実際にもこれ

353

第153条〔3〕 第2編 第3章 第1節 口頭弁論

に従った審理が行われるようになってきた（山本編・前掲『民事訴訟の過去・現在・未来』17頁〜24頁〔福田発言〕参照。なお、菅野雅之「訴訟促進と審理充実――裁判官から」ジュリ1317号65頁〜66頁〔2006年〕には、現行法下において、争点整理手続に付された事件が急増しており、集中証拠調べの実施率も80％を超えるようになっていることが示されている）ため、裁判官の仕事のやり方は、集中証拠調べ前、すなわち、争点整理手続を終える時点で、記録を精査し、集中証拠調べによって判断を確定し、弁論を終結するというものに変わってきているので、弁論再開の必要性が生じるのはごく例外的な場合となっている。

　(3)　弁論の再開は、裁判所の訴訟指揮権の行使として、職権で行われるものであり、弁論を再開するか否かは、原則として、裁判所の裁量に委ねられている（ただし、後述のように、弁論を再開しないことが違法とされる場合もある）。この点は大審院（大判大正7・1・28民録24輯59頁等）、最高裁（最大判昭和35・12・7民集14巻13号2964頁、判時246号25頁、最大判昭和42・9・27民集21巻7号1925頁、判時494号19頁、判タ213号98頁等）を通じて確定的な判例であり、学説にも争いはない。

　したがって、当事者は権利として再開の申立てはできず、再開の申立ては職権の発動を促すにすぎない。裁判所は再開の申立てについて裁判することを要しない（最判昭和23・4・17民集2巻2号104頁等多数）。当事者が新訴を提起する希望を有しているからといって、弁論を再開しなければならないものではなく（最大判昭和35・12・7前掲）、再開しなかったため抗弁・証拠方法を提出できなくとも、当事者の提出を不当に制限したことにはならない（唯一の証拠方法である証拠の申出につき最判昭和45・5・21判時595号55頁、判タ249号149頁）。再開の申立ては、しばしば証拠の申出と同時にされる。証拠の申出に対しては、裁判所は応答義務がある（注解(3)443頁〔遠藤功＝遠藤賢治＝小室直人〕、三ヶ月・全集424頁、法律実務(4)164頁）が、弁論終結後に申出がされたものには、再開されない限り応答する義務はない（最判昭和23・11・25民集2巻12号422頁、条解2版1045頁〔松浦馨＝加藤新太郎〕）。現行法は、攻撃防御方法の提出時期について適時提出主義を採用しており（156条）、しかも、前記のとおり、争点整理を終えた後に集中証拠調べをするというういわば二段階審理を原則としているのであるから、当事者が、弁論終結前、特に争点整理手続で提出できたはずの主張や証拠を提出するために弁論の再開を求めても、弁論を再開すべきではない（2条・157条参照）。

354

これに対して、当事者の再開の申立てによれば、弁論終結後に当該事件の争点についての判断に大きな影響を与える新たな証拠が発見されたことがうかがわれるような場合には、裁判の適正さを確保するためにも、当事者の審級の利益を実質的に保障するためにも弁論を再開すべきである。被告が第1回弁論期日（第一審）に欠席したので、裁判所は、159条3項を適用していわゆる欠席判決をすべきものとして弁論を終結したところ、被告が、期日に欠席したのは急病や列車事故等、やむを得ない理由があったためであることを主張し、これを疎明したうえで、原告の主張を争うことを明らかにして再開を申し立てたような場合も同様である（大判昭和19・12・22民集23巻621頁参照）。

さらに、弁論を再開しなければ、著しく不当な結果になる場合には、弁論を再開しないことが違法と評価されることもある。最判昭和56・9・24（民集35巻6号1088頁、判時1019号68頁、判タ453号66頁）は、甲が提起した乙の無権代理行為を理由とする土地所有権移転登記抹消登記手続請求訴訟の控訴審の口頭弁論の終結前に甲が死亡し、無権代理人乙が甲を相続した結果、甲が自ら法律行為をしたのと同様の法律関係が生じたが、甲について訴訟代理人が選任されていたため訴訟承継の手続がとられないまま口頭弁論が終結された場合において、相手方丙がその責めに帰すべき事由によらないで相続の事実を知らなかったため、これに基づく攻撃防御方法を提出せず、これを提出すれば勝訴する可能性があると認めるべき事実関係が存し、かつ、丙が後訴で上記相続の事実を主張してその権利の回復を図ることができない関係にある事情の下で、上記攻撃防御方法についてさらに審理判断を求める必要があることを理由にして丙から弁論再開の申請があったのに、控訴裁判所が弁論を再開しないで丙敗訴の判決をすることは違法であるとし、極端な事例についてであるが、裁判所の弁論再開義務を認めている。

(4) 弁論の再開は決定である。その決定は、原則として弁論を終結した受訴裁判所がする。受訴裁判所である単独裁判官が弁論終結後死亡し、または転任した場合、または受訴裁判所である合議体を構成する裁判官のうちの誰かが合議の成立前に死亡・転任して合議が不可能になった場合には、常に弁論を再開しなければならないが、これらの場合には、他の裁判官が再開決定をすることになる。弁論の再開決定に対しては、独立して不服申立てをすることはできない。弁論を再開したときは、訴訟は弁論終結時の状態に戻る。弁論終結時の裁判官とは別の裁判官によって弁論が再開されたときは、弁論を更新しなければならない（249

第154条〔1〕～〔3〕　第2編 第3章 第1節 口頭弁論

条2項）。弁論の再開は、原則として事件全部についてなされ、一部の弁論のみを再開するということはない。しかし、請求の主観的併合または客観的併合の場合（152条〔1〕）には、必要的共同訴訟の場合など弁論の分離が許されない場合（152条〔3〕(4)）を除き、弁論を分離して一部について弁論を再開することもできる。一旦再開決定をしたときは、必ず当事者に弁論の機会を与えなくてはならず、取り消せないとの説（条解2版933頁〔新堂幸司＝上原敏夫〕）があるが、訴訟指揮に関する決定であるから、弁論を開かないうちなら取り消せないわけではない（120条。注解(3)444頁〔遠藤＝遠藤＝小室〕）。

（通訳人の立会い等[1]）

第154条　口頭弁論に関与する者[2]が日本語に通じないとき[3]、又は耳が聞こえない者若しくは口がきけない者であるときは、通訳人を立ち会わせる[4]。ただし、耳が聞こえない者又は口がきけない者には、文字で問い、又は陳述をさせることができる[3][4]。

2　鑑定人に関する規定は、通訳人について準用する[5]。

〔1〕　本条の趣旨

本条は、当事者や証人等の口頭弁論に関与する者が、①日本語に通じないために、あるいは②耳が聞こえないか口がきけないために、口頭弁論において陳述するのに支障がある場合、裁判所は、通訳人を立ち会わせて口頭弁論を行わなければならないこと等を定めたものである。

〔2〕　口頭弁論に関与する者

口頭弁論に関与する者とは、当事者・補助参加人またはその法定代理人・訴訟代理人、あるいは証人・鑑定人など、口頭弁論において陳述する機会のある者である。

〔3〕　日本語に通じない場合の通訳人の立会い

(1)　裁判所の用語は日本語である（裁74条）から、口頭弁論に関与する者の陳述は必ず日本語でしなければならないし、外国語で作成された文書を提出して書証の申出をするときは、取調べを求める部分についてその文書の訳文を添付しなければならない（規則138条1項）。そこで、口頭弁論に関与する者が日本語に通じないときは、裁判所は、通訳人を立ち会わせて、その陳述を日本語に翻訳さ

356

せなければならない。裁判所およびすべての関与者が、ある外国語に通じて、相互に陳述を理解しうる場合でも、必ず通訳人によって日本語で陳述しなければならない。しかし、日本語に通ずる者であれば、外国人であっても強いて通訳人をつける必要はない。

(2) 日本語を理解するのに理解しない風を装ったときは、本人または代理人であれば弁論の関与から排斥され、証人・鑑定人であれば証言または鑑定の拒絶として取り扱われるとの説（条解2版934頁〔新堂幸司＝上原敏夫〕）があるが、日常会話が相当程度理解できるからといって、必ずしも口頭弁論で十分に陳述できる能力を有しているとは限らないので、大事をとるために通訳人をつけることを望む趣旨であれば、裁判の適正さを確保するためにもこれを認めるべきである。訴訟を遅延・混乱させる目的で日本語がわからないと主張していることが明らかな場合は、当事者または代理人なら通訳人なしに訴訟を進行させ、証人なら答弁しなければ証言拒絶として取り扱うべきである（注解(3)447頁〔斎藤秀夫＝遠藤賢治＝小室直人〕）。

(3) 証人・鑑定人が日本語に通じない場合、宣誓は、その通じる外国語でするほうが宣誓の趣旨を理解するのに便宜であるから、外国語でさせるべきである（注解(3)446頁〔斎藤＝遠藤＝小室〕、条解2版933頁〔新堂＝上原〕）。口頭弁論に関与する者が、難解な方言による陳述しかできないときには、本条を準用して、通訳人をつけることができると解する。

(4) 近年、経済活動の国際化に伴って、外国人居住者の人数が大幅に増加しており、日本語に通じない者が訴訟に関与する機会も増えてきている。この点は、刑事事件に顕著に現われており、外国人が被告人となっているために通訳人を必要とする刑事事件の件数は、近年大幅に増加してきた。そこで、裁判所では、主として外国人の刑事事件を念頭に置いた通訳人候補者を募り、その名簿を作成するとともに、通訳人候補者に対しては、「法廷通訳セミナー」等による研修も実施しており、上記名簿には平成28年4月1日現在、全国で3840人が登載され、61言語に対応できるようになっている（最高裁事務総局刑事局『ごぞんじですか法廷通訳』〔2017年〕）。民事訴訟では、本人に代わって訴訟代理人が口頭弁論において陳述することができるので、当事者が外国人であっても、通訳人を必要としないことも多いし、当事者または代理人の陳述については、その当事者または代理人が選んだ者を、相手方の異議がなければ通訳人と認めても差し支えない。

357

第154条〔4〕〔5〕 第2編 第3章 第1節 口頭弁論

しかし、証人尋問や本人尋問の際に用いられる通訳人については、裁判所で適切な通訳人を探す必要があり、その場合には、上記名簿に登載された通訳人候補者の中から通訳人を選任することが多くなってきている。

〔4〕 **耳が聞こえないか口がきけない場合の通訳人の立会い等**

(1) 口頭弁論に関与する者が、聴力・発声の能力に問題があり、裁判所その他の関係者の発言を十分に理解しえず、また十分に自己の意思を発表することができないおそれがある場合は、裁判所は、通訳人を立ち会わせなければならない。補聴器などの機械を用いまたはその他の方法で会話ができる場合には、通訳人をつける必要はない。

(2) 聴力・発声の能力に問題があっても、適当な通訳人をつけることができないか、または通訳人をつけなくても筆問筆答ができるような場合には、筆談で問答・陳述をさせることが認められる。老年、強度のどもりその他の障害で通常の会話が困難な場合には、本条の規定を準用して筆談させることが許される。それらの判断は、裁判長の訴訟指揮に委ねられている（148条）。

〔5〕 **鑑定人に関する規定の通訳人への準用**

通訳人には鑑定人に関する規定が準用される。例えば、鑑定人の指定（213条）、鑑定義務（212条）、勾引の不適用（216条）、宣誓およびその方式（216条、規則131条）、忌避およびその方式（214条、規則130条）などの規定が原則として準用される。通訳人は、旅費・日当・宿泊料および通訳料のほか通訳に必要な費用の支払または償還を受けることができる（民訴費18条・21条〜27条）が、これらの費用は、当事者が予納しなければならず、裁判所が予納を命じたのに予納しないときは、証拠調べをしないことができる（民訴費12条）が、本人または代理人のための通訳人については、155条を準用して処置するほかない。

通訳人を立ち会わせた場合には、その旨と通訳人が宣誓したことを口頭弁論調書に明らかにする必要がある（規則66条1項4号・67条1項4号）。通訳人の通訳により本人尋問をした場合に、口頭弁論調書に通訳人に宣誓をさせた旨の記載がないときは、宣誓がなかったことになり、訴訟手続違背となる（朝鮮高院判昭和16・9・13評論31巻民訴30頁）。宣誓した通訳人が虚偽の通訳をしたときは、3月以上10年以下の懲役に処せられる（刑171条）。

（弁論能力を欠く者に対する措置）

第155条　裁判所は、訴訟関係を明瞭にするために必要な陳述をすることができない当事者、代理人又は補佐人の陳述を禁じ、口頭弁論の続行のため新たな期日を定めることができる。

2　前項の規定により陳述を禁じた場合において、必要があると認めるときは、裁判所は、弁護士の付添いを命ずることができる。

（訴訟代理人の陳述禁止等の通知・法第155条）

規則第65条　裁判所が訴訟代理人の陳述を禁じ、又は弁護士の付添いを命じたときは、裁判所書記官は、その旨を本人に通知しなければならない。

〔1〕　**本条の趣旨**

(1)　本条は、当事者等が弁論能力を欠く場合、裁判所はその者の陳述を禁じ、必要に応じて弁護士の付添いを命じることができること等を定めたものである。訴訟能力は、自らまたは自ら選任した代理人によって有効に訴訟行為をし、または裁判所あるいは相手方の訴訟行為を有効に受ける能力をいい、原則として、民法の行為能力を有する者が訴訟能力者となる（28条〔3〕(1)）が、弁論能力は、具体的な訴訟行為に適法な表現形式を与えうる能力ないし資格、すなわち、現実に訴訟を追行することのできる能力ないし資格を意味する。わが国では、弁護士強制主義をとらないから、訴訟能力を有する者は原則として弁論能力を有することになる（弁護士強制主義をとると、当事者本人は訴訟能力は有するが、弁論能力は有しないことになる）が、本条により陳述禁止の裁判を受けた者は弁論能力を失うことになる。

(2)　訴訟能力は、その能力を欠く当事者の不利益を防止し、これを保護するために認められたものであるが、弁論能力は、訴訟の円滑・迅速な処理という公益上の必要から、現実の訴訟追行者の資格を一定の者に限るものである。したがって、訴訟能力は、訴訟前または裁判外の訴訟行為についても問題となり、訴訟無能力者は、法定代理人によるのでなければ、訴訟代理人を選任できないのに対し、弁論能力は、法廷における訴訟手続内における制限を設けたものにすぎないから、弁論無能力者であっても、訴訟能力がある限り訴訟代理人を選任すること

第155条・規則第65条〔2〕 第2編 第3章 第1節 口頭弁論

ができる。なお、訴訟代理人の資格制限（54条）も一種の弁論能力の制限（簡易裁判所以外の裁判所では訴訟代理人としての弁論能力を弁護士に限定したもの）ということができる。

〔2〕 弁論能力を欠く者に対する陳述禁止の裁判等

(1) 当事者、代理人または補佐人の口頭弁論期日における陳述が、曖昧不明瞭で要領を得ず、釈明しても、結局において訴訟関係を明瞭にすることができないときは、裁判所は決定をもってこれに対し陳述を禁ずることができる。必要な陳述をすることができない理由が能力の不足のためか、興奮のためか、あるいは事案の複雑のためであるかは関係がない。陳述の禁止は、その当事者に不利益を課すためでなく、訴訟の円滑・迅速かつ確実な進行という公益上の必要のために行われるものであるからである。

(2) 代理人には、法定代理人のほか訴訟代理人を含むが、弁護士である訴訟代理人を含むかについては説が分かれている。旧法135条に関するものであるが（本条は旧135条と内容において異なるものではない）、積極説（中島・日本民訴636頁、板倉松太郎『新訂民事訴訟法綱要』214頁〔巖松堂、1927年〕）は、弁護士には陳述禁止をすることができない旨を規定していた旧旧法127条4項のような規定が、旧法で設けられなかったことを理由とするのに対し、弁護士に対しては陳述禁止をすることができないとする消極説（松岡・註釈(4)786頁、注解(3)450頁〔斎藤秀夫＝遠藤賢治＝小室直人〕）は、弁護士法に基づき、当事者等の依頼により訴訟事件を行うことを職務とする弁護士に対し、陳述を禁止することは、弁護士に対して法律が保障している訴訟手続に関与する権限を奪うことになり、このような重大な結果を招くことは、訴訟制度の能率的運用の見地から行われるにすぎない本条の陳述禁止の趣旨を逸脱するもので、許されないとする。実務上、弁護士である訴訟代理人に対して陳述禁止をする必要が生じるというようなことは、あまり考えられないことではあるが、前述のように弁護士を除外する旨の明文の規定がない（ドイツ民訴157条2項は明文で弁護士を除外している）こと、消極説の説く法益の権衡論も決定的でないことなどから、積極説が妥当と考えられる（上田徹一郎「訴訟追行能力と弁論能力」三ヶ月古稀(中)115頁、伊藤138頁注⑸）。弁護士が補佐人である場合にも同様の問題が生じる。

(3) 陳述禁止は、裁判所が口頭弁論を経てする裁判であって、決定でされる。これに対しては独立して不服申立てをすることができず、本案の判決に対する上

訴とともに上級審の判断を受けることになる。陳述を禁止しても事実上の発言を禁止することはできないが、その発言を訴訟法上無効とする効力を有する。当事者その他の者が、陳述禁止の命に従わないで、あくまで陳述を続け、裁判所の職務の執行を妨害し、もしくは裁判所の威信を著しく害するようなことがあれば、法廷等の秩序維持に関する法律によって処罰される。なお、補佐人に対しては、場合によっては、許可を取り消すことができる（60条2項）。

(4)　口頭弁論期日に出廷している当事者その他の者に陳述を禁じた場合には、その者が陳述しても訴訟法上効力がないから、本人の利益を保護するために、陳述を禁止するとともに期日を閉じ、弁論を続行するために新期日を指定しなければならない。もっとも、本人と訴訟代理人がともに出廷している場合、または数人の訴訟代理人が出廷している場合に、そのうちの一人に対してのみ陳述を禁じたときは、他の者が有効に陳述することができるから、そのようなことをする必要はない。

(5)　陳述の禁止は、裁判所がこれを取り消さない限り、陳述禁止の決定をした期日のみに限らず、当該審級におけるその後の弁論全部に及ぶ（条解2版935頁〔新堂幸司＝上原敏夫〕、注解(3)451頁〔斎藤＝遠藤＝小室〕。反対——前野順一『民事訴訟法論(上)』486頁〔松華堂、1937年〕)。陳述禁止の際に指定された新期日に、陳述禁止の裁判を受けた者だけが出頭してもこれを排斥すべきであり、その者は弁論能力を欠くから欠席と同視され、159条3項の適用を受ける（大判昭和3・5・19評論17巻民訴453頁、条解2版935頁〔新堂＝上原〕、注解(3)452頁〔斎藤＝遠藤＝小室〕)。もっとも、陳述を禁止された者が訴訟手続に関与しているのを排斥しないで黙過したときは、その者の陳述に基づく手続も違法でない。この手続を無効とすると、かえって訴訟の円滑・迅速を図るための弁論能力の制度の趣旨に反することになるからである（注解(3)452頁〔斎藤＝遠藤＝小室〕、新堂165頁、伊藤137頁注(52)。反対——相手方の保護も考慮し無効と解し、上告理由〔旧法〕・再審事由に当たるというのは、上田・前掲「訴訟追行能力と弁論能力」三ヶ月古稀(中)118頁～119頁)。

(6)　陳述の禁止の決定は、期日における陳述のみを禁止するにすぎないから、準備書面その他の書面を提出したり、書面で証拠申請をする（180条2項）ことはもちろん、送達の受領も有効にできる。陳述を禁止された当事者は、直ちに訴訟代理人を選任して、次回期日に出頭せしめ、陳述させることができる。もっと

第155条・規則第65条〔3〕　第2編　第3章　第1節　口頭弁論

も、裁判所から陳述禁止と弁護士の付添いを命ぜられた原告が、訴訟代理人の選任を怠り、休止を繰り返している状況の下では、容易には263条の期日指定の申立権はないという下級審裁判例（長崎地大村支決昭和53・5・16下民集29巻5〜8号301頁、判時916号77頁）がある。

〔3〕　**弁護士の付添命令**

(1)　当事者本人または法定代理人に陳述を禁じたときは、期日を閉じ、続行期日を指定するが（前記〔2〕(4)）、それが取り消されない限り、当該審級では以後いかなる期日においても陳述することができないから（前記〔2〕(5)）、裁判所は、必要ありと認めるときは、弁護士の付添いを命ずることができる。本人または法定代理人が興奮しているために陳述を禁じたときは、興奮がおさまれば、裁判所は陳述禁止の決定を取り消すことになるから、再発の危険がなければ弁護士の付添いを命ずる必要はないが、能力が不足しているためか、事件が複雑であるために陳述を禁止した場合には、その必要が生じる。訴訟代理人に陳述を禁止した場合、数人の訴訟代理人の一人に陳述を禁じたときには付添命令の必要はないが、簡易裁判所において弁護士でない訴訟代理人（54条）に陳述を禁止したときには、付添命令の必要がないとはいえない。

(2)　弁護士の付添いを命ずるのは、裁判所の決定であるが、裁判所はその命令によって具体的に当事者のために弁護士を選任するのではない。訴訟救助の場合に限り、弁護士を選任する必要があるとの説（条解2版936頁〔新堂＝上原〕、上田・前掲「訴訟追行能力と弁論能力」三ヶ月古稀(中)121頁は、当事者から選任の申立てがあれば、裁判所は攻撃防御の機会を保障する必要が認められるときは特定弁護士に付添いを命ずることができ、さらに事情によっては35条の特別代理人の申請も認められるという）があるが、訴訟救助は、訴訟費用の支払を猶予するだけで、弁護士の付添いとは関係がないし、83条1項2号（訴訟救助の決定は裁判所において付添いを命じた弁護士の報酬および費用の支払の猶予の効力を有する）も費用に関する規定にとどまるから、他の場合と異別に取り扱う理由はない（結論同旨——細野・要義(1)432頁、中島・日本民訴635頁、基コメ(2)87頁〔吉川愼一〕）。

(3)　付添命令があっても、当事者が弁護士を選任しなければ、弁護士の付添いを強制することはできない。そのために当事者は不利益を受けるだけである。この命令に従って当事者が訴訟代理人を選任した場合には、その弁護士に対する報酬は、訴訟追行の必要費として、裁判所が相当と判断した範囲内で、訴訟費用

になり（民訴費2条10号）、敗訴の当事者の負担となる（第1編第4章前注4〔本書II7頁〕）。この命令を受けた当事者が訴訟救助を受けた者であれば、選任した弁護士に対して支払う報酬および費用の支払は猶予される（83条1項2号）。

弁論能力を欠くに近い本人訴訟も少なくないと思われるが、弁護士付添命令は、これを発しても、当事者がその費用で弁護士に委任しなければならないから、実務上陳述を禁止し、弁護士の付添いを命ずる例は稀である（詳しくは、上田徹一郎「訴訟追行能力と弁護士附添命令・釈明」民訴38号28頁以下〔1986年〕参照）。事案の内容が複雑で、本人訴訟では円滑な進行が困難なような場合は、訴訟指揮の一環として、裁判所から当事者に対して、必要に応じて充実してきた法律扶助制度（本書概説2(4)(オ)〔I26頁〕参照）の説明もしたうえで、弁護士に委任することを検討するように求め、当事者も訴訟の進行状況からその必要性を自覚して、弁護士に委任するということも多いので、実務上は、裁判所が付添命令を出す必要性を感じること自体少ないと考えられる。

〔4〕　訴訟代理人の陳述禁止等の通知

規則65条は、旧法135条3項を規則化したものであり、規則化にあたって、通知の主体が裁判所書記官であることを明確にしたほかは、内容に変更はない（条解規則142頁）。

訴訟代理人に陳述を禁じまたは弁護士の付添いを命じたときは、本人がそのことを知らないでは本人が何かと不利益を受けることになるから、裁判所書記官がその旨を本人に通知することとしたものである。本人に対して直接陳述を禁じまたは弁護士の付添いを命じたときは、本人は了知しているから、改めて通知する必要はない。

（攻撃防御方法の提出時期[1]）
第156条　攻撃又は防御の方法[2]は、訴訟の進行状況に応じ適切な時期に提出しなければならない[3]。

〔1〕　本条の趣旨

本条は、攻撃防御方法の提出時期について、いわゆる適時提出主義を採用することを明らかにした規定である。旧法がいわゆる随時提出主義を採用していたところを現行法が改正したものである。

第156条〔2〕 第2編 第3章 第1節 口頭弁論

　攻撃防御方法の提出時期に関する規律としては、審理の順序・段階を法定し、同種の攻撃防御方法は一定の段階で提出しないと失権して他の段階ではもはや提出できないものとする同時提出主義ないし法定序列（順序）主義、口頭弁論の一体性を前提に口頭弁論の終結に至るまで訴訟の進展に対応して適宜に攻撃防御方法の提出ができるとする随時提出主義（自由序列主義）などがあるとされる。旧法はこのうち随時提出主義を採用していたが（旧137条）、それは、無用な仮定的主張・仮定的抗弁の提出による審理の無駄や硬直化を避け、事実主張と証拠を総合評価して争点整理を適切に行いながら、当事者の自由で活気のある弁論を期待して、審理が事件にとって真に必要な主張や抗弁に集中することによる能率的な運用を意図していたものとされる（本書旧版 I 777頁参照）。

　しかし、このような原則は、訴訟資料を十分に集めて適正な裁判をするという点から考えれば望ましい部分があるが、争点整理手続が十分に機能しない状況の下では、当事者はその準備の都合や訴訟戦術上の理由から攻撃防御方法の提出時期を決定し、その結果、重要な主張・証拠を散漫にまた遅く提出しがちになり、さらに訴訟を引き延ばそうと試みる余地を当事者に与えかねない。そのため旧法も随時提出主義に一定の制限を加えてはいたが、なお十分なものとは言い難く、それが審理を長期化させる原因のひとつになっていたとされる。また、現行法の前提とする集中証拠調べを実効的に行うためには、攻撃防御方法の適時の提出が不可欠の前提になると考えられる。そして、かつて随時提出主義をとっていた母法国ドイツでも、訴訟の進行状況に応じた適切な時期に攻撃防御方法を提出しなければならないとする適時提出主義をとるに至った（ドイツ民訴法282条1項）。そこで、現行法は、迅速で充実した無駄のない審理を実現するために、攻撃防御方法の提出時期についての基本的な考え方を改め、適時提出主義を採用することとしたものである（なお、伊藤271頁は、随時提出主義の本来の趣旨を明確にするため、適時提出主義という新たな概念が設けられたとされる）。

〔2〕　**攻撃防御方法**

　本条にいう「攻撃又は防御の方法」とは、当事者がその判決事項に係る申立て（原告の請求、被告の請求棄却・訴え却下の申立て等）が正当であることを支持し、または基礎づけるために提出する一切の訴訟資料であって、主張（事実上の主張・法律上の主張）、立証（証拠申出）および証拠抗弁などを含む。原告の申立てを支持するためのものを攻撃方法、被告の申立てを支持するためのものを防御方

第156条〔3〕

法という。請求の趣旨や請求の原因のように、請求の同一性とその範囲または態様に関わるもの、すなわち請求自体に関するものは、ここでいう攻撃防御方法ではない（請求と攻撃方法との差異については、田辺公二「攻撃方法の提出時期」民訴演習(1)130頁に詳しい）。したがって、請求の趣旨・原因の変更には143条が適用され、本条の適用は受けない（大判昭和16・10・8民集20巻1269頁）。反訴や中間確認の訴えの提起、選定者に係る請求の追加も新たな申立てであり、攻撃防御方法ではない（それらの時期の規制については、144条〜146条参照）。なお、本条でいう攻撃防御方法は、時機に後れた攻撃防御方法に関する157条、準備書面の記載事項に関する161条2項1号・2号、争点整理手続終結後に提出された攻撃防御方法に関する167条・174条・178条、審理計画が定められている場合の攻撃防御方法の提出に関する156条の2・157条の2、控訴審における攻撃防御方法の提出に関する301条などにいう攻撃防御方法と基本的に同じ概念である。

　攻撃防御方法のうち、主張に関するものは、事実に関する新たな主張（請求を理由づける主張・抗弁・再抗弁等。主要事実に限らず、間接事実も含む）、相手方の応答（否認、自白、自白の撤回など）、法律上の主張（第1編第5章第1節前注3(3)〔本書II150頁以下〕参照）などその主張を新たにすることによって訴訟の勝敗に影響を及ぼしうるものであり（訴訟上の形成権の行使も攻撃防御方法となる）、証拠に関するものは、証人・鑑定・検証その他すべての証拠申請およびそれに対する認否、原告主張の貸金証書はいわゆる見せ証書で貸金の証拠にはならないというような証拠抗弁といわれるもの（補助事実に関する主張）を含む。自白が攻撃防御方法に含まれないとする見解があるが（基コメ(2)89頁〔上村明広〕）、相当ではない（自白を攻撃防御方法に含む見解として、伊藤278頁など。ただし、本条に関しては、自白についてはその提出についての適切な時期が観念できず、いつでも提出できる）。また、手続規定違反の行為に対する責問権の行使や攻撃防御方法の却下の申立てなど訴訟上の申立ても攻撃防御方法に含まれる（注釈(3)248頁〔山本克己〕、新堂465頁、条解2版905頁〔竹下守夫〕）。攻撃防御方法は、訴訟の勝敗に影響を及ぼすものであるから、口頭弁論調書に記載することを要する（規則67条1項の「弁論の要領」に該当する。規則67条〔2〕(1)参照）。

〔3〕　**適時提出主義**

　上記〔1〕で説明したように、随時提出主義によると、訴訟が遅延し、散漫になるおそれがあるため、現行法は、これを防止するため、適時提出主義を採用した。

第156条〔3〕　第2編 第3章 第1節 口頭弁論

すなわち、攻撃防御方法は、訴訟の進行状況に応じ、適切な時期に提出しなければならない。つまり、攻撃防御方法を提出すべき適切な時期がいつであるかは、訴訟の進行状況に応じて個別具体的かつ客観的に定まることになる。例えば、原告がある期日で新たな主張をしたときは、一般的にはその期日または次の期日がその主張に対して被告が認否・反論をすべき適切な時期となろう。また、裁判長がある事項に関する主張を記載した準備書面を提出すべき期間を定めたり（162条）、審理計画に基づき特定の事項についての攻撃防御方法を提出すべき期間を定めたり（156条の2）した場合には、当該事項に係る攻撃防御方法を提出すべき適切な時期は、一般的に当該期間内ということになろう。さらに、争点整理手続を経た場合には、一般的に当該手続の終了までの期間が攻撃防御方法の提出のための適切な時期と考えられる。ただ、これらはあくまでも一般論であり、訴訟手続の具体的な進行状況によっては、異なる時期が適切であると考えられる場合もあろう。なお、現行法は、争点整理手続終了後に新たな攻撃防御方法を提出する場合には、相手方に対する説明義務を課しているが（167条・174条・178条）、このような義務も適時提出主義を背景としたものといえる（伊藤272頁）。

　以上のような考え方を具体的に体現する規定として、時機に後れた攻撃防御方法で訴訟の完結を遅延させるものに対する提出の制限および趣旨不明の攻撃防御方法に対する提出の制限がある（157条）。その詳細については同条の注釈で説明されるが、ここでは本条と157条との関係が問題となる。すなわち、本条にいう適切な時期を経過した後に提出された攻撃防御方法は、当然に157条にいう時機に後れたものとなり、却下されるかという問題である。この点は、適切な時期の経過が直ちに時機に後れたことを意味するものではないとする理解が一般的である（一問一答158頁、中野ほか・新講義228頁）。本条はあくまで当事者に攻撃防御方法の理想的な提出時期を訓示的に義務づけたものであるのに対し、157条は攻撃防御方法を実際に却下する要件を定めたものであるので、本条の「適切な時期」からさらに一定程度後れて提出された攻撃防御方法が「時機に後れ」たものになると解される（旧法の「時機」の用語を維持したのは、このような理由によるとされる）。ただ、本条が随時提出主義から適時提出主義に改められたことから、当然に157条の「時機」の理解も旧法下とは異なってくると解される（詳細は、157条〔4〕(1)参照）。なお、中間判決（245条）または一部判決（243条2項）の言渡しがあれば、（前者においては当該審級では）これによって解決された事項につ

366

いての攻撃防御方法を提出することはできない（注解(3)468頁〔斎藤秀夫＝遠藤賢治＝小室直人〕）。

適時提出主義の考え方は上訴審にも及ぶ。控訴審は続審であるが、攻撃防御方法の提出が適時であるか否かは、第一審からの審理の経過の全体を通じて判断されることになる。上告審では、その性質上、新たな事実上の主張や証拠の提出は原則として許されないし、上告理由は、上告理由書提出期間内に、書面によらなければ提出できない（315条・320条、規則194条）。また、相手方に対して不意打ちをしてはならないという観点から、一時的な制限ではあるが、準備書面に記載していない事実は、相手方が欠席している場合には主張できない（161条3項・276条3項）。なお、人事訴訟においては、時機に後れた攻撃防御方法の却下（157条）や審理計画違反の攻撃防御方法の却下（157条の2）の規定は適用排除されているが（人訴19条）、適時提出主義はなお適用になる（人訴19条によって本条は適用除外とされていない）点に注意を要する（吉岡睦子＝長谷部由起子編『Q＆A人事訴訟法解説』89頁〔三省堂、2004年〕参照）。

（審理の計画が定められている場合の攻撃防御方法の提出期間[1]）

第156条の2　第147条の3第1項の審理の計画に従った訴訟手続の進行上必要があると認めるとき[2]は、裁判長は、当事者の意見を聴いて[3]、特定の事項についての攻撃又は防御の方法を提出すべき期間[4]を定めることができる[5]。

〔1〕　本条の趣旨

平成15年改正法は、複雑な事件や専門的知見を要する事件の審理の充実・促進を図るため、審理計画の制度を導入した（その意義については、147条の2〔1〕参照）。そして、審理計画に基づく計画審理の実効化を図るため、審理計画が定められている場合の攻撃防御方法の却下について157条の特則を設けている（157条の2参照）。ただ、審理計画が定められた場合もすべての攻撃防御方法の提出に対して規制を設けることは相当ではないので、裁判所が個別に提出時期を定めた事項に係る攻撃防御方法についてのみ157条の2の規制を及ぼすこととした。そして、そのような提出時期については、審理計画の中で定めることができることは当然であるが（147条の3第3項参照）、逆にそこでしか定められないとすると、

第156条の2〔2〕〔3〕　第2編　第3章　第1節　口頭弁論

事後的に提出時期の定めを必要とする場合には、常に当事者と協議して審理計画を変更しなければならず（同条4項）、機動的かつ円滑な審理の妨げとなるおそれがある。そこで、本条は、攻撃防御方法の提出時期の定めを裁判長がする場合には、審理計画の変更によらずに、当事者の意見聴取に基づき、より簡易な手続で行うことができる旨を規定したものである。なお、本条は弁論準備手続に準用されている（170条5項）。

〔2〕　**審理計画に従った訴訟手続の進行上の必要**

本条による攻撃防御方法の提出期間の定めをする要件としてまず、審理計画（147条の3第1項）が定められていることおよび当該期間を定めることが審理計画に従った訴訟手続の進行上必要と認められることがある。

本条適用の前提としてまず審理計画が存在しなければならない。本条の規律は、157条の2と相俟って、審理計画の実効性を確保するためのものであるから、当然の要件である。なお、審理計画の中にすでに当該事項について攻撃防御方法を提出する時期が定められている場合には（147条の3第3項）、本条によってその時期を変更することはできず、その場合には審理計画の変更の手続による（当事者双方との協議を経てその結果を踏まえる）必要があるものと解される。

次に、本条により特定の事項に係る攻撃防御方法の提出期間を定めることが、審理計画に従った訴訟手続の進行上必要があると認められなければならない。ただ、多くの場合、審理計画を定めるような複雑困難事件・専門訴訟では、審理計画に基づき審理を進めていくためには、特定の事項に係る攻撃防御方法を一定の期間までに提出することを当事者に求め、その点についての争点・証拠の整理を終えて、その後に異なる事項に関する争点整理や証拠調べの手続に入っていくというように、段階的に審理を進めていく必要がある場合が多いものと想定される。したがって、通常はこのような必要性の要件は満たされることになるとみられる。

〔3〕　**当事者の意見聴取**

本条による期間を定める手続的な要件として、裁判長は、当事者の意見を聴く必要があるとされる。これは、現行法で一定の手続的な選択を行う場合に、当事者の意見聴取規定が設けられていることの一例であるが、本条によって一旦期間が定められると、それに違反した場合には、攻撃防御方法の提出に制約を受けることがあるため、当事者の手続主体としての地位を尊重する必要があるための規律である。当事者が意見を述べうる対象は、そのような期間を定めることの当否

368

第156条の2〔4〕

（必要性）、期間を定める事項の範囲の当否、具体的な期間の当否に及ぶ。

　ただ、この場合には、審理計画（およびその中で定められた攻撃防御方法の提出期間）の策定および変更については、「当事者双方と協議をし、その結果を踏まえて」しなければならないとされていること（147条の3第1項・4項参照）に比べて、手続が簡易化されている面がある。すなわち、「協議」とはお互いの意見のやり取りや調整が想定されているのに対し、意見聴取はあくまで裁判長の見解の提示と当事者のそれに対する意見陳述が想定されるにとどまるからである。これは、攻撃防御方法の提出期間の定めは、審理の具体的状況に応じて臨機応変に必要となる性格のものであるため、当事者の意見は尊重しながらも簡易迅速に定めることができるように配慮したものと考えられる。ただ、実際には、当事者が合理的な意見を述べる場合には（例えば、当事者の準備態勢から期間が十分でないとの意見）、裁判長は、期間を定めるについて十分にその意見を勘案することになろう。

〔4〕　**特定事項についての攻撃防御方法**

　本条の提出期間の定めの対象となるのは、「特定の事項についての攻撃又は防御の方法」である。ここでいう「特定の事項」に当たるためには、当事者が提出に向けて準備すべき攻撃防御方法の範囲が明確にされていなければならない（一問一答平成15年改正26頁注(1)参照）。どのような場合に「特定の事項」と認められるかについては、147条の3第3項と同様、同旨の規律をする準備書面の提出時期に関する162条の解釈が参考になろう（ただし、本条は「特定の事項についての」とされているのに対し、162条は「特定の事項に関する」とされ、本条のほうがより特定性を強める趣旨とされる点に注意を要する。青山善充ほか「《特別座談会》民事訴訟法改正と民事裁判の充実・迅速化(上)」ジュリ1257号58頁〔小野瀬厚発言〕〔2003年〕参照）。例えば、「被告主張の相殺の抗弁に関する原告の攻撃防御方法は、○月○日までに提出しなければならない」や「原告の請求原因第1項に関する原告及び被告の主張及び証拠の申出は、×月×日までにしなければならない」という定めは適法なものと考えられるが、「被告の抗弁は○月○日までに提出しなければならず、原告の再抗弁は×月×日までに提出しなければならない」という定めは一般的に過ぎ、特定の事項についてのものとはいえず、本条の定めとしては効力を有しない（したがって、それに反しても157条の2による却下の対象とはならない）ものと解されよう（同旨——条解2版939頁〔上原敏夫〕）。

369

第156条の2〔5〕　第157条〔1〕　第2編 第3章 第1節 口頭弁論

〔5〕　提出期間の裁定

　本条による期間は裁定期間（96条）であり、その定めは、裁判長の訴訟指揮権（148条1項）の一種であり（新堂531頁）、裁判の形式としては命令ということになる。したがって、原則としては、その定めはいつでも取り消すことができる（120条）。ただ、本条による定めは、審理計画を具体化したものとして、将来の審理の進め方の指標となり、両当事者もそれを信頼して攻撃防御の準備活動を行う前提となるものである。その意味では、裁判長が一旦定めた期間を一方的に取り消し、また変更してしまうことは望ましくなく、その取消し・変更について合理的な理由がある場合にも、本条の規定を類推して少なくとも当事者の意見を聴く必要があるものと解される。

（時機に後れた攻撃防御方法の却下等[1]）

第157条　当事者が故意又は重大な過失により[2]時機に後れて[3]提出した攻撃又は防御の方法[4]については、これにより訴訟の完結を遅延させる[5]こととなると認めたときは[6]、裁判所は、申立てにより又は職権で、却下の決定をすることができる[7]。

2　攻撃又は防御の方法でその趣旨が明瞭でないものについて当事者が必要な釈明をせず、又は釈明をすべき期日に出頭しないときも、前項と同様とする[8]。

〔1〕　本条の趣旨

(1)　意義

　現行法は、攻撃防御方法の提出について適時提出主義を原則として採用している（156条）。これは、迅速で充実した無駄のない審理を実現するためである（156条〔1〕）。訴訟の遅延は正義の否定ともいわれる（なお、第一審の訴訟手続について2年以内のできるだけ短い期間内に終局させることを目標とし、そのための国や当事者等の責務を定めた法律として、「裁判の迅速化に関する法律」がある）。訴訟は集団的現象であるから、不当に引き延ばされている訴訟が裁判所に係属していることは、それだけ他の訴訟事件の迅速な解決を妨げることにもなる。また、一方当事者が適切な審理の追行に協力しているにもかかわらず、他方当事者が十分な協力をせず、かえって審理を引き延ばすような行為をとるときに、それを放置

370

第157条〔1〕

することは当事者間の信義則（2条）の観点からも望ましいものではない。もちろん誤った判決によって訴訟が早く終結しても何の意味もなく、適正かつ迅速な裁判こそが訴訟手続の理想である。この二つの、場合によっては相矛盾する要請の調整点として、適時提出主義を具現し、その実効性を支えるために設けられた規定が本条である。

ただ、本条の規定内容自体は、旧法時代の同旨の規定（旧法139条）とまったく同じである。随時提出主義を採用していた旧法でも、その例外として不当な引き延ばし等を防止する必要性自体は認められており、そのための規律として同条が用意されていたものである（その保護法益として、訴訟制度の利用者・潜在的利用者および当該事件の相手方当事者の利益を挙げるのは、注釈(3)270頁〔山本克己〕）。ただ、後述するように、攻撃防御方法の提出時期に関する基本的な原則が変更された現行法の下では、同じ文言の規定ではあるが、本条は旧法139条とはその趣旨を異にする。すなわち、旧法下では、本条は随時提出主義の例外を定めるものであったが、現行法では、本条は、適時提出主義の実効性を確保するための具体的な規律として置かれている（講義230頁、条解2版940頁〔新堂幸司＝上原敏夫〕、伊藤292頁など）。その結果、本条の解釈・運用のあり方にも変容を生じうるものである。なお、審理の計画が定められた場合の攻撃防御方法の提出につき、本条の特則を定める規定として、157条の2がある。

(2)　適用範囲

本来、攻撃防御方法の提出は当事者の権限であり責務であるから、本条による制限は、当事者がその責務を十分に果たさないときには、そのために不利益を被ってもやむをえないという当事者責任の原則にその基礎を置く。したがって、公益性が強く、真実発見の要請が大きいため、当事者責任の原則にはよらず職権探知主義をとることとした人事訴訟については、人事訴訟法（19条1項）が本条の適用を排除している（立法論的当否につき、高橋宏志＝高田裕成編『新しい人事訴訟法と家庭裁判所実務』58頁〔ジュリ臨増1259号、2003年〕参照）。また、やはり職権探知主義が妥当する非訟事件手続においても、本条の準用はないと解される。

これに対し、職権証拠調べが認められるものの、弁論主義の適用はあるとされる行政事件訴訟では本条が適用される（行訴7条。注解(3)514頁〔斎藤秀夫＝井上繁規＝小室直人〕、注釈(3)273頁〔山本〕）。ただし、当事者の実質的公平の観点から、行政訴訟の原告に対する本条の適用には慎重な配慮が必要であろう（後記

371

第157条〔1〕 第2編 第3章 第1節 口頭弁論

〔4〕(1)参照)。職権調査事項も公益に関することであるから、同様に本条の適用はないとする判例もあるが（最判昭和42・9・14民集21巻7号1807頁、判時502号34頁。牧野買収計画の無効確認訴訟において当該牧野の売渡しを受けた者らが、控訴提起の日から10年余を経過した後に行政事件訴訟法22条に基づく訴訟参加をして、上告人の訴えの利益を否定するために取得時効の抗弁を主張したのに対し、訴えの利益はいわゆる職権調査事項に属し、職権調査事項に関する当事者の主張については本条の適用はないとして、上告人の訴えの利益を否定した事例。同旨——条解2版943頁〔新堂＝上原〕。また当事者能力につき同旨として、仙台地判昭和26・6・11下民集2巻6号755頁）、職権調査事項の判断の基礎について弁論主義が適用になる場合にはなお本条の適用があると解される（注釈(3)275頁〔山本〕、伊藤293頁注(108)、笠井正俊「当事者主義と職権主義」民事証拠法大系(1)49頁。権利保護の利益の存否に関する前提事実の主張につき、本条の適用があるとするものとして、大阪地判昭和40・12・27判時440号26頁、判タ187号201頁）。

(3)　運用・改正提案

本条の運用は、前記のように訴訟の迅速な解決と適正な解決という二つの要請の調和の観点からなされるべきであって、困難な問題ではあるが、かつての実務においては、どちらかというと訴訟の適正な解決がより重視され、攻撃防御方法の提出の遅滞に対しては寛大であった結果、本条が必ずしも適切に運用されていなかったのではないかとも思われる（旧法下の状況および批判につき、法律実務(3)53頁参照）。ただ、現行法の下では、当事者責任の原則が強調されるとともに、適切な争点整理手続の運用や釈明権の行使（そのような措置が不十分な場合の本条の副作用につき、注釈(3)271頁以下〔山本〕参照）、さらに計画的な審理の追行（147条の2）と相俟って、本条を適切に活用することによって訴訟の迅速かつ適正な解決を図っていく必要があり、実務においても、旧法下よりも積極的な運用がみられる（特に集中証拠調べ後の新たな攻撃防御方法の提出には、厳格な態度がとられるようになっているとされる）。ただ、完全に現行法が期待する運用が浸透したとも言い切れない状況にある。

以上のような状況を受けて、近時は、本条に関して法改正その他何らかの対応が必要ではないかという意見も増えている。例えば、最高裁判所事務総局は、当事者が攻撃防御方法の提出期限を守らない場合の制裁について、本条による制度の利用が進んでいないとの認識を前提に、この制度に加え、迅速な手続進行に協

第157条〔2〕

力しない当事者に対し、失権効の制度ないしは何らかの制裁型のスキームを導入することについて検討を進めるべきものとする（最高裁判所事務総局『裁判の迅速化に係る検証に関する報告書〔施策編〕平成23年7月』23頁参照）。また、研究者グループからも、本条により適法に却下された攻撃防御方法については、控訴審において提出を許さない旨の規定を新設すべきとの提案等がされている（三木浩一＝山本和彦編『民事訴訟法の改正問題』〔ジュリスト増刊、2012年〕147頁以下参照。このような方向を支持する見解として、笠井正俊「口頭弁論の現状と課題」法時83巻7号29頁以下〔2011年〕など参照）。今後の議論が注目される。

(4)　信義則による攻撃防御方法の却下

以上のように、本条の背景には当事者間の信義則という観点もあるところであるが、さらに、一般条項である信義則ないし禁反言の違背が直接時機に後れた攻撃防御方法の却下事由となることがあるかが問題となりうる。信義則や禁反言の違背はあらゆることに適用されるから、理論的にはこれを理由とする攻撃防御方法の却下もありえないわけではないが、実務的にはそれを認めることは困難であろう。旧法下の裁判例は、いずれも信義則等に反しないとの結論のものであるようであり（大阪地判昭和56・10・9行集32巻10号1771頁、判時1046号27頁、判タ477号163頁〔所得税更正処分取消請求訴訟の訴訟係属後の証拠書類の提出について〕、東京高判昭和59・12・21東高民時報35巻10～12号208頁〔訴訟係属後11年、控訴審係属後7年を経た請求原因に係る売買から贈与への主張の変更について〕、東京高判平成2・12・20判タ751号132頁〔前訴の持分権確認請求訴訟において主張しなかった賃貸借の抗弁の、後訴の賃料相当損害金請求訴訟における提出について〕など）、適時提出主義の下で信義則をもその趣旨に内包する本条との関係では、却下が認められる場合には、直接本条を根拠とすることになり、信義則を根拠として却下が認められることは通常ないであろう（ただし、禁反言に当たるような場合〔一度当該攻撃防御方法を提出しないと明言したりそれを撤回したりしながら、その後それを提出してきたような場合、当該攻撃防御方法を信義則に反して却下しうることは別問題である）。

〔2〕　当事者による提出

本条が規律するのは、当事者による攻撃防御方法の提出である。この「当事者」に参加人等が含まれるかが問題となるが、補助参加人の提出する攻撃防御方法についても、本条が準用されると解される。この場合、故意または重大な過失

373

第157条〔3〕　第2編　第3章　第1節　口頭弁論

その他の要件の存否は補助参加人について判断すべきとする見解もあるが（注釈
(3)282頁〔山本〕）、被参加人を基準として判断すれば足りる（45条〔3〕参照）。仮
に参加人にのみ却下要件がある場合でも、被参加人が提出すればそれで足りるの
で却下の必要はないし、被参加人が提出できないようなものについては、45条1
項ただし書によって補助参加人も提出できなくなることでやむをえないからであ
る。必要的共同訴訟における時機に後れた攻撃防御方法については、ある当事者
との関係で故意・重過失が認められても、他の当事者のそれが否定される場合に
は、却下されない（40条1項参照）。独立当事者参加（47条）に関する本条の適
用については、訴訟促進に重点を置けば積極説も考えられるが、47条の参加はあ
くまで訴えであって攻撃防御方法の提出ではなく、参加される訴訟からみれば多
少訴訟は遅延することがあっても、結局3者間の関係を一挙に解決することがで
き、その点を考慮すれば訴訟促進に反するともいえないから、本条の適用はない
と解される。参加が認められた後の攻撃防御方法の提出については、本条の要件
は参加人について判断される。ただし、承継人（49条・51条による参加人や50条・
51条による訴訟引受人）については、それまでの被承継人の訴訟追行に対する相
手方の信頼に鑑みれば、被承継人の訴訟追行と承継人の訴訟追行を総合して、時
機に後れたか否かや故意・重過失が判断されるべきである。

〔3〕　**故意または重過失**

　当事者がある攻撃防御方法を提出した場合に、それ以前に提出できたのに、故
意または重大な過失によって提出しなかったことが、その攻撃防御方法を却下す
る要件のひとつである。故意または重大な過失は、訴訟の完結を遅延させること
についてまで存する必要はなく、時機に後れて提出することについて存すれば足
りる（条解2版941頁〔新堂＝上原〕、注解(3)499頁、注釈(3)281頁）。すなわち、時
機に即して提出することができたのに、それを知りながら提出しなかったり、容
易にそれを認識できたのに提出しなかったりしたという主観的事情が必要とされ
る。この要件は、実際には時機に後れたかどうかの要件と一体的に判断せざるを
えない部分がある（後記〔4〕(1)参照）。

　故意または重大な過失は、当事者本人（訴訟無能力の場合は法定代理人）また
は訴訟代理人のいずれかについて存すれば足りるのであって、その双方について
存することを要しない（注解(3)499頁、注釈(3)282頁、基コメ(2)91頁）。訴訟代理
人の選任があるときは、当事者本人または法定代理人が故意または重過失により

第157条〔3〕

訴訟代理人に必要な事実を報告しなかったため、訴訟代理人が重過失なく攻撃防御方法を時機に後れて提出した場合にも本条の適用がある（条解 2 版942頁〔新堂＝上原〕）。しかし、法律家でない本人と法律家である訴訟代理人とでは、故意または重大な過失の判断の際、おのずから差が生ずることは当然である（函館地判昭和27・6・18要旨集民訴 2 巻516頁、大阪高判昭和57・11・24判時1086号106頁、注解(3)500頁〔斎藤＝井上＝小室〕、注釈(3)281頁〔山本〕、基コメ(2)90頁〔上村明広〕、新堂528頁）。ただ、法律の素養がなくても一般常識でその重要性を理解することができるような攻撃防御方法（弁済の抗弁など）については、本人訴訟で本人がそれを提出しなかった場合または本人が訴訟代理人に話さなかったため訴訟代理人がこれを知らずに提出しなかったような場合にも、故意または重大な過失があると認めるべきである。他方、本人が本訴で請求されている債務がないと確信し、そのように確信するにつき重過失がないような場合には、反対債権のあることについて訴訟代理人に話さなかったために予備的に相殺の抗弁が提出されなかったとしても、相殺の抗弁について時機に後れて提出するにつき故意または重大な過失があるとは認められないこともあろう。

　困難な法律問題や判例・学説も分かれているような法律問題に関する主張や専門的な事実関係の主張などについては、訴訟代理人であっても重過失がないと認められる場合がありうるが（土地の価額の評価が極めて専門的・技術的な事項であるとして、最終弁論が予定された期日に新たな主張がされた場合も重過失があるとはいえないとした例として、東京高判平成13・5・23判タ1126号114頁）、その場合も裁判所からその点について釈明がされているようなときは、重過失が認められよう（注釈(3)281頁〔山本〕、条解 2 版941頁〔新堂＝上原〕）。逆に、裁判所に釈明義務違反が認められるような場面では、時機に後れた攻撃防御方法として却下することは許されない（法律問題指摘義務との関係で、山本・構造論326頁）。故意・重過失の内容に関する裁判例については、時機に後れたかどうかの問題に関連して、まとめて後述する（〔4〕(1)参照）。争点整理手続終了後の攻撃防御方法の提出について、法は当事者に理由説明義務を課しているが（167条・174条・178条）、当事者がそのような理由を合理的に説明できないような場合には、一般に故意または重過失があると認められよう（条解 2 版941頁〔新堂＝上原〕、伊藤294頁。時機に後れたかどうかの問題については、後記〔4〕(1)参照）。なお、共同訴訟人や補助参加人の故意・重過失があっても当事者のそれとは同視されないし（条解新版

第157条〔4〕　第2編 第3章 第1節 口頭弁論

353頁、注解(3)499頁〔斎藤＝井上＝小室〕、注釈(3)282頁〔山本〕）、補佐人の故意・重過失も当事者に影響を及ぼすことはない（法律実務(3)58頁、注解(3)499頁〔斎藤＝井上＝小室〕）。

　当事者に故意または重大な過失があったことにつき、裁判所が確信を得た場合に初めて時機に後れた攻撃防御方法を却下することができる（大判昭和12・6・2民集16巻683頁、条解2版942頁〔新堂＝上原〕）。したがって、重大な過失がなかったことを当事者が証明する必要はないが、攻撃防御方法が時機に後れて提出されたときは、故意・重過失があったと事実上推認されることが多いから（東京高判昭和45・9・29訟月16巻12号1466頁、判時612号39頁、注釈(3)280頁〔山本〕、伊藤294頁）、実際上、当事者は重大な過失がなかったことを反証していかなければならなくなるであろう。

〔4〕　**時機に後れた提出**

(1)　時機に後れたと認められる場合

　攻撃防御方法の提出について時機に後れたかどうかは、各事件の具体的な進行状況や当該攻撃防御方法の性質に即して、その提出時期よりも早期に提出することが期待できる客観的な事情があったかどうかによって判断しなければならない（条解2版940頁〔新堂＝上原〕、伊藤293頁、注解(3)493頁〔斎藤＝井上＝小室〕、注釈(3)275頁〔山本〕）。その提出に先立つ期日の回数が問題とされることが多いが、期日回数だけで形式的・機械的に結論づけられるものではない（注解(3)494頁〔斎藤＝井上＝小室〕）。実際には、一定の審理上の時期的メルクマールが重要となる。具体的には、争点整理手続が終了した場合（後述）、裁判所が一定の期間を定めて当該事項に関する攻撃防御方法の提出を求めた場合（162条・301条1項。伊藤294頁、条解2版941頁〔新堂＝上原〕）、その攻撃防御方法がすでに弁論の制限が命じられて審理が終わった事項に関するものである場合（152条1項。基コメ(2)90頁〔上村〕、条解2版941頁〔新堂＝上原〕）、その攻撃防御方法に関連する事項について以前に裁判所が釈明したが、当事者が応じなかった場合（熊本地判昭和30・1・11下民集6巻1号1頁）、裁判所が攻撃防御方法の提出時期を定めて当事者にその提出を約束させた場合（控訴審との関係については、後記(2)参照）などにおいて、その後に攻撃防御方法を提出すれば、特段の事情のない限り、時機に後れたものと認められる。なお、行政訴訟においては、当事者が実質的にみて対等な立場にあるとは考えられない点に鑑み、原告側の攻撃防御方法の提出が

第157条〔4〕

時機に後れたものといえるかについては慎重な検討が必要である（東京地判平成
15・12・12判時1850号51頁参照。ただし、課税処分取消訴訟については、原告の主
張・証拠申出の時機を定型化した規定がある。税通116条、地税19条の14参照）。

争点整理手続終了後の攻撃防御方法の提出については、法は当事者に理由説明
義務を課している（167条・174条・178条）。すなわち、相手方の求めに基づき、
当事者は、争点整理手続の終了前に当該攻撃防御方法を提出することができなか
った理由を説明しなければならない（規定の趣旨については、174条〔1〕参照）。
そして、当事者がそのような理由を合理的に説明できないような場合には、一般
に攻撃防御方法の提出は時機に後れたものと推認されよう（174条〔5〕。中野ほ
か・新講義240頁、伊藤293頁、条解2版940頁〔新堂＝上原〕、松本＝上野393頁など。
重過失の要件については、前記〔3〕参照）。なお、本条は弁論準備手続についても
準用されているので（170条5項）、弁論準備手続の中で攻撃防御方法の提出がす
でに時機に後れていると認められるときは、その終了前であっても却下すること
は可能である。この場合は、弁論準備手続の終結を遅延させるおそれが問題とな
る（旧法の準備手続につき、条解新版355頁、注釈(3)272頁〔山本〕）。なお、争点
整理のために自由闊達な議論を目的とする弁論準備手続において、本条の適用に
より攻撃防御方法を却下すべき場合は稀とする見解があるが（条解2版943頁〔新
堂＝上原〕）、争点整理の性質に応じて本条の趣旨を十分に考慮し、却下の当否を
考えるべきである。

相殺の抗弁については、この抗弁が反対債権（自働債権）を犠牲にして訴求債
権（受働債権）を消滅させることから、相殺以外の理由で訴求債権の存在を真剣
に争い、かつ、争うのが合理的であると認められる限り、反対債権の存在を知っ
ていながら、第一審で主張せず、控訴審で初めて提出しても重大な過失があると
はいえないとする見解もあるが（条解2版941頁〔新堂＝上原〕〔相殺の抗弁が却
下されても、当事者は実体法上の相殺権を失うものではないが、担保的機能のよう
な重要な機能を失うことになるから、微妙な判断が必要になるとする〕。新堂528頁、
松本＝上野393頁も同旨か）、反対債権の存在を認定するには、別個の証拠調べを
必要とするし、反対債権についてさらにその消滅等の再抗弁が提出されることも
ありうること、判決確定後も自ら請求異議訴訟等を提起すれば相殺の主張の機会
は残ることなどを考えると、他の抗弁と区別して、時機の認定や故意・重過失の
認定について特に緩やかに解する必要はない（注解(3)500頁〔斎藤＝井上＝小室〕、

377

第157条〔4〕 第2編 第3章 第1節 口頭弁論

伊藤294頁注(⑩))。実務でも、相殺の抗弁について他の抗弁と異なった取扱いは
していないようである（大判昭和9・4・4民集13巻573頁、最判昭和32・12・24
新聞91号9頁）。相殺の抗弁のような私法上の形成権の行使による抗弁については、
その形成権発生の基礎となる事実（相殺適状）と形成権の行使（相殺の意思表示）
が抗弁事実となるが、その抗弁が時機に後れたかどうかは、形成権行使の時では
なく、形成権発生の基礎となる事実が生じた時期を基準として、訴訟の経過に照
らして判断すべきである（大判昭和9・4・4前掲、大判昭和17・10・30法学12巻
520頁、注釈(3)277頁〔山本〕〔相殺の抗弁が既判力によって遮断されないとしても、
原告に直ちに給付判決を与えて（請求異議の）起訴責任を転換することは相手方当
事者の保護という本条の趣旨に適うとされる〕、注解(3)495頁〔斎藤＝井上＝小室〕、
基コメ(2)90頁〔上村〕、伊藤294頁注(⑩))。留置権（東京高判昭和31・4・26高民
集9巻4号231頁）や建物買取請求権（最判昭和46・4・23判時631号55頁）などに
ついても同様と考えられる。

　時機に後れてしかも当事者に故意・重過失ありとされた裁判例には以下のよう
なものがある（時機に後れて提出されたことについて何ら合理的な理由がなければ、
重過失が推定されることにつき、伊藤294頁参照。裁判例の類型化の困難さについて
は、注釈(3)276頁〔山本〕）。すなわち、建物明渡請求訴訟の最終口頭弁論期日に
おいて建物賃借権の抗弁が提出された場合（最大判昭和42・9・27民集21巻7号
1925頁、判時494号19頁、判タ213号98頁）、無断転貸による解除を理由とする建物
明渡訴訟で、弁論終結直前に、そのはるか以前にした解約申入れを予備的に主張
した場合（東京地判昭和25・12・28下民集1巻12号2129頁）、売買の主張に対し、
数回の口頭弁論を経た約1年後の最終口頭弁論期日になってこの売買を無効と主
張したが、その無効の主張を準備するのにさして時間を要しないと認められた場
合（東京高判昭和29・6・9下民集5巻6号812頁、判時30号15頁）、相殺の抗弁を
第1回期日に提出しておきながら、その自働債権が消滅したことがわかると、別
の債権による相殺を主張した場合（大阪地判昭和25・12・1下民集1巻12号1921
頁）、8回の口頭弁論を経た後に初めて時効の抗弁を提出した場合（東京地判大
正13・4・12評論15巻民訴301頁）、請求異議の訴え提起の時から約1年を経た第
7回の最終口頭弁論期日で初めて異議を理由あらしめる事実を主張した場合（東
京地判昭和26・1・13要旨集民訴2巻500頁）、男女間の賃金格差が不法行為に当
たるとして損害賠償を求めた訴えで、提訴約5年後に損害額の計算方法以外の点

第157条〔4〕

の主張・立証がほぼ終了し、その後も被告において新たな主張・立証はない旨を重ねて述べていながら、提訴約8年後に再開された弁論期日において、新たに被告から損害額を限定すべき旨の主張や消滅時効の主張がされた場合（岡山地判平成13・5・23判タ1207号178頁）、2年近く13回の弁論準備・口頭弁論期日を経た後に口頭弁論終結の前日に提出された準備書面において過失相殺の主張が新たにされた場合（東京地判平成22・2・12判タ1343号167頁）、集中証拠調べ後に新たな主張および書証が提出された場合（神戸地姫路支判平成25・4・24判タ1405号110頁）などがある。また、判決に熟した時期において賃料請求権に対し賃借家屋修繕費償還請求権をもって相殺するとの主張は、その証拠調べに経験上多大の日数を要し、訴訟の完結を遅延させることは明らかで、少なくとも重大な過失があるとされた（最判昭和32・12・24前掲）。さらに、証人申請書の不提出・申請の放棄等を反覆して証拠調べの実施を不可能にし、訴訟の進行をはなはだしく阻害するに至った場合には、たとえ唯一の証拠方法でも却下することができるとされる（大阪地判大正13・11・15評論14巻民訴78頁）。なお、専門的知見を要する訴訟における専門性を有する攻撃防御方法についても、本条が適用される場合はある（医療訴訟において、争点整理・集中証拠調べがほぼ終了した時期に新たな過失を主張することは、医療訴訟の専門性を考慮しても、なお時機に後れたものとして却下した事例として、札幌地判平成20・1・30判タ1281号257頁参照）。

　最近は、本条の適用が特許訴訟において問題とされる場合が増えている。これは、特許訴訟が経済的な紛争として特に迅速な裁判が求められるとともに、その審理が特定論、侵害論、損害論のステップに明確に分別されるなど定型化されていること（高部眞規子『実務詳説特許関係訴訟』10頁以下〔きんざい、2011年〕など参照）等によるとみられる。例えば、弁論準備手続終結後最終口頭弁論期日の14日前に訂正審判請求をし、最終口頭弁論期日においてこれに基づき提出された新たな攻撃防御方法を却下した例（東京地判平成22・1・22判時2080号105頁、判タ1336号274頁）、被告の特許無効の主張および立証を時機に後れたものとして却下した原審の判断を相当とするとともに、控訴審において新たに提出された無効主張も却下した例（知財高判平成25・1・30判時2190号84頁）などがある。これに対し、原審が時機に後れたとして却下した特許無効の抗弁を控訴審で再提出することについて、それが時機に後れたことは否定できないが、当事者双方が主張・立証の追加を求めないことから訴訟の完結を遅延させるものではないとして

379

第157条〔4〕　第2編　第3章　第1節　口頭弁論

却下できないとした例もある（知財高判平成25・4・11判時2192号105頁）。

　他方、却下が否定された事例として、立証事項に直接関係した証人によって立証できると信じていたが、その証人が明確な証言をしなかったため、他の証拠の提出を余儀なくされた場合には、原則としてその証拠の提出に本条を適用することはできないとしたものがある（京都地判昭和27・12・16下民集3巻12号1778頁）。

　(2)　上訴審と時機に後れた攻撃防御方法

　控訴審においても本条は準用される（297条）（以下については、本書Ⅵ161頁以下も参照）。控訴審の第1回期日等控訴審の当初に新たな攻撃防御方法を提出することは、控訴審からみれば時機に後れたことにはならないが、第一審の経過をも通観すれば時機に後れたことになる場合に、どのように判断すべきかが問題になる。控訴審が続審（第3編第1章前注2参照）であること、第二審のみを基準とすると第一審における集中審理を害する結果になることを考えると、時機に後れたかどうかは第一審・第二審を通じて判断すべきであり、第二審のみを基準とすべきではない（大判昭和8・2・7民集12巻159頁、最判昭和30・4・5民集9巻4号439頁、判時50号12頁〔控訴審の第2回口頭弁論期日（実質上第1回）の建物買取請求権の行使につき主張事実の提出を否定した原審の判断を破棄した事例〕、東京高判平成14・10・31判時1823号109頁、判タ1138号276頁〔特許権侵害訴訟で、原審で提出することが容易であった製造記録について、提訴以来11年を経た控訴審において初めて提出した場合に、第一審からの全過程を通じてみれば本条の要件を満たすとして却下した事例〕、東京高判平成16・8・25判時1899号116頁、判タ1212号133頁〔第一審で争いのないものとして整理された点について、控訴審において従来の訴訟対応を覆し、一からあえて争うとする対応は、著しく信義に反するとして却下した事例〕、条解2版943頁〔新堂＝上原〕、注釈(3)278頁〔山本〕、注解(3)495頁〔斎藤＝井上＝小室〕、基コメ(2)90頁〔上村〕、伊藤294頁、新堂528頁、松本＝上野393頁、中野ほか・新講義228頁）。とりわけ現行法の下では、第一審における争点整理手続の効果は控訴審でも維持され（298条2項）、控訴理由書や反論書の提出が求められる（規則182条・183条）という控訴審の新たな構造を前提にすると、以上のような趣旨はより強く理解されるべきである。上告審から破棄差戻しを受けた事件についても、時機に後れたかどうかは、第一審以来の訴訟の経過をみて判断する（大阪高判昭和57・11・24前掲）。

　以上から、控訴審の第1回口頭弁論期日においてされた新たな主張や証拠の提

380

第157条〔4〕

出も時機に後れたものとして却下することができる（東京高判平成16・7・14判時1875号52頁は、控訴審の第1回口頭弁論期日の直前になって不動産鑑定士の報告書を証拠として提出したところ、原審でも別の不動産鑑定士の鑑定書の提出までに長期を要したことなどに照らし、時機に後れたものとして却下した）。また、第一審で本条により却下された攻撃防御方法は、特段の事情のない限り、控訴審でも却下されることになろう（注解(3)511頁〔斎藤＝井上＝小室〕、基コメ(2)91頁〔上村〕）。当事者が第一審で弁論期日に欠席し159条3項によって敗訴し、控訴して新たな攻撃防御を提出した場合には、第一審で欠席したことにつき故意・重過失が認められず、控訴審の審理経過から時機に後れたものと認められないときには、本条は適用できない（大判昭和6・11・4民集10巻865頁、大判昭和7・4・9民集11巻602頁、注解(3)501頁〔斎藤＝井上＝小室〕、注釈(3)283頁〔山本〕〔被告の審級の利益の保護から、この場合の故意・重過失の認定は厳格にすべきものとされる〕）。

　控訴審で新たに提出された攻撃防御方法について、さらに問題になるのは、第一審判決の結果と当事者の考えが食い違い、そのため控訴審において新たな攻撃防御方法を提出せざるをえなくなった場合である。この場合は、必ずしも時機に後れたものまたは故意・重過失によるものとはいえないことがある。例えば、第一審判決が当事者の予期しなかった法律構成に基づき判断をしたために、当事者が控訴審でそのような構成を争うために新たな事実を主張した場合や、裁判所が偽証をした証人の証言に基づき事実を認定したが、敗訴当事者からみれば、偽証であることがあまりに明確であるから、それが採用されるとはまったく予期していなかったときは、その証人が頼まれて偽証したことを立証するため新たに証拠方法を提出する場合などは必ずしも時機に後れたものではないと認められよう。さらに、原審に提出した準備書面に記載した主張で、裁判所が必要ないとしたため陳述することができなかった場合に、控訴審でそれを陳述する場合も本条により却下はされない。

　第一審からの経過を通じてみれば時機に後れた攻撃防御方法であっても、控訴審で他の適法に提出された証拠の取調べのため、なお多少の時日を要するような場合には、その時間を利用して取り調べれば、それほど訴訟の完結を遅延することにはならず、本条で却下することはできない場合もあろう。しかし、このような場合をあまり安易に認めると、第一審の争点整理が無意味に帰し、審理の充実・迅速化が困難となることには注意を要する。なお、控訴審における攻撃防御

381

第157条〔5〕 第2編 第3章 第1節 口頭弁論

方法の提出時期については、その期間の裁定の制度が設けられている（301条）。この場合、当該期間内の提出であれば時機に後れたものとはならないが（基コメ(2)90頁〔上村〕）、当該期間経過後の提出の場合は逆に、原則として時機に後れたものと評価されよう（伊藤294頁）。

　その他、控訴審で本条の適用が問題となった主な事例として、以下のようなものがある。原告が貸金を主張したのに、原審が準消費貸借と認定したため、被告が控訴審で準消費貸借の基礎とされた旧債務に対する抗弁を主張する場合（東京高判昭和28・5・7東高民時報4巻1号1頁）、第一審で表見代理の主張をしない旨を釈明したが、控訴審でその主張を提出した場合でも、その主張が第一審の予期に反する判断の結果として提出されたものである場合（東京高判昭和41・10・24東高民時報17巻10号236頁）などは、それだけでは重大な過失により時機に後れたとはいえないとされる。また、土地明渡訴訟で敗訴した被告の提出する留置権の抗弁は控訴審において遅滞なく主張すべきであり、これを控訴審の最終口頭弁論期日で初めて提出するのは重大な過失により時機に後れたものとされる（東京高判昭和31・4・26前掲）。第一審で4回、第二審で5回の口頭弁論が行われ、約2年を経過した後の控訴審最終口頭弁論期日で初めて相手方が抗弁とその立証を要する予備的主張を提出したときは、故意または重大な過失により時機に後れたものとされる（東京高判昭和28・10・8東高民時報4巻5号149頁。同旨——東京高判昭和37・10・3東高民時報13巻10号157頁、名古屋高決昭和52・3・17判時855号54頁、判タ355号333頁、名古屋高判昭和52・4・27判時867号69頁、判タ357号260頁、名古屋高判昭和53・12・21訟月25巻4号1188頁、東京地判昭和55・10・29判タ438号128頁、東京高判平成14・10・31前掲など）。もっとも、旧法下では控訴審において却下を否定した例も少なくなかった（東京高決昭和57・5・27判時1049号45頁、判タ476号95頁など）。

〔5〕 **攻撃防御方法**

　本条にいう「攻撃又は防御の方法」は、156条の場合と基本的に同様である（156条〔2〕参照）。したがって、訴えの変更には本条を適用する余地はなく、その時期的規制は143条によるべきであるし（大判昭和16・10・8前掲）、反訴の提起にも本条の適用はない（東京地判昭和32・3・16下民集8巻3号483頁、判時114号40頁）。答弁をせず、弁論の全趣旨により明らかに争ったものとは認められない事実（159条1項）、または弁論期日に出頭しないで明らかに争ったとは認めら

382

れない事実（同条3項）を当事者が後に否認することは、相手方はそのために新たに証拠方法を提出しなければならなくなるし、そのために訴訟手続が遅延することになるから、そのような当事者の態度も本条にいう攻撃防御方法に該当するものと解され、本条が適用される（注解(3)512頁〔斎藤＝井上＝小室〕）。また、自白の撤回についても（仮に撤回の要件〔179条〔2〕(5)参照〕を満たしたとしても）、本条による却下が可能である（東京高判昭和61・10・30判時1218号71頁、東京高判昭和56・1・19判時997号117頁、判タ443号81頁など。自白の撤回を時機に後れたものでないとした例として、東京高判平成元・10・31判タ765号234頁）。なお、証拠の提出・認否もここにいう攻撃防御方法に該当する（156条〔2〕参照）。唯一の証拠方法の申出であっても本条の例外とはならない（最大判昭和30・4・27民集9巻5号582頁、仙台高判昭和29・9・30下民集5巻9号1655頁〔控訴審で唯一の証拠が提出された事例〕、注解(3)492頁〔斎藤＝井上＝小室〕、基コメ(2)90頁〔上村〕）。なお、法律上の主張については、裁判所の法適用の責務に鑑み、原則として本条によって却下されることはない（注釈(3)274頁〔山本〕。控訴審における新たな主張が原審における法的構成の誤りを正したものにすぎないとして、却下を否定した裁判例として、東京高判平成20・9・25金判1305号36頁参照）。

〔6〕　**訴訟完結の遅延**

　攻撃防御方法を本条によって却下するためのもうひとつの要件は、攻撃防御方法を提出したために訴訟の完結が遅延することである。訴訟の完結が遅延するとは、その攻撃防御方法が提出されなかったならば訴訟を完結することができたであろう時期（すなわち却下した場合の予想訴訟完結時期）よりも、その提出を認めて審理した場合の訴訟の完結の時期が遅れることである（いわゆる絶対説〔絶対的遅延概念〕である。同旨——注解(3)502頁〔斎藤＝井上＝小室〕、注釈(3)284頁〔山本〕、基コメ(2)91頁〔上村〕、伊藤294頁、中野ほか・新講義228頁、条解2版942頁〔新堂＝上原〕。絶対説と相対説〔相対的遅延概念。適時に提出された場合の完結時期と提出が遅延した場合の完結時期とを比較する考え方〕の相違については、注釈(3)284頁〔山本〕参照）。

　新たな主張の提出は、相手方が自白して争わない場合やすでにされた証拠調べで認定できる場合を除き、新たな争点整理や証拠調べを通常必要とし、その結果として訴訟の完結が遅れる場合が多い（なお、当該主張につき自白のある場合は通常訴訟の完結を遅延させるものではないが、自白を前提に新たな抗弁の提出があ

第157条〔6〕　第2編 第3章 第1節 口頭弁論

るような場合にはなお完結の遅延を生じうる。注解(3)503頁〔斎藤＝井上＝小室〕)。また、弁論終結の間際になって当事者が新たな主張をし、これについて相手方が調査したうえでないと認否ができないという場合には、立証の要否を考慮するまでもなく、訴訟の完結を遅延させるといえる。それに対し、新たな攻撃防御方法が時機に後れて提出したものと認められるような場合であっても、それまでに問題になっている争点に関する争点整理や証拠調べがまだ完了していないため、新たな攻撃防御方法についての審理をそれに併行して行いうるときには、特に訴訟の完結を遅延させるとは認められない場合がある（注解(3)504頁〔斎藤＝井上＝小室〕)。ただし、証拠調べについて完結を遅延させないような事態は、従前の審理方法のように、証拠調べが2カ月か3カ月ごとに複数回行われる場合には多かったが、証拠調べを集中的にする場合（182条）には、比較的少ないと思われる。

　それでは、訴訟の完結を遅延させない事情とはどのようなものであろうか。例えば、新たな主張事実を立証するため提出された書証の成立を相手方が直ちに認め、これに対して反証を提出しない場合（東京地判昭和8・12・5評論23巻民訴147頁）、新たに提出された書証について、相手方が成立を争っても、その事件の従前の証拠や在廷証人によって、その成立を立証することができる場合（大判昭和12・6・2前掲）、新たな攻撃防御方法（消滅時効の抗弁）に係る事実経過についてすでに主張・立証が尽くされている場合（東京地判平成25・7・18判タ1410号332頁）、当事者が当該攻撃防御方法につき追加的な主張立証を求めない場合（知財高判平成25・4・11前掲）などは訴訟の完結を遅延させるとはいえない。ただ、即時に取調べが可能な在廷証人の申請などが常に完結を遅延させないとはいえない（反対――条解2版942頁〔新堂＝上原〕、注釈(3)286頁〔山本〕、基コメ(2)91頁〔上村〕。伊藤295頁、新堂528頁、松本＝上野393頁も同旨か）。相手方に対する不意打ちとなり、反対尋問の準備や反証の提出が必要となる場合もあるからである（法律実務(3)57頁、注解(3)503頁〔斎藤＝井上＝小室〕)。抗弁として借地法10条（借地借家13条）の建物買取請求権を行使した場合には、その行使の効果の認定のためには、特段の証拠調べを要しないから、その範囲では訴訟の完結を遅延させることにはならないが（最判昭和30・4・5前掲、注解(3)504頁〔斎藤＝井上＝小室〕)、引換給付判決を意図した同時履行の抗弁権行使の前提であって建物の時価等について別途審理を要する場合にはその限りでない（最判昭和46・4・23前掲、注釈(3)286頁〔山本〕)。消滅時効の抗弁のように、その主張自体から判断

第157条〔7〕

が可能な場合にも、原則として遅延を生じないが、その抗弁に対して時効中断等の再抗弁が提出されるときは、訴訟の完結を遅らせることになる（法律実務(3)57頁、注解(3)503頁〔斎藤＝井上＝小室〕）。

また、新たな事実主張があっても、その認定のために従来の証拠調べの結果で足りる場合は、訴訟完結の遅延を生じない。例えば、従前強迫による取消しの抗弁を主張していたのに、新たに詐欺による取消しの抗弁を提出した場合でも、従前の証拠によってその事実を立証しようとする限り、訴訟の完結を遅延させることにはならない（東京地判昭和32・10・29下民集 8 巻10号1992頁、判時135号24頁。同旨——名古屋高判昭和56・ 9 ・21判タ455号112頁、東京高判昭和59・12・21前掲など）。なお、法律上の意見の陳述は、別に新期日を必要としないから、原則として訴訟の完結を遅らせるものではない（注解(3)504頁〔斎藤＝井上＝小室〕。なお、東京地判平成13・11・ 9 判時1784号45頁、判タ1092号86号は、法律上の陳述であっても、同陳述に対する相手方当事者の防御等のために、同陳述がなければ弁論を終結できたであろう時期を超えて審理を続けざるをえなくなり、訴訟の完結を遅延させることとなると認められることもありうるとする〔ただし、傍論〕。また、処分の対象事実は当初から明らかであり、対象事実の評価が論争の中心であった場合に、新たな法的根拠に基づく課税の主張は、訴訟の完結を遅延させるものではないとした例として、東京高判平成16・ 1 ・28判時1913号51頁参照）。

〔7〕　攻撃防御方法の却下

当事者が提出した攻撃防御方法で上記〔2〕から〔6〕までの要件に該当するものは、裁判所は、相手方の申立てによりまたは職権で、却下することができる（当事者には却下の申立権が認められ、申立てがあった場合には裁判所は必ず応答しなければならない）。本条の要件に該当する攻撃防御方法が提出された場合に、裁判所は必ずこれを却下しなければならないのか、あるいは却下するかしないかを裁量によって決めることができるのかは問題である。迅速な訴訟完結の必要性と不完全な資料に基づき裁判をすることを甘受しうるかを衡量して定めるものとし、要件を満たす場合も却下しないことができるとする見解もあるが（条解 2 版943頁〔新堂＝上原〕、基コメ(2)91頁〔上村〕、中野ほか・新講義228頁、注解(3)510頁〔斎藤＝井上＝小室〕、注釈(3)289頁〔山本〕、名古屋高判昭和47・ 7 ・13判時683号100頁、大阪地判昭36・ 6 ・12下民集12巻 6 号1353頁）、裁量を許す明文の規定がない以上（簡素化法による改正前の旧ドイツ民訴法279条参照）、理論的には疑問で

第157条〔7〕 第2編 第3章 第1節 口頭弁論

あり、要件が認められれば裁量の余地はなく却下すべきものと解される（伊藤
295頁注(113)、法律実務(3)62頁）。ただ、上記の要件はいずれもかなり幅の広いも
のであるから、その適用判断において、不完全な資料に基づいて誤った裁判をす
ることをなるべく避けるようにすることができるし、実務上もそのように取り扱
われている。相手方が時機に後れた攻撃防御方法の提出に同意しても、それは裁
判所を拘束せず、なお職権で却下することができる（法律実務(3)62頁、注解(3)
510頁〔斎藤＝井上＝小室〕）。なお、受命裁判官によって弁論準備手続がされてい
るときは、本条による裁判も受命裁判官がする（171条2項本文）。

　当事者が攻撃防御方法の却下の裁判を申し立てるには、口頭または書面による
ことができるが（規則1条1項）、当事者の申立てを却下または認容する裁判お
よび職権で攻撃防御方法を却下する裁判はいずれも決定である。時機に後れて提
出された主張を却下する決定は、その主張の立証のための証拠調べが一部実施さ
れた後でもすることができる（最判昭和38・3・15民集17巻2号360頁、判時337号
30頁）。訴訟の完結を遅延させるかどうかは、証拠調べを一部してみないと明ら
かにならない場合もあるからである（注釈(3)285頁〔山本〕）。この裁判は、独立
に決定の形式でしてもよいし、判決の理由中で判断してもよい。実務では後者の
形でされることが多いが、独立の決定でした場合には、訴訟指揮の裁判のひとつ
であるから、いつでも取り消すことができる（120条）。この決定には心証形成の
理由まで記載する必要はない（法律実務(3)62頁、注解(3)509頁〔斎藤＝井上＝小
室〕）。

　攻撃防御方法を却下する決定または却下申立てを却下する決定に対しては独立
して不服の申立てはできず、終局判決とともに不服を申し立てるべきである（283
条・328条1項〔この判断は口頭弁論に基づき行われるからである〕。注解(3)510頁
〔斎藤＝井上＝小室〕、基コメ(2)91頁〔上村〕、伊藤295頁、中野ほか・新講義228頁。
なお、注釈(3)290頁〔山本〕、新堂528頁、条解2版943頁〔新堂＝上原〕は、本条の
裁判の裁量性に鑑み、却下申立ての却下の裁判には不服申立てを認めない）。上訴
審が原審の却下決定を不当と認めて取り消した場合には、当事者からの再度の提
出を待つまでもなく、改めてその攻撃防御方法について審理する。原審の決定が
却下申立てを却下する決定であったときは、その攻撃防御方法についてはすでに
第一審で審理済みであるが、原決定を取り消して当該攻撃防御方法を却下すべき
である（この場合、却下された攻撃防御方法は訴訟資料・証拠資料にならない）。

ただし、この場合には、当該攻撃防御方法が第一審で審理済みであるため、控訴審としては実際上要件の判断に慎重となり却下の事例は多くないと思われる。

〔8〕 **釈明に応じない場合の却下**

当事者の提出した攻撃防御方法の趣旨が不明である場合、すなわち、それが多義的でどのような主張であるか不明であったり、何を主張しているかまったく理解不能であったりする場合において、裁判長または陪席裁判官が釈明（いわゆる消極的釈明）を求めたにもかかわらず、当事者がこれに応じないとき（149条）、または裁判長があらかじめ釈明処分として当事者本人に出頭を命じたにもかかわらず（151条1項1号）、当事者が期日に出頭しないときは、裁判所は、当事者の申立てによりまたは職権で、その攻撃防御方法を却下することができる。当事者に対して釈明に応じるように促し、迅速かつ集中的な審理を可能にする趣旨である。釈明すべき攻撃防御方法は上記のような関係のものであり、趣旨不明の証拠申出は訴訟指揮権に基づき不採用にすれば足りるから、本条2項は主張に限り適用され、立証については適用されない（注解(3)507頁〔斎藤＝井上＝小室〕、基コメ(2)91頁〔上村〕、伊藤295頁、条解2版942頁〔新堂＝上原〕。注釈(3)287頁〔山本〕も同旨か）。なお、本項については、1項の場合と異なり、故意・重過失の要件や訴訟完結遅延の要件は必要ない（反対として、旧法下で故意・重過失の要件を認める見解として、注釈(3)288頁〔山本〕）。

当事者が釈明に応じなかったかどうかを、いつを基準として判断するかが問題になるが、それは具体的な攻撃防御方法に即して考えなければならない。当事者の主張の趣旨が不明であるため相手方が答弁できず、したがって証拠調べにも入ることができないような場合には、それを直ちに却下すべきであるが、ある程度相手方の答弁もでき争点も決まり証拠調べも可能であり、口頭弁論終結までに釈明して主張を明確にできるような場合には、早急に却下すべきではない（注解(3)506頁〔斎藤＝井上＝小室〕、注釈(3)287頁〔山本〕）。釈明すべき期日に当事者が欠席した場合も同様である。当事者が欠席しても、準備書面を提出して釈明すべき事項を明らかにしている場合などは、直ちに却下すべきでない場合が多い。もっとも、その期日に口頭弁論が終結される場合には、簡易裁判所の訴訟以外では、釈明に応じた準備書面は訴訟資料とはならないが、これは欠席による不利益の結果である。また、他の事項の審理のための続行期日において釈明が期待される場合には、その期日まで却下しないで待つのが相当であろう（条解2版942頁〔新

第157条の2〔1〕　第2編 第3章 第1節 口頭弁論

堂＝上原〕、注解(3)506頁〔斎藤＝井上＝小室〕)。

（審理の計画が定められている場合の攻撃防御方法の却下）[1]

第157条の2　第147条の3第3項又は第156条の2（第170条第5項において準用する場合を含む。）の規定により特定の事項についての攻撃又は防御の方法を提出すべき期間が定められている場合において[2]、当事者がその期間の経過後に提出した攻撃又は防御の方法については[3]、これにより審理の計画に従った訴訟手続の進行に著しい支障を生ずるおそれがあると認めたときは[4]、裁判所は、申立てにより又は職権で、却下の決定をすることができる[5]。ただし、その当事者がその期間内に当該攻撃又は防御の方法を提出することができなかったことについて相当の理由があることを疎明したときは、この限りでない[6]。

〔1〕　本条の趣旨

　司法制度改革の議論を受けた平成15年の民事訴訟法改正により、審理計画の制度が創設された。ただ、計画は、何事であれ、立てるだけでは意味はなく、それが守られて初めて実際上の意義を有する。したがって、審理計画が立てられた場合にも、それを遵守させる何らかの仕組みが必要になる。確かに、現行法もすでに時機に後れた攻撃防御方法の却下の規律を有している（157条）。しかし、これに基づき裁判所が攻撃防御方法を却下するについては、当事者の故意または重大な過失があることや攻撃防御方法の提出により訴訟の完結を遅延させることなどが要件とされる（その詳細については、157条の注釈参照）。しかるに、当事者双方との間で協議したうえで審理計画を策定し、裁判所および一方の当事者が協力しながらその計画に基づいて訴訟手続を進行させようとしているにもかかわらず、他方の当事者が、裁判所の定めた期間を合理的な理由もなく遵守せず、遅れて攻撃防御方法を提出することによって審理計画に従った訴訟手続の進行を妨害することになるような事態は、訴訟手続上の信義則（2条）に照らしても、相当なものとは考えられず（一問一答平成15年改正23頁以下）、審理計画の意義を没却するものである（伊藤274頁）。

　そこで、改正法は、審理計画が定められている場合の攻撃防御方法の却下について特に本条を設け、157条の特則を定めたものである。本条が157条の特則とさ

第157条の2〔2〕〔3〕

れるのは、①157条は却下の要件として攻撃防御方法の提出が「時機に後れ」た
ものであることを求めているが、本条は審理計画自体（147条の3第3項）また
はそれに基づき定められた裁定期間（156条の2）に定められた「期間の経過後」
の提出であれば対象とされること、②157条は却下の要件として時機に後れた提
出が当事者の「故意又は重大な過失」によることを求め、却下を求める当事者の
側にその証明の責任を課しているが、本条は、適用要件を期間内に提出できなか
ったことに関する「相当の理由」の有無に緩和するとともに、その証明の責任を
攻撃防御方法の提出当事者の側に転換していること、③157条は却下の要件とし
て当該攻撃防御方法について審理することにより訴訟の完結を遅延させることを
求めるが、本条はその審理により審理計画に従った訴訟手続の進行に著しい支障
を生ずるおそれがあれば足りるとしていることにある（一問一答平成15年改正24
頁注(1)参照）。以上のように、本条は157条に比べて攻撃防御方法を却下する要件
を緩和し、審理計画が定められた場合にはそれに従って審理が追行されることを
担保したものである。

〔2〕　**審理計画および特定事項に係る攻撃防御方法の提出期間の定め**

　本条が適用される前提は、①147条の3第3項によって審理計画において特定
の事項についての攻撃防御方法を提出すべき期間が定められているか、または
②156条の2によって審理計画に従った訴訟の進行上必要があるとして、裁判長
が特定の事項についての攻撃防御方法を提出すべき期間を定めている場合である
（それぞれの場合の詳細については、147条の3〔4〕および156条の2〔2〕参照）。ま
た、弁論準備手続の中で裁判長または受命裁判官がこのような期間を定めている
場合も含まれる（170条5項）。そして、それらの前提として、審理計画が定めら
れている必要がある（審理計画の要件として、147条の3第2項所定の事由〔147条
の3〔3〕参照〕が定められている必要があるので、これらのいずれかを欠くものは
そもそも審理計画ということはできず、そこで攻撃防御方法の提出期間が定められ
ていても本条の適用の前提を欠くことになる）。ただ、審理計画が定められていて
も、①または②の期間の定めがなければ本条は適用されない（その場合は、原
則に戻り、157条の要件に従って却下の当否が決められることになる）。

〔3〕　**期間経過後の攻撃防御方法の提出**

　本条によって攻撃防御方法が却下される要件として、まず、定められた攻撃防
御方法の提出期間（前記〔2〕参照）の経過後に当該攻撃防御方法が提出されたこ

389

第157条の2〔4〕　第2編 第3章 第1節 口頭弁論

とがある。前述のとおり（〔1〕参照）、これは、157条の時機に後れたことの要件に代わるものである。時機に後れたかどうかという困難な判断（157条〔4〕参照）を不要とし、定められた時期の経過後の提出という明確な要件として、裁判所の却下の判断を容易にする趣旨である。

〔4〕　**審理計画に従った訴訟手続の進行の著しい支障**

　本条は、審理計画においてまたはそれに基づき定められた提出期間の経過後の攻撃防御方法をすべて却下できるものとはせず、付加的な要件として、その攻撃防御方法を審理すればそれによって審理計画に従った訴訟手続の進行に著しい支障を生ずるおそれがあると認められることを必要としている。提出期間経過後の提出の場合に機械的に却下してしまうことは相当ではなく、本条の規律の目的が審理計画の遵守にあることに鑑み、審理計画に従った訴訟進行という目的に実害がない程度の軽微な違反については問題にしないこととしたものである。したがって、ここでの「著しい支障」とは、その攻撃防御方法の提出を認めると、審理計画で定めた争点整理期間、証人等尋問期間、口頭弁論終結時期、判決言渡し予定時期等を大幅に変更しなければならない事態をいうものと解される（東京地方裁判所プラクティス委員会編著『計画審理の運用について』22頁〔判例タイムズ社、2004年〕）。ただ、それでも157条に比べれば、訴訟の完結の遅延という要件は必要がないこととされ、要件の緩和が図られている。換言すれば、その攻撃防御方法の審理によって訴訟の完結が必ずしも遅延しない場合であっても、審理計画に著しい支障が生じればなお却下の対象となるものである。例えば、被告が抗弁の提出期間経過後に新たな抗弁を主張したが、原告の再抗弁等の審理のためにいずれにしろ期日が必要であり、訴訟の完結の遅延は疎明できないものの、審理計画に従った訴訟進行には著しい支障となることは明らかであるような場合には、157条によっては却下できないが、本条によって却下できることになる。

　この点の判断については、審理計画が、訴訟手続の早期の段階にあっては、過度に厳格なものであってはならず、訴訟の実情に応じて柔軟な変更を前提にするものであること（147条の3〔5〕参照）との関係にも配慮を要する。少なくとも争点整理手続の初期の段階では、審理計画の内容がその後の当事者の訴訟追行の状況等によって変更される可能性があり、その時点で定められた攻撃防御方法の提出期間を遵守できなくても、直ちに「著しい支障」があるとまではいえない場合が多いと考えられる（一問一答平成15年改正26頁注(2)、青山善充ほか「《特別座

390

談会》民事訴訟法改正と民事裁判の充実・迅速化(上)」ジュリ1257号59頁〔小野瀬厚発言〕〔2003年〕、条解2版945頁〔上原敏夫〕参照)。その意味で、本条は、ある程度審理計画がリジッドなものとして固まった時点、すなわち争点整理が相当程度進んだ段階において初めて適用されることになるものと思われる。

〔5〕 **攻撃防御方法の却下決定**

本条による却下の手続および効果は、基本的に157条の場合と同様である（157条〔7〕参照）。したがって、本条による却下の裁判は、裁量によるものではなく、要件を満たした場合には却下すべきものである（なお、東京地方裁判所プラクティス委員会・前掲『計画審理の運用について』23頁は、これを「一種のき束裁量的なもの」と評価する）。また、当事者の申立てを却下または認容する裁判および職権で攻撃防御方法を却下する裁判はいずれも決定である。この裁判は、独立に決定の形式でしても、判決の理由中で判断してもよく、独立の決定でした場合には訴訟指揮の裁判となり、いつでも取り消すことができる（120条）。攻撃防御方法を却下する決定または却下申立てを却下する決定に対しては独立して不服の申立てはできず、終局判決とともに不服を申し立てるべきである（283条）（東京地方裁判所プラクティス委員会・前掲『計画審理の運用について』23頁。なお、一問一答平成15年改正25頁注(2)は「上訴が提起された場合には、上訴審の手続の中で、却下された攻撃防御方法を再度新たに提出することなどにより、上級審において却下の是非を争うことができ」るとする）。

157条との手続上の相違点として、弁論準備手続において受命裁判官が選任された場合の取扱いがある。157条においては、この場合も受命裁判官が裁判所の職務を行うとの原則に基づき（171条2項本文）、時機に後れた攻撃防御方法を却下することができるが（157条〔7〕参照）、本条の規定による却下については、特則が設けられ（同項但書）、受命裁判官は提出期間を経過した攻撃防御方法を却下することができない。したがって、原則に戻って、受訴裁判所が却下の裁判をすることになる。これは、審理計画を定める権限が受訴裁判所にあり、当該攻撃防御方法の審理が審理計画に従った訴訟進行に著しい支障を及ぼすという要件（前記〔4〕参照）を最も的確に判断できるのも受訴裁判所である一方、本条が157条に比べて緩やかな要件で攻撃防御方法の却下を認めたものであることから、受訴裁判所による慎重な判断が望ましいと考えられたことによる（受命裁判官の権限については、171条〔3〕参照）。

第157条の2〔6〕 第2編 第3章 第1節 口頭弁論

〔6〕 **相当の理由があるときの例外**

上記〔3〕および〔4〕の要件を満たしても、攻撃防御方法を提出した当事者が定められた期間内に攻撃防御方法を提出できなかったことについて相当の理由があることを疎明した場合には、なお却下はできない（本条但書）。却下を求める側が故意・重過失を疎明しなければならない157条に比べて、却下を免れようとする側が相当の理由を疎明する必要があることとして、要件を緩和しているものである（ただし、この要件が「この規定の適用場面をきわめて狭めて」おり、「この規定で却下できる場合は、民訴法157条の時機に後れた攻撃防御方法としても却下できる」とする評価として、森宏司「計画審理の理論と実践」判タ1147号71頁〔2004年〕。また、三木浩一「日本の民事訴訟における裁判官および弁護士の役割と非制裁型スキーム」民訴50号107頁〔2004年〕も、本条の運用が157条の場合と同様に消極的なものに終わる可能性も否定できないと予測する〔三木・手続運営26頁所収。そこでは、補注として、審理計画は実務ではほとんど実施されていないため、本条が定める「緩やかな制裁型スキームも、実際には機能していない」と評価する〕）。

「相当の理由」とは、単なる重過失の不存在よりも厳しい概念と考えられる。実質的には無過失とほぼ同義と考えてよかろう。例えば、当事者本人が病気になって予定どおりに準備を行うことができなかった場合（一問一答平成15年改正26頁注(3)参照。一人しかいない訴訟代理人の重病も同様に相当の理由といえるであろう。新堂531頁）、自然災害により予定していた証拠資料の入手が困難になった場合（東京地方裁判所プラクティス委員会・前掲『計画審理の運用について』23頁）、審理計画の策定時には想定できなかった事由（聴取すべき第三者の都合による聴取の遅延など。新堂531頁）により予定どおりの証拠収集ができなかった場合などがありえよう（伊藤274頁は「攻撃防御方法提出についてあらかじめ予想しえなかった支障の発生など、客観的にみても提出期間の徒過を許容すべき合理的なものでなければならない」とする）。また、当事者の属性（自然人か法人か、訴訟代理人がついているか等）も考慮要素となる（三角比呂「審理計画」大江ほか編・手続裁量70頁は、個人の当事者も原則として同様の期限の遵守義務はあるものの、個別の特段の事情は「相当の理由」として個人当事者の疎明により考慮されるものとする）。それに対し、審理計画による期間の設定にもともと無理があったというような事情は、本来審理計画の変更によって対処すべきものであり、審理計画をそのまま漫然と放置しながらそれに正面から違反するのは、相当の理由があるとは言い難

第158条〔1〕

いであろう。なお、一方当事者から却下の申立てがされたときには相手方は却下されないため当然に相当の理由を疎明すべきであるが、裁判所が職権で却下しようとする場合には、攻撃防御方法を提出した当事者に対し、相当の理由の疎明の機会を与えるために釈明すべきであろう。

（訴状等の陳述の擬制）[1]

第158条 原告又は被告が最初にすべき口頭弁論の期日に出頭せず[2]、又は出頭したが本案の弁論をしないとき[2][3]は、裁判所は、その者が提出した訴状又は答弁書その他の準備書面に記載した事項を陳述したものとみなし、出頭した相手方に弁論をさせることができる[2][4]。

〔1〕 本条の趣旨

(1) 裁判所が訴訟につき判決をするためには、原則として口頭弁論を経なければならない（87条1項本文）。したがって、口頭弁論期日に当事者の双方または一方が欠席することに対して何らの対応もしないということでは、訴訟の進行が妨げられ、個々の事件の解決が遅れるのみならず、訴訟制度が機能しなくなる。そこでいずれの国でも、当事者の欠席に対して、何らかの措置を講じている。わが国においても、双方当事者の欠席の場合に263条（訴えの取下げの擬制）を、最初にすべき口頭弁論期日における一方当事者の欠席の場合に本条を設けて対処している。さらに、当事者の双方または一方が口頭弁論期日に出頭しないでも、一定の場合には弁論を終結して終局判決をすることができる審理の現状に基づく判決の制度も設けている（244条）。

(2) 当事者の一方が口頭弁論期日に欠席した場合、当事者の欠席という事実に、欠席した者に全面的な不利益を課する根拠を求めて、判決で手続を終了することを認める考え方（欠席判決主義）と、欠席に一定の陳述あるいは自白の効果を擬制して、これに基づいて判決する考え方（対席判決主義）がある。後述のとおり、わが国では、現在、対席判決主義が採用されているが、ドイツやフランスなどでは、現在でも欠席判決主義が採用されている（民訴法典研究会編201頁〔上原敏夫翻訳部分〕参照）。

旧旧法は、1924年改正前のドイツ民訴法にならった欠席判決主義を採用し、最初であると否とを問わず、口頭弁論期日に原告が出頭しない場合（出頭しても弁

393

第158条〔1〕 第2編 第3章 第1節 口頭弁論

論をしない場合を含む）には、被告の申立てにより、その請求を棄却する欠席判決がされ、被告が出頭しない場合には、原告の事実上の口頭陳述は自白したものとみなされ、その事実によると原告の請求が理由がある場合には被告敗訴の、理由がない場合には請求棄却の欠席判決がされ、この判決を受けた原告または被告は、原裁判所に対し故障の申立てをすることができ、適法な故障の申立てによって訴訟は欠席前の程度に復することとしていた（旧旧法246条〜265条）が、同一審級内で何度でもこの手続を繰り返すことが認められていたため、訴訟の促進には役立たず、また欠席前の訴訟資料を全然顧慮せずに欠席判決がされたため、欠席判決は真実から遠いという欠点があった。

そこで、旧法138条は、欠席判決の制度を廃止するとともに、対席判決主義を採用し、当事者の一方が口頭弁論期日に欠席しても、請求の当否についての実質上の判断をなしうる道を開き、現行法も本条でこれを受け継いでいる。

(3) 現行法は、口頭（審理）主義を採用しており、書面（審理）主義をとらないから（第1編第5章第1節前注2(1)〔本書Ⅱ138頁以下〕参照）、本条も、口頭主義の建前を貫くため、当事者の提出した書面を当然に判決の資料となしうるとは規定しないで、これに記載した事項を陳述したものとみなすとともに、陳述したものとみなされる事項を記載した書面にも、最初にすべき口頭弁論期日までに提出した書面という制限を設けている。簡易裁判所ではこの制限が緩和されている（277条）。陳述したものとみなされた書面については、その後当事者が出頭しても陳述させる必要がないのはもちろんである。

(4) 配当異議訴訟においては、原告が第一審の最初の口頭弁論期日に出頭しない場合には（被告不出頭の場合は本条の適用による一般原則による）、その責めに帰することができない事由により出頭しないときを除き、裁判所は、配当異議の訴えを却下しなければならない（民執90条3項）。原被告双方ともに出頭しないとき、続行期日に原告が出頭しないときには民事執行法90条3項は適用されない（大判昭和16・1・21民集20巻1頁参照。注解(3)487頁〔斎藤秀夫＝遠藤賢治＝小室直人〕）。

(5) 人事訴訟については、人事訴訟法（平15法109号）の制定によって廃止された人事訴訟手続法（明31法13号）では、被告またはその代理人が第一審の最初の期日に出頭しないときは、公示送達によるときは別として、さらに期日を定むべきこととされていた（同法11条・26条・32条）が、この規定は、人事訴訟法に

第158条〔2〕

は受け継がれなかった。その理由は、戦後の人事訴訟においては、人事訴訟手続法の制定された当時とは異なり、いわゆる調停前置主義（旧家審18条）が採用されており、被告が家事調停段階から相手方の主張を争っていれば、調停が成立しなかったときは、訴えが提起される可能性があることは十分認識しているのが通常であり、それにもかかわらず、最初の期日に出頭しない被告を一律に保護する必要性は失われていると考えられたためである（小野瀬厚＝岡健太郎『一問一答 新しい人事訴訟制度──新法・新規則の解説』112頁〔商事法務、2004年〕）。したがって、人事訴訟において、原告が最初の口頭弁論期日の前に必要な証拠の申出をしている場合において、適法な呼出しを受けた被告が同期日に出頭しないときは、擬制自白が成立することはない（人訴19条1項は、民訴159条1項の適用を排除している）が、裁判所は、原告に訴状を陳述させたうえで証拠調べを行い、その結果裁判に熟したと判断すれば、弁論を終結することも可能である（小野瀬＝岡・前掲『一問一答 新しい人事訴訟制度』113頁）。

〔2〕 **最初にすべき期日への不出頭等と陳述擬制**

(1) 口頭弁論は、原告が訴状に基づいて請求の趣旨および原因を陳述することから始まるが、最初にすべき口頭弁論期日に原告が欠席したりまたは出席しても何も陳述しないときは、請求の趣旨および原因が陳述されていないのに、出席している被告がそれに対して答弁をすることはおかしいから、裁判所は原告が提出した訴状を原告が陳述したものとみなすことができることにしたものである。そして、原告に対してこのような特則を認めたので、その権衡上、最初にすべき口頭弁論期日に被告が欠席したり出席しても何も陳述しないときは、裁判所は被告の提出した答弁書その他の準備書面に記載した事項を陳述したものとみなすことができることにしたものである。

訴状は最初にすべき口頭弁論期日前に被告に送達されているから、同期日に被告が出頭しているのに、原告が欠席したりまたは出席しても何も陳述しないときは、原告が提出した訴状を原告が陳述したものとみなすことに問題はない。しかし、被告の提出した答弁書その他の準備書面あるいは原告の提出した準備書面その他の書面は、相手方に送達されていない場合があり、その場合には、161条3項によってその書面の内容を陳述することができないので、本条によって陳述したものとみなすこともできない。

(2) 当事者双方が最初にすべき口頭弁論期日に出頭せず、または出頭しても

395

第158条〔2〕　第2編 第3章 第1節 口頭弁論

何の弁論もしないときは、263条（訴えの取下げの擬制）が適用されるから、本条を適用する余地はない。また、最初にすべき口頭弁論期日に当事者の一方のみが欠席するかまたは出頭しても弁論をしない場合、裁判所は必ず本条によって陳述したものとみなさなければならないものではなく、期日を延期するか、延期しないで本条を適用するかは、まったく裁判所の裁量に委ねられている。

(3)　最初にすべき口頭弁論期日とは、第1回の口頭弁論期日という意味ではなく、弁論が事実上なされる第1回の口頭弁論期日という意味であるから、第1回口頭弁論期日を裁判所が職権で延期し、第2回口頭弁論期日を当事者の申請で変更し、第3回口頭弁論期日に最初に弁論をしたとすれば、第3回口頭弁論期日がここにいう最初にすべき口頭弁論の期日に当たる（大判昭和5・12・20民集9巻1181頁）。

最初にすべき口頭弁論期日とは、陳述したとみなされる書面からみて最初にすべき期日であるとの説もある（中村宗雄『判例民事訴訟研究(1)』230頁〔巌松堂、1939年〕、中村武「欠席手続」民訴講座(2)390頁）が、前述の本条の立法趣旨、本条は口頭審理主義の例外規定であること、簡易裁判所については、口頭弁論の続行期日においても欠席した当事者の準備書面を陳述したとみなすことができる旨の特則が定められており（277条）、この説では、この特則のような結果になるから、賛成できない（注解(3)472頁〔斎藤＝遠藤＝小室〕）。続行期日になって当事者が欠席した場合に、最初にすべき期日前に提出された準備書面があれば、その者のした弁論と矛盾しない範囲では、本条によって陳述したものとみなすべしとする説もある（条解2版949頁〔新堂幸司＝上原敏夫〕）が、その当事者は、出頭した口頭弁論期日においてその準備書面を陳述できたのに陳述しなかったのであるから、陳述する意思がなかったと解されるし、本条は例外規定であるから、拡張して解釈すべきではない（大判昭和8・4・25民集12巻870頁）。

(4)　控訴審は続審なので、控訴審の最初にすべき口頭弁論期日に本条が適用されるかどうか（297条による第一審の訴訟手続の規定の準用の対象になるかどうか）については疑問があり、判例は最初はこれを否定していたが（大判昭和5・12・20前掲）、その後、欠席当事者が第一審においても欠席して何も弁論しなかった場合にのみ、本条の適用があると改め（大判昭和6・12・4民集10巻1187頁、大判昭和15・8・17民集19巻1487頁等）、さらに差戻し後の控訴審にも本条の適用があるとして、その適用の範囲を第一審の場合と同様に拡張し（大判昭和12・

３・20民集16巻320頁）、この判断は最高裁判所になってからも維持されている（最判昭和25・10・31民集４巻10号516頁、最判昭和33・７・22民集12巻12号1817頁等）。控訴審に本条の適用がないと、控訴人が欠席すれば控訴状の陳述（296条）さえできないことになるので、訴訟の迅速な進行を図る本条の立法趣旨からしても、適用（準用）が認められなければならない（条解２版947頁〔新堂＝上原〕、注解(3)474頁〔斎藤＝遠藤＝小室〕）。

　(5)　上告審で口頭弁論を開いた場合（319条参照）にも、控訴審と同様に本条が適用（準用）される（313条・297条。注解(3)474頁〔斎藤＝遠藤＝小室〕）。

　(6)　弁論準備手続には本条が準用されているから（170条５項）、その最初にすべき弁論準備手続期日の解釈については、口頭弁論期日の場合と同じである。弁論準備手続を経た事件について、弁論準備手続終結後の最初の口頭弁論期日に本条の適用があるか否かについては、旧法下の準備手続について、積極に解する説もあった（条解新版350頁等）。しかし、弁論準備手続は、争点および証拠の整理（以下、単に「争点整理」という）のために行われるものであり、原告または被告が上記口頭弁論期日に出頭しなかったとしても、出頭した当事者が上記口頭弁論期日において弁論準備手続の結果を陳述する（173条、規則89条）ことによって、争点整理の結果、訴訟資料とすべきものとされたものが口頭弁論に上程されるのであるから（井上直三郎「準備手続を経たる口頭弁論における一方当事者の欠席」論叢22巻４号557頁〔1929年〕）、弁論準備手続で陳述されず、訴訟資料とすべきものではないとされた準備書面の記載事項を、本条によって陳述したものとみなし、訴訟資料とすることは、争点整理手続の趣旨に反するものであり、許されないものというべきである（注解(3)472頁〔斎藤＝遠藤＝小室〕、条解２版947頁〔新堂＝上原〕）。

〔3〕「本案の弁論をしないとき」の意味

　ここにいう本案の弁論には、口頭弁論期日の延期の申立て等は含まれない。しかし、応訴管轄の場合とは異なり、請求の当否に関係のある事項に限られず（大判昭和５・12・20前掲）、被告の訴訟費用担保の申立て（75条）や、訴訟要件の具備に関する陳述（いわゆる本案前の主張）は含まれると解すべきである。口頭弁論期日に出頭した被告が極力訴えの却下を主張して本案の弁論を拒むような場合に、本案について弁論をしないとして、強いて答弁書その他の準備書面を陳述したものとみなし、本案の弁論を擬制する必要はないし、そのような訴訟進行は相

第158条〔4〕 第2編 第3章 第1節 口頭弁論

当でもないからである（兼子・体系236頁、条解2版947頁〔新堂＝上原〕、法律実務(3)316頁）。

〔4〕 **擬制陳述の対象書面等**

(1) 陳述したとみなされる事項を記載した書面は、訴状・答弁書その他の準備書面である。名称が付いていないかまたは他の名称が付いていても、訴訟に関する事実上または法律上の主張が記載されて、実質的には準備書面と認められるときは、その記載事項は陳述したものとみなすべきである。

問題になるのは、訴状の提出がなく訴えが提起されたものとみなされる場合、すなわち、支払督促に対して適法な督促異議の申立てがあった場合（395条）と、訴え提起前の和解が不調になり当事者双方の申立てによって訴えの提起があったとみなされる場合（275条2項）である。支払督促の申立書自体は被告である債務者に送達されていないが、支払督促そのものが送達されており、その記載内容が同一であれば、支払督促の申立書を陳述したものとみなすことができよう（法律実務(3)322頁では、陳述したとみなされるのは支払督促の記載と解する余地があるとする）。それが異なっていたり、曖昧な場合および訴え提起前の和解不調のため訴訟に移行した場合は、原告となる者に、第1回口頭弁論期日前に準備書面または訴状訂正書のような書面を提出させ（実務では、一般的に訴状に代わる準備書面を提出させている）、それを、第1回口頭弁論期日前に被告に送達したうえ、陳述したものとみなす方法を採るほかない。督促異議の申立書に債権者の主張事実に対する認否が記載されていれば、この書面の記載事項も同様に陳述したものとみなすべきである（大判昭和8・12・23評論23巻民訴166頁）。このほか独立参加人の参加申出書（47条2項）、上訴状などは、訴状に準じて考えるべきである。

(2) ここで陳述したものとみなされるのは、あくまで訴状・準備書面などの書面に記載されている事項であるから、欠席した当事者から書証の原本または写しが提出されていても、それを陳述したものとみなすことはできない。証人その他の証拠申請が書面でなされた場合にも、本条の適用はない。もっとも、証拠申出は必ずしも期日に行わなければならないわけではなく、期日前の証拠申出も認められているから（180条2項）、本条を適用したのと同じ結果（期日前の証拠申出を前提にして出頭した相手方に弁論させる）にはなる。

(3) 当事者の一方が欠席した場合に、常に本条を適用しなければならないのではなく、期日を延期するか、本条を適用するかは裁判所の裁量に委ねられてい

第158条〔4〕

ることは前述のとおりであるが、出頭した当事者のみで弁論を進行する場合には、必ず本条によって、欠席した当事者がそれまでに提出した訴状等の書面に記載した事項を陳述したものとみなすべきである（水戸地判昭和35・7・20下民集11巻7号1531頁は、このような書面の提出があるのに、陳述したとみなすことなく判決した場合は338条1項9号の再審事由となるとする）。

　(4)　本条を適用するのであれば、原告が欠席した場合には、必ず訴状およびそれまでに提出されている準備書面等の書面に記載した事項を陳述したものとみなして、被告に弁論を命ずべきである。被告が欠席した場合には、原告に訴状に基づいて陳述をさせたうえ、被告の提出した答弁書その他の準備書面を陳述したものとみなすべきである。その後、裁判所がどう取り扱うかは、当事者双方が出席して陳述する通常の場合と同様である。

　被告の準備書面に原告の主張事実を全部認めると記載してあるような場合、裁判上の自白が成立する（宮脇幸彦「138条の擬制陳述による請求の諾否の成否」実例法学(上)262頁、中島・日本民訴645頁、注解(3)484頁〔斎藤＝遠藤＝小室〕。なお大判昭和6・11・4民集10巻865頁、最判昭和33・3・7民集12巻3号469頁、判時147号20頁）か、単に擬制自白が認められる（条解新版951頁）のかについては争いがある。本条は準備書面の記載事項を現実に陳述したと同じ効果を擬制するものであり、そのことは、書面を提出して期日に欠席した者の不利益となるものではないから、裁判上の自白が成立するものと解する。そして、この場合は、弁論を終結するに熟しているといえるから、直ちに結審して判決することになる。

　被告が原告の請求原因事実を否認しているのに、原告が欠席して何も立証をしようとしない場合も、弁論を終結するに熟しているといえるから、直ちに結審してもよいが、念のため、原告が立証するかどうか様子をみるために続行してもよく、いずれにするかは裁判所の裁量に委ねられている（条解2版948頁〔新堂＝上原〕、兼子・判例民訴48事件、注解(3)481頁〔斎藤＝遠藤＝小室〕。反対——続行期日に取調べをする必要のある証拠の申出のある場合のほか、弁論を終結すべきであるというのは大判昭和8・4・25前掲）。欠席した被告が原告の主張事実を否認する旨の答弁書を提出し、原告が立証しようとする場合、または原告が欠席して、被告が原告主張事実を認めたうえ抗弁を提出し、さらに立証しようとする場合は、欠席した者の期日外の証拠申請（180条2項）をも顧慮して、裁判所は証拠決定をして、次回期日を指定すべきである。

399

第158条〔4〕　第2編 第3章 第1節 口頭弁論

　欠席した原告が請求を放棄する旨を記載した書面を、または欠席した被告が請求を認諾する旨を記載した書面を提出し、それが陳述したとみなされた場合（266条2項）には、請求の放棄または認諾の調書を作成して（267条、規則67条1項1号）、訴訟を終了させることになる。

　なお、原告が土地管轄権のない裁判所に訴えを提起した場合に、被告が本案に関する主張事実を記載した答弁書を提出しただけで、期日に出頭せず、本条によってその答弁書の陳述が擬制されたときにも応訴管轄（12条）が生ずると解してよい。

　(5)　訴状・準備書面その他の書面に記載されている事項が、不明瞭で釈明を必要とする場合にどのように対応するかという問題がある。この場合には、当事者が欠席しているから口頭弁論期日に釈明を求めることができないので、自白の擬制（159条）ができないのであれば、期日を延期して、期日外に釈明を求めるほかない（149条）。その当事者が求釈明に答えた書面を提出したうえで期日に欠席した場合は、本条を適用することができるが、その当事者が求釈明に答えず、期日には欠席し続けるような場合には、263条（訴えの取下げの擬制）や244条（審理の現状に基づく判決）で対応するほかない。

　(6)　控訴審において、控訴人が欠席したときは、出席した被控訴人に第一審における口頭弁論の結果を陳述させたのち（296条2項）、欠席した控訴人の提出した第一審判決の取消しまたは変更を求める事由を記載した控訴状（控訴状にその記載がなければその記載をした書面〔286条、規則182条〕も）を陳述したものとみなしたうえ、弁論を進める。被控訴人が欠席して、控訴人の主張に反論する答弁書または準備書面（規則183条）を提出していたとすれば、控訴人が第一審における口頭弁論の結果を陳述したのち、それを陳述したものとみなして弁論を進めることになる。このように、必ず第一審の口頭弁論の結果を陳述するから、第一審で被告が原告の主張を争っていれば、控訴審においても当然に争ったことになり、159条3項（自白の擬制）の適用を受けることはない。証拠についても、第一審の証拠調べの結果が控訴審にあらわれるのが第一審の場合との相違で、他の点は第一審の場合と同様である。

　(7)　本条を適用して、訴状・答弁書その他の準備書面に記載した事項を陳述したものとみなす場合には、判決書の事実の記載は、欠席した当事者が主張したものとして上記事項を記載したのでは、審理内容と異なることになるので、当該

当事者は欠席し、本条によって陳述したとみなされた書面には、これこれと記載されていると摘示するのが正当である。

（自白の擬制[1]）

第159条　当事者が口頭弁論において相手方の主張した事実を争うことを明らかにしない場合には、その事実を自白したものとみなす[2]。ただし、弁論の全趣旨により、その事実を争ったものと認めるべきときは、この限りでない[3]。

2　相手方の主張した事実を知らない旨の陳述をした者は、その事実を争ったものと推定する[4]。

3　第1項の規定は、当事者が口頭弁論の期日に出頭しない場合について準用する[5]。ただし、その当事者が公示送達による呼出しを受けたものであるときは、この限りでない[6]。

〔1〕　本条の趣旨

(1)　本条は、当事者が相手方の主張事実を争うことを明らかにしない場合には、自白と同様に取り扱う（擬制自白）という考え方（肯認的争点決定主義。これと対立するものとして、このような場合を否認として取り扱う否認的争点決定主義がある）を採用したものである（伊藤354頁、注釈(3)292頁〔坂原正夫〕）。そして、肯認的争点決定主義の採用にあたって、相手方の主張した事実を知らない旨の陳述は、争ったものと推定すること、当事者が口頭弁論期日に出頭しない場合にもこの考え方を及ぼすが、欠席当事者が公示送達による呼出しを受けたものである場合は除外することを明らかにしたものである。当事者の事実の主張に対する相手方の認否は、認める（自白）、否認、知らない（不知）という陳述、沈黙に分かれる（第1編第5章第1節前注3(3)(ア)(b)〔本書Ⅱ152頁〕）が、不知は否認と同様に、沈黙は原則として自白と同様に考えることになる。

(2)　当事者が相手方の主張を認めれば自白になって、その主張が主要事実の主張であれば、裁判所もこれに拘束されるし（第1編第5章第1節前注4(1)(ウ)(c)〔本書Ⅱ180頁〕。詳しくは179条の注釈参照）、争えば、相手方はその主張事実を立証しなければならないから、当事者がそのいずれの対応をするかによって訴訟の進行は大きく異なることになるので、当事者が口頭弁論において相手方の主張を

第159条〔2〕　第2編 第3章 第1節 口頭弁論

認めるのか認めないのかを、明白に答弁しなければ、適正・迅速な裁判は望めない。したがって、相手方の主張に対して明白な答弁をすることは、信義に従い誠実に民事訴訟を追行すべき当事者の義務でもある（2条）というべきであり、その義務を怠って争うことを明らかにしなかったり、適法な呼出し（公示送達による呼出しを除く）を受けながら欠席した場合に自白と同様に取り扱われることは、適正・迅速な裁判を目指し、信義則を重視した現行法（2条参照）の下では、当然のことともいえる。

(3)　本条は、弁論準備手続においても準用されている（170条5項）が、弁論準備手続において自白したものとみなされても、弁論準備手続における当事者の主張（陳述）は、弁論準備手続の結果が口頭弁論において陳述されて初めて訴訟資料になる（173条）ので、弁論準備手続における擬制自白を前提とした判決がされるかどうかは、弁論準備手続終了後の口頭弁論においても擬制自白が維持されたまま結審したか否かによることになる。この点については、後述のとおり、擬制自白は、本来の自白とは異なり、自白したものとみなされた当事者は、その後争う旨主張して自白としての効力を免れることができるが、弁論準備手続を経ている場合は、時機に後れた攻撃防御方法として上記主張が却下される（157条）可能性も高い。

〔2〕　相手方の主張を争うことを明らかにしない場合の擬制自白

(1)　当事者が口頭弁論において相手方の主張した事実を争うことを明らかにしない場合には、その事実を自白したものとみなされる。

実務上、当事者が相手方の主張事実を認めるか認めないかを明らかにしないまま結審するという場合はそれほど頻繁にあるわけではない。しかし、訴訟の勝敗を決めるような重要な事実については、当事者も明白に答弁するし、答弁がなければ裁判所も答弁を促すことになるので、明白な答弁のないまま結審する可能性は極めて低いが、当事者の関心の低いような事実は、主要事実であっても、明白な答弁のないまま結審することがないわけではない。また、最初にすべき口頭弁論期日に原告は出頭したが、被告が欠席した場合において、被告が期日前に提出した答弁書の記載内容が原告の主張する請求原因事実を認めるのか否か明瞭でないとき（例えば、貸金請求事件で、弁済できないと記載されているだけで、資力がないので弁済できないのか、原告の主張する請求原因事実に争う部分があるので弁済できないのか必ずしも明らかではないとき）、その答弁書を158条によって陳述

402

第159条〔2〕

したとみなしたうえで結審することもある。このような場合には本条1項の擬制
自白が成立したことを前提とする判決がされることになる。

　相手方の主張事実を認めるか認めないかを明らかにしていないという判断は、
相手方の主張事実を争っているという判断（後記〔3〕）と同じく弁論の全趣旨に
よることになる。

　(2)　当事者の主張する事実の中には、主要事実、間接事実（徴憑）および補
助事実（書証の成立その他証拠に関する適格性や信用性に関する事実）がある（第
1編第5章第1節前注4(1)(ウ)(a)〔本書II166頁〕）が、これらはすべて相手方の認
否の対象になり、したがって、本条1項の擬制自白の対象となる。もっとも、主
要事実について擬制自白が成立すると、裁判所はこれに拘束される（最判昭和
32・12・17民集11巻13号2195頁、判時136号22頁）が、間接事実（徴憑）や補助事
実について擬制自白が成立しても裁判所はこれに拘束されない（自白の拘束力に
ついては、第1編第5章第1節前注4(1)(ウ)〔本書II165頁〕参照。擬制自白や権利
自白も含めて自白の効力については、179条の注釈参照）。

　擬制自白は、本来の自白と異なり、当事者に対する拘束力を有しないから、当
事者はいつでも無条件にこれを取り消すことができるとする判例がある（大判昭
和6・11・4民集10巻865頁）が、取消しではなく、当事者がいつでも相手方の主
張事実を争いうるのである（大判昭和7・4・9民集11巻602頁）。もっとも、時
機に後れた攻撃防御方法として争う旨の主張が却下されることはありうる（157
条）。

　法律上の意見の陳述や経験則に関する主張については、本条は適用されない
（条解2版950頁〔新堂幸司＝上原敏夫〕）。

　(3)　第一審における当事者の擬制自白は、第一審における弁論の全趣旨から
する裁判所の認定に、法律が認めた効果であって、当事者の訴訟行為はまったく
存在しないから、控訴審で効力を有する訴訟行為（298条1項）には当たらない。
第一審の擬制自白が控訴審においても効力を有するかどうかは、控訴審における
当事者の態度をも通観して決すべきである。ただ、当事者が第一審においてまっ
たく答弁をしないでいて、控訴審になって初めて相手方の主張を否認すれば、第
一審の擬制自白は失効するが、この否認も防御方法であるから、時機に後れたも
のとして却下されることがありうる（297条・157条）。

　上告審は、原審で適法に確定した事実に拘束されるから（321条1項）、当事者

403

第159条〔3〕　第2編 第3章 第1節 口頭弁論

が第二審までに相手方の主張事実を争うことを明らかにしなかったときには、擬制自白にも当然拘束される。したがって、上告審になってからは、原判決が破棄されて事件が原審に差し戻された場合でなければ、相手方の主張事実を争うことはできない。

(4)　擬制自白が成立する場合の具体例については、次の〔3〕で述べる。

〔3〕　弁論の全趣旨による争ったものとの判断

(1)　当事者が相手方の主張事実に対して明白な答弁をしない場合でも、弁論の全趣旨により、その事実を争ったものと認めるべきときは、擬制自白は成立しない。

「弁論の全趣旨」という言葉は、247条（自由心証主義を定めたもの）にも用いられている。しかし、その意味は異なっている。247条の「口頭弁論の全趣旨」が、事実認定の資料としての弁論の全趣旨を意味するのに対して、本条の弁論の全趣旨は、各口頭弁論期日を一体としてみた場合の当事者の弁論内容を意味する（伊藤361頁）。当事者の弁論を一体としてみて、相手方の主張事実を争っているものと認めるか、争っているとは認めないかを判断しなければならない。

この判断は、具体的な事案に即して行われることになるが、現行法は、争点および証拠の整理手続を整備するなどして、争点中心審理を目指し、これを受けて、現行規則も、準備書面において相手方の主張を否認する場合には、その理由を記載しなければならないと定め（規則79条3項）、文書の成立を否認するときは、その理由を明らかにしなければならないと定めている（規則145条）。したがって、本来、当事者が相手方の主張事実に対して明白な答弁をしないという訴訟態度は許されないことであり、明白な答弁をしないのに弁論の全趣旨によって争ったものと認められる場合は、その主張事実を認めることとは矛盾するような主張や立証をしているような場合に限定されることになろう。

(2)　具体例で検討すると、例えば、貸金請求訴訟の被告が、金銭を貸し付けたという主張事実に対して認否しないで、弁済・時効などによって請求権が消滅したとのみ主張している場合に、それが仮定的主張と認められないときは、被告は金銭の貸付けの事実を争うことを明らかにしないものと認めるのが相当である。

第1回口頭弁論期日に被告が欠席したが、期日前に提出された答弁書には、請求棄却の判決を求めるとの記載があり、請求原因に対する答弁は次回にすると記載されていることがある。この場合、事実に対して答弁をしていない以上、争う

第159条〔3〕

ことを明らかにしないものというべきであるとの見解がある（本書旧版 I 922頁、条解新版357頁、注解(3)520頁〔斎藤秀夫＝井上繁規＝小室直人〕）。確かに事案の内容や、答弁書の他の記載内容から判断してそのように理解するのが相当な場合もありうる（貸金請求に対して資力がないので弁済ができないという主張にすぎないことがうかがわれるような場合）が、弁護士に相談していて安易に請求原因に答弁することは避けたいと考えてそのような答弁書を提出する場合等、請求棄却の判決を求めるとの文言に請求原因を争う趣旨も込められていることもあるので、擬制自白の判断は慎重にしなければならない。特に、被告から第1回口頭弁論期日の直前にその訴訟について受任した弁護士がそのような答弁書を提出した場合（他の事件の期日が入っていて、期日には欠席した場合）は、ひとまずそのような答弁書を提出し、調査・検討をした後に請求原因に対する答弁をすることはやむを得ないことというべきであるから、擬制自白の成立を認めるべきではないし、仮に擬制自白が成立するとしても、裁判をするのに熟した（243条）ということはできないので、次回の口頭弁論期日を指定すべきである。

　支払督促に対して督促異議を申し立て、異議申立書（386条2項）に債権者の主張事実を争うことが記載されておらず、債務者が欠席して異議申立書の記載事項が陳述されたとみなされる場合（158条〔4〕(1)）、争うことを明らかにしたか否かはその記載内容をも考えて定めるべきである。

　被告が敗訴し、控訴したが、控訴状に相手方の主張事実に対する認否が記載されていない場合（大判昭和11・4・28法学5巻9号1373頁、最判昭和30・3・25ジュリ82号72頁）や、原判決には全部不服であるから控訴すると記載した場合に、出頭しなかったときにも、相手方の主張事実を争うことを明らかにしたとは認めることはできない。

　(3)　これに対し、貸金請求訴訟において、被告が弁済の抗弁を提出したのに対し、原告が認否しない場合は、貸金請求をしている以上、原告は弁済の事実を争ったものと認めなければならない。

　売買代金請求訴訟において、被告が売買契約について要素の錯誤による無効および詐欺による取消しの抗弁を提出したのに、原告が口頭弁論期日に欠席して認否をしなくとも、原告が訴えを維持しているときは、抗弁を争ったものと認めるべきである（最判昭和43・3・28民集22巻3号707頁、判時515号57頁、判タ221号127頁）。原告が訴えを維持していることから被告の抗弁事実を争う趣旨を認める

405

第159条〔4〕 第2編 第3章 第1節 口頭弁論

わけであるが、これに対し、被告が相殺・留置権・同時履行の抗弁を提出した場合に、原告が認否をしなかった場合には、擬制自白の成立が認められる（法律実務(4)45頁、条解2版950頁〔新堂＝上原〕）。これらの抗弁は、原告の訴訟物自体とは直接関係がなく、両立できるものであるからである。

被告が貸金請求訴訟で金銭の貸付けの事実を争っているのに、甲1号証の借用証書について認否しない場合には、貸付けの事実を争っている以上、甲1号証の借用証書の成立を争ったと認めるのを相当とする。

158条によって陳述したものとみなされた支払督促に対する督促異議申立書、答弁書または控訴状に、相手方の主張事実を争う趣旨が記載されている場合には、弁論の全趣旨から争ったと認めるべきである。

第1回口頭弁論期日後に被告の提出した答弁書の記載内容について、口頭弁論期日に陳述されていないので、請求原因事実を争ったものとみることはできないという裁判例もある（東京地判昭和54・8・23判タ400号179頁）。理論的には、この裁判例のとおりとなろうが、問題は、答弁書の記載内容である。新たな攻撃防御方法の記載があるとか、請求原因事実の認否の記載が詳細で被告の争いの真剣さが如実に記載されているような場合には、弁論を再開するのが相当である（153条〔3〕(3)）。

〔4〕 **不知の陳述の効果**

(1) 当事者は相手方の主張した事実に対し答弁しなければならないが、事実に対する答弁としては前述のとおり、認める（自白）、否認、知らない（不知）であり、相手方の法律上の意見に対する答弁としては、認める、争うが通常である。このうち、不知の陳述はその事実を争ったものと推定される。したがって、不知という陳述があった事実については、否認された事実と同様に、その事実について立証責任を有する当事者が立証しなければならない。

不知という陳述は、争ったものと推定されるだけであるから、その後に当事者が否認すると言えば、否認したことになる。

(2) 金を借りた、契約をしたというような、直接自分が関与したと目される行為については、実際上その行為をしたことがなければ否認すると答弁するのが普通である。ところが、相手方の主張事実が、先代の行為、他人の手形振出というふうに第三者の行為であって、当事者にとっては、第三者がその行為をしたかどうかわからない場合には、不知と答弁することもある。ただ、自己の直接関与

第159条〔5〕

した事実について不知と答えることは、それが非常に古い事実で忘れるのがもっともと認められるなど合理的な理由がある場合のほかは、争ったものと推定された効果は非常に弱く、むしろ不知と述べて争ったと推定されること自体が弁論の全趣旨として、かえってその事実の存在を認定させる一資料となることもありうる。

(3) 実務上、事実に対する答弁として、認める、否認、不知以外に、「争う」と答弁することがある。これも、相手方の主張事実を認めない趣旨であるから、否認と答えた場合と同様に取り扱わなければならない。

なお、明確に否認と述べないで争わない場合、それが書証の成立に関するものであれば、弁論の全趣旨のみによって書証の成立を認定することができるとする判例（大判昭和10・7・9民集14巻1309頁）がある。

〔5〕 **当事者が期日に欠席した場合の擬制自白**

(1) 当事者が口頭弁論期日に欠席した場合にも、擬制自白が成立する。本項が適用されるのは、多くは被告が口頭弁論期日に欠席した場合である。

被告の提出した答弁書または準備書面が原告に送達されたのに、原告が欠席した場合には、それらの書面に記載された事実、例えば貸金請求に対する弁済の事実は、原告の弁論の全趣旨から争ったと認めるのが適当である（前記〔3〕(3)）から、擬制自白と認められることは非常に少ない。

ただ、被告の主張事実が原告の主張事実と少しも矛盾・抵触しないとき、例えば、被告が原告の主張事実を認めたうえ、反対債権をもって相殺する旨を主張したときは、反対債権の存在について、本項を適用して、擬制自白の成立を認めるのが相当である（最判昭和32・12・17前掲）。留置権や同時履行の抗弁についても同様に解してよい（法律実務(4)45頁、条解新版358頁、注解(3)525頁〔斎藤＝井上＝小室〕）。

(2) 訴状に記載された慰謝料や相当賃料のような法的評価のされた事実の主張について本項を適用する場合には、その評価の基礎となった事実についてのみ擬制自白を認めるべきであって、評価額自体には及ばないと解すべきであるから、裁判所は当事者の主張する評価額に拘束されない。

(3) 控訴審においても、本項の適用を認めるべきであるが、第一審においてした訴訟行為は控訴審でも効力を有するから（298条1項）、第一審において当事者が相手方の主張を争っている場合は、本項の適用の余地はなく、被告が第一

407

第159条〔6〕 第160条　第2編 第3章 第1節 口頭弁論

審・第二審を通じて欠席した場合や控訴審で新主張が提出されたのに、相手方が欠席した場合に本項の適用がある。

(4)　訴状・準備書面または期日の呼出状の送達に瑕疵があり、送達の効力を有しないときは、本項の擬制自白は成立しない（法律実務(4)43頁、札幌高判昭和26・4・2高民集4巻4号87頁）。

〔6〕　公示送達による呼出しの場合の擬制自白の除外

(1)　口頭弁論期日に欠席した当事者が公示送達による呼出しを受けたものであるときは、当事者が期日に欠席した場合の擬制自白（本条3項本文）は成立しない（本条3項但書）。

(2)　公示送達は、当事者その他の送達名宛人の住所・居所その他送達をなすべき場所が不明なとき、また外国においてなすべき送達につき所定の方法（108条）によることができないときに行われる送達方法である（110条〔1〕〔6〕）。公示送達は、原則として、裁判所書記官が送達すべき書類を保管し、いつでも送達を受けるべき者に交付すべき旨を裁判所の掲示場に掲示する方法で行う（111条）が、呼出状の公示送達は、呼出状を裁判所の掲示場に掲示する方法で行う（規則46条）。

公示送達の方法が上記のようなものであるため、実際上、当事者が自分に対して公示送達によって特定の書類が送達されていることを知るのは極めて稀なことといわざるをえず、公示送達による呼出しを受けた当事者が口頭弁論期日に欠席したからといって本条3項本文を適用して擬制自白の成立を認めるのはその当事者にあまりにも酷な結果が生ずるので、公示送達による呼出しを受けた場合には、例外として、1項の準用を排除し、擬制自白の成立を認めないことにしたものである。

(3)　本条1項の準用が排除されると、公示送達による呼出しを受けた被告が口頭弁論期日に欠席しても、原告の主張事実を自白したものとはみなされないから、争った場合と同様に取り扱い、法律上または事実上の推定の存する場合を除き、原告がその主張事実を立証しなければならない。

（口頭弁論調書[1]）

第160条　裁判所書記官は、口頭弁論について、期日ごとに調書を作成しなければならない。[2]

第160条〔1〕〔2〕

2　調書の記載について当事者その他の関係人が異議を述べたときは、調書にその旨を記載しなければならない。[3]

3　口頭弁論の方式に関する規定の遵守は、調書によってのみ証明することができる。[4]ただし、調書が滅失したときは、この限りでない。[5]

〔1〕　本条の趣旨

(1)　本条は、口頭弁論調書に関する基本的な事項を定めたものである。1項で、調書の作成主体が裁判所書記官であることおよび調書は口頭弁論期日ごとに作成すべきこと（一期日一調書の原則）を定め、2項では、調書の記載に対する異議があった場合の処理について定め、3項では、口頭弁論の方式に関する事項については、調書のみに証明力を付与することを定めたものである。

(2)　旧法では、調書の記載事項等も法で規定していたが、現行法を制定した際に、当事者の権利義務に重大な影響を及ぼす事項や訴訟手続の大綱となる事項は法律によって定め、それ以外の事項は規則で定めるという考え方が採られた（3条〔1〕）ので、上記の基本的な事項は法で定め、調書の記載事項等については、規則で定めることとされたものである。あわせて、①調書の法廷での読み聞かせ（旧146条1項）については、実務上、当該期日中に調書を完成させるのは困難であり、実情にそぐわないことから、廃止され、②証人等の陳述を録音テープ等に記録し、その旨を調書に記載する方式が、集中証拠調べ（182条）に対応する必要と調書の効率的な作成のために導入された（規則68条）。

〔2〕　口頭弁論調書の作成

(1)　概　説

(ア)　口頭弁論を開いたときは、開くごとに必ず立ち会った裁判所書記官が調書を作成しなければならない。その期日が何も弁論をしないまま延期されたときも、また証人の取調べのみが行われても、必ず調書を作成しなければならない。調書に何を記載すべきかについては、規則66条および67条に明らかにされており、さらに、調書の記載に代わる録音テープ等への記録（規則68条）、書面、速記録、録音テープ等の引用、添付等についても、詳細に規則化されている（規則69条〜76条）。

(イ)　「民事事件の口頭弁論調書等の様式及び記載方法について」（平成16・1・23最高裁総三第2号総務局長等通達）では、調書の様式は、基本的に同通達の別

409

第160条〔2〕　第2編 第3章 第1節 口頭弁論

紙に定める様式によって作成すべきものとされ、同通達の様式によると、調書は期日ごとに作成されるが、物理的には必ずしも一期日に一用紙が用いられるのではなく、弁論事項、証拠調べ事項などの事項別に様式が分類され、それらが相互に引用されて一体として取り扱われるようになっており、外形的な一体よりも、内容的な一体性が重視されている。すなわち、口頭弁論調書は、その基本をなす口頭弁論調書（第1号様式）と、書証目録（第3号様式）、証人等目録（第4号様式）、証人等調書（第5号様式）に分類され、口頭弁論調書（第1号様式）において証拠調べ関係の内容が書証目録、証人等目録、証人等調書（第3号ないし第5号様式）を引用するという形式が採用されている（第2号様式は、弁論準備手続の期日〔169条〕の調書）。

　(ｳ)　この運用に合致した形で、訴訟記録の編成方式として3分類を建前とする編成方式が採用されている（「民事訴訟記録の編成について」平成9・7・16最高裁総三第77号事務総長通達）。これによれば、おおまかにいって第1分類として弁論関係書類、第2分類として証拠関係書類、第3分類としてその他の書類、という3分類を建前としている。

　(2)　口頭弁論調書の作成者

　調書の作成者は、その期日に立ち会った裁判所書記官である（裁60条2項）。裁判長も調書に認印をするが（規則66条2項）、それは正確を担保するために認証する趣旨にすぎない。

　裁判所書記官は調書の作成については、裁判官の命令に従わなければならないから（裁60条4項）、調書の記載について裁判長（単独体または簡易裁判所にあっては裁判官）から訂正・変更その他の命令を受けたときは、その命令に従わなければならないが、裁判所書記官は調書の作成につき固有の権限を有するし、かつ公正を担保する趣旨から、裁判所書記官は、裁判長（裁判官）の命令が正当でないと認めたときは、例えば、命令によって証人の供述の内容を上記（本文）のように記載したが、自己の聞いたところによればこうであるというように、末尾か欄外にでも、具体的に命令の正当でない理由を自己の意見として書き添えることができる（同条5項）。

　このような記載がなされた際、どの記載が調書の記載としての効力をもつかといえば、理論的には、裁判長（裁判官）の命令によってなされた記載であるが、実際上は、その点について、当事者から証人の再尋問その他の証拠申請があれば、

410

第160条〔2〕

今一度証拠調べをするのが妥当である（注解(4) 8頁〔斎藤秀夫＝井上繁規＝小室直人〕）。もともと、調書には、裁判官が五感で感得したことを記載するのか、裁判所書記官のそれを記載するのかということが問題になるが、裁判官であろうが裁判所書記官であろうが五感で感得した判断は、職務上公正な立場からなされる限り同一であるはずだから、裁判所書記官は自分の五感で感得した判断を調書に記載すればよい。もっとも、例えば、あるものの味を検証する場合に、分量が少なくて裁判官のみしか味わえないような場合には、裁判官が感得した結果を聞いてその旨を記載するほか方法がない。

(3) 口頭弁論調書の作成期限

(ア) 調書の作成については、実務上、弁論のみがなされた場合でも、裁判所書記官は法廷では調書作成のために必要な事項をメモにとったうえ、後日メモに基づいて調書を完成するのが通常で、簡単なものは一両日中に、人証の証拠調期日の調書でも、特に複雑なものでなければ1週間程度で作成される。調書作成の時間的な制約については、調書の正確性に対する異議との関係を考慮し、他方、訴訟手続はそれぞれ前段階までに形成されたところを基礎として進められるものであって、それまでの手続の効果が後になって覆されるようなことがあると、手続が非常に不安定になり、このような事態は極力避けなければならないという点を重視すると、一般的には、次の期日までに調書が完成しており、次の期日までに異議がないと、その調書の記載を前提として手続を進めることができるという運用をすべきである。

(イ) もっとも、現行法の下では集中証拠調べが一般化しており、場合によっては、1～2週間の間隔で複数の期日を指定し、各期日に複数の人証を取り調べるということもありうるので、そのような場合は、次の期日までに調書を作成することができなくてもやむを得ないというべきである。このような場合も、判決言渡期日までには、当事者が調書を閲覧して正確性につき異議を申し立てる時間的余裕を置いて、調書が作成されなければならない（鈴木忠一「民訴に於ける調書の作成と更正」判タ244号23頁〔1970年〕）。数人の人証の取調べをした期日に直ちに口頭弁論が終結され、判決言渡期日が指定された場合も同様である。

判決言渡期日の調書については、上訴理由との関係を考えると、できれば判決送達までに、遅くとも上訴期間内には、作成を完了すべきである（鈴木・前掲「民訴に於ける調書の作成と更正」判タ244号23頁も同旨と解される）。

411

第160条〔2〕 第2編 第3章 第1節 口頭弁論

㈡ 調書を作成すべき時期については、以上のように解されるのであるが、こ
こで注意しなければならないのは、以上により調書を作成すべき時期までに調書
が実際に作成されなかった場合の扱いである。調書が一定期限までに作成されな
ければならないといっても、一定時期までに作成されなかったときに、調書の作
成が不要になるわけではない。ことに、手続の方式に関する記載は調書によって
のみ証明しうるのだから（本条3項）、裁判所書記官は期日が開かれた以上、必
ず調書を作成する義務があり、前述の期限後に作成されたからといってその調書
が無効となるわけではない。ただし、口頭弁論の方式に関する欠缺の違法が上告
理由（旧法下のもの）として指摘されたのちは、そこで問題とされた誤りを補正
するような調書の作成は許されないとの判例（最判昭和42・5・23民集21巻4号
916頁、判時490号49頁）がある。

(4) 口頭弁論調書の完成時期

調書は、裁判所書記官が記名押印し、かつ裁判長が認印する（規則66条2項）
ことによって完成するが、外部的には当事者等の閲覧請求（91条）に応じうる状
態に置かれること、通常は記録に綴られて裁判所書記官が保管する状態になった
時に完成すると解される（鈴木・前掲「民訴に於ける調書の作成と更正」判タ244
号22頁）。裁判所書記官が記名押印前に死亡したときは、調書はいつまでも作成
しようがない（鈴木・前掲「民訴に於ける調書の作成と更正」判タ244号22頁、注
解(4)18頁〔高島義郎＝井上繁規＝小室直人〕）。この場合、作成された調書の記載
が無効とされる場合と同様、必要の限度で手続をやり直すほかない。なお、この
場合、調書が作成されないまま放置されていると、後で事情がわからず困ること
があるので（ことに裁判官が交替したような場合）、その期日の調書が作成できな
い旨およびその事由を記録上明らかにしておくべきである。

(5) 口頭弁論調書等の訴訟記録への編綴

調書は訴訟記録に編綴されて、その主要部分をなす。火災その他で滅失した場
合に、訴訟手続が適法になされたかどうかについての証明の問題については、
〔4〕で後述する。訴訟記録への編綴については特段の規定はないが、当事者その
他の関係人が提出した書類・訴状・答弁書および準備書面その他民事訴訟法に規
定するものはもちろん、裁判官や裁判所書記官に対する私信を除く他の一切の書
類を編綴しておかなければならない（91条〔2〕）。書証の写し（規則137条）も当
然訴訟記録に綴じておかなければならない。

412

第160条〔3〕

〔3〕 口頭弁論調書の記載に対する異議

(1) 調書の記載について異議があったときは、裁判所書記官は、調書に異議があったことを記載しなければならない。

(2) 異議を述べることができるのは、手続に関与した当事者その他の関係人である。具体的には、当事者、訴訟代理人、補助参加人、和解に参加した利害関係人、証人、鑑定人などがこれに当たる。

(3) 関係人が異議を述べたときは、裁判所書記官は異議を不当と認めれば、調書の記載を訂正せず、誰がどのような異議を述べたかを調書に記載しなければならない。異議が正当と認められるときは、調書の記載を訂正する。この場合には、異議の趣旨を記載する必要はない。調書の記載と異議のいずれを正しいとするかは、最終的には裁判所が判断する。異議を正当と認めれば、裁判長は、裁判所書記官に記載の変更を命じ、裁判所書記官がその命令が正当でないと認めたときは、自己の意見を書き添えることができる（裁60条5項）。調書の記載について、あるいはその訂正したことにつき数人から異なる異議が出たときは、調書の記載内容に対する異議のみを記載すれば足りる。

(4) 前記〔1〕(2)および〔2〕(3)で説明したように、期日中に法廷で調書が作成されるということは現実的ではないから、異議はいつ述べるべきかが問題になる。前記解釈および本条の趣旨からいえば、調書が作成された後の最初の期日に述べなければならないと解すべきである（東京地判昭和31・3・31下民集7巻3号834頁、注解(4)42頁〔高島＝井上＝小室〕）。本条に基づく異議が述べられなくなったのち、調書の記載に誤謬があることが発見された場合、調書の記載の訂正ができるか否かについては、判決の更正に関する規定（257条）に匹敵するものがないので問題になるが、これについては(5)で後述する。ただ、調書の実質的な記載は調書のみによって証明されるのではないから（後記〔4〕参照）、異議を述べた当事者から、異議の正当なことを証明するために証拠が提出されたときは、証拠調べをする必要が生ずる場合がある。

(5) 調書については、明白な誤りについて関係人全部につき異議のないときは訂正を妨げないとの説（中島・日本民訴666頁）、判決の更正決定に準じて訂正することができるとの説（細野・要義(3)269頁）、真実に反することに気づいたときは一般に更正が可能であり、あとは更正権者、方式、時期が問題であるとの説（鈴木・前掲「民訴に於ける調書の作成と更正」判タ244号27頁、注解(4)31頁～32頁

413

第160条〔3〕 第2編 第3章 第1節 口頭弁論

〔渡部吉隆＝井上繁規＝小室直人〕。最判昭和62・7・17裁判集民151号559頁も同旨）、和解・認諾・放棄各調書については明白な誤りがあれば調書の訂正が許されるが、それ以外は許されないとの説（小野田礼宏「口頭弁論調書の作成と更正」新実務民訴(2)71頁）などが対立している（横浜地判昭和55・11・14下民集31巻9～12号945頁、判時1012号110頁、判タ431号131頁は、明白な誤りがない場合でも、事件が上訴審に移審し記録が送付されるまで更正の申立てができるとする）。

　明白な誤りとか計算違いという範囲に限定したり、裁判官・裁判所書記官および当事者等全部が異議のない場合にも訂正を許さないというほど厳格に解さなければならない理由もないし、計算違い・書き損じその他の明白な誤りであれば、判決に準じて、関係人の同意がなくとも訂正を許し（257条）ても差し支えないと考える。ことに、認諾または和解調書のように、判決と同一の効力を有するものについては、更正を認めないと、当事者が重大な不利益を受けることになる。

　更正手続については規定がないから、調書自体を訂正・補充すべきではなく、別に更正調書を裁判所書記官が作成し、裁判長とともに署名捺印すべきである（旧143条改正前）との説（細野・要義(3)269頁）もある。この点についての実務上の取扱いは必ずしも一致していないが、一般にはそれほど厳格ではなく、当事者双方の異議がなければ、明白な誤りでなくとも調書自体に訂正・補充を加えている。他方、判決と同一の効力を有する和解調書などについて条項の内容を訂正する場合は、判決に準じて更正決定の形式でなされており、これに対しては即時抗告も認められる（257条2項）。調書自体の訂正・補充をすることは、作成者である裁判所書記官のみの判断によることなく裁判長の承認も得てなされるものであり、違法にはならないが、和解調書の更正決定の取扱いについては、その効力の面のみに重きを置き、調書の作成者である裁判所書記官の権限を無視することになるから、更正調書の形式によるのが本来の姿ともいえよう（注解(4)32頁〔渡部＝井上＝小室〕。反対・更正決定説——大決昭和6・2・20民集10巻77頁。鈴木・前掲「民訴に於ける調書の作成と更正」判タ244号32頁も、若干の理論的弱点は認めつつ更正決定によるべきものとして、更正調書説に対する批判をしている。東京高決昭和39・10・28下民集15巻10号2559頁は、原則として更正決定が望ましいが、更正調書も許されるという）。しかし、現行法施行後20年近くを経過し、実務上、現行法の解釈・運用として、判決と同一の効力を有する調書の訂正は、更正決定によるとの取扱いが定着しているのが実情である（裁判所職員総合研修所『民事実

務講義案Ⅰ〔4訂補訂版〕』364頁注⑴〔司法協会、2013年〕)。

　明白な誤りの訂正でもなく、また関係人全員の同意がない場合には、それが実質的なものであれば、更正ではなく証拠によって明らかにすべきである。明白な誤りであれば、形式的記載事項（規則66条）でも訂正ができると解する。当事者の更正の申立てについて裁判所書記官が却下した場合には、異議の申立てが許され（121条）、異議を正当と認めれば、裁判所は裁判所書記官に更正するように命ずればよい。

　⑹　なお、前述のとおり、口頭弁論の方式に関する欠缺の違法が、上告理由（旧法下のもの）として指摘されたのちは、そこで問題とされた誤りを補正するような調書の作成は許されないとの判例（最判昭和42・5・23前掲）がある。判決言渡期日の延期の期日の調書の作成洩れがあったもので、形式を重んじる調書の記載につき安易な訂正は許されないという点からいうと、正しい解釈といえる（上田徹一郎・民商57巻6号922頁〔1968年〕、斎藤秀夫・判評108号〔判時498号〕116頁〔1967年〕、林順碧・法協85巻5号773頁〔1968年〕〔いずれも判批〕も、それぞれ調書の作成を許さないとの結論には賛成である。注解⑷32頁〔高島＝井上＝小室〕は、口頭弁論の方式については上告論旨の指摘後は許されないが、その余は指摘の前後を問わないという）。この点に関し、鈴木・前掲「民訴に於ける調書の作成と更正」判タ244号（35頁以下）は、上告理由（旧法下のもの）において手続違背として指摘されたと否とにかかわりなく、調書の正確な作成自体は必要であるから、調書を作成すべきであり、ただ、当該事件の上告理由との関係で、上訴審において斟酌されないにすぎないと解すべく、このことは、調書の更正についても同様であるという。

〔4〕　**口頭弁論調書の証明力**

　⑴　口頭弁論の方式に関する規定を遵守したことは調書によってのみ証明することができ、証拠によって証明することはできない。

　口頭弁論調書を裁判所書記官に作成させ、認証の意味で裁判長がこれに認印し（規則66条2項）、また、関係人に異議を述べる機会を与えている（本条2項）のは、訴訟手続の明確と安定とを期する趣旨であるから、調書の記載をいつでも他の方法によって争えるとすることは、この趣旨を没却することになる。しかし、他方、いかに正確を期した調書でも、人間の作成したものである以上誤りがないとは保証しえないし、記載が誤っているとして争われた場合に、すべて反対の証

第160条〔4〕 第2編 第3章 第1節 口頭弁論

明を許さないというのは、かえって裁判の威信を害するから望ましいことではない。この二つの要求を調和させるため、本条3項は、口頭弁論の方式に限り、調書の記載に絶対の信用を置いて、他の証拠によってはこれを覆すことができないとしたものである。

(2) このような調書の証明力は、調書が有効であることが前提であるから、調書の形式的記載事項中、調書たることに必要不可欠な事項は完備していなくてはならない（形式的記載事項の欠缺と調書の効力については規則66条の注釈参照）。

　このことと関連して、調書の偽造が問題となる。調書の証明力は、有効な——したがって、当然権限ある裁判所書記官によって作成された——調書の存在を前提とするものであるから、調書が偽造された場合には証明力のないことはもちろんである（最判昭和33・11・4民集12巻15号3247頁、判時167号11頁はこれを前提とする）。ただ、公文書については真正な成立を推定する規定があるから（228条2項）、方式および趣旨からみて、権限ある裁判所書記官が作成したと認められるときは、真正に成立したものと扱われる。したがって、調書の証明力を排除することによって有利な法律効果を享受しようとする側において、偽造を主張し、かつ調書の真正な成立を疑わせる程度に証明を課す負担がある（228条2項の推定は反対事実の証明を要求するものではなく、その意味で厳格な意味での推定ではないと解される。この点については228条の注釈参照）。このような意味で、調書の偽造の主張・立証は認めてよいと考える（ドイツ民訴165条後段は、明文をもって偽造の証明を認めている。この趣旨は、本条の解釈にあたっても参考に値するものであり、わが国での本条の解釈上も前述の意味で、偽造の証明を許してもよい。同旨——中島・日本民訴673頁、細野・要義(3)270頁、西村宏一「訴訟記録」民訴講座(2)506頁、注解(4)45頁〔渡部＝井上＝小室〕。最判昭和33・11・4前掲は、原審の調書の一部が立会書記官以外の者によって記入されたことを職権調査によって認定して調書の記載の効力を否定している。仙台高決昭和34・1・13下民集10巻1号23頁は、調書の偽造の有無は判決によって判断しなければならないとするが、最判の扱いのほうが妥当である）。

(3) 以上の「偽造」とは、いわゆる有形偽造（権限なきものによる作成）と無形偽造（権限あるものによる虚偽記載）との双方を包含するものとされており（西村・前掲「訴訟記録」民訴講座(2)509頁注⒅、注解(4)45頁〔渡部＝井上＝小室〕）、理論的には正しいと考えるが、無形偽造か記載の誤りかの区別は、実際の立証の

416

第160条〔4〕

問題としては微妙であろう。しかし、記載の誤りが証明されたというだけで、安易に無形偽造であるとして調書の効力を排除できるとなると、調書の正確性につき異議を述べる機会を与えて調書の正確な記載を担保する（本条2項）代わりに、一旦こうした手続を経て完成された調書に絶対的な証明力を与えようとする本条の規定の意味がほとんど失われてしまい、不合理である。したがって、単に調書の記載に誤りがあったことの証明のほかに、故意に虚偽の記載をしたことの証明があって初めて調書の効力を排除しうる、と厳格に解さなければならない。

　(4)　口頭弁論の方式に関する記載とは、規則66条1項に規定されている事項、すなわち立ち会った裁判官・裁判所書記官・検察官・当事者・代理人・補佐人・通訳人、弁論の日時・場所および弁論の公開の有無等である。裁判官（大判明治34・4・13民録7輯4巻31頁、大判昭和8・9・1新聞3605号11頁。なお最判昭和55・9・11民集34巻5号737頁、判タ450号92頁は、判決言渡調書に裁判官の氏名の記載のないときには判決言渡しについての証明ができないという）、裁判所書記官（大判昭和15・2・17新聞4537号10頁、最判昭和43・9・27判時534号55頁、判タ227号157頁）の立会い、訴訟代理人（最判昭和26・2・20民集5巻3号78頁）・本人（最判昭和35・12・2訟月7巻1号57頁等）の出頭、弁論の公開（大判大正3・5・6民録20輯371頁）、期日の指定・告知（最判昭和42・5・23前掲）については、判例もこれを確認している。

　(5)　しかし、こればかりではなく、その他法律で規定している口頭弁論の方式も含まれる。例えば、言渡しに関する方式規定である252条どおりに、判決書原本に基づいて言い渡したかどうかということ（大判昭和15・8・30民集19巻1555頁、最判昭和26・2・22民集5巻3号102頁、最判昭和28・1・22民集7巻1号65頁）、弁論更新の場合の従前の口頭弁論の結果の陳述（249条2項・296条2項）などである（最判昭和33・11・4前掲、条解新版370頁、中島・日本民訴673頁。以上について注解(4)47頁〔渡部＝井上＝小室〕）。ただ、このように解すると、法廷で言い渡されなかったり、判決書原本に基づいて言い渡されなかった場合でも、判決書原本に基づいて言い渡されたとの調書が作成されてしまうと、当事者としては、その記載の誤っていること、その記載に反することは、調書の記載の誤りの訂正を求める以外には、上告理由（上告受理申立理由）としても主張できなくなる（ただし、偽造の証明につき上記(3)参照）。それだけに、裁判所書記官はこの事項の記載については特に気を付けなければならないし、裁判所としても、この

417

第160条〔4〕 第2編 第3章 第1節 口頭弁論

口頭弁論の方式に関することは、法規どおり厳格に守らなければならない。

(6)　以上のように、口頭弁論の方式に関する限り、調書の記載に絶対的な証明力が認められている結果、調書の記載に反する事項は、その実際の存否如何にかかわらず主張・立証によって争うことはできない（たとえ当事者が立証しようとしても、証拠申出自体が不適法とされる）。したがって、例えば、訴訟代理人が実際には期日に欠席していても、調書に出席と記載されている以上は、出席したものとして、その逆に、実際には期日に出頭していても、調書に出席と記載されていない以上は、欠席したものとして、手続を進行させることになるし、その他訴訟手続が適法に行われたかどうかの判断についても、その調書の記載のみに基づいて判断することになる。

　また、例えば、口頭弁論調書には甲裁判官が立ち会った旨の記載があるのに、調書には乙裁判官の認印があるような場合には、調書に裁判官の認印がない（調書の記載を真実とすれば、甲裁判官の認印が必要）ことになるか、または、立会裁判官の記載がない（乙裁判官の認印に重点を置けば、乙裁判官の立会の記載がない）ことになる結果、いずれにしても調書は無効となる。判例は、口頭弁論調書に判決の言渡しに関与した裁判長の記載がないため調書無効のときは、判決の言渡しが適式になされたことを調書によって証明できないとしており（最判昭和55・9・11前掲）、判決調書が存在しないときは判決手続が適式になされたことを証明することができないとする裁判例（東京高判昭和55・10・28判時984号73頁）もある。

(7)　このように、調書自体が無効とされるような場合には、一般的にはその期日の手続の適法な履行が証明できないこととなるから、当該期日の手続の不存在が、のちの手続の適法性に影響を及ぼす限度で、改めて手続をやり直さなければならない。例えば、調書が無効とされた期日に、のちの手続の前提となる弁論がなされていたとすれば、これをやり直し、証拠調べがなされていたとすれば、その証拠調べをやり直すなどである。のちの手続に影響する限度でやり直せば足りるから、仮に当該期日の手続の不存在がのちの手続を違法とする場合でも、同時に責問権の放棄・喪失により（90条）、のちの手続の瑕疵が治癒されるような場合には、改めてやり直す必要はないと解してよい。例えば、無効とされた調書の期日が、単に期日の延期だけであったような場合、次の期日の指定がなかった結果となるが（次の期日の指定の裁判の証明がない）、次に開かれた現実の期日に

418

第160条〔4〕

当事者双方が異議なく弁論をしているというような場合、責問権の喪失により瑕疵は治癒されているとみてよいから、特に手続をやり直す必要はないといえよう。

(8) 当事者またはその代理人（代表者も同じ）の出頭の有無に関しては、人の同一性の確認が問題となることがある。替え玉が本人と称して出頭したような場合であり、債務名義を騙取する目的で悪用される例が実務上ないとはいえない。訴え提起前の和解（275条）の場合、特に危険が大きい。裁判所としても、こうした事態を防止するため、訴え提起前の和解の申立てがあっても直ちに調書を作成することなく、改めて期日を指定して当事者（ことに不利益な効果を受ける側）を呼び出す手続をとるなどの工夫をしているが、それでも防ぎきれない場合がないではない（住所を替え玉になっている某「方」とされたり、本人の同居者が替え玉になった場合など）。同じことは、第１回口頭弁論期日に和解をしたり、欠席判決を狙う場合にも起こりうる。裁判官・裁判所書記官とも、当事者等の同一性の確認に意を用いているが（例えば、疑わしい場合、身分証明書や運転免許証等の提示を求めたりすることもある）、すべての場合に疑ってかかるわけにもいかないし、また同一性の確認のための的確な資料もないこともあって、常に万全を期すことは不可能に近い。

たまたま替え玉を発見できずに、本人が出頭したものとして調書に記載された場合、のちに調書の記載を争えないのかという問題がある。手続の方式であって争うことができないとする見解（名古屋高判昭和39・1・30高民集17巻1号14頁、札幌地判昭和40・3・5判タ174号160頁）があるが、疑問である。問題は、出頭した者の同一性の確認がポイントとして争われる場合であり、出頭した者の同一性は問題とせずに、ある者が出頭したかどうか自体が争われている場合と比し、異なる意味をもつと考えられる。本条３項が調書に絶対的証明力を認めるのは、裁判所（裁判官と裁判所書記官）が直接認識して調書に記載された点に重要な基礎を置くと考えるならば、確実な認識の対象外の事項に絶対的証明力を認めることは不当だと考えられるからである。「甲と称する者」が出頭したことを認識したということは、「甲と称する者」が真実甲であることまで認識しえたことにはならない。裁判所の認識は、正確には前者である。したがって、出頭した者の同一性は、手続の方式自体ではなく、絶対的証明力の範囲外として争うことができ、反対の証明を許すべきだと解する（大阪地判平成2・3・22判時1369号139頁、判タ730号237頁は、口頭弁論〔和解〕調書には、当事者本人が出頭した旨記載してい

第160条〔5〕　第2編 第3章 第1節 口頭弁論

るが、真実は他人が本人に成りすまして出頭したもので、本人の出頭は認められないとして、和解調書に対する請求異議の訴えを認容している。また、東京地判昭和51・8・27判時854号88頁、判タ348号241頁は、裁判上の和解について本条の適用はないとしている）。

(9)　弁論の方式に属しないものとしては、当事者の主張（大判大正7・9・5民録24輯1619頁、大判明治36・11・7民録9輯1213頁）、自白（大判大正7・10・7民録24輯1875頁）、証人・鑑定人の宣誓の有無およびその陳述、その他規則67条1項（8号を除く）・3項に記載されているものなどである。これらのものについては、当事者がその記載を争えば、証人調べその他の証明を許すのであるが、調書の記載が矛盾しているような例外的な場合を除いては一応の証明力を有している。したがって、当事者が調書の記載に異議を述べていない以上、反対の証拠がない限り記載どおりの陳述をし（最判昭和30・11・22民集9巻12号1818頁）、または記載のないことは陳述しなかった（最判昭和45・2・6民集24巻2号81頁、判時585号51頁、判タ246号190頁）と認めてよい。

〔5〕　**口頭弁論調書の滅失による証明力の喪失**

(1)　口頭弁論の方式の遵守の証明についても、調書が滅失した場合には例外として、他の証明が許される。

滅失した原因が火災によると盗難によるとを問わないし、全部滅失と一部滅失とを問わない。平常時にはあまり生じることではないが、第二次世界大戦の際、裁判所が戦災に見舞われたところも少なくなく、多くの問題が生じた。判決のなされたこと（名古屋高判昭和25・3・30下民集1巻3号450頁）、和解の成立（東京高判昭和28・11・26下民集4巻11号1764頁）について、判決正本・証言その他によって認定している裁判例がある。他の証拠によっても方式の遵守についての証明がなされないときには、どう取り扱うかが問題になる。この点については、当事者双方の関与の下に手続が行われる現行制度の建前（2条〔3〕、〔4〕(1)参照）からすると、通常は手続は適法になされていると考えてよいから、上訴人が原審における手続の違法を主張して上訴した場合、手続の適法性についての立証責任自体は被上訴人が負担するとしても、手続の適法性は事実上推定され、上訴人が手続の法令違背を合理的に疑わせるに足りる確実な資料（例えば調書の正・謄本等）を提出することによって初めてこの事実上の推定は破れ、上訴審において原判決を破棄すべき理由となると解するのが相当である。なお、訴訟記録焼失の場

420

規則第66条〔1〕

合でも、上告人は原判決の法令違背を具体的に主張・立証すべきであり、それが
できないときには上告棄却を免れないとする判例（最大決昭和25・9・18民集4
巻9号423頁）がある。

(2)　調書の不作成は、滅失とは区別しなければならない。この場合は、調書
が無効である場合や、偽造である場合と同様、結局、証明の手段はないことにな
る（調書の不作成は調書の滅失と区別されるべく、調書の無効と同一の効果をもた
らすことにつき同旨——西村・前掲「訴訟記録」民訴講座(2)509頁注(19)、法律実務
(3)372頁、注解(4)51頁〔渡部＝井上＝小室〕)。この場合の手続の再実施の要否は、
調書の無効の場合と同じように考えてよい（前記〔4〕(7))。

（口頭弁論調書の形式的記載事項・法第160条[1]）

規則第66条　口頭弁論の調書には、次に掲げる事項を記載しなければな
らない。[2]

一　事件の表示

二　裁判官及び裁判所書記官の氏名

三　立ち会った検察官の氏名

四　出頭した当事者、代理人、補佐人及び通訳人の氏名

五　弁論の日時及び場所

六　弁論を公開したこと又は公開しなかったときはその旨及びその理由

2　前項の調書には、裁判所書記官が記名押印し、裁判長が認印しなけれ
ばならない。[3]

3　前項の場合において、裁判長に支障があるときは、陪席裁判官がその
事由を付記して認印しなければならない。裁判官に支障があるときは、
裁判所書記官がその旨を記載すれば足りる。[4]

〔1〕　本条の趣旨

本条は、口頭弁論調書の形式的記載事項を定めたもので、旧法143条を規則化
したものである。

旧法143条1項4号は、出席した当事者の氏名のほか、欠席した当事者の氏名
の記載をも要求していたが、出席した当事者の氏名を調書に記載することとすれ
ば、出席した当事者として記載された者以外の者が欠席したことは明らかである

421

規則第66条〔2〕　第2編 第3章 第1節 口頭弁論

ことから、規則化にあたり、欠席した当事者の記載を調書の記載事項とはしない
こととしたものである（条解規則144頁）。

〔2〕　口頭弁論調書の形式的記載事項

(1)　概　　説

本条で規定する調書に記載しなければならない事項は口頭弁論の方式に関する
もので、形式的記載事項と呼ばれ、必ず記載しなければならないものである。こ
の形式的記載事項は、規則67条の実質的記載事項とは異なり、調書によってのみ
証明することができるのであって、他の方法による証明を許さない（160条3項）。
本条に規定する事項の記載を欠く場合であっても、常に調書としての効力を有し
ないわけではなく、調書として必要不可欠なものの記載がない場合に限り無効で
ある（注解(4)10頁〔高島義郎＝井上繁規＝小室直人〕、条解2版957頁〔新堂幸司＝
上原敏夫〕）。すなわち、裁判所書記官の氏名の記載がない場合（大判大正5・
10・28民録22輯2005頁、最判昭和43・9・27判時534号55頁、判タ227号157頁、福岡
高判昭和62・5・28判時1240号78頁）、2号の裁判官の氏名（裁判官の名を欠いた
場合について裁判長認印欄に認印があっても無効〔最判昭和55・9・11民集34巻5
号737頁、判タ450号92頁〕）および裁判所書記官の氏名の記載、5号の弁論の日時
および場所の記載がない場合、いずれも調書は無効である（反対判例——大判明
治36・9・28民録9輯1019頁、大判明治44・11・28民録17輯737頁）。また、署名押
印の方法に関する旧法143条に改正される（昭46法100号による）前の判例である
が、裁判所書記官の押印のない場合（大判昭和6・5・28民集10巻268頁、大阪高
判昭和30・11・18判時67号10頁〔言渡調書に関するもの〕）、裁判長の認印のない場
合（大判昭和7・2・9民集11巻243頁）、裁判長の署名押印がない場合（大判明
治42・5・1民録15輯449頁）、いずれも調書は無効とされている（以上各場合に
つき同趣旨——法律実務(3)370頁、注解(4)12頁〜14頁〔高島＝井上＝小室〕）。

しかし、その他の必要的記載事項の不存在については、調書そのものの効力ま
でをも否定する必要はなく、その記載事項の証明がないから（160条3項）、その
事項が存在しないとして取り扱えばよい。もっとも、調書の記載の有無は、調書
の記載全部を通じて判断すべきで、例えば、出頭した当事者を記載する個所に記
載がなくても、当事者が弁論をした旨の記載があれば、全部の記載から判断して、
出頭した旨の調書の記載があるといえる。判例は、当事者の出頭を必要としない
言渡し（大判明治44・6・27民録17輯435頁参照）、および証人調べ（大判昭和10・

規則第66条〔2〕

2・5評論24巻民訴154頁）の調書については、当事者の出頭の記載のない調書そのものを無効としていない。なお、相当性には疑問があるが、判決の言渡しは必ず公開されるから、言渡期日の調書には公開した旨の記載がなくとも言渡しを公開しなかったとして攻撃することはできないとの判例（大判明治34・5・13民録7輯5巻70頁、大判明治35・1・20民録8輯1巻20頁、大判大正4・2・17民録21輯115頁）がある。本条所定の要件は簡易裁判所の調書についても省略できない（規則170条1項参照）。

(2) 具体的な記載事項

(ア) 事件の表示（1号）

事件を特定するには、最小限度裁判所と事件番号を明らかにすればよい。「民事事件の口頭弁論調書等の様式及び記載方法について」（平成16・1・23最高裁総三第2号総務局長等通達）によると、事件番号のみを調書に記載すれば足りるものとされている（同通達別紙第1号様式〔口頭弁論調書〕参照）。裁判所の表示は、当該調書の綴られる記録の表紙の表示などから当然明白だからであろう。この点では、事件番号についても同じことがいえる。したがって、事件番号の記載が欠けていたり、あるいは誤記されているような場合であっても、記録上ある特定の事件につき作成されたことが明白なときには、当該事件の調書としての効力を認めて差し支えなく、形式的に事件の表示が欠けているというだけで調書を当然無効と解すべきではない。古くは当事者の氏名と事件名も、事件の特定のために記載されていたが、これらは事件の特定をより一層わかりやすくするには有益であるが、その記載がなくても事件の特定には何ら支障はない。したがって、これらは通常の場合、事件の特定のためには記載されない。ただし、弁論の分離がなされたときには、どの部分の弁論の調書であるかを特定する必要があるから、当事者の氏名で特定し（主観的併合の場合の分離）、あるいは訴訟物で特定する（客観的併合の場合の分離）などの配慮が必要である（法律実務(3)375頁、注解(4)13頁注(2)〔高島＝井上＝小室〕。実務上、主観的併合事件の分離の事例が多く、その場合、「被告何某関係」というような表示が行われている）。

(イ) 裁判官および裁判所書記官の氏名（2号）

調書には、口頭弁論に関与した裁判官の氏名と裁判所書記官の氏名を記載しなければならない。裁判所書記官の記載を欠く調書は無効であって、当該期日の手続の適法性を証明することができなくなる（最判昭和43・9・27前掲、判決言渡

規則第66条〔2〕　第2編 第3章 第1節 口頭弁論

期日の調書に立会書記官の氏名の記載のないときについて福岡高判昭和62・5・28前掲）。合議体の場合には裁判官全員の氏名を記載しなければならず（名古屋高判昭和30・10・17高民集8巻10号782頁、判時64号9頁、最判昭和47・11・2裁判集民107号91頁、最判昭和55・9・11前掲）、かつ誰が裁判長であるかをも明らかにする必要がある（合議体で弁論を終結した場合に、判決言渡期日の弁論調書に裁判長の氏名のみ記載されているときは、単独で言い渡したことになって違法であり〔名古屋高判昭和30・10・17前掲〕、裁判長の氏名を誤記した調書は適法な言渡しの事実を証明しえず〔東京控判大正11・1・31新聞1952号18頁〕、判決言渡しに関与した裁判長の氏名の記載を欠く弁論調書は、その所定の裁判官認印欄に認印があっても無効である〔最判昭和55・9・11前掲〕）。しかし、判事または判事補であるかあるいは簡易裁判所判事であるかは明らかにする必要がなく、裁判官と書けばよいし、実務上の取扱いもそうである。

　なお、裁判所速記官が口頭弁論期日に立ち会った場合は、調書の「弁論の要領等」欄にその旨および氏名を記載する（前記最高裁総三第2号通達「民事事件の口頭弁論調書等の様式及び記載方法について」記第3の1(5)ア)。

　㈡　立ち会った検察官の氏名（3号）

　検察官は、民事事件の当事者となる場合（人訴12条3項・26条2項・42条・43条2項）と、当事者としてではなく、意見を述べるために立ち会う場合（公選218条、人訴23条）がある。前者は本条4号に該当するが、後者は本条3号によって、調書の必要的記載事項とされている。法務大臣またはその指定職員が出頭して意見を述べる場合（法務大臣権限4条）も、本号を準用して出頭した者の氏名を記載すべきである（法律実務(3)376頁、注解(4)11頁〔高島＝井上＝小室〕）。

　㈢　出頭した当事者、代理人、補佐人および通訳人の氏名（4号）

　当事者、法定代理人・訴訟代理人、補佐人および通訳人については、出頭した者の氏名を明らかにしなければならない。当事者の出欠が一定の法律効果と結び付いている（158条・159条3項・263条等）からである。補助参加人について規定がないが、本号を類推適用しなければならない（条解2版957頁〔新堂幸司＝上原敏夫〕、法律実務(3)377頁、注解(4)11頁〔高島＝井上＝小室〕）。「当事者のため事務を処理し、又は補助する者」（151条1項2号）についても同様に解される。

　当事者本人と訴訟代理人の双方が出頭したときは、実際に弁論をする訴訟代理人を表示すれば足りるが（当事者か訴訟代理人のいずれか一方が出頭している以上、

期日の懈怠にはならないからである）、実務上は、当事者本人が出頭命令を受けないで出頭した場合の訴訟費用に関して、当事者本人のみの旅費等が対象となることから（民訴費2条4号・5号）、双方とも表示される扱いである。もちろん、訴訟代理人と本人とがそれぞれ弁論において陳述している場合、本人の更正権（57条）が問題となるようなときは、双方の氏名を記載し、陳述内容も各別に記載しなければならない（法律実務(3)376頁〜377頁）。

　証人、鑑定人および当事者本人尋問のため本人が出頭した旨は、厳格には本条の形式的記載事項には当たらないが、実務上は調書に記載しているし、また記載する必要もある（不出頭に対する制裁〔192条・216条〕や不出頭に結び付く効果〔208条〕を考える必要がある。なお、本人訴訟においては、本人の出頭は弁論のためにも必要であり、本条4号の形式的記載事項に当たるが、訴訟代理人のある場合で、訴訟代理人が出頭しているときは、前述のように、本人が出頭した旨は形式的記載事項に当たるとは限らないので、このような問題が生ずる）。

　前記通達別紙様式第6・第4号様式（証人等目録）によると、人証の申出・採否・証拠調べの有無は、証人等目録に記載され、人証の出頭の有無も同目録の指定期日欄に記載される扱いである。証拠調べがなされたときは、「証拠調べの施行」の実施欄にチェックされるので当然出頭したことがわかるし、そうでないときは、「証拠調べの施行」の指定期日欄に出頭・不出頭と新たな指定期日が記載されるのが通常であり、採用取消しになった場合などは、備考欄に記載される例が多い。

　本号所定の事項を記載しないからといって、調書を直ちに無効となしえないとする判例のあることについては前記(1)で説明したとおりである。

　(ｵ)　弁論の日時および場所（5号）

　弁論をした場所とその年月日は必ず記載しなければならない。法廷での弁論は、法廷を特定して記載する必要があるとの説があるが（法律実務(3)378頁、注解(2)〔初版〕396頁）、弁論の行われた裁判所を特定すれば足り、法廷番号等まで特定して記載しなければならないという必要はない（注解(4)12頁〔高島＝井上＝小室〕）。法廷外で弁論（証人調べ・検証等）をした場合には、その場所が明確になるように、地番・建物等を明示しなければならない（法律実務(3)378頁、注解(4)12頁〔高島＝井上＝小室〕）。弁論をした年月日は必ず明確に記載しなければならない。期日は年月日のほか、時刻まで定めて指定すべきであり（93条〔3〕(2)(ｱ)）、また実

規則第66条〔2〕　第2編 第3章 第1節 口頭弁論

務上もそうしているから、調書に弁論の年月日を記載するには、時刻をも明らか
にすべきである（法律実務(3)378頁、注解(4)12頁〔高島＝井上＝小室〕）。

　指定した時刻と実際に弁論が開始された時刻とが食い違う場合に、どちらによ
って記載するかが問題になる。実務上は指定した時刻によっていることが多い。
理論的に厳密にいえば、事件を呼び上げて現実に期日を開いた時刻を書くのが正
しい（法律実務(3)379頁、注解(4)12頁〔高島＝井上＝小室〕）といえよう。しかし、
多くの事件を取り扱う裁判所では、いちいち分秒刻みに正確な時刻を記載するこ
とは実際的ではないし、すべての場合にこれを要求することは極端にいえば不可
能に近いから、もう少し常識的に考えるべきであろう。このような観点に立ち、
また、期日の指定が時刻をもってなされるのは、一般的にはその時刻以前の弁論
の開始を違法ならしめる点で意味があることを考慮すると、実務上別個の期日と
考えられるほどの時間的なずれがある場合（例えば、午前10時の指定の事件が午
後になって開廷されたとか、さらに極端には日を異にしたというような場合。こう
なると、むしろ期日変更の黙示の裁判があったというべきかもしれない）でなけれ
ば、当初の指定時刻を弁論の時刻と記載して差し支えないと解してよいであろう。
具体的にどの程度の時刻のずれがあってよいかは、そのときの実務の慣習にも影
響されざるをえないであろうし、実務上行われている「出頭カード」（出頭した
当事者や代理人が法廷にあるカードに出頭の旨記入しておくと、席を外していても
出頭扱いとして、しばらく現われるのを待つ扱いをする）の取扱方法などにも関連
してくるので、一概に規準を示すことはできない。

　このようにみてくると、少なくとも、指定した時刻より早く開始された場合に
は、現実の開始の時刻を記載しなければならない。指定した時刻よりも早く期日
を開いた場合も、当事者その他の関係人が出頭すれば責問権の放棄あるいは喪失
（90条）によって瑕疵が治癒される。しかし、出頭しない者があれば瑕疵は治癒
されないから、その者との関係でむしろ実際に開始した時刻を明らかにしておく
必要があるわけである。このように考えるならば、実務の取扱いはほぼ是認され
るであろう（指定時刻前の開廷というのは、実務的には、午前と午後とを間違えた
り、せいぜい午前10時と11時とか、午後1時と2時とをとり違えるというような場
合、つまり指定時刻を誤解するというケースか、そうでなければ、当事者が積極的
に責問権を放棄して――というより期日の変更を求めて――繰上げ開廷するという
ケース以外はまず考えられない）。なお、指定時刻より以前に期日が開かれた旨の

426

規則第66条〔3〕〔4〕

記載があっても、そのゆえに調書が無効となることはないとの判例がある（大判昭和元・12・28評論16巻民訴166頁）。弁論を実際に終了した時刻は、煩瑣ではあるし必要もないから記載しないでよい。弁論の場所および年月日の記載を欠いても、調書は当然無効とならないとの判例（大判明治36・9・28民録9輯1019頁、大判明治44・11・28民録17輯737頁、証人調書について大判昭和8・4・8法学2巻1367頁）もあるが、無効になると解すべきである（法律実務(3)370頁、注解(4)12頁〔高島＝井上＝小室〕）。

　(カ)　弁論を公開したことまたは公開しなかったときはその旨およびその理由（6号）

　裁判の公開は、裁判の公正を担保し、国民の権利を擁護するために憲法で定めているところである（憲82条）。したがって、調書にも、弁論を公開したかどうか、公開しない場合にはどんな理由で公開しなかったかを（憲82条2項参照）明記しなければならない。ことに公開しない旨の決定は、他の場合と異なり、必ず裁判官の全員一致でしなければならないから（憲82条2項。なお、一般の場合の評決については、裁77条参照）、調書にも評議の上と書かないで、全員一致でと明記する必要がある。判例は、前記(1)で述べたように、言渡期日の調書に公開・非公開についての記載を欠いても効力には関係がないとしているが、疑問である（注解(4)13頁〔高島＝井上＝小室〕は調書の無効事由とする）。

〔3〕　裁判所書記官の記名押印・裁判長の認印

　調書には裁判所書記官が記名押印し、裁判長（単独体または簡易裁判所では裁判官）が認印しなければならない（裁判長の認印は調書の最初の頁の右上欄外になされる〔前記最高裁総三第2号総務局長等通達「民事事件の口頭弁論調書等の様式及び記載方法について」別紙様式参照〕）。これらを欠く場合の調書の効力については、〔2〕(1)で前述した。

　規則はこの裁判所書記官の記名押印および裁判長の認印以外のことを要求しないが、実務上は、正確を担保する趣旨で、削除・挿入などの訂正箇所には裁判所書記官の訂正印を押すことを常としている。しかしそれを欠いても調書の効力には影響はない（最判昭和25・5・26民集4巻5号191頁）。

〔4〕　裁判長の認印に支障があるときの処理

　(1)　裁判長は、裁判所書記官が調書を作成してから認印するが、裁判長が病気・出張その他の事由で認印することができないときは、陪席裁判官が代わって

規則第67条　第2編　第3章　第1節　口頭弁論

認印する。陪席裁判官が裁判長に代わって認印する際には、裁判長が認印することのできない事由を記載しなければならない。その事由については、病気欠勤とか出張中というように、具体的に明示すべきで、「差し支えにつき」というような抽象的表現はなるべく避けるべきである。

　(2)　合議体においては裁判長はじめ全部の裁判官、単独体または簡易裁判所においてはその裁判官が、病気その他の事由で認印することができないときは、裁判所書記官がその旨を記載すればよく、調書の効力には影響がない。調書を作成する権限を有する者は裁判所書記官であり、裁判官は認証する趣旨で認印するにすぎないからである。したがって、調書を作成する裁判所書記官が差し支えのため調書の作成ができないときは、裁判官が代わって調書を作成することはできない（注解(4)18頁〔高島＝井上＝小室〕）し、裁判所書記官が死亡その他で調書の作成ができないときには、訴訟の経過を明白にする必要上、他の裁判所書記官が本条1項1号・2号および5号所定の事項程度のことと調書の作成のできない事由を明らかにした書面（調書に代わるもの）を作成し、それに裁判長の認印を得ておくくらいしか方法がない（160条〔2〕(4)）。

（口頭弁論調書の実質的記載事項・法第160条）〔1〕

　規則第67条　口頭弁論の調書には、弁論の要領を記載し、特に、次に掲げる事項を明確にしなければならない。〔2〕

　一　訴えの取下げ、和解、請求の放棄及び認諾並びに自白

　二　法第147条の3（審理の計画）第1項の審理の計画が同項の規定により定められ、又は同条第4項の規定により変更されたときは、その定められ、又は変更された内容

　三　証人、当事者本人及び鑑定人の陳述

　四　証人、当事者本人及び鑑定人の宣誓の有無並びに証人及び鑑定人に宣誓をさせなかった理由

　五　検証の結果

　六　裁判長が記載を命じた事項及び当事者の請求により記載を許した事項

　七　書面を作成しないでした裁判

　八　裁判の言渡し

規則第67条〔1〕〔2〕

2　前項の規定にかかわらず、訴訟が裁判によらないで完結した場合には、裁判長の許可を得て、証人、当事者本人及び鑑定人の陳述並びに検証の結果の記載を省略することができる。ただし、当事者が訴訟の完結を知った日から1週間以内にその記載をすべき旨の申出をしたときは、この限りでない。[3]

3　口頭弁論の調書には、弁論の要領のほか、当事者による攻撃又は防御の方法の提出の予定その他訴訟手続の進行に関する事項を記載することができる。[4]

〔1〕　本条の趣旨

本条は、口頭弁論調書の実質的記載事項を定めたもので、基本的には、旧法144条を規則化したものである。本条所定の実質的事項は、たとえこれを調書に記載しないでも、調書自体の無効を惹起することにはならない。また、この実質的記載事項については、他の方法による証明が許され（ただし、8号の記載を除く。後記〔2〕(2)(ク)参照）、形式的記載事項のように、調書の記載のみによって証明される（160条〔4〕参照）ものではない。

平成8年の現行法の制定に伴って現行規則が制定された後、平成15年の民訴法改正（平成15法108号）で、計画審理（147条の3）が導入されたのに伴って、①147条の3の計画を定めまたは変更した事項（本条1項2号）、②訴訟の進行に関する事項（本条3項）が、実質的記載事項として追加された（平15最高裁規則19号）。

〔2〕　口頭弁論調書の実質的記載事項

(1)　概　説

(ア)　口頭弁論の調書には、弁論の要領を記載する。弁論の要領の記載は、当事者が期日にした弁論の内容全部を速記的に記載するのと異なり、弁論の要点すなわち期日における弁論の外部的経過および弁論の実質的内容の簡潔な記載を主眼とする趣旨である。

弁論の要領の内容については、旧旧法130条の「弁論の経過の要領」と同義であるとの説（条解2版958頁〔新堂幸司＝上原敏夫〕、松岡・註釈(4)835頁、細野・要義(3)265頁、注解(4)21頁〔渡部吉隆＝井上繁規＝小室直人〕）と、当事者の提出した攻撃防御方法、およびこれに対する釈明または相手方の陳述等、弁論の実質

429

的な内容をも記載すべきであるとの説（中島・日本民訴668頁、西村宏一「訴訟記録」民訴講座(2)503頁、法律実務(3)381頁）が対立しているが、弁論の外部的経過はもちろん必ず記載しなければならないが、あわせて攻撃防御方法などの要点をも記載する必要があると解する。

もともと攻撃防御方法は準備書面（訴状、答弁書を含む）に記載されるものであるから（161条2項）、当事者がその記載に基づいて陳述したときは、調書には、陳述した旨を記載すれば足りるのであるが、わが国の実情では準備書面（特に、当事者自身が作成した準備書面）には、法の予期しているように攻撃防御の方法のみが整理されて記載されているとは限らず、準備書面の記載に基づいて陳述しては、かえって争点を不明確または多岐にするおそれがあるような場合も少なくなかったので、実務上は、準備書面の記載内容を釈明のうえ、当事者の陳述した攻撃防御方法の要旨を弁論調書に記載する取扱いもしばしば行われてきた。また、わが国ではドイツ民訴314条のように、判決書に記載された事実は、口頭弁論で陳述があったと一応認められるような規定は存しないから、判決書に記載されている当事者の主張および立証などで、調書に記載されていないと、当事者が口頭弁論で主張したか否かが争いとなっても、その証明が困難になる。当事者の主張が判決書にも調書にも記載されていないと、主張したとの立証は一層困難になる。さらに、本条が明確にすることを要するとしている記載事項の中には、弁論の実質的内容に属するものが相当含まれていることを考えれば、どの程度記載するかの問題はあるにせよ、後説の立場が正しいと考える。前説の見解で、弁論の実質的内容は調書以外の方法で証明することが許されることを根拠にするものがあるが（注解(4)22頁〔渡部＝井上＝小室〕）、現実に調書の記載に代わる有力な証明方法を考えることは困難であり、またこのような紛争を避けることこそ必要であることからいって、この見解には賛成できない。

　(イ)　次に、弁論の実質的内容をどの程度記載すべきかについて、弁論の外部的経過の面と実質的内容の面とに分けて、説明する。

　(a)　弁論の外部的経過の面に属する主なものは、すべて訴訟の進行上何らかの意味で調書に明確にする必要のあるものである。

　例えば、本案判決の申立て、移送の申立て（16条～19条・20条の2）、立担保の申立て（75条）、裁判官または裁判所書記官等の除斥または忌避の申立て（23条・24条・27条）、二重起訴であること（142条）、訴えの変更（143条）が不適法

規則第67条〔2〕

であること、あるいは攻撃防御方法が時機に後れていること（157条・157条の2・167条・174条）などを主張して裁判を求め、あるいは職権の発動を促し、裁判所がそれに応答しなければならないまたは応答することを妥当とする申立て・申出または申請（規則1条）がこれに当たる。弁論準備手続の結果（173条）および従前の口頭弁論の結果の口頭弁論への上程（249条2項）、期日の延期または続行もその一事例である。

責問権を放棄する申述（90条〔1〕(3)）、証人の証言または宣誓の拒絶（196条以下）、証人・鑑定人・当事者本人尋問のための本人の出頭または不出頭等も同様に調書に明確にすべきである。

弁論準備手続の結果あるいは従前の口頭弁論の結果の陳述は、改めてその内容を要約記載する必要はなく、単に「弁論準備手続の結果陳述」、「従前の口頭弁論の結果陳述」というように記載すれば足りる。具体的な内容は従前の手続の調書の記載から明瞭だからである。控訴審の口頭弁論調書に、一方の当事者が原判決事実摘示のとおり原審口頭弁論の結果を陳述した旨の記載があるときは、証拠調べの結果をも含めて、当事者双方の原審における口頭弁論の結果を陳述した趣旨と解される（最判昭和43・5・28判時512号30頁）し、第一審で主張されなかった事実が第一審判決事実摘示に記載され、控訴審において第一審判決事実摘示のとおり陳述する旨弁論した場合には、この事実は控訴審の口頭弁論で陳述されたことになる（最判昭和41・11・10判時1225号62頁、最判昭和61・12・11判時1225号60頁、判タ631号135頁）。手形訴訟の口頭弁論調書に「通常移行申述」の記載があれば、当事者から異議が述べられた形跡のない場合には、その記載どおりの申述がされたものと推定される（札幌高判昭和49・6・29判時767号59頁）。

　(b)　弁論の実質的内容とは、(2)以下で後述するものを除けば、その主なものは次のとおりである。

当事者の提出した攻撃防御方法およびこれに対する相手方の答弁またはそれらに対する釈明、裁判長が特に釈明すべきことを命じた事項（149条）、文書の提出その他の証拠申出および書証の成立に対する認否、証人尋問に対する異議およびそれに対する裁判などである。請求の内容は訴状その他で明らかにされているし、攻撃防御方法も原則として準備書面に記載されているのが本来であるが（161条）、常に必ずしもそうではなく、口頭弁論期日において、初めて口頭で陳述されることもあるし、準備書面に記載されていても、その記載が曖昧で多義的であったり、

431

規則第67条〔2〕 第2編 第3章 第1節 口頭弁論

重要な主張が落ちていたりする場合に、準備書面に基づいて陳述させることをせず、また新たに準備書面を提出させないで口頭で陳述させたうえ、調書に記載しておくことがある。このような当事者の主張およびこれに対する認否は、請求を理由あらしめまたはこれをなからしめる主張・抗弁・再抗弁またはこれに対する答弁というような、法律効果を発生・変更・消滅させるのに必要な法律要件事実を中心にしてなされるべきで、調書の記載としては、その要領を記載すれば十分である。

なお、権利濫用とか信義則違反等、一般条項の適用が問題とされる場合とか、不法行為における違法・過失や、借地借家契約における更新拒絶や解約申入れの正当事由など、不特定概念といわれる要件が問題となる場合には、主要事実の範囲自体に問題があり、仮に権利濫用とか過失という抽象的なものが主要事実であると解するとしても、それを支える重要な間接事実が当事者の立証のテーマとなるから、このような重要な間接事実は、単なる付随的事情とは区別して、調書にも簡潔に記載すべきである（主要事実と間接事実の区別などについては、詳しくは、第1編第5章第1節前注4(1)(ウ)〔本書Ⅱ165頁以下〕参照）。

(ウ) 上記(ア)(イ)で口頭弁論調書の実質的記載事項として言及した事項は、調書に記載がないために何らかの法律上の効果を惹起するものではない（前記〔1〕参照）。

例えば、当事者が攻撃防御方法を口頭弁論において提出すれば、調書に記載されていなくても、裁判所はそれについて判断ができる（大判明治38・4・17民録11輯512頁）。しかし、攻撃防御方法などは、調書に記載しておかないと、(ア)で前述したように、当事者がこれを陳述した事実の証明が、上告審では事実上不可能になるし、調書に記載されることによって、訴訟が円滑に進行し、適正な判断が得られるのであるから、必ず調書に記載しなければならないというべきである。

(2) 具体的な記載事項

(ア) 訴えの取下げ、和解、請求の放棄および認諾ならびに自白（1号）

(a) 訴えの取下げは、訴訟終了原因であるから、弁論期日に口頭でなされた場合は調書に記載する。取下げにつき被告の同意を要する場合に、弁論期日に口頭で同意があったときは、これも調書に記載すべきである。もっとも、取下げおよび同意は、訴訟上の和解や請求の認諾・放棄とは異なり、調書への記載が効力発生の要件ではないから、この記載は取下げのあったことを公証する趣旨をもつに

432

とどまる。なお、本号は、上訴の取下げを含む。

　(b)　和解、請求の認諾および放棄はいずれも訴訟終了の原因で、いずれも調書に記載したときにのみその効力を生ずる（267条）から、必ず調書に記載すべく、絶対に省略することはできない（規則170条参照）。ことに、和解調書・請求の認諾調書は、債務名義となるし（267条、民執22条7号）、またこれらの調書に既判力があるとの見解をとればもとより、既判力を否定する見解をとったとしても（この点については267条の注釈参照）、和解、請求の認諾・放棄の対象となった権利関係を明らかにすることは当然必要であるから、単に和解自体、請求の認諾・放棄自体を記載するだけではなく、どんな請求についてなされたかを明瞭にする必要があり、したがって、請求の趣旨および原因（133条2項2号）を記載しなければならない。もっとも、その記載方法としては、直接調書上に請求の趣旨・原因を記載しなくても、訴状等の記載が十分であれば、これらの書類の記載を引用しても差し支えない（規則69条）。実務上は引用例が多い。なお、訴え提起前の和解は規則169条で調書に記載しなければならない旨を規定している。

　(c)　自白は、裁判所を拘束し裁判所はこれに反する事実の認定をなしえないという効力を有する（179条）から、特に重要として、記載を必要としている。ただ、(b)に述べた事項と異なり、調書に記載しなければ効力を生じないものではない。自白の記載を必要とする以上、自白の取消しないし撤回およびそれに対し同意するかしないかということも法律効果を伴うから、同様に記載する必要がある。

　㈠　147条の3（審理の計画）第1項の審理の計画が同項の規定により定められ、または同条4項の規定により変更されたときは、その定められ、または変更された内容（2号）

　計画審理（147条の3〔1〕参照）が行われている場合には、攻撃防御方法の提出期間が制限されるという法的効果が生じることがある（147条の3〔4〕(2)、〔5〕(3)参照）ので、審理計画の内容を調書で明確にすることとしたものである（条解規則49頁）。審理計画が変更された場合も同様である（147条の3〔5〕(3)）。

　㈡　証人、当事者本人および鑑定人の陳述（3号）

　証人の尋問の順序の変更について当事者が述べた異議およびこれに対する裁判（202条2項・3項）、裁判長の質問の制限およびこれに対する異議と裁判（規則114条・115条・117条）も記載する必要がある（注解(4)24頁〔渡部＝井上＝小室〕）。証人尋問の際の文書等の利用についての裁判長の裁判に対する異議と裁判も同様

である（規則116条1項・117条)。証人は、その同一性を明瞭にするため、通常、氏名・住所・年齢を必ず記載している。当事者本人の供述（210条、規則127条）や鑑定人の陳述（216条、規則134条）についても、証人と同様である。

(エ) 証人、当事者本人および鑑定人の宣誓の有無ならびに証人および鑑定人に宣誓をさせなかった理由（4号）

証人・当事者本人・鑑定人の宣誓（201条・207条・216条）の有無および証人・鑑定人に宣誓させなかった理由も記載することを要する。宣誓させなかった理由の記載については、証人・鑑定人を尋問する場合には、宣誓により供述の信用性を担保するのが原則であるから、その担保を外して尋問したのであれば、その理由が調書に記載されていなければ、上訴審等では当該供述の信用性を判断するのに困るからである。

調書に宣誓をさせたかどうかの記載を欠いたとしても、その違法は証人尋問の効力には影響がなく（東京控判明治43・11・26新聞698号21頁)、宣誓書が添付されていれば証人は宣誓をし、それが添付されていなければ宣誓をしなかったと解すべきである。

(オ) 検証の結果（5号）

(a) 検証の結果は、理論的には裁判所書記官が五感で感得した結果を記載（条解2版958頁〔新堂＝上原〕）すべきではなく、裁判官の五感で感得した結果を記載すべきである（注解(4)29頁〔渡部＝井上＝小室〕）が、160条の注釈（〔2〕(2)）で説明したように、通常は、両者の判断には相違がないはずであるから、裁判所書記官の感得した結果を記載すればよい。境界の争いの現場や不法行為の現場などいわゆる現場検証の結果として五感で感得したものは、立体的に把握したものであり、これを文章で表現すれば平面的な記載になりやすいので、裁判官が更迭した場合の新しい裁判官、上級審の裁判官のように現場を見ていない者にわからせることは、非常に困難であることが多い。したがって単に文章だけで説明することを避け、できるだけ図面、ことに立体図で表示することが望ましいが、現在では写真やビデオテープを添付しこれを引用して効果を上げていることが多い。

(b) 検証の結果を記載する際には、例えば、自動車事故の現場で運転者の処置に過失があったかどうかという検証の結果の判断までは記載すべきではない。むしろ、その判断が記載自体からなしうる程度に、現状の模様・距離などを調書に記載すべきである。物の色の判断について三人の裁判官の判断が異なり、一人が

赤、一人が桃色、一人が紅と判断した場合には、それをそのまま記載するか、赤系統の色あるいは色不明と記載するかについて説が分かれている。検証の結果ということは、裁判所が一体として活動していることを考えると、後者が理論的には正しい。しかし、のちに判決裁判所が判断するときのことを考えると、前者のほうが都合がよい。後者の場合にも不明と書くべきではなく、三人の裁判官の評議の最大公約数的表現をなすべきである。どの場所から見えるか見えないかについて、三人の判断が異なる場合にも、同じように、二人の裁判官が見えると判断した場所から見えると書くべきである（注解(4)26頁〔渡部＝井上＝小室〕は、このような判断は評議に親しまないから各裁判官の認識に差があるときは各別の認識を記載すべきであるとするが、一概に評議に親しまないといってしまうのは問題である。やはり互いに認識の内容を十分明らかにして評議を重ねることによって、一致点を見出すよう努力すべきである）。

(c) 凶器・商標の実物など、検証の目的物として、口頭弁論において提出した物が裁判所に保管できる場合または記録に添付できる場合には、調書に記載する必要はない。印鑑なり署名が偽造であることを立証するために提出された文書についても、同様に、文書の写しを調書に引用して記録に添付しておけば足りる（規則69条）。

　(カ)　裁判長が記載を命じた事項および当事者の請求により記載を許した事項
　　（6号）

(a)　裁判所書記官が記載する必要がないと判断した事項でも、裁判長（単独体または簡易裁判所では裁判官）が特に記載を命じた事項については、裁判所書記官は必ず記載しなければならない（裁60条4項）。必ずしも当該期日中に命令がなされなくてもよく、期日終了後であっても調書完成前であれば、裁判長は記載を命ずることができると解してよい。実務上は、裁判長が調書に認印する（規則66条2項）前に調書を点検するので、その際に記載を命ずることがあるが、許されてよい。裁判長が特に記載を命ずる事項は、本条の実質的記載事項であって、特に注意を喚起することを要するものと認めた事項であることもあるが、それ以外の事項で、訴訟進行上特に調書に記載しておいたほうが都合がよいと思われるもの、例えば、法律要件事実ではないが、重要な間接事実またはこれに対する認否、「釈明準備のため」、「立証準備のため」など、期日の続行または延期の理由とか、当事者が証人または本人の同行を約したうえ、次回期日に同行しない場合

規則第67条〔2〕　第2編 第3章 第1節 口頭弁論

は証人または本人尋問の申請を放棄し、弁論を終結されても異議はないと述べたり、あるいは、次回（または一定の期限）までに攻撃防御方法の主張をし、または証拠の申出をすることを約束したというように、手続進行上明確にしておくことが望ましい事項などである。このような事項については、現行法において新設された本条3項により、任意的記載事項とされた（後記〔4〕参照）ので、裁判所書記官は、裁判長が記載を命じなくても、その適切な判断により記載するのが相当である。

　(b)　当事者が特に調書に記載することを求めた事項のうち、裁判長（単独体または簡易裁判所では裁判官）が記載を命じた事項もまた記載すべきである。したがって、裁判長は当事者の要求に対し、その必要性について判断しなければならない。当事者が記載を要求するのは、自己の主張あるいは相手方の主張または証人あるいは鑑定人の陳述で重要であると考えたものである。ただ、調書が作成されるまでは、調書に何が記載されているかが当事者にとって不明であるから、適切な要求ができず、単に注意を促すためまたは特に強く希望する趣旨で述べることが多く、それ以外では異議（160条〔3〕参照）を述べうるにとどまる。

　(キ)　書面を作成しないでした裁判（7号）

　口頭弁論中に言い渡される決定・命令で、裁判書を作成しないものとしては、口頭弁論の分離・併合（152条）、弁論の終結（243条）、和解の勧告（89条）などの訴訟指揮に関する裁判、裁判所の調査の嘱託（186条）、次回に証人某を尋問する、検証をする、当事者の申請する証拠は取り調べない、などの証拠に関する裁判、時機に後れた攻撃防御方法を却下する決定（157条）、次回期日を指定する命令などは、実務上口頭弁論中に言い渡されることが多い。調書の記載をもって裁判書に代える趣旨であるから、言い渡したことだけでなく、裁判の内容をも明らかにしなければならない。上掲の事例などでは内容も簡単であるが、多少内容の複雑なもの、関係人に送達することを必要とするもの、例えば訴訟引受決定（50条・51条）、不出頭の証人に対する過料の決定（192条）などは、別に書面を作成することが多い。判決は本号でいう裁判には入らない（252条・253条・254条参照）。

　(ク)　裁判の言渡し（8号）

　その期日に行われる裁判の言渡しの事実を記載する。判決は、裁判長が主文を朗読して言い渡すべきものとされている（規則155条）が、主文を朗読した旨まで調書に記載する必要はないとする判例があり（最判昭和39・4・7民集18巻4

号520頁、判時373号26頁、判タ162号74頁）、実務上も「判決書原本に基づき判決言渡」とのみ記載している。判決言渡調書に「判決書原本に基づいて判決言渡」の不動文字の事項欄があり、その欄の所定の箇所に裁判所書記官の押印がないときは、判決言渡日および原本領収日の付記押印があっても、適法な判決の言渡しがあったとはいえないという裁判例がある（東京高判昭和61・1・29判時1184号72頁、判タ610号128頁）。なお、裁判長が判決原本に基づいて言い渡した旨が調書に記載されていれば、それは形式的記載事項であって他の証明は許されないとするのが判例（最判昭和26・2・22民集5巻3号102頁）である。決定事件について口頭弁論を開いて言い渡した際には、その旨を調書に記載する。

〔3〕　**訴訟が裁判によらないで完結した場合の口頭弁論調書記載の省略**

(1)　概　説

証人、当事者本人および鑑定人の陳述ならびに検証の結果は、調書に記載すべきである（本条1項3号・5号）が、訴訟上の和解の成立や訴えの取下げなどにより訴訟が裁判によらないで完結した場合には、当該訴訟に関する限り、この完結時までに作成が未了の証人の陳述等の調書記載が不要になるので、これを省略することができるものとしたのである。

(2)　要件等

(ア)　「訴訟が裁判によらないで完結した」場合については、類似の表現をとっている73条1項とほぼ同一の意義である。すなわち、①和解（267条）、②訴えの取下げ（261条）、訴えの取下げがあったとみなされる場合（263条）、③控訴または上告の取下げ（292条・313条。厳格には当該審級の訴訟手続の終了と考えるのが正確）、上訴の取下げとみなされる場合（297条・313条・263条）、④請求の放棄または認諾（267条）、⑤当事者の地位の混同、⑥その他の事由による訴訟の終了（一身専属権の行使に関連する訴訟の当事者の死亡等）である。

(イ)　「訴訟の完結を知った日」について、和解の場合はもちろんであるが、訴え取下げの場合には取下げの書面または取下げの事実を記載した調書の謄本を被告に送達する（261条4項）から、相手方が訴訟の完結したことを知った日は明確であるが、請求の放棄・認諾が相手方欠席の口頭弁論期日にされたときなど、和解・取下げ以外のその他の事由により訴訟が完結した場合には、相手方が「知った日」は必ずしも明確とはいい難いであろう。実務上は、訴訟が裁判によらないで完結したときは、裁判所書記官は、調書の記載の省略については、異議がな

437

規則第67条〔4〕　規則第68条　第2編 第3章 第1節 口頭弁論

いことを当事者に確認したうえで、裁判長の許可を得て記載の省略をしているようである（注解(4)35頁〔渡部＝井上＝小室〕）。その際、慎重を期するために確認方法・日時等を適宜な方法で（例えば年月日・時刻を記載し電話により確認済み等）記載することも一案であろう。

　(ウ)　本項ただし書で当事者が「その記載をすべき旨の申出をしたとき」を除外したのは、当事者が関連事件等において当該証人尋問調書等を必要とする場合も考えられることを考慮して、定められたものである。申出は口頭でも足り、記載を必要とする理由は必要としない。当事者双方からの申出がない場合に記載を省略できるが、和解成立等の場合に裁判所書記官から出頭の当事者に対して調書の記載の省略に異議がないかを確認するのが適当であろう。

　(エ)　省略の対象は、証人・当事者本人および鑑定人の陳述および検証の結果の記載であり、証人等の出頭の有無、証拠調べの実施の有無、証人の宣誓の有無などは省略の対象外である。証人の陳述等の記載を省略した場合には調書にその旨を記載する（「民事事件の口頭弁論調書等の様式及び記載方法について」〔平成16・1・23最高裁総三第2号総務局長等通達〕記第3の4(6)参照）。なお、簡易裁判所における調書省略については規則170条の規定がある。民事保全手続においても同様の規定が置かれている（民保規7条）。

　(オ)　記載の省略については、裁判所書記官は、当事者から記載の申出がないことを確認したうえで裁判長（裁判官）の許可を得るのが適当である。

〔4〕　**訴訟手続の進行に関する事項の記載**

　平成15年の民訴法改正で、すべての民事訴訟において訴訟手続の計画的な進行を図ることとされた（147条の2〔2〕）ことに関連して新設されたもので、当事者に期日間の十分な準備を促し、審理の充実を計画的に図っていくために、弁論の要領（本条1項）のほかに、当事者による攻撃防御方法の提出予定その他手続の進行に関する事項を任意的な記載事項としたものである。

　実務では、①次回期日までの準備・検討事項、②準備書面等の書面の提出期限などの記載がされている。なお、手続の円滑な進行を図るため必要と認められる場合には、争点整理手続の調書の写しが当事者に送付される例もある。

　（調書の記載に代わる録音テープ等への記録）[1]

　規則第68条　裁判所書記官は、前条（口頭弁論調書の実質的記載事項）

規則第68条〔1〕〔2〕

第1項の規定にかかわらず、裁判長の許可があったときは、証人、当事者本人又は鑑定人（以下「証人等」という。）の陳述を録音テープ又はビデオテープ（これらに準ずる方法により一定の事項を記録することができる物を含む。以下「録音テープ等」という。）に記録し、これをもって調書の記載に代えることができる。この場合において、当事者は、裁判長が許可をする際に、意見を述べることができる[2]。

2　前項の場合において、訴訟が完結するまでに当事者の申出があったときは、証人等の陳述を記載した書面を作成しなければならない。訴訟が上訴審に係属中である場合において、上訴裁判所が必要があると認めたときも、同様とする[3]。

〔1〕　本条の趣旨

現行法が争点および証拠の整理（以下、単に「争点整理」という）の手続を整備し、人証の取調べはできる限り争点整理が終了した後に集中して行わなければならない（集中証拠調べをしなければならない）と定めたことに対応して新設された規則である。集中証拠調べが実施されると、人証の取調べは一期日で終了することが多く、当事者も裁判所も判決書の作成や次回期日の準備のために証人等の陳述の記載された調書を使用する必要性が乏しくなるし、上訴の可能性の低い事件では、上訴裁判所がそのような記載のある調書を利用することを見込む必要性も小さいので、裁判長の許可を条件に、証人等の陳述を調書に記載するのではなく、録音テープ等に記録することで調書の記載に代えることができることとしたものである（条解規則151頁）。

なお、集中証拠調べを実施する事件だけでなく、被告が公示送達による呼出しを受け、人証の取調べをして判決することになった（159条〔6〕参照）事件についても、本条が活用されることが考えられる（条解規則153頁）。

〔2〕　証人等の陳述の録音テープ等への記録

(1)　裁判長（単独体の事件では裁判官）が証人等の陳述の録音テープ等への記録を許可するかどうかは、事案の内容や当該人証等の取調べの内容等を勘案して判断することになる。この判断は、人証等の取調べの前に可能であることが多いので、裁判長の許可は、人証の取調べの結果によれば撤回する可能性があるという留保付きではあっても、人証の取調べ前になされることが多いが、人証の取調

439

規則第68条〔3〕　規則第69条　第2編　第3章　第1節　口頭弁論

べ後に証人等の陳述の内容から判断してなされることもある（条解規則152頁）。

　(2)　調書の記載に代えて録音テープ等に記録することについては、当事者の同意は要しないが、当事者は、裁判長が許可をする際に、意見を述べることができるほか、本条2項によって、証人等の陳述を記載した書面の作成を申し出ることもできるのであるから、運用上、当事者の理解が得られないのに許可をするということはあまり考えられない。

　(3)　調書の記載に代えて証人等の陳述が録音テープ等に記録された場合には、その録音テープ等は、訴訟記録を構成する（条解規則152頁）から、訴訟記録に編綴され、記録謄写に代えてその複製が許される（91条4項）。実務では、本条の録音テープ等は、訴訟記録の第三分類末尾に編綴される扱いである。民事保全事件における調書省略等（民保規7条・8条）、簡易裁判所の訴訟手続（規則170条）あるいは少額訴訟手続（規則227条）における調書記載の省略等の場合に当事者の申出等により記録される録音テープ等が訴訟記録とはならないのとは異なる（条解規則152頁）。もっとも、本条の録音テープ等も、これらの録音テープ等と同様に訴訟記録とは別に保管することも可能とされている（「民事訴訟記録の編成について」〔平成9・7・16最高裁総三第77号事務総長通達〕記1(2)エ）。

〔3〕　**証人等の陳述を記載した書面の作成**

　(1)　上訴の可能性が低いと判断して調書の記載に代える録音テープ等への記録を許可しても、予想に反して上訴されることもあり、そのような場合には、当事者や上訴裁判所が録音テープ等の内容を把握できるような書面の必要性を感じることもありうる。そこで、訴訟が完結するまでに当事者の申出があったときおよび上訴裁判所が必要があると認めたときは、証人等の陳述を記載した書面を作成することとしたものである（条解規則152頁）。

　(2)　証人等の陳述を記録した録音テープ等は、確定的に訴訟記録になるので、上記書面は、録音テープ等の内容を理解するための説明資料的な性質を有するにとどまり（条解規則153頁）、調書の性質を有するものではない。

　(3)　上記書面の作成者は、一般的には証人等の尋問に立ち会った裁判所書記官ということになろうが、調書ではないので、それに限られない。

（書面等の引用添付）[1]

　規則第69条　口頭弁論の調書には、書面、写真、録音テープ、ビデオテ

規則第69条〔1〕〔2〕

ープその他裁判所において適当と認めるものを引用し、訴訟記録に添付
して調書の一部とすることができる[2]。

〔1〕 **本条の趣旨**

本条は、調書に書面等を引用することによって、調書の一部にすることができ
る旨を定めた旧法145条を規則化したものであり、規則化にあたって、引用の対
象として「録音テープ」、「ビデオテープ」が含まれることを明らかにした（条解
規則155頁）。

〔2〕 **書面等の口頭弁論調書への引用・記録への添付**

(1) 書面、写真その他のものを調書に引用し、訴訟記録に添付することによ
って、調書の一部とすることができる。書面等が調書に引用された場合には、書
面等に記載され、または記録されている内容が調書の記載内容としての効力を有
する。調書は裁判所書記官が作成すべきものであるが（160条1項）、すでに作成
されている他の書面や図面、写真などを引用できれば、かえって誤記などを防ぐ
ことができて正確を期しうるし、また裁判所書記官の労を省くことができるので、
これを認めることとしたものである。

(2) 引用の対象物は、記録に添付して内容を理解しうるものであればよく、
その他の制限はない。書面や図面、写真等も、むしろ裁判所書記官以外の者の作
成したものが本条の引用添付の対象となる（裁判所書記官自ら作成すれば、もと
もと調書そのものである。他人作成でよいことにつき同旨——法律実務(3)362頁、
注解(4)36頁〔高島義郎＝井上繁規＝小室直人〕）。

実務上は、検証調書に写真や録音テープ、ビデオテープを引用するとか、証人
や本人に文字の手記を命じた場合（229条3項、規則119条・127条・146条1項）
などにこれを引用するとか、物件目録や計算表を引用するなどで活用されている
ほか、和解調書に請求の趣旨・原因を記載するのに、訴状や準備書面の記載が引
用されている。

なお、口頭弁論調書に「訴状、答弁書、準備書面陳述」と記載される場合、こ
れらの内容を引用する趣旨ではない。これらの書面はそれ自体訴訟上独立の意味
をもつものとして当然訴訟記録に編綴しなければならないものであって、その内
容はそれ自体で明確にされるものだからである——結論同旨（条解2版959頁〔新
堂幸司＝上原敏夫〕、法律実務(3)362頁、注解(4)36頁〔高島＝井上＝小室〕）。

441

規則第70条～第75条　第2編 第3章 第1節 口頭弁論

(3)　裁判所速記官が作成した速記録、速記原本も調書に引用することができる（規則72条・73条。なお規則70条参照）。また、裁判所は、必要があると認めるときは、申立てまたは職権で録音装置を使用して、口頭弁論における陳述を録取させることができる（規則76条）。

(4)　引用は「裁判所において適当と認めるもの」について許される。裁判所がこれを判断するから、理論上は、合議体においては合議により裁判長が、単独体ないし簡易裁判所では担当裁判官が、裁判所書記官に引用を命じ（裁60条4項）、これによって裁判所書記官が引用する——裁判官の命令を記す必要はない——ことになる（法律実務(3)363頁、注解(4)37頁〔高島＝井上＝小室〕）。しかし、実務的には、調書の作成権限を有する裁判所書記官が書面等を引用して調書を作成し、その後、裁判所がその引用が適当であるか否かの判断をする（引用が適当と認めない場合には、その排除を命ずる）という運用がされており、それで本条に抵触することはない。引用に不服がある当事者は、口頭弁論調書の記載に対する異議（160条〔3〕）をいうほかない（注解(4)37頁〔高島＝井上＝小室〕）。

（陳述の速記）[1][2]

　規則第70条　裁判所は、必要があると認めるときは、申立てにより又は職権で、裁判所速記官その他の速記者に口頭弁論における陳述の全部又は一部を速記させることができる。

（速記録の作成）[3]

　規則第71条　裁判所速記官は、前条（陳述の速記）の規定により速記した場合には、速やかに、速記原本を反訳して速記録を作成しなければならない。ただし、第73条（速記原本の引用添付）の規定により速記原本が調書の一部とされるときその他裁判所が速記録を作成する必要がないと認めるときは、この限りでない。

（速記録の引用添付）[4]

　規則第72条　裁判所速記官が作成した速記録は、調書に引用し、訴訟記録に添付して調書の一部とするものとする。ただし、裁判所が速記録の引用を適当でないと認めるときは、この限りでない。

（速記原本の引用添付）[5]

　規則第73条　証人及び当事者本人の尋問並びに鑑定人の口頭による意見

の陳述については、裁判所が相当と認め、かつ、当事者が同意したときは、裁判所速記官が作成した速記原本を引用し、訴訟記録に添付して調書の一部とすることができる。

（速記原本の反訳等[6]）

規則第74条　裁判所は、次に掲げる場合には、裁判所速記官に前条（速記原本の引用添付）の規定により調書の一部とされた速記原本を反訳して速記録を作成させなければならない。

一　訴訟記録の閲覧、謄写又はその正本、謄本若しくは抄本の交付を請求する者が反訳を請求したとき。

二　裁判官が代わったとき。

三　上訴の提起又は上告受理の申立てがあったとき。

四　その他必要があると認めるとき。

2　裁判所書記官は、前項の規定により作成された速記録を訴訟記録に添付し、その旨を当事者その他の関係人に通知しなければならない。

3　前項の規定により訴訟記録に添付された速記録は、前条の規定により調書の一部とされた速記原本に代わるものとする。

（速記原本の訳読[7]）

規則第75条　裁判所速記官は、訴訟記録の閲覧を請求する者が調書の一部とされた速記原本の訳読を請求した場合において裁判所書記官の求めがあったときは、その訳読をしなければならない。

〔1〕　**速記制度の趣旨**

（1）　事件が複雑・困難であるなどのため、裁判所が必要があると認めたときは、当事者の申立てにより、または職権をもって、裁判所速記官その他の速記者をして、口頭弁論における当事者・補助参加人の陳述、または証人・鑑定人・当事者本人（本人尋問の場合）の陳述を速記させることができる。速記制度は、調書の内容、ことに複雑・困難な事件における証人や鑑定人、当事者本人の陳述の内容を逐語的に再現できる速記を利用することによって、より正確に記録にとどめるため、大正15年の民訴法改正に際して新設されたものである。

（2）　裁判所には、裁判所速記官が置かれ、事件に関する速記の事務を掌る（裁60条の2）。速記に要する費用は民事訴訟費用等に関する法律に何らの定めがな

規則第70条～第75条〔2〕〔3〕　第2編　第3章　第1節　口頭弁論

く、訴訟費用とならない。裁判所速記官が裁判所外の証拠調べに同行する場合の裁判所速記官の旅費・宿泊料も費用とはならず（民訴費11条1項2号参照）、したがって予納義務も生じない。これら速記のための費用はすべて国庫で負担することになる。

〔2〕　**口頭弁論における陳述の全部または一部の速記**（規則70条）

裁判所は、必要があると認めるとき、すなわち、その裁量によって、裁判所速記官その他の速記者に口頭弁論における陳述の全部または一部を速記させることができる。

実務上、速記が利用されるのは、合議体で審理されるような複雑・困難な事件における人証の取調べが多く、とりわけ、医療訴訟などの専門訴訟での利用率が高い。弁論の速記も可能であるが、実務上利用されることはほとんどない。

〔3〕　**速記録の作成**（規則71条）

(1)　裁判所速記官による速記には、機械（速記タイプ）が利用されており、タイプされた記号が速記原本となる。裁判所速記官は、速記をした場合に、速やかにこの速記原本を反訳して速記録を作成しなければならないのが原則であり、この場合、速記録を調書に引用してその一部とするのが原則である（規則72条）。

(2)　規則73条によって速記原本が調書に引用される場合（後記〔5〕参照）や、裁判所が速記録を作成する必要がないと認める場合は、速記録の作成を要しない。後者の場合としては、速記録が作成される前に訴えの取下げや和解等によって訴訟が終了した場合が考えられる（条解規則159頁）。

(3)　裁判所速記官以外の速記者が速記した場合の速記録の作成、調書への引用も上記(1)(2)と同様に解してよい（速記録の引用につき同旨——細野・要義(3)359頁、注解(4)54頁〔高島義郎＝井上繁規＝小室直人〕）。

(4)　速記録の作成にあたっては、その性質上、速記原本を忠実に反訳すべきであるが、言い間違いなどの明白な誤りはもちろん訂正してよいし、重複した発言なども、前後の情況からみて明らかに不要と認めてよいような場合（例えば、証人の答えを聞き落して尋ね直した場合など）には、速記録を作成する際修正して差し支えない。もっとも、速記録が調書に引用されれば、調書の一部となるわけであるから、この訂正ないし修正の当否は裁判所書記官の判断によることとなるし、また、終局的には裁判官の判断によることになろう。調書の一部である以上、本来裁判所書記官の認識したところを基礎とすべきであるし、また裁判官の

444

規則第70条〜第75条〔4〕〜〔7〕

認識と裁判所書記官の認識が異なる場合、裁判官の命令により調書が記載される
からである（裁60条4項・5項、160条〔2〕(2)参照）。

〔4〕　速記録の引用添付（規則72条）

速記録は、調書に引用し、訴訟記録に添付して調書の一部とするのが原則であ
る。規則69条は、書面・写真等、裁判所が適当と認めるものを調書に引用し、訴
訟記録に添付することを認めている（規則69条〔2〕）が、本条は、速記録の引用
添付を原則と定めたもので、規則69条の特則である（条解規則161頁）。

裁判所は、速記録の正確性に問題がある等、引用が適当でないと判断する場合
はこれを認めないことができる。

〔5〕　速記原本の引用添付（規則73条）

証人等の尋問（鑑定人については口頭による意見の陳述）については、裁判所
が相当と認め、かつ、当事者が同意したときは、速記録ではなく、速記原本を引
用添付することができる。このような場合としては、証人等の尋問の後、速記録
作成前に訴えの取下げや和解等で訴訟が終了した場合が考えられる（条解規則
162頁）。

〔6〕　速記原本の反訳等（規則74条）

速記原本は、一般人には解読が困難なので、規則73条によって速記原本の引用
添付がされた場合でも、①記録の閲覧、謄写またはその正本、謄本もしくは抄
本の交付を請求する者が反訳を請求したとき（1項1号）、②裁判官が代わった
とき（同項2号）、③上訴の提起または上告受理の申立てがあったとき（同項3
号）、④その他裁判所が必要があると認めるとき（同項4号。証人等の陳述の内
容を確認する必要が生じたような場合が考えられる）には、速記録を作る必要があ
り、その場合、裁判所書記官は速記録を記録に添付してその旨を訴訟関係人に通
知しなければならず（2項）、この場合、速記録が速記原本に代わって調書の一
部となる（3項）。

〔7〕　速記原本の訳読（規則75条）

速記原本は、一般人には解読が困難なので、91条1項の規定に基づいて訴訟記
録の閲覧を請求する者はその内容を理解できないということが生じる。そこで、
閲覧請求者の請求があれば、裁判所速記官が速記原本を訳読することとしたもの
である。本条による訳読の請求は、91条の規定による閲覧請求権の内容となる
（条解規則166頁）。

445

規則第76条〔1〕〔2〕　規則第78条　第2編 第3章 第1節 口頭弁論

（口頭弁論における陳述の録音[1]）

規則第76条　裁判所は、必要があると認めるときは、申立てにより又は
　　職権で、録音装置を使用して口頭弁論における陳述の全部又は一部を録
　　取させることができる。この場合において、裁判所が相当と認めるとき
　　は、録音テープを反訳した調書を作成しなければならない[2]。

〔1〕　**本条の趣旨**

本条は、口頭弁論における陳述の録音とその反訳調書について定めたものであ
る。

〔2〕　**口頭弁論における陳述の録音と反訳調書**

⑴　裁判所は、必要に応じて、口頭弁論における陳述を録音装置で録音させ
ることができる。録音の対象は、通常は、証人等の陳述であるが、口頭弁論にお
ける当事者の主張等も対象となる（条解規則167頁）。規則68条が規定している録
音テープ等への記録は、調書の記載に代わって訴訟記録の一部になるものである
（規則68条〔2〕）が、本条の録音は、調書の記載の正確性を確保するための補助
手段であり、調書の作成を前提とするものである（条解規則168頁）。

⑵　裁判所は、口頭弁論における陳述を録音させた場合、その録音テープを
反訳するのが相当と判断したときは、これを反訳させ、反訳書を用いた調書を作
成させることができる。

⑶　実務では、本条に基づき、録取された録音テープの反訳を反訳業者に委
託して逐語調書を作成する方式が運用されている（「録音反訳方式に関する事務の
運用について」平成10・3・20最高裁総三第57号総務局長通達）。この録音反訳方
式では、証人等の陳述を録音テープに記録し、その録音テープを反訳して調書を
作成することになるが、反訳書は、独立した文書ではなく、調書の一部となるも
のであり、裁判所書記官は、反訳書を引用添付する（規則69条〔2〕）わけではな
い。この方式は、近年増加している複雑・困難な事件等についての逐語調書の需
要に応える調書作成方法のひとつとなっている。

（裁判所の審尋等への準用[1]）

規則第78条　法第160条（口頭弁論調書）及び第66条から前条まで（口頭
　　弁論調書の形式的記載事項、口頭弁論調書の実質的記載事項、調書の記

規則第78条〔1〕〔2〕

載に代わる録音テープ等への記録、書面等の引用添付、陳述の速記、速記録の作成、速記録の引用添付、速記原本の引用添付、速記原本の反訳等、速記原本の訳読、口頭弁論における陳述の録音及び法廷における写真の撮影等の制限）の規定は、裁判所の審尋及び口頭弁論の期日外に行う証拠調べ並びに受命裁判官又は受託裁判官が行う手続について準用する。[2]

〔1〕　本条の趣旨

　160条および規則66条ないし76条は、口頭弁論調書に関する規定であり、規則77条は、法廷における写真撮影等の制限に関する規定であるが、これらの規定は、口頭弁論以外の手続についても妥当するものであるから、本条は、上記各規定を口頭弁論以外の手続にも準用することとしたものである。

〔2〕　口頭弁論調書等に関する規定の他の手続への準用

　(1)　160条および規則66条ないし77条が準用される手続は、①裁判所の審尋（50条2項・87条2項・335条等）、②口頭弁論の期日外に行う証拠調べ（185条・234条）、③受命裁判官または受託裁判官が行う手続（88条・195条）である。

　(2)　審尋について付言すると、審尋は、裁判所が当事者その他の訴訟関係人に、書面または口頭で陳述する機会を与えることを意味する（87条〔5〕）。本条で審尋について口頭弁論調書に関する規定が準用されたのは、審尋の結果を記録して保存するためであるところ、書面による審尋の場合は、その書面を事件記録に綴っておくことによって審尋の内容・結果を記録・保存できるから、必ずしも調書を作成する必要はない。口頭による審尋の場合には調書を作成しなければならないのが原則であるが、審尋の内容によっては、後日当事者に口頭で審尋した事項を書面に記載して提出させ、調書を作成しないで済ますということも行われている。審尋の内容がそのような方法によっても差し支えないようなものであれば、審尋の内容・結果が残る以上、本条の趣旨に照らして必ずしも違法ではないと解される。

　(3)　弁論準備手続の調書については別に規定があるが（規則88条）、原則としては口頭弁論調書の例によって定められている。

　(4)　民事保全手続では、調書記載の省略について特則が定められている（民保規7条・8条）。

447

第2節　準備書面等

　口頭弁論は書面で準備しなければならない（161条1項）とされており、この書面を準備書面（答弁書を含む）という（同条2項）。

　不意打ち防止のため、相手方が在廷していない口頭弁論においては、準備書面（相手方に送達されたものまたは相手方が受領書面を提出したものに限る）に記載した事実でなければ主張することができない（同条3項）とされている。

　また、法・規則は、答弁書・準備書面の記載事項および添付書類について規定し（161条2項、規則79条2項〜4項・80条・81条）、これらはあらかじめ相手方が準備するのに必要な期間を置いて提出しなければならず（規則79条1項）、相手方には直送しなければならない（規則83条1項）と定めている。

　現行法は、当事者に早期に主張や証拠を提出させて早期に適切な争点整理を行い、争点を確定したうえで、争点に的を絞った集中証拠調べを実施し、迅速かつ充実した審理を実現しようとしているが、上記の答弁書・準備書面の記載事項・添付書類に関する規定は、訴状の記載事項および添付書類に関する規定（規則53条・55条）と相俟って、当事者に早期に具体的な主張およびこれに関する書証を提出させ、争点整理を充実させようとするものである。

（準備書面）[1]

第161条　口頭弁論は、書面で準備しなければならない。[2]

2　準備書面には、次に掲げる事項を記載する。[3]

　一　攻撃又は防御の方法

　二　相手方の請求及び攻撃又は防御の方法に対する陳述

3　相手方が在廷していない口頭弁論においては、準備書面（相手方に送達されたもの又は相手方からその準備書面を受領した旨を記載した書面が提出されたものに限る。）に記載した事実でなければ、主張することができない。[4]

第161条・規則第79条〜第83条

（準備書面・法第161条）

規則第79条 答弁書その他の準備書面は、これに記載した事項について相手方が準備をするのに必要な期間をおいて、裁判所に提出しなければならない。[5]

2 準備書面に事実についての主張を記載する場合には、できる限り、請求を理由づける事実、抗弁事実又は再抗弁事実についての主張とこれらに関連する事実についての主張とを区別して記載しなければならない。[6]

3 準備書面において相手方の主張する事実を否認する場合には、その理由を記載しなければならない。[7]

4 第2項に規定する場合には、立証を要する事由ごとに、証拠を記載しなければならない。[8]

（答弁書）

規則第80条 答弁書には、請求の趣旨に対する答弁を記載するほか、訴状に記載された事実に対する認否及び抗弁事実を具体的に記載し、かつ、立証を要する事由ごとに、当該事実に関連する事実で重要なもの及び証拠を記載しなければならない。やむを得ない事由によりこれらを記載することができない場合には、答弁書の提出後速やかに、これらを記載した準備書面を提出しなければならない。[9]

2 答弁書には、立証を要する事由につき、重要な書証の写しを添付しなければならない。やむを得ない事由により添付することができない場合には、答弁書の提出後速やかに、これを提出しなければならない。[10]

3 第53条（訴状の記載事項）第4項の規定は、答弁書について準用する。[11]

（答弁に対する反論）[12]

規則第81条 被告の答弁により反論を要することとなった場合には、原告は、速やかに、答弁書に記載された事実に対する認否及び再抗弁事実を具体的に記載し、かつ、立証を要することとなった事由ごとに、当該事実に関連する事実で重要なもの及び証拠を記載した準備書面を提出しなければならない。当該準備書面には、立証を要することとなった事由につき、重要な書証の写しを添付しなければならない。

（準備書面に引用した文書の取扱い）[13]

規則第82条 文書を準備書面に引用した当事者は、裁判所又は相手方の

449

第161条・規則第79条〜第83条〔1〕〔2〕　第2編 第3章 第2節 準備書面等

　　求めがあるときは、その写しを提出しなければならない。
　2　前項の当事者は、同項の写しについて直送をしなければならない。
（準備書面の直送）[14]
　規則第83条　当事者は、準備書面について、第79条（準備書面）第1項
　の期間をおいて、直送をしなければならない。

〔1〕　**本条の趣旨**
「当事者は、訴訟について、裁判所において口頭弁論をしなければならない」
（87条1項）とされている（ただし、決定により完了する事件では必要的ではない）
が、本条は、口頭弁論は書面で準備しなければならないことおよびその準備書面
の記載事項を定め、かつ、相手方が在廷していない口頭弁論では、相手方に送達
または相手方が受領書面を提出した準備書面に記載した事実でなければ、主張す
ることができないことを定めたものである。
　また、規則では、準備書面について、その提出時期（規則79条1項）、相手方
への直送（規則83条）について定め、また、答弁書その他の準備書面への攻撃防
御方法の記載方法や添付書類等について定めている（規則79条2項以下・80条・
81条等）。答弁書その他の準備書面への攻撃防御方法の記載方法や添付書類に関
する定めは、訴状の記載事項および添付書類の定め（規則53条・55条）と合わせ
て、当事者の主張および重要な書証の早期提出を実現しようとするものである。
〔2〕　**書面による口頭弁論の準備**
　判決手続においては、訴訟は、当事者の口頭弁論によって行われ、決定手続に
おいても、裁判所が定めた場合は口頭弁論により行われる（87条1項）。
　本条1項は、旧法と同様、口頭弁論は書面で準備しなければならないとしてお
り、本条2項はこの書面を準備書面と呼称している。請求の趣旨に対する被告の
答弁等を記載したものが答弁書であるが（規則80条1項）、答弁書も本条2項の
準備書面に該当する。なお、口頭弁論を準備する書面が準備書面であり、その表
題に左右されない。
　訴えの提起は、訴状（書面）を提出してしなければならないとされており（133
条1項）、訴状も口頭弁論で陳述することになるが、被告の答弁をはじめ、その
後の当事者の攻撃防御方法の提出も、書面をもって準備し、口頭弁論で陳述する
こととされている。

450

第161条・規則第79条〜第83条〔2〕

　このように当事者の口頭弁論をあらかじめ書面で準備しなければならないとしている理由は、当事者が口頭弁論期日でいきなり口頭で事実や法律上の主張を陳述しても、裁判所や相手方当事者には理解ができにくいし、相手方も答弁や反論を用意することができず、裁判所も争点を整理するための釈明を求める準備をすることができず、審理が円滑に進められないことによるものである。また、口頭弁論における当事者の陳述は口頭弁論調書に記載することになっているが（規則67条1項3号）、攻撃防御方法を準備書面により提出するのではなく、口頭でのみ提出するのでは、口頭弁論の結果としての当事者の主張を記録として残すことに、裁判所が大変な労力を割かなければならないことになってしまい合理的ではない。

　また、迅速かつ充実した民事訴訟が行われるためには、当事者が提出する攻撃防御方法に基づいて争点整理が適切に行われることが極めて重要であり、現行法は争点整理を重要なものとして位置づけているが（164条・168条・175条参照）、争点整理が円滑に行われるためには、当事者があらかじめ準備書面を提出することが不可欠である。

　準備書面に記載した事項は、口頭弁論期日において当事者が陳述して初めて訴訟資料になるのはいうまでもない（ただし、陳述が擬制されることがある〔158条・277条〕）。準備書面の記載事項を「事情として述べる」旨陳述したときは、当該事項を訴訟資料としない趣旨と扱ってよいとされているが（最判昭和41・6・3判時454号38頁、判タ195号73頁）、弁論の全趣旨として斟酌されることはありうる。

　裁判所は弁論準備手続において当事者に準備書面を提出させることができるとされているが（170条）、弁論準備手続期日の調書には当事者の陳述に基づき本条2項に掲げる事項を記載するとされているように（規則88条1項）、弁論準備手続において準備書面を陳述することが想定されており、実務においても陳述扱いがなされている。これは弁論準備手続における陳述であり、これに基づいて主張の整理がなされ、書面の擬制陳述や自白の擬制の規定も準用され（170条5項・158条・159条）、自白の拘束力も生じる（179条〔2〕(1)(ア)）。なお、準備書面に記載された主張は、口頭弁論期日で弁論準備手続の結果が陳述されたときに（173条）、訴訟資料となる。

　本書旧版Ⅱ（271頁）は、十分整理されていない準備書面が多いとしたうえで、

451

第161条・規則第79条〜第83条〔2〕　第2編 第3章 第2節 準備書面等

冗長で不必要な事項を多く含む準備書面の陳述のさせ方について、必要な部分に限り陳述させるやり方と、全部陳述させたうえで判決書作成段階で不必要なものを省略するやり方があるとし、争点を整理し証拠調べを必要なものに集中でき判断が正確に行われる利点があるので、前者が勝れているとしている。近時の実務運用の改善および新法の施行により、主張整理が積極的に行われるようになり、争点を十分に意識した準備書面が多くなったといえようが、攻撃防御方法およびこれに関連する事項でなく、単なる事情にすぎないと思われる部分は、事情にすぎないことを当事者に確認したうえで、陳述から除外することも考えられる。しかし、攻撃防御方法に関連する事項であれば、冗長と思われるものであっても陳述させたうえで、準備書面のやりとりや争点整理の過程で主張を整理し争点を明確にさせていくことが可能であり、その結果に基づいて準備書面を提出させ、あるいは裁判所が主張整理案を作成するなどして、当事者との間で主張および争点を確認することができるので、必ずしもあえて陳述させない措置を取る必要はないものと考えられる。

　準備書面の記載内容の取消しまたは訂正は、陳述前であれば自由にすることができる（大判大正4・7・2新聞1044号31頁）。陳述後は、自白の撤回に該当しその拘束力があると認められる場合は撤回できない（自白の拘束力については、第1編第5章第1節前注4⑴⒞〔本書Ⅱ165頁以下〕参照。詳しくは179条の注釈参照）。被告が本案について準備書面を提出した場合は、口頭弁論または弁論準備手続でのその記載事項の陳述前でも、訴えの取下げは被告の同意がなければ効力を生じない（261条2項）。

　本条は控訴審にも準用され（297条）、攻撃または防御の方法を記載した控訴状は準備書面を兼ねるものとするとされている（規則175条）。また、控訴状に第一審判決の取消しまたは変更を求める事由の具体的な記載がないときは、控訴の提起後50日以内にこれらを記載した書面を控訴裁判所に提出しなければならないとされ（規則182条）、裁判長は被控訴人に対し反論書の提出を命じることができるとされているが（規則183条）、これらの書面も準備書面に該当する。

　なお、簡易裁判所では、原則として口頭弁論は書面で準備する必要はない（276条1項）が、相手方が準備をしなければ陳述できない事項は書面で準備するか口頭弁論前に相手方に通知しなければならない（同条2項）。

　私法上の形成権の行使としての意思表示（取消し・解除・相殺など）を記載し

第161条・規則第79条～第83条〔3〕

た準備書面が相手方に交付されたが、口頭弁論で陳述されずまたは訴えの取下げなどがなされた場合に、形成権の行使として意思表示が私法上の効力を生じるかについては説が分かれている。訴訟上の攻撃防御方法の提出としての純然たる訴訟行為だから私法上の効果は残らないとする訴訟行為説（中野・訴訟関係90頁、三ヶ月・全集278頁、斎藤・概論251頁、注解(7)20頁〔小室直人＝若林安雄＝中田昭孝〕）、訴訟における形成権の行使には私法行為と訴訟行為とが併存し、訴訟行為が効力を生じなくても私法上の効果は確定的に生じるとする私法行為説（兼子・体系212頁）、後説に立脚しつつ、私法上の効果の発生または失効を訴訟行為の効力に係らせる折衷説（注釈(5)453頁〔竜嵜喜助〕、菊井・講義271頁、加藤・要論222頁、中野ほか・講義274頁、新堂466、条解新版322頁伊藤231頁、石川明「訴訟上の相殺の法的性質(下)」判タ215号12頁〔1968年〕、大判昭和9・5・22民集13巻799頁。なお最判昭和35・12・23民集14巻14号3166頁参照）があるが、折衷説が妥当である。

　訴訟の相手方の所在を知ることができない場合に、相手方に公示送達された書類に、その相手方に対しその訴訟の目的である請求または攻撃防御方法に関する意思表示をする旨の記載があるときは、その意思表示は掲示を始めた日から2週間を経過したときに相手方に到達したものとみなされる（113条）。訴えが却下または取り下げられた場合に実体法上の意思表示の効力が残るのかについて議論があるが、これは民法上の意思表示の方法についてその特則を定めたものであるから、意思表示の効果は残ると解すべきである（113条〔4〕）。

〔3〕　**準備書面の記載事項**

　本条2項は、準備書面の記載事項として、「攻撃又は防御の方法」および「相手方の請求及び攻撃又は防御の方法に対する陳述」を定めている。

　(1)　「攻撃又は防御の方法」とは、攻撃防御のために用いられる実体法上または訴訟法上の一切の方法をいう。まずは、権利または法律関係を発生・変更・消滅させるに必要な個々の事実（主要事実）の主張であり、請求を理由づける事実や再抗弁事実等の原告の攻撃防御方法と、抗弁事実等の被告の攻撃防御方法がこれに当たる。例えば、所有権確認請求の訴えでは、所有権の取得原因となる事実が請求を理由づける事実であり、貸金請求の訴えにおいて、借金を弁済したという事実が抗弁事実である。主要事実の存在を推認させまたは推認を妨げる事実（間接事実）や主要事実・間接事実に関する証拠の信用性に関わる事実（補助事実）もここにいう攻撃または防御の方法に該当する（156条〔2〕参照）。

453

第161条・規則第79条～第83条〔3〕 第2編 第3章 第2節 準備書面等

　民事訴訟では弁論主義の原則が採用されており（本章第1節前注参照）、主要事実である攻撃防御方法は当事者が主張しない限り裁判所がこれを斟酌することはできないので、当事者は口頭弁論において攻撃防御方法を主張する必要があり、その準備として攻撃防御方法を記載した準備書面を提出するものとしているのである。

　訴状には請求の趣旨および原因を記載しなければならないとされているが（133条2項2号）、請求の趣旨とは、訴えをもって審判を求める請求を表示するものであり、請求の原因とは、請求（訴訟物）を特定するのに必要な事実である（規則53条1項）。これに対し、準備書面の記載事項とされている攻撃防御方法は、請求を理由づける事実や抗弁事実などの主要事実と、これらを推認させまたは推認を妨げる間接事実、主要事実や間接事実に関する証拠の信用性に関わる補助事実である。規則は、訴状には、請求の趣旨および請求の原因のほか、請求を理由づける事実（主要事実）やこれに関連する重要な事実（間接事実）等を具体的に記載しなければならないと定め、攻撃または防御の方法を記載した訴状は準備書面を兼ねるものとするとしている（規則53条1項・3項）。これは、請求を理由づける事実や重要な間接事実は準備書面の記載事項として攻撃防御方法であることから、準備書面に関する規定（161条2項など）が適用されることを確認的に明らかにしたものである（条解規則117頁）。訴状の段階から準備書面の記載事項である攻撃防御方法を記載するよう求め、当事者に対し主張の早期提出を促しているのである。

　原告の請求に対する被告の答弁を記載した書面を答弁書というが（162条、規則80条）、答弁書も準備書面の一種とされており（規則79条は、「答弁書その他の準備書面は」としている）、規則は、答弁だけでなく、訴状に記載された事実に対する認否および抗弁事実や関連する重要な事実等を具体的に記載しなければならないとしている（規則80条1項）。

　(2)　「相手方の請求及び攻撃又は防御の方法に対する陳述」とは、請求に対する被告の答弁、攻撃防御方法に対する相手方当事者の認否・反論（相手方主張事実の不存在を推認させる事実などの主張）がこれに当たる。被告の答弁としては、請求棄却の申立てのほかに、訴えの却下（140条）を求める主張や移送の申立て（16条・17条など）などがある。

　相手方の攻撃防御方法に対する陳述は、相手方主張の主要事実を認めるもので

あれば、自白をしたことになり立証が不要となり、否認ないし不知として争うものであれば、立証責任を負担する当事者は証拠を提出しなければならないことになり、争点を明らかにするため必要なものである。間接事実や補助事実については自白の拘束力はないが、争いがなければ実際には証拠による立証の必要はなくなるので（179条参照）、認否をさせる必要がある。

準備書面には、当事者の氏名または名称、代理人の氏名、事件の表示、附属書類の表示、年月日、裁判所の表示などを記載し、当事者または代理人が記名押印するものとされている（規則2条）。年月日は準備書面の作成日ないし提出日を示すものと考えられるが、陳述が予定される期日を表示することもある。準備書面は数回提出されることがあるので、他の準備書面と区別するためにも年月日の記載が必要であり、また、「第1準備書面」あるいは「準備書面(1)」というように番号を付しておくのが便利である。

証拠の申出も本条2項1号の「攻撃又は防御の方法」であるので、証拠申出書も準備書面に該当する（本書旧版II285頁、条解規則224頁）。

当事者が裁判所に提出する書面には、準備書面のほかにいわゆる確定書面がある（条解新版899頁注解(7)19頁〔小室＝若林＝中田〕、注釈(5)450頁〔竜嵜〕）。確定書面とは、書面の提出によってそれに記載された当事者の訴訟行為が確定的になされることになる書面である。例えば、訴状（133条1項）、訴えの変更の書面（143条2項）、中間確認の訴状（145条1項）、控訴状（286条1項）、上告状（314条1項）、上告理由書（315条1項）、上告受理申立書（318条5項）、上告受理申立理由書（同条同項）、当事者参加申出書（47条2項・52条2項・43条1項）、訴訟告知書（53条3項）などである。また、書面でも口頭でもできる行為について書面でする場合、例えば、訴えの取下書（261条3項）なども確定書面である。

〔4〕 相手方不在廷の口頭弁論での準備書面の陳述

(1) 相手方が在廷していない口頭弁論においては、相手方に送達された準備書面または相手方から当該準備書面を受領した旨を記載した書面が提出された準備書面に記載した事実でなければ、主張することができないとしたものである。

民事訴訟は、口頭弁論において、当事者対席の下に、当事者双方に攻撃防御方法を提出させ、審理を進行するのが原則である（対席主義、双方審理主義）。しかし、当事者の一方が適式の呼出しを受けたにもかかわらず口頭弁論期日に欠席した場合に、出席した当事者が主張の提出ができないのでは、公平を欠くことにな

第161条・規則第79条～第83条〔4〕 第２編 第３章 第２節 準備書面等

るだけでなく、訴訟進行に支障が生じることから、相手方が欠席した場合でも主張を提出することを認めることが必要となる。本条３項は、相手方への不意打ちを防止するため、あらかじめ準備書面が相手方に送達ないし直送（規則83条）されている場合に限り、準備書面に記載した事実について主張することができるとしたものである。直送の場合を含めた点以外は旧法243条・247条と同様である。相手方が適式の呼出しを受けなかった場合は、口頭弁論期日が適法に開かれていないから、相手方がその期日に欠席しても本条を適用して口頭弁論を進める余地はなく、期日を変更するほかはない。相手方が適法な呼出しを受け口頭弁論期日が適法に開かれたのに、相手方がその期日に欠席した場合にのみ本条の適用がある。

　本項は相手方が公示送達による呼出し（110条）を受けた者である場合にも適用される。また、簡易裁判所の手続においては、口頭弁論は書面で準備することを要しないのが原則であるが、相手方が準備をしなければ陳述できないと認めるべき事項は、相手方が欠席した場合は、送達ないし直送済みの準備書面に記載したものか、あらかじめ相手方に通知したものでなければ、主張できない（276条）。

　弁論準備手続については本項は準用されていない（170条５項）ので、相手方が欠席した期日において、相手方に送付されていない準備書面記載の事実を主張できることになる。弁論準備手続での陳述は口頭弁論の準備としてのものであり、口頭弁論期日で結果陳述をして初めて訴訟資料になるからであると考えられる。しかし、準備書面は相手方が準備をするのに必要な期間を置いて相手方に直送しなければならないとされていること（規則83条）などからすると、従前の手続の経過からみて提出されることが予想されるものとはいえない主張は陳述を留保するのが望ましい。また、陳述させる場合も、欠席した当事者がこれを明らかに争わないものとして自白したものとみなすことはできないと解すべきである。

　準備書面が相手方に送達または直送されていない場合は、陳述することができないので、期日を延期し、次回期日までに準備書面を送達または直送したうえで、次回期日に陳述することになる。なお、相手方に直送した場合でも、受領書面が裁判所に提出されなければ準備書面を陳述することはできないので、受領書面の提出が期待できないような場合は、送達すべきである。

　本項は準備書面についての規定であるが、準備書面の記載事項（本条２項）以外の事項が記載されている場合、例えば、訴えの変更が記載されている場合は、

456

第161条・規則第79条〜第83条〔4〕

送達を要するから（143条3項）、送達がなければ陳述することはできない。

答弁書は準備書面の一種であり、本項が適用されるが、請求の趣旨に対する答弁は、「事実」の主張ではないので、原告が欠席の場合に、あらかじめ原告に送達または直送されていなくても、陳述することができる。原告の主張に対する否認や不知の陳述はあらかじめ予想できることであるので、原告欠席の場合に、あらかじめ原告に送達または直送されていなくても陳述できると解すべきである（本書旧版Ⅱ293頁）。積極否認の事実については、原告が欠席している場合は陳述できないと解する説がある（注釈(5)472頁〔竜嵜〕）。

本項で制限されるのは事実に関する主張に限られるから、単なる法律上の意見は、裁判所の判断の参考に資するにすぎず、本項の制限を受けない。しかし、対抗要件の欠缺（民176条・177条）の主張のように、事実を伴う攻撃防御方法としての法律上の主張は本項の制限を受ける。訴訟要件の存否に関する主張については本項の適用はない（ただし、職権証拠調べの実施は相手方不知の間に行うことはできない。人訴20条、行訴24条、兼子・体系221頁、新堂539頁）。

(2)　証拠の申出は、攻撃防御方法の提出であるから準備書面の記載事項に該当し、証拠申出書も準備書面である（条解規則224頁）。ただ、証拠の申出が本項にいう「事実」に該当するかについては争いがある。判例は、はじめ、準備書面により準備されていない書証を提出しまたは人証の採用と取調べを行い、それを判決の基礎とすることは許されないとして、証拠の申出が本条（旧247条）の事実に該当することを肯定したが（大判昭和8・4・18民集12巻703頁〔書証〕、大判昭和8・4・25民集12巻870頁〔書証と人証〕）、その後これと異なり、あらかじめ相手方に送達された準備書面に記載された事実（時効中断の抗弁）を立証するために、相手方不在廷の期日に証人申請をすることは「相手方ノ予想シ得ヘキトコロ」として、それを採用し取り調べることは適法であるとした（大判昭和9・11・5民集13巻1974頁。反対評釈として、兼子・判例民訴184頁）。同様に、第一審で準備書面に記載もなく写しの送達もない書証によって判決がなされ第二審も同様の判決をした事案につき、第一審判決が送達されていることから第一審判決認定の事実が主張され当該書証が提出されるであろうことは十分予想しえたとして、当該書証による事実認定は適法である旨判示した（最判昭和27・6・17民集6巻6号595頁）。

これについて学説は、証拠申出は本条の事実に含まれるとする肯定説（兼子・

457

第161条・規則第79条～第83条〔4〕　第2編 第3章 第2節 準備書面等

体系221頁、条解(上)684頁、三ヶ月・全集364頁)、本条の事実に含まれないとする否定説（吉川大二郎「訴訟当事者の不在廷と証人尋問の申出」民商1巻5号856頁〔1934年〕)、すでに主張されもしくは準備書面に記載されることによって相手方が知りまたは知りうべかりし事実については証拠申出が予想できるから本条の事実に含まれないとする制限的肯定説（法律実務(3)202頁、注解(7)42頁〔小室直人＝松本博文＝中田昭孝〕、新堂539頁、条解2版965頁〔上原敏夫〕、本書旧版Ⅱ292頁、伊藤279頁）がある。

　どのような証拠調べが行われるかは、訴訟の勝敗に重大な影響を及ぼす点で攻撃または防御方法の主張と異なるところはないし、相手方は、申し出られた証拠につき反証を提出する機会を与えられるべきであり、人証については反対尋問をする権利を有するものであるから、証拠も本条の事実に含まれると解すべきである。しかし、相手方が提出を予想しうる証拠は、例外的にここにいう事実に該当しないと解すべきであり、制限的肯定説が妥当であるが、どのような場合を例外的なものとするかについては問題がある。

　証拠申出書は相手方が準備するのに必要な期間を置いてあらかじめ相手方に直送しなければならないとされ（規則99条2項・83条)、書証の申出をする場合はあらかじめ相手方に送付すべきものを含め書証の写しを提出しなければならないとされ（規則137条1項)、写しは相手方に直送することができるとされており（同条2項)、相手方が証拠申出書や書証の写しを受領する機会が得られないまま書証の取調べや人証の採用・取調べがなされることは法や規則が本来予定するものではないと考えられる。そしてこれは相手方に対する手続保障の要請によるものでもある。したがって、あらかじめ相手方が証拠申出書や書証の写しを受領していない場合に、相手方不在の期日で書証の取調べや人証の採用・取調べを行うことはできないと解される。ただし、相手方がすでに受領している準備書面その他から当該証拠の申出や書証の提出がなされることを容易に認識できる場合であって、あらかじめ証拠申出書や書証の写しを直送したのに受領書面が提出されないなどの事情がある場合は、例外的に書証の取調べや人証の採用が許されるべきであろう。しかし、人証を採用したうえでその取調べまで行うことは、通常相手方が予想できることではないと考えられるから、別に期日を定め、相手方に人証の証拠調べを行うことを了知させたうえで実施するのが妥当である。

　(3)　相手方が在廷しないときは、その期日における新たな事実の主張や証拠

の提出は本条によって許されないから、これらを記載した準備書面や証拠申出書、書証の写しなどを相手方に直送ないし送達したうえ、次回期日においてその主張や証拠を提出するようにするのが通例であり、現在の実務では、相手方が在廷しないときに、相手方があらかじめ受領した準備書面や証拠申出書に記載しない新たな主張や書証等の提出を許し、人証を採用のうえ尋問するという取扱いは行っていないといってよいが、この方向は前記本条の趣旨に照らし是認してよいと考える。

　なお、本条は相手方を不意打ちにして不利益を与えない趣旨であるから、もし裁判所が出頭した当事者に相手方が受領していない準備書面の記載事実を陳述させ、または相手方が証拠申出書や書証の写しを受領していないのに、その証拠の取調べをしたときは、次回期日までに相手方に当該準備書面、証拠申出書、書証の写しを送付すれば、相手方が次回期日までに異議を述べない限り、責問権の喪失（90条）によって上記の陳述や申出の瑕疵は治癒されることになろう。相手方が異議を述べれば、次回期日に改めて陳述あるいは申出をすればよい。

　相手方が欠席した場合に、出席した当事者に新たな主張と立証を本条によって許さず、直ちに口頭弁論を終結することができるかどうかについては議論がある（積極説――大判昭和8・4・25前掲、消極説――兼子・判例民訴140頁）。出席した当事者に不利になる場合は終結することはできないと解すべきであるが、新主張・新証拠が時機に後れて提出されたため却下すべき場合（157条）、または新主張・新証拠がその訴訟の勝敗に関係がなく訴訟がすでに裁判に熟しているとき（243条1項）には、口頭弁論を終結しても差し支えない。

　なお、本条の適用の関係で期日が延期続行された場合に、延期続行期日に関する訴訟費用は、欠席した相手方に負担させる（62条）か、準備書面などの提出を遅延した当事者に負担させる（63条）かは、いずれの当事者がどんな理由で敗訴したかをも斟酌して裁判所がその裁量で定めうる。

〔5〕　**準備書面の事前提出**

　答弁書その他の準備書面は、これに記載した事項について相手方が準備をするのに必要な期間を置いて、裁判所に提出しなければならないことを規定したものである（規則79条1項）。

　相手方には直送しなければならない（規則83条1項）。旧法243条では、裁判所が相手方に送達するものとされていたが、現行規則では当事者が相手方に直送し

第161条・規則第79条～第83条〔5〕 第2編 第3章 第2節 準備書面等

なければならないものとされた。実務では、正本を裁判所に提出し、副本を相手方に直送しているが、規則では、直送は送付すべき書類の写しの交付またはそのファクシミリ送信によるとされている（規則47条1項）。直送を受けた相手方は、当該準備書面を受領した旨を記載した書面を直送し、かつこれを裁判所に提出しなければならない（同条5項本文）。ただし、相手方が受領した旨を記載した準備書面が提出される場合はこの限りでない（同条同項但書）。なお、直送を困難とする事由その他相当とする事由がある場合は、裁判所に対し裁判所書記官による送達または送付を行うよう申し出ることができる（同条4項）。相手方が準備書面の受領を拒絶したり受領書面を送付しないおそれがある場合や、直送することにより新たな紛争が生じるおそれがある場合などがこれに該当するといえる。受領書面を得られない場合は送達したものでないと準備書面に記載した事実を口頭弁論で主張できない（161条3項）。なお、平成27年の規則改正で、書類の送付に関する規則47条に上記の5項が新設され、準備書面の直送について同様の事項を定めていた規則83条2項・3項は削除された。

　本規定は、あらかじめ準備書面を提出させることによって、相手方に対し口頭弁論や弁論準備などの期日までに準備書面に記載された事項に対する釈明や反論その他の対応を検討する余裕を与え、当事者の期日間における準備を促進させ、期日での争点整理を充実させることをねらったものである。裁判所も準備書面をあらかじめ検討することによって、釈明権を行使しあるいは期日での争点整理の準備をすることが可能となる。準備書面の事前提出は、迅速かつ充実した争点整理のため不可欠なものである。

　「相手方が準備をするのに必要な期間」は、当該準備書面の内容にもよることになるが、実務では、裁判所は、期日の約1週間前までには提出することを求めるのが通常となっている。相手方が反論の準備書面を準備するのに必要な期間となると、1週間では困難な場合も多いと考えられるが、当該準備書面を読み、これに対する対応を検討したうえで期日に臨むことは可能となる。

　当事者が準備書面の事前提出を励行するためには、提出期限を明示することが効果的であり、裁判長が期日において、当事者の意向を聴取したうえで提出期間を定めること（162条）が望ましい。

　答弁書その他の準備書面には立証を要する事由ごとに証拠を記載し、重要な書証の写しを添付しなければならず（規則79条4項・80条1項・2項・81条）、重要

460

な書証の写しは準備書面とともに期日前に提出されることになるが、書証の申出をするときはあらかじめ相手方に送付すべきものを含めその写しを提出しなければならない（規則137条）とされており、期日に証拠申出予定の書証の写しはすべて事前に提出すべきことになっている。証拠の申出についても裁判長は申出をすべき期間を定めることができるが（162条）、書証の申出については、期間満了までに書証の写しを提出しなければならない（規則139条）。

準備書面は口頭弁論の準備を目的とするものであるから、口頭弁論終結後には提出の余地がないはずであるが、実務では終結後に準備書面として書面が提出されることがある。弁論の再開を求めるとともに新たな攻撃防御方法を記載した書面を提出する場合や、従来の主張について、取り調べられた証拠との関係で理由があることを論じたり法律論を補充する書面を提出する場合がある。これらは、本条の準備書面ではなく、必ずしも相手方に送付しなければならないものではないが（大判昭和 7・10・10法学 2 巻615頁、最判昭和28・1・22民集 7 巻 1 号65頁）、前者は、口頭弁論を再開した場合は相手方に送付しなければならない。また、後者も、相手方に了知させ、必要があればそれに対応する書面を提出させるほうが公平に合致するから、相手方に送付するのが妥当である（本書旧版Ⅱ277頁。反対──注解(7)25頁〔小室直人＝佐上善和＝中田昭孝〕）。

〔6〕 **事実についての主張の記載方法**

規則79条 2 項は、準備書面に事実についての主張を記載する場合には、できる限り、請求を理由づける事実、抗弁事実または再抗弁事実についての主張と、これらに関連する事実についての主張とを区別して記載しなければならないことを定めたものである。規定にはないが、再々抗弁事実以下についても同様にすべきである。答弁書も準備書面であるから、答弁書に抗弁事実を記載する場合もこの規定が適用される。

訴状に事実についての主張を記載するには、できる限り、請求を理由づける事実についての主張と当該事実に関連する事実についての主張とを区別して記載しなければならないと規定されている（規則53条 2 項）が、本条項はこれに対応するものである。

「請求を理由づける事実」「抗弁事実」「再抗弁事実」等は、法律効果を発生させることになる要件に該当する具体的事実（主要事実）であり、「これらに関連する事実」とは、主要事実の存在を推認させる具体的事実（間接事実）である。

第161条・規則第79条～第83条〔7〕〔8〕　第2編 第3章 第2節 準備書面等

民事訴訟においては、主要事実の主張・立証だけで決着がつくものは少なく、主要事実を推認させる間接事実の存否が争点となることが多く、主要事実とともに間接事実が主張されることが通常である。そのような場合に、当該訴えにおける請求の根拠や抗弁等の根拠が何であるかを明確にする必要があることから、主要事実と間接事実をできる限り区別して記載するよう求めたものである。

　主要事実と間接事実を区別して記載する場合の具体的なやり方としては、①主要事実だけで主張を完結させたうえで、節を改めて別途間接事実をまとめて記載する方法、②個々の主要事実を記載するごとに間接事実を付加して記載する方法、③両者を混合して記載する方法がありうる。どの方法を選択するかは、事案の内容による。要は、その事案についてどの方法による記載が主張を理解してもらいやすいかによって選択すればよいと考えられるが、一般的には、①よりは②③のほうがわかりやすいといえる（秋山幹男「訴状・答弁書・準備書面の記載事項と攻撃防御方法の提出時期」講座新民訴(1)252頁）。また、「できる限り」区別すれば足りると規定されており、主張のわかりやすさを犠牲にしてまで区別にこだわる必要はないと考えられる。どの主張が主要事実でどの主張が間接事実であるかを必ずしも見出しを付すなどして明示する必要もないと解される（条解規則117頁）。

〔7〕　否認と理由の記載

　規則79条3項は、準備書面（答弁書を含む）において相手方の主張を否認する場合は、その理由を記載しなければならないとしたものである。

　準備書面には相手方の主張に対する陳述（認否等）を記載し（161条2項2号）、答弁書には訴状に記載された事実に対する認否を記載しなければならない（規則80条1項）とされているが、相手方の主張を否認する場合はその理由を記載しなければならないとしたのである。単に事実の存在を否定（単純否認）するだけでなく、当該事実と両立しない事実があることなど、なぜ否認なのかという理由を示させること（積極否認、理由付き否認）によって、主要事実や間接事実の存否に関する具体的事実を明示させ、争点を明確にすることを目的としたものである。

〔8〕　準備書面への証拠の記載

　規則79条4項は、準備書面に主要事実と間接事実を区別して記載する場合に、立証を要する事由ごとに、証拠を記載しなければならないことを定めたものである。

第161条・規則第79条〜第83条〔9〕

　訴状には、請求を理由づける事実を具体的に記載し、かつ、立証を要する事由ごとに、当該事実に関連する事実で重要なものおよび証拠を記載しなければならず（規則53条1項）、答弁書にも、抗弁事実を具体的に記載し、かつ、立証を要する事由ごとに、当該事実に関連する事実で重要なものおよび証拠を記載しなければならない（規則80条1項）とされているが、準備書面についても同様の規定を定めたものである。

　「立証を要する事由ごとに」としたのは、いうまでもなく相手方が争わないため立証を必要としない事実については証拠が不要であるからであり、また、立証を必要とする事実ごとに証拠を記載させることによって、証拠との対応関係を明確にし、争点および証拠の整理を促進しようとするものである。なお、立証を要することになるか否かは、準備書面に記載した事実に対する相手方の認否を待たなければ確定しないが、相手方の認否を予想したうえで証拠の記載の要否を判断することになる。

　証拠の記載の仕方は、主要事実や間接事実の事項ごとに、かっこ書などの方法で、対応する証拠を示すのが通常の方法である。記載する証拠は書証に限定されていないが、書証を中心に記載する場合が多い。人証は立証事項が多岐にわたることが多く、それぞれの事項についてこと細かに人証を記載するのは煩雑であり、かえってわかりにくいこととなることもあるので、そのような場合には人証を記載しないことも許されると解される（秋山・前掲「訴状・答弁書・準備書面の記載事項と攻撃防御方法の提出時期」講座新民訴(1)251頁）。

〔9〕　**答弁書の記載事項**

　規則80条1項は、答弁書には、請求の趣旨に対する答弁を記載するほか、訴状に記載された事実に対する認否および抗弁事実を具体的に記載し、かつ、立証を要する事由ごとに、当該事実に関連する事実で重要なものおよび証拠を記載しなければならないとしたものである。

　請求の趣旨に対する答弁とは、訴えによる原告の請求に対する被告の応答であり、請求に理由がないとして請求を退けるよう求める場合は「原告の請求を棄却する」、請求を認める場合は「原告の請求を認諾する」などと答弁し、訴訟要件が欠缺しているとして訴えを却下するよう求める場合は「原告の訴えを却下する」と答弁することになる。

　訴状に記載された事実とは、請求を理由づける事実（主要事実）と当該事実に

463

第161条・規則第79条〜第83条〔9〕　第2編 第3章 第2節 準備書面等

関連する事実で重要なもの（主要事実を推認させる重要な間接事実）であり（規則53条1項）、これに対する認否を記載する。認否には、「認める」「不知」「否認する」がある。相手方が主要事実を認めた場合は自白が成立し、当該事実は証明を要しないものとなる（179条）。不知および否認の場合は、当該事実は立証を必要とする事実となる（不知につき159条2項）。また、否認する場合はその理由を記載しなければならない（規則79条3項）。

抗弁事実とは、原告の請求を理由づける事実と両立する事実であって、原告の請求権の発生を阻止しまたはこれを消滅させる法律要件に該当する具体的事実である。

立証を要する事由ごとに証拠を記載しなければならないとした趣旨は、準備書面の場合（前記〔8〕）と同様であり、立証を要する事由ごとに当該事実に関連する事実で重要なものを記載しなければならないとした趣旨は、訴状の場合（規則53条1項）と同様、主要事実について立証を要することとなった場合に、当該主要事実を推認させる間接事実を主張・立証する必要があることとなる場合が多いと考えられるからである。

なお、第1回口頭弁論期日は、特別の事由がある場合を除き、訴えが提起された日から30日以内の日に指定しなければならず（規則60条2項）、また、答弁書は相手方が準備するのに必要な期間を置いて提出しなければならない（規則79条1項）とされており、被告が訴状の送達を受けてから答弁書を提出するまでの期間は短く、また、被告が訴訟代理人を選任するにも時間を要することを考えると、答弁書に本項所定の事項を詳しく記載することは困難な場合があると考えられる。このようなことから、法制審議会での新法の立案段階では、上記30日の期間を延長すべきではないかとの議論もあったが、第1回期日の早期指定を重視し、30日とされた。期日の直前に訴訟代理人が選任された場合や、ある程度複雑な事案であって訴え提起前に当事者間で交渉などのやりとりがなされていない事案の場合は、答弁書に本項が定めるとおりの記載をすることが困難な場合があり、この点について十分な配慮が必要である。そこで、「やむを得ない事由によりこれらを記載することができない場合には、答弁書の提出後速やかに、これらを記載した準備書面を提出しなければならない」と規定された（規則80条1項後段）。本項が定める事項を記載した答弁書の提出が期待できない場合でも、早期に第1回口頭弁論期日を開いて、当事者が顔を合わせ、事件の振り分けや審理の進め方につ

464

いて協議する機会をもつことの重要性を考えると、第1回期日は訴え提起から30日以内の日を指定し、一応の答弁書の提出を求め、期日後に速やかに答弁書を補充する準備書面を提出させるという進行を図るのが妥当と考えられる（「《座談会》民事訴訟法改正10年、そして新たな時代へ」ジュリ1317号6頁〔秋山幹男発言・福田剛久発言〕〔2006年〕、秋山・前掲「訴状・答弁書・準備書面の記載事項と攻撃防御方法の提出時期」講座新民訴(1)256頁）。

なお、当事者が相手方が主張した事実を争うことを明らかにしない場合はその事実を自白したものとみなされる（159条1項）ので、被告が第1回口頭弁論期日に欠席する場合で、争う見込みの場合は、答弁書に争う旨を明記する必要があるが、被告が、請求棄却を求め、請求の原因に対する認否および被告の主張は追って準備書面を提出するとの答弁書を提出している場合は、争うことを明らかにしないものとはいえず、擬制自白として扱うべきではない（159条〔3〕(2)）。

〔10〕 **書証の写しの添付**

規則80条2項は、答弁書には、立証を要する事由につき、重要な書証の写しを添付しなければならないとしたものである。

訴状についても同様の規定がある（規則55条2項）。いずれも、当事者に対し、主張とともに当該主張を立証する重要な書証の写しを提出することを求め、主張とともに書証が提出されることにより、争点および証拠の整理を早期に円滑に行うことができるようにしようとするものである。なお、答弁書には、立証を要する事由ごとに証拠を記載しなければならない（規則80条1項）。訴状についても同様である（規則53条1項）。

「立証を要する事由」とは、抗弁事実や重要な間接事実のうち相手方が争うことが予想される事実であるが、相手方が争わないと考えられる事項であっても、当該事案の理解に欠かせない基本的な文書については、書証の写しとして添付するのが望ましい。

なお、やむを得ない事由により書証の写しを添付することができない場合には、答弁書提出後速やかに提出しなければならないとされている（規則80条2項後段）。

〔11〕 **郵便番号等の記載**

訴状の記載事項に関する規則53条4項が答弁書に準用されており、答弁書には、被告またはその代理人の郵便番号、電話番号（ファクシミリ番号を含む）を記載しなければならない。郵便番号は郵便による送達（99条・107条）や準備書面等

の直送（規則83条・99条2項・137条2項等）のため、電話番号は電話会議の方法による弁論準備手続や書面による準備手続（170条3項・176条3項）等のほか事実上の連絡のため必要であり、ファクシミリ番号は準備書面等の直送や事実上の連絡のため必要である。

〔12〕 **答弁に対する反論**

　規則81条は、被告の答弁により反論を要することとなった場合には、原告は、速やかに、答弁書に記載された事実に対する認否および再抗弁事実を具体的に記載し、かつ、立証を要することとなった事由ごとに、当該事実に関連する事実で重要なものおよび証拠を記載した準備書面を提出しなければならず、かつ、当該準備書面には、立証を要することとなった事由につき、重要な書証の写しを添付しなければならないとしたものである。

　訴状や答弁書の記載事項・添付書類に関する規定（規則53条1項・55条・80条1項・2項）と同様の規定であり、主張や証拠を早期に提出させ、争点や証拠の整理を促進しようとするものである。

　答弁書に記載された事実に対する認否とは、答弁書に記載された被告の抗弁事実およびこれに関連する重要な間接事実についての認否（「認める」「不知」「否認する」のいずれか）である。否認する場合には、その理由を記載しなければならない（規則79条3項）。

　再抗弁事実とは、被告の抗弁事実が存在する場合においても、被告の抗弁による法律効果の発生を阻止しまたはこれを消滅させる法律要件に該当する具体的事実である。再抗弁事実（主要事実）について、被告が争うことが予想される場合は、準備書面に、立証を要する事由ごとに、主要事実を推認させる重要な間接事実および証拠を記載するとともに、重要な書証の写しを添付しなければならない。

　訴状に関する規則53条1項や答弁書に関する規則80条1項は「立証を要する事由ごとに」（立証を要すると予想される事由ごとにの趣旨）としているのに対し、本条は「立証を要することとなった事由ごとに」としているが、上記のとおり、当該準備書面に記載した再抗弁事実については、立証を要すると予想される事由ということになる。「立証を要することとなった事由」としているのは、答弁書における被告の認否や主張によってすでに立証を要することとなった事由がありうることから、このような表現となったものと解される（条解規則179頁）。

　規則は、再抗弁事実までしか規定していないが（規則79条2項・81条）、被告

の再反論（認否および再々抗弁）、原告の再々反論（認否および再々々抗弁）等についても、当然、規則79条や規則81条と同様にしなければならないと解される（条解規則179頁）。これらの準備書面においても、主要事実と間接事実は区別して記載し（規則79条2項）、立証を要する事由ごとに証拠を記載し（同条4項）、相手方の主張を否認する場合はその理由を記載しなければならない（同条3項）。

〔13〕 **準備書面に引用した文書の扱い**

規則82条は、文書を準備書面に引用した当事者は、裁判所または相手方の求めがあるときは、その写しを提出し、相手方には写しを直送しなければならないとしたものである。旧法245条1項は、当事者が所持する文書であって準備書面に引用したものは、その謄本を必ず添付しなければならないとしていたが、現行法は、裁判所や相手方が求めない場合にまで提出させることは合理的でないことから、求めがあるときにのみ提出しなければならないとし、他方、第三者が所持する文書についても、準備書面に引用された文書については準備書面を理解し反論を検討するうえで、その写しを入手することが必要であることから、提出しなければならないとした。攻撃防御方法を記載した訴状は準備書面を兼ねるものとされ（規則53条3項）、答弁書は準備書面に該当する（規則79条1項）から、訴状や答弁書に引用した文書も、本条により提出すべき文書となる。

規則は、訴状、答弁書、答弁に対する反論の準備書面に記載した事実について、立証を要する事由ごとに証拠を記載し、重要な書証の写しを添付しなければならない（規則53条1項・55条2項・80条1項・2項・81条）としているが、本条により提出すべき文書は、重要な書証に限られないし、証拠となるべきものにも限定されない。法律論に関する文献を引用した場合も本条による提出の対象となる（条解規則182頁）。

本条は訓示的規定であり、制裁を伴わない。本条による提出に応じない場合は、相手方が当該文書を所持していれば、220条1号（引用文書）に該当するとして、文書提出命令の申立てをすることができる。

なお、当事者が本条1項により引用文書の写しを提出する場合には、相手方に写しを直送しなければならない（本条2項）。

〔14〕 **準備書面の直送および受領書面の提出**

(1) 準備書面の送達不要と直送

旧法243条1項は、当事者は準備書面を裁判所に提出し、裁判所はこれを相手

方に送達しなければならないとしていたが、現行法は、送達を必要的なものとはせず、その代わりに規則83条で、準備書面を相手方に直送しなければならないとし、規則47条5項において、相手方は準備書面の受領書面を提出しなければならないものとした。

相手方が口頭弁論期日に出頭すれば準備書面を陳述することができ、必ずしも送達は必要ではないからであり、他方で、現行法（161条3項）は、準備書面を直送し相手方から準備書面を受領した旨の書面が提出されている場合は（送達されている場合も）、相手方が在廷していなくても準備書面に記載した事実を主張することができるものとした。

(2)　準備書面の直送（規則83条）

規則83条は、当事者は、規則79条1項の期間（相手方が準備するのに必要な期間）を置いて、準備書面を相手方に直送しなければならないとした。旧法243条1項は準備書面は相手方に送達しなければならないものとしていたが、実務においては便宜上相手方への直送が広く行われており、平成8年の現行法制定の際に上記送達の規定は廃止され、規則83条1項で直送が義務づけられた。

直送は準備書面が迅速に相手方に届くことを目的とするものである。相手方が準備するのに必要な期間については前記〔5〕を参照されたい。遅くとも次回期日の1週間程度前までに直送するべきであろう。直送は、送付すべき書類の写しの交付またはその書類のファクシミリによる送信によって行うと規定されており（規則47条1項）、郵便や宅配便による送付、ファクシミリによる送信のほか、直接相手方に届けるのでも構わない。

なお、準備書面の直送を困難とする事由その他相当とする事由があるときは、相手方への送達または送付を裁判所書記官に行わせるよう裁判所に申し出ることができる（規則47条4項）。相手方が受領書面を提出しない場合は、送達をしておかないと、相手方不在の口頭弁論期日では準備書面記載の事実を主張できない（161条3項）。

答弁書も準備書面であるので（規則79条1項）、本条により直送が義務づけられている。引用文書の写し（規則82条2項）、証拠申出書（規則99条2項）、尋問事項書（規則107条3項）、鑑定事項書（規則129条2項）、書証の写しおよびその証拠説明書（規則137条2項）、書証の訳文（規則138条1項）、録音反訳書等（規則149条2項）などについても、相手方への直送が別に規定されているが、準備

書面についてと同様、交付されるべき書面が相手方に迅速に届くことを目的としたものである。

なお、直送に要する費用が訴訟費用に該当するか否かについて、最決平成26・11・27（民集68巻9号1486頁、判時2300号42頁、判タ1423号135頁）は、民事訴訟費用等に関する法律2条2号の類推適用を否定し、訴訟費用には該当しないとしている。

（3）受領書面の提出・直送等

準備書面の直送を受けた相手方は、当該準備書面を受領した旨を記載した書面（受領書面）を、準備書面を送付した当事者に直送するとともに、当該書面を裁判所に提出しなければならない（規則47条5項）。実務では、準備書面を直送する当事者は、受領欄を設けた送付書を準備書面とともに相手方に送付し、相手方は当該書面の受領欄に記名・押印し、裁判所と準備書面を直送した当事者に、ファクシミリ等で提出・直送（返送）しており、受領書面の提出および直送は迅速かつ簡便化されている（裁判所および受領書面直送先のファクシミリ番号を記載しておくことが便宜のため重要である）。準備書面をファクシミリで直送した場合に、数分後に受領書面が提出・直送されることもめずらしくない。

準備書面を相手方に交付し、裁判所に提出する準備書面に受領した旨を記載してもらい、その準備書面を裁判所に提出した場合には、別に受領書面を提出・直送する必要はない（規則47条5項但書）。

なお、平成27年の規則改正で、書類の送付に関する規則47条に上記の5項が新設され、準備書面の直送について同様の事項を定めていた規則83条の旧2項・3項は削除された。

受領書面が提出されている場合および受領した旨記載されている準備書面を提出している場合は、相手方が口頭弁論期日に欠席した場合でも、準備書面に記載した事実を主張することができる（161条3項）。

（準備書面等の提出期間[1]）

第162条　裁判長は、答弁書若しくは特定の事項に関する主張を記載した準備書面の提出又は特定の事項に関する証拠の申出をすべき期間を定めることができる[2]。

第162条〔1〕〔2〕　第2編 第3章 第2節 準備書面等

〔1〕　本条の趣旨

本条は、期日間の準備を促進するため、裁判長が訴訟指揮として、答弁書や特定の事項に関する主張を記載した準備書面または特定の事項に関する証拠の提出期間を定めることができることを規定したものである。

〔2〕　準備書面等の提出期間の定め

答弁書その他の準備書面は、これに記載した事項について相手方が準備をするのに必要な期間を置いて裁判所に提出しなければならないとされている（規則79条）。これは、あらかじめ準備書面を提出させることによって、相手方に対し口頭弁論や弁論準備などの期日にまでに準備書面に記載された事項に対する釈明や反論その他の対応を検討する余裕を与え、当事者の期日間における準備を促進させ、期日での争点整理を充実させることをねらったものである。裁判所も準備書面をあらかじめ検討することによって、釈明権を行使しあるいは期日での争点整理の準備をすることが可能となる。準備書面の事前提出は、迅速かつ充実した争点整理のため不可欠なものである（161条〔5〕）。また、答弁書や準備書面には立証を要する事由ごとに重要な書証の写しを添付しなければならないとされている（規則80条2項・81条）ように、争点整理のためには、主張だけでなく証拠についても事前申出が不可欠である。

そして、準備書面や証拠の事前提出・申出が励行されるようにするためには、裁判所があらかじめその提出期間を定めることが有効と考えられる。そこで、本条は、裁判長は答弁書もしくは特定の事項に関する主張を記載した準備書面の提出または特定の事項に関する証拠の申出をすべき期間を定めることができるとしている。

本条による提出期間の定め（裁定期間）は、裁判長の訴訟指揮権に基づく命令であり（148条1項・170条5項）、不服がある当事者は異議を述べることができる（150条・170条5項）。事前提出を命じる必要があるのは特定の事項に関するものに限られるし、また、提出を命じる以上その対象を特定する必要があるので、特定の事項に関する主張や特定の事項に関する証拠について提出期間を定めることができるとしている。ただし、答弁書は、訴状の請求の趣旨に対する答弁や請求原因事実に対する認否・反論を記載するものであるので、特定の事項に関するものに限定をしていない。

提出期間を定めるについては、当事者が準備のため必要とする期間を置く必要

第163条・規則第84条

があることから、当事者の意見を聴いたうえで定めることが望ましい。当事者の意見を聴き、当事者の同意の下に定めた期間は、当事者もこれを励行するよう強く動機づけられることになる。提出期間を定めない場合は、期日の直前にならないと準備書面等が提出されないことになりがちであり、提出期間を定めることは、期日間準備を促進するうえで実際上極めて重要である。実務においては、当事者の意見を聴き、準備に必要な期間を見込んだうえ、次回期日の1週間位前までを提出期間として定めるのが通常である。なお、一方当事者の準備書面の提出期限を定めるとともに、他方当事者の反論の準備書面の提出期限を定め、期日間に双方の準備書面の交換をさせる運用と、一方当事者についてのみ準備書面の提出期間を定め、期日でのやりとりを踏まえたうえで、他方当事者に反論の準備書面を提出させる運用とがある。事案に則して、争点整理を円滑に進めるうえで効果的な方法を採用する必要がある。

　本条は訓示規定であり、その違反に対する制裁はない。本条の立案段階では、期間経過後は当該主張や証拠の提出を制限する失権効を付与する案が提案された。しかし、失権をおそれて、提出期間をどのように定めるかについて紛糾し、必要性に乏しい仮定的主張などが重ねられるなど、かえって柔軟かつ円滑な訴訟進行が阻害されるのではないかとの懸念が示され、提出期間を定めた場合は概ね期限が遵守されるであろうとして、あえて失権効を規定する必要性はないとされた。故意または重大な過失により時機に後れて提出された攻撃防御方法が訴訟の完結を遅延させることになる場合は、157条により却下されることがある。なお、平成15年改正で、審理計画が定められている手続において147条の3第3項または156条の2により攻撃防御方法の提出期間が定められている場合には、期間経過後提出された攻撃防御方法を一定の要件の下で却下できることが規定された（157条の2）。これは複雑訴訟等において、提出期間の不遵守が審理計画に従った訴訟進行に著しい支障を生じさせるおそれがありうることから、特別に定められたものである（157条の2〔1〕）。

（当事者照会[1]**）**

第163条　当事者は、訴訟の係属[2]中、相手方に対[3]し、主張又は立証を準備するために必要な事項について、相当の期間[4]を定めて、書面で回答する[5]よう、書面で照会[6]をすることができる[7]。ただし、その照会が次の各号の

471

第163条・規則第84条　第2編 第3章 第2節 準備書面等

いずれかに該当するときは、この限りでない。[8]

一　具体的又は個別的でない照会

二　相手方を侮辱し、又は困惑させる照会

三　既にした照会と重複する照会

四　意見を求める照会

五　相手方が回答するために不相当な費用又は時間を要する照会

六　第196条又は第197条の規定により証言を拒絶することができる事項
　　と同様の事項についての照会

（当事者照会・法第163条）

規則第84条　法第163条（当事者照会）の規定による照会及びこれに対す
　　る回答は、照会書及び回答書を相手方に送付してする。[9]この場合におい
　　て、相手方に代理人があるときは、照会書は、当該代理人に対し送付す
　　るものとする。[10]

2　前項の照会書には、次に掲げる事項を記載し、当事者又は代理人が記
　　名押印するものとする。[11]

　　一　当事者及び代理人の氏名

　　二　事件の表示

　　三　訴訟の係属する裁判所の表示

　　四　年月日

　　五　照会をする事項（以下この条において「照会事項」という。）及び
　　　　その必要性

　　六　法第163条の規定により照会をする旨

　　七　回答すべき期間

　　八　照会をする者の住所、郵便番号及びファクシミリの番号

3　第1項の回答書には、前項第1号から第4号までに掲げる事項及び照
　　会事項に対する回答を記載し、当事者又は代理人が記名押印するものと
　　する。この場合において、照会事項中に法第163条各号に掲げる照会に
　　該当することを理由としてその回答を拒絶するものがあるときは、その
　　条項をも記載するものとする。[12]

4　照会事項は、項目を分けて記載するものとし、照会事項に対する回答

は、できる限り、照会事項の項目に対応させて、かつ、具体的に記載するものとする。[13]

〔1〕 本条の趣旨

(1) 立法に至る経過

現行法は、本条により、新たな制度として訴え提起後の「当事者照会制度」を定めた。

法制審議会民事訴訟法部会が民事訴訟法の改正を検討するに際しては、迅速かつ充実した審理を実現するために、争点整理手続の整備のほかに証拠収集方法の拡大が大きな課題とされた。同部会が「民事訴訟手続に関する検討事項」(以下「検討事項」という)を作成する過程では、証拠収集方法の拡大について、ドイツ、アメリカ、フランス、イギリス等の制度が検討されたが、アメリカのディスカバリー制度については、その弊害が度々指摘されていることから、これを導入することについては消極的意見が大勢であり、最終的には、文書提出命令について、提出義務の拡大と文書の特定のための手続やインカメラ審査手続が導入され、そのほかに当事者照会制度の新設という形となった。

上記「検討事項」は、「当事者照会(仮称)制度」として、「当事者は、係属した訴訟において、相手方に対し、主張又は立証を準備するために必要な事項について、照会書(仮称)を送付し、一定期間(例えば、1月)内に文書で回答するよう求めることができるものとするとの考え方」について、各界の意見を募ったが、「検討事項」の作成過程では「質問書(仮称)制度」として検討されていたように、これはアメリカのディスカバリー制度での「質問書」(interrogatory)を参考にしたものであった(伊藤眞「開示手続の理念と意義(上)」判タ786号10頁〔1992年〕、秋山幹男「証拠収集手続(2)——当事者照会」塚原ほか編・理論と実務(上)422頁)。

「検討事項」に対し各界から意見が寄せられたが、「当事者照会制度」については、これに賛成する意見と反対する意見とが拮抗した(意見の概要については、柳田幸三ほか「『民事訴訟手続における検討事項』に対する各界意見の概要(6)」NBL517号54頁〔1993年〕参照)。具体的には、照会事項が徒に広範囲に及び回答に時間や費用を要することになり、また回答の是非をめぐって当事者間に無用の対立を生み、訴訟遅延の原因となりかねないとの懸念が表明された。他方、実効

性を確保し濫用防止をするため、「裁判所を通じて照会する」、あるいは「回答拒否の是非について裁判所が決定する」など、裁判所が関与する手続にすべきであるとの指摘もあった。また、不当な回答拒否や虚偽の回答に対しては、何らかの制裁規定を設けるべきではないかとの意見もあった。

　そこで、「改正要綱試案」では、不相当な時間や費用を必要とする場合や、濫用的な照会とみられる具体的な場合等を、照会をすることができない場合（回答義務除外事由）として明示的に列挙した。しかし、裁判所の関与については、裁判所を通じての照会となると強力なものになるが、裁判所が事件を把握していない段階で照会の適否や照会制限事由の存否について判断するのは困難であり、裁判所に過大な負担を負わせる結果ともなり妥当ではないとの意見があり、裁判所の関与は見送りとなった。制裁については、裁判所の関与がなければ規定が困難であることや、当事者が自分に主張・立証責任がある事項について相手方にどこまで回答を求めることがあるのかについて理論上問題とすべき点があることなどから、新たな制度としては、裁判所が関与しない当事者間の照会制度とし、かつ制裁はないものとされた。

　この考え方は改正要綱に受け継がれ、現行法に規定された。ただし、主張または立証準備のため必要な事項について回答を求める制度であることから、最終的には「証拠」の章ではなく「口頭弁論及びその準備」の章に規定された。

　なお、その後平成15年の民事訴訟法一部改正で、訴え提起前の証拠収集処分等の手続が新設され、その中で訴え提起前の当事者照会も制度化された（132条の2第1項。本書Ⅱ589頁以下参照）。

(2)　制度の提案とその趣旨

　当事者照会制度の導入に熱心だったのは弁護士会であり、本条の規定は弁護士会側の提案を原案とするものといえる。弁護士会側の提案の趣旨は、情報偏在型の訴訟等において模索的証人尋問等により事実関係を把握するようなことが行われている現実に鑑み、相手方の支配領域内の情報を早期に把握することにより主張や証拠の整理を迅速かつ適正に行えるようにしようというものであった。

　しかし、本条は、回答義務除外事由を定めているものの、照会できる事項は「主張又は立証を準備するために必要な事項」と広く、また裁判所の関与がないことから、回答の是非をめぐって当事者間に紛争が多発し、あるいは濫用的照会がなされ、訴訟が徒に遅延するのではないかとの懸念の声もあった。

第163条・規則第84条〔1〕

　そこで、当事者照会制度をどう位置づけ、どのように運用していくかが重要な課題となる。この制度はもっぱら当事者間において行われるものであって裁判所の関与がないので、当事者照会制度を有効かつ適正な機能を果たすものにするについては、弁護士の対応に負うところが多い。そこで、弁護士会で運用のガイドラインを設けるべきであるとの指摘もなされている（高橋宏志「新民事訴訟法から見たこれからの弁護士像」自正47巻11号211頁〔1996年〕、「《座談会》民事弁護実務は変わるか」判タ923号26頁〔西口元発言〕〔1997年〕、ガイドライン試案として東京弁護士会民事訴訟問題等特別委員会編著『当事者照会の理論と実務』62頁〔青林書院、2000年〕）。

　(3)　制度の趣旨・目的

　(ｱ)　争点整理の充実・促進

　当事者照会制度は、訴訟の係属中に、「主張又は立証を準備するために必要な事項」について、相手方に回答を求めることができる制度である。

　当事者が訴訟において主張・立証しなければならない事実が相手方当事者の支配領域内にあるため、主張・立証の準備ができないことがある。労働災害や医療事故などのように情報が一方当事者に偏在する場合は特に顕著である。このような場合、争点整理等の手続で裁判所を通じて求釈明等により相手方から事実を明らかにさせることもできるが、期日外に当事者間で直接に照会および回答のやりとりを行うことができればなお便利であり、争点や証拠の整理の充実・促進につながることから、当事者照会が制度化されたものである。

　(ｲ)　回答義務とその根拠

　本条は、「当事者は……相手方に対し……主張又は立証を準備するために必要な事項について……書面で回答するよう、書面で照会をすることができる」と規定しているが、これは当事者が主張・立証を準備するために必要な事項を明らかにすることを、その相手方に義務づけたものである（一問一答166頁、清水正憲「当事者照会制度」ジュリ1098号49頁〔1996年〕、基コメ(2)110頁〔田原睦夫〕、西村健「当事者照会」論点新民訴法143頁、前田陽司「当事者照会」第二東京弁護士会民事訴訟改善研究委員会編『新民事訴訟法実務マニュアル〔改訂版〕』145頁〔判例タイムズ社、2000年〕、秋山・前掲「証拠収集手続(2)」塚原ほか編・理論と実務(上)425頁。反対説――井上治典『民事手続の実践と課題』49頁〔信山社、2003年〕、志知俊秀「当事者照会と訴え提起前における照会」民事証拠法大系(5)270頁）。当事

475

第163条・規則第84条〔1〕　第2編 第3章 第2節 準備書面等

者は、証言拒絶事由その他の照会制限事由に該当しない限り、自己に不利益な事実でも相手方に開示する義務を負うことになる。

　これについては、当事者が主張・立証責任を負う事実について、その相手方に開示義務を負わせるのは弁論主義の下での主張・立証責任分配の原則に抵触するのではないかとの疑問がありうる。弁論主義は、訴訟における主張および証拠の提出を当事者の権能と責任とするものであり、これに主張・立証責任の分配を合わせると、一方当事者が特定の事実について主張・立証責任を負う場合に、その相手方は、自ら当該事実を主張・立証する責任を負わないのであり、このことからすれば、相手方には当該事実を開示する義務はないと考えられるからである。

　しかし、弁論主義に基づく主張や証拠の提出責任と、そのために必要な資料の収集を容易にする方策とは区別して考えるべき問題である。当事者が主張・立証しなければならない事実が相手方の支配領域にあるなどのため、当該事実について情報や資料を入手することが困難である場合に、当事者の公平、迅速な争点整理、真実発見などの見地から、相手方に一定の範囲で開示義務を負わせることは訴訟法として必要なことであり、現に文書提出命令制度（220条）における文書提出義務には、申立人が主張・立証責任を負う事項についての相手方の文書提出義務が含まれている。このように民事訴訟における情報の開示制度は弁論主義と矛盾するものではない（伊藤眞「開示手続の理念と意義(下)」判タ787号25頁〔1992年〕参照。なお、自己に不利益な事実を隠す自由は弁論主義による保護の対象外であるとするものとして、山本・基本問題143頁以下）。

　当事者照会もこのような考え方により制度化されたものと解することができる。すなわち、当事者照会制度は、証拠の偏在その他の理由により主張・立証責任を負う当事者が当該事実に接近することが困難であるが相手方は当該事実を容易に明らかにすることができるような場合に、当事者の実質的平等・公平や、迅速な争点整理の実現、訴訟における真実発見の目的などから、相手方に主張・立証責任がある事実についても回答する義務を当事者に課したものと解される。当事者の義務としては、事案解明義務、真実義務、信義誠実義務（2条）が根拠として考えられる（伊藤・前掲「開示手続の理念と意義(上)(下)」参照。信義誠実義務を根拠とするものとして、中野・解説19頁、基コメ(2)107頁〔田原〕、清水・前掲「当事者照会制度」ジュリ1098号49頁）。

476

第163条・規則第84条〔2〕〔3〕

〔2〕 **照会および回答の主体**

訴訟の「当事者」は「相手方」に対し照会することができる。原告被告相互間において行うのが一般的と考えられる。

独立当事者参加人とその相手方相互間においても当事者照会ができると解されるが、共同訴訟の相原告相互間や相被告相互間では相手方とはいえないので本条による当事者照会は行えないと解する（同旨――東京弁護士会編著・前掲『当事者照会の理論と実務』22頁、西村・前掲「当事者照会」論点新民訴法135頁、森脇純夫「当事者照会②――照会する側の代理人として」新大系(2)173頁、竹田真一郎「当事者照会③――照会をうけた側の代理人として」新大系(2)190頁、秋山・前掲「証拠収集手続(2)」塚原ほか編・理論と実務(上)426頁。これに対し、前田・前掲「当事者照会」『新民事訴訟法実務マニュアル』148頁、小山稔「当事者照会」吉村古稀44頁は、共同訴訟人間で対立関係が生じる場合は行えるとしている）。ただし、必要がある場合は、当事者照会制度によらない事実上の照会をし、任意の回答を期待することはできよう。

補助参加人と被参加人の相手方相互間においても当事者照会ができると解される（中野・解説34頁、基コメ(2)108頁〔田原〕、西村・前掲「当事者照会」論点新民訴法136頁、森脇・前掲「当事者照会②」新大系(2)173頁、竹田・前掲「当事者照会③」新大系(2)191頁、前田・前掲「当事者照会」『新民事訴訟法実務マニュアル』148頁、秋山・前掲「証拠収集手続(2)」塚原ほか編・理論と実務(上)426頁）。補助参加人は当事者ではなく、当事者照会は訴訟行為とはいえないので、補助参加人は当事者照会を行うことはできないとの見解があるが（東京弁護士会編著・前掲『当事者照会の理論と実務』23頁）、補助参加人は当事者の一方を補助するために訴訟に参加するもので（42条）、訴訟について一切の訴訟行為をすることができるのであるから（45条1項）、被参加人を補助するため当事者照会をその相手方に対し行うことができると解される。

また、当事者照会は、裁判所を介して行うものではないが、訴訟係属中に民事訴訟法に基づいて行われる行為であるから、訴訟代理人が行うことができる。相手方に訴訟代理人がいるときは訴訟代理人宛てに照会することになる（規則84条1項）。

〔3〕 **照会ができる時期**

当事者照会は、「訴訟の係属中」に行うことができる。訴訟係属の発生時期に

第163条・規則第84条〔4〕 第2編 第3章 第2節 準備書面等

ついては、従来、二重起訴の禁止の効果発生時期、訴訟参加や訴訟告知が可能になる時期、関連管轄が生じる時期等の関係で議論があり、訴状提出時説と被告への訴状送達時説に分かれ、後者が通説とされているが（本書旧版Ⅱ147頁、142条〔2〕参照）、当事者照会は訴訟の相手方への照会であるから、訴状が被告に送達されたとき以後にできると解すべきである（通説。西村・前掲「当事者照会」論点新民訴法136頁）。

　当事者照会は口頭弁論終結時までできることになるが、主張や立証の準備のためのものであるから、主張や証拠の整理が終了した後には、特に新たな主張・立証準備の必要が生じない限り、照会の必要性は生じないはずである。

　実際は、答弁書の作成段階や、訴状の主張を補充する準備書面の作成段階など、訴訟の初期の段階で利用されることが多いものと考えられる。主張や証拠の整理が進行する段階においては、当事者照会制度によるのではなく、期日や期日外で裁判長の釈明権に基づく発問を求め（149条3項）、あるいは準備書面で相手方に釈明を求めるなどの方法で相手方に情報の開示を求めることが多いものと考えられる。裁判所を介してのやりとりのほうが回答を得られやすいと考えられるからである。しかし、その段階でも、求釈明などの方法によるまでもなく容易に回答が得られると考えられる事項や、求釈明事項になりにくい事項については、当事者照会制度を利用することになろう（当事者照会と釈明の異同について、増田勝久＝田原睦夫「証拠収集方法の拡充」判タ851号15頁〔1994年〕、基コメ(2)108頁〔田原〕、西村・前掲「当事者照会」論点新民訴法131頁参照）。

〔4〕 **照会事項**

　「主張又は立証を準備するために必要な事項について」回答を求めることができるとされている。照会にあたっては、照会書に照会事項を項目を分けて記載したうえで（規則84条4項）、主張または立証準備のための必要性を記載しなければならない（同条2項5号）。照会の必要性が認められない場合は、相手方は回答を拒否することができる。

(1)　「主張又は立証を準備するために必要な事項」の意義

　相手方の主張や立証に対して反論や反証を準備するため必要な事項に限定されてはいないので、自己が主張・立証責任を負う事実についても相手方に回答を求めることができる。当事者照会制度の立法趣旨は、前述したとおり（〔1〕(3)(ア)）、当事者が主張立証すべき事項について事実や証拠の入手を容易にし、争点や証拠

478

の整理の充実・促進を図ることにあり、自己が主張・立証責任を負う事実についても相手方に照会できるとしたものである。

　民事訴訟においては、当事者は相手方が主張・立証責任を有する事実について自ら主張や証拠を提出する義務ないし自己に不利益な主張や証拠を提出する義務はないのが原則であるが、当事者照会制度はこの原則を前提にしたうえで、情報が偏在しているなどのため当事者の主張・立証準備が困難な場合がある現実に鑑み、訴訟における真実発見、当事者の実質的公平を図る見地から、相手方が把握している事実について開示を求めることを認めたものと解される（前記〔1〕(3)）。当事者照会制度は弁論主義と矛盾するものではなく、弁論主義に基づく主張や証拠の提出責任と、そのために必要な資料の収集を容易にする方策とは一応区別して考えることができるものである（前記〔1〕(3)(イ)）。

　主張または立証を準備するため必要な事項とは、「照会者が主張立証責任を有する主要事実及びこれを基礎づける間接事実について主張立証を準備するため必要な事項」または「相手方が主張立証責任を有する事実の不存在を示す事実について主張・立証を準備するため必要な事項」あるいは「これらの事実についての証拠の証明力に関する事実（補助事実）に関する事項」がこれに該当すると考えられる。広範なものがこれに該当すると考えられるが、これに当たらない関連性の乏しい事項は主張・立証を準備するため必要な事項とはいえず、照会できないと解される（基コメ(2)109頁〔田原〕、東京弁護士会編著・前掲『当事者照会の理論と実務』28頁、秋山・前掲「証拠収集手続(2)」塚原ほか編・理論と実務(上)429頁）。当事者照会は、主張および証拠の整理を早期に迅速に行うためのものでもあり、当事者照会が徒に肥大化しかえって訴訟遅延をもたらすことになってはならない。

　なお、主張・立証を準備するため必要な事項であるから、いまだ主張していない主張に関するものであっても照会することができるが、必要性を示して照会することになるので（規則84条2項5号）、どのような主張を準備するために必要であるかは明示しなければならないことになる。

　(2)　手持ち文書等の交付を求めることの可否

　当事者照会は一定の事項について書面で回答を求めるものである。証拠としての文書の提出については、220条の文書提出義務が別途規定しており、当事者照会は、相手方が保有する文書等証拠資料になりうる物件の交付を求めることを目的とするものではないと解される。したがって、相手方は保有文書等あるいはそ

の写しそのものを交付する義務はないと解される（東京弁護士会編著・前掲『当事者照会の理論と実務』27頁、秋山・前掲「証拠収集手続(2)」塚原ほか編・理論と実務(上)429頁）。しかし、相手方が照会事項について回答する場合に、保有文書の写しを添付しこれを引用する形で回答することは差し支えないし、それが望ましい場合も多いと考えられる（弁護士法23条の2の照会制度では、写しの送付を求めることが本来可能であるか否かについて争いがあるが、実務上は照会先に協力を求め、写しの送付を受けている）。

(3) 当事者照会の活用例

当事者照会が活用される場合として、例えば次のような場合が考えられる（秋山・前掲「証拠収集手続(2)」塚原ほか編・理論と実務(上)429頁以下。東京弁護士会編著・前掲『当事者照会の理論と実務』67頁以下にも想定される活用例が紹介されている）。

(ア) 基本的事実関係の解明

紛争を構成する基本的事実が訴訟の場に示されるのでなくては訴訟は成り立たない。当該事実を提出すべき当事者がこれを把握することができず、相手方がその事実を把握しているという場合には、相手方に対しその事実を明らかにすることを求めることができるようにするのが当事者の実質的公平を確保し、真実に基づいて紛争を解決し、権利を救済するために必要である。当事者照会制度は主としてこのような場合に機能することが期待されていると考えられる（もっとも、提訴前の照会や証拠収集処分によって情報の入手ができれば、提訴後の当事者照会によるまでもないことになる）。

(a) 不法行為類型の訴訟

公害、薬害、労災、医療事故、交通災害、製造物責任その他の不法行為類型の訴訟においては、事故の発生状況やその原因に関する基本的事実が被告の支配内にあり、原告側はこれを十分に把握できない場合が多く、請求を基礎づける主要な事実を具体的に主張することが困難な場合がある。このような訴訟では、訴訟の初期の段階で当事者照会がその機能を発揮することが期待される。

例えば、公共施設の設置差止訴訟においては、当該計画の概要、設備の性能、排出物およびその量、想定される環境への影響などについて、被告である設置者側に回答を求めることにより、原告側は差止請求の根拠を主張・立証するための基本的事実関係を具体的に把握することができる。

第163条・規則第84条〔4〕

薬害訴訟では、薬の製造承認申請に際して行った安全確認試験の内容、副作用報告例、回収措置などについて回答を求めることが考えられる。

労災事故訴訟では、事故の具体的発生状況や事故に対する行政措置や刑事罰の結果などを被害者である原告側が把握できにくい場合が多い。事故の概略を訴状に記載したうえで、事故の具体的状況、目撃者、関係設備・機材、労働安全衛生法による是正勧告の有無・内容などについて当事者照会を行い、あるいは刑事罰の有無・判決年月日等について回答を求めて刑事記録入手の手掛かりを得、これらをもとに調査を行えば、請求原因を基礎づける事実の具体的主張・立証に結び付けることが可能となる。

医療事故訴訟では、診断書の入手や診療録等の証拠保全により、訴え提起前に基本的事実関係が把握できる場合が多いと考えられるが、診療の経過、手術や投薬の内容、事故の原因と考えられる事実、担当医師や看護師名などについて当事者照会で回答を求めることも考えられる。

欠陥商品による製造物責任訴訟では、当該商品の構造、同種事故報告の存否などについて照会することが考えられる。

(b) 契約関係訴訟

契約関係の訴訟では、情報の偏在は比較的少ないので、不法行為類型の訴訟ほど当事者照会が利用されることはないと思われる。しかし、例えば、建物建築請負契約や機械製作請負契約などで、注文と相違するとして訴訟が提起された場合には、詳細な設計の内容、設計と実際の製作との相違点、材料の材質・入手先などの照会が考えられる。無断増改築を理由に建物賃貸契約を解除し明渡しを求める訴えを提起した原告が、被告に対し増改築の内容や費用について照会することなども考えられる。

(イ) 証人に関する事項

従来は、基本的事実関係が原告側に明らかでない訴訟においては、主張の整理段階で争点整理が十分行われなかったこともあり、証人を次々に尋問しながら事実を解明していくといった模索的訴訟進行がなされることがあった。A証人の尋問で関係者の氏名等を聞き出し、これに基づいてB証人の尋問を申請するということが行われることもあった。

誰を証人として申請するかを準備するについては、当事者照会を利用し、相手方に、事故の関与者や目撃者、契約の立会人などの住所・氏名などについて回答

481

第163条・規則第84条〔5〕　第2編 第3章 第2節 準備書面等

を求めることができる。しかし、証人等の供述の内容を具体的に明らかにするよう求めるような照会は、本来相手方に回答を求めるべき事項とは考えられないので許されないと解される。

　(ウ)　文書のリストの開示

　相手方が所持している文書等のリストを開示するよう求める照会ができるかについては、それが「主張又は立証を準備するために必要」であれば可能であると解される。

　相手方が所持する文書の提出命令の申立てを準備するについては、その前提として相手方がどのような文書を所持しているかを知る必要があるので、文書提出命令申立ての対象となりうる文書のリストを回答するよう照会することが考えられる。

　文書提出命令の申立てについては、文書の表示や文書の趣旨を明らかにすることが著しく困難であるときは、裁判所に文書の所持者にこれらを明らかにすることを求めるよう申し出ることができるとされている（222条2項）。しかし、これは文書提出命令を申し立てたうえで初めてできることになるものである。当事者照会は、文書提出命令の申立てをしないでも、その準備のため必要があるとして文書のリストの開示を求めることができる点が異なる。しかし、当事者照会では、文書提出命令の申立てを準備するため必要であるか否かについて当事者間で争いがある場合に、その調整は困難と思われるので、争いがある場合は、文書提出命令を申し立て、裁判所の関与の下で文書の表示や標目の開示を求めるのが適当と考えられる。

〔5〕　**回答の期間**

　照会は、「相当の期間を定めて」回答を求めるものとされている。回答期間を定めることにより手続の進行が明確化される。

　回答に通常必要とみられる期間を照会者が定めて照会することになる。期限不遵守に対する制裁はないが、相手方は相当な期間内に回答する義務がある。「相当の期間」は、主張・立証の準備のための制度であることから、準備に間に合うよう迅速に回答する必要があることを考慮に入れて判断するべきである。

　照会者が定めた期間が客観的にみて回答に通常必要な期間（相当な期間）といえないときは、相当な期間内に回答すれば足りるが、そのような場合は回答予定時期を照会者に通知するのが望ましいであろう。

〔6〕 **書面による照会・回答**

当事者照会は書面で行い、回答も書面で行わなければならないとされている。何を照会し何を回答したかを書面で明らかにしておく必要があるからである。

照会書や回答書を相手方に送付して行うことになるが（規則84条1項）、規則47条1項は、「直送（当事者の相手方に対する直接の送付をいう。以下同じ。）その他の送付は、送付すべき書類の写しの交付又はその書類のファクシミリを利用しての送信によってする」と規定しているので、ファクシミリで送付することもできる。

なお、照会に対する回答は、主張・立証の準備資料として利用することになるが、回答書やその添付資料を書証として提出することもできる。

照会や回答を準備書面に記載して行うことができるかという問題がある。準備書面は口頭弁論や弁論準備手続において陳述する予定の当事者の主張を記載するものであり、これに対し当事者照会は口頭弁論や争点整理手続外で主張・立証準備のため必要な事項について当事者間で直接照会と回答を行うものであるから、当事者照会やその回答を準備書面に記載して陳述するということはありえないものである。手続を明確にするという見地からも、当事者照会は裁判所に提出する準備書面とは別の照会書と回答書により、裁判所を介さず当事者間で直接行うべきであろう。準備書面に当事者照会と明示して相手方に対し回答を求める記載がある場合は、当事者間でのみ授受する書面として準備書面としては扱わないことにするか、従来から準備書面に記載して事実上行われている求釈明として扱うことになろう。当事者が当事者照会の状況を相手方の主張や証拠の信用性に関わる事実としてあるいは弁論の全趣旨として相手方に不利益に判断してもらいたいと考える場合は、照会書と回答書を書証として提出すれば足りる（準備書面に記載して行うことを否定するものとして、基コメ(2)110頁〔田原〕、東京弁護士会編著・前掲『当事者照会の理論と実務』32頁、前田・前掲「当事者照会」『新民事訴訟法実務マニュアル』148頁、小山・前掲『弁論と証拠調べの理論と実践』47頁、条解規則191頁。これに対し、清水・前掲「当事者照会制度」ジュリ1098号52頁は、準備書面の事前提出および当事者間での直送が励行されるならば、照会・回答を準備書面に独立の項を設けて記載することも許されるとしている）。

なお、当事者照会に対して回答する場合、相手方としては、受け身の回答をするのではなく、準備書面において自己の主張を展開する中で答えたいと考えこ

第163条・規則第84条〔7〕 第2編 第3章 第2節 準備書面等

ともありうる。例えば、労働災害による損害賠償請求事件において、原告が被告の過失を主張するため、事故の一場面の状況や機械の特定の安全機能の有無、他の作業従事者の氏名などについて回答を求めた場合、被告としては、単に照会について回答するのではなく、事故の原因および安全対策についての被告の主張を準備書面で展開し、その中に回答を折り込むほうが、事故の原因や責任について裁判所によく理解してもらえると考えられる場合もある。このような場合は、まず回答書で必要な回答をしたうえで、さらに準備書面で自らの主張を展開するのが妥当であろう。

〔7〕 **回答義務**

「照会することができる」とは、相手方に照会に対する回答義務を課したものである（前記〔1〕(3)(イ)）。

不当な回答拒否や虚偽の回答に対して、不服申立てや制裁の規定は設けられていない。その理由は立法に至る経過（前記〔1〕(1)）で述べたとおりである。

回答拒否の是非については、当事者間で見解を異にすることが多いと考えられるが、裁判所がこれを判定する仕組みは設けられていない。争いがある場合は、当事者照会の手続での当事者間のやりとりでは解決が困難な場合も多いと考えられる。そのような場合は当事者照会によるのではなく、争点整理手続等で質問し、あるいは求釈明を行うなどし、争点整理に必要な事項であれば、裁判所が適宜回答を促し、場合によっては釈明を命じることになることもあろう（一問一答167頁、秋山・前掲「証拠収集手続(2)」塚原ほか編・理論と実務(上)434頁）。あるいは文書提出命令を申し立てることも考えられる。また、回答を不当に拒否したと認められる場合は、当事者照会の照会書および回答書を書証として提出し、相手方の主張や証拠の信用性に関わる事実としてあるいは弁論の全趣旨として相手方に不利益に判断することを求めることもあろう（基コメ(2)110頁〔田原〕、西村・前掲「当事者照会」論点新民訴法143頁、秋山・前掲「証拠収集手続(2)」塚原ほか編・理論と実務(上)434頁）。また、照会を受けた弁護士が弁護士倫理に違反すると評価されることもありうる（伊藤280頁、竹田・前掲「当事者照会③」新大系(2)183頁。具体的には、信義誠実義務や裁判の公正および適正手続の実現に努めるべきことを定めた弁護士職務基本規定違反が問題となるが、当事者照会に応じないことだけでは懲戒の問題にはならないであろう〔小山・前掲「当事者照会」『弁論と証拠調べの理論と実践』41頁〕。故意に虚偽の回答をした場合は弁護士倫理違反となる〔志知・

前掲「当事者照会と訴え提起前における照会」民事証拠法大系(5)284頁〕）。日本弁護士連合会は平成22年1月に、当事者照会に対し正当な理由なく回答がなされない場合は、裁判所が決定で回答を行うよう命じることができ、これに従わないときは過料に処すことができるとの改正試案を発表している（奥宮京子「文書提出命令及び当事者照会制度改正に関する民事訴訟法改正要綱中間試案について」自正62巻1号20頁〔2011年〕）。

なお、当事者照会は回答拒否に対する制裁がないので利用されないとの指摘があるが、日本弁護士連合会の会員に対するアンケート調査（2005年5月）によると、回答者の28.2％が当事者照会を利用したことがあり、そのうち回答を受けたのは84.5％であり、当事者照会を受けたことがある者のうち、全部回答した者は66.3％、一部回答した者は17.9％であり、未利用者の利用しない理由は、照会の必要がないが46.7％、回答が期待できないが25％であった（日本弁護士連合会民事裁判に関する委員会『改正民事訴訟法の運用状況に関するアンケート調査結果報告書』37頁〔2006年1月〕）。

〔8〕 **回答義務の除外事由**

本条1号から6号までに該当する場合は、照会に対し回答をする義務が免除される。これは、旧規則35条の不相当な尋問の制限に関する規定（現規則115条）の規定を参考に定められたものである。

「具体的又は個別的でない照会」（1号）すなわち抽象的または包括的照会は、回答すべき事項が不明確で回答が困難であること、および回答を求める事項が拡大し相手方に不当な負担を負わせる結果となりかねないことから許されない。

「相手方を侮辱し、又は困惑させる照会」（2号）は、当事者照会制度の目的に合致しないものであり、嫌がらせ的に制度を利用することを防止するため許されない。

「既にした照会と重複する照会」（3号）が許されないのは当然である。

「意見を求める照会」（4号）が許されないとされているのは、当事者照会制度は、主張・立証の準備のため必要な事実について回答を求めるものであることからである。

「相手方が回答するために不相当な費用又は時間を要する照会」（5号）も許されないとされている。弁論主義の下での主張・立証責任分配の原則からすると、自己の主張・立証準備のため相手方に情報の開示を求めることを認めるについて

第163条・規則第84条〔9〕〔10〕 第2編 第3章 第2節 準備書面等

は、その範囲に自ずから限界があるというべきであり、相手方が容易に回答できる事項に限定するのもやむを得ないものと考えられる。相手方に過度の負担を負わせるのは当事者の公平に合致せず適当でないし、また、濫用的利用により当事者照会の段階で訴訟が紛糾し遅延するのを防止する必要もある。

「第196条又は第197条の規定により証言を拒絶することができる事項と同様の事項についての照会」（6号）も許されない。すなわち、相手方やその近親者等が刑事訴追を受けるおそれがある事項やその名誉を害する事項、相手方が医師や弁護士等である場合に職務上知りえた秘密、技術または職業の秘密に関する事項、公務員の職務上の秘密などである。これらの事由に該当する場合は文書提出義務も免除されており（220条4号）、当事者照会についても同様に扱うのは当然である。

なお、提訴前の照会制度では、「相手方又は第三者の私生活についての秘密に関する事項についての照会であって、これに回答することにより、その相手方又は第三者が社会生活を営むのに支障を生ずるおそれがあるもの」（132条の2第1項2号）および「相手方又は第三者の営業秘密に関する事項についての照会」（同3号）が照会することができない事項として付加されているが、これは提訴前の照会であって、すでに提訴された訴訟について主張・立証の準備のために必要として照会する事項ではないことから、相手方や第三者保護のため特に規定されたものである（本書Ⅱ599頁）。提訴後の当事者照会についてはこれらは規定されていないので、このような事項に該当する場合であっても、本条各号に該当するものでなければ照会することができ、相手方は回答を拒否することはできない。

〔9〕 **照会書および回答書の送付**

当事者は、書面で回答するよう、書面で照会をすることができるとされているが（本条）、照会およびこれに対する回答は書面を送付して行うことを規定したものである。送付はファクシミリで送信して行うことができる（規則47条）。

〔10〕 **照会書の送付先**

規則84条1項は、相手方に代理人があるときは、照会書は当該代理人に送付しなければならないことを規定したものである。ここにいう代理人とは訴訟代理人を指す。当事者照会は、訴訟の継続中に、民事訴訟法に基づいて、当該事件の主張・立証の準備のため必要な事項を、訴訟の相手方に対して照会するものであるから、相手方に訴訟代理人が選任されている場合は、照会書は訴訟代理人宛てに

送付しなければならないとしたものである。中立的立場にある裁判所を介さない当事者間のやりとりであるので、専門家である代理人を通じてやりとりをするのが望ましいとの考え方によるということもできる（条解規則189頁）。訴訟代理人には当該訴訟事件について包括的な代理権があるので（55条1項・3項）、当事者照会をし、照会を受け、回答する権限を有する。弁護士でない訴訟代理人については代理できる事項を制限することができるので（同条3項但書）、当事者照会を受ける権限がない場合は本人に送付することになる。

　回答書の送付先については規定がないが、照会書が代理人から送付された場合は当該代理人宛てに回答書を送付すべきは当然である。

〔11〕　照会書の記載事項

　規則84条2項は、照会書の記載事項を定めたものである。1号から4号は、規則2条の裁判所に提出する書面の形式的記載事項に準じたものである。「照会をする者の住所、郵便番号及びファクシミリの番号」（8号）は、回答書を送付する際の便宜のため記載する。回答すべき期間も記載する（7号）。実質的な記載事項は、照会事項とその照会の必要性である（5号）。照会事項は項目を分けて記載することとされている（規則84条4項）。必要性は、主張・立証を準備するため必要な事項を照会するものであることから記載するものであるが、必要性を明記することにより不必要な照会や濫用的照会を防止する意味もある。

　法163条の規定により照会するものであることを記載事項としたのは（6号）、当事者照会が、裁判所を介さずに行われるものであり、かつ、回答義務が生じるものであることから、法163条による当事者照会であることを明確にし、事実上の照会等と区別するためである。

〔12〕　回答書の記載事項

　規則84条3項は、回答書の記載事項を定めたものである。照会書と同様の形式的記載事項のほか、照会事項に対する回答を記載する。回答は、照会事項の項目に対応させて、具体的に記載する（規則84条4項）。

　照会事項中に法163条各号の回答義務の除外事由に該当する事項があり、これを理由に回答を拒絶するときは、同条各号の条項をも記載しなければならない。照会事項の一部について回答する場合でも、回答を拒絶する部分については、回答を拒絶することおよびその根拠条項を明示する必要がある。

　根拠条項を記載させることにより、不当な回答拒否を防止する狙いがある。な

第163条・規則第84条〔13〕　規則第85条〔1〕〔2〕　第2編 第3章 第2節 準備書面等

お、各条項に該当する理由は記載事項とされていないが、条項の記載だけでは拒絶の理由が不明確な場合は条項に該当する理由も記載するのが望ましい。

〔13〕　**照会事項および回答の記載方法**

照会事項は項目を分けて記載するものとされている。これは、法が具体的または個別的でない照会には回答義務がないとしていることを受け、具体的・個別的でない照会を排除し、照会事項を明確にするとともに、これに対する回答をしやすくするためである。

照会事項に対する回答は、できる限り、照会事項の項目に対応させて、かつ、具体的に記載するものとされている。これにより照会事項に対する回答が漏れなく適切になされることが可能となる。

（調査の義務[1]）

規則第85条　当事者は、主張及び立証を尽くすため、あらかじめ、証人その他の証拠について事実関係を詳細に調査しなければならない[2]。

〔1〕　**本条の趣旨**

主張および立証を尽くすため、当事者の事実関係調査義務を規定したものである。

〔2〕　**事実関係調査義務**

期日での審理を充実させるため、当事者は訴訟の進行状況に応じ適切な時期に攻撃防御方法を提出しなければならず（156条）、争点整理手続においては争点および証拠の整理を完了するのが原則である（167条など参照）。また、証人および当事者本人の尋問はできる限り争点および証拠の整理が終了した後に集中して行わなければならないとされている（182条）。

争点および証拠の整理を充実させるためには、当事者がその段階で主張や書証等の提出を尽くし、適切な証人等の取調べを申請する必要があるが、そのためには、期日外であらかじめ事実関係をよく調査し、証拠を収集し、証人等の候補者に面接するなどして争点についてどのような事実を証言等することができるか把握する必要がある。また、証人および当事者本人の尋問を効率的に実施するためには、あらかじめ証人等に面接して、証人等の事実認識を具体的に確かめ、尋問事項を整理しておく必要がある。

488

規則第85条〔2〕

　以上のことから、本条は、当事者による事実関係の調査義務を定めたものと解される。当事者照会制度はそのための手段のひとつである。

　本条は旧規則4条と同一の規定であるが、旧規則では、訴訟手続に関する通則的規定として第1編「総則」第2章「訴訟手続」第1節「通則」に置かれていた。現行規則では、第2編「第一審の訴訟手続」第2章「口頭弁論及びその準備」第2節「準備書面等」の末尾、第3節「争点及び証拠の整理手続」の直前に置かれることになったが、これは本条が上記のような趣旨の規定であることからである（条解規則192頁注(1)）。

第3節　争点及び証拠の整理手続

1　争点整理手続

　現行民事訴訟法は、《民事訴訟の基本原則の下、可及的速やかに紛争の全体像を把握し、事件の振り分けを行い、裁判所と当事者および訴訟代理人とが協働して、的確な争点整理を行い、争点を決する最良の証拠を提出し、証拠調べを集中的に実施する》という争点中心審理を目指している（条解2版973頁〔上原敏夫〕、竹下守夫「新民事訴訟法制定の意義と将来の課題」講座新民訴(1) 5頁、同「新民事訴訟法と証拠収集制度」法教196号6頁〔1997年〕、加藤新太郎「争点整理手続の整備」塚原ほか編・理論と実務(上)211頁、同「争点整理手続の構造と実務」梢＝遠藤古稀247頁）。

　争点および証拠の整理手続を争点整理手続という。そもそも民事訴訟は、原告の主張する事実に対して、被告がこれを争い、裁判所がその争点について証拠調べをすることにより事実認定をし、法を適用して結論（判決）を出すという構造をもつ。このような基本構造をもつ民事訴訟手続が十分機能するためには、まさに争点に切り込んでこれを解明することが必要であり、そのために争点整理をきちんとしたうえで、争点に照準を合わせた無駄のない集中的な証拠調べをすること（182条）が不可欠である。争点整理が実効的に行われて初めて、当事者は何を争い、何を証明したらよいかが明らかになるからである。また、裁判所にとっては、的を射た適正な判断、内容のある説得的な判決（253条）をすることを容易にするばかりか、当事者が事案の見通しを立てやすくなり妥協点を見い出すことが容易になるため安んじて和解的解決に赴くことができるという効用もある。このような争点中心審理に反して、五月雨式に期日を重ねて当事者間で徒に主張と反論の応酬を繰り返しても、争点が絞り込まれなければ議論は散漫になるばかりであるし、吟味されず適切でもない証拠が期日の都度提出され次第に記録が膨大になっていき、目標の定まらない漂流型審理に陥り、その挙句焦点のぼけた要領を得ない判決書が出される結果になってしまう。争点中心審理は、そうした五

第2編 第3章 第3節　前注

月雨式審理、漂流型審理と決別するものである。

　争点整理手続は、当事者にとっては、主張すべき事項を主張し、争うべき点が明確になり、主張を裏づけるのにふさわしい証拠を証拠調手続にのせて吟味する機会を付与されたというプロセス、すなわち、争うべき点を正々堂々と争ったという納得の得られやすいフェアで透明度の高いプロセスの基礎となるものである。また、争点整理手続は、裁判所にとっても、当事者の了解可能で透明度の高い手続進行を図り、充実した口頭弁論を実施することができ、その結果、訴訟の促進、紛争解決の促進につなげることのできる重要な手続である。

　本節では、そのような争点整理手続として、準備的口頭弁論（164条〜167条）、弁論準備手続（168条〜174条）、書面による準備手続（175条〜178条）の3類型を定めている。

2　改正の経緯

　(1)　旧旧法は、争点整理手続として準備手続を定めていた（旧旧208条・266条）が、これはその対象が計算関係等を目的とする一定の訴訟に限定されていて、適用範囲は狭いものであった。

　大正15年改正においては、訴訟の促進・審理の適正を目指して、この準備手続の拡張が図られた。すなわち、準備手続を一般化し、すべての訴訟について原則として必ず準備手続を経るべきものとしたのである（旧249条）。改正後しばらくの間は立法者の期待に沿って訴訟促進の効果を発揮したが、その後は、その機能は鈍り、利用されなくなっていった。

　(2)　戦後は、準備手続については、次のような改正がみられた。

　①　昭和23年改正において、準備手続は、合議事件につき合議体が相当と認めたときに限るとし、地方裁判所の構成につき単独制をとる（裁26条）とされたことから、原則的なものから裁量的なものとなった。

　②　昭和25年改正においては、準備手続は、裁量的なものであるが、合議・単独の区別なく行うものとし、そのために従来の受命裁判官とは異なる準備手続を行う裁判官の概念を導入し（旧250条2項）、継続審理規則（「民事訴訟の継続審理に関する規則」〔昭25最高裁規則27号〕）により原則的実施が要請された（継続審理規則9条〜11条）。

　③　昭和31年改正においては、継続審理規則に代えて制定された旧民事訴訟

491

前注　第2編 第3章 第3節 争点及び証拠の整理手続

規則が、準備手続を事件が繁雑なときに限ることとし（旧規則16条・17条）、準備的口頭弁論も制度として設けた（旧規則26条）。

　(3)　準備手続の長所は、法服をつけた裁判官と平服の当事者が壇上と壇下に相対し格式張って弁論をする口頭弁論と異なり、円卓を囲み平服で比較的楽な気持で話し合えるという点にあった。準備手続において、裁判官と当事者双方との自由な話合いが行われる際、裁判官が適切にリードし、事件の真相を正しく把握し理解する当事者双方がこれに呼応して陳述すれば、争点と証拠の整理が円滑にできるはずである。すなわち、準備手続は当事者の主張が明確にされ争点が整理されて、必要な主張と不必要な主張の選別がなされ、証拠についても整理が行われて必要なものと不必要なものに分別され、必要な証拠は必ず提出されるようにするのが本来の姿である。準備手続がこうした本来の形で作動するには、当事者双方またはその訴訟代理人が紛争の実情を十分に認識・理解し、かつ必要な証拠についても的確に調査を完了していることがその前提になる。そうでないと、口頭弁論になってから、あるいは証拠調べ後になって、新たな重要な主張または証拠が提出されるなどの結果を生じるからである。

　他方、裁判官にとっても、準備手続における主張と証拠の整理は決して容易な仕事ではない。裁判官としては、これらの整理は証拠調べ前に行うことであるから、十分に正しく事実の真相を見通し、把握することが難しいし、また準備手続をした裁判官が口頭弁論に関与することになる場合には、判決において示すべき判断を事前に示すようになることをできるだけ避けなければならないという制約を受けるほか、主張と証拠の整理を誤ると訴訟の勝敗に重大な影響を及ぼすから、当事者の提出する主張・証拠を不必要として撤回を勧めることは、よほど練達な裁判官でないと困難である。また、事件が準備手続に付されても、当事者は準備手続期日に欠席しても直ちに判決を受けるという不利益を受けないし、また、まだ準備手続中であるという気持も手伝うためか、準備手続に進んで協力せず、かえって訴訟が遅延する弊害も生じがちであった。

　このような状況下において、準備手続は、①準備手続裁判官の権限が十分でなかったこと、②失権効との関係で不必要な主張・証拠の提出がされることが少なくなかったこと、③準備手続を終結する場合には、原則として要約調書等の作成が必要とされ、その負担が準備手続の利用にあたっての裁判官の心理的制約になっていたこと、④準備手続後に続く集中証拠調べがなく、その重要性に

第2編 第3章 第3節 前注

ついての認識が弱かったため、裁判所・弁護士とも争点整理の必要性を感じることが少なかったこと等の理由により、実務上あまり活用されてこなかった（条解2版974頁〔上原〕、三ヶ月・全集367頁、同「わが国の準備手続制度の問題点」研究(3)189頁、伊藤眞「民事訴訟における争点整理手続」曹時43巻9号6頁〔1991年〕、上原敏夫「訴訟の準備と審理の充実」講座民訴(4)206頁、高田裕成「争点及び証拠の整理手続終了後の新たな攻撃防御方法の提出」鈴木古稀372頁、加藤・裁量論31頁）。

　旧民事訴訟規則は、前述のとおり、準備的口頭弁論の制度を設けた（旧規則26条）。これは、準備手続にみられた当事者の欠席等懈怠の防止を図るとともに、訴訟手続を主張と証拠の整理の段階（争点整理段階）とその後の口頭弁論の段階（本質的口頭弁論の段階）とに区分し、後者においては、とりわけ証拠調べについての集中審理ができるように工夫したものであった（野間繁「弁論の集中」民訴講座(2)417頁）。そして、例えば、東京地裁においては、一時期は、準備的口頭弁論を専門的に実施する新件部を設けてこれを実施し、争点整理を終えた事件を他の部に廻して本質的口頭弁論を行う試みがされ、相応の成果を挙げたこともあるが、結局うまくはいかなかった（近藤莞爾「新件部の頃(1)(2)」季刊実務民事法2号47頁、3号76頁〔1983年〕）。

　(4)　昭和50年代に入って、審理充実の観点から、裁判所と当事者がインフォーマルに事案について意見交換する中で早期に争点を確定することを目的として「弁論兼和解」期日が活用されるようになった。弁論兼和解は、その実態において、争点整理と和解手続の融合であり、法廷以外の準備室・裁判官室においてインフォーマルに和やかな雰囲気の中で、争点整理をしながら、和解手続への乗り入れ可能なものとして実施され、その柔軟で融通無碍なところが重宝されていた。しかし、弁論兼和解は、実務上の工夫として行われており、その手続的根拠が問われるものであった（弁論兼和解の性質については、準備手続であるとする説、準備的口頭弁論であるとする説、新種の訴訟行為であるとする説、準備手続・準備的口頭弁論・和解の複合であるとする説、手続裁量と解する説などの諸説がみられた。加藤・裁量論70頁、鈴木正裕「『弁論兼和解』方式について」民訴26号47頁〔1990年〕）。また、その内容についても、和解手続との境界がはっきりせず、そのため当事者の対席が必ずしも保障されておらず、その期日に行われる行為の範囲も明確でない等の問題点も指摘されていた（条解2版975頁〔上原〕）。

　(5)　本節に定める争点整理手続のうち、弁論準備手続は、準備手続・弁論兼

前注　第2編 第3章 第3節 争点及び証拠の整理手続

和解に対する問題状況を考慮して、準備手続の問題点を立法的に改めたものである。すなわち、準備手続の問題点に対応して、①準備手続裁判官の権限が十分でなかったことについては弁論準備手続において行うことができる行為の範囲を拡張し（170条2項）、②失権効との関係で不必要な主張・証拠の提出がされることが少なくなかったことについては、失権効を基本的になくし（174条）、③準備手続を終結する場合の要約調書等の作成の負担が手続の利用にあたっての裁判官の心理的制約になっていたことについては、弁論準備手続の結果を取りまとめる負担を軽減させる等の改正が図られた。

なお、弁論準備手続が新設されたことは、弁論兼和解の争点整理手続への純化を意味するものである。したがって、これに伴い、一定の手続規制の枠組みが形成されたものであるから、現行法下では、旧法下におけるような弁論兼和解を実施することはできなくなった（不適法になった）と解される（加藤・前掲「争点整理手続の整備」塚原ほか編・理論と実務(上)220頁、滝井繁男「当事者からみた弁論準備手続をめぐる若干の問題」判タ915号52頁〔1996年〕、坂元和夫「新法下の口頭弁論とその準備 —— 実務的展望」自正48巻6号42頁〔1997年〕、条解2版990頁〔上原〕。なお、高橋宏志「争点整理手続立法序説」民訴40号104頁〔1994年〕も参照）。

3　争点中心審理を支えるサブ・システム

現行法は、争点中心審理を支えるサブ・システムというべき手続群を備えている。以下のものが、それである。

第1に、争点中心審理を進める前提として、当事者が証拠資料も含めて事実関係を争点整理の段階において十分把握していること、すなわち、当事者がインフォームドされた状態になっていることが必要である。そのためには、証拠収集手続が整備・拡充されることが要請される。この点について、現行法は、①文書提出義務の一般義務化（220条）、②文書の特定のための手続（222条）、③文書の一部等の提出命令（223条1項）、④当事者が提出命令に従わない場合および文書の使用妨害のサンクション（224条）、⑤第三者が提出命令に従わない場合における過料の金額の引上げ（同条）、⑥当事者照会（163条）、⑦訴えの提起前における照会（132条の2）、⑧訴えの提起前における証拠収集の処分（132条の4）などの定めをしている。

第2に、争点中心審理を成功させるためには、当事者が早期に主張および証拠

を提出するなど協働していくことが必要である（加藤新太郎「協働的訴訟運営とマネジメント」原井古稀149頁）。この点について、現行法は、攻撃防御方法の提出時期について、随時提出主義から適時提出主義に改めている（156条）。それに加えて、①訴状に、請求の趣旨および請求の原因のほか、請求を理由づける事実を具体的に記載し、重要な間接事実および関連証拠を記載すること（規則53条）、②訴状に基本的書証の写しを添付すべきものとすること（規則55条）、③答弁書にも、訴状と同様に重要な間接事実および関連証拠を記載し、重要な書証の写しを添付すべきものとすること（規則80条）、④相手方の主張事実を否認する場合には、その理由を記載しなければならないものとすること（理由付き否認の義務づけ〔規則79条3項〕）などの手当てをしている。

第3に、争点整理手続を整備して、準備的口頭弁論（164条〜167条）、弁論準備手続（168条〜174条）、書面による準備手続（175条〜178条）を定め、その基盤を形成している。

第4に、争点整理を終えた後は、集中証拠調べにつなげていくことが争点中心審理の根幹となる。現行法は、「できる限り」という留保付きではあるが、集中証拠調べを採用することを明文で定める（182条）。ことに、証人尋問等に使用する文書は、証人等の陳述の信用性を争うための証拠（弾劾証拠）として使用するものを除き、尋問の相当期間前までに提出しなければならない（規則102条）とするなど、きめ細かな規律がされている。

4　争点整理の意義

争点整理とは、争点および証拠の整理（164条・168条・175条）のことをいう。すなわち、争点整理とは、訴訟物に関して、十分な主要事実が主張されているか、主要事実を推認させる間接事実・推認を妨げる間接事実にはどのようなものがあるか、補助事実は何かなどを確定し、それらの事実に関連する証拠を挙げ、書証については認否（の予定）を相互に確認したうえで、相手方が争う事実と、争わない事実とを区別し、証拠調べの対象を限定する作業を指す（条解2版973頁〔上原〕、山本和彦「争点整理手続について」民商110巻4＝5号696頁〔1994年〕、加藤・前掲「争点整理手続の整備」塚原ほか編・理論と実務(上)213頁、同・前掲「争点整理手続の構造と実務」『民事手続における法と実践』255頁、村田渉「争点整理手続」大江ほか編・手続裁量98頁、前田順司「弁論準備手続のあり方」上谷清＝加

前注　第2編 第3章 第3節 争点及び証拠の整理手続

藤新太郎編『新民事訴訟法施行3年の総括と展望』137頁〔西神田編集室、2002年〕）。

　民事訴訟において最終的に意味をもつ事実（判決において勝敗の帰趨を決するもの）は、その事実を認定することができるか否かによって、主張するところの請求権が発生しているか、消滅しているか、阻止されるものであるか等が決まることになる要件事実（主要事実）である。主要事実レベルで決着がつかない事項については、間接事実の争いとなるし、証拠の信用性に関する補助事実の争いになる場合もある。

　要するに、基本的に、争点とは、規範適用において意味のある事実に関する主張の不一致のことである。この争点が、その後の証拠調べによって立証事項（証明テーマ）とされるのである。

5　争点整理の機能

⑴　争点整理の機能は、争点の範囲の縮小と争点の深化・展開とにある。

　争点の範囲の縮小とは、一見すると複数あるようにみえる争点を限定していくことである。例えば、保証契約の成否および効力が問題となるケースにおいては、本人による保証契約の成否、代理人による保証契約の成否、表見代理による成否、追認の成否のいずれもが論理的には争点になりうる。このような場合に、相手方の具体的な争い方との関連において、あるいは、提出できる証拠資料との関連において、争点の範囲を、それらのいずれかに絞っていくような作業が、争点の範囲の縮小である。

　争点の深化・展開とは、争点の対象を直接事実から間接事実・補助事実へ展開していくことである。例えば、①契約の成否が争点となっているケースについて、主要事実レベルの争いを詰めていくことにより、意思表示をした者が契約当日に契約したとされる場所には行くことのできない別の場所にいたか否かという間接事実レベルの事実上の争点になった場合、②契約書の成立の真正が問題とされているケースについて、具体的には、押捺されている印鑑の真偽に絞って証拠調べをすれば解明されるという争点として整理された場合などは、いずれも争点の深化・展開ということができる。争点の深化・展開についても、相手方の具体的な争い方との関連において、あるいは、提出できる証拠資料との関連において、争点＝証拠調べにおける立証事項（証明テーマ）の確定を図ることが要請される。争点の範囲を、それらのいずれかに絞っていくような作業ということができる。

496

第2編 第3章 第3節 前注

(2) 争点整理手続における争点の範囲の縮小（争点の絞込み）について、当事者にとっては争点を圧縮することは主張の切捨てを意味するとして、消極に解する見解（坂元・前掲「新法下の口頭弁論とその準備」自正48巻6号37頁）もみられる。例えば、賃貸借契約の解除原因として、賃料不払い、無断増改築、用法違反などいくつかの主張がされている場合には、相互の軽重はつけられるとしても、ひとつの主張に絞り込むことは困難であるという。確かに実際のケースは多様であるから、複数の契約解除原因が主張可能な場合に、ひとつの主張に絞り込むことが困難であることは想定される。しかし、そのような場合であっても、相手方の争い方や提出できる証拠資料との関連において、当事者として、攻防のポイントにしたい争点を明確にできることは多いであろう。そのように主張に優勢順位をつけることも、それをしない場合と比較すれば、総花的主張という印象は減り、審理の充実＝証拠調べの実効化に資するものといえる。これも、広い意味での、争点の範囲の縮小（争点の絞り込み）と考えることができる。すなわち、争点整理手続における争点の範囲の縮小（争点の絞込み）は、それ自体が自己目的となるものではなく、複数ある主張を常にひとつに限定するというような困難を強いるものではない。争点整理の次に控える集中証拠調べとの関連において、攻防のポイントにしたい争点＝立証事項（証明テーマ）の確定という目的的な機能を果たすことに意義があるものと解されるのである（加藤・前掲「争点整理手続の整備」塚原ほか編・理論と実務(上)214頁、同・前掲「争点整理手続の構造と実務」『民事手続における法と実践』263頁）。

(3) 争点は浮動的・可変的なものであるから、早期にこれを絞り込むことは疑問であるとする見解（井上治典『民事手続論』104頁〔有斐閣、1993年〕）がみられる。しかし、争点整理の途中で、当面の争点が相手方の認否や提出された証拠により変化することがあるが、それは当然のことであり、これをもって、争点は浮動的・可変的なものというのは、争点の用法としてはおかしい。なぜなら、当事者の主張する法的構成が適切にされており、認否・証拠関係の押さえがきちんとされていれば争点が動くということはなく、争点が動くようにみえるのはいまだ争点整理が途中段階にあるからであり、これが完了すれば争点は定まるものであるからである（加藤・裁量論102頁、同・前掲「争点整理手続の構造と実務」『民事手続における法と実践』263頁）。

(4) 争点は、基本的に、規範適用において意味のある事実に関する主張の不

前注　第2編 第3章 第3節 争点及び証拠の整理手続

一致のことであるから、争点整理も、規範適用において意味ある事実を対象に行うことになる。ここまでは、異論のないところである。

問題は、争点整理の対象を規範適用において意味ある事実に限定するかどうかである。この問題については、見解の対立がみられ、多数説は、争点整理の対象を規範適用において意味ある事実に限定して考える（厳格説）。これに対して、緩和説というべき有力説もみられ、これには、①和解などに役立つ背景事情・周辺事情についての認識の不一致も争点であると捉える見解（伊藤・前掲「民事訴訟における争点整理手続」曹時43巻9号4頁）、②事件の背後にある社会的事実、その訴訟の前提となる社会的紛争実態が何であるかをも視野に入れた争点整理をすべきであるとする見解（篠原勝美ほか『民事訴訟の新しい審理方法に関する研究』司法研究報告書48輯1号68頁〔1996年〕）、③紛争の全体像・紛争の経過を把握して、いわば訴訟の質に着目して手続をどのように運営していくか、例えば、和解の方向に誘導するか、判決による解決に赴くかなどを考える手続運営論的思考も必要であるから、争点整理は、一次的には、規範適用において意味ある事実を対象とする（原則型）が、二次的に背景事情を対象とすることを許容してよい（応用型）とする見解（加藤新太郎「民事訴訟における争点整理」加藤編・審理148頁。同説は、①②説の含意するところを、訴訟運営論の観点から実践的に再構成したものといえる）などがある。

事案の性質を考慮すると、実務的には、次のような類型が想定される。

(i)　一定の事実関係が明確になれば、他の細かな背景事情如何にかかわらず結論が動きそうにない場合

(ii)　主要事実そのものが証拠に照らしても漠然としており、背景事情などを押さえることに意味がない場合

(iii)　認定すべき事実の意味合いについて、評価を加えて認識することが必要な場合

(iv)　争点となっているのが紛争の一部であり、全体の構図を押さえることにより事件のスジが見通しやすくなる場合

(v)　和解的解決が適切であり、そうした解決を図ろうとする場合

(i)と(ii)は、厳格説でも緩和説でも、問題なく争点整理の対象は規範適用において意味ある事実に限られるといえよう。これに対して、(iii)から(v)は、厳格説においては、争点ではないものについて証拠調べを許容するのは難しいから、緩和説

でなければ、背景事情をも対象とする争点整理をすることができないと考えられやすい。しかし、(ⅲ)(ⅳ)については、背景事情にも規範的な意味がある場合であるから、実効性ある争点整理という観点からは、これも争点整理の対象とすることが相当である。(ⅴ)は、和解的解決のための背景事情を争点整理の対象とすることになるが、これは、規範的な議論としては、争点整理として行うことは相当とはいえない（和解のための背景事情の整理作業が必要な場合には、和解協議ないし意向調整として自覚的に行われるべきである）。このように議論を整理してくると、争点整理は規範適用において意味ある事実を対象とするが、間接事実・補助事実はもとより、背景事情であっても規範的な意味を有する場合には、争点整理の対象となると解することが相当であるといえよう。緩和説のように、例外的とはいえ、和解まで視野に入れることを認めると争点整理が拡散する懸念があるし、実際にみられる多様なケースの存在を考えると、厳格説のようなやや狭い争点整理では、柔軟性に欠けるという懸念がないとはいえないから、以上のような中間的な理解が相当であると解される。

6　争点整理手続の選択肢の多様化

(1)　現行法は、争点整理手続として、準備的口頭弁論（164条〜167条）、弁論準備手続（168条〜174条）、書面による準備手続（175条〜178条）が整備された。このように争点整理手続の選択肢が多様になったことは、事件の内容・性質、当事者の弁論準備の程度、当事者の事件進行についての意向、当事者・訴訟代理人・関係者の人数などに相応した手続選択が可能になることを意味する。その手続選択にあたっては、状況適合性が求められ、臨機応変かつ柔軟であることが要請される。争点整理手続の選択も、当事者の手続保障に十分な配慮をしつつ、裁判所の賢明な手続裁量に委ねられる。

争点整理手続相互の関係については、①公開の法廷における口頭弁論が充実することが重要であるという観点から、準備的口頭弁論を原則とする見解（川嶋四郎「口頭弁論の準備について」法時68巻11号8頁〔1996年〕、坂元和夫「弁論準備手続(4)」新大系(2)312頁、研究会181頁〔田原睦夫発言〕）、②争点整理の目的からして、法廷か法廷外かという場所の問題だけでなく、当事者と裁判所が緊密に意見を交換しながら争点整理を進めることができる弁論準備手続が、原則的な争点整理の方式であるとする見解（伊藤281頁、萩澤達彦「弁論準備手続きについて」

前注 第2編 第3章 第3節 争点及び証拠の整理手続

石川古稀(上)633頁、井上稔「準備的口頭弁論」新大系(2)235頁)、③弁論準備手続
は争点整理手続として汎用的であることから、当事者が公開の口頭弁論期日での
争点整理を希望するもの以外は、弁論準備手続によって争点整理をしていくこと
が常態になるとみる見解（加藤新太郎「弁論準備手続の機能」争点〔第3版〕165
頁、小山稔「争点整理総論」新大系(2)220頁）、④書面による準備手続は、「当事
者が遠隔の地に居住しているときその他相当と認めるとき」(175条)という要件
があり、このような制限のない準備的口頭弁論・弁論準備手続に対し例外的なも
のとする見解（村田・前掲「争点整理手続」大江ほか編・手続裁量101頁）、⑤相
互に優劣はなく、事件に応じて最も適した手続を選択すべきであるとする見解
（上原敏夫「弁論準備手続」講座新民訴(1)317頁）などがみられる。

　争点整理手続は、審理の手続構造の一部であり、審理の原則的形態は口頭弁論
であるから、そのような意味では、構造的に準備的口頭弁論が原則型であるとみ
ることが相当であろう。しかし、争点整理手続の運用論としては、②説・③説
の説くところが妥当するものと考えられる。実際にも、現行法制定後、争点整理
手続の実施率は著しく増加しているが、多くは弁論準備手続が実施されており、
準備的口頭弁論が実施されるのは少数にとどまっている（菅野雅之「訴訟促進と
審理充実——裁判官から」ジュリ1317号65頁〔2006年〕）。

　(2)　準備的口頭弁論は、本質的口頭弁論に対する講学上の概念であり、旧規
則26条にその根拠をもつものであった。すなわち、旧規則26条は「準備手続を経
ない口頭弁論において争点及び証拠の整理が完了したときは、その旨を調書に記
載しなければならない」と定めており、この規定による争点整理のための口頭弁
論を準備的口頭弁論と呼んでいたのである。もっとも、この規定に基づく調書の
記載はほとんど行われておらず、争点整理手続として意識された準備的口頭弁論
は行われていなかった（一問一答174頁）。現行法上の準備的口頭弁論は、法律事
項に格上げし、証明すべき事実の確認（165条）、手続終了効としての説明義務
（167条）などの規定を設け、争点整理手続として整備したものである。

　争点整理の必要性があり、それを準備的口頭弁論において実施することに相当
性がある場合に行われる。準備的口頭弁論の特徴は、弁論準備手続および書面に
よる準備手続と異なって、①口頭弁論の一種であり、公開の法廷で行われるフ
ォーマルな手続であること、②争点整理に必要な限り、あらゆる訴訟行為がで
きることであるが、弁論準備手続と同様に、③法壇のないラウンドテーブル法

500

廷において膝を交えた雰囲気での意見交換も実現することも可能である。

　準備的口頭弁論により争点整理を実施するのが相当な典型的事件類型としては、多数当事者訴訟、政策形成訴訟、多数の傍聴人が予想される社会的耳目をひく事件（伊藤281頁）、当事者の利害対立・感情対立が激しい事件、訴訟代理人間の信頼関係がまったくない事件、争点整理のために人証調べを実施する必要がある事件などが想定される。

　(3)　弁論準備手続は、準備手続・弁論兼和解に対する問題状況を考慮して、旧法の準備手続が利用しにくかったところを立法的に改めたものである。すなわち、①弁論準備手続において行うことができる行為の範囲を旧準備手続よりも拡張し（170条2項）、②失権効を基本的になくして、提出制約効に変更し（174条）、③弁論準備手続の結果を取りまとめる負担を軽減させる等の改正がされたのである。さらに、弁論準備手続は、実務上行われていた弁論兼和解の争点整理機能に純化した手続として再構成したものでもある（加藤・前掲「争点整理手続の整備」塚原ほか編・理論と実務(上)215頁）。

　争点整理の必要性があり、それを弁論準備手続において実施することに相当性がある場合に、当事者の意見を聴取したうえで行われる。弁論準備手続の特徴は、①準備室等で行われるインフォーマルな手続であり、膝を交えた雰囲気での意見交換が可能であること、②原則的に非公開、例外的に傍聴許容（当事者公開）であること、③行うことができる訴訟行為に制限があり、人証調べはできないこと、④電話会議システムの利用ができる（一方当事者の不出頭を許すことができる）こと、⑤受命裁判官による弁論準備手続の実施が可能であることなどである。

　弁論準備手続により争点整理を実施するのが相当な事件は、この手続が汎用性あるものであることから実際にも多く、準備的口頭弁論で争点整理を行うべき事件を除いた事件すべてについて実施することが可能である。とりわけ、当事者のプライバシー・秘密保護に配慮すべき事件は、②の点から、一方当事者の出頭が困難な事情のある事件は、④の点から、弁論準備手続を実施することが相当であると考えられる。

　(4)　書面による準備手続は、ドイツ民訴法の書面による事前手続（いわゆる書面先行手続）をモデルにして創設されたものである。ただ、裁判所は、第1回口頭弁論期日前に限らず、期日間でも事件を書面による準備手続に付することがで

前注　第2編 第3章 第3節 争点及び証拠の整理手続

きること等、ドイツの書面による事前手続とはかなり異なったものとなっている（研究会216頁～217頁〔福田剛久発言・柳田幸三発言〕）。

　書面による準備手続は、争点整理の必要性があり、それを書面による準備手続において実施することに相当性がある場合において、当事者が遠隔地に居住しているなど裁判所が相当と認めるときに、当事者の意見を聴取したうえで行われる。書面による準備手続の特徴は、①準備的口頭弁論および弁論準備手続と異なって期日が開かれることがなく（ただし、音声の送受信による通話の方法による協議の日時が指定されることはある〔規則91条〕）、したがって書証を含め証拠調べを実施することはできないこと、②書面を交換するほか、電話会議システムを利用して行う手続であること、③裁判長が実施する手続であることなどである。

　書面による準備手続により争点整理を実施するのが相当な事件は、①当事者・訴訟代理人が遠隔地に居住している事件、②当事者が病気等で裁判所に出頭することが困難な事件、③訴訟代理人が多忙等の事情で期日が入りにくい事件などである。当事者・訴訟代理人が遠隔地に居住するという事情がある場合には、裁判所に出頭するための費用と時間を通常の場合以上に要するばかりでなく、期日の調整も困難となり、審理遅延の要因となる蓋然性が高いため、この手続が新設されたことの意義は少なくない。実際にも、この手続は、遠隔地当事者間の訴訟等に利用されており、中小規模の裁判所支部においてはこの手続の利用率が高いところもある（菅野・前掲「訴訟促進と審理充実」ジュリ1317号65頁）。

7　争点整理と民事訴訟の基本原則との関係

　(1)　争点整理手続と公開原則の関係について、法改正時に議論がみられた。準備的口頭弁論は公開が保障されており、書面による準備手続はその形態からして公開になじまないが、弁論準備手続について公開との関係でどのような手続として構想するかという問題である。憲法82条は、審理の核心部分である「対審」の公開を保障しているところ、審理の核心部分とは、争点についての証拠調べを意味すると解されるから、これを公開することが憲法上要請される（注釈(3)11頁〔伊藤眞〕）。したがって、証拠調べ以前の段階は非公開で差し支えないのであり、実際にも、旧法の準備手続は非公開とされていた。そうすると、弁論準備手続における公開の是非は立法政策の問題である。

　現行法は、弁論準備手続における公開につき、原則的に非公開、例外的に傍聴

許容（当事者公開）とした。すなわち、弁論準備手続は非公開で行われるのが原則であるが、裁判所は「相当と認める者」について傍聴を許すことができる（169条2項）。さらに、「当事者が申し出た者」については、一定の場合を除き、その傍聴を許さなければならない（同条但書）。こうした規律は、全部非公開と原則公開との中間的な形態を認めたものであり、公開原則の効用である裁判の公正の担保、オーディエンス効果を一定の限度で弁論準備手続にも及ぼそうというものである（加藤・前掲「争点整理手続の整備」塚原ほか編・理論と実務(上)211頁。これに対して、争点整理手続は、人証調べと並んで、本来的な弁論・対論の中心的位置を占めるから、弁論準備手続を一律に非公開とすることの是非が改めて問われなければならないとする見解として、堤龍弥「審理方式としての口頭弁論」鈴木古稀306頁）。

(2)　争点整理手続と当事者の手続保障との関係については、どのような規律がされているか。この点については、現行法では、①弁論準備手続・書面による準備手続における当事者の関与の保障（169条1項・176条3項）、②弁論準備手続・書面による準備手続に付する際の当事者の意見聴取（168条・175条）、③弁論準備手続の当事者双方の申立てによる必要的取消し（172条）の定めがされている。

準備的口頭弁論は、口頭弁論であるから対席原則は当然であるが、①により、弁論準備手続においても、当事者の対席が保障されることになるし、書面による準備手続においても、電話会議システム利用の際の当事者の同時関与が保障されることになる。

②は、当事者の主体性・自律性を尊重するという観点から、裁判所は弁論準備手続・書面による準備手続については、当事者の意見を聴いて各手続を選択するというものである。この当事者の意見聴取の定めについては、(i)緩やかな枠組みでの手続合意（審理契約）を含意する規定であり、裁判所には聴取した当事者の意見に対する応答義務があるとする見解（山本和彦「弁論準備手続」ジュリ1098号57頁〔1996年〕）、(ii)手続選択におけるメタ弁論の活性化を図る趣旨のものであり、手続裁量の考慮要素についての注意規定と解する見解（加藤・前掲「争点整理手続の整備」塚原ほか編・理論と実務(上)244頁）がみられる。当事者の意見は、手続申立権ないし異議申立権とは異なり、裁判所の手続選択の際に参考にすべき性質のものであると解されるから、(ii)説が相当である。もっとも、実際には、

前注　第2編 第3章 第3節 争点及び証拠の整理手続

当事者双方が反対の意見を述べた場合に、裁判所が職権で弁論準備手続・書面による準備手続に付することにしたとしても、当事者の協力は期待することはできず、円滑な手続進行を図ることが困難であるから、そうした進行をしようとはしないであろう。特に、弁論準備手続については、あえてこの手続に付したとしても、当事者双方の申立てがされれば手続を取り消すことが必要となるから、一層そのようにいえる。しかし、当事者の一方が弁論準備手続を強く希望しているのに対して、相手方が格別の理由もなく反対しているような場合については、裁判所として、この手続に付することは考えられる。

　③の弁論準備手続の当事者双方の申立てによる必要的取消しの定めは、当事者の手続選択の意向が手続裁量の制約要素として法定されたものである（加藤・前掲「争点整理手続の整備」塚原ほか編・理論と実務(上)228頁）。

　(3)　争点整理手続と直接主義との関連については、どのような規律がされているか。

　準備的口頭弁論は、直接主義原則がそのまま適用される。弁論準備手続は、口頭弁論において、弁論準備手続の結果を陳述することが必要である（173条）。また、書面による準備手続は、口頭弁論期日外の手続であるから、この手続終結後の口頭弁論期日において、攻撃防御方法を提出するとともに、その後の証拠調べによって証明すべき事実を裁判所と当事者との間で確認する（177条）。このように、弁論準備手続と書面による準備手続とは、その手続の有する性質との関連において、それぞれ直接主義の要請に応えているのである（加藤・前掲「争点整理手続の整備」塚原ほか編・理論と実務(上)218頁）。なお、この点に関連して、弁論準備手続の結果陳述につき、形式的な陳述では足りず、口頭弁論において、少なくとも2、3分の時間をとり、原告・訴訟代理人から口頭で争点を明らかにしてもらい、次に、被告・訴訟代理人にその内容を確かめてもらう程度の陳述がされる必要があるとする見解（中島弘雅「口頭主義の原則と口頭弁論の在り方」鈴木古稀355頁）もみられる。

8　争点整理のインセンティブとサンクション

　争点整理手続について目的適合的な利用を促進しようと考えると、当事者にインセンティブを付与することが必要であるし、目的を阻害する手続利用に対してはサンクションを科することが相当であろう。

第2編 第3章 第3節 前注

争点整理手続におけるインセンティブとは、争点整理をきちんとすることにより、審理が充実・促進し、早期に事件が解決するということであろう。

争点整理手続におけるサンクションとは、一方当事者が真摯に対応したのにもかかわらず、他方当事者が何らの理由もないのに一定の主張・証拠を提出しなかったという場合に、相応の効果を付与することである。この点について、現行法は、各争点整理手続を終えた後における新たな攻撃防御方法の提出につき、提出する側の当事者に説明義務を課するというマイルドな効果（提出制約効）を与えることとしている（167条・174条・178条）。旧法の準備手続は、失権効をおそれるあまり当事者が総花的主張・仮定的な抗弁を主張し、そのため機能不全に陥ったことを考えたときに、提出制約効はその轍を踏まないようにという配慮の下の定めであり、失権効の負のイメージからの脱却を図ったものといえよう（加藤・前掲「争点整理手続の整備」塚原ほか編・理論と実務(上)218頁、高田裕成「争点及び証拠の整理手続終了後の新たな攻撃防御方法の提出」鈴木古稀374頁）。

9 争点整理の理想と現実

争点整理手続は、当事者にとっては、争うべき点を正々堂々と争ったという納得の得られやすいフェアで透明度の高いプロセスであり、裁判所にとっても、当事者の了解可能で透明度の高い手続進行を図り、充実した口頭弁論を実施することができ、その結果、訴訟の促進、紛争解決の促進につなげることのできる重要な手続である。その趣旨・目的を活かすような運用がされることが理想である。

現行法が施行された平成10年以降、実務においては裁判官・訴訟代理人弁護士の熱心な取組みがみられた。個別にみると問題のあるケースも散見され、地域的偏差もあるが、争点整理の実施は確実に定着しつつあり、地裁事件の3件に2件は弁論準備手続を経るようになっている。各地の高裁において、1回の期日で結審する控訴事件の割合が7割にもなっていることは、第一審において争点整理が適切にされていることを背景とするものである。争点整理がされ、争点中心審理ができている判決は、概ね事実認定が適切である。また、当事者としても、「①自らの主張が不足していた、②立証が不足していた」ということは少なく、控訴理由としては、「③裁判官が法規・経験則の適用や証拠評価を誤った」というものとなる。控訴審としては、新たに主張と反論を闘わせる必要は乏しく、第1回期日までに記録を読み込んでおけば、1回で結審し、和解ができるもののほか

505

前注　第2編 第3章 第3節 争点及び証拠の整理手続

は、判決をすることができることになるのである。

　ところで、なお争点整理が十分でない実務例、現行法施行時の裁判官・訴訟代理人弁護士の熱意が薄れて争点整理が形骸化している実務例も散見される。例えば、①大規模事件で弁論準備期日を指定することなく、準備的口頭弁論にもすることなく、口頭弁論期日でのみ審理した結果、判決で判断の筋道につき混線している事例、②通常の事件で弁論準備期日を指定することなく口頭弁論期日でのみ審理している事例、③弁論準備手続が実施されているケースでも、争点形成に問題がある事例（その原因は、裁判官と訴訟代理人弁護士との間で、主張・反論について議論することなく、証拠についても意見交換せず、弁論準備期日が書面の交換をするだけの期日になっていることによる）などがこれである。裁判官・訴訟代理人弁護士とも、口頭による意見交換をすることなくして実効的な争点整理はできないことに思いを至し、弁論準備手続を活性化させることは実践的課題であり続けるといわなければならない（林道晴「口頭による争点整理と決定手続」田原古稀(下)995頁、加藤・前掲「争点整理手続の構造と実務」『民事手続における法と実践』263頁。なお、東京地方裁判所プラクティス第二小委員会「争点整理の現状と今後のあるべき姿について」判タ1396号5頁〔2014年〕、八尾渉「争点整理のための心証開示について」民訴62号154頁〔2016年〕も参照）。

第1款　準備的口頭弁論

　本款は、現行法が設けた三つの争点および証拠の整理（以下、単に「争点整理」という）手続のうち、準備的口頭弁論について定めたものである。準備的口頭弁論も口頭弁論であることに変わりはないので、他の二つの争点整理手続（弁論準備手続および書面による準備手続）と異なって公開の法廷で争点整理のための手続が行われなければならないという特色を有する。現行法が制定された際には、争点整理においても、公開の法廷における口頭弁論が充実することが重要であるという観点から、準備的口頭弁論が争点整理手続の主流となるべきであるという意見も強かった（研究会181頁〔田原睦夫発言〕）。

　旧法には準備的口頭弁論に関する規定はなく、旧規則26条が「準備手続を経ない口頭弁論において争点及び証拠の整理が完了したときは、その旨を調書に記載しなければならない」と定めており、この規定による争点整理のための口頭弁論を準備的口頭弁論と呼んでいたが、この規定に基づく調書の記載はほとんど行われておらず、争点整理手続として意識された準備的口頭弁論は行われていなかった（一問一答174頁）。現行法は、証明すべき事実の確認（165条）、手続終了効としての説明義務（167条）などの規定を設け、準備的口頭弁論を争点整理手続として整備した。そして、運用の面でも、法壇のないラウンドテーブル法廷が準備的口頭弁論を行う法廷として活用されることが期待された（研究会180頁〔福田剛久発言〕）。

　しかし、実際には、争点整理手続としては、多くの場合、弁論準備手続が利用されており、準備的口頭弁論の利用は、例外的なものにとどまっている（東京地裁プラクティス委員会第三小委員会「民事訴訟の現状と今後の展望(1)」判タ1301号6頁〔2009年〕、東京地裁プラクティス委員会第二小委員会「争点整理の現状と今後の在るべき姿について」判タ1396号6頁〔2014年〕参照）。ラウンドテーブル法廷においても、準備的口頭弁論ではなく、弁論準備手続や通常の口頭弁論が実施されている（東京地裁プラクティス委員会第三小委員会・前掲「民事訴訟の現状と今後の展望(1)」判タ1301号14頁）。準備的口頭弁論の手続終了効である相手方当事者に対する説明義務（167条〔1〕〔2〕参照）が機能しておらず、準備的口頭弁論が争点整理を目的とした通常の口頭弁論と異ならないものになっていることも、

第164条〔1〕〔2〕　第2編 第3章 第3節 第1款 準備的口頭弁論

その原因のひとつと考えられる。

（準備的口頭弁論の開始）[1]

第164条　裁判所は、争点及び証拠の整理を行う[2]ため必要があると認めるとき[3]は、この款に定めるところにより[4]、準備的口頭弁論を行うことができる[3]。

〔1〕　本条の趣旨

(1)　本条は、裁判所はその裁量によって争点および証拠の整理を行うという目的に限定された口頭弁論を開始することができること、その口頭弁論を準備的口頭弁論と呼ぶこと、一般の口頭弁論とは異なる準備的口頭弁論の内容はこの款に定めることを規定したものである。

(2)　現行法が一般の口頭弁論のほかに準備的口頭弁論を設けた趣旨については本款の前注を参照されたい。準備的口頭弁論は口頭弁論の一種であるから、第3章第1節「口頭弁論」の中に規定してもおかしくないものであるが、あえて第3節「争点及び証拠の整理手続」の中に規定したのは、現行法が準備的口頭弁論を争点および証拠の整理手続の大きな柱と考えているからである（一問一答174頁）。

〔2〕　争点および証拠の整理

争点および証拠の整理（以下、単に「争点整理」という）とは、双方当事者の主張（権利の発生、変更、消滅という法律効果を発生させる事実についての主張）を明確化し、必要に応じて追加、変更、撤回したうえで、争いのある事実と争いのない事実に区別するとともに、証拠（当該事実の存在を立証する証拠、いわゆる本証だけでなく、当該事実の不存在を立証する証拠、いわゆる反証も含む）を整理する（証拠の申出、申出の撤回、申出の採否等を行う）ことである。旧法下における実務において、準備書面を陳述するだけの形式的口頭弁論を重ねるだけで真の争点が明らかにならなかった（この款の前注参照）原因のひとつに、主要事実のレベルでの主張のやりとりを中心とした争点整理になりがちで、証拠と結び付いた間接事実のレベルでの主張のやりとりが十分に行われないことが多かったことが挙げられていた（岩佐善己＝中田耕三ほか『民事訴訟のプラクティスに関する研究』76頁〔司法研究報告書40輯1号、1988年〕）ので、現行規則は、訴状、答

508

弁書には、「立証を要する事由ごとに、当該事実に関連する事実で重要なもの及び証拠を記載しなければなら」ず（規則53条1項・80条1項）、「立証を要する事由につき、重要な書証の写しを添付しなければならない」（規則80条2項）と定め、同様の定めを答弁に対する反論の規定（規則81条）や準備書面の規定（規則79条4項）にも置いた。したがって、現行法下では、訴状の記載事項、すなわち、訴訟の最初の段階から、権利の発生、変更、消滅という法律効果を直接発生させる主要事実だけでなく、主要事実の存否を推認させる重要な間接事実についても主張と証拠の整理を並行して行うことになる。

〔3〕　準備的口頭弁論の開始

　裁判所は、争点整理が必要であり、そのための手続として準備的口頭弁論が相当であると判断したときは、準備的口頭弁論を開始する旨の決定をする。弁論準備手続（第2款）や書面による準備手続（第3款）のようにその開始にあたって当事者の意見を聴くことは義務づけられていない（本款の前注参照）。裁判所が弁論準備手続や書面による準備手続、あるいは一般の口頭弁論ではなく、準備的口頭弁論を争点整理のために採用するかどうかは、その裁判所の裁量によるが、採用されるケースとしては、次のようなものが考えられる（福田剛久「準備的口頭弁論と書面による準備手続」講座新民訴(1)300頁）。もっとも、本款の前注に記載したとおり、準備的口頭弁論の手続終了効である相手方当事者に対する説明義務（167条〔1〕〔2〕参照）が機能していないこともあって、現状では、準備的口頭弁論はあまり利用されていない。

　(1)　準備的口頭弁論は、口頭弁論の一種であるから、憲法82条1項に定める「対審」に該当し、公開法廷で行わなければならない。したがって、社会の耳目を引く事件、傍聴人が多い事件など、公開の要請の高い事件では、一般に、公開することを要しない弁論準備手続ではなく、準備的口頭弁論が適する。

　(2)　公開の要請の高い事件では、旧法下におけると同様に、一般の口頭弁論で争点を整理することが考えられる（その場合も、口頭弁論期日と口頭弁論期日との間に進行協議期日〔規則95条〕を置いて、できるだけ口頭弁論期日に実質的な弁論を行うようにする工夫もされるようになっている）が、準備的口頭弁論は、一般の口頭弁論と異なり、その終了にあたっては証明すべき事実を確認し（165条）、終了後の攻撃防御方法の提出については説明義務が発生するので、このような効果を背景にして、集中的・計画的な争点整理をすることが望まれる事件では、一

509

第164条〔4〕 第165条・規則第86条 第2編 第3章 第3節 第1款 準備的口頭弁論

般の口頭弁論ではなく、準備的口頭弁論が適する。

(3) 準備的口頭弁論では、争点整理のために人証の取調べや鑑定等を実施することもできる（本款の前注参照）ので、そのような証拠調べをしなければ争点整理が進まないような事件では、書証の取調べしかできない弁論準備手続（170条2項）ではなく、準備的口頭弁論が適する。

(4) ラウンドテーブル法廷が十分に整備され、各裁判官が自由に使用できるような裁判所では、準備的口頭弁論であっても、準備手続室等で行われる弁論準備手続と同じく、膝付き合わせて証拠を見ながら討論することが可能になるので、ラウンドテーブル法廷の整備が十分でない裁判所よりも、準備的口頭弁論を採用することが多くなろう。もっとも、本款の前注に記載したとおり、現状では、ラウンドテーブル法廷においても、弁論準備手続や通常の口頭弁論が実施されている。

〔4〕 準備的口頭弁論の内容

本条は、準備的口頭弁論が争点および証拠を整理するための口頭弁論であることを明らかにしているが、その具体的内容は、165条以下に定められることになり、結局、準備的口頭弁論とは、165条以下の内容（その終了にあたっては証明すべき事実を確認し、終了後の攻撃防御方法の提出については説明義務が発生する等）を有する点で一般の口頭弁論とは異なる口頭弁論であるということになる。

（証明すべき事実の確認[1]等）

第165条 裁判所は、準備的口頭弁論を終了するに当たり、その後の証拠調べにより証明すべき事実を当事者との間で確認するものとする[2]。

2 裁判長は、相当と認めるときは、準備的口頭弁論を終了するに当たり、当事者に準備的口頭弁論における争点及び証拠の整理の結果を要約した書面を提出させることができる[3]。

（証明すべき事実の調書記載等・法第165条）

規則第86条 裁判所は、準備的口頭弁論を終了するに当たり、その後の証拠調べによって証明すべき事実が確認された場合において、相当と認めるときは、裁判所書記官に当該事実を準備的口頭弁論の調書に記載させなければならない[4]。

510

第165条・規則第86条〔1〕〔2〕

2 裁判長は、準備的口頭弁論を終了するに当たり、当事者に準備的口頭
弁論における争点及び証拠の整理の結果を要約した書面を提出させる場
合には、その書面の提出をすべき期間を定めることができる[5]。

〔1〕 本条の趣旨

準備的口頭弁論は、争点および証拠の整理（以下、単に「争点整理」という）
のための手続であるから、その終了時には、争点整理（その内容は164条〔2〕参
照）が終了し、その後は、残った争点について、人証の取調べや鑑定等、争点整
理手続ではできなかった証拠調べを実施し、その結果によって判決が下されるこ
とになる。そこで、本条は、準備的口頭弁論の終了にあたっては、今後の証拠調
べで証明すべき事実（以下、「要証明事実」という）が何であるかを裁判所と両当
事者が確認してその認識を共通のものとし、争点整理の結果を書面で明確にする
必要がある場合は、当事者に争点整理の結果を要約した書面（以下、「要約書面」
という）を提出させることができることにしたものである。

〔2〕 要証明事実の確認

(1) 準備的口頭弁論が終了するときには、通常は、争点に関する議論が尽く
され、文書送付嘱託（226条）、調査嘱託（186条）、文書提出命令（220条以下）等
の証拠収集手続もすべて終了し、弾劾証拠以外の書証はすべて提出されているは
ずであるから、それによって解消された争点あるいは明らかになった事実も存在
するはずである。したがって、準備的口頭弁論終了後は、人証の取調べ、検証、
鑑定というような証拠調べを実施しなければ判断できない事項だけが残ることに
なる。これが要証明事実である。要証明事実は、争点整理の結果残った争点とほ
ぼ一致するが、同一ではない。争点整理の結果、事実に争いはなくなったが、そ
の事実に対する法律の適用、法解釈に争いが残った（法律上の争点が残った）と
いう場合もありうるが、そのような場合は、それ以上証拠調べをする必要はなく、
口頭弁論を終結して判決をすることになるから、要証明事実は存しないが、争点
は残っていることになる（研究会185頁〜186頁〔柳田幸三発言・田原睦夫発言・福
田剛久発言〕。なお、高橋宏志ほか「《座談会》民事訴訟法改正10年、そして新たな
時代へ」ジュリ1317号24頁〔秋山幹男発言・福田剛久発言〕〔2006年〕参照）。

(2) 現行法・現行規則は、重要な間接事実のレベルまで争点整理が行われる
ことを求めており（例えば、訴状・答弁書・準備書面には、「立証を要する事由ご

511

第165条・規則第86条〔3〕 第2編 第3章 第3節 第1款 準備的口頭弁論

とに、当該事実に関連する事実で重要なもの」を記載しなければならない〔規則53条1項・80条1項・81条〕)、要証明事実は、主要事実に限られず、むしろ、重要な間接事実のレベルで要証明事実が確認されることが望ましい。実際にも、必要な書証がすべて提出されたうえで争点について議論が尽くされると、近年定着してきた採用予定の人証の陳述書の事前提出の運用と相俟って、裁判所も両当事者も、特定の間接事実の存否が人証の取調べのポイントになるという共通認識を有するようになることが多くなってきている。

(3)　要証明事実の確認は、裁判所だけでできるわけではなく、裁判所と両当事者との3者間で何が要証明事実であるかということについて認識が一致しなければならないので、議論を尽くしてもその一致がみられないときは、要証明事実の確認はできない。この場合は、要証明事実の確認をしないで準備的口頭弁論を終了することになる。しかし、実際には、争点整理が十分に行われていながら要証明事実についての認識が一致しないという事態はほとんど生じない。特に、各期日において確認されたその時点での争点や、次回期日までの準備事項、今後の審理予定などを記載した事務連絡文書（「プロセスカード」等の名称を付されている〔福田剛久「民事訴訟の新しい実務」判タ1077号26頁〔2002年〕、大森文彦ほか「《座談会》民事訴訟の新展開(下)」判タ1155号24頁～27頁〔2004年〕の議論、高橋ほか・前掲「《座談会》民事訴訟法改正10年、そして新たな時代へ」16頁〔秋山発言・福田発言〕)を書記官が作成し、裁判官がチェックしたうえで両当事者に送付（ファクシミリ送信）する運用が行われれば、準備的口頭弁論を続ける中で、自ずと要証明事実についての認識が共通化されてくることになる。しかし、近年、このような運用は減少しているようである。

〔3〕　**要約書面の提出**

(1)　本条の要約書面についての定めは、旧法下の準備手続における要約準備書面についての定め（旧規則21条1項）を引き継いだものである。しかし、本条の定める要約書面は、旧法下で、要約準備書面の提出や要約準備書面が提出されない場合の要約調書（裁判所が要約した準備手続の結果を記載したもの。旧規則21条2項）の作成の負担が重いことが準備手続が利用されなくなった原因のひとつであったという反省のうえに立ったものであるから、旧法下の要約準備書面のような詳しい内容のものは要求されず、残った争点の内容だけを記載したものでも足りると解される。

第165条・規則第86条〔4〕

(2)　裁判長は、「相当と認めるとき」に限って当事者に要約書面の提出を求めることになる。必要な書証がすべて提出され、争点に関する議論も尽くされれば、自ずと要証明事実についての認識が裁判所と両当事者との間で共通化される（前記プロセスカード等の事務連絡文書が作成され、両当事者に交付されていれば、それ以上に改めて要約書面の提出を求める必要のないことも多い）ので、当事者に要約書面の提出を求める必要性が認められる場合としては、争点が多岐にわたっていて、各争点の内容を明確にするために書面化していたほうがよいと思われる場合や、当事者が争点に関係する多くの間接事実を主張しており、当事者の言い分として、それを書面化しておいたほうがよいと思われるような場合に限られよう。

(3)　要約書面は、各当事者がそれぞれに作成することも、一方当事者が相手方の主張も含めてひとつの要約書面を作成することも差し支えないが、主張の食い違いを生じないためにも、また、わかりやすさの点からも、両当事者が協力してひとつの要約書面を作成することが望ましい。最近では、両当事者が協力して争点整理表を作成するという運用も行われるようになってきている（福田・前掲「民事訴訟の新しい実務」判タ1077号）が、この争点整理表も一種の要約書面と理解してよい。

〔4〕　**要証明事実の調書記載**

(1)　前記のとおり、争点整理が十分に行われていれば、ほとんどの場合、裁判所と両当事者との3者間で何が要証明事実であるかということについて認識が一致するので、要証明事実の数が少なく、しかも、それが単純なものであれば、口頭で要証明事実の確認をするだけで十分であるが、要証明事実の数が多い場合や、要証明事実の内容が複雑な場合（医療訴訟などでは、過失の内容が単純ではないことが多い）は、争点整理の結果を明確にする意味でも、要証明事実が何であるかが後に問題となるのを防ぐ意味でも、要証明事実を調書に記載しておく必要がある。そこで、裁判所が相当と認めるときに要証明事実を調書に記載することとしたものである。

(2)　要約書面が提出されれば、争点整理の結果は明確になるので、要証明事実の調書記載の必要がなくなることが多いが、この場合でも、要証明事実を簡潔に調書に記載しておくということはありうるし、実際にも行われている。また、プロセスカード等の事務連絡文書に要証明事実が記載されている場合であっても、調書には公証力がある（160条）ので、準備的口頭弁論を終了する際には、改め

513

第165条・規則第86条〔5〕　第166条〔1〕〔2〕　第2編 第3章 第3節 第1款 準備的口頭弁論

て調書に要証明事実を記載するということが行われている。

〔5〕　**要約書面の提出期間**

前記のとおり、要約書面は、旧法下の準備手続における要約準備書面についての定めを引き継いだもので、準備書面の一種であるから、本来、162条によって裁判長はその提出期間を定めることができると解すべきであるが、普通の準備書面と異なり、自分の主張を記載したものではなく、争点整理の結果を要約したものであるから、解釈上の疑義が生じないように要約書面についても、162条の提出期間裁定の制度の適用があることを明らかにした（条解規則195頁）。

（当事者の不出頭等による終了）[1]

第166条　当事者が期日に出頭せず[2]、又は第162条の規定により定められた期間内に準備書面の提出若しくは証拠の申出をしないときは[3]、裁判所は、準備的口頭弁論を終了することができる[4]。

〔1〕　**本条の趣旨**

準備的口頭弁論の終了には、旧法下の準備手続のような強い手続終了効（いわゆる失権効。旧255条1項）は存しないが、相手方当事者に対する説明義務が生じる（167条）という手続終了効があるし、争点整理手続である準備的口頭弁論を終了することによって、その後に提出された攻撃防御方法を時機に後れたものと認めやすい（157条）という面もあるので、当事者の不熱心なあるいは不誠実な訴訟追行に対する裁判所の対応として、準備的口頭弁論を終了することには意義がある。そこで、旧法下の準備手続の終結の規定である旧法253条をそのまま引き継いで、本条が定められたものである。

〔2〕　**当事者の不出頭**

(1)　当事者の不出頭には、両当事者が不出頭の場合と一方当事者が不出頭の場合を含む。両当事者が不出頭の場合は、擬制取下げの規定（263条）が適用されることが多いと思われるが、事案の内容から判断して擬制取下げは成立しないと判断される場合は、本条により、準備的口頭弁論を終了するという対応が考えられる。また、例外的ではあろうが、準備的口頭弁論を終了するとともに口頭弁論を終結して、審理の現状に基づく判決（244条）をすることも考えられる（準備的口頭弁論においても口頭弁論を終結することができることについては、福田剛

514

久「準備的口頭弁論と書面による準備手続」講座新民訴(1)294頁参照)。

(2) 一方当事者が不出頭の場合には、法律上は要件とはされていないが、実際上、裁判所は、出頭した当事者の意見を聴いたうえで、準備的口頭弁論を続行するか終了するかの判断をすることになろう（244条但書参照）。準備的口頭弁論を終了するだけでなく、口頭弁論も終結する場合は、出頭した当事者の申出を必要とする（244条但書）。

〔3〕 **裁定提出期間の徒過**

162条は、特定の事項に関する主張を記載した準備書面の提出または特定の事項に関する証拠の申出をすべき期間を定める権限を裁判長に与えている。これは、争点整理のための期日を重ねるだけで、争点が一向に明確にならないという事態、いわば争点整理手続が空転するという事態を防ぐために、裁判長が、事項を特定したうえで、準備書面の提出期間または証拠申出期間を裁定する権限を認めたものであるから、それが守られないということになると、それ以上準備的口頭弁論期日を重ねても争点は明確にならない可能性がある。そこで、そのような場合は、準備的口頭弁論を終了させることができることにしたものである。

〔4〕 **裁量による終了**

準備的口頭弁論を終了するか、続行するかは、事案の内容や、これまでの訴訟の進行経過、これからの進行見込みなど、様々な事情を総合考慮して判断しなければならないし、前記のとおり、当事者が不出頭の場合には、準備的口頭弁論を終了させるだけでなく、様々な選択肢があるので、準備的口頭弁論を終了するかどうかは、裁判所の裁量によることとしたものである。

（準備的口頭弁論終了後の攻撃防御方法の提出）[1]

第167条 準備的口頭弁論の終了後に攻撃又は防御の方法を提出した当事者は、相手方の求めがあるときは、相手方に対し、準備的口頭弁論の終了前にこれを提出することができなかった理由を説明しなければならない。[2][5]

（法第167条の規定による当事者の説明の方式）

規則第87条 法第167条（準備的口頭弁論終了後の攻撃防御方法の提出）の規定による当事者の説明は、期日において口頭でする場合を除き、書

第167条・規則第87条〔1〕〔2〕　第2編 第3章 第3節 第1款 準備的口頭弁論

面でしなければならない。^[3]

2　前項の説明が期日において口頭でされた場合には、相手方は、説明を
した当事者に対し、当該説明の内容を記載した書面を交付するよう求め
ることができる。^[4]

〔1〕　**本条の趣旨**

本条は、準備的口頭弁論の手続終了効として、相手方当事者に対する説明義務
が生じることを定めたものである。

〔2〕　**説明義務の意義・内容**

(1)　現行法は、通則として、「当事者は、信義に従い誠実に民事訴訟を追行し
なければならない」と定め（2条）、民事訴訟全体を通して当事者間の信義則を
重視することを明らかにするとともに、具体的な規定においても、不熱心あるい
は不誠実な訴訟追行に対しては厳しい態度で臨んでいる（代表的なものとしては、
審理の現状に基づく判決〔244条〕や擬制取下げ〔263条〕がある）。本条も、その
ような当事者間の信義則を背景にして規定されたものであり、せっかく準備的口
頭弁論において争点を整理し、要証明事実を確認して、証拠調べ（多くの場合人
証の取調べ、しかも、集中証拠調べ〔182条〕）に入ることになったのに、理由も
なく新たな主張や証拠の申出がなされたのでは、誠実に争点整理に臨んできた相
手方当事者は、理不尽な不利益を被ることになるので、準備的口頭弁論の終了前
にその攻撃防御方法を提出することができなかった理由の説明を求めることがで
きることとし、新たな攻撃防御方法を提出した当事者は、その説明義務を負うも
のとしている。

(2)　裁判所ではなく、相手方当事者に対する説明義務という考え方は、訴訟
の進行について、裁判所がすべての権限を有し、責任を負うという制度からは生
じないものであり、訴訟進行について、当事者に主体性を認めることによって初
めて生まれてくるものである。現行法・規則は、職権進行主義の原則は維持しな
がら（93条、規則35条〜38条）も、訴訟進行に関する裁判所の訴訟指揮・訴訟行
為の前提として、当事者の意見を聴くことや当事者に異議がないことを要件とす
ることによって、訴訟進行についての当事者の主体性を尊重し、当事者が訴訟進
行に主体的に関わっていくことを求めている。その趣旨の規定としては、例えば、
①裁量移送の際には当事者の意見を聴くこと（規則8条）、②呼出費用の予納が

516

ない場合の訴え却下は、被告に異議がないことを要件とすること（141条）、③弁論準備手続に付する場合は当事者の意見を聴くこと（168条）、④当事者双方の申立てがあるときは弁論準備手続に付する裁判を取り消さなければならないこと（172条但書）、⑤電話会議の方法により弁論準備手続を行う場合は、当事者の意見を聴くこと（170条3項）、⑥書面による準備手続に付する場合は当事者の意見を聴くこと（175条）、⑦電話会議の方法により進行協議期日における手続を行う場合は、当事者の意見を聴くこと（規則96条）、⑧テレビ会議システムによる証人尋問を採用する場合は、当事者の意見を聴くこと（規則123条1項）、⑨書面尋問の採用は当事者に異議がないことを要件とすること（205条）、⑩大規模訴訟において、裁判所内での受命裁判官による人証の尋問は当事者に異議がないことを要件とすること（268条）などが挙げられる。

(3)　このように、説明義務は、当事者間の信義則を重視するとともに、訴訟進行についての当事者の主体性を尊重する現行法・規則の基本的な理念の現われであり（詳しくは、福田剛久「文書提出命令及び当事者照会の制度と主張・立証責任」民事証拠法大系(1)194頁～195頁参照）、説明を求めるかどうかは当事者の判断に委ねられているが、前記のとおり、当事者が主体的に訴訟進行に関わっていくことが求められていることからすると、相手方が攻撃防御方法の遅出しをしたら、裁判所がそれを問題にするまでもなく、当然のようにその理由の説明を求めるという訴訟慣行が確立することが望ましい。しかし、いまだに上記訴訟慣行は確立しておらず、かえって、本条に基づいて当事者が主体的に説明を求めるということがあまりみられなくなっているようである。

〔3〕　**説明の方法**

(1)　攻撃防御方法を遅出しした理由が、たまたま重要な証拠が第三者の手元にあることが判明し、それによって新事実が出てきたというような合理的なものであれば、新たに提出された攻撃防御方法に対して相手方が反論、証拠の提出を行ったうえで、準備的口頭弁論の終了の際に予定されていた証拠調べ以外の証拠調べが必要になれば、それを実施するということになるが、準備的口頭弁論で容易に提出できたものを、真剣に争点整理に取り組んでいなかったために提出しなかった、あるいは訴訟技術として意図的に提出を後らせたというような不合理なものであれば、誠実に争点整理に取り組んできた相手方としては、遅出しされた攻撃防御方法をめぐってさらに審理を重ねることは納得できないということにな

第167条・規則第87条〔4〕〔5〕　第2編　第3章　第3節　第1款　準備的口頭弁論

り、時機に後れた攻撃防御方法として却下を求める（157条）ということにつながってくる。

　(2)　このように、説明の内容は、相手方が遅出しされた攻撃防御方法に対してどのような対応をするかを判断するのに重要な意味をもつものであり、後に相手方が時機に後れた攻撃防御方法として却下を求めた場合には、157条の故意または重大な過失を立証する重要な資料にもなる。そこで、規則87条1項は、遅出しの理由の説明は、期日において口頭でする場合を除き、書面でしなければならないこととし、説明内容を明確にすることにしたものである。説明義務に基づく説明は、相手方当事者に対するものであり、裁判所に対する「申立てその他の申述」には該当しないので、規則1条は適用されない。そこで改めて、説明は期日において口頭ですることができることを明らかにする意味も有する（条解規則197頁）。なお、説明が期日において口頭でされた場合は、相手方がまったく問題にしないような合理的な説明であれば別として、一般には、裁判所は、説明内容を調書に記載することを命ずることになろう（規則67条1項6号）。

〔4〕　**説明の書面化**

　説明が期日において口頭でされた場合、一般にはその説明内容が調書に記載されることになるのは前記のとおりであるが、口頭の説明は書面による説明に比較して正確性に劣ることは否定できないし、調書の記載も、一言一句逐語的に記載されるものではない。そのため、相手方がその説明内容に納得できず、場合によっては、時機に後れた攻撃防御方法として却下を求めたいと考えるような場合は、正確な判断資料とするために、説明内容を書面化する必要性が認められる。そこで、説明が期日に口頭でされた場合は、その内容が調書に記載されているか否かを問わず、相手方は説明内容を記載した書面の交付を求めることができるものとした。

〔5〕　**説明義務と時機に後れた攻撃防御方法の却下**

　(1)　説明義務は、前記のとおり、当事者間の信義則を重視するとともに、訴訟進行についての当事者の主体性を尊重するところから生まれたものであり、当事者としては、お互いに不熱心・不誠実な訴訟追行について馴れ合いで許し合うのではなく、お互いにその是正を求め合うことが期待されていた。それによって、初めて説明義務の定めが生きてきて、これまで活用されることが少なかった時機に後れた攻撃防御方法の却下の規定も、当事者主義に基盤を置いた形で活用され

ることになるからである。したがって、相手方が説明を求めなくても、裁判所は、職権で遅出しされた攻撃防御方法を時機に後れたものとして却下することは可能であるが、当事者が訴訟進行に主体的に関わっていくことを求める現行法・規則の下では、それは例外的な場合でなければならないと考えられた。しかし、本条に基づいて当事者が主体的に説明を求めるということが行われなくなってくると、裁判所の職権による却下が増えてくることになろう。

(2) 裁判所は、当事者間の信義則を前提に、不誠実な当事者が利益を得ることがないように、適切に訴訟指揮権を行使することを求められており（2条前段）、攻撃防御方法の遅出しについて合理的な説明がないことを理由に時機に後れた攻撃防御方法の却下が申し立てられたのに、旧法下でみられたような、実体的真実を重視するあまり消極的な対応をとるということがあってはならない。

(3) なお、計画審理（147条の3〔1〕）が行われているときは、裁判長は攻撃防御方法の提出期間を定めることができ（156条の2）、この規定に基づいて裁判長の定めた提出期間や特定計画事項として定められた攻撃防御方法の提出期間（147条の3〔4〕）を経過した後に提出された攻撃防御方法は、157条よりも緩やかな要件で却下することができるとされている（157条の2）。

第2款　弁論準備手続

1　準備手続から弁論準備手続へ

(1)　本章第3節前注で述べたとおり、現行法は、争点中心審理を採用しており（条解2版973頁〔上原敏夫〕、竹下守夫「新民事訴訟法制定の意義と将来の課題」講座新民訴(1) 5頁、同「新民事訴訟法と証拠収集制度」法教196号6頁〔1997年〕、加藤新太郎「争点整理手続の整備」塚原ほか編・理論と実務(上)211頁、同「争点整理手続の構造と実務」梅＝遠藤古稀247頁）、これを実現するために、争点整理手続（争点および証拠の整理手続）として、準備的口頭弁論（164条〜167条）、弁論準備手続（168条〜174条）、書面による準備手続（175条〜178条）の3類型の手続を整備した。

(2)　旧法の準備手続は、大正15年改正において、訴訟の促進・審理の適正を目指して、それまでの適用範囲の狭かった準備手続を一般化し、拡充されたが、その後の立法的手当てにもかかわらず、所期の効果を挙げられなかった。昭和31年改正においては、継続審理規則（「民事訴訟の継続審理に関する規則」〔昭25最高裁規則27号〕）に代えて制定された旧規則により、準備手続を事件が繁雑なときに限ることとされたが（旧規則16条・17条）、同様であった。準備手続が不振であった原因は、①準備手続裁判官の権限が十分でなかったこと、②失権効との関係で不必要な主張・証拠の提出がされることが少なくなかったこと、③準備手続を終結する場合には、原則として要約調書等の作成が必要とされ、その負担が準備手続の利用にあたっての裁判官の心理的制約になっていたこと、④準備手続後に続く集中証拠調べがなく、その重要性についての認識が弱かったため、裁判所・弁護士とも争点整理の必要性を感じることが少なかったこと等に求められる（条解2版974頁〔上原〕、三ヶ月・全集367頁、同「わが国の準備手続制度の問題点」研究(3)189頁、伊藤眞「民事訴訟における争点整理手続」曹時43巻9号6頁〔1991年〕、上原敏夫「訴訟の準備と審理の充実」講座民訴(4)206頁、高田裕成「争点及び証拠の整理手続終了後の新たな攻撃防御方法の提出」鈴木古稀372頁、加藤・裁量論31頁）。他方、昭和50年代以降、審理充実・訴訟促進の観点から、裁判所と当事者がインフォーマルに事案について意見交換する中で早期に争点を確

第2編 第3章 第3節 第2款　前注

定することを目的として「弁論兼和解」期日が活用され、成果を収めるようになった。弁論兼和解は、その実態において、争点整理と和解手続の融合であり、法廷以外の準備室・裁判官室において和やかな雰囲気の中で、争点整理をしながら、和解手続への乗り入れ可能なものとして実施され、その柔軟で融通無碍なところが重宝されていた。しかし、弁論兼和解は、その手続的根拠が問われるものであったし、和解手続との境界がはっきりせず、そのため当事者の対席が必ずしも保障されておらず、その期日に行われる行為の範囲も明確でない等の問題点があった。

(3)　弁論準備手続は、準備手続・弁論兼和解に対する問題状況を考慮して、準備手続の問題点を改め、弁論兼和解の争点整理手続への純化を図ったものである。すなわち、弁論準備手続は、準備手続の問題点に対応して、①準備手続裁判官の権限が十分でなかった点につき弁論準備手続において行うことができる行為の範囲を拡張し（170条2項）、②失権効との関係で不必要な主張・証拠の提出がされることが少なくなかった点につき、失権効を基本的になくして、提出制約効（説明要求権と説明義務）にシフトし（174条）、③準備手続を終結する場合の要約調書等作成の負担が手続の利用にあたっての裁判官の心理的制約になっていた点につき、弁論準備手続の結果を取りまとめる負担を軽減させ、④弁論準備手続を終えた後は、「できる限り」という留保付きではあるが、集中証拠調べを採用することを明文で定める（182条）などとした。弁論準備手続が新設されたことに伴い、現行法下では、旧法下におけるような弁論兼和解を実施することはできなくなった（不適法になった）と解される（加藤・前掲「争点整理手続の整備」塚原ほか編・理論と実務(上)220頁、滝井繁男「当事者からみた弁論準備手続をめぐる若干の問題」判タ915号52頁〔1996年〕、坂元和夫「新法下の口頭弁論とその準備——実務的展望」自正48巻6号42頁〔1997年〕）。

2　争点整理手続としての弁論準備手続

(1)　民事訴訟は、原告の主張する事実に対して、被告がこれを争い、裁判所がその争点について証拠調べをすることにより事実認定をし、法を適用して結論（判決）を出すという構造を有する。このような基本構造をもつ民事訴訟手続が十分機能するためには、まさに争点に切り込んでこれを解明することが必要であり、そのために争点整理をきちんとしたうえで、争点に照準を合わせた無駄のな

521

前注　第2編 第3章 第3節 第2款 弁論準備手続

い集中的な証拠調べをすること（182条）が不可欠である。弁論準備手続は、このような争点整理手続として規律されており、168条から174条、規則88条から90条までに定められている。

(2)　弁論準備手続が開始されるのは、裁判所が「争点及び証拠の整理を行うため必要があると認めるとき」である（168条）。すなわち、①争点整理をする必要があり（必要性）、②争点整理を弁論準備手続において実施することが相当であること（相当性）である。このような場合に、当事者の意見を聴取したうえで行われるが、第1回口頭弁論期日前に弁論準備手続に付するには、当事者に異議のないことを要する（規則60条1項但書）。必要性は、他の争点整理手続を選択する場合と共通であり、相当性は、事件の内容・性質、当事者の弁論準備の程度、当事者の事件進行についての意向、当事者・訴訟代理人・関係者の人数などを考慮して、弁論準備手続がふさわしいかを判断する。この手続が汎用性あるものであることから、弁論準備手続により争点整理を実施するのが相当な事件は多く、準備的口頭弁論で争点整理を行うべき事件を除いた事件（当事者が公開の口頭弁論期日での争点整理を希望するもの以外の事件）すべてについて実施することが可能である。とりわけ、原則的に非公開、例外的に傍聴許容（関係者公開）であることから、当事者のプライバシー・秘密保護に配慮すべき事件、電話会議システムを利用すべき事件は、弁論準備手続を実施することが相当である。その手続選択にあたっては、当事者の手続保障に十分な配慮をしつつ、状況に適合した裁判所の賢明な手続裁量に委ねられる。

(3)　弁論準備手続は、①準備室等で行われるインフォーマルな手続であり、膝を交えた雰囲気での意見交換が可能であること、②原則的に非公開、例外的に傍聴許容（当事者公開）であること、③行うことができる訴訟行為に制限があり、人証調べはできないこと、④電話会議システムの利用ができる（一方当事者の不出頭を許すことができる）こと、⑤受命裁判官による弁論準備手続の実施が可能である（171条1項）ことなどの特徴がある。

(4)　争点整理の手続選択のあり方について、①準備的口頭弁論を原則とする見解（川嶋四郎「口頭弁論の準備について」法時68巻11号8頁〔1996年、坂元和夫「弁論準備手続(4)」新大系(2)312頁、研究会181頁〔田原睦夫発言〕)、②弁論準備手続が、原則的な争点整理の方式であるとする見解（伊藤281頁、萩澤達彦「弁論準備手続きについて」石川古稀(上)633頁、井上稔「準備的口頭弁論」新大系(2)

第2編 第3章 第3節 第2款　前注

235頁）、③相互に優劣はなく、事件に応じて最も適した手続を選択すべきであるとする見解（条解2版977頁〔上原〕、上原敏夫「弁論準備手続」講座新民訴(1)317頁）などがみられる。構造論と運用論が交錯しているが、運用論としては、現行法が制定されてまもなくから、弁論準備手続は争点整理手続として汎用的であることから、弁論準備手続によって争点整理をしていくことが常態になると見込まれていた（加藤新太郎「弁論準備手続の機能」争点〔第3版〕165頁、小山稔「争点整理総論」新大系(2)220頁）。実際にも、現行法制定後、争点整理手続の実施率は著しく増加しているが、多くは弁論準備手続により実施されており、準備的口頭弁論が実施されるのは少数にとどまり、書面による準備手続は遠隔地当事者間の訴訟等に利用されている状況である（菅野雅之「訴訟促進と審理充実――裁判官から」ジュリ1317号65頁〔2006年〕）。

3　弁論準備手続の手続としての特色

(1)　手続保障との関係については、①弁論準備手続における当事者の関与の保障（169条1項）、②弁論準備手続に付する際の当事者の意見聴取（168条）、③弁論準備手続の当事者双方の申立てによる必要的取消し（172条）の定めがされている。

①により、弁論準備手続は、当事者双方が立ち会うことができる期日において行うので、当事者の対席が保障されることになる。②は、当事者の主体性・自律性を尊重するという観点から、裁判所は弁論準備手続につき、当事者の意見を聴いて各手続を選択するものである。この当事者の意見聴取の定めについて、(i)緩やかな枠組みでの手続合意（審理契約）を含意する規定であり、裁判所には聴取した当事者の意見に対する応答義務があるとする見解（山本和彦「弁論準備手続」ジュリ1098号57頁〔1996年〕）、(ii)当事者の意見聴取の定めは、手続選択におけるメタ弁論の活性化を図る趣旨のものであり、手続裁量の考慮要素についての注意規定であり、当事者の意見は、裁判所の手続選択の際において参考にすべき性質のものであるとする見解（加藤・前掲「争点整理手続の整備」塚原ほか編・理論と実務(上)244頁）がみられるが、手続選択の柔軟性を確保しやすい(ii)説が相当と解される。③も当事者の主体性・自律性を尊重する趣旨の定めであるが、弁論準備手続の当事者双方の申立てによる必要的取消しの定めは、当事者の手続選択の意向が手続裁量の制約要素となる（加藤・前掲「争点整理手続の整備」塚

523

前注　第2編 第3章 第3節 第2款 弁論準備手続

原ほか編・理論と実務(上)228頁)。

　(2)　弁論準備手続における公開については、原則的に非公開、例外的に傍聴許容（当事者公開）とされた。すなわち、弁論準備手続は非公開で行われるのが原則であるが、裁判所は「相当と認める者」について傍聴を許すことができる（169条2項）。さらに、「当事者が申し出た者」については、手続を行うのに支障を生ずるおそれがあると認める場合を除き、その傍聴を許さなければならない（同項但書）。こうした規律は、全部非公開と原則公開との中間的な形態を認めたものであり、公開原則の効用である裁判の公正の担保、オーディエンス効果を一定の限度で弁論準備手続にも及ぼすものである（加藤・前掲「争点整理手続の整備」塚原ほか編・理論と実務(上)211頁。反対説として、堤龍弥「審理方式としての口頭弁論」鈴木古稀306頁）。

　(3)　直接主義との関連では、弁論準備手続は、口頭弁論において、弁論準備手続の結果を陳述することが必要である（173条）。その場合、その後の証拠調べによって証明すべき事実を明らかにして弁論準備手続の結果を陳述しなければならない（規則89条）。弁論準備手続の結果陳述について、形式的な陳述では足りず、口頭弁論において、少なくとも2、3分の時間をとり、原告・訴訟代理人から口頭で争点を明らかにしてもらい、次に、被告・訴訟代理人にその内容を確かめてもらう程度の陳述がされる必要があるとする見解（中島弘雅「口頭主義の原則と口頭弁論の在り方」鈴木古稀355頁）もみられる。いずれにせよ、弁論準備手続の結果陳述においては、直接主義の要請に応える口頭審理原則の復権が期待されるところである。

　(4)　弁論準備手続終結後の新たな攻撃防御方法の提出については、説明要求権（詰問権）と説明義務の効果を付与した。すなわち、弁論準備手続終結後に新たな攻撃防御方法を提出した当事者は、相手方当事者の求めがあるときは、相手方当事者に対し、弁論準備手続の終了前にその新たな攻撃防御方法に相当する主張・証拠を提出することができなかった理由を説明しなければならない（174条による167条の準用）。この当事者のする説明は、書面ですることが要求されている（規則90条による87条の準用）。以上のような弁論準備手続終結の効果は、控訴審においてもそのまま維持される（298条2項）。旧法の準備手続が、失権効をおそれる当事者が総花的主張をし、そのため機能不全に陥ったことを考え、提出制約効はその徹を踏まないようにと配慮して、弁論準備手続を終えた後における新

たな攻撃防御方法の提出につき、提出する側の当事者に説明義務を課すという
マイルドな効果（提出制約効）を与えているのである（加藤・前掲「争点整理手
続の整備」塚原ほか編・理論と実務(上)218頁、高田・前掲「争点及び証拠の整理手
続終了後の新たな攻撃防御方法の提出」鈴木古稀374頁）。

　裁判所が過不足ない適切な釈明を尽くし、当事者がこれに真摯に対応する形で
弁論準備手続に臨んで争点整理を終えた場合、その後に、新たな攻撃防御方法が
提出されることは、特別の事情がなければ、訴訟上の信義にもとるものといえよ
う。その意味で、この説明義務は、訴訟上の義務であり、当事者の信義誠実訴訟
追行責務（2条）が具体的に現われたものである。相手方当事者の求めに応じて
した説明が不合理なものである場合には、時機に後れた攻撃防御方法の提出の却
下（157条）の定めの発動につなげることができる。さらに、説明に合理的な理
由づけが伴わなければ、弁論準備手続終結後に新たな攻撃防御方法を提出したと
しても、弁論の全趣旨により心証形成上立証の効果を減殺するような評価をする
ことも可能である。ここでは、訴訟上の信義則に基礎づけられる「弁論準備手続
を経た場合における新たな攻撃防御方法の提出については、合理的な理由がない
限り相当とは言えない」という行為規範が形成されているものといえよう（加
藤・前掲「弁論準備手続の機能」争点〔第3版〕165頁）。

（弁論準備手続の開始[1]）

第168条　裁判所は、争点及び証拠の整理を行うため[2]必要があると認める
　　ときは[3]、当事者の意見を聴いて[4]、事件を弁論準備手続に付することがで
　　きる[5]。

〔1〕　**本条の趣旨**

　本条は、①弁論準備手続を開始するための要件、②弁論準備手続開始の手続
を定める。

　弁論準備手続は、旧法の準備手続（旧249条〜256条）の問題点を改め、弁論兼
和解の争点整理手続への純化を図ったものである。旧法249条は、準備手続につ
いて、「裁判所ハ口頭弁論ノ準備手続ヲ為スコトヲ得」とのみ定め、旧規則16
条・17条において事件の繁雑性が開始の要件とされていたが、本条は、弁論準備
手続の開始について、その要件・手続などをより詳細に定める。

第168条〔2〕 第2編 第3章 第3節 第2款 弁論準備手続

弁論準備手続の対象となる事件の範囲については、制約はないが、これは旧法の準備手続も同様であった（歴史的には、準備手続の対象事件の範囲を限定していた時期もあったことにつき、本章第3節前注参照）。弁論準備手続に付する時期についても、制約はないが、争点整理の目的は集中証拠調べにおいて証明する事項を確定することにあるから、人証調べの前に実施するのが相当である。本条は、控訴審でも準用されるが（297条）、事実審ではない上告審では準用の余地はない。簡易裁判所の第一審民事訴訟手続にも適用され、そこで係属する事件の簡易性からして、実際に弁論準備手続が利用されることは少ないであろうが、開始要件を満たせばもちろん活用することはできる。

〔2〕 **争点および証拠の整理**

争点および証拠の整理を争点整理という。争点整理とは、双方当事者の主張（権利の発生、変更、消滅という法律効果を発生させる事実についての主張）を明確化し、必要に応じて追加、変更、撤回したうえで、争いのある事実と争いのない事実に区別するとともに、証拠（当該事実の存在を立証する証拠、いわゆる本証だけでなく、当該事実の不存在を立証する証拠、いわゆる反証も含む）を整理する（証拠の申出、申出の撤回、申出の採否等を行う）ことである。すなわち、訴訟物に関して、十分な主要事実が主張されているか、主要事実を推認させる間接事実・推認を妨げる間接事実にはどのようなものがあるか、補助事実は何かなどを確定し、それらの事実に関連する証拠を挙げ、書証については認否（の予定）を相互に確認したうえで、相手方が争う事実と、争わない事実とを区別し、証拠調べの対象と方法を確定する作業のことをいう（条解2版973頁〔上原敏夫〕、山本和彦「争点整理手続について」民商110巻4＝5号696頁〔1994年〕、加藤新太郎「争点整理手続の整備」塚原ほか編・理論と実務(上)213頁、村田渉「争点整理手続」大江ほか編・手続裁量98頁、前田順司「弁論準備手続のあり方」上谷清＝加藤新太郎編『新民事訴訟法施行3年の総括と展望』137頁〔西神田編集室、2002年〕）。

旧法下における実務において、口頭弁論期日では準備書面を陳述するだけの形式的口頭弁論を重ねるだけで真の争点が明らかにならなかった原因のひとつに、主要事実のレベルでの主張のやりとりを中心とした争点整理になりがちで、証拠と結び付いた間接事実のレベルでの主張のやりとりが十分に行われないことが多かったことが挙げられていた（岩佐善巳＝中田耕三ほか『民事訴訟のプラクティスに関する研究』76頁〔司法研究報告書40輯1号、1988年〕）。そこで、現行規則は、

526

第168条〔3〕

訴状、答弁書には、「立証を要する事由ごとに、当該事実に関連する事実で重要なもの及び証拠を記載しなければなら」ず（規則53条1項・80条1項）、「立証を要する事由につき、重要な書証の写しを添付しなければならない」（規則80条2項）と定め、同様の定めを答弁に対する反論の規定（規則81条）や準備書面の規定（規則79条4項）にも置いた。したがって、現行法下では、訴訟の最初の段階から、権利の発生、変更、消滅という法律効果を直接発生させる主要事実だけでなく、主要事実の存否を推認させる重要な間接事実についても争点整理の対象とすることが容易になっている。

〔3〕 **弁論準備手続の開始**

(1)　弁論準備手続の開始要件は、裁判所が「争点及び証拠の整理を行うため必要があると認める」ことである。すなわち、①争点整理をする必要があり（必要性）、②争点整理を弁論準備手続において実施することが相当であること（相当性）である。必要性は、他の争点整理手続を選択する場合と共通である。旧法下では、事件の繁雑性が開始の要件とされていた（旧規則16条・17条）が、本条は、そのような要件を課していないから、弁論準備手続のほうが、旧法の準備手続よりも、争点整理の必要性が緩やかに認められる。

相当性については、事件の内容・性質、当事者の弁論準備の程度、当事者の事件進行についての意向、当事者・訴訟代理人・関係者の人数などを考慮して、弁論準備手続がふさわしいかを判断することになる。弁論準備手続には汎用性があり、この手続により争点整理を実施するのが相当な事件は、準備的口頭弁論で争点整理を行うべき事件を除いた事件（当事者が公開の口頭弁論期日での争点整理を希望するもの以外の事件）すべてについて実施することが可能であると考えられる。とりわけ、弁論準備手続は、原則的に非公開、例外的に傍聴許容（当事者公開）であることから、当事者のプライバシー・秘密保護に配慮すべき事件に向いている。また、弁論準備手続は、電話会議システムを利用することができるから、そのような事件は、この手続を実施することが相当である。この手続の選択にあたっては、諸々の状況に適合した裁判所の賢明な手続裁量を発揮することが要請される。

(2)　弁論準備手続が、原則的な争点整理の方式であるとする見解（伊藤281頁、萩澤達彦「弁論準備手続きについて」石川古稀(上)633頁、井上稔「準備的口頭弁論」新大系(2)235頁）も少なくなく、弁論準備手続と準備的口頭弁論手続のいず

527

第168条〔4〕　第2編 第3章 第3節 第2款 弁論準備手続

れかが争点整理の原則形態であるとはいえないとする見解（条解2版985頁〔上原〕）もみられるが、民事訴訟審理の基本からすると、準備的口頭弁論が原則型ということになる。また、運用論としては、争点整理手続として汎用的であることから、弁論準備手続によって争点整理をしていくことが常態になると見込まれていた（加藤新太郎「弁論準備手続の機能」争点〔第3版〕165頁、小山稔「争点整理総論」新大系(2)220頁）が、実務上、争点整理の多くは弁論準備手続により実施されているのが現状である（菅野雅之「訴訟促進と審理充実——裁判官から」ジュリ1317号65頁〔2006年〕）。

〔4〕　**当事者の意見の聴取**

(1)　裁判所は、事件を弁論準備手続に付する際には当事者に意見を聴取しなければならない。当事者の意見の聴取は、弁論準備手続開始の手続要件である。

第1回口頭弁論期日前に弁論準備手続に付する場合には、当事者に異議がないことが要件として必要である（規則60条1項但書）。これは、第1回口頭弁論期日を経ずに弁論準備手続に付するのは、通常の手続進行とは異なる例外的な場合になるため、当事者の意見を重視するもの（条解規則131頁）である。機能的には、この場合の当事者の意見は、手続選択における裁判所の裁量を制約するものとして働く。

(2)　裁判所が弁論準備手続に付する前提として、当事者の意見の聴取が求められるのは、どのような意義があるか。現行法は、職権進行主義を原則とするが、その中でも当事者の主体性・自律性を尊重し、そうしたスタンスで訴訟追行をしていくことには大きな意味があり、これを可及的に実現する手続的な配慮をするのも、手続保障の内実を形成するものと考えられる。当事者の意見聴取は、そうした当事者の主体性・自律性の尊重と手続保障という意義がある。

当事者の意見聴取の位置づけについては、①新たな緩やかな枠組みでの手続合意（審理契約）を含意する規定であり、裁判所には聴取した当事者の意見に拘束されることはないが、その意見に対する応答義務があるとする見解（山本和彦「弁論準備手続」ジュリ1098号57頁〔1996年〕）、②当事者の意見聴取の定めは、手続選択におけるメタ弁論の活性化を図る趣旨のものであり、手続裁量の考慮要素についての注意規定であり、当事者の意見は、裁判所の手続選択の際において参考にすべき性質のものであるとする見解（加藤・前掲「争点整理手続の整備」塚原ほか編・理論と実務(上)244頁）がみられる。

528

第168条〔4〕

　この点については、①説も、裁判所に応答義務を課することにより、手続選択におけるメタ弁論の活性化を図ろうとする意図を有するものであるから、意見聴取した場合の裁判所と当事者のやりとりを考えてみよう。パターンは、三つある。第1は、当事者双方が、弁論準備手続の選択について、積極的または消極的に賛成する（異存なし、反対はしないという意見も含む）場合であるが、これは、弁論準備手続開始につき問題なく進行するであろう。第2は、これとは逆に、当事者双方が、弁論準備手続の選択について、積極的に反対する場合であるが、これは、後述する理論的問題は別として、裁判所としては、当事者の協力が得られないとみて、弁論準備手続を開始することはしないであろう。第3は、当事者の一方が弁論準備手続の選択に賛成し、他方が反対する場合である。これが最も問題であるが、この場合、裁判所としては、反対する当事者に対して反対する理由をさらに聴取して、意見を調整していくことになろう。例えば、一方が、公開の口頭弁論期日での争点整理（準備的口頭弁論）を希望するのに対して、他方が、当事者のプライバシー・秘密保護に配慮すべきであるとして弁論準備手続を望む場合には、意見調整の段階で、裁判所としては、「このケースについては、云々の理由で、弁論準備手続に付する（付さない）」と告げて、次の争点整理段階に進めることになる。したがって、裁判所が、そのように告げる限りで、聴取した当事者の意見に対して応答していることになり、①説は、これを行為規範とすべきであるとするものであろう。しかし、応答の義務づけという効果をもって、そのように対応させることは硬い手続になる懸念があり、実務的には、賢明な手続裁量により、手続選択の柔軟性を確保することを容易にする②説が相当と解される。もっとも、裁判所が当事者と手続選択について意見交換する中で、可能な限り、応答していくような訴訟慣行が実務の中で形成されることは望ましいことである。

　(3)　当事者の意見については、裁判所を拘束するものではない。争点整理手続の原則形態が準備的口頭弁論であることを根拠として、前記第3の場合に、当事者の一方が準備的口頭弁論を選択したときには、事件を弁論準備手続に付することは妥当でないとする見解（川嶋四郎「口頭弁論の準備について」法時68巻11号10頁〔1996年〕）もあるが、一律にそのように解することは形式的に過ぎよう（争点整理の手続選択のあり方につき、本款前注2(4)参照）。

　当事者双方が弁論準備手続を希望する場合について、裁判所が弁論準備手続に

529

第168条〔5〕 第2編 第3章 第3節 第2款 弁論準備手続

付さないことも許されないわけではない。当事者双方が弁論準備手続に付することに反対の意向を表明している場合であっても、裁判所が職権で弁論準備手続に付することも適法である。もっとも、実際には、当事者双方が弁論準備手続に付することに反対している場合には、当事者の協力が期待できず、円滑な手続進行を図ることが難しいから、弁論準備手続に付することはしないであろう。その意味では、理論的な設例ということになるが、聴取された意見は、裁判所にとって参考にすべきものであること、当初は反対していても弁論準備手続が開始された後、一方当事者（双方当事者）が意見を変えることが予想される場合も想定されること、そのように解しても、弁論準備手続の当事者双方の申立てによる必要的取消し（172条）の定めにより、当事者は手続をコントロールできることなどから、積極に解するのが相当である（山本・前掲「弁論準備手続」ジュリ1098号56頁、加藤・前掲「争点整理手続の整備」塚原ほか編・理論と実務(上)244頁、条解2版986頁〔上原〕）。

〔5〕 弁論準備手続に付する裁判

(1) 裁判所が事件を弁論準備手続に付する行為は、裁判である。本条では行為の性質は明示されていないが、「弁論準備手続に付する裁判を取り消すことができる」（172条）という定めから明らかといえる。この裁判は、裁判所によってされるから、裁判の形式は決定である（上原敏夫「弁論準備手続」講座新民訴(1) 317頁、条解2版988頁〔上原〕）。

事件を弁論準備手続に付さないという判断は、裁判を要しない。この点について、当事者に意見を聴取したが、意見が相違した結果、弁論準備手続に付さないという手続選択をした場合には、訴訟指揮上の裁判として決定しておく方法をとることができるという見解（基コメ(2)121頁〔山本和彦〕）がみられるが、手続を可及的に明確化・透明化していくという観点からは相当といえよう。

(2) 当事者には弁論準備手続に付する裁判の申立権は与えられていない。したがって、弁論準備手続に付する裁判（決定）に対しては、当事者は不服申立て（抗告）をすることはできない。事件を弁論準備手続に付さない決定がされた場合も同様である。

弁論弁論手続に付する決定取消申立てを棄却する決定に対しては、当事者は抗告することができる（172条）。弁論弁論手続に付する決定については、当事者に取消申立権が付与されているからである。したがって、弁論準備手続に付する裁

第169条〔1〕〔2〕

判（決定）に対して不服のある当事者は、付弁論準備手続決定後にその取消しを申し立て、それが棄却されれば、抗告することができ、その限りで、手続選択の不服を抗告審の審査の俎上に載せることは可能である（基コメ(2)121頁〔山本〕）。

（弁論準備手続の期日^[1]）

第169条 弁論準備手続は、当事者双方が立ち会うことができる期日において行う。^[2]

2 裁判所は、相当と認める者の傍聴を許すことができる。^[3]ただし、当事者が申し出た者については、手続を行うのに支障を生ずるおそれがあると認める場合を除き、その傍聴を許さなければならない。^[3]

〔1〕 **本条の趣旨**

本条は、弁論準備期日における当事者の関与（対席）の保障（本条1項）、弁論準備手続における公開のあり方（本条2項）について定める。弁論準備手続は期日において行われ、その期日は当事者双方が立ち会うことができるものであり、当事者の対席が保障されることになる。弁論準備手続における公開については、原則的に非公開、例外的に傍聴許容（関係者公開）とされている。すなわち、弁論準備手続は非公開で行われるのが原則であるが、裁判所は「相当と認める者」について傍聴を許すことができる（本条2項）。さらに、「当事者が申し出た者」については、手続を行うのに支障を生ずるおそれがあると認める場合を除き、その傍聴を許さなければならないのである（同項但書）。

〔2〕 **弁論準備期日における当事者の対席**

(1) 弁論準備手続は期日において行われるから、期日についての定め（93条・94条、規則35条～37条など）は、弁論準備手続にも適用される。受命裁判官が行う弁論準備手続の期日については、その裁判官が期日を指定する（規則35条）。弁論準備期日の変更は、顕著な事由がある場合に限って許されるが、最初の期日は当事者の合意があれば許される（93条3項）。

(2) 弁論準備手続は、当事者双方が立ち会うことができる期日において行われる（本条1項）。これは、手続保障の観点から、当事者の対席による手続関与を保障するものである。弁論準備期日に立ち会う機会を保障するものであるから、当事者双方が常に現実に立ち会うことを要するものではない。当事者の一方が欠

531

第169条〔2〕　第2編　第3章　第3節　第2款　弁論準備手続

席したときには、その立会いなく期日を行うことができる。また、電話会議システムを利用して弁論準備手続を行う場合（170条3項）には、物理的な立会いは想定されていないが、電話会議システムによる手続関与が保障されれば足りることになる。

　(3)　対席による手続関与の原則は、手続保障として基本的なものであるが、従前の実務においてみられた弁論兼和解の方式に鑑みて、注意的に定められたものと解される。すなわち、弁論兼和解は、法廷以外の準備室・裁判官室において和やかな雰囲気の中で、争点整理をしながら、和解手続への乗り入れ可能なものとして実施され、柔軟かつ融通無碍なところにメリットがあるとされたが、和解手続との境界がはっきりせず、そのため当事者の対席が必ずしも保障されていないという問題点があった。弁論準備手続が新設されたことに伴い、現行法下では、そのような弁論兼和解を実施することはできなくなった（本款前注1(3)参照）が、弁論準備手続は弁論兼和解を争点整理手続に純化して立法化したという面もあることから、対席による手続関与の原則が注意的に定められたのである。

　当事者双方が出席している弁論準備期日において、交互面接方式によることは、対席による手続関与の原則に違反する。この場合において、例外的に、交互面接方式によることが許容される場合が想定されるであろうか。この点については、①対席による手続関与は放棄することを妨げないから、訴訟関係者が同意する場合には、対席でなく交互面接によることも許されるとする見解（一問一答193頁）、②訴訟関係者が交互面接方式によることに同意するときのほか、当事者が弁論準備期日において感情的になり手続を継続することが困難となったときなど相当と認められる場合には、一時的な対席原則を崩して交互面接方式によることも許容されるとする見解（加藤新太郎「争点整理手続の整備」塚原ほか編・理論と実務(上)221頁）、③対席原則について安易な放棄は認めるべきではなく、一方当事者が退席する合理的理由があり、他方でそれにもかかわらずその期日をなお継続する特段の必要がある場合に限り、一方当事者が不在でも期日を進めることができるとする見解（基コメ(2)122頁〔山本和彦〕）、④なし崩し的に実質的な和解手続に移行することを避けるため、裁判所から交互面接方式に当事者に誘導する運用は慎むべきであるとする見解（条解2版989頁〔上原敏夫〕）などがみられる。訴訟関係者が交互面接方式によることに同意する場合とは、例えば、当事者の一方から、相手方が同席している場では紛争についての真の事情を説明できないと

532

第169条〔3〕

して相手方の退席を求め、相手方もこれに同意するような場合が想定される（村田渉「争点整理手続」大江ほか編・手続裁量108頁参照）が、それ自体稀な事態であり、対席による手続関与の原則を可及的に維持すべきであることについては、各説とも相違はない。もっとも、当事者の主観（何らかの理由による対席原則の放棄）を重視するか（①説）、状況適合性・合理性・相当性を重視するか（②説・③説）のニュアンスに差はあるが、後者が適切であろう。

〔3〕　弁論準備手続における傍聴

(1)　弁論準備手続における傍聴の問題は、公開原則と表裏の問題である。弁論準備手続について公開原則との関係でどのような手続として構想するかという問題は、法改正時に議論された。憲法82条は、審理の核心部分である「対審」の公開を保障しており、審理の核心部分とは、争点についての証拠調べを意味すると解される。そこで、証拠調べの段階を公開することは憲法上要請される（注釈(3)11頁〔伊藤眞〕）が、証拠調べ以前の段階は非公開で差し支えなく、それは立法政策の問題である。そうすると、争点整理手続である弁論準備期日は、形式ばらない和やかな雰囲気で行われることが望ましく、その意味では非公開の手続とするのが相当である。

一般に、傍聴には、裁判の公正を担保するという効用とオーディエンス効果とがあるが、立法論としては、そうした効用と、弁論準備手続が形式張らない和やかな雰囲気で行われる効用とをどのように考量するかという問題があった。当事者が公開を望むケースについては、公開で行われる準備的口頭弁論で争点整理ができるのであるから、その手続を選択することを考えればよく、それとの対比において、弁論準備手続については完全非公開性を維持することもあながち理由のないことではなかった。しかし、現行法は、弁論準備手続における公開について、原則的に非公開、例外的に傍聴許容（関係者公開）とした。すなわち、弁論準備手続は非公開で行われるのが原則であるが、裁判所は「相当と認める者」について傍聴を許すことができる（本条2項）。さらに、「当事者が申し出た者」については、一定の場合を除き、その傍聴を許さなければならない（同項但書）。このような規律は、全部非公開と原則公開との中間的な形態を認めたものであり、公開原則の効用である裁判の公正の担保、オーディエンス効果を一定の限度で弁論準備手続にも及ぼそうとするものである（加藤・前掲「争点整理手続の整備」塚原ほか編・理論と実務(上)211頁。これに対して、争点整理手続は、人証調べと並ん

533

第169条〔3〕　第2編 第3章 第3節 第2款 弁論準備手続

で、本来的な弁論・対論の中心的位置を占めるから、弁論準備手続を一律に非公開とすることの是非が改めて問われなければならないとする見解として、堤龍弥「審理方式としての口頭弁論」鈴木古稀306頁）。

　(2)　裁判所は「相当と認める者」について手続裁量により傍聴を許可することができる（本条2項）。相当性判断の考慮要素としては、傍聴希望者の立場、傍聴希望の理由、当事者との関係、事件の性質・内容、当事者の意思・意向、審理への影響などが考えられる。

　例えば、その事件について実質的な利害関係を有するか、その事件について合理的な関心を有する者であって、当事者も傍聴に反対しない者などは相当性が認められることになろう。それ以外でも、研究者の学術目的による傍聴希望や法科大学院生の勉学目的による傍聴希望などについても、当事者に異議がなければ、相当性が肯定される。当事者双方が傍聴に反対する場合はもとより、一方が反対する場合にも、相当性を欠くと判断されるのが通常であろう。その意味では、裁量の考慮要素として、当事者の意思・意向の比重は大きい（加藤・前掲「争点整理手続の整備」塚原ほか編・理論と実務(上)211頁、村田・前掲「争点整理手続」大江ほか編・手続裁量109頁。なお、事件との利害関係の要素を相対的に重視する見解として、条解2版991頁〔上原〕）。もっとも、例えば、マスコミ関係者が取材のため傍聴を希望しており、当事者に格別の異議のない場合においても、例外的ではあるが、裁判所として、審理への影響等を考慮して相当でないとする判断はありうるところである。

　(3)　当事者が申し出た者については、手続を行うのに支障を生ずるおそれがあると認める場合を除き、その傍聴を許さなければならない（本条2項但書）。必要的傍聴であり、関係者公開ともいわれる。傍聴許可にあたっては、手続保障として相手方当事者の意見・意向を聴取することが相当である。

　「手続を行うのに支障を生ずるおそれがある」とは、弁論準備手続が形式張らない和やかな雰囲気で行われ、率直かつ自由なやりとりをして争点整理の実を挙げるための進行の障害になる事由をいう。

　障害事由については、物理的な支障と心理的な支障とがある。物理的なものとしては、例えば、①裁判所として弁論準備手続に使う通常の部屋を使用することを前提として、傍聴席が足りない場合、②当事者の親戚等で訴訟の進行に関心を有している者が、あれこれ口を出し、裁判官の制止にも従わないような場合

534

などが想定される。心理的なものとしては、③その人物が傍聴していると当事者が萎縮して十分争点整理の実を挙げることができないような場合、④当事者が対外的に秘密にしておきたい事柄について争点整理のために話をする必要がある場合などが想定されよう（加藤・前掲「争点整理手続の整備」塚原ほか編・理論と実務(上)222頁）。②について、一般的な訴訟指揮の行使の問題（148条2項）にすぎず、本条の守備範囲のものであるか疑問であるという見解（山本和彦「弁論準備手続」ジュリ1098号58頁〔1996年〕）もみられる。確かに、現実に手続進行の支障になるケースについては訴訟指揮により排除できることは当然であるが、過去の弁論準備期日で度々進行の支障となった者について事前に排除することは、本条の守備範囲といえよう（加藤・前掲「争点整理手続の整備」塚原ほか編・理論と実務(上)246頁）。また、④に関連して、秘密保護の配慮が手続的に要請されるプライバシー、営業秘密が明らかにされる場合（92条）には傍聴不許可になろうが、障害事由の判断においては、必ずしもそうした秘密に限定される必要はないであろう。

　心理的な支障として、相手方当事者から関係人の傍聴により萎縮してしまう蓋然性があるという意見が出されても、実は傍聴不許可を導くための口実であることもあろうし、逆に、相手方当事者を牽制するために関係者に弁論準備手続を傍聴させようと意図する当事者もいないわけでもない。そこで、裁判所は、当事者の申し出た傍聴希望者の立場、傍聴希望の理由、当事者との関係、事件の性質・内容、相手方当事者の意思・意向などを考慮して、手続を行うのに支障を生ずるおそれの有無を判断することになる。弁論準備期日が原則非公開ということから、手続を行うのに支障を生ずるおそれ（障害事由）について、緩やかに判定をすることは適切とはいえず、前記の考慮要素から客観的に正当な懸念であることが要請されよう（山本・前掲「弁論準備手続」ジュリ1098号58頁）。

　(4)　傍聴許可・不許可について不服申立てができるか。

　第1に、傍聴希望者が傍聴不許可になった場合に、その者は不服申立てすることはできない。傍聴希望者に傍聴申立権があるわけではなく、事実上の期待にすぎないからである（基コメ(2)123頁〔山本〕）。

　第2に、傍聴希望者が傍聴不許可になった場合に、当事者も不服申立てすることはできない。当事者にもそのような申立権があるわけではないからである。

　第3に、当事者が申し出た者が傍聴不許可になった場合に、申し出た当事者は

第170条・規則第88条　第2編 第3章 第3節 第2款 弁論準備手続

不服申立てをすることができるか。これについては、申し出た当事者は、口頭弁論を経ないで訴訟手続に関する申立てを却下した決定である傍聴不許可に対して通常抗告（328条1項）ができるし、相手方当事者は傍聴不許可に対して通常抗告ができると解される（基コメ(2)123頁〔山本〕、条解2版991頁〔上原〕）。傍聴不許可は、訴訟指揮に関する決定（120条）であり、口頭弁論を経ないで訴訟手続に関する申立てを却下した決定であって、当事者からの傍聴申出は必要的傍聴という効果をもつから、このように解されるのである。通常抗告であるから、抗告の趣旨は、「原決定を取り消す。下記の者の傍聴を許可する（下記において、住所・氏名で傍聴を申し出た者を特定）」ということとなるであろう（茨城県弁護士会編『民事訴訟・執行・保全・破産における不服申立の実務』87頁〔ぎょうせい、2007年〕）。しかし、通常抗告には執行停止の効力（334条1項）はないから、原裁判所としてはその弁論準備期日を進めることになる。そうすると、抗告審においては、当該期日は終了しているから、常に「抗告の利益なし」という理由で、抗告を却下するほかない。このように定型的に、抗告の利益がないという不服申立ては無意味であるから、これを実効的なものにするためには、不服申立てがされた場合に当該期日を進めないよう配慮することが考えられる。ただそのようにすると、傍聴問題により円滑な進行が阻害されることになるという事態が生じるというマイナスがあり、解釈論で執行停止を導くことは議論の余地があろう。

　第4に、相手方当事者が反対しているのに傍聴許可がされた場合については、傍聴をさせないことの申立権は観念できないことから、相手方当事者は不服申立てをすることはできないと解する。

（弁論準備手続における訴訟行為等[1]）

第170条　裁判所は、当事者に準備書面を提出させることができる[2]。

2　裁判所は、弁論準備手続の期日において、証拠の申出に関する裁判その他の口頭弁論の期日外においてすることができる裁判及び文書（第231条に規定する物件を含む。）の証拠調べをすることができる[2]。

3　裁判所は、当事者が遠隔の地に居住しているときその他相当と認めるときは、当事者の意見を聴いて、最高裁判所規則で定めるところにより、裁判所及び当事者双方が音声の送受信により同時に通話をすることができる方法によって、弁論準備手続の期日における手続を行うことができ

第170条・規則第88条〔1〕〔2〕

る。ただし、当事者の一方がその期日に出頭した場合に限る。^[3]

4　前項の期日に出頭しないで同項の手続に関与した当事者は、その期日に出頭したものとみなす。^[3]

5　第148条から第151条まで、第152条第1項、第153条から第159条まで、第162条、第165条及び第166条の規定は、弁論準備手続について準用する。^[2]^{[4][5]}

（弁論準備手続調書等・法第170条等）^[6]

　規則第88条　弁論準備手続の調書には、当事者の陳述に基づき、法第161条（準備書面）第2項に掲げる事項を記載し、特に、証拠については、その申出を明確にしなければならない。

　2　裁判所及び当事者双方が音声の送受信により同時に通話をすることができる方法によって弁論準備手続の期日における手続を行うときは、裁判所又は受命裁判官は、通話者及び通話先の場所の確認をしなければならない。^[3]

　3　前項の手続を行ったときは、その旨及び通話先の電話番号を弁論準備手続の調書に記載しなければならない。この場合においては、通話先の電話番号に加えてその場所を記載することができる。^[3]

　4　第1項及び前項に規定するほか、弁論準備手続の調書については、法第160条（口頭弁論調書）及びこの規則中口頭弁論の調書に関する規定を準用する。

〔1〕　**本条の趣旨**

　本条は、弁論準備手続においてすることのできる行為（本条1項・2項）、電話会議システムを利用することができること（本条3項・4項）、口頭弁論・準備的口頭弁論に関する規定の準用（本条5項）について定める。弁論準備手続は、旧法下の準備手続が準備手続裁判官の権限が十分でなかったという問題点に鑑みて弁論準備手続において行うことができる行為の範囲を拡張している。本条は、弁論準備手続の内容・進行についての基本的な規律である。

〔2〕　**弁論準備手続における訴訟行為**

　(1)　裁判所は、弁論準備期日において、当事者に準備書面を提出させること

537

第170条・規則第88条〔2〕　第2編 第3章 第3節 第2款 弁論準備手続

ができる（本条1項）。旧法252条と同旨の定めである。弁論準備期日においては、準備書面の交換にとどまらず、それを前提とした争点整理のための実質的な対論を通じて、法適用において意味ある主張の不一致を確定し、証明テーマを明らかにして、どの証拠方法により証明していくのかを明らかにしていくことになる。準備書面の交換は、その基本となるものである。

(2)　裁判所は、弁論準備期日において、証拠の申出に関する裁判その他の口頭弁論の期日外においてすることができる裁判をすることができる（本条2項）。

「証拠の申出に関する裁判」とは、証拠決定、文書提出命令、検証物提示命令、文書送付嘱託、鑑定嘱託などである。また、「その他の口頭弁論の期日外においてすることができる裁判」とは、訴訟引受けの決定、補助参加の許否の裁判、訴訟手続の受継の申立却下の裁判、訴えの変更の許否の裁判、請求の追加の許否の裁判などである。

旧法の準備手続では、証拠の申出に関する裁判につき、文書提出命令や鑑定嘱託などは証拠調べの準備行為として準備手続裁判官もすることができるとする少数説（条解新版913頁）もみられたが、裁判所がすべき裁判を準備手続裁判官にさせることはできないとする見解（本書旧版Ⅱ190頁）が多数であった。また、旧法の準備手続では、その他の訴訟手続上の裁判については、準備手続裁判官の権限は認められていなかった。しかし、争点整理のためにこれらの裁判を行うことが必要な場面は少なくないし、受訴裁判所自身が弁論準備手続をすることもあることを考えると、口頭弁論期日外においてすることができる裁判を弁論準備期日においてすることは問題ない。そこで、本条では、一般的な形で、弁論準備手続において、証拠の申出に関する裁判その他の口頭弁論の期日外においてすることができる裁判を行うことが認められた。これらの行為が弁論準備期日でできるようになったことで、弁論準備手続の訴訟促進機能は大きなものとなった（加藤新太郎「争点整理手続の整備」塚原ほか編・理論と実務(上)225頁）。

(3)　裁判所は、弁論準備期日において、文書の証拠調べをすることができる（本条2項）。旧法の準備手続では、およそ証拠調べは許されないことが前提であったが、弁論準備期日において、文書の証拠調べをするかどうかは立法上の大きな論点であった。問題点は大別すると、①現行法は、弁論準備手続を争点整理段階、口頭弁論手続を証拠調べ段階とに区分けして規律する基本構成を採用しているところ、弁論準備手続に文書の証拠調べを入れることは争点整理段階に不純

物を入れることになり、基本構成に反するのではないか、②弁論準備手続を非公開とすることとの関係で、証拠調べが審理の核心で公開を要するという仕切りをしていたのに、文書の証拠調べを別立てにしてよいのかというものであった。これらの点を重視すると、弁論準備手続段階において証拠調べを排除することが相当であることになり、現に、そうした立法提案もなされた。しかし、争点整理のためには書証の整理は必要であり、そのために閲読をするのであれば、実質的に証拠調べと区別する実益はないこと、文書は客観的な存在であるから人証のように尋問が介在して証拠資料となるものでなく、法廷以外の場所で証拠調べ（閲読）をしたとしても対象が変わるものではないこと等から、弁論準備期日において、例外的に、文書の証拠調べまでできるという規律としたのである（加藤・前掲「争点整理手続の整備」塚原ほか編・理論と実務(上)224頁、条解2版994頁〔上原敏夫〕）。その意味では、立法的割り切りがされたのであり、大きな改正点であるといえる。

　証拠調べの対象となるのは、文書であるが、準文書（図面、写真、録音テープ、ビデオテープその他情報を表すために作成されたもので文書でないもの〔231条〕）も含まれる（本条2項）。陳述書も文書であるから、当然証拠調べすることができる（条解2版994頁〔上原〕、上原敏夫「弁論準備手続」講座新民訴(3)325頁、基コメ(2)125頁〔山本和彦〕）。成立の争われている文書について、証人尋問等でその真正の証明を要する場合には、弁論準備期日において、証拠調べをすることは許されないとする見解（研究会206頁〔竹下守夫発言〕、基コメ(2)125頁〔山本〕）もみられるが、裁判所・受命裁判官が、成立の争われている文書として、どの点を争うかを確認したうえで閲読することに格別の問題はないであろう。文書の成立の真否に関しては、証人尋問等でさらに証拠調べをしないと明らかにならないものであり、この場合に弁論準備手続で心証形成がされるものとはいえないからである（条解2版994頁〔上原〕は、弁論準備手続での心証は「その文書の真正が認められるとすれば」という留保付きのものであるという。上原・前掲「弁論準備手続」講座新民訴(3)334頁も参照）。

　(4)　裁判所は、弁論準備期日において、本条5項の準用する行為をすることができる。本条5項により弁論準備手続に準用される規定は、次のとおりである。

　①　裁判長の訴訟指揮権（148条）

　②　釈明権等（149条）

第170条・規則第88条〔3〕 第2編 第3章 第3節 第2款 弁論準備手続

③ 訴訟指揮等に対する異議（150条）

④ 釈明処分（151条）

⑤ 弁論準備手続の制限・分離・併合（152条1項）

⑥ 弁論準備手続の再開（153条）

⑦ 通訳人の立会い等（154条）

⑧ 弁論能力に欠く者に対する措置（155条）

⑨ 攻撃防御方法の提出時期（156条・156条の2）

⑩ 時機に後れた攻撃防御方法の却下（157条・157条の2）

⑪ 当事者の期日に欠席の場合における準備書面の陳述の擬制（158条）

⑫ 自白の擬制（159条）

⑬ 準備書面等の提出期間（162条）

⑭ 証明すべき事実の確認等（165条）

⑮ 当事者の不出頭による手続の終了（166条）

〔3〕 **電話会議の方法による弁論準備期日**

(1) 弁論準備期日においては電話会議システムを利用して手続を行うことができる（本条3項）。「裁判所及び当事者双方が音声の送受信により同時に通話をすることができる方法」が電話会議システムである。電話会議の方法は、近年におけるOA機器の機能向上に鑑み、裁判手続にこれを活用し、裁判所へのアクセスを拡充するものである。当事者が一堂に集まる（全員の対席）という物理的な要請よりも、裁判所・当事者相互の対話性保障という機能的な要請を優先した手法ということができる。その意味では、電話会議の方法による弁論準備期日は、全員の対席という期日の基本原則（169条1項）の例外である（基コメ(2)126頁〔山本和彦〕）。

その要件は、①当事者が遠隔の地に居住しているときその他相当と認められること（相当性）、②当事者の意見を聴取すること、③当事者の一方がその期日に出頭すること（本条3項但書）である。①は電話会議システムを利用するための実体的要件、②③は手続的要件である。

(2) 相当性（要件①）とは、争点整理手続としての弁論準備期日を効率的に進行させるため、電話会議システムを利用して期日を実施することが適当であることをいう。これが、全員の対席という期日の基本原則（169条1項）の例外であることから、そのような必然性がある場合という趣旨で相当性が要求されるの

第170条・規則第88条〔3〕

である。

相当性について、当事者が遠隔地に居住していることが例示されているが、そのほかにも、例えば、訴訟代理人の法律事務所が遠隔地にある場合、当事者・訴訟代理人が怪我・病気等の理由で裁判所に出頭することは困難であるが、自宅・法律事務所において電話会議の方法により弁論準備手続に関与することはできる場合なども想定される。すなわち、当事者・訴訟代理人が遠隔地にいるときに限らず、合理的な理由で裁判所に出頭することは困難であるが、電話会議システムを利用すれば手続関与ができる場合には、相当性を肯定することができる（加藤・前掲「争点整理手続の整備」塚原ほか編・理論と実務(上)225頁、村田渉「争点整理手続」大江ほか編・手続裁量110頁）。

(3) 電話会議システム利用の前提として当事者の意見聴取をする（要件②）のは、当事者の主体性・自律性を尊重する趣旨の手続保障である。この手続が、期日における対席を免除するという例外的なものであるから、当事者の事前関与権が認められているものである（基コメ(2)126頁〔山本〕）。ただ、裁判所は、当事者の意見に拘束されるものではない。

実際の場面では、一方の当事者が電話会議システムを利用して手続を行うことを希望するのに対して、相手方当事者が反対の意見を述べることが想定される。その場合であっても、当事者双方が期日に出頭することができる日程では弁論準備期日の間隔が大幅に開いてしまうが、電話会議システムを利用すれば近くの期日が調整できるようなときには、相手方当事者が反対の意見を述べたとしても、電話会議システムを利用することはできる。もっとも、裁判所としては相手方当事者に電話会議システムを利用する利点を説明して意見調整するのが賢明であろう。要するに、当事者の意見は拒否権ではないのである（基コメ(2)126頁〔山本〕、村田・前掲「争点整理手続」大江ほか編・手続裁量110頁）。

(4) 電話会議システムを利用して弁論準備手続ができるのは、書面による準備手続の場合（176条3項）とは異なり、当事者の一方がその期日に出頭する場合に限られる（要件③、本条3項但書）。裁判所以外に当事者が誰も出頭しない期日は観念し難いこと、相当性が認められる事由があって当事者双方の期日出頭が困難な場合には、書面による準備手続を利用することができることから、そのような規律がされたものである。当事者の一方が数人いる場合、当該当事者の少なくとも一人は期日に出頭すれば、電話会議システムを利用して弁論準備手続が

541

第170条・規則第88条〔3〕　第2編 第3章 第3節 第2款 弁論準備手続

できる。また、独立当事者参加（47条）のケースのように三以上の当事者がいる場合にも、そのいずれかの当事者が期日に出頭すれば、この方法により弁論準備手続ができる（一問一答198頁）。

(5)　期日に出頭しないで弁論準備手続に関与した当事者は、その期日に出頭したものとみなされる（本条4項）。

現行法においては、その場合、当事者の真意を確認する必要性等に配慮して、裁判所に出頭しない当事者は、訴訟の完結の効果を生じる請求の放棄・認諾、訴えの取下げ、和解をすることはできないが、請求の放棄・認諾についてはその旨の書面を提出しているときには例外となる（本条の旧5項）とされていた。しかし、電話会議の方法による弁論準備期日の実施の実績によれば、本人確認やその他システム上の格別の問題はみられず、当事者の裁判所へのアクセスの利便性を拡充する機能を果たしている。ところが、その反面、電話会議の方法による弁論準備期日において、当事者が和解等により訴訟終了の意思を表示した場合でも、訴訟手続上も効果が生じないため、遠隔地に居住する当事者が次回の弁論準備期日に出頭するか、改めて和解条項を受諾する旨の書面を提出すること（264条）が必要となるが、このことにより不要に手続を遅滞させることにもなる。そこで、平成15年改正（「民事訴訟法等の一部を改正する法律」平15法108号）により、電話会議の方法による弁論準備期日においても、その期日に裁判所に出頭していない当事者が、訴えの取下げ、和解、請求の放棄・認諾をすることができるとされた（本条の旧5項の削除。一問一答平成15年改正88頁、条解2版995頁〔上原〕）。

(6)　電話会議の方法による弁論準備手続の期日における手続を行うときは、裁判所または受命裁判官は、通話者および通話先の場所の確認をしなければならない（規則88条2項）。通話者が訴訟代理人の弁護士である場合には同一性を確認するのは難しくはないであろうが、通話者が当事者本人である場合には同一性の確認に困難が伴うことに留意すべきである。通話先の場所の確認は、このシステムを利用するための相当性要件（遠隔地居住など）との関連で重要な要素となるので、必要とされたものである（条解規則201頁）。

そうしたときには、電話会議システムにより弁論準備手続を行った旨および通話先の電話番号を弁論準備手続の調書に記載しなければならない（規則88条3項前段）。これらは、弁論準備期日調書の必要的記載事項である。

弁論準備期日調書には、通話先の場所を記載することができる（規則88条3項

542

後段）が、これは、任意的記載事項である。通話先の場所は、このシステム利用のための相当性要件との関連で重要となることがあるので、弁論準備期日調書の任意的記載事項とされている（条解規則201頁）。

〔4〕　**証明すべき事実の確認**

(1)　裁判所は、弁論準備手続を終了するにあたり、今後の証拠調べで証明すべき事実（要証明事実）が何であるかを当事者との間で確認する（本条5項による165条1項の準用）。さらに、裁判長は、相当と認めるときは、当事者に弁論準備手続における争点整理の結果を要約した書面（要約書面）を提出させることができる（本条5項による165条2項の準用）。

(2)　弁論準備手続が終了するときには、通常、争点に関する議論が尽くされ、証拠収集手続もすべて終了し、弾劾証拠以外の書証はすべて提出され、その後は、人証の取調べ、検証、鑑定などの証拠調べを実施しなければ判断できない事項だけが残るが、これが証明すべき事実にほかならない。この事実は、争点整理の結果残った争点とほぼ一致するが、同一ではない。すなわち、弁論準備手続の結果、事実に争いはなくなったが、その事実に対する法律の適用、法解釈に争いが残った（法律上の争点が残った）という場合も想定され、そうした場合は、それ以上証拠調べをする必要はなく、口頭弁論を終結して判決をすることになるから、証明すべき事実は存しないが、争点は残っている（以上につき、165条〔2〕(1)参照）。なお、証明すべき事実は、主要事実に限られず、むしろ、重要な間接事実のレベルで要証明事実が確認されることが望ましく、実際にも、必要な書証が提出され議論が尽くされると、採用予定の人証の陳述書の事前提出の運用と相まって、裁判所も両当事者も、特定の間接事実の存否が人証の取調べのポイントになるという共通認識を有するようになることが多くなってきている（以上につき、165条〔2〕(2)参照）。

また、証明すべき事実の確認については、裁判所と当事者双方の3者間で認識が一致しなければならない。その認識に一致がみられないときは、証明すべき事実の確認はできないから、この場合は、その確認をしないで弁論準備手続を終了することになるが、実際には、そのような事態が生ずることは稀である（以上につき、165条〔2〕(3)参照）。

(3)　要約書面についての定めは、旧法下の準備手続における要約準備書面についての定め（旧規則21条1項）を引き継いだものである。しかし、旧法下で、

543

第170条・規則第88条〔5〕 第2編 第3章 第3節 第2款 弁論準備手続

要約準備書面の提出や要約準備書面が提出されない場合の要約調書（裁判所が要約した準備手続の結果を記載したもの〔旧規則21条2項〕）の作成負担が重いことが準備手続が利用されなくなった一因という反省に立ったものであるから、この要約書面は、旧法下の要約準備書面のような詳しい内容のものは要求されず、残った争点の内容だけを記載したものでも足りると解される（以上につき、165条〔3〕(1)参照）。裁判長は、「相当と認めるとき」に限って当事者に要約書面の提出を求める。当事者に要約書面の提出を求めることが相当な場合としては、争点が多岐にわたり、各争点の内容を明確にするために書面化しておいたほうがよいと思われる場合や、当事者が争点に関係する多くの間接事実を主張しており、当事者の言い分として、それを書面化しておいたほうがよいと思われる場合などである（以上につき、165条〔3〕(2)参照）。要約書面は、各当事者がそれぞれに作成することも、一方当事者が相手方の主張も含めてひとつの要約書面を作成することも差し支えないが、主張の食い違いを生じないためにも、また、わかりやすさの点からも、両当事者が協力してひとつの要約書面を作成することが望ましい（以上につき、165条〔3〕(3)参照）。

(4) 裁判所は、弁論準備手続を終了するにあたり、その後の証拠調べによって証明すべき事実が確認された場合において、相当と認めるときは、裁判所書記官に当該事実を弁論準備手続の調書に記載させなければならない（規則90条による規則86条1項の準用）。また、裁判長は、弁論準備手続を終了するにあたり、当事者に争点および証拠の整理の結果を要約した書面を提出させる場合には、その書面の提出をすべき期間を定めることができる（規則90条による規則86条2項の準用）。証明すべき事実の弁論準備手続調書への記載の定め、要約書面につき162条の提出期間裁定の制度の適用があることを明らかにした定めである（以上につき、165条〔4〕〔5〕参照）。これらにより、批判の多かった旧法下における準備手続裁判官による要約の義務づけ（旧規則21条）は、廃止されている。

〔5〕 **当事者の不出頭による弁論準備手続の終結**

(1) 当事者が期日に出頭せず、または裁判長が定めた期間内に準備書面を提出せず、証拠の申出をしない場合には、裁判所は弁論準備手続を終結することができる（本条5項による166条の準用）。この場合には、一定の手続終了効がある（174条による167条の準用）。

裁判所が当事者の不出頭による弁論準備手続の終結をするかどうかは、その手

続裁量に委ねられる。その場合の考慮要素としては、事件の内容・性質、当事者の手続追行の態度、弁論準備の進行度合い、審理の現状などであるが、そのまま弁論準備手続を継続して争点整理の目的が達成されるかどうかの見通しがポイントになろう。例えば、当事者が期日に出頭しないことにやむを得ない事情がある場合、裁判長が定めた期間内に準備書面を提出せず、証拠の申出をしないことにやむを得ない事情がある場合で、なお弁論準備手続を継続しても意味があると認められれば、終結することはしないであろう。具体的には、当事者・訴訟代理人の病気等の理由でそのような事態を招き、期日前に裁判所に、その理由を伝えているようなケースについて、弁論準備手続を終結するのは相当ではない。

この点に関して、1回のみの不出頭等ではその理由が明確でないから、弁論準備手続を終結すべきでなく、複数回の不出頭等があって初めて手続の終結を考慮すべき場合が多いとする見解（村田・前掲「争点整理手続」大江ほか編・手続裁量112頁）もみられる。しかし、問題はその回数ではなく、当事者の手続追行の態度如何であり、そのまま弁論準備手続を継続して争点整理の目的が達成されるかどうかの見通しである。例えば、従前の対応をみても当事者が弁論準備手続に不熱心である場合で、格別の理由もなく期間内に準備書面を提出せず、証拠の申出をしないときは、それが1回であっても、弁論準備手続を終結してよいこともありうる。

(2)　当事者の不出頭による弁論準備手続の終結にあたっては、実質的手続保障として、相手方当事者の意見を聴取することが相当である。当事者の不出頭という事由により弁論準備手続を終結する場合の多くは、手続追行に不熱心ではない相手方当事者の有利な手続進行になるが、その場合にも、手続終了効があるから、相手方当事者の意見を聴取することには意味がある。

〔6〕　**弁論準備手続調書**

(1)　弁論準備手続を実施した期日の調書には、攻撃防御方法、相手方の請求・攻撃防御方法に対する陳述（161条〔準備書面〕2項に掲げる事項）を記載し、特に、証拠の申出を明確にしなければならない（規則88条1項）。これは、旧法下の準備手続調書の記載事項に関する定め（旧250条1項）と同旨であり、規則化したものである。

(2)　弁論準備調書については、口頭弁論調書（160条および規則中口頭弁論の調書に関する規定）が準用されている（規則88条4項）。裁判所書記官は、期日ご

第171条〔1〕　第2編 第3章 第3節 第2款 弁論準備手続

とに、弁論準備調書を作成しなければならない（160条1項の準用）。弁論準備手続の方式に関する規定の遵守は、その期日調書によってのみ証明することができる（同条3項の準用）。この点に関連して、弁論準備期日における発言等を記録したメモを書証として提出することは、弁論準備手続における当事者の片言隻句に基づき揚げ足をとる類のものであり、不公正であるばかりか、その自由闊達な議論を妨げるものであり、必要であれば異議（同条2項の準用）により弁論準備調書に記載を求めるべき事柄を後日正確性の担保されない私製の報告書に記載し、外形上その事実が存したかのように作出する点において、訴訟上の信義則に悖る等として証拠能力を否定した事例（東京地判平成12・11・29判タ1086号162頁）がみられる。

　規則中口頭弁論の調書に関する規定とは、規則66条から76条までの各規定であるが、67条2項・68条については、証人等の陳述の調書への記載に関する定めであり、弁論準備手続においては、証人等の尋問を実施することはないから、準用の余地はない（条解規則202頁）。

（受命裁判官による弁論準備手続）[1]

第171条　裁判所は、受命裁判官に弁論準備手続を行わせることができる。[2]

2　弁論準備手続を受命裁判官が行う場合には、前二条の規定による裁判所及び裁判長の職務（前条第2項に規定する裁判を除く。）は、その裁判官が行う。ただし、同条第5項において準用する第150条の規定による異議についての裁判及び同項において準用する第157条の2の規定による却下についての裁判は、受訴裁判所がする。[3][4]

3　弁論準備手続を行う受命裁判官は、第186条の規定による調査の嘱託、鑑定の嘱託、文書（第231条に規定する物件を含む。）を提出してする書証の申出及び文書（第229条第2項及び第231条に規定する物件を含む。）の送付の嘱託についての裁判をすることができる。[3]

〔1〕　**本条の趣旨**

　本条は、弁論準備手続を受命裁判官がすることができること、受命裁判官の権限について定める。旧法の準備手続は、受訴裁判所を構成する裁判官が所属する裁判所の裁判官が準備手続裁判官として手続を主宰することとされていた（旧規

546

則18条）が、受訴裁判所の構成員である裁判官が受命裁判官として、弁論準備手続を担当することができるようにされたものである。

〔2〕 **受命裁判官による弁論準備手続**

(1) 弁論準備手続の主宰者は、原則として受訴裁判所である（168条）が、これを受命裁判官に委ねることもできる（本条1項）。

旧法の準備手続においては、受訴裁判所を構成する裁判官が所属する裁判所の裁判官が準備手続裁判官として手続を主宰することとされていた（旧規則18条）。その場合には、受訴裁判所を構成する裁判官以外の者が制度上準備手続裁判官になることが可能であり、このことが準備手続の実効性を妨げているという批判がみられた。しかし、争点整理という弁論準備手続の目的に照らすと、事件の内容等を十分把握している受訴裁判所またはその構成員である受命裁判官がこの手続を担当することが合理的である。そこで、争点整理と口頭弁論における審理との連続性を確保するために、本条の定めがされたものである（伊藤275頁、加藤新太郎「争点整理手続の整備」塚原ほか編・理論と実務(上)227頁）。

(2) 受命裁判官に弁論準備手続を委ねるかどうか、委ねるとして受訴裁判所を構成するどの裁判官を受命裁判官に選任するかは、裁判所の手続裁量に属する。単独体の場合には、受命裁判官を選任する必要はないが、合議体の場合には、機動的な対応を可能にするため、受命裁判官を活用することが一般的である。合議事件につき内部的に主任を務める左陪席裁判官を選任することが多いが、裁判長もあわせて受命裁判官とすること（いわゆる二人受命）もみられる。旧法下の準備手続では、経験の乏しい未特例判事補である左陪席裁判官が準備手続裁判官となるのが例であり、それが制度不振の一因という指摘もみられたところであるから、いわゆる二人受命は適切な措置であるが、そうでない場合においても、受命裁判官を受訴裁判所がバックアップする体制を組むことが、実務上は重要である（上原敏夫「弁論準備手続」講座新民訴(1)322頁、条解2版997頁〔上原敏夫〕参照）。

〔3〕 **受命裁判官の権限**

(1) 弁論準備手続を行う受命裁判官は、基本的には受訴裁判所と同一の権限を有し、裁判所および裁判長の職務を行う（本条2項）。受命裁判官に弁論準備手続を行わせる以上、そのような権限を付与することが手続の円滑な進行につながるからである。そのような職務としては、次のようなものがある（170条5項による準用規定を含む）。

第171条〔3〕　第2編 第3章 第3節 第2款 弁論準備手続

① 準備書面を提出させること（170条1項）

② 文書の証拠調べ（同条2項）

③ 訴訟指揮権（148条）

④ 釈明権等（149条）

⑤ 釈明処分（151条）

⑥ 事件の制限・分離・併合（152条1項）

⑦ 事件の再開（153条）

⑧ 通訳人の立会い等（154条）

⑨ 弁論能力を欠く者に対する措置（155条）

⑩ 攻撃防御方法の提出時期（156条・156条の2）

⑪ 時機に後れた攻撃防御方法の却下（157条）

⑫ 当事者の期日に欠席の場合における準備書面の陳述の擬制（158条）

⑬ 自白の擬制（159条）

⑭ 準備書面等の提出期間（162条）

⑮ 証明すべき事実の確認等（165条）

⑯ 当事者の不出頭による手続の終了（166条）

(2)　職務の性質上受命裁判官に委ねることができないものについては、受命裁判官の権限外である。すなわち、口頭弁論の期日外においてすることのできる裁判が、これに当たる。これを弁論準備期日においてすることができるのは受訴裁判所であり、受命があったとしても構成員の一人である受命裁判官に委ねることは適当でないからである。

　ただ、調査嘱託、鑑定嘱託、文書を提出してする書証の申出、文書送付嘱託については、例外的に、弁論準備手続を行う受命裁判官も裁判をすることができる（本条3項）。これらは証拠収集手段であり、争点整理を実効あらしめるために、受命裁判官がその裁判をすることを認める必要性が大きく、その判断はさほど難しいものでもないので、受命裁判官がこれを行うこととしても不都合を生ぜず、これらを受命裁判官に委ねても弊害がないと考えられるからである（一問一答205頁）。ここでいう文書には、準文書（231条）も含み、文書送付嘱託の文書には、対照文書（229条2項）を含む。また、文書を提出してする書証の申出に限られるから、文書提出命令の申立ては除外される。

　また、170条5項が準用する訴訟指揮等に対する異議（150条）についての裁判、

第171条〔4〕

審理の計画が定められている場合の攻撃防御方法の却下（157条の2）についての裁判は、受訴裁判所がする（本条2項但書）。いずれも受命裁判官が裁判するのは相当でないと考えられたことによるものである。

〔4〕　受命裁判官による文書の証拠調べ

現行法制定時においては、弁論準備手続を行う受命裁判官は、文書の取調べ（書証として申出がされた文書の閲読）をすることができないとされていた（平成15年改正前の171条2項）。受命裁判官だけで文書の証拠調べをするのは意味が少ないという理由からそのように定められていたのである。とはいえ、受命裁判官は、弁論準備手続の争点整理目的に照らして、書証の整理はできると解されてはいたので（加藤・前掲「争点整理手続の整備」塚原ほか編・理論と実務(上)246頁、上原・前掲「弁論準備手続」講座新民訴(1)327頁）、いささか中途半端な規定ぶりであったといえる。

そもそも争点整理を行うためには受命裁判官が書証として申出された文書を閲読することは必要なことであるし、受命裁判官において文書の証拠調べをした場合でも、受訴裁判所を構成する他の裁判官に証拠調べの結果を伝達することは可能である。実務上は、受命裁判官のした文書の証拠調べの結果は、文書の写しが訴訟記録に編綴され、文書の成立の認否などは調書に記載され、それらが口頭弁論に上程されるという形態で、受訴裁判所に伝達される。また、文書の成立の真正に争いがある場合については、弁論準備手続終結後の口頭弁論期日において、当事者に文書の原本の提示を求めてその確認をすることができるから、受訴裁判所を構成する他の裁判官もその証拠調べの結果の認識を共有することが可能である。さらに、受訴裁判所は、受命裁判官に文書の証拠調べをさせる場合には、当該証拠調べについての調書に記載すべき事項を定めることができ（規則142条1項）、これは弁論準備手続において受命裁判官が文書の証拠調べをするときにも適用される。例えば、文書の成立の認否、その他文書の写しを見ただけでは不明な事項（筆書・ペン書・鉛筆書の別、文書の部分によっては筆跡が相違していること、ペン書・鉛筆書が混じっていること、削除・挿入がされていること、墨・インクの色など）等、書証の形式的証拠力、証拠価値を判断するのにあたり有用な事項について、調書に記載すべき事項を定めることにより、より確実に受訴裁判所を構成する裁判官全員が文書の証拠調べの結果の認識を共有することが容易になる（条解規則301頁）。

549

第172条〔1〕　第2編 第3章 第3節 第2款 弁論準備手続

　このように、弁論準備手続を行う受命裁判官が文書の取調べをすることが争点整理目的からも望ましいし、そうすることによる問題もないと考えられることから、平成15年改正において、弁論準備手続を行う受命裁判官が書証の申出（文書提出命令の申立てを除く）についての裁判を行い、文書の証拠調べをすることができることにされたのである（本条3項・2項。一問一答平成15年改正90頁、条解2版998頁〔上原〕）。

（弁論準備手続に付する裁判の取消し）[1]

第172条　裁判所は、相当と認めるときは、申立てにより又は職権で、弁論準備手続に付する裁判を取り消すことができる[2]。ただし、当事者双方の申立てがあるときは、これを取り消さなければならない[3]。

〔1〕　本条の趣旨

　(1)　本条は、弁論準備手続に付する裁判の取消しについて定める。第1は、裁判所の裁量による取消しであり（本条本文）、第2は、当事者双方の申立てによる必要的取消し（本条但書）である。弁論準備手続に付する裁判は、裁判所によってされるから、裁判の形式は決定である（上原敏夫「弁論準備手続」講座新民訴(1)317頁）。したがって、弁論準備手続に付する裁判の取消しは、その決定を取り消すという性質のものである。

　裁判所が事件を弁論準備手続に付する決定は、訴訟指揮に関する裁判であるから、裁判所の裁量によりいつでも取り消すことができる（120条）。したがって、本条本文が、職権により取消しができることを定めるのは、注意規定（確認規定）である（加藤新太郎「争点整理手続の整備」塚原ほか編・理論と実務(上)228頁、基コメ(2)130頁〔山本和彦〕、一問一答206頁、条解2版999頁〔上原敏夫〕）。

　(2)　本条に意味があるのは、当事者に弁論準備手続に付する決定取消しの申立権を与えている点であり、当事者双方が申立てをした場合には付弁論準備手続決定を取り消さなければならないとしている点である。

　これは、争点整理としての弁論準備手続という手続選択について、当事者の関与（関与権）を認めようとするものであり、手続保障の一種である。すなわち、弁論準備手続は、①手続実施中は口頭弁論は開かれないし、②非公開の手続であり、③弁論準備手続において行うことができる行為の範囲には限定があり

550

（170条2項）、④手続終了には緩やかではあるが、提出制約効（説明要求権と説明義務）が定められ（174条）、⑤手続を終えた後は、「できる限り」という留保付きではあるが、集中証拠調べが行われる（182条）など、当事者の手続進行についての利害・スタンスに影響を及ぼすところが少なくないので、当事者の手続選択における意思・意向を重視したものである。職権進行主義原則に対して、当事者の主体性・自律性という観点から、一定の制約を課しているものでもある。弁論準備手続に付する際にも当事者の意見聴取が要件とされる（168条）が、これは、裁判所の手続選択の際における参考意見という性質のものである。これに対して、本条では、弁論準備手続開始後には、当事者双方の申立てによる必要的取消しというより強い関与権を当事者に付与している。

〔2〕 **裁量による取消し**

(1) 裁判所は、相当と認めるときは、申立てによりまたは職権で、弁論準備手続に付する裁判を取り消すことができる（本条本文）。付弁論準備手続決定取消しの要件は、相当性のみであり、実質的には、裁判所の賢明かつ状況適合的な手続裁量に委ねられる。

弁論準備手続の開始時には、裁判所として、争点整理をする必要があり（必要性）、争点整理を弁論準備手続において実施することが相当である（相当性）（168条）と判断したが、いざ手続を開始してみると、その事件については、他の争点整理手続のほうが適切と思われる場合は実際にも想定される。すなわち、弁論準備手続は、①準備室等で行われるインフォーマルな手続であり、膝を交えた雰囲気での意見交換が可能であること、②原則的に非公開、例外的に傍聴許容（当事者公開）であること、③行うことができる訴訟行為に制限があり、人証調べはできないこと、④電話会議システムの利用ができる（一方当事者の不出頭を許すことができる）こと、⑤受命裁判官による弁論準備手続の実施が可能であること（171条1項）に特色があるが、これらが活かせないか、逆にマイナスに作用するような事情が認められれば、手続を取り消すことは相当であるといえよう。また、弁論準備手続に付した後に、当事者が遠隔地に転居したため、書面による準備手続のほうが適当である事情が生じた場合など、その後の事情の変更も、相当性判断の考慮要素となる。

付弁論準備手続決定を取り消した場合には、一旦口頭弁論に戻される。そのうえで、争点整理を完了させるため、裁判所としては、準備的口頭弁論に切り替え

第172条〔2〕 第2編 第3章 第3節 第2款 弁論準備手続

るか、書面による準備手続に付することになる（加藤・前掲「争点整理手続の整備」塚原ほか編・理論と実務(上)228頁、一問一答206頁）。

(2) 取消しは、付弁論準備手続決定を裁判所が取り消すものであるから、決定の方式で行われる。この場合において、裁判所として、当事者の意見を聴取することについては明文の定めはないが、実質的手続保障の観点から、当事者の意見を聴取したうえで取り消すか否か判断するのが相当である。この点は、一方当事者により付弁論準備手続決定の取消申立てがされた場合も裁判所が職権により付弁論準備手続決定を取り消そうとする場合も同様である。一方当事者により付弁論準備手続決定の取消申立てがされた場合に、相手方の意見を聴取したところ、同じく取消しの申立てがされた場合には、取消しが必要的なものになる（本条但書）。

(3) 一方当事者によりされた付弁論準備手続決定の取消申立てを容れて手続を取り消した場合、弁論準備手続の継続を希望する相手方当事者は、不服申立てをすることができるか。この点に関連して、当事者には付弁論準備手続開始の申立権は与えられておらず、そのため、事件を弁論準備手続に付する決定についても、事件を弁論準備手続に付さない決定についても、当事者は不服申立て（抗告）をすることはできないと解されている。このような申立権がないことは、弁論準備手続の開始に関する当事者の利益は保護の対象とならないことを意味するが、その継続に関する当事者の利益についても同様に解されるから、取消決定についても、不服申立てをすることはできない（基コメ(2)130頁〔山本〕、条解2版999頁〔上原〕）。裁判所が職権により付弁論準備手続決定を取り消した場合も同様である。

(4) 付弁論準備手続決定の取消申立てを却下する決定に対しては、当事者は抗告することができる（加藤・前掲「争点整理手続の整備」塚原ほか編・理論と実務(上)246頁、基コメ(2)130頁〔山本〕、条解2版999頁〔上原〕）。付弁論準備手続決定については、本条により、当事者に取消申立権が付与されているからである（そのような定めのなかった旧法下において、かかる抗告権を否定したものとして、東京高決昭和52・5・31判時859号43頁参照）。もっとも、付弁論準備手続決定の取消しは、裁判所の手続裁量に委ねられているから、抗告審の審理対象は原裁判所の裁量の踰越・濫用の有無に限られると解される。したがって、抗告が容れられる余地は少ないが、例えば、争点整理の必要が明らかに認められないケースに

552

ついて、他の目的で弁論準備手続が継続されているような場合は、裁量権の濫用と解されることになろう（基コメ(2)130頁〔山本〕）。

なお、付弁論準備手続決定に対して不服のある当事者は、同決定後にその取消しを申し立て、それが却下されれば、抗告することができ、その限りで、手続選択の不服を抗告審の審査の俎上に載せることができることに留意すべきである。

〔3〕 当事者双方の申立てによる必要的取消し

(1) 付弁論準備手続決定について、当事者双方の取消申立てがあるときは、裁判所は、これを取り消さなければならない（本条但書）。当事者双方の申立てによる弁論準備手続の必要的取消しの定めであるが、当事者双方が弁論準備手続という形態での争点整理を望まない場合、当事者にはこのままでの手続進行に意欲はなく、手続に協力することも期待できないから、この場合、取消しを必要的なものとしたのである。

弁論準備手続に付する際にも当事者の意見を聴取しなければならないが（168条）、当事者の意見については、裁判所を拘束するものではなく、当事者双方が弁論準備手続に付することに反対の意向を表明している場合であっても、裁判所が職権で弁論準備手続に付することができる。実際には、当事者双方が弁論準備手続に付することに反対している場合には、当事者の協力が期待できず、円滑な手続進行を図ることが難しいから、弁論準備手続に付することは稀であろうが、当初は反対していても弁論準備手続が開始された後、一方当事者（双方当事者）が意見を変えることが予想される場合も想定されるからである（山本和彦「弁論準備手続」ジュリ1098号56頁〔1996年〕、加藤・前掲「争点整理手続の整備」塚原ほか編・理論と実務(上)244頁）。しかし、付弁論準備手続決定がされ手続が開始されてもなお当事者双方が反対し、取消申立てをした場合には、その取消しが必要的なものとなる。これは、当事者の手続選択・手続進行の意向を裁判所の手続裁量の制約要素とするものである（加藤・前掲「争点整理手続の整備」塚原ほか編・理論と実務(上)228頁）。

(2) 当事者が付弁論準備手続決定の取消しを申し立てるべき時期には制限はないから、付手続直後でもよい。付弁論準備手続決定取消しの申立ては、常に当事者が共同して行う必要はない。一方当事者により付弁論準備手続決定の取消申立てがされた場合に、相手方の意見を聴取したところ、同じく取消しの申立てがされた場合には、取消しが必要的なものになることは前述した。

第173条・規則第89条〔1〕〔2〕　第2編 第3章 第3節 第2款 弁論準備手続

付弁論準備手続決定の取消しがされた場合には、事柄の性質上、不服申立ては許されない。付弁論準備手続決定取消しの申立てが却下されることは、申立濫用のような場合を除いて想定されないが、申立却下決定に対しては、抗告が認められる（基コメ(2)130頁〔山本〕）。

（弁論準備手続の結果の陳述[1]）
第173条　当事者は、口頭弁論において、弁論準備手続の結果を陳述しなければならない。[2][3]

（弁論準備手続の結果の陳述・法第173条[2]）
規則第89条　弁論準備手続の終結後に、口頭弁論において弁論準備手続の結果を陳述するときは、その後の証拠調べによって証明すべき事実を明らかにしてしなければならない。

〔1〕　本条の趣旨

本条は、直接主義・口頭主義との関連において、口頭弁論において、弁論準備手続の結果を陳述することが必要であることを定めるものである。すなわち、弁論準備手続は、争点整理を目的にし、口頭弁論を円滑・迅速に行うために実施するものであるから、口頭弁論は弁論準備手続の結果に基づき行われることになるし、また弁論準備手続の結果は、当事者が口頭弁論において陳述しない限り口頭弁論に現われないから（87条）、そのために、当事者は準備手続後の最初になすべき口頭弁論期日に準備手続の結果を陳述し、直接主義・口頭主義の要請を満たさなければならないのである。

旧法254条においても、準備手続の結果につき口頭弁論において陳述することを要するという同旨の定めがあった（手続結果の陳述という制度の沿革・歴史につき、鈴木正裕「当事者による『手続結果の陳述』」石田＝西原＝高木還暦(下)407頁）。しかし、旧法下の実務においては、準備手続結果の陳述が形骸化しており、そのため、弁論上程のあり方について立法上議論があったが、弁論上程という方式を維持することになった。

〔2〕　弁論準備手続結果の陳述
(1)　弁論準備手続の結果とは、文字どおり、弁論準備手続において、主張・

554

証拠につき要約・整理された争点整理の結果である。手続結果の陳述という点では、裁判官が更迭した場合（249条2項）または控訴審における最初にすべき口頭弁論期日（296条2項）に陳述すべき、従前または第一審における口頭弁論の結果と同じである。

結果陳述がされると、弁論準備手続で行われたすべての訴訟行為は口頭弁論で行われたのと同一の効果が生じる。

(2)　弁論準備手続の結果については、①当事者双方が陳述するのが本則であるとする見解（旧法下のものとして、本書旧版Ⅱ330頁、注解(7)91頁〔林屋礼二＝中田昭孝〕）、②結果陳述それ自体は訴訟行為としての意味をもつものではなく、単なる結果の報告にすぎないので、当事者双方が行う必要はなく、当事者の一方が陳述すれば足りるとする見解（基コメ(2)131頁〔山本和彦〕）があるが、結果陳述の性質論からすると、②説が相当であろう。もっとも、①説においても、当事者の一方が欠席した場合には、弁論準備手続の結果は一体をなしているものであるから、出席した他方の当事者だけが陳述すれば足りると解している（旧法下のものとして、大判昭和12・3・16新聞4118号11頁参照）。

結果を陳述する場合、当事者が全体の一部のみ（例えば自己に不利な部分を除いて）を陳述することは、弁論準備手続の結果の一体性から許されず、弁論上程は不可分一体のものとして行われる（伊藤247頁）。

(3)　旧法下の準備手続については、要約調書（旧規則21条2項）が作成されていることが多く、これに基づいて結果の陳述がされていた。これに対して、弁論準備手続の結果の陳述は、その後の証拠調べによって証明すべき事実を明らかにしてしなければならない（規則89条）。その形態としては、当事者双方が、手続結果の要約を口頭で陳述するというものになる（加藤新太郎「争点整理手続の整備」塚原ほか編・理論と実務(上)229頁、上原敏夫「弁論準備手続」講座新民訴(1)336頁）。これにより、弁論上程後に実施される集中証拠調べ（人証）における立証テーマが裁判所、当事者および訴訟関係人に明示されることになり、争点に照準を合わせた尋問をしていくことが期待されるのである。

弁論準備手続の結果陳述については、裁判所も当事者も弁論準備手続を経て争点の認識を共通にしており、こうしたところで時間を費やすことは無駄であるから、「準備書面記載の通り」と陳述すれば足りるとする考え方もあろうが、直接主義の要請に応える口頭審理のあるべき姿ないし弁論の実質化という観点からは、

第173条・規則第89条〔3〕 第2編 第3章 第3節 第2款 弁論準備手続

このような形式的な陳述では足りないというべきであろう。例えば、①弁論準備手続に関与していない第三者の存在を仮定して、その者が手続結果を概括的に把握できる程度の内容が陳述されるべきであるとする見解（川嶋四郎「口頭弁論の準備について」法時68巻11号11頁〔1996年〕）、②当事者双方が、証拠調べにおいて明らかにする事実関係について、請求原因事実・抗弁事実・重要な間接事実の位置づけを意識して説明するとともに、争点となる事実を証明すべき具体的な証拠方法にも言及して述べるという方式を提示する見解（加藤・前掲「争点整理手続の整備」塚原ほか編・理論と実務(上)229頁）、③当事者が事案の概要、争いのない事実に適宜言及しながら、立証テーマについて数分程度口頭で説明する方式を提示する見解（林道晴「新しい民事訴訟規則について」判タ926号13頁〔1997年〕）、④口頭弁論において、少なくとも2、3分の時間をとり、原告・訴訟代理人から口頭で争点を明らかにしてもらい、次に、被告・訴訟代理人にその内容を確かめてもらう程度の陳述がされる必要があるとする見解（中島弘雅「口頭主義の原則と口頭弁論の在り方」鈴木古稀355頁）などがみられるが、ケースの個性に応じて、口頭による陳述が工夫されるべきである（なお、山田敏「弁論準備手続(5)」新大系(2)345頁は、冒頭陳述型、尋問事項型、新様式判決対応型などに類型分けして、それぞれの利害得失を論じている）。

〔3〕 **弁論準備手続後の口頭弁論**

　弁論準備手続を経た口頭弁論の期日の変更は、やむを得ない事由がある場合でなければ許されない（93条4項）。また、弁論準備手続を経た口頭弁論の期日の変更は、事実および証拠についての調査が十分に行われていないことを理由としては許してはならない（規則64条。旧規則29条と同趣旨の規定である）。弁論準備手続を経た事件は、争点整理が完了しているはずのものであり、それにもかかわらず、その後に実施される口頭弁論期日について、事実および証拠についての調査が十分に行われていないことを理由として期日変更することは、背理であるからである。争点整理手続の終了・終結の一般的効果として定められているものであり、事実および証拠についての調査が十分に行われていないことは、93条4項の「やむを得ない事由」に該当しないことはもとより、同条3項の「顕著な事由」にも該当しないことを明示したものである（条解規則140頁、141頁）。

　弁論準備手続後の最初の口頭弁論期日において、弁論準備手続の結果の陳述（弁論の上程）がされ、引き続き、集中証拠調べ（182条）が予定されるのが通常

556

第174条・規則第90条〔1〕

の手続進行になろう。

（弁論準備手続終結後の攻撃防御方法の提出）[1]

第174条 第167条の規定は、弁論準備手続の終結後に攻撃又は防御の方
法を提出した当事者について準用する。[2][3][4][5]

（準備的口頭弁論の規定等の準用・法第170条等）[6]

規則第90条 第63条（期日外釈明の方法）及び第65条（訴訟代理人の陳
述禁止等の通知）並びに前款（準備的口頭弁論）の規定は、弁論準備手
続について準用する。

〔1〕 **本条の趣旨**

本条は、弁論準備手続の終了効を定めるものである。弁論準備手続終結後の新
たな攻撃防御方法の提出については、一定の失権効ないし提出制約効により規律
することの当否が立法上の重要論点となっていたが、本条により、説明要求権
（これを詰問権と呼ぶのは、中野・解説8頁、37頁）と説明義務（理由説明義務）
という効果を付与した。すなわち、弁論準備手続終結後に新たな攻撃防御方法を
提出した当事者は、相手方当事者の求めがあるときは、相手方当事者に対し、弁
論準備手続の終了前にその新たな攻撃防御方法に相当する主張・証拠を提出する
ことができなかった理由を説明しなければならない（本条による167条〔準備的口
頭弁論終了後の攻撃防御方法の提出〕の準用）。旧法の準備手続が、失権効をおそ
れる当事者が総花的主張をし、そのため機能不全に陥ったことを考え、その徹を
踏まないようにという配慮がされて、弁論準備手続を終えた後における新たな攻
撃防御方法の提出につき、提出する側の当事者に説明義務を課するというマイル
ドな効果（提出制約効）を与えたのである（加藤新太郎「争点整理手続の整備」塚
原ほか編・理論と実務(上)218頁、高田裕成「争点及び証拠の整理手続終了後の新た
な攻撃防御方法の提出」鈴木古稀374頁）。以上のような弁論準備手続終結の効果は、
控訴審においてもそのまま維持される（298条2項）。

また、規則90条は、弁論準備手続について、規則87条（手続終了後の攻撃防御
方法の提出の規定による当事者の説明）の準用を定めている。したがって、本条
による当事者の説明は、期日において口頭でする場合を除き、書面でしなけれ

557

第174条・規則第90条〔2〕　第2編 第3章 第3節 第2款 弁論準備手続

ならないし（規則90条による87条1項の準用）、その説明が期日において口頭でされた場合には、相手方は、説明をした当事者に対し、当該説明の内容を記載した書面を交付するよう求めることができる（規則90条による87条2項の準用）。

〔2〕　**説明義務の意義**

(1)　証拠収集手続が整備された現行法の下では、当事者が必要な証拠資料にあたって事実関係を調査することが容易になる。そうすると、当事者は、その主張について証拠資料との関連を意識して展開することができ、裁判所が過不足ない適切な釈明を尽くし、相手方当事者がこれに真摯に対応する形で弁論準備手続に臨んで、争点を整理し、要証事実を確認して、争点整理を終え、証拠調べ（多くの場合人証の集中証拠調べ〔182条〕）に入ることになったのにもかかわらず、その後に、理由もなく新たな主張や証拠の申出がされたのでは、誠実に争点整理に取り組んできた当事者は、理不尽な不利益を被ることになる。このような場合に、新たな攻撃防御方法が提出されることは、特別の事情がなければ、訴訟上の信義に悖るものといえよう。そこで、当事者は、新たな攻撃防御方法を提出した相手方当事者に対し、弁論準備手続の終了前にその攻撃防御方法を提出することができなかった理由の説明を求めることができる（説明要求権）こととし、相手方当事者は、その説明義務を負う。

この説明義務は、訴訟上の義務であり、「当事者は、信義に従い誠実に民事訴訟を追行しなければならない」とする信義誠実訴訟追行責務（2条）が具体的に現われたものである。

(2)　裁判所に対する説明ではなく、相手方当事者の詰問権に対応して発生する相手方に対する説明義務という考え方は、訴訟の進行について、裁判所がすべての権限を有し、責任を負うという制度からは生じない。民事訴訟の進行について、当事者に主体性を認めることによって初めて基礎づけられるものである。現行法は、職権進行主義の原則は維持しつつ（93条、規則35条～38条）、訴訟進行に関する裁判所の訴訟指揮・訴訟行為の前提として、当事者の意見を聴くことや当事者に異議がないことを要件とすること（168条・172条但書・170条3項・175条など）によって、訴訟進行につき当事者の主体性を尊重し、当事者が訴訟進行に主体的に関わっていくことを求めている。

このように、説明義務は、当事者間の信義則を重視するとともに、訴訟進行についての当事者の主体性を尊重する現行法の基本的理念の現われである。また、

558

第174条・規則第90条〔3〕

この説明義務は、すべての争点整理手続に共通の規律である。準備的口頭弁論については、167条が定め、弁論準備手続には、本条が167条を準用し、書面による準備手続については、178条が同旨の定めをする。

(3)　説明義務は、訴訟上の義務であるから、弁護士が訴訟代理人になっている場合において、説明義務を尽くさないときは、場合により弁護士倫理（弁護士職務基本規程5条〔信義誠実〕・74条〔裁判の公正と適正手続〕）違反になることもあると解される（加藤・前掲「争点整理手続の整備」塚原ほか編・理論と実務(上)230頁）。

〔3〕　**説明の方法・内容**

(1)　説明義務が発生するのは、相手方の求めがあるとき、すなわち相手方が説明要求権（詰問権）を行使したときに限られる。相手方が説明を求めるか（詰問権を行使するか）どうかはその判断に委ねられている。もっとも、当事者の主体的訴訟進行の関与の要請からすると、当事者が弁論準備手続終了後に新たな攻撃防御方法を提出したら、裁判所がそれを問題にするまでもなく、相手方としては、その理由の説明を求めるという訴訟慣行が確立することが望ましい。

(2)　当事者が新たな攻撃防御方法を提出する理由は、様々なものが想定される。

例えば、たまたま重要な証拠が第三者の手元にあることが判明し、それによって新事実を証明することができるので、法律構成を手直しするための主張をしつつ、新証拠を提出したいという場合は、新たな攻撃防御方法を提出するについて、合理的な理由があるといえよう。このような場合には、新たに提出された攻撃防御方法に対して相手方が反論、証拠の提出を行ったうえで、弁論準備手続の終了の際に予定されていた証拠調べ以外の証拠調べが必要になれば、それを実施するということになろう。

これに対して、弁論準備手続で容易に提出できたものを、真剣に争点整理に取り組んでおらず準備不十分であったために提出しなかった、当事者本人が尋問期日直前になって重要証拠を訴訟代理人に持参した、あるいは訴訟戦術として意図的に提出を後らせたという理由であれば、これは不合理なものというほかない。このような場合には、誠実に争点整理に取り組んできた相手方としては、後出しされた攻撃防御方法をめぐってさらに争点整理の仕切り直しを重ねることは納得できないということになり、時機に後れた攻撃防御方法として却下を求める（157条）ことが想定される。

559

第174条・規則第90条〔4〕〔5〕 第2編 第3章 第3節 第2款 弁論準備手続

また、後出しの理由の説明をしない場合、不十分な場合には、裁判所として、より詳細な理由を釈明することができるが、理由の説明をまったくしない場合であっても、直ちに却下をすることはできない（山本和彦「弁論準備手続」ジュリ1098号59頁〔1996年〕）。本条は、新たな攻撃防御方法提出後の説明義務を定めるにとどまり、その違反に対する制裁を定めるものではないからである。

(3) 当事者のする説明の内容は、相手方が新たに提出された攻撃防御方法に対してどのような対応をするかを判断するのに重要な意味をもつものであり、後に相手方が時機に後れた攻撃防御方法として却下を求めた場合には、157条の故意または重大な過失を立証する重要な資料にもなる。そのようなことから、後出しの理由の説明は、期日において口頭でする場合を除き、書面でしなければならない（規則90条による87条1項の準用）とされるが、その趣旨は、説明内容の明確化を図ることにある（条解規則197頁）。説明義務に基づく説明は、相手方当事者に対するものであり、裁判所に対する「申立てその他の申述」には該当しないので、規則1条は適用されず、期日において改めて口頭で説明することができることを明らかにする意味も有する（条解規則197頁）。

なお、当事者の説明が口頭弁論期日において口頭でされた場合は、相手方が了解する合理的な説明であれば別として、裁判所は、説明内容を調書に記載することを命ずべきである（規則67条1項6号）。

〔4〕 説明の書面化

当事者の説明が口頭弁論期日において口頭でされた場合、前述のとおり、一般にはその説明内容が調書に記載されることになる。しかし、口頭による説明は書面によるものに比較して正確性において譲ることになるうえ、調書の記載も、一言一句逐語的に記載されるものではない。そこで、相手方がその説明内容に納得できず、場合によっては、時機に後れた攻撃防御方法として却下を求めたいと考えるような場合は、正確な判断資料とするために、説明内容を書面化する必要性が認められる。そのようなことから、説明が期日に口頭でされた場合は、その内容が調書に記載されているか否かを問わず、相手方は説明内容を記載した書面の交付を求めることができる（規則90条による87条2項の準用）。

〔5〕 説明義務と時機に後れた攻撃防御方法の却下

(1) 相手方当事者の求めに応じてした説明が不合理なものである場合には、第1に、時機に後れた攻撃防御方法の提出の却下（157条）の定めの発動につな

560

げることができる。時機に後れたことという要件は、そもそも弁論準備手続を経ているという事実に加えて、後出しについて合理的な説明ができなかったという事実によって、評価することが可能であろう。この点について、説明の不十分さは当事者の故意・重過失を認定する有力資料になるとする見解（伊藤285頁、山本・前掲「弁論準備手続」ジュリ1098号59頁）があるが、確かに、当事者の故意・重過失を推認する要素とみてよいであろう。もとより、個別の案件における状況との関連において「時機に後れ」ているかどうか判断する必要があり、弁論準備手続を経ていることは大きな考慮要素ではあるが決定的なものというわけではない。下級審裁判例には、弁護士ＸのＹに対する委任契約報酬請求訴訟において、弁論準備手続が終了し、Ｘ・Ｙ各本人尋問が終了した後の第４回口頭弁論期日において、Ｙにより消滅時効の抗弁が主張され、Ｘが時機に後れた攻撃防御方法として却下を求めた場合に、本件では契約の成立・内容およびこれに関連する契約解除時のやりとりを含めた事実経過が争点とされ、この点に関する主張・立証は尽くされているが、このことに消滅時効に関する認定事実、判断を踏まえると、Ｙが消滅時効の抗弁を主張した時期を考慮しても、これを時機に後れたものとして却下すべきものとは認められないとした事例（東京地判平25・7・18判タ1410号332頁）がみられる（なお、後記〔6〕(5)も参照）。

　第２に、後出しの説明に合理的な理由づけが伴わなければ、弁論準備手続終結後に新たな攻撃防御方法を提出したとしても、弁論の全趣旨により心証形成上立証の効果を減殺するような評価をすることも可能である（加藤・前掲「争点整理手続の整備」塚原ほか編・理論と実務(上)230頁、上原敏夫「弁論準備手続」講座新民訴(1)331頁）。すなわち、弁論準備手続終結後の攻撃防御方法に提出については、当事者に課した説明義務を介して、こうしたサンクションを付与しているのである。

　ここでは、訴訟上の信義則に基礎づけられる「弁論準備手続を経た場合における新たな攻撃防御方法の提出については、合理的な理由がない限り相当とは言えない」という行為規範が形成されているといえる（加藤新太郎「弁論準備手続の機能」争点〔第３版〕165頁）。

　(2)　説明義務は、当事者間の信義則を重視し、訴訟進行につき当事者の主体性を尊重するところに実質的根拠があるものであり、当事者としては、不熱心・不誠実な訴訟追行について馴れ合うのではなく、相互にその是正を求め合うこと

第174条・規則第90条〔6〕 第2編 第3章 第3節 第2款 弁論準備手続

が期待されている。説明義務は、当事者の時機に後れた攻撃防御方法却下の申立ての契機という位置づけをされることにより、当事者主義に基盤を置いた訴訟進行が可能になる。そうしたことから、相手方が説明を求めなくても、裁判所は、職権で後出しの攻撃防御方法を時機に後れたものとして却下することはできるが、当事者の主体的な訴訟進行関与の要請からすると、それは例外的なものであるべきである。

また、裁判所としては、信義誠実訴訟追行責務則を前提に、不誠実な当事者が利益を得ることがないように、適切に訴訟指揮権を行使することを求められており（2条前段）、攻撃防御方法の後出しについて合理的な説明がないことを理由に時機に後れた攻撃防御方法の却下が申し立てられたのに、旧法下でみられたような、実体的真実を重視するあまり消極的な対応をとることは相当でない。なお、計画審理が行われている場合における攻撃防御方法の後出しにつき、157条の要件よりも緩やかな要件で却下できることについて、167条〔5〕(3)を参照されたい。

〔6〕 **準備的口頭弁論の規定の準用等**

(1) 規則90条は、弁論準備手続について、①規則63条（期日外釈明の方法）、②規則65条（訴訟代理人の陳述禁止等の通知）、③規則86条（証明すべき事実の調書記載等）、④規則87条（手続終了後の攻撃防御方法の提出の規定による当事者の説明）の準用を定めている。

規則87条の準用については、前記〔3〕(3)および〔4〕で触れた。

(2) 弁論準備手続の期日外において、裁判長・陪席裁判官、受命裁判官が、釈明のための処置（149条1項・2項によるもの）をする場合には、裁判所書記官に命じて期日外釈明を行わせることができる（規則63条1項の準用）。さらに、弁論準備手続の期日外において、裁判長・陪席裁判官、受命裁判官が、攻撃防御方法に重要な変更を生じうる事項について、期日外釈明をしたときは、裁判所書記官は、釈明の内容を訴訟記録上明らかにしなければならない（同条2項の準用）。当事者の手続保障の趣旨である。

(3) 弁論準備手続の期日において、裁判所が訴訟代理人の陳述を禁じ、または付添いを命じたときは、裁判所書記官は、その旨を本人に通知しなければならない（訴訟代理人の陳述禁止等の通知〔規則65条の準用〕）。

(4) 裁判所・受命裁判官は、弁論準備手続を終結するにあたり、その後の証拠調べによって証明すべき事項が確認された場合（170条5項による165条1項の

562

準用）において、相当と認めるときは、裁判所書記官に当該事実を弁論準備手続の調書に記載させなければならない（規則86条１項の準用）。また、裁判所・受命裁判官は、弁論準備手続における争点整理の結果を要約した書面（170条５項による165条２項の準用）の提出期間を定めることができる（規則86条２項の準用）。

　(5)　現行法では、第一審における争点整理手続の効果が控訴審でも維持され（298条２項）、控訴理由書や反論書の提出が求められる（規則182条・183条）など控訴審の構造も争点中心審理に適合するものになっている。そこで、実務上、時機に後れた攻撃防御方法の規律の運用にも変化の兆しがある。例えば、医療訴訟の第一審において、弁論準備期日をほぼ３年間にわたり前後18回実施し、争点を薬剤の過剰投与の過失と整理し、この争点整理に基づき証人尋問、いわゆるカンファレンス鑑定が行われた末、患者側が敗訴した場合において、患者側が第一審で一切主張していなかった肺炎・敗血症等を見落とした過失を控訴審で新たに主張することは時機に後れた攻撃防御方法の提出に当たるとした裁判例（東京高判平成25・7・24判例集未登載）がそれである（加藤新太郎「争点整理手続の構造と実務」栂＝遠藤古稀266頁）。

第3款　書面による準備手続

本款は、現行法が設けた三つの争点および証拠の整理（以下、単に「争点整理」という）手続のうち、書面による準備手続について定めたものである。書面による準備手続は、他の二つの争点整理手続（準備的口頭弁論および弁論準備手続）と異なって期日が開かれることがない（ただし、音声の送受信による通話の方法による協議の日時が指定されることはある〔規則91条〕）という特色を有している。

この手続は、ドイツ民訴法の書面による事前手続をモデルにして創設されたものであるが、裁判所は、第1回口頭弁論期日前に限らず、期日間でも事件を書面による準備手続に付することができること等、ドイツの書面による事前手続とはかなり異なったものとなっている（研究会216頁〜217頁〔福田剛久発言・柳田幸三発言〕）。

この手続は、遠隔地当事者間の訴訟等に利用されており、争点整理手続としては弁論準備手続が多用されているものの、中小規模の支部においてはこの手続の利用率が高い場合があるといわれている（菅野雅之「訴訟促進と審理充実——裁判官から」ジュリ1317号65頁〔2006年〕。支部における書面による準備手続の具体的な利用方法について詳述したものとして、安西二郎「遠隔地・小規模の支部における書面による準備手続の運用」判タ1411号17頁以下〔2015年〕がある。同論文によると、著者は、書面による準備手続の電話会議での協議を、双方とも電話会議で参加する弁論準備手続のように利用していたことがうかがわれる）。

（書面による準備手続の開始[1]）

第175条　裁判所は、当事者が遠隔の地に居住しているときその他相当と認めるときは、当事者の意見を聴いて[2]、事件を書面による準備手続（当事者の出頭なしに準備書面の提出等により争点及び証拠の整理をする手続[3]をいう。以下同じ。）に付することができる[2]。

〔1〕　本条の趣旨

(1)　本条は、当事者の出頭なしに準備書面の提出等によって争点および証拠

の整理（以下「争点整理」という）をする手続である書面による準備手続を創設
し、裁判所が事件をこの手続に付する要件を定めたものである。

(2)　現行法は、争点整理手続として、書面による準備手続のほかに、準備的
口頭弁論（164条以下）および弁論準備手続（168条以下）を設けているが、これ
らはいずれも期日に当事者が裁判所に出頭することを必要とする（ただし、弁論
準備手続については、当事者の一方は裁判所に出頭することなく、電話で手続を行
うことができる〔170条3項〕）ものであり、書面による準備手続は、当事者双方
が裁判所に出頭することなく争点整理を行う手続として特徴を有する。

(3)　書面による準備手続は、ドイツ民訴法276条の書面による事前手続
（Schriftliches Vorverfahren）を参考にして創設されたものであるが、裁判所は、
第1回口頭弁論期日前に限らず、口頭弁論期日間でも事件を書面による準備手続
に付することができることや、準備書面の交換だけにとどまらず、電話会議によ
る協議もできる（規則91条）ことなど、ドイツの書面による事前手続とはかなり
異なったものとなっている（福田剛久「準備的口頭弁論と書面による準備手続」講
座新民訴(1)303頁）。

〔2〕　手続開始の要件

(1)　書面による準備手続は、当事者双方が裁判所に出頭することなく争点整
理を行う手続であるから、裁判所が事件をこの手続に付することができる典型的
な場合として、当事者が受訴裁判所から遠い所に居住していて、裁判所への出頭
に時間と費用がかかる場合を規定している。当事者本人が遠隔地に居住している
場合だけでなく、当事者の訴訟代理人が遠隔地に居住している場合も含まれる。
また、当事者（訴訟代理人を含む。以下、本条の注釈において、当事者というとき
は、訴訟代理人を含む）双方が遠隔地に居住している場合だけでなく、当事者の
一方だけが遠隔地に居住している場合も含まれる。もっとも、当事者の一方だけ
が遠隔地に居住している場合は、書面による準備手続ではなく、弁論準備手続に
付して、遠隔地に居住する当事者は電話で手続を行う（170条3項）という方法
がとられることが多い。

(2)　裁判所は、「その他相当と認めるとき」にも事件を書面による準備手続に
付することができる。裁判所への出頭を要しないという点から考えると、当事者
が病気や怪我のために裁判所に出頭するのが困難な場合等が相当性のある典型例
な場合であると解される。そのように裁判所に出頭することが困難な場合ではな

第175条〔3〕 第176条・規則第91条・第92条 第2編 第3章 第3節 第3款 書面による準備手続

くても、当事者双方が書面による準備手続に付することを求め、事案の内容や訴訟代理人の能力・対応から考えて、当事者間で準備書面と書証の写しを交換し、お互いに釈明し合い、必要に応じて電話会議で協議することで争点整理が可能と判断されるような場合も相当性を有すると考えられるし、現行法・規則が、訴訟進行についての当事者の主体性を尊重し、当事者が訴訟進行に主体的に関わっていくことを求めている（167条〔2〕(2)参照）ことからすれば、本来はそのような争点整理（ドイツの書面による事前手続のような運用）が可能になることが望ましい（高橋宏志ほか「《座談会》民事訴訟法改正10年、そして新たな時代へ」ジュリ1317号24頁〜26頁〔2006年〕の議論参照）。

〔3〕 当事者の意見聴取

裁判所は、事件を書面による準備手続に付するにあたって、当事者の意見を聴かなければならない。現行法・規則が訴訟進行についての当事者の主体性を尊重し、当事者が訴訟進行に主体的に関わっていくことを求めていることの現われであり、弁論準備手続に付する場合も、同様の定めがある（168条）。弁論準備手続においては、期日において裁判所が釈明権を行使しながら争点整理を進めていくということができるが、書面による準備手続の場合は、それができないので、当事者の争点整理が進行するかどうかは、当事者の自主性に任されている部分が大きい。したがって、書面による準備手続によって適正・迅速な争点整理が可能かどうかを見極めるためにも当事者の意見を聴く必要がある。

（書面による準備手続の方法等[1]）

第176条 書面による準備手続は、裁判長が行う[2]。ただし、高等裁判所においては、受命裁判官にこれを行わせることができる[3]。

2 裁判長又は高等裁判所における受命裁判官（次項において「裁判長等」という。）は、第162条に規定する期間を定めなければならない[4]。

3 裁判長等は、必要があると認めるときは、最高裁判所規則で定めるところにより、裁判所及び当事者双方が音声の送受信により同時に通話をすることができる方法によって、争点及び証拠の整理に関する事項その他口頭弁論の準備のため必要な事項について、当事者双方と協議をすることができる[5]。この場合においては、協議の結果を裁判所書記官に記録させることができる[6]。

第176条・規則第91条・第92条〔1〕〔2〕

4　第149条（第2項を除く。）、第150条及び第165条第2項の規定は、書面による準備手続について準用する。[7]

（音声の送受信による通話の方法による協議・法第176条）

規則第91条　裁判長又は高等裁判所における受命裁判官（以下この条において「裁判長等」という。）は、裁判所及び当事者双方が音声の送受信により同時に通話をすることができる方法によって書面による準備手続における協議をする場合には、その協議の日時を指定することができる。[8]

2　前項の方法による協議をしたときは、裁判長等は、裁判所書記官に当該手続についての調書を作成させ、これに協議の結果を記載させることができる。[9]

3　第1項の方法による協議をし、かつ、裁判長等がその結果について裁判所書記官に記録をさせたときは、その記録に同項の方法による協議をした旨及び通話先の電話番号を記載させなければならない。この場合においては、通話先の電話番号に加えてその場所を記載させることができる。[10]

4　第88条（弁論準備手続調書等）第2項の規定は、第1項の方法による協議をする場合について準用する。[11]

（口頭弁論の規定等の準用・法第176条[12]）

規則第92条　第63条（期日外釈明の方法）及び第86条（証明すべき事実の調書記載等）第2項の規定は、書面による準備手続について準用する。

〔1〕　**本条の趣旨**

本条は、書面による準備手続を担当する裁判官およびその権限等を定めるものである。

〔2〕　**一般的な担当者（裁判長）**

書面による準備手続では、裁判所は、期日において争点についての当事者の討論を聴き、その場で釈明権を行使しながら争点整理を進めていくことができないので、裁判所は、当事者間で交換される（当然、裁判所にも提出される）準備書面や書証の写しの内容を十分に吟味し、必要に応じて、期日外釈明を行い（本条

567

第176条・規則第91条・第92条〔3〕〜〔5〕 第2編 第3章 第3節 第3款 書面による準備手続

4項・149条）、あるいは電話会議による協議を行って（本条3項）、争点整理が的確に、かつ、迅速に行われるように後見的な役割を果たさなければならない。そこで、書面による準備手続の担当者は、実務経験の豊富な裁判長とすることにしたものである。

〔3〕 高等裁判所の特則（受命裁判官）

高等裁判所では、陪席裁判官も一般に相当の実務経験を有しているので、裁判長だけでなく、陪席裁判官を受命裁判官として書面による準備手続を担当させることができることにしたものである（以下、本条の注釈においては、裁判長と高等裁判所の受命裁判官を合わせて「裁判長等」という〔本条2項参照〕）。

〔4〕 裁判長等による提出期間の定め

162条は、裁判長は答弁書もしくは特定の事項に関する主張を記載した準備書面の提出または特定の事項に関する証拠の申出をすべき期間（以下、本条の注釈において、「提出期間」という）を定めることができるとして、提出期間を定めることを裁判長の裁量に委ねているが、これは、口頭弁論（準備的口頭弁論を含む）や弁論準備手続（170条5項参照）では、期日において両当事者と裁判所が議論しながら争点整理をすることができるからであり、書面による準備手続においては、期日における争点整理ができないため、当事者の一方または双方が不熱心あるいは不誠実であるために争点整理が進まないという事態も予想される。そこで、そのような事態を防ぐために、裁判長等は、提出期間を定めなければならないことにしたものである（一問一答215頁）。

〔5〕 電話会議による協議

(1) 書面による準備手続においても、当事者は、準備書面や書証の写しを交換する（当然、裁判所にも提出する）だけでなく、必要に応じてお互いに電話等で意見交換し、あるいは釈明し合うことは許されるし、書面の交換だけでは争点整理が進まないこともありうるので、このような当事者間の意見交換等は、むしろ望ましいことであるが、当事者間だけでは円滑に進まないことも考えられるので、裁判所は両当事者と電話会議によって争点および証拠の整理に関する事項その他口頭弁論の準備のため必要な事項について協議できることとした。

(2) 電話会議は、弁論準備手続や進行協議期日においても利用されるが、これらは、一方当事者は裁判所に出頭していることを要する（170条3項、規則96条1項）ので、両当事者とも裁判所に出頭しないで、裁判所との間で3者間通話

568

を行う書面による準備手続における協議は他に例のないものである（もっとも、期日間で進行について打ち合わせが必要になったような場合は、事実上、3者間通話を行うことはある）。このような協議を可能にする電話会議装置は、電話機にスピーカーとマイクを組み込んだもの（ハウリング防止機能を有する）であり、裁判所がNTTのトリオホーンサービスに加入していることによって、あたかも3者がその場にいるかのように会話することが可能となっている（福田剛久「準備的口頭弁論と書面による準備手続」講座新民訴(1)305頁）。

(3) 書面による準備手続の主宰者は裁判長等であるのに、裁判長等とではなく、裁判所と両当事者との通話とされているのは、後記のとおり、電話会議による協議の結果を裁判所書記官に記録させることがあり、通話に裁判所書記官が参加することがあるからである（一問一答217頁）。

〔6〕 **協議の結果の記録**

電話会議による協議は、裁判長等が、争点整理を円滑に進めるために必要と判断したときに行われるものであるが、協議内容は、今後の審理予定を協議するものから争点の内容に踏み込んだものまで、様々なものがありうる。多くの場合は、協議をして3者間で認識を共通にするだけで足りることになろう（争点に関する協議内容は、その後提出される準備書面に反映されることになる）が、協議内容について後日争いが生じないように記録化して明確にしておいたほうがよいと考えられる場合もありうるし、協議内容によっては、改めて準備書面を提出するまでもなく、当事者の主張を記録しておき、これを書面による準備手続が終了した後の口頭弁論で当事者が口頭で引用して主張することで足りる場合もありうる（一問一答217頁）ので、そのような場合には、裁判長等は、裁判所書記官に協議結果を記録させる（以下、本条の注釈において、協議結果を記録したものを「協議記録」という）ことができることとしたものである。

〔7〕 **口頭弁論（準備的口頭弁論を含む）の法規定の準用**

(1) 期日外釈明（149条・150条の準用）

口頭弁論（準備的口頭弁論を含む）が行われている間は、裁判所は期日外に提出された準備書面や書証の写しを検討して期日外釈明（149条）を日常的に行っており、これによって期日において充実した弁論が行えることになる。弁論準備手続においても同様なので、期日外釈明の規定が準用されている（170条5項）。書面による準備手続では、期日は存しないから、裁判長等が釈明権を行使する場

569

第176条・規則第91条・第92条〔8〕〔9〕　第2編 第3章 第3節 第3款 書面による準備手続

合は、すべて期日外釈明ということになる（電話会議による協議で釈明を求めたとしても期日外釈明であることに変わりはない）。そして、裁判長等が適宜期日外釈明をすることを認める必要があることは、口頭弁論や弁論準備手続と異なるところはないので、口頭弁論の期日外釈明の規定（149条）を、釈明権の行使について異議がある場合について定めた規定（150条）とともに準用することとしたものである。なお、149条の準用について、2項が除かれているのは、書面による準備手続の担当者は裁判長等であり、高等裁判所において陪席裁判官が受命裁判官となる場合でも、陪席裁判官として釈明権を行使するものではないからである（一問一答218頁）。

(2)　要約書面の提出（165条2項の準用）

書面による準備手続を終了する場合も、準備的口頭弁論を終了する場合と同じく、争点を明確にする等の必要から、当事者に要約書面の提出を求めたほうがよい場合がありうるので、165条2項を準用することとしたものである（同項は、弁論準備手続にも準用されている〔170条5項〕）。要約書面の性質・内容、どのような場合に要約書面の提出を求める必要性が生じるか等は、165条〔3〕を参照されたい。

〔8〕　**協議の日時の指定**

電話会議による協議は、当事者は裁判所に出頭しないので、期日が開かれるわけではないが、お互いに電話をつないで裁判長等と両当事者の3者がその場にいるかのように協議するものであるから、そのための日時が定められる必要がある。そこで、期日の指定（93条）と同じく、裁判長等は協議の日時を指定することができることとした。

〔9〕　**協議記録調書の作成**

(1)　電話会議による協議が行われた場合、法は、裁判長等は裁判所書記官に協議記録を作成させることができると定めている（前記〔6〕参照）が、記録化の具体的な方法については規定していないので、裁判所書記官が適宜の方法で記録化すればよいことになる。しかし、協議記録を作成する必要が生じるのは、前記のとおり、協議内容について後日争いが生じないように記録化して明確にしておいたほうがよいと考えられる場合や、書面による準備手続が終了した後の口頭弁論で当事者が協議記録を口頭で引用して主張することが考えられるような場合である（前記〔6〕参照）から、協議記録は証明力の高い調書という形式で作成する

570

第176条・規則第91条・第92条〔10〕〜〔12〕

のが適当なので、調書を作成させることとしたものである（条解規則208頁参照）。

　(2)　この場合に作成される調書は、期日外調書ということになるが、期日外調書の根拠規定である規則1条2項は、裁判所書記官の面前で陳述された口頭の申述について規定したものであり、電話会議によって協議された協議結果は、文言上、同規定に含まれないことになる。そこで、電話会議の協議結果についても期日外調書が作成できることを明らかにしたものである。

〔10〕　**協議記録の必要的記載事項**

　一般に、電話会議では、裁判所は当事者の顔を確認することはできない（テレビ電話が普及すれば事情は異なってくる）し、当事者がどのような状況にあるか（自由に自分の意見を言える状況にあるか否か）もわからない。そこで、協議記録を作成する場合（協議記録調書が作成された場合に限られない）は、その協議が真実の当事者によって適正に行われたものであることを示す情報を記録上明らかにすることとし、裁判長等は、裁判所書記官に、電話会議の方法によって協議をしたことおよび通話先の電話番号を記載させることとし、通話先の電話番号が当事者の電話番号と異なる場合や、携帯電話のように通話先の電話番号だけでは通話先の場所がわからないような場合は、通話先の電話番号に加えて通話先の場所も記載させることができることとしたものである。

〔11〕　**通話者および通話先の場所の確認**

　協議記録を作成すると否とにかかわらず、裁判長等は、その協議が真実の当事者によって適正に行われていることを確認する必要があるので、協議にあたって、弁論準備手続で電話会議を利用する場合と同じく、通話者および通話先の場所の確認をしなければならないこととしたものである。

〔12〕　**口頭弁論（準備的口頭弁論を含む）の規則規定の準用**

　(1)　前記のとおり、書面による準備手続においても期日外釈明が認められるので、期日外釈明の方法を定めた規則63条を準用することとしたものである。規則63条の内容については、149条の注釈を参照されたい。

　(2)　また、前記のとおり、書面による準備手続においても、裁判長等は、当事者に要約書面の提出を求めることができるので、要約書面の提出期間について定めた規則86条2項を準用することとしたものである。規則86条2項の内容については、165条〔5〕を参照されたい。

571

第177条・規則第93条〔1〕〜〔3〕　第2編 第3章 第3節 第3款 書面による準備手続

（証明すべき事実の確認[1]）

第177条　裁判所は、書面による準備手続の終結後の口頭弁論の期日において、その後の証拠調べによって証明すべき事実を当事者との間で確認するものとする。[2]

（証明すべき事実の調書記載・法第177条[3]）

　規則第93条　書面による準備手続を終結した事件について、口頭弁論の期日において、その後の証拠調べによって証明すべき事実の確認がされたときは、当該事実を口頭弁論の調書に記載しなければならない。

〔1〕　**本条の趣旨**

　書面による準備手続が終了すると、準備的口頭弁論および弁論準備手続（以下、合わせて「準備的口頭弁論等」という）が終了した場合と同じく、残った争点について、人証の取調べや鑑定等の証拠調べが実施されることになるので、準備的口頭弁論等が終了した場合と同じく、裁判所は、その後の証拠調べによって証明すべき事実（要証明事実）を当事者との間で確認することとしたものである。

〔2〕　**口頭弁論期日における要証明事実の確認**

　書面による準備手続では、期日が存しないので、準備書面や書証の写しが裁判所に提出され、あるいは相手方当事者に送付されるだけで、陳述や取調べは行われず、訴訟資料とはなっていない。そこで、準備的口頭弁論等では、最後の期日に要証明事実が確認されることになるが、期日が開かれない書面による準備手続では、書面による準備手続の終結後に開かれる最初の口頭弁論の期日において要証明事実を確認することとしたものである。要証明事実の内容やこの確認が常に行われるものではないことについては、165条〔2〕を参照されたい。

〔3〕　**要証明事実の調書記載**

　要証明事実が確認された場合は、これを必ず口頭弁論調書に記載しなければならない。準備的口頭弁論等では、要証明事実を調書に記載するかどうかは裁判所の判断に委ねられている（規則86条・90条）のに、書面による準備手続においては調書記載を必要的なものとしたのは、準備的口頭弁論等では、要証明事実の確認の有無にかかわらず、手続終了効として説明義務が発生する（167条・174条）が、書面による準備手続については、同手続終結後の口頭弁論期日において、要

572

第178条・規則第94条〔1〕〔2〕

約書面の記載事項が陳述されるか、要証明事実が確認された場合に初めて説明義務が発生する（178条）ので、要証明事実が確認されたことを調書上明らかにしておく必要があるためである（条解規則211頁～212頁）。

（書面による準備手続終結後の攻撃防御方法の提出）[1]

第178条 書面による準備手続を終結した事件について、口頭弁論の期日において、第176条第4項において準用する第165条第2項の書面に記載した事項の陳述がされ、又は前条の規定による確認がされた後に攻撃又は防御の方法を提出した当事者は、相手方の求めがあるときは、相手方に対し、その陳述又は確認前にこれを提出することができなかった理由を説明しなければならない。[2]

（法第178条の規定による当事者の説明の方式）

規則第94条 法第178条（書面による準備手続終結後の攻撃防御方法の提出）の規定による当事者の説明は、期日において口頭でする場合を除き、書面でしなければならない。[3]

2 第87条（法第167条の規定による当事者の説明の方式）第2項の規定は、前項の説明が期日において口頭でされた場合について準用する。[4]

〔1〕 **本条の趣旨**

本条は、書面による準備手続についても、準備的口頭弁論や弁論準備手続（以下、合わせて「準備的口頭弁論等」という）のように完全な形ではないものの、一定の要件の下で、手続終了効として、相手方当事者に対する説明義務が生じることを定めたものである。

〔2〕 **説明義務の発生**

(1) 書面による準備手続は、準備的口頭弁論等と並ぶ争点整理手続であるから、準備的口頭弁論等と同様に手続終了効としての説明義務が認められなければならないが、書面による準備手続においては、手続終結の時点では、準備書面に記載された主張は、要約書面に記載された事項も含めて、まだ訴訟資料になっていない（したがって、仮に相手方の主張を準備書面で認めていたとしても、自白は成立していない）ので、手続終結後の口頭弁論期日において、要約書面の記載事項が

573

第178条・規則第94条〔3〕〔4〕　第2編 第3章 第3節 第3款 書面による準備手続

陳述されるか、要証明事実が確認された場合に初めて説明義務が発生することとしたものである。

(2)　説明義務の意義・内容・方法等は、準備的口頭弁論等における説明義務と異なるところはないので、167条の注釈を参照されたい。

〔3〕　**説明の方法**

書面による準備手続終結後の説明義務が発生する場合の当事者の説明についても、準備的口頭弁論等において説明義務が発生する場合と同じく、期日において口頭でする場合を除き、書面でしなければならないこととしたものである。その趣旨等については、167条〔3〕を参照されたい。

〔4〕　**口頭による説明の書面化**

書面による準備手続終結後の説明義務が発生する場合の当事者の説明についても、準備的口頭弁論等において説明義務が発生する場合と同じく、説明が期日に口頭でされた場合は、その内容が調書に記載されているか否かを問わず、相手方は説明内容を記載した書面の交付を求めることができることとしたものである。その趣旨等については、167条〔4〕を参照されたい。

〔民事訴訟規則〕
第4節　進行協議期日

　現行法は、証拠収集手段を拡充するとともに主張および証拠の整理を行う争点整理手続を整備し、争点整理を十分に行ったうえで争点に焦点を合わせた証拠調べを集中して行うものとし、迅速かつ充実した審理の実現を図っているが、口頭弁論期日等における審理を充実させるためには、訴訟の進行に関し必要な事項について裁判所と当事者が適宜協議を行うことが必要と考えられる。そして、進行に関する協議は口頭弁論期日等においてだけでなく、その期日間においても実施することができるのが望ましいと考えられることから、規則において、口頭弁論期日外において訴訟の進行について協議を行う進行協議期日について規定している（規則95条1項）。

　進行協議期日は弁論準備手続期日と同様に電話会議の方法を利用して行うことができる（規則96条）ほか、事件の現場を検分しながら進行協議を行うことなどを想定し、相当と認めるときは裁判所外でも行うことができる（規則97条）とされている。

　また、進行協議期日でも訴えの取下げ、請求の放棄・認諾ができる（規則95条2項）とされている。

（進行協議期日[1]）

　規則第95条　裁判所は、口頭弁論の期日外において、その審理を充実させることを目的として、当事者双方が立ち会うことができる進行協議期日を指定することができる[2]。この期日においては、裁判所及び当事者は、口頭弁論における証拠調べと争点との関係の確認その他訴訟の進行に関し必要な事項についての協議を行うものとする[3]。

　2　訴えの取下げ並びに請求の放棄及び認諾は、進行協議期日においてもすることができる[4]。

　3　法第261条（訴えの取下げ）第4項及び第5項の規定は、前項の訴えの取下げについて準用する[5]。

575

規則第95条〔1〕〔2〕　第2編 第3章 第4節 進行協議期日

〔1〕　本条の趣旨

　本条は、裁判所が、口頭弁論の期日外において、訴訟の進行に関し必要な事項について裁判所と当事者が協議を行うことを目的とする進行協議期日を指定することができることを規定したものである。旧法の下においても、期日外で、裁判所と当事者が訴訟の進行などについて打ち合わせを行うことが事実上行われていたが、進行協議期日として、新たに規則に規定されたものである。なお、この期日は争点整理を行う期日ではなく（立案経過では当初争点整理を含むものとして提案されたが、争点整理は口頭弁論や弁論準備手続等の争点整理期日で行うものとし、進行協議期日の目的からは除外された経緯がある。研究会222頁〔青山善充発言・田原睦夫発言〕）、訴訟資料が提出されることも想定されていない補充的期日であることから、類似の制度を規則で定めた刑事訴訟規則旧178条の10（現178条の15）をも参考にして、法ではなく規則に規定されたものである（菅野雅之「進行協議期日」ジュリ1108号29頁〔1997年〕）。

〔2〕　進行協議期日の目的等

(1)　目　的

　進行協議期日は、裁判所および当事者が「口頭弁論における証拠調べと争点との関係の確認その他訴訟の進行に関し必要な事項についての協議を行う」ことにより、その審理を充実させることを目的としたものである。その実際の活用については後述する。

(2)　期　日

　進行協議期日は「期日」であり、期日一般の規定（93条1項・2項・94条、規則35条〜37条）が適用される（条解規則216頁）。したがって、進行協議期日は、申立てまたは職権により裁判長（受命裁判官による手続の場合は受命裁判官〔規則35条〕）が指定する。口頭弁論期日ではないので、準備室や裁判官室で開催することができる。ラウンドテーブル法廷で開催することもできる。必要があるときは裁判所外でも開催が可能である（規則97条）。

(3)　当事者の立会い

　「当事者双方が立ち会うことができる」とは、当事者双方に立ち会う機会を与えるという趣旨であり、当事者双方が立ち会わなくても期日を開くことは可能である（条解規則216頁、西理「進行協議期日」新大系(2)377頁）。ただし、当事者の一方でも欠席した場合は、充実した訴訟進行に関する協議はできないであろう。

規則第95条〔3〕

(4) 傍　聴

　進行協議期日は公開を要しない手続であり、傍聴に関する規定はない。しかし、裁判所が進行協議期日を行うのに支障がないと認められる限度で傍聴を認めるのは差し支えないと考えられ（小久保孝雄「進行協議期日」西口元編『現代裁判法大系⒀民事訴訟』152頁〔新日本法規出版、1998年〕）、当事者の訴訟担当者などの傍聴は通常行われている。

(5) 調　書

　進行協議期日については、口頭弁論期日（160条1項）や弁論準備手続期日（規則88条）と異なり、調書作成について規定がない（規則78条は進行協議期日について口頭弁論調書の規定を準用していない）ので、通常は調書を作成する必要はないが、期日である以上、期日経過表などの形で記録を残すことが望ましい（西・前掲「進行協議期日」新大系⑵383頁、菅野・前掲「進行協議期日」ジュリ1108号31頁、小久保・前掲「進行協議期日」『現代裁判法大系⒀』151頁）。なお、請求の放棄・認諾がなされたときは、確定判決と同一の効力を有する書面を残すため期日調書を作成することになる（後記〔4〕参照）。

〔3〕　協議事項

　進行協議期日では、口頭弁論における証拠調べと争点との関係の確認その他訴訟の進行に関し必要な事項についての協議がなされる。

(1)　「口頭弁論における証拠調べと争点との関係の確認」としては、今後の口頭弁論期日で実施される予定の証人等の尋問について尋問事項と争点との関係を裁判所と当事者との間で確認をすることや、鑑定の実施について鑑定事項と争点との関係を確認することなどがこれに該当する。

(2)　「その他訴訟の進行に関し必要な事項についての協議」としては、一般的には、訴訟の節目ごとに、当事者が今後準備すべき主張および立証について協議することが考えられる。次回口頭弁論期日での証人等の尋問の順序・時間などについての協議、鑑定事項や鑑定資料、鑑定人にさらに意見を求める事項（規則132条の2第5項）についての協議、検証についてその具体的な方法についての協議なども、「訴訟の進行に関し必要な協議」として行うことができる事項の典型例である。このような協議は、当事者の期日間準備を促進し、期日における審理を充実させることに資する。文書送付嘱託、調査嘱託、鑑定嘱託等を実施するための準備や意見聴取のためにも進行協議期日が利用されている（東京地方裁判

規則第95条〔3〕 第2編 第3章 第4節 進行協議期日

所プラクティス委員会「新民事訴訟法・新民事訴訟規則の施行状況に関するアンケート結果の概要」判時1735号32頁〔2000年〕）。

　また、平成15年の民訴法改正で「裁判所及び当事者は、適正かつ迅速な審理の実現のため、訴訟手続の計画的な進行を図らなければならない」（147条の2）と定められたが、進行協議期日で今後の主張や立証の予定について協議することにより、計画的進行を図ることができる。また、同改正では、複雑事件等について「審理の計画」（147条の3）を定めることが規定され、裁判所は当事者双方と協議をし、その結果を踏まえて審理計画を定めなければならないとされているが、この協議を進行協議期日で行うことが想定されている（本書281頁・283頁、菅野・前掲「進行協議期日」ジュリ1108号31頁、小久保・前掲「進行協議期日」『現代裁判法大系⒀』145頁）。なお、平成15年の民訴法改正に伴い廃止された規則旧165条は大規模訴訟についてのみ審理計画を規定していたが、その協議は進行協議期日その他の手続を利用して行うものと定められていた。

　複雑事件等で裁判官が更迭された後に、進行協議期日を開いて、従前の訴訟経過を確認するとともに今後の進行について打ち合わせをすることも考えられる（小久保・前掲「進行協議期日」『現代裁判法大系⒀』146頁）。

　弁論準備手続に付されている場合は、以上のような協議は弁論準備手続期日で行われるのが通常であろうが、社会的関心を集め多数の傍聴希望があるため口頭弁論で審理がされている事件では、口頭弁論期日の間に適宜進行協議期日を指定し、進行について協議を行うことにより充実した訴訟進行が図られている（高橋宏志「《座談会》民事訴訟法改正10年、そして新たな時代へ」ジュリ1317号14頁〔福田剛久発言・秋山幹男発言〕〔2006年〕）。

　⑶　知的財産権訴訟や建築関係訴訟など専門的技術的事項が問題となる訴訟では、従前から、期日外で、場合によっては裁判所外で、専門的技術的な知識や経験をもつ関係者を交えた説明会が行われ成果を上げてきたとされ、進行協議期日は、実務の工夫として事実上行われてきたこの説明会に明文の根拠を与えたものでもあると説明されている（条解規則214頁、菅野・前掲「進行協議期日」ジュリ1108号29頁）。このような説明会は、多くの場合、裁判所および当事者が争点整理の前提となる専門的技術的事項について理解し争点整理が適切に行われようにするためのものであり、訴訟の進行に関し必要な事項についての協議に該当すると考えられるが、前述のとおり争点整理そのものは進行協議期日で行うことが

578

規則第95条〔3〕

できる事項ではなく、上記のような説明会は、その内容によっては争点整理のための説明として、弁論準備期日で行うのが妥当なものもあると考えられる（西・前掲「進行協議期日」新大系(2)376頁は、従来特許権訴訟においてもたれていた「技術説明会」等はその趣旨・目的に照らすと、進行協議期日よりもむしろ弁論準備手続として実施するほうがふさわしいように思われるとしている）。ただし、裁判所外の場所で説明を受ける必要がある場合は、弁論準備手続ではなく進行協議期日としてでなければ行えない。なお、専門委員の説明は、「争点若しくは証拠の整理」または「訴訟手続の進行に関し必要な事項の協議」にあたり聴くものとされ（92条の2第1項）、前者は弁論準備手続等の争点整理期日で、後者は進行協議期日で行われることが想定されている（92条の2〔2〕参照）。

　(4)　また、進行協議期日は、従前から行われていた事件の現場等での現地検分ないし事実上の検証が成果を上げていたことを踏まえ、このような裁判所外での打ち合わせに、裁判所外での進行協議（規則97条）として法令上の根拠を与えることとしたとも説明されており（菅野・前掲「進行協議期日」ジュリ1108号32頁、小久保・前掲「進行協議期日」『現代裁判法大系(13)』149頁）、建築瑕疵に関する事件、境界確定事件、日照や眺望に関する事件、目隠しの設置等の相隣関係事件などで、裁判所外での進行協議期日において現地検分がなされている（東京地方裁判所プラクティス委員会・前掲「概要」判時1735号32頁）。このような現地検分において、事件の現場や係争物等を見ながら、証人尋問・鑑定・検証等の事項・方法を協議し、これらと争点との関係について確認することは、「口頭弁論における証拠調べと争点との関係の確認」または「訴訟の進行に関し必要な事項についての協議」を行うものであり、進行協議期日の目的に合致するものといえる。ただし、証拠調べを行う期日ではないから、事実上の検証を主たる目的で行うようなことは慎重であるべきであるし（西・前掲「進行協議期日」新大系(2)384頁）、本来の手続によらない証拠調べや心証形成が行われるのではないかとの危惧に対する配慮が必要である（研究会223頁〔田原睦夫発言〕、谷口安史＝上坂俊二「書面による準備手続及び進行協議期日」大阪地裁新民訴法研究会『実務新民事訴訟法』189頁〔判例タイムズ社、1998年〕）。

　(5)　進行協議期日の規定は控訴審の手続においても準用されているが（規則179条）、控訴審では、進行について当事者の意見（和解の意向、主張・立証の予定など）を聴取するため、第1回期日前に進行協議期日を指定することもある。

579

規則第95条〔4〕〔5〕　第2編 第3章 第4節 進行協議期日

〔4〕　訴えの取下げおよび請求の放棄・認諾

　進行協議期日で訴訟進行について協議しているうちに、訴えの取下げや請求の放棄・認諾を決断することもあると考えられることから、進行協議期日においても訴えの取下げや請求の放棄・認諾ができることを規定したものである。

　訴えの取下げは、判決が確定するまではいつでも書面で行うことができ（261条1項・3項）、口頭弁論、弁論準備手続または和解期日においては口頭ですることもできるとされているが（同条3項但書）、本項は、進行協議期日での口頭での取下げも認めたものである。

　請求の放棄・認諾は、口頭弁論期日、弁論準備手続期日または和解期日においてすることができるが（266条1項）、本条2項により、進行協議期日でもできることとされた。前記のとおり、進行協議期日について調書の定めはないが、請求の放棄・認諾は、調書に記載したときに初めて確定判決と同一の効力を有することになるのであるから（267条）、請求の放棄・認諾については期日調書を作成することになる（条解規則217頁、菅野・前掲「進行協議期日」ジュリ1108号31頁）。

　なお、進行協議期日において和解ができるかという問題がある。裁判所は訴訟がいかなる程度にあるかを問わず和解を試みることができるとされており（89条）、進行協議期日において和解ができないとはいえない。しかし、進行協議期日で和解ができるとの明文はなく、調書についての規定もない。また、進行協議期日は口頭弁論期日や弁論準備期日と異なり、訴訟進行についての協議を目的とする補充的な手続である。そこで、和解を行う場合は、和解期日を指定し、和解手続に切り替えたうえで行うべきであると考えられる（条解規則217頁、小久保・前掲「進行協議期日」『現代裁判法大系⒀』150頁。谷口＝上坂・前掲「書面による準備手続及び進行協議期日」『実務新民事訴訟法』191頁は、和解の協議は可能とするが手続の明確性の見地からは本格的に和解交渉に入ることがはっきりした段階で和解期日に切り替えるのが望ましいとする）。

〔5〕　訴えの取下げと書面の送達

　本条3項は、進行協議期日において訴えの取下げがなされた場合について、261条4項および5項の規定の準用（取下書または期日調書の相手方に対する送達）について定めたものである。訴えの取下げが書面でなされたときはその書面を、口頭でなされたときは（相手方が期日に出頭したときを除く）その期日の調書の謄本を相手方に送達する。相手方が取下げの書面または期日調書謄本の送達

規則第96条〔1〕〔2〕

を受けたときから（期日の口頭で取下げがなされ相手方が期日に出頭していた場合はその日から）2週間以内に異議を述べないときは、訴えの取下げに同意したものとみなされる。

（音声の送受信による通話の方法による進行協議期日） [1]

　規則第96条　裁判所は、当事者が遠隔の地に居住しているときその他相当と認めるときは、当事者の意見を聴いて、裁判所及び当事者双方が音声の送受信により同時に通話をすることができる方法によって、進行協議期日における手続を行うことができる。ただし、当事者の一方がその期日に出頭した場合に限る[2]。

　2　進行協議期日に出頭しないで前項の手続に関与した当事者は、その期日に出頭したものとみなす[3]。

　3　進行協議期日においては、前項の当事者は、前条（進行協議期日）第2項の規定にかかわらず、訴えの取下げ並びに請求の放棄及び認諾をすることができない[4]。

　4　第88条（弁論準備手続調書等）第2項の規定は、第1項の手続を行う場合について準用する[5]。

〔1〕　**本条の趣旨**

　本条は、当事者が遠隔地に居住しているなどの場合に、いわゆる電話会議の方法を利用して進行協議期日の手続を実施できることを規定したものである。

　弁論準備手続についても電話会議の方法を利用できることが規定されているが（170条）、進行協議期日は訴訟進行についての協議を目的とするものであり、厳格な手続で実施する要請が高いとはいえず、電話会議の方法を利用しても支障はないと考えられることから、当事者の便宜を図るため、弁論準備手続での電話会議の方法の利用と同じ要件で実施できることを定めたものである。

〔2〕　**実施の要件**

　本条1項は電話会議の方法で進行協議を行うことができる場合について、その要件を定めたものである。その要件は弁論準備手続における電話会議の方法と同一である。

　「当事者が遠隔の地に居住しているときその他相当と認めるとき」の「その他

581

規則第96条〔3〕〔4〕　第2編 第3章 第4節 進行協議期日

相当と認めるとき」とは、当事者が怪我や病気などで出頭が困難な場合や、当事者の訴訟代理人の事務所が受訴裁判所から遠隔地にある場合など、やむを得ない客観的事情がある場合がこれに該当すると考えられる（条解規則218頁、小久保孝雄「進行協議期日」西口元編『現代裁判法大系⑬民事訴訟』147頁〔新日本法規出版、1998年〕）。

「当事者の意見を聴いて」とあるのは、裁判所に出頭することが困難な当事者への配慮による手続であり、当事者の一方が出頭せずに音声の送受信により行われる特別な手続であることから、当事者の意見を聴いたうえで行うものとしたものである（条解規則218頁）。

「裁判所及び当事者双方が音声の送受信により同時に通話をすることができる方法」とは、電話会議装置を使用する方法を想定したものである。

「当事者の一方がその期日に出頭した場合に限る」としたのは、期日である以上、当事者の一方は現実に裁判所に出頭することが必要と考えられたからである（条解規則219頁。弁論準備手続での電話会議について、一問一答197頁）。なお、「当事者の一方」が多数である場合は、その当事者の一人が出頭すれば期日としては成立すると考えられるので、この要件は満たしたものと解される（条解規則219頁）。

〔3〕　期日に出頭したものとのみなし規定

進行協議期日に出頭せず、電話会議により手続に関与した当事者は、当該期日に出頭したものとみなされる。ただし、進行協議期日については、口頭弁論期日とは異なり、出頭したとみなされることによる特別の効果はない。

〔4〕　訴えの取下げおよび請求の放棄・認諾

進行協議期日において、当事者は訴えの取下げおよび請求の放棄・認諾をすることができるが（規則95条2項）、本条3項は、電話会議により関与した当事者は、これをすることができないことを定めたものである。訴えの取下げや請求の放棄・認諾は訴訟を終結させる重大な効果をもつものであるが、裁判所に現実に出頭していない当事者については、音声の送受信のみでこのような結果を生じさせることは適当でないとの考慮によるものと考えられる（弁論準備手続でのそれについて、一問一答199頁参照）。なお、弁論準備手続での電話会議については、平成15年の民訴法改正で本項に相当する旧170条5項が削除され、電話会議により関与した当事者についても訴えの取下げ、請求の放棄・認諾が認められた（その

582

規則第96条〔5〕　規則第97条〔1〕〔2〕

趣旨について、一問一答平成15年改正89頁）。

〔5〕　**通話者・通話先場所の確認**

　本条4項は、電話会議の方法による場合において裁判所または受命裁判官は通話者および通話先の場所を確認しなければならないとの弁論準備手続に関する規則88条2項の規定を、進行協議期日での電話会議についても準用することを定めたものである。

　電話会議の方法により関与する当事者については、裁判所に出頭していないことから、通話者が当該当事者ないしその訴訟代理人であることを特に確認する必要があることから定められたものである。電話会議の方法で進行協議を行う場合は訴訟代理人が付いている場合が多いものと考えられる。そのような場合は、訴状や答弁書に記載された訴訟代理人の事務所の電話番号に架電し、通話の相手が当該訴訟代理人であることを音声で確認すれば足りるものと考えられる（条解規則220頁）。なお、期日の経過表等には、電話会議の方法で手続を実施したことのほかに、通話先の電話番号および通話先の場所を記載することが考えられる（条解規則220頁。弁論準備期日等での電話会議については調書に通話先の電話番号を記載しなければならず、これに加えて通話先の場所を記載できるとされている〔規則88条3項・91条3項〕）。

　（裁判所外における進行協議期日）[1]

　　規則第97条　裁判所は、相当と認めるときは、裁判所外において進行協議期日における手続を行うことができる。

〔1〕　**本条の趣旨**

　本条は、相当と認めるときは裁判所外でも進行協議期日の手続を行うことができることを定めたものである。

〔2〕　**裁判所外の進行協議期日の要件**

　(1)　「相当と認めるとき」とは、裁判所外で行う必要性があり、かつ、裁判所外で行うことに支障がない場合を指すものと解される（条解規則221頁、菅野雅之「進行協議期日」ジュリ1108号32頁〔1997年〕）。

　当該訴訟事件に関連する場所等を検分しながら訴訟の進行について協議する必要がある場合や、訴訟の進行について協議するため裁判所外において専門的技術

583

規則第98条〔1〕 第2編 第3章 第4節 進行協議期日

的事項について関係者から説明を受ける必要があるような場合は、「相当と認めるとき」に該当すると考えられる。例えば、建築の瑕疵が問題となる訴訟において、当該建物の状態を見ながら、専門的技術的知識を有する関係者の説明を受け、瑕疵についての今後の主張や立証の方法について協議する場合などである。

裁判所外で証人等の尋問や検証を行った際に、現場で今後の進行について協議を行う場合も、進行協議期日としてこれを実施することが考えられる。

(2) 前述したように(規則95条〔3〕(4))、進行協議期日は、従前から行われていた事件の現場等での現地検分ないし事実上の検証が成果を上げていたことを踏まえ、このような裁判所外での打ち合わせに、裁判所外での進行協議(本条)として法令上の根拠を与えることとしたと説明されており(菅野・前掲「進行協議期日」ジュリ1108号32頁、小久保孝雄「進行協議期日」西口元編『現代裁判法大系(13)民事訴訟』149頁〔新日本法規出版、1998年〕)、建築瑕疵に関する事件、境界確定事件、日照や眺望に関する事件、目隠しの設置等相隣関係事件などで、裁判所外での進行協議期日において現地検分がなされている(東京地方裁判所プラクティス委員会「新民事訴訟法・新民事訴訟規則の施行状況に関するアンケート結果の概要」判時1735号32頁〔2000年〕)。

このような現地検分において、事件の現場や係争物等を見ながら、証人尋問・鑑定・検証等の事項・方法の協議し、これらと争点との関係について確認することは、「口頭弁論における証拠調べと争点との関係の確認」または「訴訟の進行に関し必要な事項についての協議」を行うものであり、進行協議期日の目的に合致するものといえる。ただし、証拠調べを行う期日ではないから、事実上の検証を主たる目的で行うようなことは慎重であるべきであるし、本来の手続によらない証拠調べや心証形成が行われるのではないかとの危惧に対する配慮が必要である(95条〔3〕(4))。

(受命裁判官による進行協議期日[1])

　規則第98条 裁判所は、受命裁判官に進行協議期日における手続を行わせることができる。

〔1〕 **本条の趣旨等**

進行協議期日の手続は、受訴裁判所自らではなく、受命裁判官に行わせること

規則第98条〔1〕

ができるとした規定である。争点整理を行う弁論準備手続についても受命裁判官に行わせることができるとされており（171条1項）、進行協議期日の手続は口頭弁論における証拠調べと争点との関係の確認その他訴訟進行に関する打ち合わせを行うにすぎないもので、受命裁判官に行わせても支障がないと考えられる場合もあり、随時かつ機敏に打ち合わせが実施できるようにする必要もあることから、規定されたものである（条解規則222頁）。ただし、関係者が多数であったり社会的関心を集め傍聴人が多数想定されるため口頭弁論で争点整理を実施しているような事件において、口頭弁論の期日間に進行協議期日を指定し進行について協議するような場合は、進行協議の重要性に鑑み、合議体で行うかまたは裁判長が受命裁判官として手続を行うのが望ましいであろう。

判 例 索 引

〈　〉内は、引用されている箇所および条文を示す。

大審院

大判明32・3・29民録5輯3巻56頁〈§134〉 …………………………………… 87
大判明32・7・5民録5輯7巻5頁〈§134〉 …………………………………… 83
大連判明32・11・1民録5輯10巻4頁〈§134〉 …………………………………… 87
大判明34・4・13民録7輯4巻31頁〈§160〉 …………………………………… 417
大判明34・5・6民録7輯5巻17頁〈§134〉 …………………………………… 68
大判明34・5・7民録7輯5巻36頁〈§139〉 …………………………………… 160
大判明34・5・8民録7輯5巻59頁〈§134〉 …………………………………… 62
大判明34・5・13民録7輯5巻70頁〈規§66〉 …………………………………… 423
大判明34・5・23民録7輯5巻121頁〈§139〉 …………………………………… 160
大判明34・9・26民録7輯8巻54頁〈§142〉 …………………………………… 187
大判明35・1・20民録8輯1巻20頁〈規§66〉 …………………………………… 423
大判明35・10・21民録8輯9巻111頁〈§133〉 …………………………………… 42
大判明36・5・5民録9輯531頁〈現§147・改§147〉 ……………………… 257,264
大判明36・9・28民録9輯1019頁〈規§66〉 ……………………………… 422,427
大判明36・10・19民録9輯1131頁〈§133〉 …………………………………… 42
大判明36・11・7民録9輯1213頁〈§160〉 …………………………………… 420
大判明37・3・31民録10輯378頁〈§143〉 …………………………………… 190
大判明38・4・17民録11輯512頁〈規§67〉 …………………………………… 432
大判明38・11・22民録11輯1571頁〈§134〉 …………………………………… 87
大判明39・4・18民録12輯617頁〈§133〉 …………………………………… 34
大判明39・5・11民録12輯725頁〈§134〉 …………………………………… 68
大判明41・10・2民録14輯944頁〈§134〉 …………………………………… 87
大判明42・5・1民録15輯449頁〈規§66〉 …………………………………… 422
大判明43・11・2民録16輯745頁〈§133〉 …………………………………… 40
大連判明44・3・24民録17輯117頁〈1章前注〉 …………………………………… 21
大判明44・6・27民録17輯435頁〈規§66〉 …………………………………… 422
大判明44・6・28民録17輯446頁〈§134〉 …………………………………… 87
大判明44・11・28民録17輯737頁〈規§66〉 ……………………………… 422,427
大判大元・10・10民録18輯849頁〈§133〉 …………………………………… 46
大判大2・4・5民録19輯211頁〈§134〉 …………………………………… 66
大判大2・10・6民録19輯754頁〈§134〉 …………………………………… 68
大判大3・5・6民録20輯371頁〈§160〉 …………………………………… 417

586

判例索引

大判大 4 ・ 2 ・17民録21輯115頁〈規 §66〉 ……………………………………………… 423
大判大 4 ・ 3 ・ 2 民録21輯211頁〈§146〉 ………………………………………………… 242
大判大 4 ・ 3 ・15民録21輯322頁〈§143〉 ………………………………………………… 212
大判大 4 ・ 7 ・ 2 新聞1044号31頁〈§161〉 ……………………………………………… 452
大判大 5 ・ 7 ・ 5 民録22輯1345頁〈§134〉 ………………………………………………… 88
大判大 5 ・10・28民録22輯2005頁〈規 §66〉 …………………………………………… 422
大判大 5 ・11・24民録22輯2302頁〈 1 章前注〉 …………………………………………… 21
大判大 5 ・11・27民録22輯2143頁〈§133〉 ………………………………………………… 37
大判大 6 ・ 5 ・21民録23輯789頁〈§143〉 ……………………………………………… 195
大判大 6 ・ 6 ・25民録23輯1083頁〈§134〉 ………………………………………………… 88
大判大 7 ・ 1 ・19民録24輯35頁〈§134〉 ………………………………………………… 87
大判大 7 ・ 1 ・28民録24輯59頁〈§153〉 ……………………………………………… 354
大判大 7 ・ 1 ・28民録24輯67頁〈§135〉 ……………………………………………… 102
大判大 7 ・ 1 ・31民録24輯80頁〈§151〉 ……………………………………………… 338
大判大 7 ・ 6 ・11新聞1457号20頁〈§143〉 …………………………………………… 196
大判大 7 ・ 9 ・ 5 民録24輯1619頁〈§160〉 …………………………………………… 420
大判大 7 ・ 9 ・18民録24輯1787頁〈§143〉 …………………………………………… 195
大判大 7 ・10・ 7 民録24輯1875頁〈§160〉 …………………………………………… 420
大判大 8 ・ 5 ・17民録25輯780頁〈§133〉 ……………………………………………… 53
大判大 8 ・11・26民録25輯2124頁〈§135〉 ……………………………………………… 96
大判大 8 ・12・17民録25輯2324頁〈§152〉 …………………………………………… 346
大判大 9 ・ 6 ・15民録26輯880頁〈§149〉 ……………………………………………… 310
大決大10・ 7 ・25民録27輯1354頁〈§135〉 ……………………………………………… 94
大判大10・11・10民録27輯1951頁〈§143〉 …………………………………………… 195
大判大10・12・15民録27輯2117頁〈§143〉 …………………………………………… 212
大判大10・12・26民録27輯2219頁〈§135〉 …………………………………………… 116
大判大11・ 4 ・14民集 1 巻187頁〈現 §147・改 §147〉 …………………………… 253, 271
大判大11・11・24民集 1 巻728頁〈§139〉 ……………………………………………… 160
大判大12・ 6 ・ 2 民集 2 巻345頁〈 1 章前注〉 …………………………………………… 22
大判大12・12・17民集 2 巻684頁〈§152〉 …………………………………………… 350
大判大13・ 5 ・31民集 3 巻260頁〈§134〉 ……………………………………………… 87
大判大13・ 7 ・15民集 3 巻356頁〈§134〉 ……………………………………………… 68
大判大14・ 4 ・ 6 民集 4 巻130頁〈§135〉 …………………………………………… 101
大判大14・ 4 ・24民集 4 巻195頁〈§134〉 ……………………………………………… 88
大判大15・10・ 6 民集 5 巻719頁〈§135〉 …………………………………………… 116
大判昭元・12・28評論16巻民訴166頁〈規 §66〉 ……………………………………… 427
大判昭 2 ・11・ 7 評論17巻民訴177頁、新聞2782号 1 頁〈§149〉 …………………… 310
大判昭 3 ・ 5 ・19評論17巻民訴453頁〈§155〉 ……………………………………… 361
大判昭 3 ・ 8 ・ 1 民集 7 巻687頁〈§133〉 ……………………………………………… 47
大決昭 3 ・12・28民集 7 巻1128頁〈§138〉 …………………………………………… 151
大判昭 4 ・ 3 ・19民集 8 巻199頁〈現 §147・改 §147〉 ……………… 255, 261, 268, 273

587

判例索引

大判昭5・3・15民集9巻281頁〈§149〉	321
大決昭5・4・24民集9巻415頁〈1章前注〉	18
大決昭5・5・28新聞3132号8頁〈§138〉	152
大判昭5・6・27民集9巻619頁〈現§147・改§147〉	251,269
大決昭5・7・19新聞3166号9頁〈§152〉	347
大判昭5・12・20民集9巻1181頁〈§158〉	396,397
大決昭6・2・20民集10巻77頁〈§160〉	414
大判昭6・3・31民集10巻178頁〈§152〉	351
大判昭6・5・28民集10巻268頁〈規§66〉	422
大判昭6・7・30評論全集20巻民訴477頁〈§135〉	102
大判昭6・8・1民集10巻642頁〈§133〉	48
大判昭6・11・4民集10巻865頁〈§157・§158・§159〉	381,399,403
大判昭6・11・14民集10巻1052頁〈§143〉	205,206
大判昭6・11・24民集10巻1096頁〈§135〉	101
大判昭6・12・4民集10巻1187頁〈§158〉	396
大判昭6・12・19民集10巻1237頁〈現§147・改§147〉	253,271
大判昭7・2・9民集11巻243頁〈規§66〉	422
大判昭7・4・9民集11巻602頁〈§157・§159〉	381,403
大判昭7・5・7民集11巻901頁〈§135〉	107
大判昭7・6・9民集11巻1125頁〈§143〉	200
大判昭7・7・22民集11巻1629頁〈1章前注・§134〉	9,78
大決昭7・9・10民集11巻2158頁〈§137〉	138
大判昭7・9・22民集11巻1989頁〈§142〉	175,178,181
大判昭7・10・10法学2巻615頁〈§161〉	461
大判昭7・11・28民集11巻2204頁〈§135〉	106
大判昭7・12・21民集11巻2480頁〈§138〉	149
大判昭8・2・7民集12巻136頁〈§143〉	192,195,200,204
大判昭8・2・7民集12巻159頁〈§157〉	380
大判昭8・3・9法学2巻1250頁〈§143〉	200
大判昭8・3・10民集12巻462頁〈§152〉	350
大判昭8・4・12民集12巻584頁〈§143〉	200
大判昭8・4・18民集12巻703頁〈§161〉	457
大判昭8・4・18民集12巻714頁〈§149〉	321
大判昭8・4・8法学2巻1367頁〈規§66〉	427
大判昭8・4・25民集12巻870頁〈§158・§161〉	396,399,459,457
大判昭8・6・15民集12巻1498頁〈§135〉	100
大判昭8・6・20民集12巻1597頁〈§134・§145〉	69,220,222
大決昭8・6・30民集12巻1682頁〈§143〉	212
大判昭8・8・7新聞3593号13頁〈§135〉	107
大判昭8・9・1新聞3605号11頁〈§160〉	417
大判昭8・11・7民集12巻2691頁〈§134〉	77

判例索引

大判昭 8 ·12·23評論23巻民訴166頁〈§158〉 …………………………………………	398
大判昭 9 · 2 ·27民集13巻445頁〈§143〉 ……………………………………………	201
大判昭 9 · 3 ·13民集13巻287頁〈§143〉 ……………………………………………	204,209
大判昭 9 · 3 ·26民集13巻310頁〈§134〉 ……………………………………………	80
大判昭 9 · 3 ·30民集13巻418頁〈§143〉 ……………………………………………	195
大判昭 9 · 4 · 4 民集13巻573頁〈§157〉 ……………………………………………	378
大判昭 9 · 5 ·22民集13巻799頁〈§161〉 ……………………………………………	453
大判昭 9 ·11· 5 民集13巻1974頁〈§161〉 …………………………………………	457
大判昭10· 2 · 5 評論24巻民訴154頁〈規 §66〉 …………………………………	422
大判昭10· 3 ·30前掲〈§134〉 …………………………………………………………	80
大判昭10· 4 ·13民集14巻523頁〈§143〉 ……………………………………………	200
大判昭10· 4 ·20法学 4 巻1585頁〈§134〉 …………………………………………	76
大判昭10· 4 ·26民集14巻707頁〈§139〉 ……………………………………………	160
大判昭10· 4 ·30民集14巻1175頁〈§136·§152〉 ………………………	129,346,347
大判昭10· 7 · 9 民集14巻1309頁〈§159〉 …………………………………………	407
大判昭10·12·10民集14巻2077頁〈§134·§145〉 …………………………	63,224
大判昭10·12·17民集14巻2053頁〈 1 章前注·§134〉 ………………………	9 ,68,78
大判昭11· 3 ·11民集15巻977頁〈§133〉 ……………………………………………	35
大判昭11· 3 ·13民集15巻453頁〈§143〉 ……………………………………………	204,205
大判昭11· 4 ·28法学 5 巻 9 号1372頁〈§143·§159〉 ……………………	200,405
大判昭11· 7 ·20民集15巻1491頁〈§136〉 …………………………………………	125
大判昭11· 7 ·21民集15巻1514頁〈§142·§143〉 ……………… 175,176,196,201	
大判昭11·10·28民集15巻1894頁〈§143〉 …………………………………………	197
大決昭11·11· 2 法学 6 巻240頁〈§143〉 …………………………………………	194
大判昭11·12·18民集15巻2266頁〈§136〉 …………………………………………	132
大判昭12· 3 ·16新聞4118号11頁〈§173〉 …………………………………………	555
大判昭12· 3 ·20民集16巻320頁〈§158〉 ……………………………………………	396
大決昭12· 4 · 8 法学 6 巻1112頁〈§137〉 …………………………………………	144
大判昭12· 6 · 2 民集16巻683頁〈§157〉 ……………………………………………	376,384
大判昭13· 3 · 5 法学 7 巻1407頁〈§137〉 …………………………………………	144
大判昭13· 5 ·11民集17巻901頁〈現 §147·改 §147〉 …………………………	252,270
大決昭13· 6 ·27民集17巻1324頁〈現 §147·改 §147〉 ………………………	258,265
大判昭13· 7 ·11民集17巻1419頁〈§140〉 …………………………………………	166
大判昭13·10·15評論27巻民訴354頁〈§134〉 ……………………………………	80
大判昭13·11·26新聞4355号11頁〈§134〉 …………………………………………	82
大連判昭14· 3 ·22民集18巻238頁〈現 §147·改 §147〉 ……………………	254, 271
大決昭14· 3 ·29民集18巻365頁〈§137·§140〉 …………………………………	146,165
大決昭14· 3 ·31民集18巻389頁〈§135〉 ……………………………………………	106,114
大判昭14· 5 ·16民集18巻557頁〈§142〉 ……………………………………………	176
大判昭14·11·28民集18巻1369頁〈§143〉 …………………………………………	194,202
大判昭14·12· 2 民集18巻1407頁〈§143〉 …………………………………………	190,207

589

判例索引

大判昭15・2・7民集19巻173頁〈§143〉 ……………………………… 192,102,206
大判昭15・2・17新聞4537号10頁〈§160〉 …………………………………… 417
大判昭15・3・2新聞4549号7頁〈§149〉 …………………………………… 310
大判昭15・3・13民集19巻530頁〈§133・§135〉 ………………………… 42,116
大判昭15・3・15民集19巻611頁〈§143〉 …………………………………… 203
大判昭15・4・27新聞4572号9頁〈§149〉 ……………………………… 310,322
大判昭15・6・12評論全集29巻民訴250頁〈§135〉 ………………………… 101
大判昭15・7・10民集19巻1265頁〈現§147・改§147〉 ……………… 251,269
大判昭15・8・17民集19巻1487頁〈§158〉 …………………………………… 396
大判昭15・8・30民集19巻1555頁〈§160〉 …………………………………… 417
大判昭15・9・27法学10巻316頁〈§146〉 …………………………………… 237
大判昭16・1・21民集20巻1頁〈§158〉 …………………………………… 394
大判昭16・2・24民集20巻106頁〈現§147・改§147〉 ……… 255,258,265,273
大判昭16・3・15民集20巻191頁〈§149〉 …………………………………… 310
大判昭16・3・26民集20巻361頁〈§143〉 …………………………………… 191
大判昭16・5・23民集20巻668頁〈§136〉 ……………………………… 124,125
大判昭16・5・23民集20巻677頁〈§134〉 ………………………………… 62,68
大判昭16・8・20民集20巻1092頁〈§143〉 …………………………………… 206
大判昭16・10・8民集20巻1269頁〈§143・§156〉 …………… 208,382,365
大判昭16・12・27法学11巻732頁〈§135〉 …………………………………… 101
大判昭17・1・19民集21巻22頁〈§135〉 …………………………………… 107
大判昭17・1・28民集21巻37頁〈現§147・改§147〉 ………………… 254,272
大判昭17・6・13民集21巻716頁〈現§147・改§147〉 ……………… 253,271
大判昭17・10・30法学12巻520頁〈§157〉 …………………………………… 378
大判昭17・12・15民集21巻1185頁〈§143〉 ……………………………… 203,214
大判昭18・3・19民集22巻221頁〈§143〉 ……………………………… 210,214
大判昭18・3・19民集22巻230頁〈§143〉 ……………………………… 200,203
大判昭18・5・3法学12巻999頁〈§133〉 …………………………………… 40
大判昭18・6・29民集22巻557頁〈現§147〉 ………………………………… 259
大判昭18・7・9法学13巻4号62頁〈§143〉 ………………………………… 209
大判昭19・1・20民集23巻1頁〈§134〉 …………………………………… 91
大判昭19・2・25民集23巻75頁〈§137〉 ……………………………… 138,143
大判昭19・3・7民集23巻137頁〈§134〉 …………………………………… 69
大判昭19・6・2民集23巻352頁〈§134〉 …………………………………… 69
大判昭19・12・22民集23巻621頁〈§153〉 …………………………………… 355

最高裁判所

最判昭23・4・17民集2巻2号104頁〈§153〉 ……………………………… 354
最判昭23・10・12民集2巻11号365頁、裁判集民1号435頁〈§133〉 ……… 45
最判昭23・11・25民集2巻12号422頁、裁判集民1号493頁〈§153〉 ……… 354

最判昭24・5・21民集 3 巻 6 号209頁、裁判集民 2 号275頁〈§137〉 ················· 142
最判昭24・11・8 民集 3 巻11号495頁、裁判集民 2 号821頁〈§143〉 ················· 193
最判昭24・12・20民集 3 巻12号507頁、裁判集民 2 号845頁〈§134〉 ················· 70
最判昭25・5・26民集 4 巻 5 号191頁、裁判集民 3 号347頁〈規 §66〉 ················· 427
最大判昭25・7・5 民集 4 巻 7 号264頁、裁判集民 3 号487頁〈§137〉 ················· 139
最大決昭25・9・18民集 4 巻 9 号423頁、裁判集民 3 号789頁〈§160〉 ················· 421
最判昭25・10・31民集 4 巻10号516頁、裁判集民 3 号963頁〈§158〉 ················· 397
最判昭25・11・17民集 4 巻11号603頁、裁判集民 3 号1089頁〈§133〉 ················· 33
最判昭26・2・20民集 5 巻 3 号78頁、裁判集民 4 号257頁〈§160〉 ················· 417
最判昭26・2・22民集 5 巻 3 号102頁、裁判集民 4 号279頁〈§160・規 §67〉 ········· 417,437
最判昭26・4・13民集 5 巻 5 号242頁、裁判集民 4 号567頁〈1 章前注〉 ················· 18
最判昭26・10・18民集 5 巻11号600頁、裁判集民 5 号637頁〈§133・§143〉 ············· 45,201
最判昭27・2・15民集 6 巻 2 号88頁、裁判集民 6 号137頁〈1 章前注〉 ················· 10,23
最判昭27・6・17民集 6 巻 6 号595頁、裁判集民 6 号751頁〈§161〉 ················· 457
最大判昭27・10・8 民集 6 巻 9 号783頁、裁判集民 7 号239頁〈§134〉 ················· 66
最判昭27・11・20民集 6 巻10号1004頁、裁判集民 7 号463頁〈§134〉 ················· 89
最判昭27・11・27民集 6 巻10号1062頁、裁判集民 7 号561頁〈§149〉 ················· 311,320
最判昭27・12・12民集 6 巻11号1166頁、裁判集民 7 号651頁〈§134〉 ················· 90
最大判昭27・12・24民集 6 巻11号1214頁、裁判集民 7 号725頁〈§134〉 ················· 66
最判昭27・12・25民集 6 巻12号1255頁、裁判集民 7 号811頁〈§143〉 ············· 190,193,210
最判昭27・12・25民集 6 巻12号1271頁、裁判集民 7 号823頁〈§135〉 ················· 102
最判昭27・12・25民集 6 巻12号1282頁、裁判集民 7 号849頁〈§133・§134〉 ············· 38,86
最判昭28・1・22民集 7 巻 1 号65頁、裁判集民 8 号67頁〈§160・§161〉 ············· 417,461
最大判昭28・4・1 裁判集民 8 号585頁〈§134〉 ················· 66
最判昭28・6・25民集 7 巻 6 号753頁、裁判集民 9 号539頁〈§135〉 ················· 98
最判昭28・9・11民集 7 巻 9 号918頁、裁判集民 9 号959頁〈§143〉 ················· 201,206
最判昭28・10・15民集 7 巻10号1083頁、裁判集民10号129頁〈§134〉 ················· 90,92
最判昭28・11・20民集 7 巻11号1229頁、裁判集民10号541頁〈§149〉 ················· 311,321
最大判昭28・12・23民集 7 巻13号1561頁、裁判集民11号457頁〈1 章前注〉 ················· 23
最判昭28・12・24裁判集民11号595頁〈§138〉 ················· 153
最判昭28・12・24民集 7 巻13号1644頁、裁判集民11号635頁〈§134〉 ················· 84
最判昭29・1・19民集 8 巻 1 号35頁、裁判集民12号35頁〈§133〉 ················· 38
最判昭29・2・26民集 8 巻 2 号630頁、裁判集民12号893頁〈§143〉 ················· 206
最判昭29・3・9 民集 8 巻 3 号637頁、裁判集民13号13頁〈§135〉 ················· 98
最判昭29・6・8 民集 8 巻 6 号1037頁、裁判集民14号331頁〈§143〉 ················· 204
最判昭29・7・27民集 8 巻 7 号1443頁、裁判集民15号283頁〈§143〉 ················· 195
最判昭29・8・20民集 8 巻 8 号1505頁、裁判集民15号353頁〈§149〉 ················· 311
最判昭29・11・26判時41号11頁、裁判集民16号595頁〈§137〉 ················· 142
最判昭29・12・16民集 8 巻12号2158頁、裁判集民16号729頁〈§134〉 ················· 87,88
最判昭30・1・21民集 9 巻 1 号22頁、裁判集民17号83頁〈§135・§136〉 ············· 116,121
最判昭30・1・28民集 9 巻 1 号125頁、裁判集民17号251頁〈§134〉 ················· 66

591

判例索引

最判昭30・3・25ジュリ82号72頁、裁判集民17号797頁〈§159〉 ······················· 405
最判昭30・4・5民集9巻4号439頁、判時50号12頁、裁判集民18号81頁〈§157〉
　　　　　　　　　　　　　　　　　　　　　　　　　　　　　　　　　　··············· 380,384
最判昭30・4・21裁判集民18号359頁〈§146〉 ·· 239
最大判昭30・4・27民集9巻5号582頁、裁判集民18号407頁〈§157〉 ················· 383
最判昭30・4・28民集9巻5号603頁、裁判集民18号427頁〈1章前注・§142〉 ········ 23,179
最判昭30・5・20民集9巻6号718頁、裁判集民18号573頁〈§134〉 ················· 84,91
最判昭30・11・22民集9巻12号1818頁、裁判集民20号495頁〈§160〉 ················· 420
最判昭30・12・26民集9巻14号2082頁、裁判集民20号921頁〈§134〉 ·················· 80
最判昭31・4・10民集10巻4号367頁、裁判集民21号697頁〈§137〉 ················· 142
最判昭31・6・19民集10巻6号665頁、裁判集民22号437頁〈§143〉 ············· 210,211
最判昭31・7・20民集10巻8号1089頁、裁判集民22号1023頁〈§143〉 ·············· 214
最判昭31・9・28民集10巻9号1197頁、判タ63号47頁、裁判集民23号259頁〈§143〉 ···· 204
最判昭31・10・4民集10巻10号1229頁、判時89号14頁、判タ66号49頁〈§134〉
　　　　　　　　　　　　　　　　　　　　　　　　　　　　····················· 61,62,72,73,91
最判昭31・10・23民集10巻10号1312頁、判タ66号49頁、裁判集民23号655頁〈1章前注〉
　　·········· 23
最判昭31・12・20民集10巻12号1573頁、判タ67号65頁、裁判集民24号473頁〈§143〉
　　　　　　　　　　　　　　　　　　　　　　　　　　　　　　········· 190,193,198,207
最判昭31・12・28民集10巻12号1639頁、判タ67号68頁、裁判集民24号743頁〈§149〉
　　　　　　　　　　　　　　　　　　　　　　　　　　　　　　　　　　　　············· 311,319
最判昭32・2・28民集11巻2号374頁、判時107号7頁、判タ70号58頁、裁判集民25号
　　679頁〈§143〉 ······························· 190,191,195,198,207
最判昭32・5・10民集11巻5号715頁、判タ72号55頁、裁判集民26号333頁〈§133〉 ······ 48
最判昭32・7・16民集11巻7号1254頁、判タ75号38頁〈§143〉 ························· 201
最大判昭32・7・20民集11巻7号1314頁、判時119号7頁、裁判集民27号317頁〈§134〉
　　········ 70
最判昭32・7・30民集11巻7号1424頁、裁判集民27号497頁〈§133〉 ················· 38
最判昭32・11・1民集11巻11号1819頁、判タ76号32頁、裁判集民28号487頁〈§134〉
　　　　　　　　　　　　　　　　　　　　　　　　　　　　　　　　　　　　　　　···· 68,69
最判昭32・12・13民集11巻13号2143頁、判時134号21頁、判タ79号87頁〈§143〉 ··········· 206
最判昭32・12・17民集11巻13号2195頁、判時136号22頁、裁判集民29号311頁〈§159〉
　　　　　　　　　　　　　　　　　　　　　　　　　　　　　　　　　　　············· 403,407
最判昭32・12・24新聞91号9頁、裁判集民29号555頁〈§157〉 ················· 378,379
最判昭32・12・26民集11巻14号2478頁、判時137号18頁、裁判集民29号771頁〈§137〉 ··· 140
最判昭33・3・7民集12巻3号469頁、判時147号20頁、裁判集民30号801頁〈§158〉 ···· 399
最判昭33・3・25民集12巻4号589頁、判時145号17頁、裁判集民30号991頁〈§134・§142〉
　　　　　　　　　　　　　　　　　　　　　　　　　　　　　　　　········· 87,88,182
最判昭33・5・16民集12巻7号1034頁、裁判集民31号611頁〈§140〉 ················· 166
最判昭33・6・19民集12巻10号1562頁、裁判集民32号299頁〈§135〉 ················· 108
最判昭33・7・22民集12巻12号1817頁、裁判集民32号915頁〈§158〉 ················· 397

判例索引

最判昭33・10・14民集12巻14号3091頁、裁判集民34号159頁〈§136〉 ……………… 132
最判昭33・11・4民集12巻15号3247頁、判時167号11頁、裁判集民34号483頁〈§160〉
　　……………………………………………………………………………… 416,417
最判昭34・2・20民集13巻2号209頁、判時178号3頁、裁判集民35号387頁
　　〈§133・§142・現§147・改§147〉 ……………………… 40,182,255,273
最判昭34・5・12民集13巻5号576頁、判時185号17頁、裁判集民36号177頁〈§134〉 …… 69
最判昭34・6・2民集13巻6号639頁、判時191号21頁、裁判集民36号489頁〈§134〉 …… 66
最判昭34・7・3民集13巻7号905頁〈§134〉 ………………………………………… 82
最判昭34・9・22民集13巻11号1467頁、裁判集民34号549頁〈§134〉 ………………… 66
最判昭34・11・19民集13巻12号1500頁、裁判集民38号363頁〈§133・§137〉 ………… 36,143
最大判昭35・3・9民集14巻3号355頁、判時217号2頁、裁判集民40号251頁
　　〈1章前注〉 ……………………………………………………………………… 23
最判昭35・3・10民集14巻3号389頁、判時217号19頁、裁判集民40号285頁〈§137〉 …… 139
最判昭35・3・11民集14巻3号418頁、判時218号20頁、裁判集民40号303頁〈§134〉 …… 83
最判昭35・5・24民集14巻7号1183頁、判時225号17頁、裁判集民41号715頁〈§143〉 … 210
最判昭35・12・2訟月7巻1号57頁、裁判集民47号101頁〈§160〉 ………………… 417
最大判昭35・12・7民集14巻13号2964頁、判時246号25頁、裁判集民47号199頁
　　〈1章前注・§153〉 …………………………………………………………… 13,354
最判昭35・12・9民集14巻13号3020頁、裁判集民47号241頁〈§138〉 ……………… 149
最判昭35・12・15判時246号34頁、裁判集民47号341頁〈§133〉 ……………………… 46
最判昭35・12・23民集14巻14号3166頁、判時246号35頁、裁判集民47号639頁〈§138・§161〉
　　……………………………………………………………………………… 149,453
最判昭36・2・24民集15巻2号304頁、裁判集民48号441頁〈§134〉 ………………… 72
最判昭36・4・25民集15巻4号891頁、裁判集民50号527頁〈§133・§149〉 ……… 54,311
最判昭36・6・20民集15巻6号1602頁、裁判集民52号245頁〈§135〉 ………………… 95
最判昭36・7・18民集15巻7号1832頁、裁判集民53号117頁〈1章前注〉 ……………… 23
最判昭36・9・26民集15巻8号2220頁、裁判集民54号369頁〈§135〉 ………………… 108
最判昭36・11・9民集15巻10号2444頁、裁判集民56号29頁〈§138〉 ……………… 149
最判昭36・12・5民集15巻11号2662頁、判時285号7頁、裁判集民57号45頁〈§134〉 …… 66
最判昭36・12・22民集15巻12号2908頁、裁判集民57号451頁〈§149〉 …………… 311,322
最判昭37・1・19民集16巻1号76頁、裁判集民58号219頁〈1章前注〉 ………………… 24
最判昭37・2・15裁判集民58号645頁〈§142〉 ………………………………………… 176
最判昭37・2・22民集16巻2号375頁、裁判集民58号787頁〈§136〉 ………………… 125
最判昭37・3・23民集16巻3号607頁、判時294号50頁、裁判集民59号593頁〈§135〉 … 108
最判昭37・6・7裁判集民61号45頁〈§143〉 …………………………………………… 201
最判昭37・6・19裁判集民61号245頁〈§136〉 ………………………………………… 126
最判昭37・6・29裁判集民61号443頁〈§143〉 ………………………………………… 201
最判昭37・8・10民集16巻8号1720頁、裁判集民62号89頁〈§133・§142〉 …………… 40,182
最判昭37・10・9判時315号20頁、裁判集民62号751頁〈§149〉 …………………… 311
最判昭37・10・12民集16巻10号2130頁、判時324号18頁、裁判集民62号839頁
　　〈現§147・改§147〉 ………………………………………………………… 253,271

判例索引

最判昭37・10・30民集16巻10号2170頁、判時321号18頁、裁判集民62号1037頁〈§133〉… 41
最判昭37・11・8 判集民63号95頁〈§133〉 ………………………………………………………… 36
最判昭37・11・30裁判集民63号365頁〈§137〉 ………………………………………………… 142
最判昭37・12・25民集16巻12号2490頁、裁判集民63号1045頁〈§134〉 ……………………… 90
最判昭38・1・18民集17巻1号1頁、判時330号35頁、裁判集民64号25頁
　〈§143・現§147・改§147〉 …………………………… 191,197,251,259,267,269
最判昭38・2・1 裁判集民64号361頁〈現§147・改§147〉 ………………………………… 257,264
最判昭38・2・21民集17巻1号182頁、裁判集民64号495頁〈§134〉 ………………………… 88
最判昭38・2・21民集17巻1号198頁、裁判集民64号483頁〈§146〉 ………………………… 243
最判昭38・3・8 民集17巻2号304頁、判時337号31頁、裁判集民65号89頁〈§136〉
　…………………………………………………………………………… 119,125,131,132
最判昭38・3・15民集17巻2号360頁、判時337号30頁、裁判集民65号191頁〈§157〉 …… 386
最判昭38・6・4 裁判集民66号329頁〈§143〉 ………………………………………………… 201,214
最判昭38・6・20裁判集民66号579頁〈§134〉 ………………………………………………… 90
最判昭38・10・15民集17巻9号1220頁、判時355号46頁、裁判集民68号417頁〈1章前注〉
　………………………………………………………………………………………………… 22
最判昭38・10・18裁判集民68号429頁〈§134〉 ……………………………………………… 79
最大判昭38・10・30民集17巻9号1252頁、判時352号10頁、裁判集民68号653頁
　〈現§147・改§147〉 ………………………………………………………………… 254,272
最判昭38・11・5 民集17巻11号1510頁、判時360号22頁、裁判集民69号73頁〈§136〉 … 119
最判昭39・2・20判タ160号74頁、裁判集民72号215頁〈§138〉 …………………………… 149
最判昭39・3・24判タ164号69頁、裁判集民72号597頁〈§134〉 ………………………… 62
最判昭39・4・7 民集18巻4号520頁、判時373号26頁、判タ162号74頁、
　裁判集民73号27頁〈§136・§143・規§67〉 ………………… 122,134,207,436
最判昭39・4・17裁判集民73号187頁〈§133〉 ……………………………………………… 41
最判昭39・5・29民集18巻4号725頁、判時377号58頁、判タ163号82頁、裁判集民73号
　729頁〈§135〉 ……………………………………………………………………………… 98
最判昭39・6・12民集18巻5号764頁、判時379号25頁、判タ164号81頁、
　裁判集民74号65頁〈1章前注・§133〉 ……………………………………… 21,46
最判昭39・6・26民集18巻5号954頁、判時378号20頁、判タ164号92頁、
　裁判集民74号275頁〈§149〉 …………………………………………………… 312,321
最判昭39・7・10民集18巻6号1093頁、判時378号18頁、判タ165号72頁、
　裁判集民74号525頁〈§143〉 ……………………………………………………… 204
最判昭39・9・8 民集18巻7号1406頁、判時392号47頁、判タ169号112頁、
　裁判集民75号187頁〈§135〉 ……………………………………………………… 107
最判昭39・10・13判タ169号113頁、裁判集民75号685頁〈§133〉 ……………………… 46
最判昭39・11・19裁判集民76号199頁〈§143〉 ………………………………………… 210,211
最判昭39・11・24民集18巻9号1952頁、判時398号29頁、判タ173号130頁、
　裁判集民76号249頁〈現§147・改§147〉 ……………………… 250,257,263,265
最判昭39・11・26民集18巻9号1992頁、判時398号26頁、判タ172号99頁、
　裁判集民76号291頁〈§134〉 ……………………………………………………… 77

判例索引

最判昭39・12・22裁判集民76号605頁〈§135〉 ……………………………………… 103
最判昭40・2・26民集19巻1号166頁、判時403号32頁、判タ174号99頁、
　　裁判集民77号595頁〈§134〉 …………………………………………………… 66
最判昭40・3・26民集19巻2号508頁、判時407号27頁、判タ175号117頁、
　　裁判集民78号427頁〈§146・§152〉 …………………………………… 236,351
最判昭40・3・4民集19巻2号197頁、判時406号50頁、判タ175号104頁、
　　裁判集民78号11頁〈§146〉 …………………………………………………… 241
最大判昭40・4・28民集19巻3号721頁、判時406号12頁、判タ176号112頁、
　　裁判集民78号751頁〈1章前注〉 ……………………………………………… 23
最大決昭40・6・30民集19巻4号1089頁、判時413号3頁、判タ178号203頁、
　　裁判集民79号597頁〈§135〉 ………………………………………………… 95
最判昭40・8・2民集19巻6号1393頁、判時423号24頁、判タ181号116頁、
　　裁判集民80号47頁〈1章前注〉 ……………………………………………… 23
最判昭40・9・17判時422号30頁、裁判集民80号383頁〈§134〉 ……………… 83
最判昭40・9・17民集19巻6号1533頁、判時425号29頁、判タ183号99頁、
　　裁判集民80号375頁〈§133〉 ………………………………………………… 38
最判昭40・10・19裁判集民80号855頁〈§143〉 …………………………………… 214
最判昭40・11・25裁判集民81号137頁〈§133〉 …………………………………… 49
最判昭40・11・25民集19巻8号2040頁、判時431号23頁、判タ185号90頁、
　　裁判集民81号151頁〈§134〉 ………………………………………………… 62
最大判昭41・2・23民集20巻2号320頁、判時441号30頁、裁判集民82号529頁〈§135〉 … 97
最判昭41・3・18民集20巻3号464頁、判時445号31頁、判タ190号121頁、
　　裁判集民82号755頁〈§135〉 ………………………………………………… 96
最判昭41・4・12民集20巻4号560頁、判時447号58頁、判タ191号75頁、
　　裁判集民83号103頁〈§134・§152〉 ………………………………… 63,350
最判昭41・4・14裁判集民83号167頁〈§137〉 …………………………………… 145
最判昭41・4・14訟月12巻10号1400頁〈§152〉 ………………………………… 346
最判昭41・4・15裁判集民83号191頁〈§137・§140〉 ……………………… 145,166
最判昭41・4・19訟月12巻10号1402頁〈§143〉 ………………………………… 206
最判昭41・5・20裁判集民83号579頁〈1章前注〉 ……………………………… 22
最判昭41・6・3判時454号38頁、判タ195号73頁、裁判集民83号705頁〈§161〉 ………… 451
最判昭41・7・15民集20巻6号1197頁、判時456号32頁、判タ195号79頁、
　　裁判集民84号101頁〈§133〉 ………………………………………………… 41
最判昭41・9・22民集20巻7号1392頁、判時464号28頁、判タ198号129頁、
　　裁判集民84号459頁〈§134〉 …………………………………………… 82,91
最判昭41・11・10判時1225号62頁、裁判集民85号43頁〈§146・規§67〉 …………… 242,431
最判昭41・11・10民集20巻9号1733頁、判時467号41頁、判タ200号92頁、
　　裁判集民85号53頁〈§146・§152〉 ………………………………… 238,346
最大判昭41・11・2民集20巻9号1674頁、判時465号32頁、判タ199号133頁、
　　裁判集民85号23頁〈現§147・改§147〉 …………………………… 257,265

595

判例索引

最判昭42・1・20民集21巻1号16頁、判時476号34頁、判タ204号109頁、
　　裁判集民86号111頁〈§135・§143〉 ……………………………………… 98,194
最判昭42・2・10民集21巻1号112頁、判時480号29頁、裁判集民86号257頁〈§134〉 …… 84
最判昭42・2・17民集21巻1号133頁、判時477号12頁、判タ205号86頁、
　　裁判集民86号297頁〈§135〉 …………………………………………………… 97
最判昭42・3・14民集21巻2号312頁、判時480号21頁、判タ206号100頁、
　　裁判集民86号517頁〈§135〉 …………………………………………………… 99
最判昭42・5・23民集21巻4号916頁、判時490号49頁、裁判集民87号479頁〈§160〉
　　……………………………………………………………………… 412,415,417
最判昭42・7・18民集21巻6号1559頁、判時493号22頁、判タ210号148頁、
　　裁判集民88号33頁〈§133・現§147・改§147〉 ………………… 48,255,273
最判昭42・9・14民集21巻7号1807頁、判時502号34頁、裁判集民88号431頁〈§157〉 … 372
最大判昭42・9・27民集21巻7号1925頁、判時494号19頁、判タ213号98頁、
　　裁判集民88号551頁〈§153・§157〉 ………………………………… 354,378
最判昭42・10・12判時500号30頁、判タ214号145頁、裁判集民88号681頁〈§143〉 ……… 205
最判昭42・10・27裁判集民88号829頁〈§134〉 ………………………………… 91
最判昭42・11・16民集21巻9号2430頁、判時498号12頁、判タ213号228頁、
　　裁判集民89号179頁〈§149〉 …………………………………………………… 313
最判昭42・11・17裁判集民89号245頁〈§134〉 ………………………………… 89
最判昭42・11・30民集21巻9号2528頁、判時507号33頁、判タ216号120頁、
　　裁判集民89号311頁〈§135〉 …………………………………………………… 102
最判昭42・12・21判時510号45頁、裁判集民89号553頁〈§134〉 ……………… 91
最判昭43・1・18判時511号44頁、裁判集民90号1頁〈§149〉 ………………… 312
最判昭43・2・20民集22巻2号236頁、判時512号45頁、判タ219号83頁、
　　裁判集民90号319頁〈§136〉 …………………………………………………… 131
最判昭43・2・22民集22巻2号270頁、判時514号47頁、判タ219号84頁、
　　裁判集民90号34頁〈1章前注〉 ………………………………………………… 22
最判昭43・3・7民集22巻3号509頁、判時525号49頁、判タ224号133頁、
　　裁判集民90号571頁〈§149〉 …………………………………………………… 313
最判昭43・3・7民集22巻3号529頁、判時516号46頁、判タ221号118頁、
　　裁判集民90号579頁〈§136・§143〉 ………………………………… 132,207
最判昭43・3・28民集22巻3号707頁、判時515号57頁、判タ221号127頁、
　　裁判集民90号821頁〈§159〉 …………………………………………………… 405
最判昭43・4・12判時520号51頁、裁判集民90号981頁〈1章前注〉 …………… 24
最判昭43・4・26判時519号47頁、判タ222号166頁、裁判集民90号1127頁〈§143〉 ……… 208
最判昭43・5・28判時512号30頁〈規§67〉 …………………………………… 431
最判昭43・6・27裁判集民91号461頁〈現§147・改§147〉 ……………… 255,273
最判昭43・9・20民集22巻9号1938頁、判時536号54頁、判タ227号148頁、
　　裁判集民92号357頁〈§135・§136〉 ………………………………… 97,127
最判昭43・9・27判時534号55頁、判タ227号157頁、裁判集民92号435頁〈§160・規§66〉
　　……………………………………………………………………… 417,422,423

596

判例索引

最判昭43・10・15判時541号35頁、裁判集民92号545頁〈§143〉 ……………………………… 212
最判昭43・10・17判時540号34頁、判タ228号100頁、裁判集民92号601頁
　〈現§147・改§147〉 …………………………………………………………… 260,268
最判昭43・10・31民集22巻10号2350頁、判時538号46頁、判タ228号105頁、
　裁判集民92号761頁〈§149〉 …………………………………………………… 312
最大判昭43・11・13民集22巻12号2510頁、判時536号16頁、判タ230号156頁、
　裁判集民97号173頁〈現§147・改§147〉 ………………………………… 254,272
最判昭43・11・15民集22巻12号2659頁、判時543号57頁、判タ229号136頁、
　裁判集民93号249頁〈§152〉 …………………………………………………… 351
最判昭43・11・19民集22巻12号2692頁、判時542号52頁、判タ229号142頁、
　裁判集民93号367頁〈§136・§152〉 …………………………………… 130,350
最判昭43・11・1判時539号44頁、判タ228号108頁〈§135〉 ……………………… 102
最判昭43・11・1判時543号63頁、判タ229号130頁、裁判集民93号11頁〈§146〉 ……… 244
最判昭43・12・24裁判集民93号907頁〈現§147・改§147〉 ………………… 253,270
最判昭43・12・24民集22巻13号3254頁、判時542号28頁、判タ230号189頁、
　裁判集民93号1021頁〈1章前注〉 ……………………………………………… 23
最判昭44・2・14裁判集民94号311頁〈現§147・改§147〉 ………………… 253,271
最判昭44・2・20民集23巻2号399頁、判時550号63頁、判タ233号79頁、
　裁判集民94号345頁〈§136〉 …………………………………………………… 127
最判昭44・2・27民集23巻2号497頁、判時550号62頁、判タ233号83頁、
　裁判集民94号481頁〈§139・§140〉 ………………………………… 155,166
最判昭44・6・24民集23巻7号1156頁、判時564号49頁、判タ238号108頁、
　裁判集民95号625頁〈§149〉 …………………………………………………… 312
最判昭44・7・10民集23巻8号1423頁、判時569号44頁、判タ239号147頁、
　裁判集民96号189頁〈§134〉 ……………………………………………… 67,84
最判昭44・10・16民集23巻10号1759頁、判時574号28頁、判タ240号126頁、
　裁判集民97号19頁〈§149〉 …………………………………………………… 313
最判昭44・10・17民集23巻10号1825頁、判時575号36頁、判タ241号71頁、
　裁判集民97号51頁〈§134〉 …………………………………………………… 79
最判昭44・11・13判時579号63頁、判タ242号169頁、裁判集民97号287頁〈§135〉 ……… 114
最判昭44・11・27民集23巻11号2251頁、判時578号46頁、判タ242号173頁、
　裁判集民97号603頁〈現§147・改§147〉 ………………………………… 255,272
最判昭44・12・18判時586号55頁、裁判集民97号785頁〈現§147・改§147〉 ………… 255,272
最判昭45・2・6民集24巻2号81頁、判時585号51頁、判タ246号190頁、
　裁判集民98号197頁〈§160〉 …………………………………………………… 420
最判昭45・3・12判時629号4頁〈§133〉 ……………………………………………… 33
最判昭45・3・26民集24巻3号209頁、判時586号26頁、判タ246号126頁、
　裁判集民98号479頁〈§149〉 …………………………………………………… 313
最判昭45・4・2民集24巻4号223頁、判時592号86頁、判タ248号126頁、
　裁判集民99号1頁〈1章前注〉 ………………………………………………… 23
最判昭45・5・21判時595号55頁、判タ249号149頁、裁判集民99号187頁〈§153〉 ……… 354

597

判例索引

最判昭45・6・2民集24巻6号447頁、判時597号90頁、判タ251号176頁、
　　裁判集民99号299頁〈§142〉 ··· 179

最判昭45・6・4民集24巻6号482頁、判時599号26頁、判タ251号177頁、
　　裁判集民99号317頁〈§134〉 ··· 72

最判昭45・6・11民集24巻6号516頁、判時597号92頁、判タ251号181頁、
　　裁判集民99号337頁〈§149〉 ··· 313，317

最大判昭45・7・15民集24巻7号771頁、判時597号55頁、判タ251号166頁、
　　裁判集民100号81頁〈§135〉 ··· 99

最大判昭45・7・15民集24巻7号861頁、判時597号64頁、判タ251号160頁、
　　裁判集民100号65頁〈§134〉 ··· 69

最判昭45・7・16判時605号64頁、裁判集民100号205頁〈§135〉 ············ 99

最判昭45・7・16民集24巻7号1031頁、判時600号85頁、判タ252号145頁、
　　裁判集民100号171頁〈§149〉 ··· 313

最判昭45・7・24民集24巻7号1177頁、判時607号43頁、判タ253号162頁、
　　裁判集民100号293頁〈改§147〉 ·· 273

最判昭45・7・24民集24巻7号1177頁、判時607号43頁、判タ253号162頁、
　　裁判集民100号293頁〈現§147〉 ·· 255

最判昭45・8・20民集24巻9号1320頁、判時605号61頁、判タ253号158頁、
　　裁判集民100号363頁〈§149〉 ··· 313

最判昭45・8・20民集24巻9号1339頁、判時606号32頁、判タ253号160頁、
　　裁判集民100号389頁〈§149〉 ··· 313

最判昭45・9・10民集24巻10号1389頁、判時609号43頁、判タ254号141頁、
　　裁判集民100号437頁〈現§147・改§147〉 ··················· 251，264

最判昭45・9・24民集24巻10号1450頁、判時608号126頁、判タ254号131頁、
　　裁判集民100号481頁〈§135・§149〉 ························· 107，313

最判昭45・10・13判時614号51頁、裁判集民101号59頁〈§146〉 ·········· 244，248

最大判昭45・11・11民集24巻12号1876頁、判時610号16頁、判タ255号124頁、
　　裁判集民101号453頁〈現§147・改§147〉 ··················· 257，265

最判昭45・11・19民集24巻12号1916頁、判時616号63頁、判タ256号120頁、
　　裁判集民101号475頁〈§149〉 ··· 313

最判昭45・12・4判時618号35頁、判タ257号123頁〈§143〉 ················ 208

最判昭45・12・15民集24巻13号2072頁、判時617号85頁、判タ257号132頁、
　　裁判集民101号719頁〈§137〉 ··· 141

最判昭46・3・25民集25巻2号208頁、判時625号50頁、判タ261号196頁、
　　裁判集民102号311頁〈§149〉 ··· 313

最決昭46・4・15裁判集民102号473頁〈§137〉 ······························· 144

最判昭46・4・23判時631号55頁、裁判集民102号571頁〈§157〉 ·········· 378，384

最判昭46・11・25民集25巻8号1343頁、判時651号68頁、判タ271号173頁、
　　裁判集民104号435頁〈§133〉 ·· 39

最判昭46・12・17民集25巻9号1588頁、判時656号49頁、判タ272号229頁、
　　裁判集民104号707頁〈1章前注〉 ·· 20

598

判例索引

最判昭47・2・15民集26巻1号30頁、判時656号21頁、裁判集民105号107頁〈§134〉 …… 63
最判昭47・11・2裁判集民107号91頁〈規§66〉 ……………………………………… 424
最大判昭47・11・8民集26巻9号1489頁、判時682号3頁、判タ285号150頁、
　　裁判集民107号113頁〈1章前注・§134〉 …………………………………… 21,64
最判昭47・11・9民集26巻9号1513頁、判時687号51頁、判タ286号220頁、
　　裁判集民107号125頁〈1章前注・§134〉 …………………………………… 21,64
最判昭47・11・16民集26巻9号1633頁、判時687号48頁、裁判集民107号193頁〈§133〉 … 40
最判昭48・1・26民集27巻1号51頁、判時695号59頁、判タ289号199頁、
　　裁判集民108号39頁〈§149〉 ……………………………………………………… 313
最判昭48・3・13民集27巻2号344頁、判時701号69頁、判タ292号248頁、
　　裁判集民108号449頁〈§135〉 …………………………………………………… 107
最判昭48・4・5民集27巻3号419頁、判時714号184頁、判タ229号298頁、
　　裁判集民109号5頁〈§133〉 ……………………………………………………… 48
最判昭48・4・24民集27巻3号596頁、判時704号52頁、判タ295号254頁、
　　裁判集民109号187頁〈§142〉 ……………………………………………… 176
最判昭49・2・8裁判集民111号75頁〈§142〉 ……………………………………… 182
最判昭49・9・26民集28巻6号1283頁、判時758号106頁、判タ313号236頁、
　　裁判集民112号653頁〈1章前注〉 ………………………………………………… 24
最大判昭49・10・23民集28巻7号1473頁、判時758号24頁、判タ314号152頁〈§135・§149〉
　　…………………………………………………………………………………… 107,313
最判昭50・6・27判時785号61頁、裁判集民115号119頁〈§146〉 ………………… 244,248
最判昭50・7・15民集29巻6号1029頁、判時782号19頁、判タ328号235頁〈§136〉 …… 125
最判昭50・11・21民集29巻10号1537頁、判時800号45頁、判タ330号250頁、
　　裁判集民116号499頁〈現§147・改§147〉 ………………………………… 258,265
最判昭50・11・28判時805号63頁、裁判集民116号729頁〈§149〉 ……………… 314
最判昭50・11・28民集29巻10号1797頁、判時801号12頁、判タ332号199頁、
　　裁判集民116号667頁〈§142・現§147・改§147〉 ……………… 175,259,267
最判昭51・3・15判時814号114頁、裁判集民117号181頁 ……………………………… 35
最判昭51・3・18判時813号33頁、裁判集民117号193頁〈1章前注〉 ……………… 13
最判昭51・6・17民集30巻6号592頁、判時82545頁、判タ339号256頁、
　　裁判集民118号101頁〈§149〉 ……………………………………… 308,314,322
最判昭51・9・30民集30巻8号799頁、判時829号47頁、判タ341号161頁、
　　裁判集民118号463頁〈1章前注〉 ……………………………………………… 13,19
最判昭51・12・21裁判集民119号369頁〈1章前注〉 ……………………………………… 24
最判昭52・3・24裁判集民120号299頁〈1章前注〉 ……………………………………… 13,19
最判昭52・10・14判時870号67頁、裁判集民122号37頁〈§146〉 ……………………… 244
最判昭53・1・23民集32巻1号1頁、判時887号74頁、判タ363号197頁、
　　裁判集民123号1頁〈現§147・改§147〉 …………………………………… 260,268
最判昭53・4・13訟月24巻6号1265頁〈現§147・改§147〉 …………………… 251,264
最判昭53・7・10民集32巻5号888頁、判時903号89頁、判タ370号66頁、
　　裁判集民124号263頁〈1章前注〉 ………………………………………………… 13

599

判例索引

最判昭53・10・5民集32巻7号1332頁、判時912号58頁、判タ373号60頁、
　　裁判集民125号157頁〈§143〉‥‥‥‥‥‥‥‥‥‥‥‥‥‥‥‥‥‥‥‥‥ 194
最判昭53・12・21民集32巻9号1749頁、判時915号52頁、判タ380号85頁、
　　裁判集民125号889頁〈§135〉‥‥‥‥‥‥‥‥‥‥‥‥‥‥‥‥‥‥‥‥‥ 98
最判昭54・1・30判時918号67頁、判タ396号79頁、裁判集民126号43頁〈1章前注〉‥‥‥ 18
最判昭54・2・15判時923号78頁、判タ394号64頁、裁判集民126号73頁〈§149〉‥‥‥‥ 314
最判昭54・3・16民集33巻2号270頁、判時927号188頁、判タ386号89頁〈§136〉‥‥‥‥ 133
最判昭54・4・17判時931号62頁、裁判集民126号585頁〈§135〉‥‥‥‥‥‥‥‥‥‥ 101
最判昭54・10・18判時946号50頁、判タ401号68頁、裁判集民128号11頁〈§138〉‥‥‥‥ 149
最判昭54・11・1判時952号55頁、判時952号55頁、判タ404号63頁、裁判集民128号55頁
　　〈§134〉‥‥‥‥‥‥‥‥‥‥‥‥‥‥‥‥‥‥‥‥‥‥‥‥‥‥‥‥‥‥‥ 76,86
最判昭55・1・11民集34巻1号1頁、判時956号55頁、判タ410号94頁、
　　裁判集民129号1頁〈§134〉‥‥‥‥‥‥‥‥‥‥‥‥‥‥‥‥‥‥‥‥‥‥ 67
最判昭55・1・11民集34巻1号42頁、判時961号73頁、判タ412号86頁、
　　裁判集民129号15頁〈§135〉‥‥‥‥‥‥‥‥‥‥‥‥‥‥‥‥‥‥‥‥‥ 107
最判昭55・4・10判時973号85頁、判タ419号80頁、裁判集民129号439頁〈§134〉‥‥‥‥ 67
最判昭55・5・6判時968号52頁、判タ419号72頁、裁判集民129号633頁〈§134・§140〉
　　‥‥‥‥‥‥‥‥‥‥‥‥‥‥‥‥‥‥‥‥‥‥‥‥‥‥‥‥‥‥‥‥‥ 66,165
最判昭55・7・15判時979号52頁、判タ424号72頁、裁判集民130号237頁〈§149〉‥‥‥‥ 314
最判昭55・9・11民集34巻5号737頁、判タ450号92頁、裁判集民130号385頁
　　〈§160・規§66〉‥‥‥‥‥‥‥‥‥‥‥‥‥‥‥‥‥‥‥ 417,418,422,424
最判昭56・4・7民集35巻4号443頁、判時1001号9頁、判タ441号59頁、
　　裁判集民132号395頁〈§134〉‥‥‥‥‥‥‥‥‥‥‥‥‥‥‥‥‥‥‥‥‥ 67
最判昭56・9・24民集35巻6号1088頁、判時1019号68頁、判タ453号66頁、
　　裁判集民133号473頁〈§153〉‥‥‥‥‥‥‥‥‥‥‥‥‥‥‥‥‥‥‥‥‥ 355
最大判昭56・12・16民集35巻10号1369頁、判時1025号39頁、判タ455号171頁、
　　裁判集民134号309頁〈§135〉‥‥‥‥‥‥‥‥‥‥‥‥‥‥‥‥‥‥‥ 109,111
最決昭57・2・22判時1045号88頁、判タ471号121頁、裁判集民135号217頁〈§137〉‥‥‥ 142
最判昭57・9・28民集36巻8号1642頁、判時1065号135頁、判タ487号80頁、
　　裁判集民137号237頁〈1章前注〉‥‥‥‥‥‥‥‥‥‥‥‥‥‥‥‥‥‥‥ 24
最判昭57・9・28民集36巻8号1652頁、判時1055号3頁、判タ478号171頁、
　　裁判集民137号245頁〈§135〉‥‥‥‥‥‥‥‥‥‥‥‥‥‥‥‥‥‥‥ 107,116
最判昭57・10・19判時1062号87頁、判タ485号78頁、裁判集民137号391頁〈§139・§140〉
　　‥‥‥‥‥‥‥‥‥‥‥‥‥‥‥‥‥‥‥‥‥‥‥‥‥‥‥‥‥‥‥‥ 155,166
最判昭57・12・2判時1065号139頁、判タ486号71頁、裁判集民137号573頁〈§145〉‥‥‥ 224
最判昭58・3・22判時1074号55頁、判タ494号62頁、裁判集民138号315頁〈§136〉‥‥‥‥ 133
最判昭58・4・14判時1131号81頁、判タ540号191頁、裁判集民138号567頁〈§136・§136〉
　　‥‥‥‥‥‥‥‥‥‥‥‥‥‥‥‥‥‥‥‥‥‥‥‥‥‥ 120,122,123,133
最判昭58・6・7判時1084号73頁、判タ502号92頁、裁判集民139号89頁〈§149〉‥ 314,321
最判昭58・6・7民集37巻5号517頁、判時1082号9頁、判タ500号111頁、
　　裁判集民139号29頁〈1章前注〉‥‥‥‥‥‥‥‥‥‥‥‥‥‥‥‥‥‥‥ 23

判例索引

最判昭58・10・18民集37巻8号1121頁、判時1111号102頁、判タ524号210頁、
　　裁判集民140号127頁〈1章前注・現§147・改§147〉 ················· 22,252,269
最判昭58・10・28判時1104号67頁、判タ516号108頁、裁判集民140号239頁〈§149〉 ······ 315
最判昭59・1・19判時1105号48頁、判時1105号48頁、判タ519号136頁、
　　裁判集民141号1頁〈1章前注〉 ·· 13
最判昭59・2・16判時1109号90頁、判タ523号150頁、裁判集民141号227頁
　　〈1章前注〉 ·· 22
最判昭60・6・18金判729号37頁、裁判集民145号105頁〈§149〉 ················· 315
最判昭61・3・13民集40巻2号389頁、判時1194号76頁、判タ602号51頁、
　　裁判集民147号223頁〈§134・§145〉 ································· 71,224
最判昭61・4・3判時1198号110頁、判タ607号50頁、裁判集民147号489頁〈§149〉
　　·· 315,321
最判昭61・4・11民集40巻3号558頁、判時1200号61頁、判タ609号41頁、
　　裁判集民147号529頁〈§143〉 ·· 208
最判昭61・7・17民集40巻5号941頁、裁判集民148号329頁〈§135〉 ··········· 106,109
最判昭61・9・4民集40巻6号1013頁、判時1238号81頁、判タ639号125頁、
　　裁判集民148号377頁〈§134・§135〉 ···································· 84,99
最判昭61・12・11判時1225号60頁、判タ631号135頁、裁判集民149号275頁〈規§67〉 ··· 431
最判昭62・4・17民集41巻3号286頁、判時1240号64頁、判タ641号94頁、
　　裁判集民150号751頁〈§134〉 ··· 66
最判昭62・5・29裁判集民151号117頁〈§134〉 ······························· 85
最判昭62・7・17民集41巻5号1381頁、判時1250号41頁、判タ647号104頁、
　　裁判集民151号525頁〈§134〉 ··· 82
最判昭62・7・17民集41巻5号1402頁、判時1249号57頁、判タ647号109頁、
　　裁判集民151号543頁〈§152〉 ·· 349
最判昭62・7・17裁判集民151号559頁〈§160〉 ······························ 414
最大判昭62・9・2民集41巻6号1423頁、判時1243号3頁、判タ642号73頁、
　　裁判集民151号615頁〈§133〉 ··· 54
最判昭62・10・16民集41巻7号1497頁、判時1256号25頁、判タ653号81頁、
　　裁判集民152号41頁〈現§147・改§147〉 ····························· 252,270
最判昭63・3・15民集42巻3号170頁、判時1297号39頁、判タ684号176頁、
　　裁判集民153号527頁〈§142〉 ·· 184
最判昭63・3・31判時1277号122頁、判タ668号131頁、裁判集民153号627頁〈§135〉 ···· 112
最判昭63・4・8判時1277号119頁、判タ667号96頁、裁判集民154号11頁〈§135〉 ······ 107
最判昭63・6・16民集42巻5号414頁、判時1291号65頁、判タ681号111頁、
　　裁判集民154号187頁〈§133〉 ·· 44,48
最判昭63・10・21判時1311号68頁、判タ697号200頁、裁判集民155号55頁〈§135〉 ···· 117
最判昭63・12・20判時1307号113頁、判タ694号92頁、裁判集民155号405頁〈§134〉 ······· 68
最大判平元・3・8民集43巻2号89頁、判時1299号41頁、判タ689号294頁、
　　裁判集民156号311頁〈§148〉 ·· 296

601

判例索引

最判平元・3・28民集43巻3号167頁、判時1313号129頁、判タ698号202頁、
　裁判集民156号409頁〈§134〉 ………………………………………………… 71
最判平元・9・19判時1328号38頁、判タ710号121頁、裁判集民157号581頁〈§136〉 …… 123
最判平元・11・20民集43巻10号1160頁、判時1338号104頁、判タ719号124頁、
　裁判集民158号173頁〈§137〉 ……………………………………………… 138,139
最判平3・9・13判時1405号51頁、判タ773号93頁、裁判集民163号257頁〈§135〉
　…………………………………………………………………………………… 106,113
最判平3・12・17民集45巻9号1435頁、裁判集民163号655頁〈§142〉 …………… 169,185
最判平4・9・22民集46巻6号1090頁、判時1437号44頁、判タ801号96頁、
　裁判集民165号367頁〈§134〉 ………………………………………………… 66
最判平4・10・29民集46巻7号2580頁、判時1441号137頁、判タ802号109頁、
　裁判集民166号493頁〈1章前注〉 …………………………………………… 24
最判平5・2・18民集47巻2号632頁、判時1477号55頁、判タ833号155頁、
　裁判集民167号（下）149頁〈§143〉 ……………………………………… 213
最判平5・2・25判時1456号53頁、判タ816号137頁、裁判集民167号（下）359頁〈§135〉
　…………………………………………………………………………………… 110
最判平5・2・25民集47巻2号643頁、判時1456号32頁、判タ816号113頁、
　裁判集民167号（下）219頁〈§135〉 ……………………………………… 110
最判平5・3・30民集47巻4号3334頁、判時1462号85頁、判タ820号185頁、
　裁判集民168号（下）461頁〈§135〉 ……………………………………… 107
最判平5・7・20民集47巻7号4627頁、判時1474号68頁、判タ829号148頁、
　裁判集民169号309頁〈§136・§143・§152〉 …………………… 127,202,349
最判平5・12・2判時1486号69頁、判タ841号266頁、裁判集民170号693頁〈§143〉 …… 206
最判平7・3・7民集49巻3号893頁、判時1562号50頁、判タ905号124頁、
　裁判集民174号713頁〈§134〉 ……………………………………………… 71,85
最判平7・3・7民集49巻3号919頁、判時1540号32頁、判タ885号156頁、
　裁判集民174号733頁〈1章前注・現§147・改§147〉 ………… 22,252,269
最判平7・7・18裁時1151号3頁、裁判集民176号491頁〈1章前注〉 ………………… 22
最判平7・10・24裁判集民177号1頁〈§149〉 ………………………………… 315,319
最判平8・2・22判時1559号46頁、判タ903号108頁、裁判集民178号265頁〈§149〉
　…………………………………………………………………………………… 315,322
最判平8・5・28判時1569号48頁、判タ910号268頁、裁判集民179号95頁
　〈§138・§140・§142〉 …………………………………… 150,166,174
最判平9・4・10民集51巻4号1972頁、判時1620号78頁、判タ956号158頁、
　裁判集民183号229頁〈§136〉 ……………………………………………… 127
最判平9・7・17判時1614号72頁、判タ950号113頁、裁判集民183号1031頁〈§149〉 …… 316
最判平9・10・17民集51巻9号3925頁、判時1620号52頁、判タ956号143頁、
　裁判集民185号397頁〈§134〉 ……………………………………………… 76
最判平10・6・12民集52巻4号1147頁、判時1644号126頁、判タ980号90頁、
　裁判集民188号641頁〈§142〉 ……………………………………………… 183

判例索引

最判平10・6・30民集52巻4号1225頁、判時1644号109頁、判タ979号97頁、
　　裁判集民188号721頁〈§142〉……………………………………………… 183,185
最大決平10・12・1民集52巻9号1761頁、判時1663号66頁、判タ991号68頁、
　　裁判集民190号345頁〈§148〉……………………………………………… 294
最判平10・12・17判時1664号59頁、判タ992号229頁、裁判集民190号889頁
　　〈現§147・改§147〉……………………………………………………… 253,270
最判平11・1・21民集53巻1号1頁、判時1667号71頁、判タ995号73頁、
　　裁判集民191号31頁〈§134〉……………………………………………… 74
最判平11・2・26判時1674号75頁、判タ1001号84頁、裁判集民191号591頁
　　〈1章前注〉………………………………………………………………… 22
最判平11・6・11判時1685号36頁、判タ1009号95頁、裁判集民193号369頁〈§134〉… 73,80
最判平11・11・25判時1696号108頁、判タ1018号204頁、裁判集民195号377頁
　　〈現§147・改§147〉……………………………………………………… 253,270
最判平12・2・24民集54巻2号523頁、判時1703号137頁、判タ1025号125頁、
　　裁判集民196号971頁〈§134〉……………………………………………… 71,85
最判平14・12・17判時1812号76頁、判タ1115号162頁、裁判集民208号581頁〈§140〉…… 163
最判平15・12・4判時1848号66頁、判タ1143号197頁、裁判集民212号1頁〈§140〉…… 163
最判平16・3・25民集58巻3号753頁、判時1856号150頁、判タ1149号294頁、
　　裁判集民213号707頁〈§134・§142・§146〉………………………… 87,181,236
最判平16・7・6民集58巻5号1319頁、判時1883号66頁、判タ1172号143頁、
　　裁判集民214号649頁〈§134〉……………………………………………… 85
最判平16・12・24判時1890号46頁、判タ1176号139頁、裁判集民215号1081頁〈§134〉
　　…………………………………………………………………………………… 64,81
最判平17・7・14判時1911号102頁、判タ1191号235頁、裁判集民217号399頁〈§149〉
　　…………………………………………………………………………… 301,316,321
最大判平17・9・14民集59巻7号2087頁、判時1908号36頁、判タ1191号143頁、
　　裁判集民217号865頁〈§134〉……………………………………………… 76
最判平17・9・27判時1911号96頁、判タ1192号247頁、裁判集民217号1033頁〈§140〉… 163
最判平17・11・8判時1915号19頁、判タ1197号117頁、裁判集民218号263頁〈§134〉
　　…………………………………………………………………………………… 64,82
最大判平17・12・7民集59巻10号2645頁、判時1920号13頁、判タ1202号110頁、
　　裁判集民218号949頁〈§152〉……………………………………………… 344
最決平17・12・9民集59巻10号2889頁、判時1920号39頁、判タ1200号120頁〈§135〉…… 94
最判平18・4・14民集60巻4号1497頁、判時1931号40頁、判タ1209号8頁、
　　裁判集民220号63頁〈§142・§146〉……………………………… 185,186,235,236
最判平18・9・4判時1948号81頁、判タ1223号122頁、裁判集民221号1頁〈§140〉…… 164
最判平18・12・21民集60巻10号3964頁、判時1961号53頁、判タ1235号148頁、
　　裁判集民222号695頁〈§136〉……………………………………………… 134
最判平19・1・16判時1959号29頁、判タ1233号167頁、裁判集民223号1頁〈§140〉…… 164
最判平19・3・27民集61巻2号711頁、判時1967号91頁、判タ1238号187頁、
　　裁判集民223号541頁〈§140〉……………………………………………… 164

603

判例索引

最判平19・3・30判時1972号86頁、判タ1242号120頁、裁判集民223号767頁〈§136〉⋯⋯ 128
最判平19・5・29判時1978号7頁、判タ1248号117頁、裁判集民224号391頁〈§135・§140〉
⋯⋯⋯⋯⋯⋯⋯⋯⋯⋯⋯⋯⋯⋯⋯⋯⋯⋯⋯⋯⋯⋯⋯⋯⋯⋯⋯⋯⋯⋯⋯ 110,111,163
最判平21・12・10民集63巻10号2463頁、判時2071号45頁、判タ1318号94頁、
裁判集民232号563頁〈§136〉⋯⋯⋯⋯⋯⋯⋯⋯⋯⋯⋯⋯⋯⋯⋯⋯⋯⋯⋯⋯⋯⋯ 133
最判平21・12・18民集63巻10号2900頁、判時2069号28頁、判タ1317号124頁、
裁判集民232号789頁〈§134〉⋯⋯⋯⋯⋯⋯⋯⋯⋯⋯⋯⋯⋯⋯⋯⋯⋯⋯⋯⋯⋯⋯ 74
最大判平22・1・20民集64巻1号1頁、判時2070号21頁、判タ1318号57頁〈§149〉
⋯⋯⋯⋯⋯⋯⋯⋯⋯⋯⋯⋯⋯⋯⋯⋯⋯⋯⋯⋯⋯⋯⋯⋯⋯⋯⋯⋯⋯⋯ 302,304,316
最判平22・10・8民集64巻7号1719頁、判時2098号51頁、判タ1337号114頁〈§134〉⋯⋯ 85
最判平22・10・14判時2098号55頁、判タ1337号105頁、裁判集民235号1頁〈§149〉
⋯⋯⋯⋯⋯⋯⋯⋯⋯⋯⋯⋯⋯⋯⋯⋯⋯⋯⋯⋯⋯⋯⋯⋯⋯⋯⋯⋯⋯⋯ 302,304,317
最判平22・10・19裁判集民235号93頁〈§143〉⋯⋯⋯⋯⋯⋯⋯⋯⋯⋯⋯⋯⋯⋯⋯⋯⋯ 196
最判平23・3・1判時2114号52頁、判タ1347号98頁、裁判集民236号199頁〈§135〉⋯⋯ 106
最判平23・6・3判時2123号41頁、判タ1354号94頁〈§134〉⋯⋯⋯⋯⋯⋯⋯⋯⋯ 82,83
最判平24・12・21判時2175号20頁、判タ1386号179頁、裁判集民242号117頁〈§135〉⋯⋯ 112
最判平25・6・6民集67巻5号1208頁、判時2190号22頁、判タ1390号136頁
〈現§147・改§147〉⋯⋯⋯⋯⋯⋯⋯⋯⋯⋯⋯⋯⋯ 251,256,264,266,274
最判平26・2・14民集68巻2号113頁、判時2249号32頁、判タ1410号75頁〈§134〉⋯⋯⋯⋯ 71
最判平26・9・25民集68巻7号661頁、判時2238号14頁、判タ1407号69頁〈§134〉⋯⋯⋯⋯ 72
最決平26・11・27民集68巻9号1486頁、判時2300号42頁、判タ1423号135頁〈§161〉⋯⋯ 469
最判平27・2・17民集69巻1号1頁、判時2254号24頁、判タ1412号129頁
〈現§147・改§147〉⋯⋯⋯⋯⋯⋯⋯⋯⋯⋯⋯⋯⋯⋯⋯⋯⋯⋯⋯⋯⋯ 252,270
最判平27・12・14民集69巻8号2295頁〈§142〉⋯⋯⋯⋯⋯⋯⋯⋯⋯⋯⋯⋯⋯⋯⋯⋯ 186
最決平27・12・17判時2291号52頁、判タ1422号72頁、裁判集民251号121頁〈§137〉⋯⋯ 142
最判平28・12・8判時2325号37頁、判タ1434号57頁、裁判集民254号35頁〈§135〉
⋯⋯⋯⋯⋯⋯⋯⋯⋯⋯⋯⋯⋯⋯⋯⋯⋯⋯⋯⋯⋯⋯⋯⋯⋯⋯⋯⋯⋯⋯⋯⋯⋯ 110,112

控訴院

東京控判明39・6・8新聞375号22頁〈§143〉⋯⋯⋯⋯⋯⋯⋯⋯⋯⋯⋯⋯⋯⋯⋯⋯ 196
東京控判明43・11・26新聞698号21頁〈規§67〉⋯⋯⋯⋯⋯⋯⋯⋯⋯⋯⋯⋯⋯⋯⋯ 434
東京控判明45・4・19新聞799号21頁〈§143〉⋯⋯⋯⋯⋯⋯⋯⋯⋯⋯⋯⋯⋯⋯⋯⋯ 194
東京控判大6・5・31評論6巻民訴362頁〈§143〉⋯⋯⋯⋯⋯⋯⋯⋯⋯⋯⋯⋯⋯⋯ 212
東京控判大11・1・31新聞1952号18頁〈規§66〉⋯⋯⋯⋯⋯⋯⋯⋯⋯⋯⋯⋯⋯⋯⋯ 424
東京控判昭11・10・12新聞4092号7頁〈§142〉⋯⋯⋯⋯⋯⋯⋯⋯⋯⋯⋯⋯⋯⋯⋯ 173
東京控判昭2・5・10評論16巻民訴416頁〈§143〉⋯⋯⋯⋯⋯⋯⋯⋯⋯⋯⋯⋯⋯ 212
東京控判昭8・7・15評論22巻民訴492頁〈§146〉⋯⋯⋯⋯⋯⋯⋯⋯⋯⋯⋯⋯⋯ 242

判例索引

高等裁判所

東京高判昭24・10・20高民集 2 巻 2 号216頁〈§143〉 ················· 203
名古屋高判昭25・3・30下民集 1 巻 3 号450頁〈§160〉 ············ 420
高松高判昭26・3・24下民集 2 巻 3 号429頁〈§146〉 ············· 240
札幌高判昭26・4・2 高民集 4 巻 4 号87頁〈§139・§159〉 ········· 157, 408
東京高判昭26・4・30下民集 2 巻 4 号570頁〈§143〉 ············· 210
福岡高判昭27・6・11下民集 3 巻 6 号800頁〈§134〉 ············· 80
東京高判昭28・5・7 東高民時報 4 巻 1 号 1 頁〈§157〉 ··········· 382
東京高判昭28・10・8 東高民時報 4 巻 5 号149頁〈§157〉 ········· 382
東京高判昭28・11・26下民集 4 巻11号1764頁〈§160〉 ············ 420
東京高判昭28・12・26東高民時報 4 巻 7 号200頁〈§135〉 ········· 106
大阪高判昭29・3・4 下民集 5 巻 3 号287頁〈§146〉 ············· 240
仙台高判昭29・3・8 下民集 5 巻 3 号311頁〈§133〉 ············· 33
東京高判昭29・6・9 下民集 5 巻 6 号812頁、判時30号15頁〈§157〉 ··· 378
東京高決昭29・7・16東高民時報 5 巻 7 号159頁〈§137〉 ········· 139
大阪高判昭29・9・16行集 5 巻 9 号2080頁、高民集 7 巻 8 号627頁〈§143〉 ·· 188
仙台高判昭29・9・30下民集 5 巻 9 号1655頁〈§157〉 ············ 383
東京高判昭30・3・23判タ49号64頁〈§137〉 ················· 140
東京高判昭30・5・30高民集 8 巻 5 号340頁、判時54号 9 頁〈§143〉 ··· 198
東京高決昭30・9・20判時60号12頁〈§137〉 ················· 141
名古屋高判昭30・10・17高民集 8 巻10号782頁、判時64号 9 頁〈規 §66〉 · 424
大阪高判昭30・11・18判時67号10頁〈規 §66〉 ················ 422
東京高判昭31・4・10下民集 7 巻 4 号942頁〈§136〉 ············· 134
東京高判昭31・4・26高民集 9 巻 4 号231頁〈§157〉 ············· 378, 382
札幌高判昭31・7・9 高民集 9 巻 6 号417頁、判時82号19頁、判タ61号86頁
　〈現 §147・改 §147〉 ···························· 258, 265
東京高判昭32・7・18下民集 8 巻 7 号1282頁、東高民時報 8 巻 7 号141頁〈§142〉 ······ 172
東京高判昭32・9・9 判タ75号43頁、東高民時報 8 巻 9 号220頁〈§145〉 ··· 224, 227
東京高決昭33・2・5 判時145号20頁、東高民時報 9 巻 2 号11頁〈§143〉 ·· 213
名古屋高判昭33・2・27高民集10巻12号667頁〈1 章前注〉 ········· 12
東京高判昭33・6・11下民集 9 巻 6 号1054頁、判時156号20頁〈§146〉 · 240
広島高岡山支判昭33・8・29高民集11巻 7 号446頁、判時163号13頁〈§133〉 ··· 36
東京高判昭33・12・26東高民時報 9 巻13号258頁〈§146〉 ········· 241
仙台高決昭34・1・13下民集10巻 1 号23頁〈§160〉 ············· 416
東京高判昭34・2・26東高民時報10巻 2 号39頁〈§151〉 ·········· 338
大阪高決昭34・7・14下民集10巻 7 号1496頁〈§150〉 ··········· 330
東京高判昭34・10・16判時208号49頁〈§135〉 ················ 102
東京高判昭34・12・26行集10巻12号2632頁〈§134〉 ············ 90
名古屋高判昭36・1・30下民集12巻 1 号146頁〈§143〉 ··········· 194

605

判例索引

大阪高判昭36・3・29判時261号22頁〈§134〉 ……………………………………… 62
東京高判昭36・9・12東高民時報12巻9号181頁〈§133〉 …………………………… 36
名古屋高決昭36・12・5高民集14巻9号640頁〈§137〉 ………………………………… 145
札幌高決昭37・5・23高民集15巻4号278頁、判時310号35頁〈§137・§138〉 ……… 142,153
東京高判昭37・6・15東高民時報13巻6号87頁〈§142〉 ……………………………… 181
東京高決昭37・7・27東高民時報13巻7号120頁〈§137〉 …………………………… 146
東京高判昭37・10・3東高民時報13巻10号157頁〈§157〉 …………………………… 382
東京高決昭38・2・23東高民時報14巻2号28頁〈§150〉 ……………………………… 332
名古屋高判昭38・5・16高民集16巻3号195頁〈§134〉 ……………………………… 67
名古屋高判昭39・1・30高民集17巻1号14頁〈§160〉 ………………………………… 419
東京高決昭39・3・9高民集17巻2号95頁〈§143〉 …………………………………… 214
東京高判昭39・4・17下民集15巻4号838頁〈§146〉 ………………………………… 248
大阪高判昭39・5・30判時380号76頁〈§133〉 ………………………………………… 36
東京高判昭39・7・15下民集15巻7号1793頁〈§133・§137〉 ………………………… 33,136
東京高判昭39・8・29判時387号23頁、判タ168号96頁〈§146〉 …………………… 248
大阪高判昭39・10・22判時395号31頁〈§143〉 ………………………………………… 189
東京高決昭39・10・28下民集15巻10号2559頁〈§160〉 ……………………………… 414
東京高判昭39・11・17下民集15巻11号2728頁〈§135〉 ……………………………… 103
大阪高判昭39・12・22金法402号15頁〈§133〉 ………………………………………… 36
大阪高判昭40・1・28判時412号63頁、判タ176号115頁〈§145〉 ………………… 224
大阪高判昭40・3・9判時406号54頁〈§135〉 ………………………………………… 102
東京高決昭40・6・5判タ180号140頁、東高民時報16巻6号113頁〈§137〉 ……… 141
東京高判昭40・8・30判タ183号165頁〈§136〉 ………………………………………… 131
仙台高秋田支判昭40・12・13訟月12巻4号460頁〈§135〉 …………………………… 97
名古屋高判昭41・2・24高民集19巻1号88頁、判時443号35頁、判タ191号92頁
　　〈現§147・改§147〉 ………………………………………………………………… 251,264
東京高判昭41・4・12下民集17巻3＝4号236頁、判タ194号143頁〈1章前注〉 …… 18
広島高判昭41・10・4判タ196号119頁〈1章前注〉 …………………………………… 12
大阪高判昭41・10・11金判462号12頁〈§134〉 ………………………………………… 62
東京高判昭41・10・24東高民時報17巻10号236頁〈§157〉 …………………………… 382
大阪高決昭41・12・21下民集17巻11＝12号1305頁、判タ205号154頁〈§138〉 ……… 152
東京高判昭42・3・1行集18巻3号177頁〈§142〉 …………………………………… 186
東京高判昭42・3・1高民集20巻2号113頁、判時472号30頁、判タ204号205頁
　　〈§142・§146〉 ……………………………………………………………… 186,236,239,240
東京高判昭42・3・16高民集20巻2号158頁、判時485号63頁〈§146〉 …………… 235,242
東京高決昭43・7・22高民集21巻4号393頁、判タ228号123頁〈§137〉 …………… 139
東京高決昭43・8・6判タ229号268頁〈§133〉 ……………………………………… 43
東京高判昭44・5・19判時558号60頁、判タ239号236頁〈§133〉 ………………… 43
東京高判昭44・7・7高民集22巻3号418頁、判時570号55頁、判タ239号158頁〈§137〉
　　……………………………………………………………………………………………… 147
大阪高判昭44・8・5判時595号64頁、判タ238号135頁〈§143〉 ………………… 203

判例索引

東京高判昭44・9・30判時573号69頁、判タ241号205頁、東高民時報20巻9号196頁
〈§143〉 ·· 208
東京高判昭44・11・4東高民時報20巻11号217頁〈§135〉···································· 106,113
東京高判昭45・1・20下民集21巻1＝2号9頁、判時583号64頁、判タ247号273頁〈§133〉
·· 35
東京高決昭45・4・8下民集21巻3＝4号557頁、判タ251号292頁〈§138〉············· 152
東京高判昭45・9・29訟月16巻12号1466頁、判時612号39頁〈§157〉···················· 376
大阪高判昭45・9・30判時619号43頁、判タ257号236頁〈§135〉···························· 99
福岡高判昭46・3・9判時631号63頁〈§133〉··· 43
東京高判昭46・6・8下民集22巻5＝6号696頁、判時637号42頁、判タ267号331頁
〈§146〉 ·· 238
大阪高判昭46・11・30判時661号53頁、判タ277号159頁〈1章前注〉···················· 18
名古屋高判昭47・7・13判時683号100頁〈§157〉·· 385
高松高判昭47・11・20高民集25巻4号381頁、判時691号36頁、判タ286号234頁〈§146〉
·· 235
東京高決昭47・12・12判時693号44頁〈§150〉·· 329
福岡高判昭48・3・29判時706号32頁、判タ297号245頁〈§134〉···························· 92
広島高松江支判昭48・8・31判時726号57頁、判タ307号195頁〈§134〉················· 80
大阪高判昭48・10・24判時739号120頁、判タ307号217頁、高民集26巻4号417頁〈§134〉
·· 81
東京高判昭48・10・26判タ303号182頁〈§140〉·· 165
福岡高決昭49・1・10判時741号80頁〈§143〉··· 212
東京高判昭49・4・15金判419号13頁〈§143〉··· 191
札幌高判昭49・6・29判時767号59頁〈規§67〉··· 431
高松高判昭49・7・29判時762号44頁、判タ312号214頁、高民集27巻3号301頁〈§143〉
·· 206
広島高判昭49・10・17判タ320号174頁〈§143〉·· 196
東京高判昭50・5・28判時785号67頁、判タ329号138頁〈§134〉···························· 90
名古屋高判昭50・7・16判時791号71頁〈§143〉··· 206
名古屋高判昭50・10・29判時810号22頁〈§143〉·· 206
東京高判昭51・6・29判時818号30頁、判タ342号210頁、高民集29巻3号125頁〈§134〉
·· 81
名古屋高決昭52・3・17判時855号54頁、判タ355号333頁〈§157〉························ 382
名古屋高判昭52・4・27判時867号69頁、判タ357号260頁〈§157〉························ 382
東京高決昭52・5・31判時859号43頁〈§150・§172〉·· 332,552
大阪高判昭52・7・19判時876号97頁、判タ360号171頁〈§143〉···························· 201
広島高判昭52・12・21判時923号121頁、判タ369号317頁〈§134〉························· 81
東京高判昭53・3・8下民集29巻1～4号120頁、判タ369号175頁〈§143〉············· 206
大阪高判昭53・6・29判時898号107頁〈§134〉·· 81
東京高判昭53・7・26判時903号46頁、判タ370号77頁〈§143〉···························· 201
大阪高判昭53・10・25判タ380号128頁〈§145〉·· 231

607

判例索引

東京高判昭53・11・21判時916号78頁、判タ381号137頁〈§135〉 ················· 116
東京高判昭53・12・13判時922号58頁〈§143〉 ······························· 201
名古屋高判昭53・12・21訟月25巻 4 号1188頁〈§157〉 ························· 382
東京高判昭54・7・31判時940号47頁〈§143〉 ······························· 202
東京高決昭54・9・5判時944号62頁〈§152〉 ······························· 347
大阪高判昭54・10・19判時955号115頁、判タ401号154頁〈§134〉 ················· 85
東京高判昭55・4・21判時964号61頁〈§134〉 ······························· 91
東京高判昭55・9・30判時982号124頁、判タ429号110頁〈§143〉 ················· 202
東京高判昭55・10・2判時986号63頁、東高民時報31巻10号207頁〈§146〉 ·········· 243
東京高判昭55・10・28判時984号73頁〈§160〉 ······························· 418
札幌高判昭55・12・17高民集33巻 4 号356頁、判時1014号57頁〈§140〉 ············· 164
大阪高決昭55・12・23判タ443号87頁〈§137〉 ······························· 142
東京高判昭55・12・25判時992号65頁、判タ438号144頁、東高民時報31巻12号275頁
　〈§146〉 ··· 233
東京高判昭56・1・19判時997号117頁、判タ443号81頁〈§157〉 ················· 383
大阪高判昭56・2・25判時1008号162頁〈§146〉 ······························· 243
東京高判昭56・2・26判タ444号95頁〈§143〉 ······························· 202
東京高決昭56・3・3判時1000号95頁〈§149・§150〉 ·················· 325,331
東京高判昭56・5・12判時1007号54頁、判タ450号114頁〈§142〉 ················· 175
東京高判昭56・5・18判時1007号65頁、判タ455号108頁〈§134〉 ················· 90
東京高判昭56・5・27判時1008号158頁〈§143〉 ······························· 208
大阪高判昭56・6・23下民集32巻 5 ～ 8 号436頁、判時1023号65頁、判タ446号117頁
　〈§143〉 ··· 193
名古屋高判昭56・9・21判タ455号112頁〈§157〉 ······························· 385
大阪高判昭56・9・24判タ455号109頁〈§146〉 ······························· 238
東京高判昭56・9・30東高民時報32巻 9 号231頁〈§146〉 ······················· 242
東京高判昭56・10・13判時1027号69頁、判タ456号101頁〈§140〉 ················· 166
東京高判昭56・11・16判時1028号54頁、判タ460号98頁、下民集34巻 5 ～ 8 号748頁
　〈§134〉 ··· 92
東京高判昭56・11・30判時1030号25頁、下民集34巻 1 ～ 4 号258頁〈§134〉 ········· 62
東京高判昭56・12・15判時1035号60頁、判タ466号92頁〈§146〉 ·········· 243,244
東京高決昭57・2・18判時1039号77頁〈§137〉 ······························· 142
東京高判昭57・2・25判タ470号131頁〈§135〉 ······························· 105
札幌高判昭57・3・2判タ467号116頁〈§134〉 ······························· 83
札幌高判昭57・5・27判タ475号76頁〈§138〉 ······························· 150
東京高決昭57・5・27判時1049号45頁、判タ476号95頁〈§157〉 ················· 382
東京高判昭57・6・23行集33巻 6 号1360頁、判タ470号92頁〈§134〉 ·············· 81
大阪高判昭57・11・24判時1086号106頁〈§157〉 ························ 375,380
東京高判昭58・2・10判時1069号82頁、判タ495号105頁〈§135〉 ················· 114
東京高判昭58・5・30判時1084号85頁、下民集34巻 5 ～ 8 号820頁〈§135〉 ········· 107
東京高判昭59・2・29判時1109号95頁、判タ526号146頁〈§146〉 ················· 243

判例索引

東京高判昭59・6・27判タ535号208頁〈§143〉 ……………………… 200,201
札幌高判昭59・8・9判タ538号157頁〈§135〉 ……………………………… 115
東京高判昭59・12・21東高民時報35巻10〜12号208頁〈§157〉 ………… 373,385
名古屋高判昭60・4・12下民集34巻1〜4号461頁、判時1150号30頁、
　　判タ558号326頁〈§133・§135〉 ……………………………………… 40,110
東京高判昭61・1・29判時1184号72頁、判タ610号128頁〈規§67〉 …… 437
東京高判昭61・4・9判時1192号1頁、判タ617号44頁〈§135〉 ………… 110
東京高判昭61・10・30判時1218号71頁〈§143・§157〉 ………………… 203,383
福岡高判昭62・5・28判時1240号78頁〈規§66〉 ………………………… 422,424
東京高判昭62・7・15判時1245号3頁、判タ641号232頁〈§135〉 ……… 110
大阪高判昭62・7・16判時1258号130頁、判タ664号232号〈§142〉 …… 181
東京高判平元・10・31判タ765号234頁〈§157〉 ………………………… 383
東京高判平2・7・19判時1366号139頁〈§134〉 ………………………… 81
東京高判平2・12・20判タ751号132頁〈§157〉 ………………………… 373
名古屋高決平3・2・27判タ773号253頁〈§143〉 ……………………… 212
東京高判平4・11・30判時1445号148頁〈§146〉 ………………………… 238,242
大阪高判平4・2・20判時1415号3頁、判タ780号64頁〈§135〉 ……… 110
福岡高判平4・3・6判時1418号3頁、判タ781号83頁〈§135〉 ……… 110
大阪高判平4・5・27判タ803号251頁〈§134〉 ………………………… 80,81
東京高判平4・7・29判時1433号56頁、判タ809号215頁〈§134〉 …… 86
東京高決平5・3・30判タ857号267頁〈§137〉 ………………………… 143
東京高判平5・11・15判時1481号139頁、判タ844号259頁〈§135〉 …… 101
東京高判平6・2・28判時1491号106頁、東高民時報45巻1〜12号10頁〈§135〉 ………… 97
東京高判平6・5・23判時1544号61頁〈§134〉 ………………………… 85
東京高判平7・9・26判タ910号235頁〈§134〉 ………………………… 77
福岡高判平8・10・17判タ942号257頁〈§136〉 ………………………… 122
東京高判平12・12・20判時1743号78頁〈§140〉 ………………………… 165
東京高判平13・1・31判タ1080号220頁〈§135〉 ……………………… 103
東京高判平13・5・23判タ1126号114頁〈§157〉 ……………………… 375
東京高判平14・10・31判時1823号109頁、判タ1138号276頁〈§157〉 …… 380,382
東京高判平16・1・28判時1913号51頁〈§157〉 ………………………… 385
東京高判平16・7・14判時1875号52頁〈§157〉 ………………………… 381
東京高判平16・8・25判時1899号116頁、判タ1212号133頁〈§157〉 …… 380
東京高判平20・9・25金判1305号36頁〈§157〉 ………………………… 383
東京高判平21・12・25判タ1329号263頁〈§133〉 ……………………… 35
東京高判平22・7・7判時2095号128頁〈§143〉 ………………………… 206
地財高判平25・1・30判時2190号84頁〈§157〉 ………………………… 379
地財高判平25・4・11判時2192号105頁〈§157〉 ……………………… 380,384
大阪高判平25・6・19金判1427号22頁〈§135〉 ………………………… 106
東京高判平25・7・24判例集未登載〈§174〉 …………………………… 563

609

判例索引

地方裁判所

東京地判大 7 ・ 8 ・12新聞1463号22頁〈§143〉 ……………………………… 196
東京地判大13・ 4 ・12評論15巻民訴301頁〈§157〉 ……………………………… 378
大阪地判大13・11・15評論14巻民訴78頁〈§157〉 ……………………………… 379
東京地判大14・ 7 ・10評論15巻民700頁〈§143〉 ……………………………… 194
東京地判昭 8 ・ 2 ・18評論22巻商法264頁〈§146〉 ……………………………… 241
東京地判昭 8 ・12・ 5 評論23巻民訴147頁〈§157〉 ……………………………… 384
福岡地判25・ 2 ・28下民集 1 巻 2 号293頁〈§135〉 ……………………………… 102
和歌山地新宮支判昭25・ 6 ・ 5 下民集 1 巻 6 号862頁〈 1 章前注〉 …………… 12
水戸地判25・ 6 ・22下民集 1 巻 6 号969頁〈§143〉 ……………………………… 203
大阪地判25・12・ 1 下民集 1 巻12号1921頁〈§157〉 …………………………… 378
東京地判25・12・11判タ10号64頁〈§133〉 ……………………………………… 35
東京地判25・12・28下民集 1 巻12号2129頁〈§157〉 …………………………… 378
東京地判26・ 1 ・13要旨集民訴 2 巻500頁〈§157〉 ……………………………… 378
仙台地判昭26・ 6 ・11下民集 2 巻 6 号755頁〈§157〉 …………………………… 372
東京地判26・ 7 ・26下民集 2 巻 7 号951頁〈§135〉 ……………………………… 102
大阪地判昭27・ 4 ・23下民集 3 巻 4 号554頁〈§135〉 …………………………… 102
函館地判昭27・ 6 ・18要旨集民訴 2 巻516頁〈§157〉 …………………………… 375
京都地判昭27・12・16下民集 3 巻12号1778頁〈§157〉 ………………………… 380
甲府地判昭28・ 4 ・22下民集 4 巻 4 号598頁〈§143〉 …………………………… 203
大阪地判昭29・ 6 ・26下民集 5 巻 6 号949頁〈§133〉 …………………………… 36
東京地判昭29・11・29下民集 5 巻11号1934頁、判時44号10頁〈§146〉 ……… 234
熊本地判昭30・ 1 ・11下民集 6 巻 1 号 1 頁〈§157〉 …………………………… 376
秋田地判昭30・ 2 ・ 9 下民集 6 巻 2 号248頁〈§142〉 …………………………… 177
東京地判昭30・ 4 ・18下民集 6 巻 4 号742頁〈§142〉 …………………………… 178
東京地判昭30・ 6 ・14下民集 6 巻 6 号1115頁、判時58号 3 頁〈 1 章前注〉 …… 12
東京地判昭30・12・23下民集 6 巻12号2679頁、判時71号17頁〈§142〉 ……… 172
東京地判昭31・ 3 ・31下民集 7 巻 3 号834頁〈§160〉 …………………………… 413
東京地判昭32・ 3 ・16下民集 8 巻 3 号483頁、判時114号40頁〈§157〉 ……… 382
東京地判昭32・10・29下民集 8 巻10号1992頁、判時135号24頁〈§157〉 …… 385
大阪地判昭32・12・ 9 下民集 8 巻12号2296頁〈§135〉 ………………………… 96
福岡地小倉支判昭33・ 2 ・ 7 訟月 4 巻 4 号484頁〈§135〉 …………………… 99
東京地判昭33・ 4 ・ 2 下民集 9 巻 4 号562頁〈§146〉 …………………………… 236
大阪地判昭33・11・14判時172号25頁、判タ86号88頁、下民集 9 巻11号2243頁〈§135〉
 ……………………………………………………………………………………… 108
福岡地小倉支判昭33・12・23訟月 5 巻 4 号489頁〈§135〉 …………………… 99
東京地中間判昭34・ 3 ・12下民集10巻 3 号471頁、判時184号22頁〈§133〉 … 33
東京地判昭34・ 9 ・23判時209号 6 頁〈§134〉 ………………………………… 90
東京地判昭34・10・ 2 判時205号20頁、判タ96号45頁〈§135〉 ……………… 99

610

山形地判昭34・11・11下民集10巻11号2420頁〈§134〉 ………………………… 67
甲府地判昭35・4・5下民集11巻4号759頁〈§145〉 …………………… 224,230
大阪地判昭35・4・8行集11巻4号822頁〈§136〉 ……………………… 127
水戸地判昭35・7・20下民集11巻7号1531頁〈§158〉 ………………… 399
東京地判昭35・9・30判時242号33頁〈§135〉 ………………………… 108
神戸地判昭35・12・8下民集11巻12号2624頁〈1章前注〉 ………………… 12
仙台地判昭36・2・21判時259号34頁〈1章前注〉 ………………………… 17
大阪地判昭36・6・12下民集12巻6号1353頁〈§157〉 ………………… 385
東京地判昭37・1・25下民集13巻1号81頁〈§135〉 …………………… 103
東京地判昭37・2・27判時290号25頁〈§142〉 ………………………… 182
山形地判昭37・9・3下民集13巻9号1793頁〈§146〉 ………………… 234
東京地判昭37・10・31判タ138号110頁〈§146〉 ……………………… 242
東京地判昭38・9・4判タ152号85頁〈§146〉 ………………………… 240
東京地判昭38・12・26判時364号37頁〈§133〉 ………………………… 33
大阪地判昭39・8・4下民集15巻8号1907頁〈§135〉 ………………… 115
京都地判昭39・8・5判タ166号207頁〈§143〉 ………………………… 208
札幌地判昭40・3・5判タ174号160頁〈§160〉 ………………………… 419
東京地判昭40・3・29判時414号40頁、判タ176号187頁〈§135〉 ……… 100,102
大阪地判昭40・10・27金法426号12頁〈§146〉 ……………………… 236
大阪地判昭40・12・27判時440号26頁、判タ187号201頁〈§157〉 …… 372
浦和地判昭41・6・28判時458号49頁〈§135〉 ………………………… 114
東京地判昭42・1・25判時481号115頁、判タ205号162頁〈§133〉 ……… 35
東京地判昭42・3・28判時484号56頁〈§133〉 ………………………… 36
大阪地判昭42・7・13判タ213号169頁〈§133〉 ……………………… 36
東京地判昭43・6・3判時534号61頁、判タ226号165頁〈§143〉 ……… 208
東京地判昭44・2・15判時565号79頁〈§135〉 ………………………… 114
東京地判昭44・5・7判時565号74頁〈§140〉 ………………………… 165
東京地決昭44・6・11ジュリ444号170頁〈§133〉 …………………… 36
東京地判昭45・3・20判時596号87頁、判タ246号266頁〈§135〉 ……… 114
東京地判昭45・11・20判時626号65頁〈§134〉 ……………………… 62
福島地判昭46・3・11判時654号87頁〈§135〉 ………………………… 99
京都地判昭46・4・1判時646号90頁、判タ264号313頁〈§135〉 ……… 114
東京地判昭46・4・14判時641号72頁〈§143〉 ………………………… 204
東京地判昭46・6・24判時634号6頁〈§135〉 ………………………… 116
福岡地決昭46・11・12判時670号78頁、判タ272号253頁〈§137〉 …… 146
鳥取地判昭47・1・27判時665号86頁〈§140〉 ………………………… 165
福岡地判昭47・2・29判時666号73頁、判タ277号297頁〈§134〉 ……… 91
大阪地判昭47・3・17判時675号88頁、判タ279号347頁〈§135〉 ……… 114
大阪地判昭47・9・11判時701号93頁〈1章前注〉 ……………………… 17
東京地判昭47・12・9判時687号36頁、判タ288号114頁〈§134〉 ……… 81
東京地判昭48・2・2判タ292号275頁〈§146〉 ………………………… 236

判例索引

東京地判昭48・3・23判時698号36頁、判タ291号168頁〈§143〉 ················ 201
大阪地判昭48・5・19下民集24巻5〜8号286頁、判時716号91頁、判タ298号285頁
　〈§146〉 ··· 236
大阪地中間判昭48・10・9判時728号76頁〈§142〉 ·································· 170
水戸地判昭48・11・30判時736号69頁〈1章前注〉 ································· 12
神戸地尼崎支判昭49・2・8判時739号125頁〈§134〉 ····························· 81
大津地判昭49・5・8判時768号87頁〈§142〉 ····································· 186
大阪地判昭49・5・31判時754号92頁〈§134〉 ······························· 81
大阪地判昭49・7・4判時761号106頁、判タ311号214頁〈§136・§146〉 ····· 126,237
東京地判昭49・7・22判時768号59頁〈§146〉 ·································· 236
名古屋地豊橋支判昭49・8・13判時777号80頁〈§133〉 ······················· 36
山形地酒田支判昭50・1・30判時794号104頁〈§136〉 ························ 119
東京地判昭50・5・19判タ329号159頁〈§135〉 ································· 107
東京地判昭50・9・4判時806号54頁、下民集26巻9〜12号743頁〈§142〉 ····· 177
東京地判昭50・10・16判時806号45頁、判タ334号241頁〈§135〉 ············· 114
東京地判昭50・12・18判時823号80頁〈§135〉 ································· 115
東京地判昭51・3・2判時832号71頁〈§145〉 ··································· 220
東京地判昭51・8・27判時854号88頁、判タ348号241頁〈§160〉 ··············· 420
札幌地判昭51・9・29判時848号107頁〈§135〉 ································· 115
静岡地判昭51・10・28判時846号112頁〈§134〉 ································ 81
東京地判昭51・11・12判時842号114頁〈§134〉 ······························· 66
東京地判昭52・2・17判時862号50頁、判タ357号282頁〈§140〉 ············· 165
東京地判昭52・3・24判時871号59頁、判タ361号308頁〈§134〉 ·············· 85
長崎地佐世保支判昭52・3・28判時875号114頁〈§134〉 ······················ 81
東京地判昭52・9・13判時884号105頁〈§135〉 ································ 115
大阪地判昭52・12・22判タ361号127頁〈§146〉 ······························ 241
長崎地大村支決昭53・5・16下民集29巻5〜8号301頁、判時916号77頁〈§155〉 ···· 362
東京地判昭53・5・25判時922号70頁、判タ368号302頁〈§143〉 ·············· 202
岐阜地大垣支判昭53・6・15判時928号96頁〈§133〉 ························· 35
東京地判昭54・5・18判タ396号133頁〈§146〉 ································ 236
東京地判昭54・5・30下民集30巻5〜8号264頁、判タ394号91頁〈§143〉 ······ 208
東京地判昭54・8・23判タ400号179頁〈§159〉 ································ 406
東京地判昭54・8・30判時951号85頁、判タ400号174頁、下民集34巻5〜8号687頁
　〈§134〉 ··· 73
東京地判昭55・6・17判時993号76頁、判タ429号139頁〈§142〉 ·············· 172
東京地判昭55・8・28判タ433号108頁〈§143〉 ································ 202
名古屋地判昭55・9・11判時976号40頁、判タ428号86頁〈§135〉 ············· 114
東京地判昭55・9・17判時994号78頁〈§143〉 ································· 208
東京地判昭55・9・19判タ435号155頁〈§§146〉 ······························ 241
東京地判昭55・9・29判タ429号136頁〈§142〉 ································ 181
東京地判昭55・10・29判タ438号128頁〈§157〉 ······························ 382

612

判例索引

横浜地判昭55・11・14下民集31巻9～12号945頁、判時1012号110頁、判タ431号131頁
〈§160〉 ··· 414

東京地判昭56・4・27下民集32巻1～4号97頁、判時1019号92頁〈§143〉 ············· 193

横浜地判昭56・5・25判時1041号89頁〈§143〉 ································· 203

東京地判昭56・7・29判タ465号133頁〈§143〉 ································· 202

大阪地判昭56・10・9行集32巻10号1771頁、判時1046号27頁、判タ477号163頁〈§157〉
 ··· 373

東京地判昭56・12・21判時1042号118頁〈§142〉 ······························· 177

名古屋地判昭58・2・21判時1078号101頁、判タ498号177頁〈§143〉 ········ 208

神戸地姫路支判昭58・3・14判時1092号98頁〈§140〉 ························· 164

名古屋地判昭58・7・25下民集34巻1～4号355頁〈1章前注〉 ················· 12

札幌地判昭59・2・27判時1126号96頁、判タ526号203頁〈§134〉 ············ 88

東京地判昭59・2・27判時1137号86頁〈§134〉 ································· 88

福岡地判昭59・3・30判タ527号152頁〈§143〉 ································· 203

札幌地判昭59・4・25判時1141号156頁、判タ531号231頁〈§135〉 ··········· 115

東京地判昭59・8・30判タ542号241頁〈§143〉 ································· 202

千葉地判昭59・12・18判タ549号231頁〈§140〉 ································ 165

東京地判昭60・10・15判時1210号61頁〈§134〉 ································ 72

大阪地判昭62・3・26判時1246号116、判タ656号203頁〈§135〉 ············· 110

東京地中間判昭62・6・23判時1240号27頁、判タ639号253頁〈§142〉 ········ 170

大阪地判昭62・7・20判時1289号94頁、判タ678号200頁〈§151〉 ············ 340

名古屋地判昭62・7・27判時1250号8頁、判タ655号126頁〈§146〉 ··········· 241

東京地中間判平元・5・30判時1348号91頁、判タ703号240頁〈§142〉 ········· 171

東京地判平元・8・25判タ724号204頁〈§134〉 ································· 76

東京地判平3・8・28判タ777号218頁〈§146〉 ································· 242

東京地判平3・9・2判時1417号124頁、判タ769号237頁〈§142〉 ············ 181

東京地判平3・9・17判時1429号73頁、判タ787号229頁〈§136〉 ············ 123

東京地決平3・10・7判タ773号256頁〈§146〉 ································· 237

東京地判平3・12・24判時1408号124頁〈§135〉 ································ 115

東京地判平4・1・27判時1459号140頁〈§135〉 ································ 114

東京地判平4・3・30判タ781号282頁〈§134〉 ································· 88

東京地判平4・9・25判時1440号125頁、判タ798号251頁〈§143〉 ············ 208

東京地判平5・9・20判時1490号103頁、判タ865号162頁〈§148〉 ············ 293

東京地判平5・12・3判タ872号225頁〈§143〉 ································· 203

東京地判平6・12・6判時1558号51頁、判タ908号246頁〈§133〉 ············· 36

東京地判平7・6・6判タ914号250頁〈§134・§135〉 ······················ 68,104

東京地判平7・7・14判時1541号123頁、判タ891号260頁〈§135〉 ··········· 104

大津地判平7・11・20判タ901号188頁〈§135〉 ································· 115

東京地判平8・1・29判タ915号256頁〈§135〉 ································· 103

東京地中間判平9・7・24判時1621号117頁、判タ958号241頁〈§134〉 ········ 86

東京地判平11・1・28判タ1046号273頁〈§142〉 ······························· 172

613

判例索引

東京地判平11・3・26判タ1020号216頁〈§146〉 ………………………………………… 246
東京地判平12・11・29判タ1086号162頁〈§170〉 ……………………………………… 546
大阪地判平12・2・10判タ1032号295頁〈§140〉 ………………………………………… 165
東京地判平13・11・9判時1784号45頁、判タ1092号86頁〈§157〉 …………………… 385
岡山地判平13・5・23判タ1207号178頁〈§157〉 ………………………………………… 379
東京地判平13・8・31判時1772号60頁、判タ1076号293頁〈§146〉 ………………… 235
東京地判平15・10・17判時1840号142頁、判タ1134号280頁〈§140〉 ……………… 165
東京地判平15・12・12判時1850号51頁〈§157〉 ………………………………………… 377
東京地判平18・10・24判時1959号116頁、判タ1239号331頁〈§136〉 ……………… 122
東京地判平18・10・25判時1969号148頁、判タ1250号158頁〈§134〉 ………………… 81
東京地中間判平19・3・20判時1974号156頁〈§142〉 ………………………………… 170
東京地判平19・3・26判時1965号3頁、判タ1238号130頁〈§134〉 …………………… 75
東京地判平2・2・2判時1368号93頁〈§135〉 ………………………………………… 113
大阪地判平2・3・22判時1369号139頁、判タ730号237頁〈§160〉 ………………… 419
札幌地判平20・1・30判タ1281号257頁〈§157〉 ………………………………………… 379
東京地判平22・1・22判時2080号105頁、判タ1336号274頁〈§157〉 ………………… 379
東京地判平22・2・12判タ1343号167頁〈§157〉 ………………………………………… 379
東京地判平23・8・30裁判所ウェブサイト〈§143〉 …………………………………… 209
東京地判平24・5・24判タ1393号138頁〈§135〉 ………………………………………… 115
神戸地姫路支判平25・4・24判タ1405号110頁〈§157〉 ……………………………… 379
東京地判平25・7・18判タ1410号332頁〈§157・§174〉 ………………………… 384,561

事 項 索 引

【あ 行】

相手方主張事実の否認と理由の記載
〈準備書面〉 …………………………… 462
あらかじめ請求をする必要
〈将来給付の訴え〉 ………………… 112

異議の裁判〈訴訟指揮等に対する異議〉
…………………………………………… 331
遺言書〈書証真否確認の訴え〉 ………… 91
遺言無効確認の訴え ………… 63,72,80
遺産確認の訴え ……………………… 70,85
遺産分割協議書〈書証真否確認の訴え〉
…………………………………………… 91
意思の陳述を命ずる給付判決 ………… 94
異種の訴訟手続の併合 ……………… 128
一期日一調書の原則 ………………… 409
一部請求 ………………………… 40,192
　　──後の残部請求〈二重起訴禁止〉… 182
　　──と時効の完成猶予 …………… 273
　　──と時効の中断 ………………… 255
一部判決 ……………………… 131,230
インフォームド・シチュエーション
〈釈明権〉 … 297,306,320,494
引用文書の写し〈準備書面〉 ………… 467
　　──の直送 ………………………… 468

訴え ……………………………… 6,26
　　──の交換的変更 …………… 189,197
　　　　──と旧訴の扱い …………… 190
　　──の種類 ………………………… 14
　　──の消極的要件 ………………… 9

　　──の積極的要件 ………………… 9
　　──の追加的変更 ………… 189,191,197
　　──の不適法と当事者の呼出し … 155
訴えの却下
　口頭弁論を経ない── … 150,154,163
　　──の判決 ………………………… 166
　　──の要件 ………………………… 164
　　──決定 …………………………… 168
訴えの提起 ……………………… 27,451
　　──に係る訴訟能力の不備 ……… 165
　　──に係る代理権の不備 ………… 165
　　──の基準時〈時効中断効〉 ……… 257
　　──の基準時〈時効の完成猶予の効力〉
…………………………………………… 264
　　──の時効中断効 ………………… 249
　　──の時効の完成猶予の効力 …… 262
　　──の実体法上の効果 ……… 249,262
　　──の手数料 ………………… 139,142
　　──の要式行為性 ………………… 30
訴えの取下げ ………………………… 190
　進行協議期日における── ……… 580
　　──の記載〈口頭弁論調書〉 ……… 432
　　──の擬制 ………………………… 396
　　──の不許〈進行協議期日〉 ……… 582
訴えの変更 ……………………… 118,188
　控訴審における── ………… 205,206
　　──と判決主文 …………………… 207
　争点・証拠の整理手続終了後の──
…………………………………………… 209
　　──と相手方の異議 ……………… 214
　　──と管轄 ………………………… 197
　　──と時効の完成猶予 …………… 268
　　──と時効の中断 ………………… 260

615

事項索引

——と訴訟係属 ………………… 174
——と訴訟代理人 ……………… 198
——と別訴の提起 ……………… 189
——に対する同意・異議 ………… 203
——の効果 ……………………… 197
——の時期 ……………………… 205
——の書面 ……………………… 211
　　——の送達 …………………… 211
　　　　——の欠缺 ……………… 211
——の不許 ……………………… 208
——の裁判 ……………………… 211
——の方式 ……………………… 210
——の要件 ……………………… 198
——を認める裁判 ……………… 214
訴えの利益
　外国執行判決の存在と—— ………… 99
　確定した給付判決等の存在と— … 101
　確認の訴えと—— ………………… 13
　給付実現の法的手段の存在と— … 96
　給付の訴えと—— ………………… 13
　形成の訴えと—— ……………… 13,22
　現在給付の訴えと——の欠缺 … 96
　試験訴訟と—— …………………… 103
　自然債務と—— …………………… 96
　調停調書の存在と—— …………… 102
　和解調書の存在と—— …………… 102

親子関係存否確認の訴え ……………… 69

【か 行】

開示義務〈当事者照会〉 ……………… 476
回答義務〈当事者照会〉 ……………… 484
——の除外事由 ………………… 485
回答書〈当事者照会〉 ………………… 483
——の記載事項・方法 ……… 487,488
確定書面〈→準備書面〉 ……………… 455
確定判決の変更を求める訴え ………… 21
確認訴訟
——の当事者 …………………… 77
——の紛争解決機能 …………… 63

確認の訴え ………………… 14,60,77
　過去の事実関係の—— ………… 62
　過去の法律関係の—— ……… 68,72
　過去の法律行為の効力の—— …… 62
　権利保護手段の存在と—— …… 88
　将来の法律関係の—— ………… 72
　訴訟手続問題の—— …………… 84
　労働関係上の地位と—— ……… 81
　——と請求の趣旨の記載 ……… 37
　——の対象 ……………………… 82
　——の適法性判断 ……………… 75
確認の対象 ……………………… 61
　——としての適格 ……………… 62
確認の利益 ………………… 61,71,77
　抗告訴訟と—— ………………… 65
　公法上の法律関係と—— ……… 76
　——と二重起訴禁止との関係 … 182
　——の有無 …………………… 76,78
確認判決 ………………………… 14
管轄の恒定 ……………………… 174
関係者公開〈弁論準備手続〉 …………
　　　　522,531,533,534
間接強制〈給付の訴え〉 ……………… 94
間接事実 ………… 56,453,455,461
　——と擬制自白 ………………… 401
鑑定事項書の直送 ……………… 468
鑑定命令〈釈明処分〉 ………………… 339
関連請求の併合
　行政処分取消訴訟と—— ……… 127
　人事訴訟における—— ………… 127
緩和説〈争点整理〉 …………………… 498

期日
——の延期 ……………… 161,162
——の続行 ……………… 161,162
期日外釈明 …………… 298,318,325
　書面による準備手続と—— ……… 569
　弁論準備手続と—— …………… 562
　——と裁判所書記官 …………… 327
　——と通知 …………………… 326
　——の方法 …………………… 327

616

事項索引

期日外証拠調べの調書 ·················· 447
期日外調書 ································· 571
期日経過表〈進行協議期日〉········ 577,583
期日進行連絡票 ·························· 283
期日呼出しに必要な費用の予納 ········ 167
擬制自白 ································· 401
　相手方の主張を争うことを明らかに
　　しない場合の―― ················ 402
　間接事実と―― ····················· 402
　欠席による―― ····················· 407
　公示送達による呼出しと――の除外
　　································· 408
　徴憑と―― ························· 403
　弁論の全趣旨による――の成否 ····· 404
　補助事実と―― ····················· 403
　――の控訴審における効力 ········· 403
　――の対象 ························· 403
詰問権〈弁論準備手続〉········· 524,557
既判力の範囲 ·························· 50
基本的事実関係の解明〈当事者照会〉··· 480
客観的併合 ···················· 237,341,351
旧訴訟物論 ·························· 15,18,38,
　41,47,49,53,119,121,180,195,207
給付訴訟 ······························· 55
給付の訴え ···················· 15,77,93
　仮差押え・差押え・仮処分を受けた
　　債権と―― ····················· 107
　弁済禁止の保全処分と―― ········· 108
　――と確認の訴えの許否 ············ 87
　――と請求の趣旨の記載 ············ 38
　――の利益と強制執行の可否 ········ 95
給付判決 ···················· 15,93
求問権〈釈明権〉······················· 325
協議記録〈書面による準備手続〉······· 569
　――の必要的記載事項 ·············· 571
協議記録調書 ························· 570
協議日時の指定 ····················· 570
競合的併合 ···················· 120,121
行政処分無効確認の訴え ·············· 65
共同訴訟 ······························ 117
協働的訴訟運営 ····················· 495

共有物分割の訴え ······················· 21
虚偽回答〈当事者照会〉················· 484

具体的先決性説〈中間確認の訴え〉····· 223
具体的訴権説 ···························· 7
訓示的記載事項〈訴状〉················· 58

計画審理 ···················· 276,279
　大規模訴訟と―― ··················· 279
　和解と――の調和 ··················· 285
　――の合意 ························· 282
　――の対象事件 ····················· 282
計画的進行主義 ······················· 289
経験則に関する主張〈擬制自白〉········ 403
形式的形成訴訟 ························· 22
　――と請求の併合 ·················· 126
形成権存否確認の訴え ················· 84
形成訴訟 ································· 55
形成の訴え ···················· 19,24,77
　実体法上の―― ····················· 21
　訴訟法上の―― ····················· 21
　――と訴えの利益 ··················· 22
　――と請求の趣旨の記載 ············· 40
形成判決 ···················· 19,24
　――の対第三者効 ··················· 25
継続審理規則〈争点整理手続〉···· 491,520
継続的・反復的不法行為と将来請求 ··· 109
決議不存在・無効確認の訴え
　···················· 20,64,81,84
欠席判決 ······························ 353
　――主義 ························· 393
決定〈訴訟指揮権〉··················· 293
厳格説〈争点整理〉··················· 498
現在給付の訴え ···················· 15,92
　――と将来請求の併合 ·············· 116
　――の利益 ························· 95
　――の欠缺 ························· 96
現在の権利・法律関係 ················· 75
　――に関する訴え ··················· 65
　――の確認 ························· 220
　――の存否の確認 ··················· 61

617

事項索引

検察官の氏名の記載〈口頭弁論調書〉… 424
検証
　進行協議期日と—— ………………… 338
　——〈釈明処分〉 ……………………… 338
　——の結果の記載〈口頭弁論調書〉
　　…………………………………………… 434
現地検分と進行協議 ……………… 579,584
権利変更の訴え …………………………… 19
権利保護
　——の資格 ……………………………… 61
　——の利益 ………………… 12,77,78
権利保護請求権説 ………………………… 7

公開主義 ………………………………… 289
攻撃防御方法 ……… 285,364,382,453
　特定事項についての—— …………… 369
　——の記載〈口頭弁論調書〉 ……… 431
　——の提出時期 ……………………… 366
　　控訴審における—— …………… 381
　——の適時提出主義 ………………… 370
　——の要旨の記載〈口頭弁論調書〉… 430
攻撃防御方法の却下 …………………… 385
　審理計画における—— …………… 388
　——の裁判 …………………………… 386
　——の申立て ………………………… 365
攻撃防御方法の提出
　一部判決の言渡しと—— …………… 366
　争点整理手続終了後の—— ………… 375
　中間判決の言渡しと—— …………… 366
　提出期限後の——〈審理計画〉 …… 389
　　——と相当の理由 ……………… 392
攻撃防御方法の提出期間
　審理計画における—— …………… 367
　特定事項に係る—— ………………… 389
　——の定め …………………………… 369
　——と当事者の意見の聴取 ………… 368
交互面接方式〈弁論準備手続〉 ………… 532
高裁受命裁判官が行う書面による
　　準備手続 …………………………… 568
公示送達 ………………………………… 408

——による呼出しと擬制自白の除外
　…………………………………………… 408
後訴の提起と信義則 …………………… 13
口頭（審理）主義 ……………… 289,394
口頭審理 ………………………………… 555
　——原則 ……………………………… 524
口頭による訴え提起と却下 ………… 145
口頭弁論 ……………… 289,291,448
　——における陳述の録音と反訳調書
　…………………………………………… 446
　——に関与する者 ………………… 356
　——の一体性 ………………………… 291
　——の期日外における裁判 ……… 538
　——の全趣旨 ………………………… 404
　——の方式に関する記載 ………… 417
　——を経ない控訴棄却の判決 …… 166
口頭弁論期日
　——の開始 …………………………… 159
　——の指定と特別の事由 ………… 29
　——の終了 …………………………… 161
　——の調書 …………………………… 160
　——の変更 ………………… 157,162
　　——の制限 ……………………… 162
口頭弁論終結後の承継人〈訴訟物〉 …… 18
口頭弁論終結予定時期〈審理計画〉 …… 284
口頭弁論調書 ……… 408,410,451
　——と人の同一性 ………………… 419
　——の誤りと更正 ………………… 413
　——の完成時期 ………………… 412
　——の記載に対する異議 ………… 413
　——の偽造 …………………………… 416
　——の形式的記載事項 …………… 422
　——の作成 …………………………… 409
　　——権限 ………………………… 411
　——の実質的記載事項 …………… 429
　——の証明力 ………………………… 415
　——の訴訟記録への編綴 ………… 412
　——の不作成 ………………………… 421
　——の無効 ………………… 418,422
　——の滅失 …………………………… 420
　——の様式 …………………………… 409

事項索引

肯認的争点決定主義〈擬制自白〉……… 401
抗弁事実 ………………… 453,461,464
公法的訴権説 ………………………… 7
コース別審理〈審理の計画〉………… 278
国際的訴訟競合〈二重起訴〉………… 170
　　──と原被告同一型 ……………… 172
　　──と国際裁判管轄 ……………… 171
国籍確認訴訟〈確認の利益〉…… 70,76,81
異なる当事者間の訴訟の併合 ……… 350
固有の訴えの客観的併合 …………… 118
固有必要的共同訴訟 ………………… 71
婚姻無効確認の訴え ………………… 82

【さ　行】

在外邦人選挙権訴訟〈確認の利益〉…… 76

再抗弁事実 ……………… 453,461,466
最初の口頭弁論期日 …………… 293,395
　　──の指定 ………………………… 154
　　──への不出頭等と陳述の擬制 …… 395
　　──前における参考事項の聴取 …… 157
再審の訴え …………………………… 21
　　──と併合 ………………………… 126
裁定提出期間 ………………………… 470
　　──の徒過〈準備的口頭弁論〉……… 515
裁判
　　──の言渡しの事実の記載
　　　〈口頭弁論調書〉………………… 436
　　──の公開 ………………………… 427
　　──の公開・非公開の記載
　　　〈口頭弁論調書〉………………… 427
　　──の公正担保 ……… 503,524,533
　　──の無効確認の訴え …………… 66
裁判官・裁判所書記官の氏名の記載
　　〈口頭弁論調書〉…………………… 423
裁判官主導型審理〈釈明権〉………… 317
裁判権免除の放棄の意思 …………… 152
裁判所外での進行協議 ………… 579,583
裁判所書記官
　　──の記名押印〈口頭弁論調書〉…… 427

　　──の審理充実事務 ……………… 158
　　──の訴状調査 …………………… 136
　　──の調書作成 …………………… 410
裁判所速記官 ………………………… 443
再反訴・再々反訴 ……………… 234,239
裁判長
　　──が命じた事項・許した事項の記載
　　　〈口頭弁論調書〉………………… 435
　　──の訴状審査権 ………………… 135
　　──の認印〈口頭弁論調書〉……… 427
債務不存在確認の訴え …………… 80,86
詐害行為取消しの訴え ……………… 21
作為の訴え …………………………… 93
五月雨式審理 ………………………… 490
3者間通話 …………………………… 568

事案解明義務 ………………………… 476
次回期日の告知 ……………………… 161
資格証明書〈訴状における当事者の記載〉
　　……………………………………… 36
資格当事者〈訴状における当事者の記載〉
　　……………………………………… 35
敷金返還請求権確認の訴え ………… 73
時機に後れた攻撃防御方法 …… 344,366
　　上訴審における── ……………… 380
時機に後れた攻撃防御方法の却下
　　……………………………… 370,471
　　禁反言違背と── ………………… 373
　　釈明義務違反と── ……………… 375
　　信義則と── ……………………… 373
　　説明義務と── …………………… 560
　　特許訴訟と── …………………… 379
時機に後れた攻撃防御方法の提出 …… 376
　　弁論準備手続と── ………… 377,563
　　──と故意・重過失 ……………… 374
時機に後れた相殺の抗弁 …………… 377
識別説〈訴状〉………………………… 44
事件
　　──の同一性 ……………………… 176
　　──の表示〈口頭弁論調書〉……… 423
　　──の併合 ………………………… 348

619

事項索引

――の呼上げ ……………………… 159
時効の完成猶予 ………………… 175, 269
　一部請求と―― ………………… 273
　訴えの却下・取下げと―― ……… 266
　訴えの変更と―― ……………… 268
　応訴による―― ………………… 271
　境界確定訴訟と―― …………… 269
　裁判上の請求と―― …………… 269
　相殺と―― ……………………… 266
時効の中断 ……………………… 175, 251
　一部請求と―― ………………… 255
　訴えの却下・取下げと―― ……… 258
　訴えの変更と―― ……………… 260
　応訴による―― ………………… 253
　境界確定訴訟と―― …………… 251
　裁判上の請求と―― …………… 251
　相殺と―― ……………………… 259
事実関係調査義務〈当事者照会〉 … 488
事実関係の同一性〈訴訟物〉 ……… 47
事実記載説〈訴状〉 ………………… 44
事実についての主張の記載〈準備書面〉
　……………………………………… 461
自然債務と訴えの利益 …………… 96
失権効〈弁論準備手続〉 …………… 557
執行不奏効による将来の填補賠償請求
　〈将来給付の訴え〉 ……………… 116
実質的手続保障〈釈明権〉 ………… 319
自動延長方式〈審理の計画〉 ……… 285
自白 ……………… 365, 401, 406, 455, 464
　――の記載〈口頭弁論調書〉 …… 433
　――の擬制 ……………………… 451
　――の拘束力 …………………… 403
　――の撤回 ………………… 365, 383
支払督促等から訴訟への移行と手数料
　……………………………………… 145
私法行為説〈準備書面〉 …………… 453
私法的訴権説 ……………………… 7
事務連絡文書〈準備的口頭弁論〉 … 512
氏名冒用訴訟〈訴状の記載事項〉 … 35
釈明 ……………………………… 297, 298
　期日前の―― …………………… 325

時効援用に関する―― …………… 319
事実上の―― ……………………… 326
主張についての―― ……………… 318
訴訟材料新提出の―― …………… 305
訴訟資料補完の―― ……………… 305
当事者に有利な事実と―― ……… 321
反証の申出を促す―― …………… 322
不当を除去する―― ……………… 304
不明瞭を正す―― ………………… 304
立証・証拠についての―― … 321, 323
立証を促す―― …………………… 305
――事項の通知 …………………… 327
――と裁量 ………………………… 307
――内容の記録化 ………………… 328
――の意思疎通機能 ……………… 298
――の義務づけテスト ……… 306, 322
――の時期 ………………………… 324
――の主体 ………………………… 324
――のための処置に対する異議 … 329
――の方法 ………………………… 323
釈明義務 ………………………… 300, 306
　――の範囲 ……………………… 303
　――と本人訴訟 ………………… 308
釈明義務違反 …………………… 300, 303
　――と時機に後れた攻撃防御方法
　　――の却下 …………………… 375
　　――の考慮要素 ……………… 305
釈明権 …………………………… 298, 318
　不当な――の行使 ……………… 330
　弁論準備手続と―― …………… 318
　――と当事者主義 ……………… 299
　――と弁論主義 ………………… 299
　――の行使 ……………………… 318
　――の不行使 …………………… 300, 303
　　――と上告審における破棄理由
　　………………………………… 303
釈明処分 ………………………… 318, 333
宗教上の地位確認の訴え〈確認の利益〉
　……………………………………… 67
住所の記載〈訴状〉 ………………… 34
自由序列主義 ……………………… 364

事項索引

従前の口頭弁論の結果の陳述の記載
　〈口頭弁論調書〉 ………………… 431
集中証拠調べ ……………… 439,448,495
集中審理主義 ……………………… 289
重要な間接事実 …… 56,464,509,511,527
　――の記載〈口頭弁論調書〉 ……… 432
　――の記載〈訴状〉 ……………… 56
重要な書証の写し〈訴状の添付書類〉… 60
主観的併合 ……………………… 341,351
　――と客観的併合の併存 ………… 119
趣旨不明の攻撃防御方法 …………… 366
　――の却下 ……………………… 387
主張整理案 ………………………… 452
主張・立証責任分配の原則 ……… 476,485
主張・立証の準備に必要な事項
　〈当事者照会〉 …………………… 478
出頭カード〈口頭弁論調書〉 ……… 426
出頭擬制〈電話会議システム〉 …… 542,582
出頭者の氏名の記載〈口頭弁論調書〉… 424
出頭命令〈釈明処分〉 ……………… 335
受命裁判官による文書の証拠調べ
　〈弁論準備手続〉 ………………… 549
受命・受託裁判官の行う手続の調書 … 447
主要事実
　…… 57,453,461,463,466,496,509,527
　――と間接事実の区別の記載 … 57,462
受領書面〈準備書面〉 ……………… 469
　――の直送 ……………………… 469
順位的併合 ……………………… 120,123
準備書面 ……………… 290,430,448,450
　形成権の行使と―― ……………… 452
　控訴審における―― ……………… 452
　――の記載事項 ………………… 453
　――の記載内容の取消し・訂正 …… 452
　――の形式的記載事項 …………… 455
　――の交換 ……………………… 538
　――の事前提出 ………………… 459,470
　――期間 ………………………… 460
　――の直送 ……………………… 459,468
　――の陳述 ……………………… 455
　――の提出 ……………………… 537

口頭弁論終結後の―― ………… 461
　――の期間 ……………………… 470
準備的口頭弁論
　… 283,290,491,495,499,500,507,564
　――の開始 ……………………… 509
　――の裁量による終了 …………… 515
　――の手続終了効 ……………… 514
　――の特徴 ……………………… 500
準備手続 ……………………… 520,538
　――の長所 ……………………… 492
照会書〈当事者照会〉 ……………… 483
　訴訟進行に関する―― …………… 159
　――の記載事項 ………………… 487
　――の送付先 …………………… 486
状況適合的訴訟運営〈釈明権〉 …… 306
消極的確認の訴え ……… 15,55,76,85
消極的釈明 ……………… 299,304,387
条件付の請求〈請求の趣旨〉 ……… 42
証拠
　――の記載〈準備書面〉 …………… 462
　――の記載〈訴状〉 ……………… 56
　――の申出 ……… 457,461,508,526
　――に関する裁判 ……………… 538
　――の採否 ……………………… 508,526
　――の撤回 ……………………… 508,526
証拠抗弁 …………………………… 365
証拠説明書の直送 ………………… 468
証拠申出書 ………………… 455,457,458
　――の直送 ……………………… 468
上訴不可分の原則 ………… 121,230,351
証人・当事者本人・鑑定人の陳述宣誓の
　記載〈口頭弁論調書〉 …………… 433
証人等の陳述
　――の録音テープ等への記録 …… 439
　――を記載した書面の作成 ……… 440
証人に関する事項〈当事者照会〉 …… 481
勝敗転換の蓋然性〈釈明権〉 ……… 306
情報の開示制度〈当事者照会〉 …… 476
証明すべき事実の確認〈争点整理・
　準備的口頭弁論〉 ……………… 500,507
証明テーマ ………………… 496,538

621

事項索引

将来給付の訴え …………………… 15,92
　期限付請求権と—— ………………… 106
　代償請求と—— ……………………… 108
　停止条件付請求権と—— …………… 106
　——と期限到来・条件成就 ………… 105
　——の基礎となる請求権 ………… 104
　——の適法性 ……………………… 109
　——の利益 ………………………… 112
　　継続的な給付義務と—— ………… 115
　　即時履行の確保と—— …………… 115
　　任意履行が期待できない場合と——
　　……………………………………… 113
将来給付判決 ……………………… 105
　——における判決主文 …………… 106
将来の請求権 ……………………… 109
将来の不作為の請求 ……………… 95
書証
　——の写しの添付 ………… 465,495
　——の形式的証拠力 ……………… 549
　——の証拠価値 …………………… 549
　——の申出 ………………………… 461
　——の訳文の直送 ………………… 468
書証真否確認の訴え ……… 82,89
　——と即時確定の利益 …………… 90
　——の当事者 ……………………… 92
助成的釈明 ……………………… 304
職権進行主義 ………… 289,291,516,528
職権調査事項〈時機に後れた攻撃防御
　方法〉………………………………… 372
処分権主義 ……………………… 299
書面
　——による口頭弁論の準備 ……… 450
　——による照会・回答〈当事者照会〉
　……………………………………… 483
　——の引用添付の記載〈口頭弁論調書〉
　……………………………………… 441
　——の成立の真否 ………………… 89
　——を作成しないでした裁判の旨の
　記載〈口頭弁論調書〉…………… 436
書面による準備手続
　………… 155,283,290,495,499,501,564

　——開始の要件 …………………… 565
　——終結後の攻撃防御方法の提出 … 573
　——と期日外釈明 ………………… 569
　——と電話会議 …………………… 568
　——と要証明事実の確認 ………… 573
　——の相当性 ……………………… 565
　——の担当者 ……………………… 567
　——の提出期間 …………………… 568
　——の特徴 ……………… 502,565
信義誠実訴訟追行責務
　……………… 56,476,525,558,562
進行協議期日 ………… 283,290,509,575
　裁判所外における—— …………… 583
　受命裁判官による—— …………… 584
　電話会議システムによる—— …… 581
　——の相当性 ……………………… 581
　——と検証 ………………………… 338
　——と当事者の立会い …………… 576
　——における訴えの取下げ ……… 580
　　——と書面の送達 ……………… 580
　——における請求の放棄・認諾 … 580
　——における和解の許否 ………… 580
　——の協議事項 …………………… 577
　——の指定 ………………………… 576
　——の傍聴 ………………………… 577
　——の目的 ……………… 576,579,584
真実義務〈当事者照会〉 …………… 476
審尋 ……………………………… 447
　——調書 …………………………… 447
新訴訟物論
　…… 15,16,38,41,49,55,120,180,195
尋問事項書の直送 ………………… 468
審理計画 ………………………… 390
　——で定める期間・時期 ………… 284
　——における攻撃防御方法の却下 … 388
　——決定 …………………………… 391
　——に従った訴訟手続の進行上の必要
　……………………………………… 368
　——の記載〈口頭弁論調書〉……… 433
　——の口頭弁論調書への記載 …… 283
　——の策定 ………………………… 281

622

事項索引

——における裁判所・当事者の協議
……………………………… 281
——の時期 ……………… 281
——の変更 ……………… 286
——の要件 ……………… 389
審理契約 ……………… 503,523,528
——論 ……………………… 306
審理モデル ……………… 281

随時提出主義 ……………………… 364
数個の請求（請求の併合）………… 118
——を一の訴えでする場合 ……… 118

請求
——の拡張 …………… 188,192,225
——の基礎の同一性 ……………… 199
——の客観的併合 ………………… 117
——と請求相互の関連性 ……… 119
——の減縮 …………… 188,190,192
——の態様の変動 ………………… 192
——の単純併合 …………………… 191
——の同一性 ……… 44,179,192,195
——の認諾・放棄の記載
〈口頭弁論調書〉 ……………… 433
——の範囲の変動 ………………… 192
——の変更 ……………… 188,192
請求異議の訴え ………………………… 21
請求原因 ……………………… 44,454
——の記載 …………………… 44
——の不記載 ……………… 138,143
——の変更 ……………………… 195
請求の趣旨 ……………………… 454
期限付の—— ……………… 42
条件付の—— ……………… 42
——に対する答弁 ……………… 463
——の減縮 ……………………… 210
——の不記載 ……………… 138,143
——の変更 ……………… 188,192
——の補充訂正 ………………… 193
請求の趣旨の記載 …………………… 37
確認の訴えと—— ……………… 37

給付の訴えと—— ………………… 38
形成の訴えと—— ………………… 40
不作為請求訴訟と—— ………… 40
——の瑕疵 ………………………… 42
請求の特定
形成の訴えにおける—— ………… 53
債権と—— ……………………… 46
物権と—— ……………………… 45
請求の併合 ……………… 191,197
異種の訴訟手続と—— ………… 127
形式的形成訴訟と—— ………… 126
上訴審における——の変更 ……… 134
中間確認の訴えと—— ………… 226
離婚訴訟と—— ………………… 127
——と管轄 ……………………… 128
——と同種の訴訟手続 ………… 126
——と判決脱漏 ………………… 132
——の判決主文 ………………… 131
請求の放棄・認諾 ………………… 190
進行協議期日における—— ……… 580
——の不許〈進行協議期日〉……… 582
請求理由説〈訴状〉…………………… 44
請求を理由づける事実 …… 55,57,453,461
——の記載 ……………………… 56
責問権
——の行使 ……………………… 365
——の喪失 ……………… 210,459
——の放棄 ……………… 160,229
積極的確認の訴え ………… 15,55,76,85
積極的釈明 ……………… 299,304
積極否認 ……………………… 462
絶対的遅延概念
〈時機に後れた攻撃防御方法〉…… 383
説明〈準備的口頭弁論の終結〉
——内容の明確化 ……………… 560
——の書面化 ……………… 518,560,574
——の方法 ……………… 517,574
説明義務 ……………… 516,524,550,557,558
手続終了効としての——
……………… 500,507,514,516,572,573

623

事項索引

――と時機に後れた攻撃防御方法の
　　却下 ……………………………… 518,560
　――の発生 ………………………………… 573
説明要求権 …………… 524,551,557,558
先決性〈中間確認の訴え〉 ……………… 223
先決的法律関係〈先決問題〉… 219,220,223
選択的併合 ……………… 120,121,189,192
　　――と請求原因 ………………………… 122
　　――と請求の順位 ……………………… 122
選定当事者
　　――に係る請求の追加 ……… 118,217
　　――の要件・手続 ……………………… 217
選定当事者制度 ………………………… 215
全部判決 ………………………………… 131
専門委員の説明と進行協議 …………… 579
専門的技術的事項と進行協議 ………… 578

相殺と時効の完成猶予 ………………… 267
相殺と時効の中断 ……………………… 259
創設の訴え ………………………………… 19
相対的遅延概念
　〈時機に後れた攻撃防御方法〉…… 383
争点 ……………………………………… 496
　――の絞り込み ………………………… 497
　――の縮減 ……………………………… 319
　――の深化・展開 ……………………… 496
　――の範囲縮小 ………………………… 496
争点整理 ………… 289,448,495,508,526
　応用型―― ……………………………… 498
　原則型―― ……………………………… 498
　――段階 ………………………………… 493
　――と準備書面 ………………………… 451
　――の期間〈審理計画〉 ……………… 284
　――の機能 ……………………………… 496
　――の形骸化 …………………………… 506
　――の充実・促進 ……………………… 475
　――の手段 ……………………………… 290
　――の対象の限定 ……………………… 498
　――の方式 ……………………………… 290
争点整理手続 ………… 283,289,490,505
　――終了後の攻撃防御方法の提出

　――と理由説明義務 ………… 375,377
　――相互の関係 ………………………… 499
　――と公開原則 ………………………… 502
　――と直接主義 ………………………… 504
　――と手続保障 ………………………… 503
　――におけるインセンティブ ……… 505
　――におけるサンクション ………… 505
　――の運用論 …………………………… 500
　――の選択 ……………………………… 499
　――を経た事件 ………………………… 162
争点整理表 ……………………………… 513
争点中心審理 ………………… 297,490,494
　控訴審の構造と―― …………………… 563
相当性判断の考慮要素〈弁論準備手続〉
　　…………………………………………… 551
双方審尋主義 …………………………… 289
双方審理主義 …………………………… 455
即時確定の利益 ………………… 61,64,77
　証書真否確認の訴えと―― …………… 90
　将来の法律関係の確認と―― ………… 75
　――の有無 ……………………………… 76
　――の前提 ……………………………… 79
訴権 ………………………………………… 6
　――の濫用 ……………………………… 103
訴権学説 …………………………………… 7
訴訟運営〈口頭弁論〉 …………………… 292
訴訟
　――が裁判によらないで完結した場合
　　…………………………………………… 437
　――の進行中に争いとなっている
　　法律関係 ……………………………… 221
訴状
　死者を被告とする―― ………………… 137
　――却下命令 ………………… 144,151,152
　　――に対する即時抗告 ……………… 147
　　――の時期 …………………………… 146
　　――の発令 …………………………… 144
　――審査 ………………………………… 154
　――に記載された事実 ………………… 463
　――の受付 ……………………………… 136
　――の記載事項 ………………… 463,495

事項索引

——の訓示的記載事項 ………………… 33
——の受理の権限 …………………… 30
——の準備書面としての性質 ……… 57
——の審査 …………………………… 141
——の送達 ……………………… 30,148
　訴訟無能力者に対する—— ……… 148
　副本による—— …………………… 150
　——と実体法上の意思表示 ……… 149
　——の不能 ………………………… 151
——の調査 …………………………… 32
——の提出時期 ……………………… 136
——の提出・受理 …………………… 28
——の添付書類 ……………………… 58
——の不添付 ………………………… 137
——の任意的記載事項 ……………… 33
——の必要的記載事項 ……………… 33
　——の不記載 ……………………… 137
——の副本 …………………………… 30
——の不送達
　不適法な訴えと—— ……………… 149
　——と責問権 ……………………… 153
——の不備 …………………………… 143
——補正
　——期間 …………………………… 141
　——の促し ………………………… 143
　——の効果 ………………………… 142
　——補正命令 ……………………… 154
　　——の主体・意義 ……………… 140
　　——の内容 ……………………… 141
訴訟関係〈釈明権〉………… 317,333,334
訴訟完結
　——の遅延 ………………………… 383
　——を遅延させない事情 ………… 384
訴訟記録の編成方式 ………………… 410
訴訟係属 ……………………… 149,169
　訴えの変更と—— ………………… 174
　外国の訴訟手続と—— …………… 170
　仮差押え・仮処分の手続等と—— … 172
　簡易裁判所における口頭による
　　訴え提起と—— ………………… 174
　起訴前の和解と—— ……………… 170

訴訟参加と—— ……………………… 174
中間確認の訴えと—— ……………… 174
督促手続と—— ……………………… 169
反訴と—— …………………………… 174
労働審判手続と—— ………………… 170
——の効果 ……………… 28,146,174
——の時期 …………………………… 205
——の消滅 …………………………… 175
——の発生時期 ………………… 172,477
訴訟行為説〈準備書面〉……………… 453
訴訟告知〈二重起訴の禁止〉………… 174
訴訟参加〈二重起訴の禁止〉………… 174
　——と訴訟係属 …………………… 174
訴訟指揮
　——権 ……………………………… 292
　　——の形態 ……………………… 293
　　——の行使 ……………………… 291
　——に関する決定・命令 ………… 294
　——に対する異議 ………………… 328
訴訟障害〈訴訟要件〉………………… 9
訴訟上の信義則〈弁論準備手続〉……… 561
訴訟上の請求 ………………………… 6
訴訟資料 ……………………………… 451
訴訟代理人
　——の陳述の禁止の通知 ………… 562
　——の表示〈訴状〉………………… 36
訴訟中の訴え ………… 188,217,232,233
訴訟手続
　——の著しい遅滞 ………………… 208
　——の計画的な進行 ……………… 277
　——の進行に関する事項の記載
　　〈口頭弁論調書〉………………… 438
　——の進行の著しい支障〈審理計画〉
　　………………………………… 390
訴訟能力 ……………………………… 359
訴訟費用負担・仮執行宣言申立ての記載
　〈訴状〉……………………………… 43
訴訟物
　確認訴訟の—— …………………… 49
　給付訴訟の—— …………………… 49
　行政処分取消訴訟の—— ………… 54

625

事項索引

形成訴訟の―― ……………………… 53
決議取消訴訟の―― ……………………… 54
債権と――の特定 ……………… 46
手形訴訟と―― ………………… 51
物権と――の特定 ……………… 45
――の同一性 ………………… 44,180
訴訟法律関係 …………… 26,169,173
訴訟無能力者〈弁論能力〉 ………… 359
訴訟要件 …………………………… 9,11
――と職権による斟酌 …………… 10
速記原本 ………………………… 444
――の引用添付 ………………… 445
――の反訳 ……………………… 445
――の訳読 ……………………… 445
速記制度〈口頭弁論〉 …………… 443
速記録
――の引用添付の記載 ………… 445
――の作成 ……………………… 444
損害賠償債権の同一性〈訴訟物理論〉… 47

【た　行】

代位訴訟と二重起訴 ……………… 175
第一審手続の特徴 ………………… 4
第三者異議の訴え〈形成の訴え〉 ……… 21
代償請求 …………………… 116,121,125
対審の公開 …………… 502,509,533
対席主義 …………………………… 455
対席判決主義 ……………………… 393
代替執行 …………………………… 94
択一的併合 ………………… 120,121
他の手続からの民事訴訟手続への移行
――と訴えの提起 …………… 27
――と訴状 ……………………… 31
単純否認 …………………………… 462
単純併合 …………………… 120,189
――と口頭弁論の分離 ………… 130
団体の決議関係訴訟 ……………… 23

地位存否確認の訴え ……………… 20
父を定める訴え〈形成の訴え〉 ………… 22

中間確認の訴え ………… 15,89,118,219
本訴の取下げと―― ……………… 231
――と請求の併合 ……………… 226
――と訴訟係属 ………………… 174
――と本訴の訴訟代理人 ……… 229
――の管轄 ……………………… 226
――の国際裁判管轄 …………… 228
――の提起時期 ………………… 225
――の手続 ……………………… 228
――の当事者 …………………… 224
――の判決 ……………………… 230
――の分離 ……………………… 227
――の併合提起 ………………… 226
中間判決 ………………… 343,344
抽象的先決性説〈中間確認の訴え〉 …… 222
抽象的訴権説 ……………………… 7
調査嘱託〈釈明処分〉 …………… 339
調書判決 …………………… 158,161
重複起訴禁止 （→二重起訴禁止）
直接主義 ………………… 289,555
争点整理手続と―― …………… 504
弁論準備手続と―― …………… 524
直送 …………………… 460,468
鑑定事項書の ………………… 468
受領書面の―― ………………… 469
証拠説明書の―― ……………… 468
証拠申出書の―― ……………… 468
書証の訳文の―― ……………… 468
尋問事項書の―― ……………… 468
録音反訳書の―― ……………… 468
陳述
相手方の攻撃防御方法に対する――
…………………………… 454
相手方の請求に対する―― ……… 454
口頭弁論における――の速記 ……… 444
準当事者の――〈釈明処分〉 ……… 336
準備書面の―― ………………… 455
不知の―― ……………………… 406
弁論準備手続における―― …… 451,456
法律上の意見の―― ……… 385,403,457
陳述の擬制 ………………… 393,451

626

原告の欠席と── ……………… 399
控訴審における── ………… 396,400
支払督促異議申立書と── ……… 398
被告の欠席と── ………………… 399
──と裁判上の自白 ……………… 399
──と釈明 ………………………… 400
──の対象 ………………………… 398
陳述の禁止 ……………………… 295,360
訴訟代理人に対する── …………… 360
──と続行期日の指定 …………… 361
──と弁護士付添命令 …………… 362
──の通知 ………………………… 363
──をされた当事者 ……………… 361
賃料増額請求訴訟〈将来給付の訴え〉… 72

通常共同訴訟 …………………………… 117
通訳人 …………………………………… 358
──の立会い ……………………… 356,358

定期金賠償請求 ………………………… 109
提出制約効〈争点整理〉… 505,525,551,557
提出文書・物件の留置命令〈釈明処分〉
………………………………………… 337
提訴前の証拠収集処分 ………………… 494
提訴前の証拠保全 ……………………… 58
手形・小切手に関する事件
〈訴状の添付書類〉 ………………… 59
適時提出主義 ……… 289,344,364,365,495
上訴審における── ……………… 367
手続裁量 ………… 291,296,308,334,499,
522,527,529,534,544,547,551,552
──の考慮要素 ……… 503,523,528,534
──の制約要素 ……… 504,523,528,553
手続裁量論〈釈明権〉 ………………… 306
手続終了効 ……………………………… 544
準備的口頭弁論の── …………… 514
──としての説明義務
………… 500,507,514,516,572,573
準備的口頭弁論の──
………… 500,507,514,516,572,573
手続選択〈争点整理〉 ………………… 499

──と当事者の関与 ……………… 550
手続的正義と実体的正義との調整
〈釈明権〉 ………………………… 317
手続保障 ………… 458,528,531,541,550
争点整理手続と── ……………… 503
弁論準備手続と── ……………… 523
──志向積極釈明モデル ………… 309
手持ち文書等の求交付〈当事者照会〉… 479
テレビ会議システム ………………… 517
電話会議システム ……… 58,501,502,517,
522,527,532,540,551,565,568,575
──における通話者・通話場所の確認
………………………………… 542,571,583
──による協議結果の記録 ……… 569
──による進行協議期日 ………… 581
──の相当性 ……………………… 581
──による弁論準備期日 ………… 540
──の相当性 ……………………… 540
──の要件 ………………………… 540

同一認識説〈訴状〉 …………………… 44
同一の事実関係〈訴訟物〉 …………… 53
同位的併合 ……………………………… 120
当事者
──の意見 ………… 503,523,529,553
──の聴取
… 503,523,528,541,545,552,566,582
──の記載〈訴状〉 ……………… 34,137
──の欠席 ………………………… 393
──の主体性の尊重
……… 516,523,528,541,551,558,566
──の対席 ………………………… 523,531
──原則 …………………………… 532
──の放棄 ……………………… 532
──の表示の訂正〈訴状〉 ……… 35
──の表示の変更と任意的当事者変更
〈訴状〉 ………………………… 37
──の不出頭〈準備的口頭弁論〉 … 514
──による弁論準備手続の終結 … 544
当事者間の信義則〈準備的口頭弁論〉… 516

627

事項索引

当事者公開〈争点整理〉
　　……………… 501,503,522,524,527,551
当事者参加申出の基準時
　　──〈時効中断効〉…………………… 258
　　──〈時効の完成猶予の効力〉……… 265
当事者照会 ……… 290,477,478,489,494
　契約関係訴訟と── ………………… 481
　準備書面で行う──の扱い ………… 483
　提訴後の── …………………………… 473
　提訴前の── ……… 56,474,486,494
　不法行為類型訴訟と── …………… 480
　──ができる時期 …………………… 477
　──における回答拒否の扱い …… 484
　──の回答期間 ……………………… 482
　──の事項 ……………………………… 478
　──の主体 ……………………………… 477
当事者自立型審理〈釈明権〉………… 317
当事者責任の原則
　　〈時機に後れた攻撃防御方法〉…… 371
当事者訴訟〈確認の利益〉………………… 75
同時提出主義 ……………………………… 364
統制的釈明 ………………………………… 304
答弁書 ……………………… 448,450,495
　──の記載事項 ……………… 463,465
　──の直送 ……………………………… 468
　──の陳述 ……………………………… 457
　──の補充 ……………………………… 465
答弁に対する反論 ……………………… 466
特定計画事項〈審理の計画〉………… 285
特別の事由〈最初の口頭弁論期日の指定〉
　　…………………………………………… 156
独立当事者参加〈請求の併合〉……… 118
独立の確認の訴え ………………………… 15
土地境界確定の訴え（筆界確定の訴え）
　　……………………………………………… 21

【な　行】

二重起訴禁止 …………………… 169,174
　確認の利益と──との関係 ……… 182
　代位訴訟と── ……………………… 175

　──と相殺の抗弁 …………………… 183
　──と訴訟の類型 …………………… 181
　──と反訴の提起 …………………… 235
　──の効果の弾力化 ……………… 179
　──の審査 ……………………………… 187
　──の範囲 ……………………………… 179
　──の法理の類推適用 …………… 185
人証の取調べ期間〈審理計画〉……… 284

【は　行】

破産債権査定申立ての決定に対する
　異議の訴え〈確認の利益〉………… 89
発言禁止命令〈弁論指揮権〉………… 295
発生要件の同質性〈訴訟物〉………… 47
判決
　──の形成力 …………………………… 19
　──の併合 ……………………………… 348
判決言渡し
　──期日の通知 ……………………… 166
　──予定時期〈審理計画〉………… 284
判決確定と時効中断効 ……………… 260
判決確定と時効の更新 ……………… 267
判決請求権〈訴権〉………………………… 6
反証 …………………………… 508,526
反訴 ………………………… 118,232,233
　控訴審における──の変更 ……… 248
　──と国際裁判管轄 ………………… 246
　──と訴訟係属 ……………………… 174
　──における訴訟資料・証拠資料 … 236
　──の管轄 ……………………………… 244
　──の手続 ……………………………… 247
　──の当事者 ………………………… 233
　──の変更 ……………………………… 248
反訴状 ……………………………………… 248
反訴の提起
　控訴審における── ………………… 243
　上告審における── ………………… 244
　二重起訴禁止と── ………………… 235
　──と訴訟遅滞 ……………………… 245
　──の基準時〈時効中断効〉……… 258

628

事項索引

――の基準時〈時効の完成猶予の効力〉
 ………………………………………… 265
――の提起時期 ……………………… 242
反訴要件 ……………………………… 237

被告の答弁〈準備書面〉 ……………… 454
必要的共同訴訟〈請求の併合〉 ……… 117
必要的計画事項〈審理計画〉 ………… 283
必要的口頭弁論の原則の例外 ……… 163
必要的傍聴〈弁論準備手続〉 ………… 534
否認 ……………… 365,401,406,455,464
否認的争点決定主義〈擬制自白〉 … 401
漂流型審理 …………………… 277,491

ファクシミリ送信〈準備書面等〉
 …………………………… 58,468,512
不起訴の合意 ………………………… 12
副本提出義務〈訴状の送達〉 ………… 150
不作為義務の強制執行 ……………… 94
不作為の訴え ………………………… 93
不真正予備的併合 …………… 122,124
附帯処分〈請求の併合〉 ……………… 127
二人受命〈弁論準備手続〉 …………… 547
不知 ………………… 401,406,455,464
――の陳述 …………………………… 406
不適法な訴え ………………………… 164
不動産に関する事件〈訴状の添付書類〉
 ………………………………………… 59
プロセスカード …………………… 283,512
文書
――特定手続 ………………………… 494
――の証拠調べ〈弁論準備期日〉 … 538
――の成立の真正 …………………… 89
――・物件の提出命令〈釈明処分〉 … 336
――リストの開示〈当事者照会〉 … 482
文書使用妨害のサンクション ……… 494
文書提出義務 ………………………… 476
――の一般義務化 …………………… 494
文書提出命令 ………………………… 494
――の申立て ………………… 467,482

併位的併合 …………………………… 120
併合審理〈口頭弁論の併合〉 ………… 341
併合請求
――の上訴 …………………………… 131
――の審理 …………………………… 129
――の判決 …………………………… 130
併合訴訟の第一審判決と上訴審の審判の
 範囲 ………………………………… 133
併合前の証人尋問の再尋問 ………… 352
併合要件 ……………………………… 237
――の審理 …………………………… 129
ベーシックプラン〈審理の計画〉 …… 281
弁護士照会 ………………… 340,480
弁護士職務基本規定（弁護士倫理）違反
 ………………………………… 484,559
弁論
――の外部的経過の記載
 〈口頭弁論調書〉 ………………… 430
――の更新 …………………………… 355
――の再開 …………………………… 353
――の実質化 ………………………… 555
――の実質的内容の記載
 〈口頭弁論調書〉 ………………… 431
――の終結 …………………………… 352
――の宣言 …………………………… 330
――の全趣旨
 …… 334,344,404,451,484,525,561
――による擬制自白の成否 ……… 404
――の日時・場所の記載〈口頭弁論調書〉
 ………………………………………… 425
――の要領 …………………………… 365
――の記載 …………………………… 429
弁論の制限 ………………… 341,342
弁論準備手続における―― ……… 344
本案の争点についての―― ……… 342
――の決定 …………………………… 343
――の取消し ………………………… 351
弁論の分離 ………………… 341,345
弁論準備手続における―― ……… 347
――が相当な場合 ………………… 345
――ができない場合 ……………… 346

629

事項索引

——の決定 ……………………… 346
——の取消し …………………… 351
弁論の併合 ……………… 118,341,348
　異種の手続と—— ……………… 349
　固有必要的共同訴訟と—— ……… 350
　類似必要的共同訴訟と—— ……… 349
　——の取消し …………………… 351
弁論兼和解 ……………… 493,501,521,532
弁論指揮権 ………………………… 293
弁論指揮に対する異議 ……………… 329
弁論主義 ………………… 291,299,476
　釈明権と—— …………………… 299
弁論準備期日 ……………………… 531
　——調書
　　——の任意的記載事項 ……… 543
　　——の必要的記載事項 ……… 542
　——における裁判所の訴訟行為 …… 539
　——の変更 ……………………… 531
弁論準備手続 ……………………… 155,
　　283,290,495,499,501,521,525,564
　——後の口頭弁論期日の変更 …… 556
　——後の新たな攻撃防御方法の提出
　　……………………………… 524,557
　——終結の効果 ………………… 524
　——での陳述 …………………… 456
　——と期日外釈明 ……………… 562
　——と時機に後れた攻撃防御方法の
　　提出 …………………… 377,563
　——と釈明権 …………………… 318
　——と直接主義 ………………… 524
　——と手続保障 ………………… 523
　——における公開 ……………… 524
　——における受命裁判官の権限 …… 547
　——における訴訟行為 ………… 537
　——における陳述の擬制 ……… 397
　——における手続の分離 ……… 347
　——における傍聴 ……………… 533
　——に付する裁判 ………… 530,550
　　——の裁量による取消し ……… 551
　　——の必要的取消し …… 550,553
　——の開始 ……………………… 522

——の手続要件 ………………… 527,528
——の要件 ……………………… 527
——の結果 ……………………… 554
——の一体性 …………………… 555
——の陳述 ……………… 504,524,554
　　——の記載〈口頭弁論調書〉 …… 431
——の主宰者 …………………… 547
——の障害事由 ………………… 534,535
——の相当性 …………………… 522,527,551
——の訴訟促進機能 …………… 538
——の特徴 ……………………… 501,522
——の必要性 …………………… 522,527,551
——の必要的取消し …………… 523
弁論準備手続調書 ………… 545,563
弁論上程〈弁論準備手続〉 ……… 555
弁論能力 …………………………… 359
弁論無能力者 ……………………… 359
　——に対する陳述禁止の裁判 …… 360

妨訴抗弁〈訴訟要件〉 ……………… 11
傍聴許可の相当性判断〈弁論準備手続〉
　………………………………………… 534
傍聴許可・不許可についての不服申立て
　〈弁論準備手続〉 ………………… 535
法廷
　——警察権 ……………………… 295
　——における写真の撮影等 ……… 296
　——における秩序維持 ………… 296
　——におけるメモ作成 ………… 296
法定序列（順序）主義
　〈攻撃防御方法の提出〉 ………… 364
法定代理人の記載〈訴状〉 ……… 36,138
法的地位の危険・不安定〈確認の利益〉
　………………………………………… 82
法律関係
　訴訟の進行中に争いとなっている——
　………………………………………… 221
　——の成立・不成立 …………… 220
　——を証する書面 ……………… 90
　——の真否 ……………………… 221

事項索引

法律上の意見の陳述
　　〈時機に後れた攻撃防御方法〉····· 385
法律上の期間〈時効中断・完成猶予〉
　　··························· 256, 274
法律問題指摘義務 ······················ 375
法令解釈に関する重要な事項〈釈明権〉
　　······························· 301
法令の無効確認の訴え ···················· 66
補助事実 ······················ 453, 455
補正の促し〈釈明権〉 ···················· 324
補正命令〈釈明権〉 ···················· 324
本案の弁論 ······················ 397
本案判決請求権説〈訴権〉 ················ 7
本案前の主張〈擬制陳述〉 ················ 397
本質的口頭弁論の段階〈争点整理〉····· 493
本証〈準備的口頭弁論・弁論準備手続〉
　　··························· 508, 526
本訴と反訴
　　──との関連性 ···················· 238
　　──との弁論分離 ···················· 237

【ま　行】

身分・地位確認の訴え〈確認の訴え〉··· 84
民事訴訟
　　──の基本構造 ············· 490, 521
　　──の目的 ························· 7
民事訴訟審理の構造論〈弁論準備手続〉
　　······························· 528
民事訴訟手続に関する改正要綱
　　〈当事者照会〉···················· 474
民事訴訟手続に関する改正要綱試案
　　〈当事者照会〉···················· 474
民事訴訟手続に関する検討事項
　　〈当事者照会〉···················· 473

無効確認訴訟の補充性〈確認の利益〉··· 65
無効確認の訴え〈形成の訴え〉 ············ 20

命令〈訴訟指揮権〉 ···················· 293

持ちタイム方式〈審理の計画〉········· 285

【や　行】

唯一の証拠方法の申出
　　〈時機に後れた攻撃防御方法〉····· 383
養子縁組無効確認訴訟 ···················· 81
要証明事実〈準備的口頭弁論〉·········· 511
　　書面による準備手続と──の確認 ··· 573
　　──の確認 ················· 511, 543
　　──の調書記載 ············· 513, 572
要約書面〈準備的口頭弁論〉··· 511, 512, 543
　　──の作成・提出 ············· 512, 543
　　──の定め ···················· 543
　　──の提出 ···················· 570
　　──の期間 ············· 514, 544
予想訴訟完結時期
　　〈時機に後れた攻撃防御方法〉····· 383
呼出状〈釈明処分〉 ···················· 335
呼出費用の予納〈訴えの却下〉·········· 167
予備的訴えの変更 ······················ 42
予備的請求 ······················ 42
　　──の出訴期間 ···················· 125
予備的反訴 ················· 234, 242
予備的併合 ········· 120, 123, 189, 192
　　──と判決 ···················· 125
　　──と判断の順序 ···················· 126

【ら　行】

ラウンドテーブル法廷〈争点整理・
　　進行協議期日〉····· 500, 507, 510, 576

履行期の到来の有無〈給付の訴え〉······ 93
離婚訴訟の訴訟物 ······················ 54
立証を要する事由〈訴状・準備書面〉
　　··············· 56, 60, 463, 465
理由説明義務〈弁論準備手続〉·········· 557
理由付き否認 ······················ 462
　　──の義務づけ ···················· 495

631

事項索引

留置命令〈釈明処分〉 ························· 337

録音反訳書の直送〈準備書面〉 ·········· 468
論点回付〈弁論の制限〉 ····················· 344
論理的先後関係基準説
　〈中間確認の訴え〉 ····················· 223

【わ　行】

和解
　進行協議期日における――の許否 ···· 580
　――と計画審理の調和 ················· 285
　――の記載〈口頭弁論調書〉 ·········· 433
和解無効確認の訴え ························· 89

●著　者

秋山　幹男（あきやま・みきお）　弁護士

伊藤　　眞（いとう・まこと）　日本大学大学院法務研究科客員教授
　　　　　　　　　　　　　　　　創価大学大学院法務研究科客員教授

垣内　秀介（かきうち・しゅうすけ）　東京大学法学部・大学院法学政治学
　　　　　　　　　　　　　　　　研究科教授

加藤新太郎（かとう・しんたろう）　中央大学大学院法務研究科教授

高田　裕成（たかた・ひろしげ）　東京大学法学部・大学院法学政治学
　　　　　　　　　　　　　　　　研究科教授

福田　剛久（ふくだ・たかひさ）　弁護士

山本　和彦（やまもと・かずひこ）　一橋大学大学院法学研究科・法学部
　　　　　　　　　　　　　　　　教授

コンメンタール民事訴訟法Ⅲ〔第2版〕（コンメンタールみんじそしょうほう）

2008年6月10日　第1版第1刷発行
2018年1月20日　第2版第1刷発行

著　者　秋山幹男・伊藤　眞・垣内秀介・加藤新太郎
　　　　高田裕成・福田剛久・山本和彦

発行者　串崎　浩

発行所　株式会社　日本評論社
　　　　〒170-8474　東京都豊島区南大塚3-12-4　振替00100-3-16
　　　　　　　　　電話　03-3987-8621（販売：FAX-8590）
　　　　　　　　　　　　03-3987-8631（編集）

印刷所　精文堂印刷株式会社
製本所　牧製本印刷株式会社
装　幀　駒井佑二

ⓒ2018　M. Akiyama, M. Ito, S. Kakiuchi, S. Kato,
　　　　H. Takata, T. Fukuda, K. Yamamoto　　　　検印省略

ISBN978-4-535-00208-1　　　　　　　　　　Printed in Japan

[JCOPY] 〈(社)出版者著作権管理機構　委託出版物〉

本書の無断複写は著作権法上での例外を除き禁じられています。複写される場合は、そのつど事前に、(社)出版者著作権管理機構（電話 03-3513-6969、FAX 03-3513-6979、e-mail：info@jcopy.or.jp）の許諾を得てください。また、本書を代行業者等の第三者に依頼してスキャニング等の行為によりデジタル化することは、個人の家庭内の利用であっても、一切認められておりません。

〔菊井維大・村松俊夫＝原著〕

秋山幹男・伊藤 眞・垣内秀介・加藤新太郎
高田裕成・福田剛久・山本和彦〔著〕

コンメンタール
民事訴訟法 I
［第2版追補版］
民事訴訟法概説
第1編／第1章～第3章

コンメンタール
民事訴訟法 II
［第2版］
第1編／第4章～第7章

コンメンタール
民事訴訟法 III
［第2版］
第2編／第1章～第3章

コンメンタール
民事訴訟法 IV
第2編／第4章

コンメンタール
民事訴訟法 V
第2編／第5章～第8章

コンメンタール
民事訴訟法 VI
第3編

コンメンタール
民事訴訟法 VII
第4編～第8編／総索引【完】

第一線の研究者と実務家による「菊井＝村松」の全面改訂版。
民事訴訟法・民事訴訟規則を一体的に説明する。
条文に関連する諸法令を可能な限り掲げたほか、判例・学説や
実務上の取扱いを明示。

Ⅰ◆本体5400円＋税／A5判／ISBN978-4-535-00196-1
Ⅱ◆本体5100円＋税／A5判／ISBN978-4-535-00156-5
Ⅲ◆本体5200円＋税／A5判／ISBN978-4-535-00208-1
Ⅳ◆本体5200円＋税／A5判／ISBN978-4-535-00154-1
Ⅴ◆本体4400円＋税／A5判／ISBN978-4-535-00155-8
Ⅵ◆本体5200円＋税／A5判／ISBN978-4-535-00205-0
Ⅶ◆本体4800円＋税／A5判／ISBN978-4-535-00207-4

日本評論社 https://www.nippyo.co.jp/